第九次
中国职工状况调查

[报告卷]

中华全国总工会第九次全国职工队伍状况调查领导小组办公室◎编

THE NINTH SURVEY OF
CHINESE WORKERS

中国工人出版社

目　录
CONTENTS

第一编　调查总报告

第二编　专题调查报告

第三编　地方调查报告

第四编　产业工会调查报告

第五编　网络专项调查报告

附 录

第一编

调查总报告

迈向新征程的中国工人阶级

——第九次全国职工队伍状况调查总报告

2022年1月至9月，全国总工会组织开展了第九次全国职工队伍状况调查。本次调查全面贯彻习近平新时代中国特色社会主义思想，深入贯彻习近平总书记关于工人阶级和工会工作的重要论述，旨在全面了解自2017年第八次全国职工队伍状况调查以来，我国职工队伍和劳动关系的新情况新变化，准确把握新时代工会工作面临的新形势新任务，及时反映基层和职工愿望呼声，为推动新时代新征程上党的工运事业和工会工作高质量发展提供决策参考。

一、调查的总体情况

全国人大常委会副委员长、中华全国总工会主席王东明同志高度重视调查工作，专门作出指示。全国总工会成立由时任全国总工会党组书记、副主席、书记处第一书记陈刚同志担任组长的领导小组，领导小组办公室由全国总工会办公厅、研究室、网络工作部、中国工运研究所、中国职工服务（集团）有限公司，以及承担课题调查任务的各全国产业工会、全国总工会有关单位组成，全国总工会研究室牵头承担办公室工作职责。这次调查共设置1个总课题、13个分课题、15个省（区、市）课题、9个产业工会课题和1个网络调查课题，内容涉及我国职工队伍的总体状况和结构变化，职工劳动经济权益、民主政治权利、精神文化权益等方面的状况，职工队伍思想政治素质和技术技能素质状况，产业工人、新就业形态劳动者、女职工等群体状况等。

调查以线下抽样问卷调查、网络专项问卷调查、文献研究、专家论证等方式进行。本次线下抽样问卷调查（以下简称本次线下调查）范围覆盖北京、山西、辽宁、江苏、浙江、安徽、福建、山东、河南、湖北、广东、广西、四川、陕西、甘肃等15个省（区、市）的150个城市。抽样问卷分为职工问卷、工会主席问卷两部分，职工问卷共调查45000个样本，回收有效问卷44849份，其中已建工会单位职工占83.2%，未建工会单位职工占16.8%，国有、集体等公有制企业职工占33.7%，私有、港澳台商、外商企业职工占66.3%，小微企业职工占74.4%；工会主席问卷共调查3750个样本，回收有效问卷3746份。本次网络专项问卷调查（以下简称本次线上调查）在参加本次线下调查的 15 个省（区、市）和内蒙古自治区、黑龙江省、湖南省、重庆市、青海省及互联网头部企业、全国总工会劳动关系监测点制造业企业中开展，共有 3513 家企业的 26.42 万名职工参与了调查。

二、职工队伍的基本状况

根据《工会法》规定，适应企业组织形式、职工队伍结构、劳动关系、就业形态等方面的发展变化，本次调查所涉及的“职工”，是指在中国境内的企业、事业单位、机关、社会组织等用人单位中以工资收入（劳动报酬）为主要生活来源的劳动者。既包括与用人单位建立了劳动关系（包括人事关系）或存在事实劳动关系的劳动者，也包括依托互联网等平台就业的新就业形态劳动者以及在岗的临时工、季节工、小时工等灵活就业人员。不包括离休、退休、退职人员和非公有制经济单位的经营者。

按照国家统计局发布的《中国统计年鉴 2021》等数据测算，目前全国职工总数约 4.02 亿人。本次线下调查显示，职工平均年龄 38.3 岁、平均受教育年限 13.8 年。

调查显示，五年来，在以习近平同志为核心的党中央团结带领全国人民推动党和国家取得举世瞩目的重大成就的伟大进程中，我国职工群众听党话跟党走的信念更加坚定，职工队伍不断发展壮大，工人阶级先进性有力彰显，职工就业、劳动报酬、社会保障、劳动安全卫生和职业健康方面权益较好实现，新就业形态劳动者、城市困难职工、女职工等重点群体权益得到保障，职工队伍整体呈现良好发展态势。

展望未来，以中国式现代化全面推进中华民族伟大复兴，离不开包括工人阶级在内的全体人民的劳动创造、团结奋斗。必须认真学习宣传贯彻党的二十大精神，全面贯彻习近平新时代中国特色社会主义思想，贯彻落实习近平总书记关于工人阶级和工会工作的重要论述，聚焦新时代新征程党的使命任务，全心全意依靠工人阶级，在着力推动高质量发展中发挥工人阶级的主力军作用，在发展全过程人民民主中巩固工人阶级的领导阶级地位，在扎实推进全体人民共同富裕中实现好维护好发展好工人阶级的根本利益，在深化群团组织改革和建设中有效发挥工会组织的桥梁纽带作用，把拥护“两个确立”、做到“两个维护”体现在行动上、落实到工作中，进一步凝聚起全面建设社会主义现代化国家、全面推进中华民族伟大复兴的磅礴伟力，用新的伟大奋斗创造新的历史伟业。

第一篇
亿万职工坚决拥护以习近平同志为核心的党中央的坚强领导 坚定不移听党话跟党走 奋力建功新时代

党的十八大以来，以习近平同志为核心的党中央坚持全心全意依靠工人阶级的根本方针，紧紧依靠工人阶级发展中国特色社会主义，不断为职工搭建建功立业舞台、打造职业发展通道、构建权益保障制度体系。习近平总书记高度重视工人阶级、真挚关怀工人阶级，亲自谋划、亲自部署、亲自推动产业工人队伍建设改革，两次出席全国劳模大会并发表重要讲话，每到一地视察和调研都与劳动模范、一线职工座谈交流，每年“五一”国际劳动节都以不同形式向广大劳动群众致以节日的祝贺慰问，给中国劳动关系学院劳模本科班学员、郑州圆方集团全体职工回信，向首届大国工匠创新交流大会致贺信，对工人阶级发展壮大倾注了无限关爱。我国工人阶级实现全面发展、全面进步、全面提高，成为党执政的坚实依靠力量、强大支持力量、深厚社会基础，为全面建成小康社会、实现第一个百年奋斗目标作出了重要贡献。

一、职工理想信念更加坚定

（一）发自内心爱戴拥护习近平总书记、对习近平新时代中国特色社会主义思想高度认同

广大职工对党确立习近平同志党中央的核心、全党的核心地位，确立习近平新时代中国特色社会主义思想的指导地位高度认同。本次线下调查显示，职工认为“两个确立”真正反映了人民的共同心愿，成为大家的高度共识和共同意志，已经写在了新时代的伟大征程中、写在了职工群众心坎上，是新时代党和国家事业发展、实现中华民族伟大复兴的坚强政治保证，是党应对一切不确定性的最大确定性、最大底气、最大保证。职工对习近平新时代中国特色社会主义思想的政治认同、思想认同、理论认同、情感认同持续增强，对新时代党的创新理论展示出的强大真理力量和实践伟力感受深刻。广大职工普遍反映，习近平总书记关于工人阶级和工会工作的重要论述对工人阶级地位作用、工运时代主题、产业工人队伍建设改革、劳动创造、维护职工合法权益、构建和谐劳动关系等作出的深刻阐述，为发展壮大工人阶级提供了科学指引和

根本遵循，有力激发了前进动力和工作干劲。广大职工一致表示，要牢记习近平总书记嘱托，用新时代党的创新理论武装头脑，深刻领悟“两个确立”的决定性意义，增强“四个意识”、坚定“四个自信”、做到“两个维护”，把习近平总书记的亲切关怀转化为踔厉奋发、勇毅前行的实际行动，坚定不移听党话、矢志不渝跟党走。

（二）充分赞誉党和国家事业过去5年取得的重大成就和新时代10年的伟大变革、对新时代新征程坚持和发展中国特色社会主义充满信心

广大职工认为，新时代党和国家事业取得的历史性成就、发生的历史性变革来之不易，根本在于有以习近平同志为核心的党中央领航掌舵，有习近平新时代中国特色社会主义思想科学指引。94.2%的职工认为党的百年奋斗从根本上改变了中国人民的前途命运，开辟了实现中华民族伟大复兴的正确道路；92.9%的职工认可党和政府在打赢脱贫攻坚战、全面建成小康社会方面的工作；95.5%的职工对坚定不移推进全面从严治党、大力推进反腐倡廉的做法支持或比较支持，比2017年提高4.1个百分点；91.4%的职工认为中央八项规定及其实施细则出台以来贪污腐败的情况减少，比2017年提高10.6个百分点；96.9%的职工认为党和政府在抗击新冠疫情中始终坚持生命至上、精准防控，保障人民生命健康安全的做法非常好或比较好（见图1）。广大职工认为，中国特色社会主义具有前所未有的光明前景，对党和国家大政方针、党中央重大决策部署坚决拥护，认为以中国式现代化推进中华民族伟大复兴的使命任务前所未有，以共同富裕推进为民造福事业的力度前所未有，以伟大自我革命引领伟大社会革命的实践前所未有。95.2%的职工对全面建成社会主义现代化强国、实现中华民族伟大复兴的中国梦有信心；90.1%的职工对到本世纪中叶全体人民共同富裕基本实现有信心；88.4%的职工认为“十四五”规划目标正确、切实可行，能让百姓得到实惠；85.2%的职工认为未来的生活会越来越好，比2017年提高15.3个百分点。

（三）更加认可向上向善的价值观念、对劳动和劳模工匠的推崇尊重日益深入

广大职工感到获得感幸福感安全感成色更足，社会主义核心价值观已经融入社会发展和日常生活，全社会唱响了主旋律、弘扬了正能量，团结奋斗的思想基础更加巩固。83.0%的职工认为社会总体公平；75.7%的职工认同社会主义核心价值观；85.3%的职工认为现在人们的道德水平比以前有所提高；77.0%的

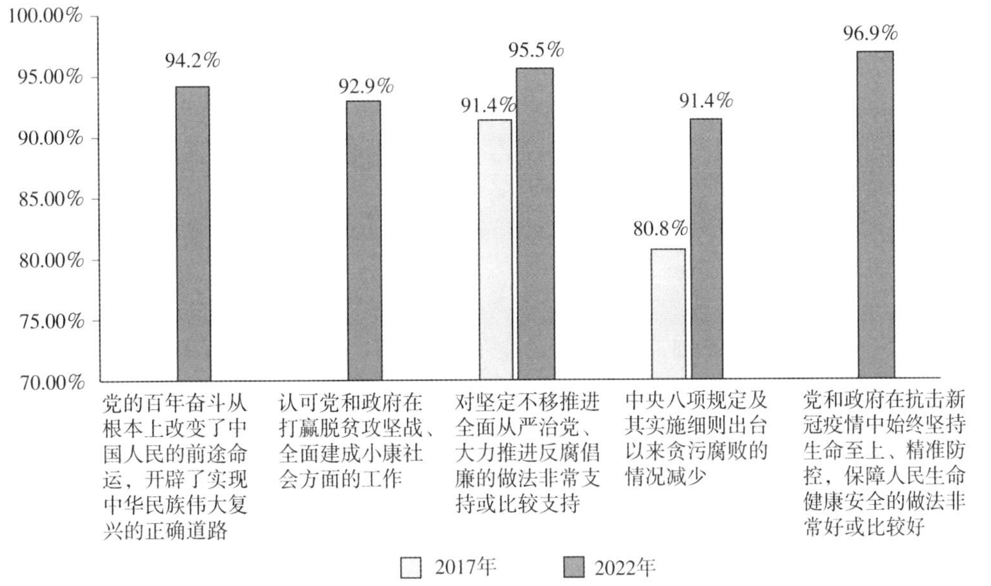

图 1　职工对党和国家事业取得的成就、发生的历史性变革的评价

职工认为雷锋是我们的楷模，人人都应该向他学习；分别有 88.9%、76.8%、65.0%的职工认为夫妻和睦、孝老爱亲、教子有方是好家风。广大职工对劳动价值的认识得到增强，尊重劳动、尊重劳动者成为普遍共识。78.4%的职工认同靠劳动能过上富裕的生活，比 2017 年提高 8.0 个百分点；70.1%的职工了解当代劳动模范、大国工匠、时代楷模等先进典型人物，被他们的事迹感染，愿意向他们学习；72.4%的职工认为全社会弘扬劳模精神、劳动精神、工匠精神的氛围浓厚；79.3%的职工认为工人地位有所提高，比 2017 年提高 12.7 个百分点；94.4%的工会主席认为工人阶级发挥了重要作用，比 2017 年提高 6.2 个百分点。

二、职工主人翁地位持续巩固

（一）参与管理国家事务和社会事务、管理经济和文化事业的权利得到充分保障

大量优秀职工被推选为党的代表大会代表、人民代表大会代表、政协委员以及群团组织代表大会代表和委员会委员，劳模和一线职工在工会等群团组织兼挂职不断增多，代表职工心声、反映职工意愿的渠道更加便捷畅通。全国总工会数据显示，工人党员比例进一步增大，中央组织部下达产业工人发展党员指导性计划年均达 20 万人以上，基本实现职工 50 人以上企业有党员、100 人以

上企业有党组织的目标。党的二十大代表中工人党员 192 名（农民工党员 26 名），占代表总数的 8.4%；专业技术人员党员 266 名，占代表总数的 11.6%。全国总工会执委会委员中劳模和一线职工比例由 2017 年的 15.4%增至 20.1%；全国劳模表彰企业职工和其他劳动者占比为 47.8%。截至 2022 年 10 月，全国 31 个省级地方工会配备挂职兼职副主席 143 名，其中劳模和一线职工兼职副主席 65 名。

（二）知情权、参与权、表达权、监督权有效落实

企事业单位民主管理制度不断健全完善，本次线下调查显示，有 85.1%的单位建立了职工（代表）大会制度；91.7%的单位能够按期召开职工（代表）大会；80.3%的单位在制定重大经营决策时经过职工（代表）大会讨论审议；87.7%的单位在制定涉及职工权益的工作方案时，经过职工（代表）大会表决决定，比 2017 年提高 11.9 个百分点；76.4%的职工认为单位的职工（代表）大会作用发挥好（见图 2）。职工诉求的反映渠道更加多元，66.4%的职工直接向班组长或单位领导反映意见，53.9%的职工通过单位职工（代表）大会发表意见，50.1%的职工向工会组织或职工代表反映意见。

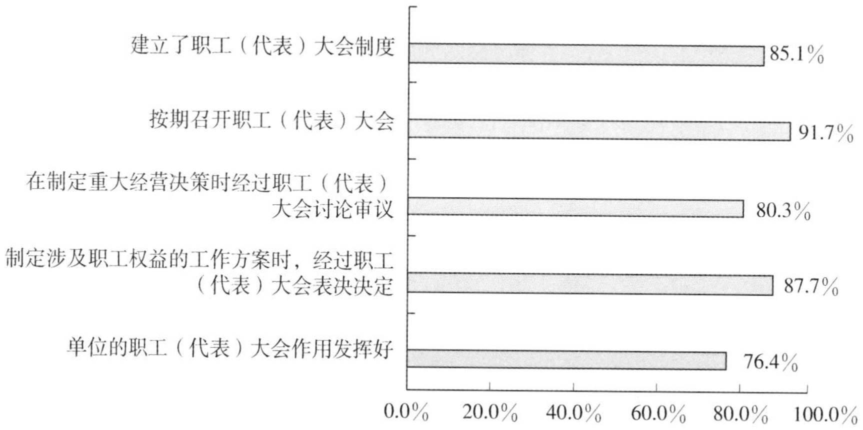

图 2　企事业单位职代会等民主管理制度执行情况

（三）协商共决涉及职工切身利益问题的话语权不断提升

在开展集体协商的企业中，90.9%的职工认为集体协商在维护职工权益方面非常有效或比较有效；54.1%的职工所在单位开展了集体协商，比 2017 年提高 23.3 个百分点。企业劳动关系和谐度和职工对企业的认同感大幅提升，87.6%的职工认为经营管理者与普通职工的关系很融洽或比较融洽，比 2017 年提高

7.9个百分点；89.9%的工会主席认为所在单位劳动关系和谐稳定，比2017年提高3个百分点。

三、职工主力军作用充分发挥

（一）在推动高质量发展中彰显作为

围绕国家重大战略、重大工程、重大项目、重点产业，广大职工积极投身“当好主人翁、建功新时代”“建功‘十四五’、奋进新征程”等主题劳动和技能竞赛，为推动经济社会高质量发展建功立业。2021年全员劳动生产率（按2020年价格计算）比2012年增长80.3%，2013—2021年年均增长6.8%。本次线下调查显示，36.7%的职工参加过所在单位开展的劳动和技能竞赛活动（技术比武、岗位练兵等）；92.1%的职工认为开展劳动和技能竞赛对单位和个人都有好处；66.5%的工会主席所在单位最近一年开展过劳动和技能竞赛；73.7%的工会主席表示大多数职工积极参加劳动和技能竞赛。

（二）在实施制造强国战略中发挥作用

广大职工踊跃参加技术革新、技术协作、发明创造、合理化建议、网上练兵和“五小”等群众性创新活动，为推动“制造大国”迈向“制造强国”贡献智慧和力量。全国总工会数据显示，2017—2021年，全国已建工会基层企事业单位的职工共提出合理化建议4203.5万件，其中已实施2854.5万件；开展技术革新233.4万项，职工发明创造100.4万项，取得国家专利100.3万项，推广先进操作法73.1万项。荣获国家科学技术进步奖的技术工人已达20人。

（三）在抗疫大战大考中展示力量

2020年以来，面对新冠疫情的影响，广大职工积极投身疫情防控的人民战争、总体战、阻击战，全方位投入一线群防群治、医疗设施建设、防护用品生产和民生保障等各项工作中，为全国抗击新冠疫情取得重大战略成果、统筹新冠疫情防控和经济社会发展工作取得积极成效作出了突出贡献。本次线下调查显示，新冠疫情发生以来，43.1%的职工参与过抗击新冠疫情相关的志愿服务；81.4%的卫生和社会工作行业职工，84.3%的公共管理、社会保障和社会组织行业职工，86.8%的机关单位职工曾经参加抗击新冠疫情相关工作。

四、工会组织更加充满活力、更加坚强有力

（一）思想政治引领深入人心

各级工会坚持把学习贯彻习近平新时代中国特色社会主义思想作为首要政治任务，深入贯彻习近平总书记关于工人阶级和工会工作的重要论述，采取多

种形式持续推动新时代党的创新理论进企业、进车间、进班组，推动“两个确立”更加深入人心、“两个维护”成为广大职工的自觉行动。大力弘扬伟大建党精神，广泛开展“四史”宣传教育，培育和践行社会主义核心价值观，加强“四德”建设，持续开展全国职工职业道德建设评选表彰活动、“网聚职工正能量 争做中国好网民”活动等，“中国梦·劳动美”的价值引领深入基层、扎根职工。全国总工会数据显示，全国县以上职工文化阵地 1612 家，2021 年县以上职工文化阵地服务职工总计 9393.83 万人次，呈大幅增长态势。全国范围内建设职工书屋示范点超过 1.5 万家，带动各地建成职工书屋 15 万余家。本次线下调查显示，职工愿意参加文体活动，对单位开展文体活动情况评价良好，56.7%的职工表示单位有文体活动场所，55.9%的职工愿意到单位的文体场所活动，74.6%的职工对单位开展的文体活动表示满意或比较满意。持续弘扬劳模精神、劳动精神、工匠精神，加强劳模选树服务，组织劳模工匠人才进校园、进企业，讲好劳模故事、劳动故事、工匠故事。全国总工会数据显示，2012 年以来，累计表彰全国五一劳动奖状 2245 个、全国五一劳动奖章 8650 个、全国工人先锋号 8870 个，发布 9 届全国“最美职工”91 人次，联合选树宣传大国工匠 87 名，各省（区、市）选树宣传省级工匠 5288 名、地市级工匠超过 2.2 万名。

（二）产业工人队伍建设改革走深走实

各级工会认真贯彻落实习近平总书记关于产业工人队伍建设改革的重要指示精神，履行牵头抓总职责，主动争取党政重视支持，全面落实产业工人思想引领、建功立业、素质提升、地位提高、队伍壮大等改革措施，推动各有关单位按照任务分工积极推进。党中央、国务院及相关部门出台配套文件 100 多个，全国总工会出台配套文件 20 多个，31 个省（区、市）均已出台改革实施方案及配套政策文件，15 个省（区、市）将改革纳入党委、政府考核项目。2017 年以来，印发《关于加强新时代高技能人才队伍建设的意见》《关于提高技术工人待遇的意见》《关于推行终身职业技能培训制度的意见》等，修订《职业教育法》，认定 63 家国家产教融合型企业和 21 个国家产教融合试点城市，从失业保险基金中提取资金 1139 亿元统筹用于实施职业技能提升行动，将企业职工教育经费支出的税前扣除限额由工资总额的 2.5%提高至 8%。工会推动构建以全国大赛为引领、各全国产业工会和地方总工会竞赛为主体、企事业单位竞赛为基础的三级职工职业技能竞赛体系；发放职工创新补助资金 4115 万元、补助创新项目 248 项，命名 297 家全国示范性劳模和工匠人才创新工作室，创建各级各类创新工作室 8.2 万余家，打造大国工匠创新交流大会、大国工匠论坛等职工创新成果交流平台；上线“技能强国-全国产业工人学习社区”，1.86 亿人次参与培训；开展农民工“求学圆梦行动”，培训各类农民工 600 万人次。企业更加注重加强职工技术技能培训和规划职工职业发展，本次线下调查显示，88.1%的单位对加强技术工人的能力、技能、素质建设积极或比较积极。

（三）维权服务工作成效显著

各级工会坚持以职工为中心的工作导向，认真履行维护职工合法权益、竭诚服务职工群众的基本职责，聚焦重点群体不断拓展维权服务领域，进一步叫响做实送温暖、金秋助学、农民工平安返乡等工会品牌，构建起常态化梯度帮扶长效机制，不断提升职工生活品质。2012 年以来，筹集送温暖资金 429.8 亿元，走访企业 188.2 万家，慰问一线职工和困难职工 9060.8 万人次。持续推进构建和谐劳动关系，健全落实“五个坚决”要求的长效机制，联系引导社会组织为职工提供专业化服务，劳动领域政治安全保持稳定，努力做到“五个不发生”。本次线下调查显示，工会在保住职工工作岗位，维护职工社会保障权益，改善职工劳动条件，丰富职工业余文化生活，帮扶困难职工、送温暖，维护女职工特殊权益，做职工思想工作、进行心理疏导等方面平均得分均在 8 分以上（满分 10 分）。职工认为与工会联系最密切的 3 个关键词是职工代表、慰问送温暖、福利补助，分别占比 59.4%、50.4%、40.7%。

（四）工会改革创新深入推进

各级工会坚持围绕保持和增强政治性、先进性、群众性这条主线锐意改革创新，全国总工会作为中央群团改革试点单位，率先改革，如期完成改革任务，推动形成工会系统全面改革效应。制定《深化工会改革创新实施方案》《中国工运事业和工会工作“十四五”发展规划》，切实增强团结教育、维护权益、服务职工功能，健全联系广泛、服务职工的工会工作体系。加快智慧工会建设，省级工会开展网上工作平台建设，工会网上网下工作融合推进。连续开展基层工会建设年、落实年活动和“强基层、补短板、增活力”行动、“转作风、解难题、促发展、保稳定”专项行动，扎实开展农民工入会集中行动、货车司机等“八大群体”入会工作、百人以上企业建会专项行动、新就业形态劳动者入会集中行动、互联网百强企业建会行动等，大力推行“重点建、行业建、兜底建”模式，工会组织覆盖面不断扩大。全国总工会数据显示，2021 年，全国新组建工会 12.4 万个，新发展工会会员 806.3 万人。全国约 3 万个乡镇（街道）基本实现普遍建立工会组织，其中 1.7 万个成立总工会。社会化工会工作者队伍进一步壮大优化，截至2021年底，共有4.25万人。本次线下调查显示，公有制单位职工加入工会的占87.0%，非公有制单位职工加入工会的占57.4%。

第二篇
适应新技术新业态新模式快速发展的形势变化 职工队伍不断发展壮大并呈现新特点

2017年以来，随着新一轮科技革命和产业变革深入发展，新技术新业态新模式不断涌现，我国产业结构、就业形态等发生深刻变革，与之相适应，职工队伍结构、素质能力、愿望诉求等呈现出一些新特点。

一、职工队伍结构方面

（一）新就业形态劳动者成为职工队伍重要组成部分

本次线上调查针对的主要是货车司机、网约车司机、快递员、外卖配送员等新就业形态劳动者群体（见图3）。从性别来看，新就业形态劳动者群体以男性为主。男性总体占比达70.0%以上，其中货车司机中的男性占比最高，为98.2%；外卖配送员、网约车司机中的男性占比大致相当，分别为94.6%、93.1%；快递员中男性占比稍低，为87.8%。从年龄来看，新就业形态劳动者群体以青壮年为主。外卖配送员、快递员集中在25~34岁年龄段，占比分别为51.0%、40.5%；网约车司机、货车司机集中在35~44岁年龄段，占比分别为54.9%、46.5%。从户籍来看，新就业形态劳动者群体农业户籍人员占比较高。

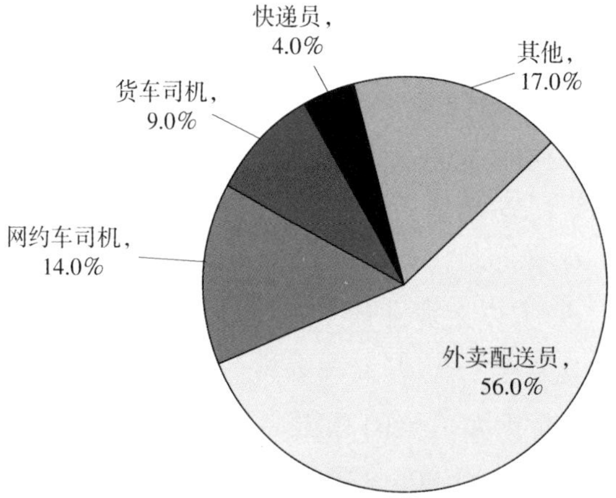

图3 新就业形态劳动者调查样本的职业分布情况

货车司机中农业户籍占比最高，为78.0%；其次为外卖配送员，农业户籍占62.1%；网约车司机和快递员中农业户籍占比大致相当，分别为47.6%、45.3%。从学历来看，不同行业呈现明显差别。货车司机学历多集中在初中及以下水平，占70.7%；网约车司机总体学历最高，大专及以上学历占38.0%；快递员、外卖配送员学历则多集中在高中及以下水平，分别占比65.6%、67.2%。

（二）产业工人队伍发展壮大

从年龄来看，产业工人略低于职工平均年龄（38.3岁）。产业工人平均年龄为38.29岁，其中采矿业平均年龄最高（40.2岁），信息传输、软件和信息技术服务业平均年龄最低（34.5岁）。从户籍来看，农业户籍超过半数（52.1%）。本地农业户籍占38.2%，外地农业户籍占13.9%。农民工占比最高的为制造业（58.3%），占比最低的为电力、热力、燃气及水生产和供应业（29.6%）。从政治面貌来看，有较好的政治素养。共产党员占17.5%，共青团员占18.9%，二者合计占36.4%。从受教育年限来看，低于职工平均受教育年限（13.8年），行业差距较大。平均受教育年限为13.16年，其中制造业（12.82年）最低，信息传输、软件和信息技术服务业（14.81年）最高。从专业技术职称来看，初中级职称所占比重相对较大。仅2.3%具有高级职称，11.4%具有中级职称，15.6%具有初级职称。从产业来看，超过八成产业工人集中在第二产业，第三产业的产业工人比例在增长，其中信息传输、软件和信息技术服务业产业工人数量增长速度最快，从行业来看，近八成产业工人集中在制造业和建筑业。

二、职工文化和技术技能素质方面

（一）职工受教育程度普遍提高

本次线下调查显示，从学历来看，高中及以上学历职工增多。职工中高中及以上学历达85.0%；大学本科及以上学历占35.5%，比2017年提高3.6个百分点；初中及以下学历占15.0%，比2017年下降0.4个百分点（见图4）。从性别来看，女职工学历水平稳步提升。女职工平均受教育年限为14.0年，比男职工高0.5年。女职工中高中及以上学历达86.4%，比2017年提高0.6个百分点；大学本科及以上学历占38.6%，比2017年提高4.4个百分点；研究生及以上学历占2.4%，比2017年提高0.2个百分点。从户籍来看，城镇职工和农民工受教育程度同步增长。城镇职工平均受教育年限为14.5年，比2017年延长0.2年。城镇职工中大专及以上学历占74.9%，比2017年提高5个百分点。农民工平均受教育年限为12.8年，比2017年延长0.3年，其中大专及以上学历占47.9%，比2017年提高7个百分点。从年龄来看，职工受教育年限随年龄降低逐渐提高。50~60岁、40~50岁、30~40岁、18~30岁职工的平均受教育年限依次为12.4年、13.1年、14.3年、14.8年。从产业来看，第三产业职工平均受教育年限（14.5年）高于第一、二产业职工。第一产业职工平均受教育年限为12.5年，第二产业职工平均受教育年限为13.0年。从行业来看，制造业职工学历偏低。23.6%的职工为初中及以下学历；大学本科及以上学历职工仅占18.2%，显著低于35.5%的职工整体水平。从单位来看，机关、事业单位的职工受教育程度仍然保持在较高水平，企业职工平均受教育水平随单位规模增大而变高。机关、事业单位的职工平均受教育年限分别为15.7年、15.5年，大型企业、中型企业、小型企业和微型企业职工平均受教育年限分别为14.7年、14.1年、13.1年和12.7年。

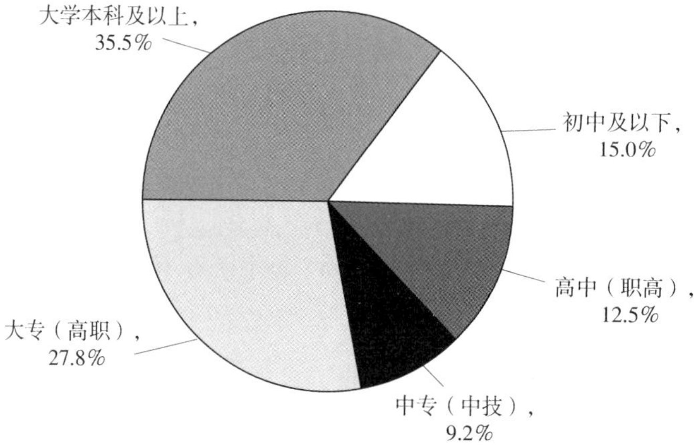

图4　职工受教育程度

（二）职工技术技能素质显著提升

本次线下调查显示，专业技术人员占调查职工总人数的17.1%，其中具有职称的占82.3%，高级、中级、初级职称分别占13.8%、39.1%、29.4%（见表1）；普通职工[①]中有技术等级的占25.5%，其中初级工占12.9%，中级工占7.2%，高级工占3.1%，技师占1.7%，高级技师占0.6%，其中高级技师比2017年提高0.1个百分点。我国专业技术人员队伍年龄主要处于30~50岁年龄段，合计占67.5%；集中分布在教育、制造、卫生和社会工作等3个行业，合计

① 普通职工指除公务员、专业技术人员、单位（不包括机关单位）一般管理人员、中层管理人员、高层管理人员之外的其他职工。

占 68. 6%；从事第三产业的最多，占 71. 5%。不同所有制单位、不同规模企业职工技术等级差异明显，国有单位的普通职工中有技术等级的占 37. 2%，私营单位的普通职工中有技术等级的占 23. 1%。不同规模企业中技术工人的占比也存在明显差距，根据大、中、小、微企业规模的差别，技术工人的数量渐次减少，占比分别为 30. 6%、26. 0%、24. 6%、19. 6%（见图 5）。

表 1　专业技术人员职称情况

专业技术人员	比例		
没有职称	17. 7%		
具有职称	82. 3%	高级职称	13. 8%
		中级职称	39. 1%
		初级职称	29. 4%

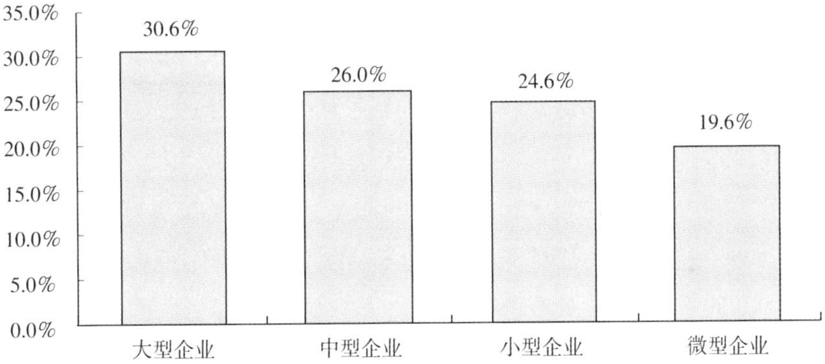

图 5　职工技术技能等级情况

三、职工愿望诉求方面

（一）更加注重自身成长和长远发展

职工关注自我价值实现和个人职业规划，更愿意通过职业成就感增加生活价值感和幸福感，实现能力超越。本次线下调查显示，95. 3%的职工有兴趣学习新的职业技能或知识，这一比例在年轻人、高学历职工中表现尤为突出，18～30 岁年龄段有兴趣学习新的职业技能或知识的为 97. 0%，30～40 岁年龄段有兴趣学习新的职业技能或知识的为 97. 1%；大学学历的职工有兴趣学习新的职业技能或知识的为 97. 4%，研究生以上学历的职工有兴趣学习新的职业技能或知识的为 98. 1%。66. 3%的职工担心自己的职业技能在将来会过时，其中无技能等级的普通职工的比例达 68. 8%；25. 5%的职工近五年来自费参加过进修或培训，其中大专及以上学历的职工比例均超过30.0%。80.4%的职工最近一年参加过单位组织的培训，比2017年增加2.6个百分点；参加职业培训的职工中，91.4%的职工表示提高了技能等级或专业技能。自费参加进修或培训的职工中，67.3%的职工是为了晋升职务、技术等级或提高工资收入。

（二）更加追求工作和生活均衡化

职工已经不满足于用长时间工作换取物质资源，时间自主权意识不断增强，希望有更多时间享受生活。本次线上调查显示，69.4%的职工希望在休息时间陪伴家人，30.1%的职工希望兼顾家庭。33.9%的职工认为生活品质主要体现在“更丰富的精神文化生活”，24.9%的职工认为生活品质主要体现在“更多的闲暇时间”。10.7%的职工向往更自由的工作方式，24.3%的女职工表示延长产假、倡导弹性工作能够促进其生育意愿。本次线下调查显示，30.1%的职工不愿意加班加点，32.0%的职工认为“996”现象对身体和家庭生活影响大而不接受。

（三）更加企盼不断提升生活品质

职工对目前生活状态评价总体偏好，均值为6.6分（10分为满分），收入和教育是影响职工生活品质的基本因素。本次线上调查显示，72.3%的职工认为生活品质主要体现在更满意的收入，54.6%的职工认为体现在更好的教育，53.7%的职工认为体现在更舒适的居住条件，49.6%的职工认为体现在更好的医疗卫生服务，46.5%的职工认为体现在更可靠的社会保障。55.4%的职工最在意缩小收入差距，29.8%的职工最在意缩小区域和城乡差距。21.7%的职工认为要限制垄断行业过高的不合理收入，41.8%的职工希望进一步提高社会保障水平，41.1%的职工希望加强税收调节。认为工会应加大服务职工力度的群体中，40岁以上的职工更注重健康休闲，对大病救助和疗休养的需求高于其他群体，分别为37.9%和17.8%；31~40岁的职工对培训需求和子女托育托管需求较高，分别为34.8%和33.0%；30岁以下职工对工作餐、婚恋交友、困难补助的需求相对强烈。

（四）更加依赖互联网及其衍生产品和服务

职工获取信息、交流互动、购物消费、工作学习的方式被互联网深刻改变。本次线下调查显示，职工了解新闻、获取社会热点信息的主要渠道排名前三位的是新闻网站（64.7%），微博、微信（62.2%），抖音、快手等短视频平台（52.0%）。在日常生活中职工使用较多的移动互联网产品或服务是网上购物

（78.4%）、移动支付（63.6%）、网上交友聊天（48.7%）。工会主席认为更便于开展网上工会工作、联系职工群众的渠道是微信群（88.2%）、公众号（34.0%）、QQ群（30.6%）。有8.8%的职工正在或曾经依托互联网从事过开网店、快车专车代驾、快递外卖、自媒体公众号、网络主播、教育培训及其他网约服务等工作，12.9%的职工表示有从事上述工作的打算。

（五）更加期望工会组织能够发挥更大作用

职工对工会代表和维护自身权益寄予较高期望。本次线下调查显示，职工最希望单位工会开展或加强的职工服务工作，排在前三位的是：提高职工工资收入（78.3%）、开展职工职业技能培训（70.1%）、组织职工参与企业管理（32.3%），其中选择开展职工职业技能培训的比2017年提高5.1个百分点。在回答“本单位劳动关系中存在的问题主要表现在哪些方面”，选择“工会难以发挥作用”的占44.3%，比2017年提高11.2个百分点。工会主席认为“企业工会应该抓好的最主要工作”，排在前四位的是：提升职工保障、福利水平（49.0%），提高职工工资收入（44.0%），帮扶困难职工（43.8%），保障职工就业岗位（37.6%）（见图6）。其中选择“保障职工就业岗位”的比2017年提高8.3个百分点。

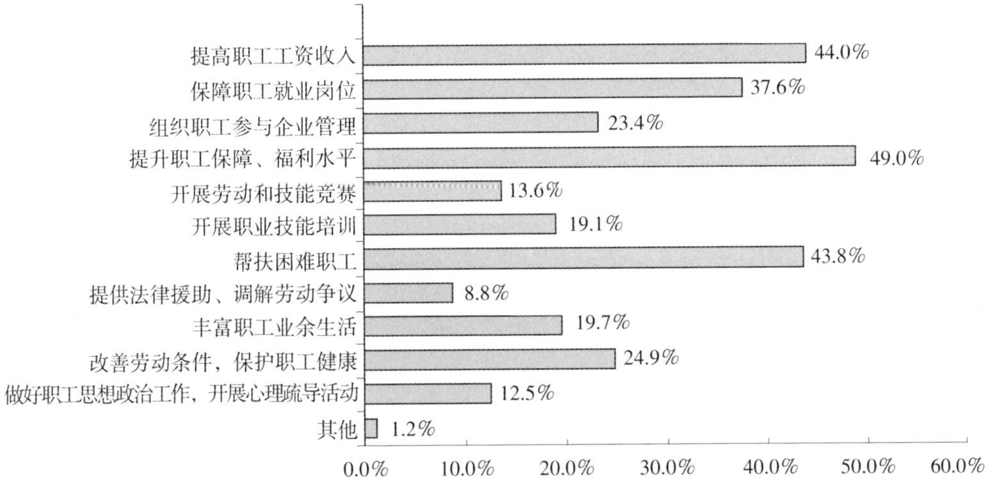

图6 工会主席认为企业工会应该抓好的最主要工作

第三篇
在不断满足人民群众对美好生活需要的进程中
职工劳动经济权益保障水平稳步提升

2017年以来，随着我国保障和改善民生领域一大批惠民举措落地实施，形成了人民安居乐业、社会安定有序的良好局面，新时代职工劳动经济权益的实现获得了更优越的发展机遇，权益保障和发展的基础、条件更加完备。

一、就业方面

（一）就业规模继续扩大

国家统计局数据显示，全国城镇就业人数逐年增加，由2017年的43208万人增加到2021年的46773万人，年均增加891万人；农民工总量从2017年的28652万人增加到2021年的29251万人。失业率保持在较低水平，“十三五”期间，全国城镇登记失业率保持在年均3.9%的较低水平，城镇调查失业率基本稳定在5.1%左右。本次线下调查显示，不担心自己失业的职工占48.9%；最近五年没有经历过失业、下岗、待岗、安置转岗的职工分别占76.7%、89.6%、79.8%、91.5%；对目前这份工作非常满意和比较满意的职工占81.7%，比2017年提高6.3个百分点。就业呈现本地化趋势，国家统计局农民工监测调查报告显示，2021年，本地农民工12079万人，比2020年增长4.1%，增速比外出农民工高出2.8个百分点。

（二）就业方式更趋多样

随着移动互联网、大数据、云计算等信息技术的广泛运用，新产业、新业态、新模式快速发展，网络主播、直播带货、外卖快递、网约车等新兴职业拓宽了就业渠道，成为就业增长的重要源泉。本次线下调查显示，62.7%的职工赞同共享经济、数字经济、平台经济等新业态督促其加强学习、提升就业能力。除50.3%的职工通过单位招聘就业外，还可以通过亲友帮忙（13.6%）、网络应聘（11.2%）、毕业分配（7.1%）等方式就业。

二、劳动报酬方面

（一）工资收入与经济发展同步增长

国家统计局数据显示，2021年我国人均GDP达80976元，扣除价格因素，比2012年增长69.7%，年均增长6.1%，城镇非私营单位、私营单位就业人员年均工资分别增长56.2%、54.2%。本次线下调查显示，2020年以来，68.2%的职工涨了工资；职工上月从单位获得的到手全部货币收入平均值为5235.3元，相比2017年的3608.4元增长45.1%；54.5%的职工认为自己的工资水平在所在城市属中等及以上水平，31.8%的职工对自己现在的工资收入水平感到满意和比较满意，57.8%的职工认为家庭生活水平与2017年相比有所提高。

（二）工资差距有所缩小

国家统计局数据显示，全国规模以上企业就业人员年平均工资从2017年的61578元增长至2021年的88115元。其中，中层及以上管理人员平均工资最高，同全部就业人员平均工资的比值从2017年的2.14降至2021年的2.05；岗位平均工资最高与最低的比值从2017年的2.67降至2021年的2.66，企业内部工资分配差距有所缩小。本次线下调查显示，东、中、西部地区职工上月从单位获得的到手全部货币收入（不含年终奖）在5001~10000元的占比分别为30.3%、15.0%、16.2%，不同地区职工收入仍然存在一定差距。拖欠职工工资问题得到进一步遏制，被单位拖欠工资的职工占2.2%，比2017年下降1.4个百分点。

三、社会保障方面

（一）参加社会保险人数持续增加

本次线下调查显示，参加职工基本养老保险或城乡居民基本养老保险的职工占比为92.7%，比2017年提高6.5个百分点；参加职工基本医疗保险的职工占比为84.6%，比2017年提高4.6个百分点；85.7%的职工参加了工伤保险，比2017年提高9.3个百分点；78.4%的职工参加了失业保险，比2017年提高9.4个百分点；76.5%的职工参加了生育保险，比2017年提高9.1个百分点（见图7）。

（二）社会保障待遇水平稳步提高

本次线下调查显示，51.6%的职工所在单位为其缴纳各类保险基数近一年相较过去有所提高。在基本社会保障的基础上，补充保障制度覆盖人群进一步扩大，27.2%的职工所在单位为其提供了企业年金、职业年金等补充养老保险，29.0%的职工参加了商业医疗保险，25.3%的职工参加了职工医疗互助保障。本次线上调查显示，91.4%的职工已为各类社会保险所覆盖，31.9%的职工希望享有大病救助和职工互助保险。

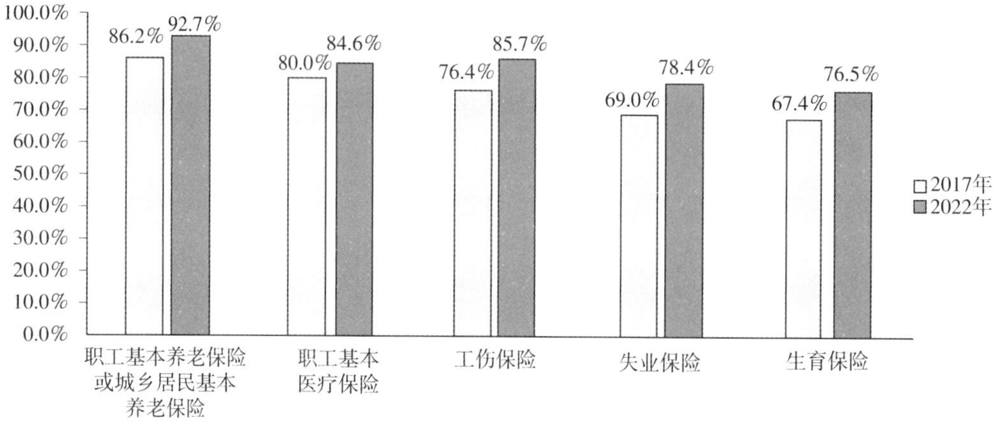

图 7　职工参加社保情况

四、劳动安全卫生和职业健康方面

（一）劳动安全卫生条件逐步改善

本次线下调查显示，职工工作环境不存在粉尘污染、噪声污染、有毒有害气体、辐射污染、机械故障隐患的比例分别为 78.5%、78.9%、88.2%、91.8%、82.2%，存在隐患的工作岗位采取了有效的防护措施。安全生产培训呈现常态化趋势，75.8%的职工最近两年参加了单位组织的安全生产和职业卫生方面的培训；67.4%的职工所在单位能够及时足量发放劳动保护用品，比 2017 年提高 16.7 个百分点；76.1%的职工所在单位能够及时足量发放防疫用品。全国总工会数据显示，截至 2022 年 9 月，全国已建户外劳动者服务站点 10.58 万个，投入资金 18.66 亿元，这些站点被广大职工称为“爱心驿站”“温暖港湾”，极大改善了户外劳动者的工作条件。

（二）职工生命健康权益得到较好保障

职业病危害检测、评价与控制，职业健康检查以及职业病诊断、鉴定、救治水平不断提升，重大急性职业病危害事故明显减少，各类职业病新病例从 2017 年的 26756 例下降到 2021 年的 15407 例。本次线下调查显示，6.1%的职工患过职业病或受过工伤，其中认为单位在治疗、疗养和赔偿等方面做得不好的占 14.7%，比 2017 年下降 6.9 个百分点；认为治疗职业病或工伤没有经济压力的职工占 52.6%；61.4%的职工最近一年参加过单位组织的体检，比 2017 年提高 3.2 个百分点。

五、重点群体权益方面

（一）新就业形态劳动者权益保障得到重视和改善

收入不断增加。本次线上调查显示，全职新就业形态劳动者每月收入均值为6549.9元。参加养老、医疗保险的比例较高，分别为68.6%、69.0%。其中，快递员和货车司机参加养老、医疗保险比例相对更高，75.0%和75.7%的快递员分别参加了养老、医疗保险，74.8%和74.5%的货车司机分别参加了养老、医疗保险。加入工会人数有所增加。全国总工会数据显示，各级工会推动货运等4个行业头部企业实现建会突破，2021年全国新发展新就业形态劳动者会员超过350万人。

（二）城市困难职工如期迈入全面小康

城市困难职工全部实现解困脱困。全国总工会数据显示，截至目前，工会建档立卡的549.9万户困难职工家庭全部如期实现解困脱困。其中，480.6万户实现根本脱困，涉及家庭人口1301万人；64.0万户因去世、精准识别和农民工返乡等因素退出档案；5.3万户重病、残疾困难职工家庭纳入政府兜底保障和工会常态化帮扶。城市困难职工生活水平明显提高，困难职工家庭可支配收入平均增长了19.6%，认为工会帮扶工作提升了自家生活水平的职工高达96.4%，99.0%的困难职工对工会帮扶工作表示满意。城市困难职工发展能力不断增强，2016年以来，通过就业创业帮助困难职工家庭解困脱困122万户，通过教育帮扶政策帮助41万名困难职工子女顺利完成学业并就业。

（三）女职工特殊利益进一步实现

本次线下调查显示，55.7%的受访女职工参加了单位组织的妇科及乳腺疾病检查，91.0%的女职工表示所在单位没有发生过限制怀孕等现象，八成以上女职工表示所在单位没有女职工因怀孕、生育和哺乳而被所在单位降低工资、辞退或解除劳动合同、转岗。57.2%的工会主席反映所在单位建立了女职工委员会，21.8%的单位设立了女职工委员；单位给予女职工一胎、二胎、三胎的产假天数在98天以上的，分别占比85.9%、89.4%、81.3%；有42.2%的单位为职工提供了孕妇休息室、哺乳室；76.9%的女职工产假期间工资待遇与产假前持平或高于产假前水平。

第四篇
立足新时代新征程
正确看待职工队伍发展面临的新形势新挑战

把握新发展阶段、贯彻新发展理念、构建新发展格局、推动高质量发展，受产业结构调整、平台经济兴起、择业观念变化、新冠疫情等因素影响，职工队伍发展面临新的形势和挑战。

一、职工素质提升面临新需求

（一）技能人才缺口仍然较大

未来五年是全面建设社会主义现代化国家开局起步的关键时期，加快建设制造强国、质量强国、航天强国、交通强国、网络强国、数字中国，对技能人才提出了新的更高要求。战略性新兴产业、先进制造业的不断发展和传统产业的转型升级需要劳动者掌握更多新技术、新技能，适应能力强、具有多种技术应用能力的复合型专业人才越发受到青睐，导致技能人才缺口逐渐扩大。人力资源社会保障部数据显示，技能劳动者的求人倍率长期保持在 2 以上，技能型人才缺口高达 2000 万左右。全国总工会 2022 年一季度劳动关系监测平台调查数据显示，长三角和珠三角分别有 40.8%和 37.5%的企业表示缺技术工人。

（二）技能人才结构需要改善

零工经济、新业态蓬勃兴起，使产业工人形成流失效应，传统制造业职工出现结构性短缺，年轻人不愿意进工厂当工人现象进一步凸显。国家统计局数据显示，2015—2020 年，全国制造业城镇单位就业人员数从 5069 万人下降到 3806 万人。年轻技术工人后备力量略显不足，技术工人特别是高级技师平均年龄进一步增长。本次线下调查显示，高级工平均年龄为 39.9 岁，比 2017 年增长 1.5 岁；技师平均年龄 42.8 岁，比 2017 年增长 1.6 岁；高级技师平均年龄 41.1 岁，比 2017 年增长 2.4 岁。技能结构不尽合理，高技能人才（高级工、技师、高级技师）占比低，仅为 5.4%，一定程度上制约了产业结构转型升级。技能人才区域分布不平衡，东北和西北的部分省份出现较为明显的人口外流，技工紧缺现象也逐步从东部沿海扩散至中西部地区，从季节性演变为经常性，一定程度上影响了地区产业发展安全。

（三）技能人才培养任重道远

一些企业培养技术工人的内生动力和意愿不够，部分企业未能足额提取和使用职工教育培训经费，担心投入大量成本培养的技术工人流失、跳槽，轻培养、重挖人的现象依然普遍。本次线下调查显示，职工教育经费提取比例低于1.5%或没有提取的企业占41.1%，职工教育经费用于一线职工的比例未达到六成的占24.8%。技术工人特别是高技能人才在收入分配上没有体现出优势。本次线上调查显示，有50.9%的制造业职工对技能与薪资不挂钩表示不满意。技术工人晋升通道狭窄，31.8%的制造业职工对职业发展空间小、工人不能当管理者或工程师表示不满意，26.2%的制造业职工认为技能序列存在“天花板”且对企业没有设立特级技师以上岗位表示最不满意，32.5%的制造业职工希望打通管理、技术与技能人才的发展通道。新冠疫情影响下，职工技术技能提升方式渠道发生较大变化，从传统的以集中、线下形式为主转为依托互联网平台开展在线技能培训、线上岗位练兵比武，一定程度上满足了分散灵活的技术技能提升需求。但技术技能培训对实践操作的要求较高，受条件的限制，线上培训的效率和质量有待提高。

二、职工权益保障面临新情况

（一）新冠疫情等因素对职工就业造成阶段性影响

住宿和餐饮业，文化、体育和娱乐业，交通运输、仓储及邮政业等行业职工就业权益受新冠疫情影响较大，83.4%的工会主席反映新冠疫情导致单位利润降低，68.6%的职工认为新冠疫情“导致我所在的行业经营困难”，34.5%的职工认为新冠疫情“曾经导致我所在单位停工停产”，6.7%的职工曾因新冠疫情而失业，47.0%的职工赞同“使我的求职机会变少了”，51.1%的职工担心自己会失业，相比2017年上升5.8个百分点。新就业形态劳动者普遍没有长期在新业态企业就业的打算，大多数作为一种过渡期的选择，就业稳定性低。本次线上调查显示，在新就业形态几类主要的从业人群中，货车司机从业时间3年以上的占80.0%，稳定性最高；网约车司机从业时间3年以上的占54.2%，稳定性居中；外卖配送员、快递员从业时间不足1年的占比分别为33.1%、50.1%，稳定性较低。

（二）一些职工群体的收入有待提高

中等收入群体占比较小，低收入群体所占比重较大。本次线上调查显示，过去一年，月收入4000元以下的职工占45.8%，月收入4001~6000元的职工占28.7%，月收入6001~8000元的职工占12.9%（见图8）。40.8%的制造业职工月均工资在4000元以下，月均工资4001~6000元的占32.8%，月均工资1万元以上的仅占6.0%。其中，一线职工、农民工工资相对偏低，月平均工资分别为4696元、4719元，低于整体月平均工资5154元；农民工工资在4000元及以下的比整体高5.2个百分点，在8000元以上的比整体低3.6个百分点。本次线下调查显示，70.1%的职工认为工人社会地位下降的主要原因是工人的收入水平偏低。职工收入总体持续增长，但工资增速有所放缓，本次线下调查显示，“2019年以来没涨过工资”的比例（25.8%）比“2014年以来没涨过工资”的比例（21.1%）增长4.7个百分点。近3年，有35.1%的制造业职工工资增长幅度在1%~10%之间，增长幅度在30%以上的仅占1.8%。

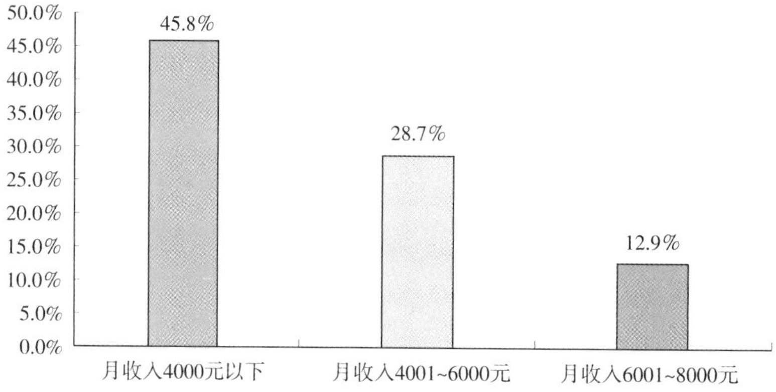

图8　职工月收入结构

（三）新就业形态劳动者社会保险权益实现还存在短板

社会保险权益实现程度较低，一些新就业形态劳动者与用工单位之间不构成《劳动合同法》规定的劳动关系，不能依法纳入国家“五险一金”社会保障体系。一些平台企业因恶性低价竞争和过高的抽成比例，导致没有利润，从而未能为建立劳动关系的劳动者缴纳社会保险。一些新就业形态劳动者对社会保障政策知晓度低，自主缴费意愿低。本次线上调查显示，有23.6%的新就业形态劳动者未参加任何社会保险。

（四）职工压力感和休息不足成为新的职业困扰

随着企业竞争日趋激烈，职工工作生活压力日益加大，职工心理健康成为需要予以关注的问题。本次线下调查显示，表示没什么压力的职工仅占7.7%，表示压力很大的职工占42.4%，比2017年提高0.7个百分点。这一比例在本次线上调查中更高，达49.7%。企业一线职工心理健康问题较为突出。本次线上调查显示，有54.9%的制造业职工表示生活压力较大或非常大，特别是制造业一线职工，为59.0%。男性职工、农民工、低学历职工的压力分别显著高于女性职工、城镇户籍职工、高学历职工。超时加班和休息休假不足成为劳动者重要压力来源。本次线下调查显示，表示上周实际工作了6天的职工占37.1%，实际工作了7天的职工占11.9%，仅有55.8%的职工表示按规定享受了带薪年休假。本次线上调查显示，67.5%的新就业形态劳动者每日工作时间在8个小时以上；有41.0%的货车司机、46.0%的网约车司机每日工作时间在14个小时及以上（见表2），超过35.0%的新就业形态劳动者处于每月无周休状态。数字化算法导致新就业形态劳动者被动高强度劳动，身心健康及意外伤害等劳动风险增高，有63.0%的受访者遭受过工伤或遭遇过交通事故。女职工生育或再生育意愿较低。本次线上调查显示，47.5%的女职工有一个孩子、27.7%有两个孩子、23.1%没有孩子；在已生育且有子女在学在托的职工中，52.1%认为教育费用太高是教育方面的最主要问题；69.9%的女职工没有生育或再生育的打算，21.1%的女职工短时期内不考虑生育或再生育。

表2　新就业形态劳动者工作时长情况

工作时间＼群体	货车司机	网约车司机	快递员	外卖配送员
超过8小时/日	82.7%	86.6%	58.1%	69.1%
超过14小时/日	41.0%	46.0%	8.8%	10.2%

三、职工队伍稳定面临新挑战

（一）劳动关系存在潜在风险隐患

当前我国劳动关系保持总体和谐稳定，但特定行业、部分群体存在劳动关系矛盾潜在风险。新就业形态劳动者劳动用工方式复杂多样，平台企业或与劳动者建立标准劳动关系，或通过业务外包、劳务派遣等方式规避劳动关系，或通过签订合作、承揽等协议形成民事关系。新就业形态领域劳动法律认定存在模糊地带，新就业形态劳动者缺乏权益诉求表达渠道，依法维权难度较大。本次线上调查显示，货车司机、网约车司机、快递员、外卖配送员的劳动合同签订率分别为7.3%、4.7%、34.5%、30.6%，远远低于本次线下调查显示的职工与工作单位签订劳动合同、聘用合同或其他用工合同的比例（94.2%）；货车司机、网约车司机、快递员、外卖配送员中分别有 76.4%、58.6%、33.8%、16.4%表示未签订任何合同或者协议（见表3）。

表3 新就业形态劳动者与平台企业关系情况

与平台关系＼群体	货车司机	网约车司机	快递员	外卖配送员	其他
什么也没签	76.4%	58.6%	33.8%	16.4%	25.5%
劳动合同	7.3%	4.7%	34.5%	30.6%	48.7%
合作协议/服务协议	4.9%	20.1%	18.9%	23.1%	7.0%
其他协议	0.8%	4.1%	4.7%	9.1%	2.8%
不清楚	10.7%	12.5%	8.1%	20.8%	16.0%

（二）基层工会建设面临新的机遇和挑战

国家市场监督管理总局统计数据显示，目前全国共有各类市场主体超过1.63亿户，其中个体工商户突破1亿户，除一些不具备建会条件的（如无雇工的，或仅雇佣1~2人的），企业和个体经济组织建会、发展会员空间仍然很大，一些职工游离在工会组织之外，急需把他们吸引过来、组织起来、稳固下来。互联网企业特别是平台企业在用工方式、组织架构等方面具有一定特殊性，企业在推动工会组建、履行建会程序等方面存在一定难度。部分企业主观上对建会入会认识程度不够，对工会的性质和职责作用认识不到位，新就业形态劳动者对工会组织认知度不够，入会积极性不高。本次线上调查显示，新就业形态劳动者不知道工会的占51.7%，对“加入工会”表示不愿意或未考虑清楚的达45.4%。一些国有企事业单位存在撤并工会组织和工作机构现象，专职工会干部有所减少。县域工会工作力量仍显薄弱，基层工会发挥作用还有提升空间。本次线下调查显示，14.3%的工会主席感觉在为职工维权上说话分量不足；80.6%的工会主席对于“只有将职工组织到工会中来，才能发挥工会作用、切实维护职工权益”的观点表示赞同。

第五篇
凝聚亿万职工为全面建设社会主义现代化国家全面推进中华民族伟大复兴而团结奋斗的磅礴伟力

党的二十大擘画了全面建设社会主义现代化国家、全面推进中华民族伟大复兴的宏伟蓝图，为新时代新征程党和国家事业发展、实现第二个百年奋斗目标指明了前进方向、确立了行动指南，也为发展工人阶级先进性、推进党的工运事业提出了新的要求、注入了新的动力。必须贯彻落实党的二十大精神，以习近平新时代中国特色社会主义思想为指导，全心全意依靠工人阶级，发挥工人阶级主力军作用，巩固工人阶级领导阶级地位，维护工人阶级根本利益，忠诚拥护“两个确立”、坚决做到“两个维护”，最大限度调动亿万职工建功新时代、奋进新征程的积极性主动性创造性，为以中国式现代化全面推进中华民族伟大复兴贡献智慧和力量。

一、坚持全心全意依靠工人阶级方针，在发展全过程人民民主中保障职工民主政治权利

党的二十大重申，我国是工人阶级领导的、以工农联盟为基础的人民民主专政的社会主义国家，国家一切权力属于人民，强调全心全意依靠工人阶级，健全以职工代表大会为基本形式的企事业单位民主管理制度，维护职工合法权益。这为保障工人阶级主人翁地位，充分体现职工意愿、保障职工权益、激发职工创造活力提供了重要遵循。一是完善贯彻全心全意依靠工人阶级方针的工作格局。强化各级党委的领导责任，加强理论政策研究和统筹谋划推进，及时制定保障工人阶级地位的相关政策文件，加大对已经出台的政策举措贯彻落实的检查督促力度。把全心全意依靠工人阶级方针教育作为思想理论建设的重要内容，纳入党委（党组）理论学习中心组学习范围和各级党政干部培训教育课程。二是加强协商民主建设。适当增加一线职工在党的代表大会代表和委员会委员、人民代表大会代表、政协委员、群团组织代表大会代表和委员会委员中的人数。推进基层民主建设，健全以职工代表大会为基本形式的企事业单位民主管理制度，推进厂务公开、业务公开，鼓励职工代表有序参与企业治理，不断提高职工民主管理的质量、水平和实效。三是支持和保证职工通过多种途径和形式参与管理国家事务，管理经济和文化事业，管理社会事务。加大在一线职工中发展党员的力度，把技术能手、

青年专家、优秀工人吸收到党组织中来，提高工人党员比例。

二、建设高素质的产业工人大军，为中国式现代化建设提供人才支撑

党的二十大指出，高质量发展是全面建设社会主义现代化国家的首要任务，加强建设国家战略人才力量，努力培养造就更多大师、战略科学家、一流科技领军人才和创新团队、青年科技人才、卓越工程师、大国工匠、高技能人才。实现高质量发展，以中国式现代化全面推进中华民族伟大复兴，必须有一支宏大的高素质产业工人大军作支撑。一是研究制定深化产业工人队伍建设改革的指导意见。将产业工人队伍建设改革纳入全面深化改革重要议事日程，与党和国家重大战略、重点任务结合起来，加强统筹谋划，做好政策衔接。建立各级党委和政府常态化听取汇报、研究解决问题的制度机制。二是强化职业技能培训。围绕先进制造业、战略性新兴产业、现代服务业、建筑业等，健全覆盖城乡全体劳动者、贯穿学习工作全过程、适应就业创业和人才成长需要的终身职业技能培训制度。依托大型骨干企业建设示范性高技能人才培养基地，支持民办培训机构和线上培训平台规范发展，鼓励职业学校开展补贴性培训和市场化社会培训。三是加快构建现代职业教育体系。增加对职业教育的资源投入，提升办学质量，开辟贯通空间，扩大生源覆盖，积极引导行业组织、企业、工会、专门机构等社会力量参与职业教育。四是加强各类劳动和技能竞赛的统筹。聚焦当今世界科技革命和产业变革的需要，瞄准制造业紧缺人才的培养，积极举办国家级一类职业技能大赛和国家级二类职业技能竞赛。加大对技能比赛获奖选手的物质奖励和精神奖励，鼓励职工积极参与技能比赛、提升技术技能水平。五是打破技能人才职业发展天花板。推行职称制度改革、职业资格制度改革、职业教育改革和职业技能等级制度，拓宽技能人才职业发展通道，使人人都有通过勤奋劳动实现自身发展的机会。

三、增进民生福祉，在稳步促进共同富裕进程中不断提升职工生活品质

中国式现代化的中国特色和本质要求之一就是实现全体人民共同富裕。党的二十大强调，必须坚持在发展中保障和改善民生，鼓励共同奋斗创造美好生活，不断实现人民对美好生活的向往，提出坚持多劳多得，鼓励勤劳致富。这就要求必须紧紧抓住职工最关心最直接最现实的利益问题，回应职工关切。一是健全构建和谐劳动关系制度机制。顺应新技术革命发展趋势，适应企业发展和职工权益保障新需求，健全劳动法律法规，完善协商协调机制，完善劳动者权益保障制度，推动构建和谐劳动关系。二是促进高质量充分就业。打好减税降费、援企稳岗、创业贷款、技能培训等政策“组合拳”，支持吸纳就业能力强的劳动密集型行业和企业发展。构建横向衔接的就业服务通道，加强人力资源市场建设，完善市场服务功能，通过政府调控、中介组织服务、自主择业等方式，规范人事代理、人员培训、人才推荐等服务，加强职业指导，完善就业信息服务制度，做大做强人力资源服务主体。三是健全完善多劳多得、技高者多得的分配格局。加大政府对收入分配的宏观调控，逐步提高劳动报酬在初次分配中的比重，健全劳动、技术等生产要素由市场评价贡献、按贡献决定报酬的机制，增加劳动者特别是一线劳动者劳动报酬，增加低收入者收入，扩大中等收入群体。建立健全与劳动力市场基本适应、与企业经济效益和劳动生产率挂钩的工资决定和正常增长机制，深化工资集体协商制度。四是突出灵活就业和新就业形态劳动者健全社会保障体系。完善灵活就业人员社保制度，把新就业形态劳动者、非公经济组织从业人员、农民工、灵活就业人员等作为社会保障扩面重点，分类细化参保方式、缴费基数和缴费率等，提供多样化的保障方案。完善工伤保险制度，制定平台灵活就业人员职业伤害保障办法，放宽参保条件，合理确定缴费模式和缴费水平。完善企业职工基本养老保险制度，促进各地区在制度、政策、标准、管理、服务等方面的统一，大力发展企业年金、职业年金，推动个人养老金发展，推动放开灵活就业人员在就业地参保的户籍限制。健全医疗保障制度体系，积极关注个人自付医疗费用，对罹患重大疾病的患者，探索实行个人负担总额封顶制，把职工医疗互助纳入医疗保障制度体系，推动以地方为单位建立医疗互助互济制度，逐步提高二次报销比例。

四、大力弘扬劳模精神、劳动精神、工匠精神，培育时代新风新貌

党的二十大提出，坚持尊重劳动、尊重知识、尊重人才、尊重创造，在全社会弘扬劳动精神、奋斗精神、奉献精神、创造精神、勤俭节约精神。要充分发挥工人阶级作为社会风尚有力倡导者的作用。一是开展劳动主题宣传教育。把劳动教育纳入人才培养全过程，体现在家庭、学校、社会教育各方面，将劳模进校园、大国工匠进校园活动作为大中小学生的劳动教育课程。二是发挥劳模工匠的示范引领作用。在全社会广泛宣传时代楷模、大国工匠、最美职工等先进典型。建设全国性、综合性、永久性的中国先进模范人物展示馆。打造一批歌颂劳动美德、讴歌奋斗人生的优秀文艺作品。发挥劳模评选表彰等党和国家功勋荣誉表彰的精神引领、典型示范作用。三是进一步叫响做实大国工匠品牌。做好大国工匠创新交流大会、大国工匠论坛和大国工匠年度人物发布等活动，积极构建选树宣传、精神弘扬、培育培养、成果交流、政策研讨的大国工匠活动体系。积极推动设立中国工匠日，提升工匠群体的职业认同感、自豪感，增强产业工人的职业荣誉感。

五、着眼保持和增强政治性先进性群众性深化工会改革和建设，有效发挥工会组织的桥梁纽带作用

党的二十大对深化工会等群团组织改革和建设提出了新的更高要求，必须加快推动工会重要领域和关键环节改革和建设的攻坚突破、落地见效，充分发挥工会的职能作用，积极展示工会的担当作为。一是团结引导工人阶级坚定不移听党话跟党走。坚持不懈用习近平新时代中国特色社会主义思想凝心铸魂，加强职工思想政治引领，发掘用好红色工运资源，突出“工”字系列职工文化特色品牌，开展有特色、接地气、入人心的宣传宣讲，不断增强拥护“两个确立”、做到“两个维护”的政治认同、思想认同、理论认同、情感认同。二是充分发挥工人阶级在推动高质量发展中的主力军作用。广泛深入持久开展多种形式的劳动和技能竞赛，组织动员职工深入开展“五小”等群众性创新活动，加强技能竞赛品牌化、机制化建设，探索在数字领域开展职业技能竞赛，开展新就业形态劳动者劳动和技能竞赛试点，把竞赛打造成为职工成长成才、创新创造的重要平台。三是不断增强职工群众获得感幸福感安全感。聚焦重点群体推动出台特殊行业劳动标准或过渡性劳动标准，制定适应平台经济运营模式的工时工资及劳动安全卫生等劳动标准，引导和督促企业严格落实国家工时制度和特殊工时管理规定。推进提升职工生活品质试点工作，探索建立社会资源与职工需求精准对接平台，打造服务职工综合体。加强对因灾情导致生活困难职工的帮扶救助，完善困难职工家庭生活状况监测预警和预防返困机制。加强厂务公开制度落实，推动省级厂务公开协调领导机构加强组织建设。坚持健全协调劳动关系三方机制、政府和工会联席会议制度，完善产业工会与对口部委、行业协会工作联系互动机制。四是加强工会组织建设。聚焦货车司机、网约车司机、快递员、外卖配送员等重点群体，大力推行“重点建、行业建、兜底建”模式，实现组建工会和发展会员工作持续稳步发展。加强县级工会和基层工会建设，开展模范职工之家创建活动。进一步加强工会社会工作专业人才队伍建设，壮大基层工会力量。完善工会经费收缴机制，强化预算绩效管理，提升财务保障能力。坚持公益性服务性与社会化市场化相结合，加强工会服务职工阵地建设。加快智慧工会建设，推进会员实名制，完善工会组织和职工（会员）基础数据库，推动工会工作数字化、维权服务智能化协同发展。

负 责 人：王东明、陈 刚

承担单位：全国总工会研究室、办公厅，中国工运研究所

专题调查报告

第二编

职工队伍总体状况调查报告

根据第九次全国职工队伍状况调查工作安排，全国总工会组成调研组先后赴北京、吉林、黑龙江、山东、河南、湖南等地，就职工队伍总体状况进行了专题调研。其间，调研组深入企业车间、基层一线实地走访，与地方党政负责同志、工会干部、职工代表、专家学者等进行座谈访谈，全面了解当前职工队伍情况，形成本调查报告。

一、职工队伍总体保持稳定，发展态势呈现出一些新的特点

调查显示，近五年来，随着我国经济社会持续健康发展，全面深化改革步伐加快，社会关系、劳动关系发生深刻变化，我国职工队伍呈现出一些新情况新特点。

（一）职工队伍结构保持相对稳定

党的十八大以来，以习近平同志为核心的党中央高度关心重视工人阶级和广大劳动群众，大力推动高等教育普及和职业教育发展，我国职工队伍规模不断扩大，性别、年龄结构总体处在合理区间，呈现良好发展态势。

一是职工队伍不断壮大。根据国家统计局发布的《中国统计年鉴 2021》等数据测算，目前全国职工总数 4.02 亿人左右，比 2017 年的 3.91 亿人增长 2.8%。国家统计局数据显示，我国 16~59 岁劳动年龄人口从 2017 年的 90199 万人减少到 2021 年的 88222 万人，呈逐年下降趋势，但总量仍达 8.8 亿人；随着城镇化进程的不断加快，全国城镇就业人数逐年增加，由 2017 年的 43208 万人增加到 2021 年的 46773 万人，年均增加 891 万人。

二是年龄结构处于合理区间。调查显示，职工队伍平均年龄出现小幅增长，平均年龄为 38.3 岁，比 2017 年的 37.1 岁增加了 1.2 岁，59.6%的职工在 40 岁以下，比 2017 年的 62.5%降低了 2.9 个百分点；“80 后”“90 后”成为职工队伍主体，分别占 37.9%、27.8%，合计达 65.7%。城镇职工平均年龄 40.2 岁，比 2017 年的 38.8 岁增加了 1.4 岁；农民工平均年龄 37.4 岁，比 2017 年的 34.1 岁增加了 3.3 岁。老龄化在职工队伍中的表现更加明显。女职工年龄结构较男职工更年轻，平均年龄 37.0 岁，40 岁以下的女职工占 64.9%。

（二）职工队伍分布呈现出新变化

党的十八大以来，随着我们提出并贯彻新发展理念，构建新发展格局，推动高质量发展，我国产业结构不断优化，与此相适应，职工队伍发生相应变化。

一是职工逐步向第三产业转移。过去五年，我国第一产业基础地位不断稳固；第二产业由高速增长向高质量发展转变，装备制造业、高技术制造业迅速发展；第三产业发展质量不断提升，现代服务业、新兴服务业迅猛发展，2021年第三产业增加值占 GDP 的比重为 53.3%，比 2012 年提高 7.8 个百分点，稳居国民经济第一大产业。根据《2021 年度人力资源和社会保障事业发展统计公报》，第一、二、三产业从业人员占比从 2017 年的 27.0%、28.1%、44.9%调整为 2021 年的 22.9%、29.1%、48.0%，第一产业就业人员占比连续五年下降，比 2017 年下降 4.1 个百分点；第二产业就业人员占比变化较小，比 2017 年提高 1 个百分点；第三产业就业人员占比连续五年增长，比 2017 年提高 3.1 个百分点。

二是信息和软件行业职工数量增长最快。过去五年，信息通信、互联网、大数据等新一代技术逐渐崛起，新产业、新业态、新商业模式层出不穷，新兴服务业占 GDP 的比重明显提升。2021 年，信息传输、软件和信息技术服务业，租赁和商务服务业增加值占 GDP 的比重分别为 3.8%和 3.1%，比 2012 年分别提高了 1.6 个百分点和 1.1 个百分点。国家统计局数据显示，信息传输、软件和信息技术服务业的从业人员已由 2017 年 395 万人增长至 2020 年的 487 万人，增幅 23.3%。根据产业工人核算数据，过去五年间，信息传输、软件和信息技术服务业产业工人数量增长最快，增幅达到 82.5%。

三是农民工跨省流动回落，小微企业就业增多。党的十八大以来，我国国际国内产业分工深刻调整，我国东部沿海地区产业向中西部地区转移步伐加快，中西部地区发挥资源丰富、要素成本低、市场潜力大的优势，积极承接国内外产业转移，不仅加速了中西部地区新型工业化和城镇化进程，促进了区域协调发展，也为农民工提供了更多在家门口就业的机会。另外，“大众创业、万众创新”的提出和深入实施，促使广大农民工积极投身创新创业的时代洪流，农民工流动开始呈现出由乡村、城市单向流动，变为城乡双向流动，返乡就业创业人员增多的趋势。国家统计局发布的《2021 年农民工监测调查报告》显示，2021 年，本地农民工 12079 万人，比 2020 年增长 4.1%，增速比外出农民工高出 2.8 个百分点。在外出农民工中，省内流动 10042 万人，比 2020 年增长 1.4%，省内流动增速比跨省流动高出 0.3 个百分点。调查显示，私有、港澳台商、外商企业职工合计占比66.3%。小微企业职工占比达74.4%，比2017年增长9.7个百分点。

（三）新就业形态劳动者成为职工队伍重要组成部分

党的十八大以来，新技术、新产业、新业态、新模式不断涌现，以货车司机、网约车司机、快递员、外卖配送员等为代表的新就业形态劳动者规模越来越庞大。根据《中国共享经济发展报告（2021）》显示，2020年我国共享经济参与者约为8.3亿人，其中服务提供者约为8400万人。

一是从业人员以男性和青壮年为主。由于依托互联网平台就业的新就业形态劳动者工作时间长、体力劳动强度大、工作时间自由、工作方式灵活，因此更加受男性和青壮年青睐。调查显示，男性总体占比达70.0%以上，其中货车司机中的男性占比最高，为98.2%；外卖配送员、网约车司机中的男性占比大致相当，分别为94.6%、93.1%；快递员男性占比稍低，为87.8%。外卖配送员、快递员集中在25~34岁年龄段，占比分别为51.0%、40.5%；网约车司机、货车司机集中在35~44岁年龄段，占比分别为54.9%、46.5%。

二是农业户籍人员占比较高。调查显示，货车司机中农业户籍占比最高，为78.0%；其次为外卖配送员，农村户籍占62.1%；网约车司机和快递员农村户籍占比大致相当，分别为47.6%、45.3%。

三是学历水平普遍不高。调查显示，货车司机学历多集中在初中及以下水平，占70.7%；网约车司机总体学历最高，大专及以上学历占38.0%；快递员、外卖配送员学历则多集中在高中及以下水平，占比分别为65.6%、67.2%。

四是职工流动性差异较大。受部分从业人员自带生产资料从事运营，一次性资本投入较大，转换职业成本高等因素影响，货车司机、网约车司机等在就业方面保持了较高的稳定性。调查显示，货车司机就业稳定性最高，从业时间3年以上的占80.0%，网约车司机从业时间3年以上的占54.2%。相比较而言，外卖配送员、快递员从业时间不足1年的占比则分别为33.1%、50.1%。

二、职工思想政治素质得到普遍提升，技能技术水平不断提高

全国总工会和各级工会组织认真贯彻落实党中央关于科教兴国战略、人才强国战略、创新驱动战略等决策部署，在加强思想政治引领、广泛深入持久开展劳动和技能竞赛、推进产业工人队伍建设改革上持续用力，为广大职工学习新思想、掌握新知识、培育新技能、增长新本领创造了条件，广大职工受教育水平显著提高，思想政治素质不断加强，技术技能水平实现较大提升。

（一）职工受教育程度稳步提高

党的十八大以来，在以习近平同志为核心的党中央坚强领导下，我国教育事业取得历史性成就，教育普及水平实现历史性跨越，各级教育普及程度达到或超过中高收入国家平均水平，高等教育进入普及化阶段，广大职工文化程度得到进一步提高，为国家重大战略实施和经济社会发展提供了强大的人才和智力支撑。

一是学历水平稳步提升。职工平均受教育年限为13.8年，比2017年提高0.2年。按照不同年龄段计算，50~60岁、40~50岁、30~40岁、18~30岁职工的平均受教育年限依次为12.4年、13.1年、14.3年、14.8年，呈现出年龄越小受教育程度越高的良好发展态势。高中及以上学历达85.0%，比2017年提高0.4个百分点。其中，大学本科及以上的占35.5%，比2017年提高3.6个百分点。初中及以下的职工占15.0%，比2017年下降0.4个百分点。

二是女职工受教育程度提升更加显著。女职工平均受教育年限为14.0年，比男职工高0.5年。女职工中高中及以上学历达86.4%，比2017年提高0.6个百分点。其中，大学本科及以上学历占38.6%，比2017年提高4.4个百分点；研究生及以上学历占2.4%，比2017年提高了0.2个百分点。

三是职工学历与行业、单位的性质和规模密切相关。国有单位职工平均受教育年限为15.4年，明显高于其他单位。公有制单位的职工平均受教育年限为15.1年，高于非公有制单位的13.1年；机关、事业单位的职工受教育程度仍然保持在较高水平，平均受教育年限分别为15.7年和15.5年。大型企业、中型企业、小型企业和微型企业职工平均受教育年限依次为14.7年、14.1年、13.1年和12.7年。制造业23.6%的职工为初中及以下学历，大学本科及以上的高学历职工仅占18.2%，低于35.5%的整体水平。

（二）职工思想主流积极健康向上

以习近平同志为核心的党中央高度重视社会主义精神文明建设，针对我国社会思想观念深刻变化的趋势，从正本清源入手加强宣传思想工作，推动用党的创新理论武装全党、教育人民、指导实践，坚持以社会主义核心价值观引领文化建设，注重用社会主义先进文化、革命文化、中华优秀传统文化培根铸魂，广泛开展中国特色社会主义和中国梦宣传教育，推动理想信念教育常态化制度化，完善思想政治工作体系，在全社会唱响了主旋律、弘扬了正能量，我国意识形态领域形势发生全局性、根本性转变，广大职工文化自信明显增强，凝聚力和向心力极大提升。

一是听党话感党恩跟党走的政治信念更加坚定。调查显示，职工群众发自内心爱戴和拥护习近平总书记，对以习近平同志为核心的党中央的坚强领导衷心拥护，对党和国家事业过去五年取得的重大成就和新时代十年的伟大变革充分赞誉，对坚持和发展中国特色社会主义充满信心，高度认同习近平新时代中国特色社会主义思想，对新时代党的创新理论展示出的强大真理力量和实践伟力感受深刻。广大职工认为，中国特色社会主义具有前所未有的光明前景，对党和国家大政方针、党中央重大决策部署坚决拥护。94.2%的职工认为党的百年奋斗从根本上改变了中国人民的前途命运，开辟了实现中华民族伟大复兴的正确道路。95.2%的职工对全面建成社会主义现代化强国、实现中华民族伟大复兴的中国梦有信心，90.1%的职工对到本世纪中叶全体人民共同富裕基本实现有信心。88.4%的职工认为“十四五”规划目标正确、切实可行，能让百姓得到实惠，85.2%的职工认为未来的生活会越来越好，比 2017 年提高 15.3 个百分点。95.5%的职工对坚定不移推进全面从严治党、大力推进反腐倡廉的做法非常支持或比较支持，比 2017 年提高 4.1 个百分点；91.4%的职工认为中央八项规定及其实施细则出台以来贪污腐败的情况减少，比 2017 年提高 10.6 个百分点。

二是劳动光荣、技能宝贵、创造伟大的价值观念日益深入人心。调查显示，各级党委政府深入贯彻全心全意依靠工人阶级方针，广大职工积极投身“当好主人翁、建功新时代”“建功‘十四五’、奋进新征程”等主题劳动和技能竞赛，在推动经济社会高质量发展中发挥了主力军作用。2021 年全员劳动生产率（按 2020 年价格计算）比 2012 年增长 80.3%，2013—2021 年年均增长 6.8%。党的十八大以来，累计表彰全国五一劳动奖状 2245 个、全国五一劳动奖章 8650 个和全国工人先锋号 8870 个，发布 9 届全国“最美职工”91 人次，联合选树宣传大国工匠 87 名，各省（区、市）选树宣传省级工匠 5288 名，地市级工匠超过 2.2 万名。70.1%的职工了解当代劳动模范、大国工匠、时代楷模等先进典型人物，被他们的事迹感染，愿意向他们学习；72.4%的职工认为全社会弘扬劳模精神、劳动精神、工匠精神的氛围浓厚，79.3%的职工认为工人地位有很大提高或有所提高，比 2017 年提高 12.7 个百分点；78.4%的职工认同或比较认同“靠劳动能过上富裕的生活”，比 2017 年提高了 8 个百分点。

（三）职工技术技能水平明显提升

近年来，我国大力发展职业教育，深入推进职工技术技能培训，特别是产业工人队伍建设改革各项政策举措的落实落地，职工技术技能素质实现有效提升，发展通道进一步畅通。人力资源社会保障部数据显示，截至 2021 年底，全国技能人才总量超过2亿人，高技能人才超过6000万人，技能人才占就业人员总量的比例超过26%。

一是专业技术人员和技术工人队伍进一步发展壮大。调查显示，全国总工会和各级工会组织围绕实施制造强国战略、创新驱动发展战略，推动职业教育制度改革，实施职业技能提升行动，推行学徒制培训，推动构建产业工人技能形成体系，以广泛深入持久开展各种形式的劳动和技能竞赛，开展“五小”活动等群众性经济技术创新活动，举办大国工匠创新交流大会、大国工匠论坛，创建劳模和工匠人才创新工作室等，并以之为载体，着力提升职工技术技能素质。专业技术人员占调查职工总人数的17.1%，其中具有职称的占82.3%，具体来看，具有高级职称的职工占13.8%，比2017年增加1.2个百分点；具有中级职称的职工占39.1%；具有初级职称的职工占29.4%。专业技术人员队伍年龄主要处于30~50岁，合计占67.5%；集中分布在教育、制造、卫生和社会工作3个行业，合计占68.6%；从事第三产业的职工最多，占71.5%。在普通职工中，无职业技能等级的占74.5%，有职业技能等级的占25.5%。其中，初级工占12.9%、中级工占7.2%、高级工占3.1%、技师占1.7%、高级技师占0.6%。不同所有制单位、不同规模企业职工技术等级差异明显，国有单位的普通职工中有技术等级的占37.2%，私营单位则占23.1%。不同规模企业中技术工人的占比也存在明显差距，根据大、中、小、微企业规模的差别，技术工人的数量渐次减少，分别占比为30.6%、26.0%、24.6%、19.6%。

二是职工对提升专业技术技能态度积极。调查显示，全国总工会和各级工会加大对劳模和工匠人才的宣传力度，深化“劳动创造幸福”“中国梦·劳动美”“强国复兴有我”等主题宣传教育，广泛开展劳模和大国工匠进校园等活动，更好发挥劳模、工匠人才示范引领作用，激励广大职工以劳动模范、大国工匠为榜样，勤于创造、勇于奋斗，共同创造幸福美好生活。95.3%的职工表示有兴趣学习新的职业技能或知识，94.7%的职工有一定的学习行动或计划打算；36.7%的职工参加过所在单位开展的劳动和技能竞赛活动（技术比武、岗位练兵等）；92.1%的职工认为开展劳动和技能竞赛（技术比武、岗位练兵等）对单位和个人都有好处；74.8%的职工评价设立“劳模和工匠人才创新工作室”在提高技术技能水平方面对单位、劳模、工匠人才和普通职工都有好处；66.5%的工会主席所在单位最近一年开展过劳动和技能竞赛；73.7%的工会主席表示大多数职工积极参加劳动和技能竞赛。

三、职工利益诉求呈现多元趋势，对美好生活充满期待

党的十八大以来，以习近平同志为核心的党中央坚持以人民为中心的发展思想，高度重视保障和改善民生，把保障和改善民生作为工作的根本出发点和落脚点，以一系列重大政策举措惠民生、纾民困、解民忧，居民收入较快增长，生活质量稳步提升，人民获得感、幸福感、安全感更加充实、更有保障、更可持续，广大职工对更高层次、更高品质生活的期待和向往，呈现一些新特征新趋势。

（一）重视劳动经济权益的实现

职工的劳动经济权益是职工最基本、最现实的权利，是职工获得政治民主权益和精神文化权益的前提和基础。开启全面建设社会主义现代化国家新征程，广大职工对高品质生活的向往更加全面、更加多样，最直接、最迫切的表现就是劳动经济权益得到更好保障。调查显示，50.9%的职工认为收入增长应与经济增长同步，43.3%的职工希望实现收入稳步增长。在增长方式上，71.6%的职工希望有工资随物价上涨的机制。职工也重视薪酬体系的合理性，职工表示“最重要的是要根据能力、绩效、工作量来确定收入”。63.6%的职工希望通过产业工人队伍建设改革促使收入和技能挂钩。55.4%的职工最在意缩小收入差距，29.8%的职工最在意缩小区域和城乡差距，七成以上职工认为应提高一线职工工资水平，八成职工希望二次分配进一步改善。30.1%的职工不愿意加班加点，只有11.4%的职工由于加班多工资收入多希望能加班加点。虽然40.9%的职工为了得到更多加班费而加班，但28.2%的职工希望加班后可调休，18.6%的职工希望最好不用加班，10.5%的职工不接受加班。31.9%的职工希望享有大病救助和职工互助保险，26.8%的职工希望工伤保险制度进一步创新，不断扩大覆盖面。41.8%的职工希望进一步提高社会保障水平，41.1%的职工希望加强税收调节。40岁以上职工更注重健康休闲，对大病救助和疗休养的需求高于其他群体，占比分别为37.9%和17.8%。

（二）期望享有均等基本公共服务

享有基本公共服务是公民的基本权利，保障人人享有基本公共服务是党和政府的重要职责。党的十八大以来，党和国家积极推动基本公共服务资源持续向基层、农村、边远地区和困难群众倾斜，中西部地区的公共服务设施条件明显改善，城乡之间制度性的差异明显减少，基本公共服务逐步覆盖全部城镇常住人口，城乡区域人群中的基本公共服务差距不断缩小。“十四五”规划明确提

出，到2025年，我国基本公共服务均等化水平要明显提高；到2035年，要实现基本公共服务均等化。调查显示，72.3%的职工认为生活品质主要体现在“更满意的收入”，54.6%的职工认为生活品质主要体现在“更好的教育”，53.7%的职工认为生活品质主要体现在“更舒适的居住条件”，49.6%的职工认为生活品质主要体现在“更好的医疗卫生服务”，46.5%的职工认为生活品质主要体现在“更可靠的社会保障”。46.5%的职工打算在“改善住房”上增加支出；83.3%的职工希望“降低医疗费用，提高报销比例”，43.9%的职工希望“优化异地就医和报销”，28.6%的职工希望“注重预防，降低癌症等筛查费用”，24.8%的职工希望“优质医疗资源均衡分布”；59.8%的职工打算在“子女教育”上增加支出，66.0%的职工注重教育资源的均衡与可获得；关于生育，职工期待排名前三位的分别是“教育减负”（46.7%）、“提供育儿津贴”（43.2%）、“入托入园更便利更便宜”（41.5%）；52.7%的职工希望“增加养老服务机构、设施及服务”，54.1%的职工希望“发展社区养老、生活服务等”。

（三）希望自身得到全面发展

随着我国进入高质量发展阶段，经济关系、社会关系发生深刻变化，产业升级对职工科学文化、技术技能等综合素质提出更高要求，广大职工在工作生活中的竞争压力越来越大，客观上要求广大职工特别是青年职工更加关注自身的成长和提升，在学习新知识和新技能上投入更大精力，以便在竞争日益激烈的劳动力市场上保持有效的竞争力。调查显示，年轻、高学历职工更有兴趣学习新技能新知识，18~30岁年龄段有兴趣学习新的职业技能或知识的职工比例为97%，30~40岁年龄段有兴趣学习新的职业技能或知识的职工比例为97.1%；具有大学学历的职工有兴趣学习新的职业技能或知识的职工比例为97.4%，研究生以上学历有兴趣学习新的职业技能或知识的职工比例为98.1%。66.3%的职工担心自己的职业技能在将来会过时，其中无技能等级的普通职工更担心自己的职业技能会过时，这一比例达68.8%。25.5%的职工近五年来自费参加过进修或培训，其中大专及以上学历的职工这一比例均超过30.0%；80.4%的职工最近一年参加过单位组织的培训，比2017年增加2.6个百分点；参加职业培训的职工中，91.4%的职工表示提高了技能等级或专业技能。自费参加进修或培训的职工中，67.3%的职工是为了晋升职务、技术等级或提高工资收入。

（四）期盼工作和生活更加均衡化

新时代以来，我国全面建成小康社会，实现第一个百年奋斗目标，广大职工物质生活更加宽裕、更加注重生活质量、更加注重工作和生活平衡，把享受更好的物质和精神文化生活作为重要的追求目标。调查显示，69.4%的职工希望在休息时间陪伴家人，30.1%的职工希望兼顾家庭，20.0%的职工希望获得更多闲暇时间。33.9%的职工认为生活品质主要体现在“更丰富的精神文化生活”，24.9%的职工认为生活品质主要体现在“更多的闲暇时间”。10.7%的职工向往更自由的工作方式，19.0%的女职工表示延长产假、倡导弹性工作能够促进其生育意愿。45.6%的职工在休假时间选择休息补觉，32.0%的职工在休假时间选择健身锻炼，23.4%的职工在休假时间选择朋友聚会，22.5%的职工在休假时间选择旅游，14.0%的职工在休假时间选择刷手机、打游戏，12.9%的职工在休假时间选择参加培训，9.8%的职工在休假时间选择阅读、看展览等文化娱乐。22.9%的职工希望在“文化娱乐旅游”方面增加支出，17.3%的职工希望在“保养保健”方面增加支出。

（五）对工会组织更好发挥作用充满期待

工会是党领导下的工人阶级群众组织，是党联系职工群众的桥梁和纽带，承担着团结教育、维护权益、服务职工的重要职责。当前，我国经济社会快速发展，工会工作在取得重要成绩的同时，也存在不少短板。例如，工会组织覆盖不到位，特别是对新就业形态劳动者的覆盖不到位，基层人财物匮乏、活力不强、作用发挥不够，维权服务的资源和手段不足，等等。这些都与职工对工会的期待有不小差距。调查显示，16.9%的企业未建立工会组织，33.5%的职工不是工会会员，没有加入工会组织。职工最希望单位工会开展或加强的职工服务工作，排在前三位的是：提高职工工资收入（78.3%）、开展职工职业技能培训（70.1%）、组织职工参与企业管理（32.3%），其中选择开展职工职业技能培训的比 2017 年提高 5.1 个百分点。在回答“企业工会应该抓好的主要工作”时，排在前四位的是：提升职工保障、福利水平（49.0%），提高职工工资收入（44.0%），帮扶困难职工（43.8%），保障职工就业岗位（37.6%）。其中，选择“保障职工就业岗位”的比 2017 年提高 8.3 个百分点。职工对基层工会发挥更大作用抱有期待，14.3%的工会主席感觉在为职工维权上，说话分量不足；80.6%的工会主席对于“只有将职工组织到工会中来，才能发挥工会作用、切实维护职工权益”的观点表示赞同。基层工会主席兼职率高，76.6%的工会主席为兼职，一线职工在工会担任领导岗位的非常少，87.5%的工会主席是单位的管理人员。

四、着眼新形势新任务，工会组织推进职工队伍全面发展的思考

党的二十大擘画了以中国式现代化推进中华民族伟大复兴的宏伟蓝图，发

出了为全面建设社会主义现代化国家、全面推进中华民族伟大复兴而团结奋斗的伟大号召。新征程上，我国职工队伍面临许多新形势新情况，我们要认真学习贯彻党的二十大精神，深入研究职工队伍发展特点和变化趋势，充分发挥工会组织作用，促进职工队伍全面发展，团结动员亿万职工为全面建设社会主义现代化国家、全面推进中华民族伟大复兴贡献智慧和力量。

（一）坚持不懈用习近平新时代中国特色社会主义思想凝心铸魂，在加强思想政治引领中筑牢广大职工团结奋斗的共同思想基础

党的二十大报告指出，坚持用习近平新时代中国特色社会主义思想统一思想、统一意志、统一行动，健全用党的创新理论武装全党、教育人民、指导实践工作体系。一是深化习近平新时代中国特色社会主义思想学习宣传贯彻。广泛开展有特色、接地气、入人心的宣传宣讲活动，推动习近平新时代中国特色社会主义思想进企业、进车间、进学校、进教材、进头脑，引导广大职工掌握这一思想的世界观和方法论，坚持好、运用好贯穿其中的立场观点方法，用以武装头脑、指导实践、推动工作。二是加强职工理想信念教育。通过教育引导、舆论宣传、文化熏陶、行为实践、制度保障，引领广大职工进一步坚定道路自信、理论自信、制度自信、文化自信，坚定不移听党话跟党走，自觉做“两个确立”的坚定拥护者、“两个维护”的忠诚实践者。三是创新职工思想政治工作。强化网上思想引领，采用生动活泼、灵活多样的方式，把解决职工思想问题同解决实际问题结合起来，提升思想引领的感染力和说服力。

（二）坚持全心全意依靠工人阶级方针，在以中国式现代化全面推进中华民族伟大复兴中发挥工人阶级主力军作用

党的二十大报告明确指出，以中国式现代化全面推进中华民族伟大复兴，深刻阐释了中国式现代化的中国特色和本质要求。一是组织动员职工建功立业。围绕党的二十大作出的重大部署，在广大职工中广泛深入持久开展劳动和技能竞赛，广泛深入开展“五小”等群众性创新活动，激发职工创新创造潜能。二是大力弘扬劳模精神、劳动精神、工匠精神。加大对劳动模范、大国工匠等先进群体的宣传力度，落实相关奖励政策和待遇，进一步提升他们的社会地位，发挥他们对职工群众的示范带动作用。三是提升职工技术技能素质。深化产业工人队伍建设改革，加快构建产业工人技能形成体系，提升产业工人技术技能素质，培养和造就更多大国工匠和高技能人才。

（三）坚持以人民为中心的发展思想，在增进民生福祉中不断提升广大职工生活品质

党的二十大报告提出，必须坚持在发展中保障和改善民生，鼓励共同奋斗创造美好生活，不断实现人民对美好生活的向往。一是加强维权服务制度机制建设。针对广大职工最关心最直接最现实的利益问题，推动制定和修改完善与职工切身利益相关的法律法规。二是突出维权重点。健全完善以职工代表大会为基本形式的企事业单位民主管理制度，依法保障职工知情权、参与权、表达权、监督权。支持和规范发展新就业形态，加强对灵活用工的研究，警惕去劳动关系化现象，遏制规避劳动法规的灵活用工，推动平台企业依法规范用工，切实保障新就业形态劳动者合法权益。三是增强服务实效。加强职工服务工作中心、职工疗休养院、工人文化宫、职工书屋等服务和宣传教育阵地建设，加大“劳动者港湾”“爱心驿站”等工会户外劳动者服务站点建设力度，不断提升职工生活品质。

（四）坚持贯彻总体国家安全观，在推进国家安全体系和能力现代化中发挥工会作用

党的二十大报告把国家安全放在前所未有的高度加以强调，提出必须坚定不移贯彻总体国家安全观，把维护国家安全贯穿党和国家工作各方面全过程，确保国家安全和社会稳定。一是构建和谐劳动关系。推动完善工资平等协商机制、正常增长机制、支付保障机制，推动解决劳动报酬、社会保险、休息休假、职业安全等方面的突出问题，加快推动形成规范有序、公正合理、互利共赢、和谐稳定的劳动关系。二是加强矛盾排查化解。健全劳动关系风险监测、分析、预防、处置机制，开展劳动关系领域的风险隐患排查，密切关注降薪裁员、欠薪欠保、劳资纠纷、生活困难等可能引发的突出风险，加强劳动争议多元化解，畅通劳动者诉求表达、利益协调和权益保障通道。三是加强对劳动领域社会组织的联系引导。与有关部门协调联动，强化协同、强化管控、强化处置，合力抓好反渗透工作。

（五）坚持发扬自我革命精神，在深化工会改革和建设中有效发挥桥梁纽带作用

党的二十大报告对深化工会、共青团、妇联等群团组织改革和建设提出明确要求。一是坚持改革方向。把保持和增强政治性、先进性、群众性作为工会工作的根本标尺和长期任务，以全局观念和系统思维谋划推进工会改革，构建

联系广泛、服务职工的工会工作体系，增强团结教育、维护权益、服务职工功能，持续推动工会改革向纵深发展、向基层延伸，有效发挥桥梁纽带作用。二是提升基层工会活力。全面加强工会系统基层党组织建设，强化政治功能、组织功能、服务功能，进一步推动基层工会真正建起来、转起来、活起来。三是提升智慧工会建设效能。加强工会工作信息化建设统筹和系统整合，强化工会数据跨部门、跨层级、跨地区的汇聚融合和深度利用，推进业务信息化共建共用和运行方式、业务流程和服务模式数字化智能化。四是加强工会干部队伍建设。树立选人用人正确导向，培养一批忠诚干净担当的高素质专业化工会干部，健全完善工会干部下基层、赴基层蹲点等长效机制，积极协调解决基层和职工群众面临的实际困难和问题。

负 责 人：陈　刚
承担单位：全国总工会研究室

产业工人队伍总体状况、主要特点与权益保障调查报告

工人阶级是我国的领导阶级，产业工人是工人阶级的主体力量。习近平总书记始终牵挂广大产业工人，高度重视产业工人队伍建设。党的十八大以来，习近平总书记亲自谋划、亲自部署、亲自推动产业工人队伍建设改革。2017年2月，习近平总书记主持中央全面深化改革领导小组第三十二次会议，审议通过了《新时期产业工人队伍建设改革方案》（以下简称《改革方案》）。同年4月，中共中央、国务院印发了《改革方案》。五年来，广大产业工人理想信念更加坚定，成为党执政的坚实基础和依靠力量；主人翁地位进一步彰显，各项待遇稳步提高；综合素质进一步提升，为推动高质量发展、实施制造强国战略、全面建设社会主义现代化国家作出了重要贡献，在经济社会发展大局中充分发挥了工人阶级主力军作用。

在推动时代发展、社会进步中，我国产业工人的队伍不断壮大，素质明显提升，权益有效实现。本报告以第九次全国职工队伍状况调查线下调查、制造业职工网络专题调查为主要数据来源，从定义、结构状况、素质水平和权益实现等方面分析产业工人队伍情况，并提出新发展阶段深化和加强产业工人队伍建设改革的对策建议。

一、产业工人的定义

传统意义上，产业工人是指在现代工厂、矿山、交通运输等企业中从事集体生产劳动，以工资收入为生活来源的工人。产业工人具有高度组织纪律性和团结协作精神，是先进生产力的代表，是工人阶级的主力和骨干。2016年，在全国总工会、国家发改委、人力资源社会保障部等单位联合开展调查研究、广泛听取各方意见、充分考虑我国产业分工发展实际的基础上，紧紧围绕我国建设制造强国的战略目标并结合已有统计数据情况，提出我国产业工人主要是指在第一产业的农场、林场，第二产业的采矿业、制造业、建筑业、电力、热气、燃气及水生产和供应业，以及第三产业的交通运输、仓储及邮政业，信息传输、软件和信息技术服务业等行业中从事集体生产劳动，以工资收入为生活

来源的工人。

二、产业工人队伍的结构特征

产业工人的分布总体呈现如下特点：

（一）从性别上看，产业工人性别结构整体上比较均衡，女性略多于男性

第九次全国职工队伍状况调查线下调查（以下简称九调线下调查）数据显示[①]，在产业工人中男性占比为48.8%，女性占比为51.2%，其中女性比例比2017年提高2.1个百分点。分行业类别来看，采矿业中男性占比最高，为65.4%，建筑业，交通运输、仓储及邮政业男性占比分别为57.0%、54.9%。女性占比较高的行业为信息传输、软件和信息技术服务业，制造业和电力、热力、燃气及水生产和供应业，分别为56.2%、53.0%和51.3%。

（二）从平均年龄上看，采矿业产业工人平均年龄最高，信息传输、软件和信息技术服务业产业的工人平均年龄最低

九调线下调查数据显示，全部产业工人的平均年龄约为38.29岁，比2017年提高了1.61岁，且略低于全部职工的38.35岁。其中，采矿业产业工人的平均年龄最高，为40.19岁；信息传输、软件和信息技术服务业产业工人的平均年龄最低，为34.45岁。此外，交通运输、仓储及邮政业产业工人的平均年龄为38.73岁，制造业产业工人的平均年龄为38.56岁，电力、热力、燃气及水生产和供应业产业工人的平均年龄为38.52岁，建筑业产业工人的平均年龄为37.26岁。分行业来看，与2017年相比，平均年龄提高幅度最大的是电力、热力、燃气及水生产和供应业，提高了2.05岁；其次是制造业和信息传输、软件和信息技术服务业，分别提高了1.88岁和1.87岁，其他行业提高均在1岁以内。

（三）从户籍性质上看，农民工占产业工人的比例有所提高且超过半数

九调线下调查数据显示，产业工人中本地农业户口占38.2%，外地农业户口占13.9%，二者合计52.1%，占比超过半数，与2017年相比，产业工人中的农民工占比提高了9.1个百分点。分六大行业门类来看，农民工占比最高的为制造业，达到58.3%；农民工占比最低的为电力、热力、燃气及水生产和供应业，比例为29.6%；农民工占比提高较多的行业有交通运输、仓储及邮政业，提高10.6个百分点，制造业提高10.3个百分点。

---

① 根据现有的产业工人定义和统计口径，在本篇报告中，暂且以第九次全国职工队伍状况调查线下调查中第二、三产业的六大行业门类的被调查者，作为产业工人的数据核算范围（以下相同）。

三、产业工人队伍的素质水平

（一）产业工人思想政治素质状况

近五年来，产业工人党员队伍发展力度不断加大。中组部从 2018 年开始，连续四年共下达产业工人发展党员指导性计划 59.1 万名，基本实现职工 50 人以上企业有党员、100 人以上企业有党组织的目标。根据九调线下调查数据，从政治面貌上看，产业工人中的共产党员占 17.5%，共青团员占 18.9%，二者合计占 36.4%。92.9%的产业工人对“党的百年奋斗从根本上改变了中国人民的前途命运，开辟了实现中华民族伟大复兴的正确道路”的观点表示赞同；91.4%的产业工人对党和政府在“打赢脱贫攻坚战，全面建成小康社会”方面的工作表示认可；94.3%的产业工人对“全面建成社会主义现代化强国、实现中华民族伟大复兴的中国梦”的目标表示有信心；89.8%的产业工人认为现在人们的道德水平比以前有所提高，比 2017 年提高了 15.4 个百分点。

（二）产业工人文化素质状况

九调线下调查数据显示，产业工人中研究生及以上学历的占 0.9%，大学本科学历的占 22.3%，大专（高职）学历的占 29.7%，三者合计占 52.9%，比 2017 年提高了 3 个百分点；学历为高中（职高）、中专（中技）的产业工人合计占 27.0%，比 2017 年降低了 3.4 个百分点；学历为初中及以下的产业工人占 20.1%，与 2017 年基本持平。从平均受教育年限来看，参加调查的产业工人平均受教育年限为 13.16 年，比 2017 年提高 0.08 年。其中制造业的产业工人平均受教育年限最低，为 12.82 年；信息传输、软件和信息技术服务业的产业工人平均受教育年限最高，为 14.81 年。

（三）产业工人技术技能素质状况

人力资源社会保障部的数据显示，我国技能劳动者[①]超过 2 亿人，占就业人口总量的 26%；高技能人才[②]超过 6000 万人，占技能人才总量的 30%。一支知识型、技能型、创新型高素质产业工人大军正在加快形成，高层次、高技能人才不断涌现。九调线下调查数据显示，参加调查的产业工人中，高级技师占 0.5%，技师占 1.6%，高级工占 2.8%，中级工占 7.2%，初级工占 13.2%，合计

---

① 技能劳动者是指在有职业资格等级要求的技术工种岗位工作的从业人员（不包括熟练工人和勤杂人员）。

② 高技能人才是指在生产和服务等领域岗位一线的从业者中，具备精湛专业技能，关键环节发挥作用，能够解决生产操作难题的人员。包括技能劳动者中取得技师和高级技师职业资格及相应职级的人员，主要分布于第一、二、三产业中技能含量较高的岗位。他们是我国人才队伍的重要组成部分，是各行各业产业大军的优秀代表。

占25.2%。从专业技术职称来看，参加调查的产业工人中，2.3%的产业工人具有高级职称，11.4%的产业工人具有中级职称，15.6%的产业工人具有初级职称，合计占29.3%。最近一年，79.3%的产业工人参加了单位组织的培训，比2017年提高了3.8个百分点，参加培训的产业工人中有90.8%通过培训提高了技能等级或专业技能。

四、产业工人队伍的劳动经济权益实现情况

（一）产业工人劳动收入权益情况

九调线下调查数据显示，参加调查的产业工人平均从事工作份数为2.32份；平均工龄为14.43年，比2017年提高0.98年。76.9%的产业工人最近五年内没有失业经历，89.1%的产业工人最近五年内没有下岗经历，80.4%的产业工人最近五年内没有待岗经历，91.4%的产业工人最近五年内没有安置转岗经历。95.1%的产业工人与单位签订了各类劳动合同、聘用合同或其他用工合同，比2017年提高2.9个百分点；产业工人周平均实际工作天数为5.6天，与2017年基本持平；周平均工作时间约为46小时，比2017年下降了0.22小时。产业工人从单位获得的到手月平均货币收入约为5290元，比2017年增加了1772元。74.7%的产业工人2019年以来涨过工资，平均增长约608.4元，平均涨幅比2017年提高234.7元。97.9%的产业工人表示单位未拖欠过工资，比2017年提高2.1个百分点。81.1%的产业工人对目前工作表示满意或非常满意，比2017年提高7.1个百分点。

（二）产业工人社会保障权益情况

从社会保障权益方面看，参加养老保险的产业工人比例为92.9%，比2017年提高7.1个百分点，19.5%的产业工人所在单位提供了补充养老保险（如企业年金、职业年金等），比2017年提高0.6个百分点。参加职工基本医疗保险的产业工人比例为84.7%，比2017年提高5.6个百分点，参加职工医疗互助活动的产业工人比例为22.5%，比2017年提高2.2个百分点。参加工伤保险的产业工人比例为88.7%，比2017年提高7个百分点。参加失业保险的产业工人比例为80.3%，比2017年提高8.9个百分点。参加生育保险的产业工人比例为77.3%，比2017年提高8.2个百分点。企业为其缴存住房公积金的产业工人比例为40.7%，比2017年提高1.5个百分点。53.4%的产业工人表示最近一年，单位为其缴纳各类保险的基数有提高，比2017年提高6.5个白分点。

（三）产业工人劳动安全卫生权益情况

从劳动安全卫生权益方面看，79.0%的产业工人表示2021年以来参加过单位组织的安全生产和职业卫生方面的培训。在有防疫用品需求的产业工人中，83.1%表示可以得到单位及时足量的防疫用品。产业工人工作环境不存在高温低温、粉尘、噪声、有毒有害气体、辐射、机械故障隐患的比例分别为71.8%、73.4%、70.9%、84.8%、90.9%和74.3%，分别比2017年提高0.6个百分点、1.1个百分点、1.5个百分点、2.4个百分点、2.7个百分点、0.9个百分点。59.4%的产业工人最近一年参加过单位组织的体检，比2017年提高4个百分点；41.0%的女性产业工人2021年以来参加过单位组织的女职工妇科及乳腺疾病检查。94.9%的产业工人没有患过职业病也没有受过工伤，比2017年提高1.4个百分点；3.8%的产业工人得过职业病或受过工伤但已经治好。

五、目前存在的主要问题

（一）产业工人技术技能素质有待进一步提升

实现高质量发展，必须有一支高素质的产业工人队伍作支撑。作为推动高质量发展重要力量的产业工人队伍，目前还存在技能素质总体不高、技术工人①总量不足等问题。人力资源社会保障部数据显示，我国高技能人才仅占就业人口总量的7%，远低于发达国家40%～50%的水平，技能劳动者的求人倍率长期保持在2以上，技能型人才②缺口高达2000万人。九调线下调查数据显示，仍有74.8%的产业工人没有取得技能等级，70.7%的产业工人没有取得专业技术职称。最近一年，40%的产业工人没参加过单位组织的培训或仅偶尔参加。参加过所在单位开展劳动和技能竞赛活动（技术比武、岗位练兵等）的仅有31.1%。

（二）产业工人劳动经济权益保障力度有待进一步加强

九调线下调查数据显示，产业工人的就业稳定性仍然不足，产业工人平均从事工作份数为2.32份，比2017年的2.06份有所提高；在本单位的平均工龄为7.65年，比全部被调查职工的8.28年低0.63年，比2017年下降0.45年。19.3%的产业工人最近五年有过失业经历。52.6%的产业工人担心自己会失业，比全部职工高1.5个百分点，比2017年提高6.6个百分点。产业工人的劳动经

① 技术工人是指拥有初级工及以上国家职业资格证书的企事业单位一线职工，国家职业资格等级由低到高，2022年以前，一般分为五级（初级工）、四级（中级工）、三级（高级工）、二级（技师）、一级（高级技师）共五个等级。

② 技能型人才是指在生产和服务等领域岗位一线，掌握专门知识和技术，具备一定的操作技能，并在工作实践中能够运用自己的技术和能力进行实际操作的人员。

济权益有待进一步提升，37.2%的产业工人认为自己的工资收入水平在所在城市属于中等偏下或低收入；11.4%的产业工人仍然没有参加职工基本医疗保险；32.1%的产业工人2021年没有享受带薪年假且没有补偿，比全部职工高2.1个百分点。

特别是新冠疫情导致部分产业工人遇到一定困难。75.9%的产业工人所在行业因新冠疫情影响经营困难，比全部职工高7.3个百分点。41.6%的产业工人所在单位曾因新冠疫情停工停产，比全部职工高7.1个百分点。34.8%的产业工人曾因新冠疫情而工资下降，50.6%的产业工人认为因新冠疫情求职机会变少了。

（三）产业工人组织化程度有待进一步提高

九调线下调查数据显示，38.3%的产业工人没有加入工会组织，比全部职工的33.5%高4.8个百分点。其中分行业来看，49.6%的信息传输、软件和信息技术服务业产业工人没有加入工会，比全部职工高16.1个百分点；39.4%的制造业、38.9%的建筑业产业工人没有加入工会，均高于全部职工。特别是随着我国经济社会深刻变革，催生出现了数量庞大的货车司机等新就业形态劳动者，其中相当一部分属于产业工人。他们多以分散流动作业为主，大量游离于工会等组织之外，针对他们的组织和服务工作仍需加强。

（四）产业工人队伍建设改革工作仍需更好落地见效

在第二、三产业的6大行业门类的基层工会主席中，仅53.2%的基层工会主席对“产业工人队伍建设改革”非常了解或比较了解。在“产业工人队伍建设改革”目前需要解决的主要问题中，有55.6%的6大行业门类基层工会主席认为应“让更多企业和职工参与”，其中交通运输、仓储及邮政业达到61.7%；41.1%的6大行业门类基层工会主席认为应“进一步提升产业工人技术技能素质”，比全部被调查基层工会主席的占比高3.5个百分点；31.4%的6大行业门类基层工会主席认为应“进一步提升产业工人的地位”，其中交通运输、仓储及邮政业达到37.2%；29.2%的6大行业门类基层工会主席认为应“进一步拓宽产业工人职业发展通道”。制造业职工网络专题调查显示，一线职工晋升通道狭窄，技术工人特别是高技能人才在收入分配上没有体现出优势，有50.9%的制造业职工对技能与薪资不挂钩表示不满意，31.8%的制造业职工对职业发展空间小、工人不能当管理者或工程师表示不满意。上述数据表明，产业工人队伍建设改革工作仍需更好落地见效。

六、深化和加强产业工人队伍建设改革的意见建议

（一）各级党委政府要对产业工人队伍建设改革高度重视

各级党委政府要从巩固党执政的阶级基础和群众基础的高度，切实加强对改革的领导和支持，建立常态化听取改革汇报、研究推动解决改革相关问题的制度机制，加强对改革的统筹谋划、整体推进、综合协调，推动各项改革举措落地见效。推动将产业工人队伍建设改革纳入全面深化改革重要议事日程，在解决推进改革过程中的重点难点堵点问题上给予更多指导和帮助。从全局上对产业工人队伍建设改革进行统筹谋划和推动落地，加大对已经出台政策举措贯彻落实的检查督促力度。加强评价考核，将评价考核工作纳入年度督查检查考核计划，发挥考核指挥棒作用。落实《新时期产业工人队伍建设改革方案》提出的“完善国家级技术工人表彰奖项”要求，将“大国工匠”作为国家级技术工人表彰奖项。

（二）强化推进产业工人队伍建设改革协调小组责任

全面总结五年多来的工作，进一步明确目标任务，组织专门力量、开展集中攻关，研究制定深化产业工人队伍建设改革的指导意见。把深化产业工人队伍建设改革工作与党和国家重大战略、重点任务结合起来，加强统筹谋划、协同推进、信息共享、督查督办，做好政策衔接。工会要认真履行好牵头抓总职责，加强产业工人队伍建设改革协调配合，强化对不同类型企业改革的督促指导，帮助建立健全推进改革的制度机制。加强协调小组各成员单位和参与单位之间经常性研究会商，各成员单位要立足自身职能和分工要求，各司其职、各负其责，通力协作、配合联动，增强齐抓共推改革的工作合力。聚焦重点难点，着力解决在职工职业技能大赛、创建劳模和工匠人才创新工作室、推进工匠学院建设、推动国有企业在产改中发挥带动作用等方面存在的问题。推动非公企业产改工作取得突破，组织好十大产业百家企业深化产改专项行动，开展青年友好型工厂创建活动，探索推进制造业产业工人队伍状况动态监测，切实打通改革“最后一公里”。

（三）充分发挥工会组织作用

一是加强对产业工人的思想引领。广泛开展有特色、接地气、入人心的宣传宣讲活动，推动党的创新理论走近职工身边、走进职工心里，引导工会干部和广大职工更加坚定自觉地拥戴核心、忠诚核心、维护核心、看齐核心。大力弘扬劳模精神、劳动精神、工匠精神，进一步叫响做实“大国工匠”品牌，举

办大国工匠论坛，制定发布“大国工匠”激励保障措施，形成大国工匠论坛、大国工匠年度人物发布、大国工匠创新交流大会三位一体的“大国工匠”活动体系。二是组织动员广大产业工人建功立业。落实“十四五”时期劳动和技能竞赛规划，围绕国家重大战略、重大工程、重大项目、重点产业，广泛深入持久开展全国引领性劳动和技能竞赛，深入开展“五小”等群众性创新活动，发挥劳模和工匠人才（职工）创新工作室作用，充分激发产业工人的创新创造活力。三是助力提高产业工人技术技能素质。加强新时代工匠学院建设，打造若干高水平专业化产教融合实训基地，加快建设公共实训基地，指导企业建设高技能人才实训基地。推动互联网+职业技能培训，举办全国职工数字化应用技术技能大赛，建好用好“技能强国-全国产业工人学习社区”等网上学习平台。四是切实提高产业工人地位和待遇。在推荐评选全国五一劳动奖工作中明确一线产业工人、新就业形态劳动者和农民工人选比例。加大对产业工人队伍发展状况的分析研判，推动解决影响产业工人队伍壮大的主要问题。巩固拓展新就业形态劳动者建会入会成果，让他们成为产业工人队伍的重要力量。五是做好产业工人维权服务工作。指导和督促企业依法合规用工，建立集体协商等制度机制，推动构建和谐劳动关系，让产业工人有更多获得感幸福感安全感。

（四）提升产业工人技术技能素质

加快构建产业工人技能形成体系，推进落实新修订的《职业教育法》，不断提高职业教育质量。深入推进《“十四五”职业技能培训规划》，实施技能中国行动。完善覆盖城乡全体劳动者、贯穿学习工作终身、适应就业创业和人才成长需要的终身职业技能培训制度。落实国家高技能人才振兴计划，依托大型骨干企业建设示范性高技能人才培养基地，支持民办培训机构和线上培训平台规范发展，鼓励职业学校开展补贴性培训和市场化社会培训。

（五）落实提高产业工人特别是制造业工人待遇的政策举措

落实《关于提高技术工人待遇的意见》，鼓励企业在工资结构中设置体现技术技能价值的工资单元，对关键技术岗位、关键工序和紧缺急需的技术工人实行协议工资、项目工资、年薪制等分配形式，提高技术工人工资待遇。健全技能人才薪酬分配制度，引导企业完善体现技能价值激励导向的工资分配制度，健全技术工人工资决定和合理增长机制。指导企业深化内部分配制度改革，健全完善技能人才职业技能等级制度，引导企业将收入分配向一线骨干技术技能人才倾斜，采取股权分红激励等方式，提高生产一线岗位和技能人才薪酬待遇水平。推动企业逐步构建产业工人权益保障、职业发展、薪酬激励等评价指标体系，建立科学的人才评价制度，推动实现从学历崇拜到能力取向的转变。

（六）进一步加强对产业工人队伍建设改革的宣传引导

推动中央主流媒体和新媒体进一步加强对产业工人队伍建设改革的宣传推广，在“五个一工程”评选中予以适当倾斜。健全宣传劳模精神、劳动精神、工匠精神常态化长效化机制，全方位、全天候加大对“三工”题材的宣传力度，在《人民日报》、中央电视台等开设劳模工匠类常态化专题栏目。加大宣传交流和专题培训力度，发挥《产改专报》作用，常态化推进改革宣传工作，制度化组织年度产业工人队伍建设改革专题培训，联合开展产业工人政治经济学研究。参照部分地区设立“工匠日”的做法，以及一些全国人大代表、全国政协委员的议案提案，建议设立“中国工匠日”，让技术工人拥有自己的法定节日，营造全社会尊重劳动、崇尚技能、鼓励创造的舆论氛围。

负 责 人：魏地春、马　璐、邹　震

承担单位：全国总工会办公厅、研究室、劳动和经济工作部

新就业形态劳动者建会入会和权益状况调查报告

按照全国总工会《第九次全国职工队伍状况调查方案》的安排部署，在谭天星、魏地春同志的领导下，全国总工会权益保障部、基层工作部立足部门工作职责，对新就业形态劳动者建会入会和权益状况开展了调查研究。其中，全国总工会权益保障部组织各省（区、市）总工会权益保障工作部门以新就业形态劳动者权益状况为主题开展了专题调查；全国总工会基层工作部以实地调查、书面调查、召开线上调研座谈会等多种形式调查了新就业形态劳动者建会入会工作进展情况。全国总工会第九次全国职工队伍状况调查办公室也组织开展了对满帮、滴滴、美团、饿了么、顺丰等 5 家企业 4600 余名职工的网络问卷调查（以下简称网络问卷调查）。本报告在借鉴相关全国产业工会、全国总工会有关部门、全国总工会各赴基层蹲点组、部分地方工会近年来研究成果的基础上，聚焦新就业形态劳动者中规模较大、劳动经济权益问题较为突出的货车司机、网约车司机、快递员、外卖配送员等四类重点群体（本报告所称的新就业形态劳动者特指上述四类群体），描述其群体特征，分析其劳动经济权益状况，介绍工会推进新就业形态劳动者建会入会和权益保障工作的情况，并提出下一步对策建议。

一、新就业形态劳动者群体特征

《中国共享经济发展报告（2021）》显示，2020 年我国共享经济参与者约为 8.3 亿人，其中服务提供者约为 8400 万人。交通运输部、国家邮政管理局等政府主管部门以及相关平台、协会提供的数据显示，目前全国有货车司机约 1728 万人，网约车司机约 359.5 万人，快递员约 400 万人，外卖配送员约 700 万人（日活约 200 万人）。

（一）网络问卷调查样本数据情况

本次网络问卷调查涉及北京、河北、黑龙江、河南、广东等 26 个省（区、市），共收回有效样本 4296 份（见表 1）。其中，货车司机样本 399 份，占 9%；网约车司机样本 616 份，占 14%；快递员样本 157 份，占 4%；外卖配送员样本 2402 份，占 56%。另外，还有 722 份样本涵盖代驾、网络直播、线上培训等多种职业，将其纳入“其他”职业类别进行分析（见图1）。

表1 网络问卷调查样本基本情况

省（区、市）	有效问卷（份）	问卷占比	省（区、市）	有效问卷（份）	问卷占比
贵州	168	3.9%	湖南	59	1.4%
江苏	47	1.1%	福建	3	0.1%
河南	587	13.7%	安徽	4	0.1%
浙江	656	15.3%	江西	186	4.3%
四川	11	0.3%	上海	10	0.2%
北京	1088	25.3%	云南	11	0.3%
河北	181	4.2%	山东	19	0.4%
广东	378	8.8%	内蒙古	141	3.3%
陕西	96	2.2%	吉林	10	0.2%
天津	212	4.9%	黑龙江	81	1.9%
重庆	100	2.3%	辽宁	184	4.3%
湖北	23	0.5%	新疆	4	0.1%
山西	33	0.8%	广西	4	0.1%

数据来源：全国总工会第九次全国职工队伍状况调查办公室

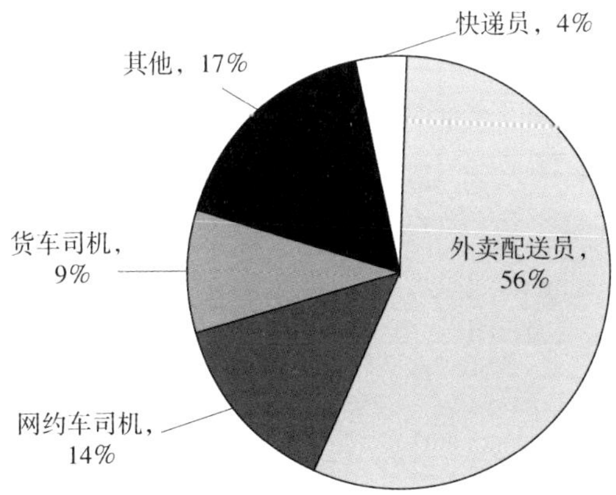

图1 新就业形态劳动者样本职业情况

数据来源：全国总工会第九次全国职工队伍状况调查办公室

（二）群体特征

1. 性别结构。从调查统计来看，新就业形态劳动者群体中以男性为主，占比达70%以上，女性占比相对较小，这与新就业形态劳动群体的工作强度大、工作时间长存在一定关联性。根据网络问卷调查，从群体类别来看，货车司机群体中男性最多，占比为98.2%；外卖配送员、网约车司机的情况大致相同，男性占比分别为94.6%、93.1%；快递员男性占比稍低，为87.8%。从事快递员、外卖配送员、网约车司机工作的女性数量在日益增多。中国社科院课题组在对北京市外卖配送员进行问卷调查后发现，北京的外卖配送员中女性占比由2020年的9.04%增长到2021年的16.21%。《滴滴数字平台与女性生态研究报告》显示，2021年以来，国内新注册的女性网约车司机超过了26.5万人。这一变化显示出数字平台正成为女性就业的重要渠道。

2. 年龄结构。大多数新就业形态劳动者为青壮年劳动力，主要由45岁以下人群构成。美团研究院发布的《2019年及2020年疫情期美团骑手就业报告》显示，20~40岁骑手的占比超过83.7%。根据网络问卷调查，年龄分布表现出行业差异，对货车司机而言，由于涉及车辆驾驶、路线熟悉、安全维护等方面要求，需要就业人员的行业经验积累，因此人员年龄偏高，35~44岁、45~54岁分别占46.5%、30.4%；网约车司机以35~44岁为主，占54.9%；快递员和外卖配送员，由于其所在行业具有轻资产和低技术的特征，人员呈现年轻化状态，25~34岁分别占40.5%、51%。其中，“90后”已成为新就业形态劳动者群体的重要组成部分。根据云南省统计，快递员中“90后”占比为42.8%，外卖配送员中“90后”占比为66.1%。美团研究院调查显示，2020年以后，新增骑手中“90后”占比为45.3%。

3. 婚姻家庭状况。网络问卷调查显示，有一半以上的新就业形态劳动者为已婚人员（见表2），且已婚人员中有子女需要抚养的占比为91.7%（见图2），家庭负担较重。

表2　新就业形态劳动者婚姻状况

婚姻状况 \ 群体	快递员	外卖配送员	网约车司机	货车司机
未婚	41.2%	37.1%	9.0%	4.7%
已婚	51.4%	55.3%	85.0%	88.3%
离异	6.8%	7.4%	6.1%	7.0%
丧偶	0.7%	0.2%	0.0%	0.0%

数据来源：全国总工会第九次全国职工队伍状况调查办公室

4. 户籍状况。新就业形态劳动者群体中农村户籍人员比例较高。调查显示，

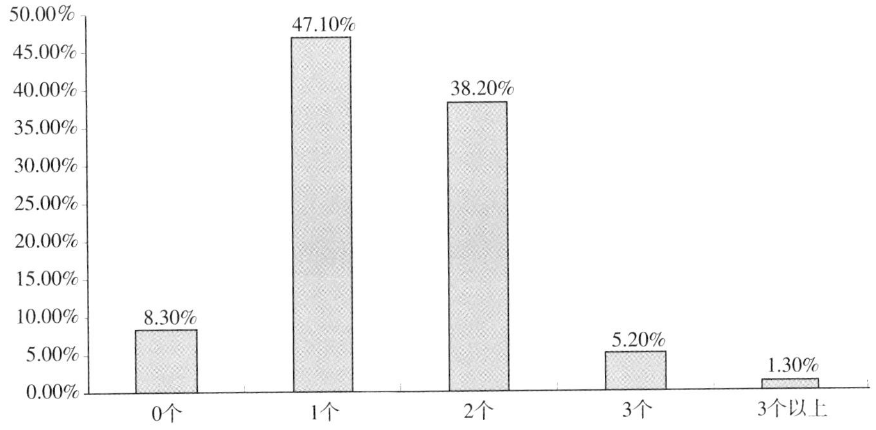

图2　受调查企业的已婚劳动者抚养子女数量的占比情况

数据来源：全国总工会第九次全国职工队伍状况调查办公室

北京市新就业形态劳动者群体以外地户籍为主，占到七成以上。其中外地农村户籍的比例最高，占总人数一半以上。安徽省新就业形态劳动者群体中农村户籍人员占比为60.98%。四川省新就业形态劳动者群体中农村户籍人员占比为64.2%。陕西省农村户籍的物流配送人员占全省物流配送人员的81.75%。根据网络问卷调查，从行业来看，货车司机中农村户籍占比最高，为78%；其次为外卖配送员，农村户籍占62.1%；网约车司机和快递员农村户籍占比大致相当，分别为47.6%、45.3%。

5. 受教育程度。大多数新就业形态劳动者从事的工作仍以重复性体力劳动为主，因此对劳动者的学历要求普遍不高。调查显示，高中（中专、职高）学历以下的人员在新就业形态劳动者群体中的比例大致在三分之二以上（见图3），一线城市如北京市具有大专学历的新就业形态劳动者较多，占比为31.91%。

根据网络问卷调查，不同行业的新就业形态劳动者受教育程度也呈现明显差别，货车司机学历多集中在初中及以下水平，占70.7%；网约车司机总体学历最高，大专及以上学历占38%；快递员、外卖配送员学历则多集中在高中及以下水平，占比分别为65.6%、67.2%。

6. 人员流动性。新就业形态劳动者就业稳定性低，人员流动性高。调查显示，江西省新就业形态劳动者工作年限在1年以内的占比为40.4%，5年以上的占比为16.5%；陕西省物流配送从业人员中超过88%的劳动者工作年限不超过3年，其中工作年限1年以下的占比达到43.65%，1年以上3年以下的占比达到44.97%，5年以上的占比不到3%；重庆市某重点快递企业业务淡季职工离职率

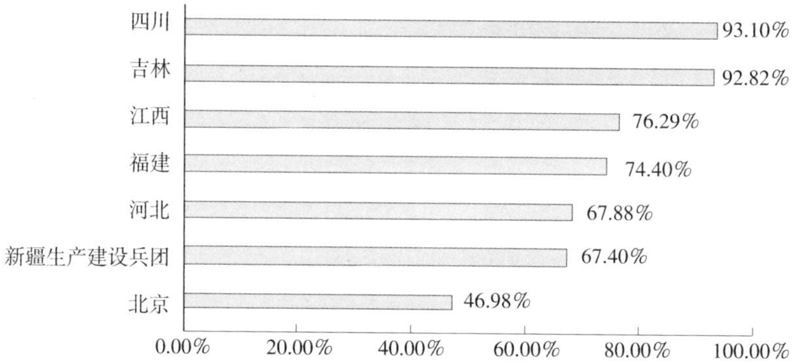

图3　高中（中专、高职）以下学历在新就业形态劳动者群体中的比例

数据来源：北京、河北、吉林、福建、江西、四川、新疆生产建设兵团等地的调查报告

达8%，旺季离职率达15%，还有的快递重点企业1年的离职率约50%。在四川省总工会新就业形态劳动者问卷调查中，31.88%的受访者表示接下来一年有换工作的打算。根据山东省总工会调查，关于职工离职的原因，15.35%的企业反映是对工资和福利待遇不满意，13.05%的企业反映是对劳动强度、工作环境不满意，16.77%的企业反映是认为发展前途受限。根据网络问卷调查，货车司机就业稳定性最高，其后依次是网约车司机、外卖配送员及快递员（见表3）。

表3　新就业形态劳动者从业时间

从业时间状况 \ 群体	快递员	外卖配送员	网约车司机	货车司机
不足3个月	26.4%	14.9%	2.4%	1.6%
3个月~1年	23.7%	18.2%	8.5%	3.6%
1~2年	20.3%	19.7%	17.7%	7.3%
2~3年	12.2%	17.9%	17.2%	7.5%
3年及以上	17.6%	29.4%	54.2%	80.0%

数据来源：全国总工会第九次全国职工队伍状况调查办公室

7. 全（兼）职情况。新就业形态岗位由于具有门槛低、工作时间自由、自主性较强、市场需求大等特点，吸纳了大量就业人口，成为缓解就业压力、有效配置劳动力资源的重要途径之一。部分地区调查显示，新就业形态劳动者中全职人员占比较高，在八成左右（见表4）。根据网络问卷调查，全职人员比例从高到低依次为货车司机（93.3%）、网约车司机（90.5%）、外卖配送员（80.7%）、快递员（78.4%）。

表 4　部分地区新就业形态劳动者中全职人员的比例

地区	比例
吉林	93.92%
云南	87.58%
天津	86.50%
四川	83.60%

数据来源：天津、吉林、四川、云南等地的调查报告

二、新就业形态劳动者劳动权益状况

（一）劳动关系复杂多样

平台企业或与劳动者建立标准劳动关系，或通过业务外包、劳务派遣等形成“非标准”劳动关系，或通过签订合作、承揽等协议形成民事合作关系。根据网络问卷调查，货车司机、网约车司机、快递员、外卖配送员的劳动合同签订率分别只有 7.3%、4.7%、34.5%、30.6%。调查表明，货车司机、网约车司机、快递员、外卖配送员中分别有 76.4%、58.6%、33.8%、16.4%表示未签订任何合同或者协议（见表 5）。

表 5　新就业形态劳动者与平台企业的关系

与平台关系＼群体	货车司机	网约车司机	快递员	外卖配送员	其他
什么也没签	76.4%	58.6%	33.8%	16.4%	25.5%
劳动合同	7.3%	4.7%	34.5%	30.6%	48.7%
合作协议/服务协议	4.9%	20.1%	18.9%	23.1%	7.0%
其他协议	0.8%	4.1%	4.7%	9.1%	2.8%
不清楚	10.7%	12.5%	8.1%	20.8%	16.0%

数据来源：全国总工会第九次全国职工队伍状况调查办公室

例如，滴滴出行平台的《服务合作协议》和美团外卖的《软件使用协议》均强调与劳动者仅为合作关系，部分在美团、饿了么等平台接单的劳动者被要求注册为个体工商户。福建省总工会调查，签订协议的受访者中，有三分之一表示没有收到协议文本，劳动者不知道谁才是自己真正的“东家”。

（二）工作强度较大

网络问卷调查显示，有 67.5%的新就业形态劳动者每日工作时间在 8 小时以上。货车司机、网约车司机每日工作时间相比快递员、外卖配送员更长，每

日超过8小时的分别占82.7%、86.6%，有41%的货车司机、46%的网约车司机每日工作时间在14个小时及以上。快递员、外卖配送员的情况略好，每日工作时间超过8小时的分别占58.1%、69.1%。除日均工作时间较长外，双休也难保障，超过35%的劳动者处于每月无周休状态。劳动者长期处于高强度的工作模式中，身体负荷过高，给身心健康带来巨大的挑战和影响。首都医科大学附属北京康复医院的《2020年北京市快递员身心健康评估与影响因素调查报告》显示，由于工作时间长、工作范围广，以及许多生活最低保障难以兑现等，导致快递员慢性病、颈椎腰椎疾病、骨质增生、甲状腺疾病、肝肾疾病等高发。

（三）收入水平中等

以北京市为例，2020年月工资收入中位数为6906元，新就业形态劳动者的收入普遍能够超过这一水平。外卖配送员群体中，55.5%的专送骑手和31.5%的众包骑手月收入超过7000元，部分从业时间长、有经验的骑手月收入可达10000元以上；快递员群体中，自营模式下的快递员月平均收入在10000元以上，加盟网店模式下的快递员月平均收入在7000~8000元；网约车司机群体中，专职司机每月流水一般能达到15000元左右，专车司机更高可达20000元以上。根据福建省总工会调查，该省新就业形态劳动者月均收入主要集中在4001~8000元。全职新就业形态劳动者月平均收入5471元，其中货车司机月均收入最高为7550元，往后依次是网约车司机6223元、外卖配送员5575元、快递员5072元。与2020年相比，43.1%新就业形态的劳动者表示月均收入无明显变化，表示有所增加和有所下降的分别占36.7%和20.3%。收入增加的主要是快递员群体，有40.3%的快递员表示月均收入相比2020年有所增加。

（四）社会保险参保率仍有待提升

网络专项调查显示，仍有23.6%的新就业形态劳动者未参加任何社会保险。新就业形态劳动者养老保险和医疗保险参保率将近七成，但近半数参加的为保障水平相对较低的城乡居民社会保险，城镇职工社会保险参保率仅为18.4%。另外，工伤保险、失业保险、生育保险参保率分别为12.82%、12.36%和8.75%。其中，外卖配送员参加城镇职工社会保险的比例相对较高，为21.4%，工伤保险和失业保险的参保率分别为14.53%和13.38%；而货车司机仅5.2%参加了城镇职工社会保险，工伤保险和失业保险的参保率仅为3.9%和3.38%。

（五）从业风险较高

网络问卷调查显示，有63%的受访者遭受过工伤或遭遇过交通事故。北京市总工会的调查显示，近四成的外卖配送员在送餐中都遭受过不同程度的职业伤害，而且未获得过任何赔偿或补偿。虽然有的平台企业为外卖配送员购买了人身意外险，但是因保险金额低、赔付范围窄、办理流程复杂，保险申请成功率较低等原因，当遇到交通事故，只要不是特别严重，大部分人不愿意走保险理赔申请流程。长期关注外卖配送员群体权益保障问题的北京义联劳动法援助与研究中心调查，在职业伤害事故方面，用工单位发生过一次及以上的职业伤害事故的比例约为30%。具体为发生过一次的比例为13.55%，二次和三次的比例接近，均在8%左右。在事故类型方面，比例最高的交通事故为46%，其他意外的比例为12%，职业病比例占4%。

（六）工会组织覆盖率有待提高

新就业形态劳动者普遍具有高流动性、低团体依赖性特点，对工会组织认知度不够，工会组建难度较大，组织覆盖率低。四川省总工会调查显示，快递员、外卖送餐员和网约车司机三个群体被访者中，大约四分之三的人员对工会了解较少或者完全不了解。网络问卷调查显示，有39.6%的受访者对是否愿意加入工会表示尚未考虑清楚。

三、工会推进新就业形态劳动者建会入会和权益保障工作的情况

近年来，各级工会认真贯彻习近平总书记关于新就业形态、平台经济的重要指示批示精神，把推进新就业形态劳动者建会入会、权益保障工作摆在重要位置，加强统筹谋划，精心组织实施，取得较为明显的工作成效。

（一）积极加强源头参与，健全完善顶层设计

2017年，全国总工会即开始关注新就业形态劳动者权益保障问题，2018年、2019年分别在全国总工会领导同志带领下开展了专题调研，通过调研报告、政协提案等途径反映情况，并积极推动出台新就业形态劳动者劳动权益保障的法律政策。自2018年开始，全国总工会连续三年部署推进货车司机等“八大群体”入会工作，其中也包含了部分依附于平台企业的新就业形态劳动者。2021年，全国总工会推动和配合修改了《工会法》，《全国人民代表大会常务委员会关于修改〈中华人民共和国工会法〉的决定》已由十三届全国人大常委会第三十二次会议通过，为深化新就业形态劳动者建会入会和维权服务提供了明确的法律遵循。全国总工会联合人力资源社会保障部、市场监管总局、交通运输部

等部门先后出台了《关于维护新就业形态劳动者劳动保障权益的指导意见》《关于落实网络餐饮平台责任切实维护外卖送餐员权益的指导意见》《关于做好快递员群体合法权益保障工作的意见》《关于加强货车司机权益保障工作的意见》《关于加强交通运输新业态从业人员权益保障工作的意见》《平台灵活就业人员职业伤害保障办法》《关于加快推进道路货运行业高质量发展的意见》等政策文件，并印发了《关于切实维护新就业形态劳动者劳动保障权益的意见》《关于推进新就业形态劳动者入会工作的若干意见（试行）》等文件。截至 2022 年 1 月，已有 20 个省份配套出台有关维护新就业形态劳动者劳动保障权益实施方案，27 个省级工会先后参与或以省（区、市）总工会名义出台关于维护新就业形态劳动者劳动保障权益的实施意见（办法），推动开展新就业形态劳动者工会工作良好的政策环境已初步形成。

（二）强化组织领导，积极谋划推动

一是全国总工会成立由时任全国总工会党组书记、副主席、书记处第一书记陈刚任组长的推进新就业形态劳动者工会工作领导小组，定期召开会议听取汇报、研商对策。领导小组下设办公室和建会入会等 4 个专项小组，11 个机关部门、5 个直属单位和 3 个全国产业工会任成员单位。各省（区、市）均按照全国总工会模式，成立领导小组、制定实施方案、组成工作专班、压实责任清单，全力推动新就业形态劳动者工会工作。二是争取党政支持。各级工会坚持和完善党建带工建、工建服务党建的工作机制，积极争取地方党政重视支持，构建党委领导、政府支持、工会主导、各方协同、劳动者参与的工作格局。浙江省总工会推动党委将新就业形态劳动者建会入会工作纳入党建工作总体部署。四川省总工会连续 2 年将全省新就业形态劳动者建会入会工作目标任务纳入省委对市（州）党委绩效保证目标考核体系。三是突出重点推进。2018 年至 2020 年，各级工会发展“八大群体”会员 874.3 万人。2021 年以来，全国总工会将“八大群体”拓展至新就业形态劳动者，聚焦货车司机、网约车司机、快递员、外卖配送员等重点群体，大力推行“重点建、行业建、兜底建”建会模式，部署开展新就业形态劳动者入会集中行动和互联网百强企业建会工作。

（三）多措并举，大力推动新就业形态劳动者建会入会

一是聚焦头部企业，开展集中攻坚。全国总工会党组、书记处领导同志带队深入各地指导推动工作，集中推动代表性头部平台企业率先建会。目前，货运行业的满帮、货拉拉、路歌、快狗打车，网约车行业的滴滴、T3 出行，外卖配送行业的美团、饿了么，快递行业的顺丰、京东、申通、中通、圆通、韵达

等头部企业均已建会，并示范带动一大批关联企业建会。二是紧盯行业工会，推进扩面提质。各地工会采取协调行业行政主管部门“借力建”、协同行业协会“依托建”、推动头部平台企业“牵头建”、探索市县两级地方工会“直接建”等方式，积极组建市、县级道路运输、网约车、物流快递、外卖配送等行业工会联合会，作为新就业形态劳动者入会管理服务的重要阵地和承接网上入会的主渠道。三是做实“小三级”工会，承担兜底功能。各级工会针对中小微企业、新就业形态劳动者大量集中在乡镇、街道的实际，不断加大乡镇（街道）、开发区（工业园区）、村（社区）工会的建设力度，承担新就业形态劳动者入会兜底功能。北京市总工会在各乡镇（街道）建立新就业形态劳动者联合工会355个，实现对新就业形态劳动者动态管理；上海市总工会推动美团、饿了么、顺丰的530个工作站点建立工会小组，并引导这些小组加入相应的区域（行业）工会联合会，实现对新就业形态劳动者的组织和工作再覆盖。据统计，2021年1月至2022年6月，全国新发展新就业形态劳动者会员约687万人。四是创新方式方法，提升工作实效。各级工会一方面做实“线下入”，不断优化入会流程，推行集体登记入会、流动窗口入会、职工沟通会现场入会、集中入会等方式；另一方面推行“线上入”，积极推进基层工会组织管理系统升级和扫码入会工作。北京、上海、广东、湖北等地工会开发了网上入会小程序；山东省总工会为所有乡镇（街道）设置了网上会员之家，由专人负责管理。五是加强工作保障。四川省、市、县三级工会均设立推进新就业形态劳动者入会工作专项补助资金；黑龙江、上海、浙江等地工会积极争取财政资金支持，建立多元化工会经费保障机制。加强社会化工会工作者队伍建设，近20个省（区、市）出台关于社会化工会工作者队伍管理办法。截至2021年10月底，纳入全国总工会补贴范围的社会化工会工作者共计4.25万人，基层力量不足的问题逐步得以缓解。

（四）加强维权机制建设，推动新就业形态领域构建和谐劳动关系

全国总工会积极参与国家协调劳动关系三方机制、道路货运业健康稳定发展部际联席会议机制、交通运输新业态协同监管部际联席会议等机制，集中力量推动头部平台企业建立集体协商机制。指导地方工会选取部分货运平台企业作为试点，建立劳动者诉求表达机制和协商协调机制，已指导推动顺丰、货拉拉等企业完善劳动者诉求表达机制，京东集团建立集体协商机制、职工代表大会制度，推广“饿了么”平台与外卖送餐员协商恳谈的经验，在南京、镇江、石家庄、泰州、濮阳、宝鸡、鹤壁、三明、苏州、沈阳等重点城市推动开展了快递行业集体协商。积极参与协商制定相关行业劳动标准，与人力资源社会保

障部、国家邮政管理局联合制定快递行业劳动定额标准，探索制定保洁等灵活就业行业的劳动定额指导标准，开展外卖送餐员劳动量与劳动强度课题研究，江苏省家庭服务业协调劳动关系三方委员会共同制定《员工制家政服务企业建设规范》。发挥全国厂务公开协调小组平台作用，联合成员单位推动各地加强“两新”组织推进民主管理的探索与研究，探索通过区域（行业）职工代表大会以及其他民主管理形式，维护新就业形态劳动者的劳动经济权益。

（五）深化维权服务，温暖凝聚人心

一是加强服务阵地建设。大力加强工会户外劳动者服务站点建设，持续巩固做好利用工会、行业协会、社会公益组织（基金会）及爱心企业等各方资源，支持站点建设发展的工作模式。截至 2022 年 4 月，全国已建站点近 9.6 万个，累计投入资金 11.67 亿元。自 2018 年起，交通运输部会同全国总工会开展“司机之家”建设，截至 2022 年上半年已在全国建成 848 个“司机之家”。2022 年 7 月，由中国财贸轻纺烟草工会、阿里本地生活共同主办，中国职工发展基金会协办的“一平米温暖爱心驿站”项目正式启动，计划在 10 个城市建设 1000 家一平米温暖爱心驿站。各级工会还积极探索创新建家模式，推广建设职工之家共享阵地的经验，把共享职工之家阵地打造成为建会入会、权益维护、帮扶救助、教育培训、文体娱乐、志愿服务等综合性区域化服务站点。二是开展多种形式服务活动。组织开展工会就业创业服务系列活动，发挥全国工会网上就业服务平台——“工 E 就业”和“工会就业服务号”作用，线上提供各类新就业形态工作岗位。截至 2021 年底，已覆盖全国 30 个省（区、市），累计提供超过 143 万个岗位。组织各级工会开展“工会进万家 · 新就业形态劳动者温暖行动”服务月活动，面向新就业形态劳动者开展“六送”活动（送思想文化、送身心健康、送平安保障、送温暖关爱、送工作岗位、送技能提升）。截至 2021 年 11 月底，31 个省（区、市）和新疆生产建设兵团共筹集并投入 27888.95 万元，慰问快递员、外卖配送员、网约车司机、货车司机、家政服务员等新就业形态劳动者 239.86 万人次，慰问新就业形态劳动者企业 29813 家。2022 年 4 月，全国总工会要求各级工会进一步组织开展常态化送温暖慰问，加大对受新冠疫情影响生活遇到临时性困难职工的送温暖和帮扶力度，及时做好货车司机、快递员等新就业形态劳动者群体关心关爱工作。全国总工会联合交通运输部开展“最美出租汽车司机”推选宣传活动，举办全国货车司机职业技能大赛、全国道路运输安全行车百万公里驾驶员劳动竞赛等职业和技能竞赛，不断提高货车司机职业技能水平。中国海员建设工会联合中国交通运输协会、中国道路运输协会、中国物流与采购联合会、中国职工发展基金会共同组织开展“货车司机职业发展与保障行动”，已为超过12万名货车司机提供了互助保障、技能提升、形象展示等方面的精准服务。中国财贸轻纺烟草工会联合全国总工会女职工部、中国职工保险互助会，为北京、安徽、重庆等地的1000名女性外卖配送员赠送“两癌”筛查服务。

四、新就业形态劳动者建会入会和权益保障面临的挑战

近年来，通过各级工会的持续努力，新就业形态劳动者建会入会及权益保障工作均实现了较大突破，取得了阶段性成果，但在实践探索中仍面临不少挑战。

（一）互联网等平台企业建会工作推进难度较大

与传统领域和传统行业相比，互联网企业特别是平台企业在用工方式、组织架构等方面具有一定特殊性，企业在推动工会组建、履行建会程序等方面存在一定难度。部分企业主观上对建会入会认识程度不够，对工会的性质和职责作用认识不到位，建会积极性不高。收缴工会经费导致企业成本增加的问题较为突出，对建会工作不理解不配合的情况依然存在。

（二）工会组织建设亟待进一步加强

一是行业工会联合会建设有待加强。目前，行业工会联合会建设数量总体偏少，覆盖面不广。行业工会联合会工作人员配置少，除少数配备社会化工会工作者外，大多数为兼职义务工作，未参加过工会业务知识系统培训，开展工作能力不足。上级工会和主管部门提供的资金一般以项目化安排，经费有限，行业工会联合会难以有效开展工作。二是“小三级”工会基础薄弱现状未得到根本改善。“小三级”工会“缺人、缺经费、缺阵地”的问题仍较普遍，有超过半数的乡镇（街道）工会无专职人员，村（社区）工会中几乎没有专职人员，指导和服务基层工会的能力较为薄弱。乡镇（街道）、村（社区）工会自身力量本就薄弱，随着大量新就业形态劳动者会员的加入，后续的管理和维权服务等各项工作的开展还需要进一步细化和完善，能力还需要进一步提升。

（三）新就业形态劳动者依法维权难度较大

劳动关系认定问题已成为新就业形态领域亟待解决的最大“短板”，现有劳动法律法规难以对新就业形态劳动者的权益保障进行有效的统一规制。平台企业与劳动者之间的用工关系性质如何认定，是劳动关系还是民事关系，已成为当前劳动争议案件审判工作中的难点，不同法院、不同法官的裁判标准不统一。司法实践中不少网约车驾驶员，以及网约车交通事故的受害人在起诉时均主张

网约车平台企业与网约车驾驶员之间是劳动关系或者劳务关系，认为网约车平台企业应当承担交通事故责任，但急需法院支持。

（四）劳动者受困“算法”笼子，劳动强度较大，劳动风险偏高

一是数字化算法导致劳动者被动地参加较高强度劳动，身心压力较大。平台企业利用大数据和算法技术规划出劳动者的工作任务和工作路线，同时平台系统会自动收集劳动者工作的完成情况和完成时间等信息，通过数据分析不断提高劳动强度，挑战劳动者的工作极限。二是在高强度劳动下，劳动者身心健康及意外伤害风险增高。通过对 2969 名快递员体检数据分析，快递员常见疾病患病率由高到低依次为：高血压、腰椎间盘突出、脂肪肝、痔疮、颈椎病等。多数劳动者为了按时完成订单任务，经常发生逆行、抢行、闯红灯、超速、骑车打电话、骑车看手机等违反交通规则的行为，对劳动者人身安全造成较大风险隐患。三是平台企业地位超脱，劳动者缺乏权益诉求表达渠道。平台企业不仅没有承担相应的责任，往往还充当了劳动者和消费者之间冲突的裁判。劳动者在受到消费者投诉后，只能自己承担损失，可能还要承担平台企业的惩戒措施。

（五）社会保险权益实现程度低，参保渠道不畅

总体来看，新就业形态劳动者参加社会保险的比例偏低，尤其是参加城镇职工基本养老保险、城镇职工基本医疗保险的比例更低。主要有以下几方面原因：一是现行法律法规政策层面存在障碍，劳动者参加职工社会保险需要以建立劳动关系为前提。二是企业逃避责任，不为劳动者缴纳社会保险。根据交通运输部调查，目前各网约车主要平台公司公布的抽成比例上限在 18% 至 30%。调研发现，由于平台企业恶性低价竞争和过高的抽成比例压缩了下游企业和关联企业的利润空间，导致下游企业和关联企业无法为建立劳动关系的劳动者缴纳社会保险。三是新就业形态劳动者自主缴费意愿低。调查发现，劳动者普遍没有长期在新业态企业就业的打算，大多数作为一种过渡期的选择，因此更愿意多挣钱、少缴费；对社会保险政策的知晓度低，缺乏人生长期规划能力，认识不到社会保险的重要性；不能区分社会保险和商业保险的差异。

五、对策建议

为进一步推进新就业形态劳动者建会入会和权益保障工作，提出以下建议。

（一）强化源头参与，推动劳动法律法规制定及修改

通过全国两会等渠道，继续推动《集体协商法》《劳动保障监察法》《社会

责任法》《企业民主管理法》等法律制定及《劳动法》《劳动合同法》《社会保险法》等法律修改；持续关注《基本劳动标准法》立法进程，积极配合做好立法工作；以学习宣传贯彻新修订的《工会法》为契机，维护包括新就业形态劳动者在内的广大职工组织和参加工会的权利，切实做好维权服务工作。

（二）加强调查研究，推动已出台法律法规政策文件贯彻落实

聚焦新就业形态劳动者权益问题开展系列调研；积极贯彻实施《法律援助法》，修改完善《工会法律援助办法》；积极配合人力资源社会保障部等部门推动开展职业伤害保障试点工作。

（三）紧盯“三头”，破解平台企业建会难问题

一是抓住上头。坚持党建引领，进一步落实“党建带工建、工建服务党建”工作机制，推动将新就业形态劳动者建会入会工作纳入地方党建工作总体部署，同规划、同考核、同落实。二是把住源头。加强对平台企业的规范和监管，防止平台企业为规避经营风险掩盖实际用工事实。争取相关部门支持，把是否建立工会组织作为新社会阶层代表人士各种政治安排和评优评先的考察依据之一。三是盯住下头。针对有的平台用工企业对建会不支持、不配合的情况，采取入企宣讲、媒体曝光、纳入信用评价体系等综合手段，督促其尽快建会。

（四）进一步加强工会组织建设，提供有力组织保障

一是围绕“四化”（工作内容标准化、工作力量专业化、经费保障制度化、工作指导系统化），推动行业工会联合会有效运转。二是实现“三有”，提高“小三级”工会的兜底功能。实现有人干事，即在镇、街、园区等层面，聘用专职社会化工会工作者，为新就业形态重点工会联合会配备专职工会主席；在村、社区层面，探索推行工会协管员制度。实现有钱办事，即建立新就业形态劳动者工会工作经费“上级补助、党政支持、本级自筹”的资金保障机制，确保经费充足。实现有服务载体，即在新就业形态劳动者人气聚集区、工作区域、行经路线上合理布局建设货车司机之家、骑手之家、暖心驿站等服务阵地。

（五）推进头部平台企业协商协调机制建设，构建和谐劳动关系

继续加强劳动关系发展态势监测和分析研判工作，做好风险预测以及预防；推动政府部门强化平台责任，引入平台劳动者权益保障黑名单、白名单机制；推动国家协调劳动关系三方会议开展全国和谐劳动关系创建示范活动；推动1～2家头部平台企业建立协商协调机制；推广地方在新就业形态领域构建协商协调

机制的典型经验。

（六）创新服务职工载体手段，提升维权服务水平

组织开展最美户外劳动者站点推树和站点建设“交流互学”活动；延伸拓展巩固新就业形态劳动者温暖行动服务月活动成果；联合头部平台企业开展招聘活动；推动各级工会开展新就业形态劳动者技能培训；在京东等头部平台企业开展服务综合体试点工作；开展国家宪法日、宪法宣传周服务职工法治宣传行动和服务农民工公益法律服务行动。

负 责 人：谭天星、魏地春

承担单位：全国总工会权益保障部、基层工作部，中国工运研究所

职工劳动经济权益状况调查报告

职工劳动经济权益是指职工在社会生产过程中作为劳动者所应有的劳动就业、收入分配、社会保障、安全生产和职业健康等方面权益的总称，是职工最关心最直接最现实的利益问题。为准确掌握职工劳动经济权益发展变化趋势，更有针对性地做好职工权益保障工作，推动广大职工共建共享经济社会发展成果，全国总工会权益保障部依托第九次全国职工队伍状况调查数据，结合近年来部门开展的专题调研和各级工会调查成果，开展了职工劳动经济权益状况调查。现将有关情况报告如下。

一、五年来职工权益保障取得的成就

五年来，以习近平同志为核心的党中央提出了治国理政的新理念新思想新战略，出台实施了促进经济社会发展的一系列改革措施，我国经济社会发展取得了举世瞩目的成就，广大职工的工作条件、生活水平不断改善和提高，职工劳动经济权益保障和实现状况明显改善，更加充分地享受到了经济社会发展的成果。

（一）职工权益保障制度体系进一步健全

1. 一批劳动法律法规得到制定修改。五年来，国家制定修改《民法典》《工会法》《公司法》《企业破产法》《职业教育法》《安全生产法》等多部与职工权益密切相关的法律，出台了《人力资源市场暂行条例》《保障农民工工资支付条例》等一系列劳动行政法规。特别是新修订的《工会法》将工会基本职责由“维护职工合法权益”扩展为“维护职工合法权益、竭诚服务职工群众”，明确了新就业形态劳动者参加和组织工会的权利，明确了维护产业工人合法权益，进一步夯实了职工权益保障的法制基础。

2. 就业优先实现了从战略到政策落地的重大转变。2018 年中央经济工作会议首次提出实施就业优先政策，将就业优先纳入宏观政策层面，强化财政、货币等宏观政策与就业政策协同联动，并出台了一系列关于援企、减负、稳岗、扩就业的政策和专项措施，有效稳定了就业增长基本盘。

3. 收入分配制度改革不断深化。2018 年中共中央办公厅、国务院办公厅印发《关于提高技术工人待遇的意见》，国务院印发《关于改革国有企业工资决定机制的意见》，劳动、管理、技术、知识、数据等要素按创值参与分配的初次分配机制建设取得明显成效，工资收入宏观调控机制不断完善，促进收入分配更加合理有序。

4. 社会保障制度可持续性提升。2018 年国务院出台《关于建立企业职工基本养老保险基金中央调剂制度的通知》，建立了中央调剂金制度。2021 年国务院办公厅印发《关于建立健全职工基本医疗保险门诊共济保障机制的指导意见》，逐步减轻参保人员医疗费用负担，实现制度更加公平更可持续。2022 年国务院办公厅发布《关于推动个人养老金发展的意见》，推进多层次、多支柱养老保险体系建设。

（二）职工权益保障水平不断提升

1. 就业规模保持稳定，就业结构不断优化。国家统计局数据显示，2017 年至 2021 年，我国城镇新增就业 6519 万人，平均每年新增就业约 1300 万人。城镇登记失业率维持在 4%左右的较低水平，城镇调查失业率稳定在 5%左右，就业形势总体稳定。就业结构不断优化，城镇就业稳定增长，2021 年城镇就业人员占比达到 62.7%；第三产业就业规模不断扩大，2021 年末达 3.58 亿人，成为就业最大“容纳器”，三次产业“倒金字塔型”的就业结构逐步形成；中西部地区就近就地就业增多，区域就业结构更均衡。

2. 劳动者素质普遍提高。完善终身职业技能培训体系，加强技工教育，健全技能人才培养、使用、评价、激励机制，劳动者技能素质明显提高，稳定就业和转换岗位的能力不断增强。从 2017 年至 2021 年，劳动年龄人口平均受教育年限从 10.5 年提高到 10.9 年，大专及以上文化程度人口达到 2.18 亿人，技能人才总量由 1.65 亿人增至超过 2 亿人。据统计，截至 2021 年底，全国有高级工 4700 万人、技师 1000 万人、高级技师 300 万人。

3. 职工工资水平稳步增长。收入分配制度改革加快推进，广大职工工资水平有了较大提高。国家统计局数据显示，2021 年城镇非私营单位就业人员年平均工资达 106837 元，比 2017 年的 74318 元增加 32519 元，年均增长 9.50%；城镇私营单位就业人员年平均工资达 62884 元，比 2017 年的 45761 元增加 17123 元，年均增长 8.27%。第九次全国职工队伍状况调查数据显示，全国职工“上月从单位获得的到手全部货币收入”均值为 5235.32 元，比 2017 年第八次全国职工队伍状况调查时的 3604.4 元提高 45.25%。

4. 社会保障覆盖面不断扩大。社会保障参保人数持续增长，保障水平稳步提高，建成世界上规模最大的社会保障体系，总体实现社会保障全民覆盖。我国政府部门统计数据显示，截至 2022 年 6 月底，全国基本养老保险、失业保险、工伤保险参保人数分别为 10.4 亿人、2.3 亿人、2.9 亿人，较 2017 年底（9.15 亿人、1.88 亿人、2.27 亿人）分别增加 1.25 亿人、0.42 亿人、0.63 亿人。第九次全国职工队伍状况调查中，表示参加了职工基本养老保险或城乡居民基本养老保险的职工占比达到92.7%，比第八次全国职工队伍状况调查提高了 6.5 个百分点；表示参加了职工基本医疗保险的职工占比为 84.6%，比第八次全国职工队伍状况调查提高了 4.6 个百分点。

5. 集体协商建制率持续巩固。集体协商制度协调劳动关系作用日益增强，成为促进企业发展、维护职工权益的有效机制。从 2019 年至 2021 年，在全国范围内实施集体协商“稳就业促发展构和谐”行动计划，截至 2021 年末，全国报送人力资源社会保障部门备案的集体合同文本 132 万份，覆盖职工 1.2 亿人。全国已建工会的企业集体协商建制率动态保持在 80%以上，规模（限额）以上已建工会的企业工资专项集体合同建制率动态保持在 90%以上。行业（区域）集体合同覆盖职工 5858.98 万人，继续保持在较高水平。

6. 劳动安全卫生条件进一步改善。职业安全卫生问题进一步得到重视，劳动者工作条件和环境得到进一步改善。安全生产形势总体平稳，事故总量以及较大事故数、重特大事故数均有所下降，各类生产安全事故起数从 2017 年的 5.3 万起下降到 2021 年的 3.46 万起。职业病防治法规标准不断完善，职业病危害检测、评价与控制，职业健康检查以及职业病诊断、鉴定、救治水平不断提升，重大急性职业病危害事故明显减少，各类职业病新病例从 2017 年的 26756 例下降到 2021 年的 15407 例。落实《关于深化工会参与尘肺病防治工作的意见》，持续推进劳动安全卫生专项集体合同签订工作。截至 2019 年，全国企业共签订劳动安全卫生专项集体合同（含综合集体合同中有劳动安全卫生专章或附件）达 49.47 万份，覆盖职工 5766.8 万人。

（三）重点群体权益保障取得积极进展

1. 农民工生存状况持续改善。治理拖欠农民工工资取得重要进展，2019 年 8 月，国务院根治拖欠农民工工资工作领导小组成立，《保障农民工工资支付条例》及配套措施相继出台，治理欠薪的长效机制逐步完善，持续查处打击重点行业特别是建筑领域的工资拖欠行为，治欠保支工作取得明显成效，拖欠农民工工资问题高发多发态势得到遏制。农民工享有公共服务状况改善，随着农民工市民化战略的深入推进，农民工逐步被纳入基本公共服务体系的覆盖范围，享受到了基本的教育、医疗、社保、文化等公共服务，农民工随迁子女异地接受义务教育的比例达到80%以上，异地高考政策也逐渐在更多的省份探索实施。各地在农民工相对集中的城市建设农民工综合服务平台，为农民工提供“一站式”服务。各级工会依托工会困难职工帮扶中心、站点和社会力量，建立以环卫工人、出租车驾驶员、交通警察、快递员等户外劳动者为主要对象的服务站点体系。截至2022年4月，累计投入资金近12亿元，建设各类户外劳动者服务站点近9.6万个，有效解决户外劳动者“吃饭难、喝水难、休息难、如厕难”等实际问题。

2. 产业工人地位得到显著提升。2017年4月产业工人队伍建设改革启动以来，中共中央、国务院及相关部门出台配套文件90多个，全国总工会出台配套文件20多个，31个省（区、市）均出台改革实施方案及配套政策文件，从顶层推动全面改善技术工人待遇水平，优化技能人才发展环境，产业工人地位得到显著提升。第九次全国职工队伍状况调查数据显示，受访对象认为近年来工人社会地位“有所提高”和“有很大提高”的占比将近80%，其中认为“有很大提高”的占比为43.8%。

3. 新就业形态劳动者权益保障取得积极进展。五年来，关于新就业形态劳动者的制度建设取得积极进展，《关于维护新就业形态劳动者劳动保障权益的指导意见》《关于落实网络餐饮平台责任切实维护外卖送餐员权益的指导意见》《关于做好快递员群体合法权益保障工作的意见》《关于加强货车司机权益保障工作的意见》等文件陆续出台，初步建立起关于新就业形态劳动者的制度保障网。新就业形态劳动者建会入会实现突破，全国总工会着力推动货车司机、快递员、网约车司机、外卖配送员等新就业形态劳动者入会，2021年全国新发展新就业形态劳动者会员超过350万人。各级工会积极探索头部平台企业协商机制建设，以快递、外卖行业为重点，就配送单价、薪酬结构、劳动保护等开展集体协商，培育了一批行业集体协商典型案例，集体协商逐渐成为新就业形态劳动者表达诉求的重要渠道。

4. 困难职工帮扶成效显著。各级工会将城市困难职工解困脱困融入脱贫攻坚大局和社会救助体系，形成政策引导、项目支撑、结对帮扶、社会保障的工作合力。按照“四个一批”的帮扶路径积极筹集帮扶资金，开展专项帮扶，构建起困难职工帮扶的多重保障线。截至2020年底，工会建档立卡的549.87万户困难职工家庭全部如期实现解困脱困。其中，480.58万户实现脱困，涉及家庭人口1301万人，5.34万户重病、残疾困难职工家庭纳入常态化帮扶。

二、职工权益保障存在的问题

当前，我国发展不平衡不充分问题仍然较为突出，外部环境变化给职工权益实现带来较大压力，职工在劳动就业、收入分配、社会保障等方面的权益保障还存在一些短板，新就业形态劳动者、农民工等群体的利益实现面临较多难点和堵点。

（一）新冠疫情等超预期因素对职工权益造成影响

自新冠疫情发生以来，对全球经济造成严重冲击，国内消费、投资、出口有所下滑，餐饮、零售、旅游、民航、公路水路铁路运输等行业受到影响，企业特别是中小微企业经营出现困难，给职工劳动经济权益也带来一定影响。

（二）就业总量压力持续，结构性矛盾较为突出

就业总量方面，尽管我国劳动年龄人口开始逐步减少，但总量压力依然存在，2021 年末我国劳动年龄人口接近 9 亿人，对就业岗位的需求仍然巨大。与此同时，我国经济潜在增长率呈放缓趋势，新冠疫情、中美贸易摩擦等对我国经济造成影响，导致经济增长对就业的拉动效应有所减弱；供给侧结构性改革中大量职工面临转岗安置和再就业，对就业持续带来较大压力。就业结构方面，随着产业转型升级、技术进步加快，我国劳动力供给侧与需求侧均出现较大变化，工业机器人、数字化智能设备的大规模应用不断创造新的就业岗位，企业对技术工人的需求大量增加。与此同时，大量农民工知识技能提升相对滞后，难以适应新就业岗位的要求，导致就业结构性矛盾进一步加剧。全国总工会劳动关系监测平台 2022 年一季度调查数据显示，长三角和珠三角分别有 40. 84%和 37. 5%的企业表示缺技术工人。高校毕业生就业能力、就业意愿与市场就业需求匹配度不高，“慢就业”现象较为突出。58 同城、赶集直招发布的《2022 年毕业季调研分析报告》显示，20%的毕业生选择“慢就业”。在各级工会举办的高校毕业生专场招聘活动中，部分薪酬可观的岗位无人问津，不少毕业生更愿意选择观望。

（三）一线劳动者工资水平总体偏低，工资增速放缓

职工收入总体持续增长，但与上一个五年相比，工资增速有所放缓，一线职工特别是从事体力劳动工作的职工收入水平整体仍然偏低，不同行业、同行业不同工种职工间收入存在较大差距。第九次全国职工队伍状况调查中职工表示“2019 年以来没涨过工资”的比例为 25. 8%，而在第八次全国职工队伍状况调查中职工表示“2014 年以来没涨过工资”的比例为 21. 1%，两者相差 4. 7 个

百分点。云南省总工会调查发现，从事一线生产、餐饮、保洁等体力劳动工作的职工月收入普遍在3000元以下，反映出普通劳动者工资水平整体偏低、增速较慢。不同群体间收入差距偏大。国家统计局数据显示，城镇非私营单位就业人员年平均工资从2017年的74318元增长到2021年的106837元，五年间增长43.7%；而农民工月均收入从2017年的3485元增长到2021年的4432元，五年间仅增长27.1%。走访调研中，不少企业反映技术工人上升通道还存在瓶颈，一线技术工人收入待遇偏低，发展空间窄，薪酬水平与管理人员相差较大。

（四）职工社会保险权益实现还存在一些短板

一是社保制度体系仍需进一步完善，多层面社会保障体系尚未完全形成，作为社会保险基本法的《社会保险法》过于原则，灵活性有余而刚性不足，社会保险制度的运行效率与实现程度仍有待提高。二是社会保险覆盖面仍需扩大。2021年末，参加城镇职工基本养老保险、城镇职工基本医疗保险、失业保险、工伤保险、生育保险的职工分别占就业人员的74.7%、55.8%、49.1%、60.5%、50.8%，还有较大提升空间。重点人群仍未全覆盖，新就业形态劳动者、农民工、其他灵活就业人员、劳务派遣工等参保率较低。三是职工基本养老保险养老金替代率较低，由于职工实际缴费工资低于社会平均工资、整体缴费年限较短等原因，我国养老金替代率略低于国际通行标准。

（五）工作生活压力大成为新的职业困扰

随着企业竞争日趋激烈，职工工作生活压力日益加大，职工心理健康成为需要予以关注的问题。第九次全国职工队伍状况调查中，职工表示生活“压力很大”的占比为42.4%，相比第八次全国职工队伍状况调查的41.7%上升了0.7个百分点。超时加班和休息休假不足成为劳动者重要压力来源。第九次全国职工队伍状况调查中，表示“上周实际工作了6天”的职工占比37.1%，“上周实际工作了7天”的职工占比11.9%，仅有55.8%的职工表示按规定享受了带薪年休假。全国总工会2022年职工就业质量调查数据显示，20.1%的职工认为经常加班严重影响了他们对工作的满意度。山东省总工会调查显示，59.55%的职工主要压力来源于工作条件，44.44%的职工主要压力来源于角色压力，43.74%的职工主要压力来源于职业发展。因受压力影响，20.33%的职工出现了容易激动、发怒、冲动等情绪变化，18.48%的职工出现了失眠、多梦、形成不良嗜好等生活变化。

（六）农民工融入城市仍存在“隐形门槛”

一是农民工就业和工资收入不稳定，易受多种负面因素影响，新冠疫情在一定程度上加大了其生活成本，也削弱了其融入城市的能力，中心城市高房价令广大农民工望而却步，住房优惠政策难以惠及整个群体。二是农民工职业技能水平总体不高，接受过技能培训的比例偏低，多数农民工从事以制造业、建筑业为主的第二产业，个别行业对年龄上限的要求和机器换人的发展趋势，垒高了农民工向现代产业工人转变的障碍。三是通过参加社会保险抵御重大风险的能力不足，农民工参加城镇职工社会保险比例远低于应参保比例，城乡居民社会保险待遇与其在职工资水平差距较大，以农民工为主体的新就业形态劳动者参加相应社会保险无法可依。四是户籍制度改革没有跟上城市化进程的步伐，一些地方片面强调引进高端人才，对在城市长期工作、居住、生活的普通就业人员设置“隐形门槛”，使得进城农民工“得失悬殊、进退两难”。

（七）新就业形态快速发展，但权益保障相对不足

随着社会经济和互联网的快速发展，网约车司机、外卖骑手等新就业形态劳动者快速增长，国家信息中心分享经济研究中心发布的数据显示，2020 年全国新就业形态劳动者人数约 8400 万人。由于新就业形态劳动者没有完全纳入现有劳动法律法规覆盖范围，其权益保障还面临较多深层次问题。一是劳动者与平台企业的关系界定难。新业态经济用工模式多样化，导致平台企业用工关系复杂多样，准确界定劳动者与平台企业的关系困难重重，维权定性难。二是社会保险权益实现程度低。大多数新就业形态劳动者与用工单位之间不构成劳动合同法规定的劳动关系，不能依法纳入国家“五险一金”社会保障体系；因缴费基数偏高、转移接续手续复杂等原因，相关从业人员以灵活就业人员身份参保的比例也不高。三是劳动强度大，劳动风险高。平台企业利用大数据和算法技术规划劳动者的工作任务，不断突破劳动者的工作极限。外卖配送员等群体在平台企业的“算法”催促下容易发生超速、闯红灯等危险行为，交通事故风险高。四是缺乏权益诉求表达渠道。平台企业单向决定劳动者报酬、工时、休假、奖惩等事项，劳动者往往直接面对消费者，缺乏向平台企业反映问题和申诉的渠道。访谈中有快递从业人员表示，平台企业设定严格的客户投诉率，一旦达不到五星好评就会被处罚。

三、共同富裕背景下做好职工权益保障工作的建议

共同富裕是社会主义的本质要求，是中国式现代化的重要特征。党的十九

届六中全会指出，新时代我国社会主要矛盾是人民日益增长的美好生活需要和不平衡不充分的发展之间的矛盾，必须坚持以人民为中心的发展思想，发展全过程人民民主，推动人的全面发展、全体人民共同富裕取得更为明显的实质性进展。

实现共同富裕与广大职工息息相关。共同富裕不是一部分人和一部分地区的富裕，而是全体人民的共同富裕，我国就业人员有7.4亿人，广大职工既是推动实现共同富裕的中坚力量，也是共享共同富裕成果的基础主体。广大职工是社会财富的主要创造者，只有激发广大职工的劳动热情和创造潜力，通过诚实劳动、辛勤劳动、创新创业实现增收致富，才能为实现共同富裕提供坚实基础和持续动力。

从共同富裕的基本要求来说，首先要维护好职工基本的劳动经济权益，解决职工反映强烈的突出问题，发挥好工会维权服务的基础性、普惠性作用，努力确保广大职工群众在实现共同富裕的过程中“一个都不能少”。从共同富裕的实现路径来说，共同富裕不是简单的转移支付，而是要形成财富创造的正向循环，必须建立高质量就业体系，提升劳动者职业发展能力和价值创造能力，从而使共同富裕更可持续、更有保障。从共同富裕的价值追求来说，共同富裕是人民群众物质生活和精神生活的双富裕，需要从满足职工多样化多元化的新需求新期待入手，构建和谐劳动关系，不断提高职工生活品质，让职工工作有动力、发展有目标、生活有尊严。

结合共同富裕的要求，以及当前职工权益保障面临的问题和挑战，对进一步做好职工权益保障工作提出以下建议。

（一）完善制度机制，切实保障职工合法权益

1. 健全新时代劳动标准体系。顺应新技术革命发展趋势，适应企业发展和职工权益保障新需求，修订完善劳动法律体系，拓展覆盖领域，充分保障包括新就业形态在内所有劳动者的权益。可借鉴国际经验，考虑出台特殊行业劳动标准或过渡性劳动标准，制定适应平台经济运营模式的工时、工资及劳动安全卫生等劳动标准，引导和督促企业严格落实国家工时制度和特殊工时管理规定，承担企业社会责任，改善劳动条件，依法保障职工的休息休假、工资待遇、劳动安全卫生等权益。

2. 构建公平共享的收入分配机制。建立健全与劳动力市场基本适应、与企业经济效益和劳动生产率挂钩的工资决定和正常增长机制，深化推动工资集体协商制度，推动职工技能和创新要素参与企业初次分配。完善兼职、一人多岗

等灵活就业人员按次提成、计件取酬等工资制度，提高平台型非标准就业劳动者的收入水平和收入稳定性。坚持推行最低工资制度，注重加强对低技能就业群体的保障力度。

3. 完善社会保险体系建设。推动将各类灵活就业人员纳入社会保险覆盖范围，打破灵活就业人员以个人名义加入社会保险的地域壁垒。完善城乡和区域间的社会保障制度衔接，提高医疗保险统筹层次，推进基本公共服务均等化，减少劳动力自由流动的后顾之忧。扩大失业保险制度覆盖范围，充分发挥失业保险基金在稳定和促进就业、加强职业培训、失业救助等方面的积极作用。

4. 加大劳动监察工作力度。完善和落实劳动保障监察执法制度，健全违法行为预警防控机制，建立劳动保障监察执法与刑事司法联动等多部门综合治理机制，畅通举报投诉渠道，加强专项整治，及时有效查处违法案件。加强争议调解仲裁，完善和落实劳动人事争议调解仲裁制度，健全集体争议调处机制，加强基层社区和企业的争议调解仲裁机构建设。

（二）建立高质量就业体系，增强职工发展能力

1. 强化就业优先政策，扩大就业容量。坚持就业优先的宏观经济政策导向，实施促进就业的财政、税收、金融政策，充分发挥经济增长对就业的拉动作用。统筹经济社会发展，加速开放服务行业。将促进就业作为产业政策制定的优先考量，建立与人力资源禀赋适配的产业体系，加快发展现代服务业，大力培育服务业新产业、新业态、新模式，创造更多符合新生代青年劳动力需求的高质量就业岗位。用好资金补贴、税收减免、社会保险费缓缴等政策杠杆，支持更多中小微企业、个体工商户等吸纳就业。

2. 深化劳动力供给侧结构性改革。根据现代化经济体系建设的人力资源需求，加快培养知识型、技能型、创新型劳动者大军，化解结构性就业矛盾。深化教育培训体制改革，适应经济社会发展需求，加大职业教育发展投入力度，积极调整各级教育层次课程体系和专业设置，改进教学内容和方式，加强对学生知识应用和创新能力的培养，实现职业技能培训与市场需求有效对接。健全以企业为主体、职业院校为基础，政府推动与社会支持相互结合的技能人才培养体系，大力开展岗前培训、企业新型学徒制培训、岗位技能提升培训、高技能人才培训。完善多方投入参与机制，打造高质量公共学习资源，面向全体劳动者提供普惠性、均等化的终身职业技能培训，提高劳动者转换职业能力。大力弘扬劳模精神、劳动精神、工匠精神，提高技术工人待遇，打通技能人才上升通道，营造有利于技能人才培养的社会环境。激发大国工匠等技能人才创新

潜能，深化群众性创新活动，鼓励和支持技能人才创新创造。

3. 健全劳动力市场，提升人才使用效率。健全统一规范的人力资源市场体系，完善劳动者平等就业制度，进一步破除人力资源市场城乡分割、地区分割、身份分割障碍，促进劳动力、人才跨地区顺畅流动。加大反就业歧视力度，完善立法和推动司法，制定具有程序性和可操作性的条例。提升人力资源服务效能，搭建多方参与的高效协同机制，打造覆盖全民、贯穿全程、辐射全域、便捷高效的全方位公共就业创业服务体系，优化劳动、技能、管理等资源的配置方式。大力发展人力资源服务业，提升人力资源服务供给能力。加强人力资源市场监管，强化劳务中介服务监察执法督导，严格落实劳务派遣许可、人力资源服务许可和备案制度，强化平台对招聘信息的审核责任，切实治理中介乱象，规范人力资源市场秩序。

（三）构建和谐劳动关系，不断提升职工获得感、幸福感、安全感

1. 建立就业质量指标体系。加强就业质量研究，运用科学的政策评价工具和测量手段，对劳动力市场发展、教育培训、工资财税等政策制度进行综合评估和前瞻性预判。着力从就业渠道、工作环境、工资待遇、就业稳定性、工作满意度和职工匹配度等各个方面完善就业质量评价指标，加强跟踪调查，建立就业质量动态数据库，完善就业质量动态监测和趋势预测机制，适时发布职工就业质量状况报告，为新发展阶段的职工就业质量提升、劳动经济权益保障提供有力支撑。同时，研究建立覆盖就业质量、收入分配、劳动卫生安全、社会保障、生活福利、职业教育等方面的企业社会责任指标体系，构建职工权益充分保障、劳动关系和谐共赢、企业职工协同发展格局。

2. 培育协商文化，构建和谐劳动关系。完善劳动关系协调机制，建立健全构建和谐劳动关系工作的领导推动机制，统筹国家协调劳动关系三方和其他有关部门力量，加强沟通协调，共同研究解决构建和谐劳动关系方面的重大问题。倡导建立“企业+职工”的命运共同体理念，鼓励职工通过工会，同生产经营困难企业开展“共同约定行动”，开展以“稳岗位、促发展”为主要内容的劳动竞赛和和谐劳动关系创建活动。深入推进集体协商机制建设，畅通劳动者诉求表达渠道，推动企业优化内部管理，提高人力资源管理水平，构建人性化的管理机制与和谐的工作环境。构建技术技能、工作时间、工作模式等全要素参与的集体协商机制，建立与经济效益、劳动生产率挂钩的工资决定和增长机制，实现效率与工资同步增长的动态平衡。

3. 建立以职工需求为导向的工会服务体系。一是探索建立工会服务个人账

户制度，聚焦青年职工、农民工、新就业形态劳动者的实际需求，推动工会实名制与工会服务供给有机结合，促进工会服务与劳动者个性化需求、多样化发展和就业的灵活性、流动性相适应。二是建设服务职工一体化平台，形成服务职工项目标准化体系，强化综合服务功能，创新工会服务职工协作机制，促进社会资源和职工需求供需对接。三是构建职工需求智能化服务平台，推动智慧工会建设与工会服务供给协同发展、深度融合，运用大数据、云计算等网络技术掌握职工生活状况和需求，以智能化建设推动工会服务质量提升。四是开展提升职工生活品质行动，以提升职工生活品质为目标，以满足职工需求为导向，建设一批服务型、枢纽型、高质量服务职工综合体和企业样板，助力职工享有更稳定的工作、更满意的收入、更可靠的社会保障、更充足的生活福利、更丰富的精神文化生活。

负 责 人：魏地春、马　璐

承担单位：全国总工会权益保障部、劳动和经济工作部

职工民主权利状况调查报告

根据第九次全国职工队伍状况调查的统一部署，我们通过实地调研、抽样调查、文献研究对正在开展的第十一次全国企业民主管理调研检查情况进行阶段性汇总等方式，对当前职工民主权利状况进行深入调查和分析研究。2022 年 3 月至 7 月，全国总工会副主席、书记处书记、党组成员谭天星同志带队深入开展专题调研，赴中国金融工会、中华全国铁路总工会、中国民航工会 3 家产业工会，中国铁路工程集团有限公司、国网北京海淀供电公司、清华大学等 9 家企事业单位实地调研；线上调研 4 个省（区）、1 个地市、2 个县、4 家企事业单位；书面调研 12 个省（区、市）有关情况。

研究结果表明，党的十九大以来，我国社会主义民主政治建设深入发展，法律法规制度不断健全，党的全心全意依靠工人阶级方针进一步落实，职工的民主权利得到进一步保障，主人翁地位进一步彰显，党执政的阶级基础和群众基础不断巩固，基层民主展现了新的生命力。但在保障职工民主权利方面遇到新老问题叠加的情况，需要认真研究加以解决。

一、当前我国职工民主权利的基本状况

五年来，工会依据法律法规规定通过职工代表大会（以下简称职代会）和其他形式，组织职工参与本单位的民主选举、民主协商、民主决策、民主管理和民主监督，推动全过程人民民主的要求在企事业单位有效落实，实现和维护职工民主权利的载体渠道不断拓展，工作实效不断增强。与第八次全国职工队伍状况调查（以下简称上一次调查）相比，企事业单位民主管理组织领导力量明显增强、职工民主参与管理的程序更加规范、职工民主参与各项制度机制更加符合企事业单位快速发展的需要、互联网技术在维护职工民主权利中的应用更加广泛深入。

（一）党和国家高度重视，为不断强化维护职工民主权利指明了方向

五年来，党和国家把落实职工民主权利作为坚持以人民为中心发展思想的具体体现，作为发展全过程人民民主、推动基层社会治理、健全基层群众自治制度的重要内容，作为促进企业发展、维护职工合法权益、构建中国特色和谐

劳动关系、推进产业工人队伍建设改革的重要制度安排贯穿全面深化改革始终。

习近平总书记多次对全心全意依靠工人阶级、切实维护职工民主权利作出重要指示。2018 年 10 月 29 日，习近平总书记在同全国总工会新一届领导班子成员集体谈话时指出，工会要坚持以职工为中心的工作导向，抓住职工群众最关心最直接最现实的利益问题，认真履行维护职工合法权益、竭诚服务职工群众的基本职责。2020 年 11 月 24 日，习近平总书记在全国劳动模范和先进工作者表彰大会上指出，要健全以职工代表大会为基本形式的企事业单位民主管理制度，推进厂务公开，充分发挥广大职工群众的积极性、主动性、创造性。2021 年 10 月 13 日，习近平总书记在中央人大工作会议上，系统阐述了全过程人民民主的丰富内涵和实践要求，强调必须坚持用制度体系保障人民当家作主。

党的十九大报告明确指出，发展社会主义协商民主，健全民主制度，丰富民主形式，拓宽民主渠道，保证人民当家作主落实到国家政治生活和社会生活之中。党的十九届二中全会强调，要健全以职工代表大会为基本形式的企事业单位民主管理制度，保障职工参与管理和监督的民主权利。党的十九届四中全会通过《中共中央关于坚持和完善中国特色社会主义制度 推进国家治理体系和治理能力现代化若干重大问题的决定》，要求全心全意依靠工人阶级，健全以职工代表大会为基本形式的企事业单位民主管理制度，探索企业职工参与管理的有效方式，保障职工群众的知情权、参与权、表达权、监督权，维护职工合法权益。党的十九届五中全会通过的《中共中央关于制定国民经济和社会发展第十四个五年规划和二〇三五年远景目标的建议》和党的十九届六中全会通过的《中共中央关于党的百年奋斗重大成就和历史经验的决议》都对保证职工主人翁地位、维护职工民主权利提出了明确要求。党中央关于维护职工民主权利的一系列顶层设计和总体部署充分表明，在我国进入全面深化改革、经济发展进入新常态的形势下，切实维护职工民主权利已经上升为党和国家的重要施政目标和治国方略。

2021 年 12 月 24 日，十三届全国人大常委会第三十二次会议完成对《工会法》的修改。为切实体现全过程人民民主有关要求，增加有关“民主选举、民主协商”的内容，将《工会法》第六条第三款中的“组织职工参与本单位的民主决策、民主管理和民主监督”修改为“组织职工参与本单位的民主选举、民主协商、民主决策、民主管理和民主监督”。

（二）进一步加强组织领导，继续巩固保障职工民主权利的工作合力

各地区紧紧依托厂务公开协调领导机构，积极争取各级党委、政府的高度重视，进一步巩固党委统一领导、党政共同负责、有关方面齐抓共管、职工群众广泛参与的领导体制和工作机制，不断推动企事业单位民主管理工作有序深入开展。与上一次调查相比，企事业单位民主管理组织领导呈现弱化趋势的问题得到明显改善。

1. 始终坚持党的领导，形成保障职工民主权利的工作合力。各级党委和政府把企业民主管理工作纳入本地区经济社会发展总体规划，作为党政领导班子工作实绩的考核内容，逐级抓好落实。各级厂务公开协调领导机构和工作机构逐步健全，定期召开会议，整合各方力量资源，形成了各部门密切配合、共同推进的整体合力。2018 年人力资源社会保障部加入全国厂务公开协调小组，进一步充实了工作力量。截至 2022 年 7 月底，陕西、浙江、辽宁、广东、河北、贵州、宁夏等省区先后恢复了省级厂务公开协调领导机构。

2. 强化制度建设，保障职工有序行使职工民主权利。适应新形势新任务，全国厂务公开协调小组及其办公室强化政策指导，先后制定了《2019—2023 年全国企业民主管理工作五年规划》《2019—2023 年职工代表培训规划》《职工代表大会操作指引》等重要文件，明确工作任务、细化工作目标，依法有序保障职工民主权利。各级工会普遍开展职代会标准化建设，建立健全具体的实施细则、执行标准、程序规定和监督检查机制。

3. 宣传典型示范，提升实现职工民主权利的整体水平。2020 年，全国厂务公开协调小组制定了《全国厂务公开民主管理工作先进单位评选表彰管理办法》。五年来，全国厂务公开协调小组共开展了 2 次评选表彰，累计表彰 800 家全国厂务公开民主管理先进单位、200 家全国厂务公开民主管理示范单位和 200 家全国推动厂务公开民主管理工作先进单位。发挥工会新媒体作用，通过开展企业民主管理微视频大赛等活动，进一步扩大典型单位的社会影响力。

4. 加强干部职工队伍建设，提高其参政议政能力。全国厂务公开协调小组办公室落实《2019—2023 年职工代表培训规划》要求，统筹全国职工代表培训师资力量，初步建立全国职工代表培训师资库。全国总工会每年举办全国厂务公开民主管理师资培训班和推进企业民主管理工作专题培训班，带动各地积极推动职工代表培训工作，2019 年至 2021 年，全国各省（区、市）以及新疆生产建设兵团共培训职工代表超过 450 万人次。

（三）服务构建新发展格局，着力维护职工民主权利

五年来，各级工会立足新发展阶段，贯彻新发展理念，构建新发展格局，在深化国有企业混合所有制改革、加快中国特色现代企业制度建设、推动非公有制经济高质量发展、助力事业单位改革中积极作为，在企事业单位改革发展中进一步维护职工民主权利。

1. 围绕国有企业深化改革，维护职工民主权利的力度进一步加大。

一是落实企业民主管理，完善中国特色现代企业制度。全国总工会与国务院国资委等单位共同推动落实《中央企业混合所有制改革操作指引》《中国共产党国有企业基层组织工作条例（试行）》《国有企业公司章程制定管理办法》的相关要求，明确职代会在公司治理结构中的地位作用，推动民主管理制度纳入国有企业党建考核巡视，写入国有企业公司章程，成为国有企业党的领导和公司治理的重要内容。

二是探索构建多层级职代会制度体系，为国企改革保驾护航。全国总工会制定下发《关于推行企业集团职工代表大会制度的意见》，推动中央企业、地方国有企业探索推进与企业管控模式、管理层级相匹配的多层级职代会制度体系。截至 2021 年，中国铁路工程集团有限公司、国家电网有限公司等 95 家中央企业（不含 4 家在港澳企业）中已有 74 家建立了集团职代会制度，二、三级及以下企业职代会基本实现全覆盖。

三是严格履行民主程序，切实保障职工群众合法权益。各级工会将工作重点放在坚持和规范民主程序上，指导和督促企业把审议企业改制方案和审议通过职工安置方案这两个重要的民主程序作为红线和底线，坚持凡是涉及企业改革发展的重大决策必须经职代会审议，凡是涉及职工切身利益的重要事项必须经职代会审议通过。

2. 助推非公有制经济高质量发展，职工民主权利的实现领域进一步拓宽。

一是坚持以职工为中心，把实现和维护职工群众的根本利益作为推进非公有制企业民主管理工作的出发点和落脚点。各级工会积极引导非公有制企业经营管理者牢固树立依靠职工办企业的理念，认真贯彻落实国家法律法规，把建立健全完善各项民主管理制度与企业日常管理制度、企业文化建设紧密结合起来，实现企业与职工共建共享共治。

二是积极推进厂务公开，开展民主协商，保障非公有制企业职工知情权取得良好效果。各级工会重点推进非公有制企业按照劳动法律规定，将涉及职工切身利益的事项，及时向职工公开。非公有制企业职工对实行厂务公开、参与

企业管理的认识有了较大提高。调查显示[①]，非公有制企业职工对“职工参与单位管理”持积极态度，83.9%的职工认为职工参与单位管理有利于维护职工利益，79.7%的职工认为其有利于促进单位的发展，79.3%的职工认为这是职工应当享有的权利。

三是适应新就业形态劳动者特点，探索实现职工民主权利的新路径新方法。全国总工会与人力资源社会保障部等八部门共同印发《关于维护新就业形态劳动者劳动保障权益的指导意见》，督促企业在制定修订有关直接涉及劳动者权益的制度规则和平台算法时，充分听取工会或劳动者代表的意见建议，畅通劳动者诉求表达渠道，督促平台企业按要求依法依规用工。各级工会组织坚持以制度建设为根本，以顺丰、京东、美团等头部平台企业为突破口，探索搭建职工理性表达合理利益诉求的渠道，建立健全新就业形态劳动者权益保障机制。

3. 适应事业单位改革和治理能力提高的要求，职工民主权利的实现进一步深化。五年来，广大事业单位积极践行全过程人民民主，坚持发展职代会制度，将事业单位对内公开与对外公开相结合，全面保障事业单位职工在“三重一大”、薪酬分配、岗位聘用、设备采购、生产生活、社会服务、党风廉政等单位改革发展重大事项和职工切身利益重大问题上的民主权利。清华大学、北京大学、湖南大学、合肥工业大学等一批高校，坚持教职工代表大会制度，有效地促进了学校各项事业健康发展。上海肺科医院、杭州市西溪医院等紧紧依靠职工民主办院，在清廉医院、和谐医院建设中，落实民主参与、民主管理、民主监督。

4. 深化产业工人队伍建设改革，保障职工民主权利的制度成效进一步凸显。

一是以职代会为基本形式的企事业单位民主管理制度规范化建设成效明显。各级工会普遍开展企事业单位职代会质量评估工作，根据本地区企事业单位特点分类制定评估标准。积极推进法治化建设，截至2020年底，全国已有29个省（区、市）颁布了36部有关企业民主管理的地方性法规。调查显示[②]，85.1%的受访工会主席所在单位建立了职代会或职工大会制度；91.7%的受访工会主席所在单位能够按期召开职代会；80.3%的受访工会主席所在单位在“制定重大经营决策”时经过了职代会讨论审议，87.7%的受访工会主席所在单位在“制定涉及职工权益的工作方案”时经过了职代会表决决定。后两项调查结果分别比

① 第九次全国职工队伍状况调查问卷。
② 同上。

上一次调查增加了 4.4 个百分点和 11.9 个百分点。

二是积极推动政府与同级工会联席会议制度建设，从源头上推进产业工人队伍建设改革。各地聚焦产业工人队伍发展壮大，通过政府与同级工会联席会议，议定出台一系列激励职工创先争优、岗位成才的政策措施。截至目前，全国各省（区、市）均已建立省级联席会议制度，并逐渐向市、县延伸，部分地方还积极推动联席会议制度逐步向乡镇一级拓展，31 个省（区、市）都有地（市）一级的联席会议制度。

三是以职工董事职工监事制度为平台，实现职工源头参与企业决策管理。近年来，职工董事职工监事制度从公有制企业逐步向非公有制企业拓展，已发展成为公司制企业职工参与民主管理、民主决策、民主监督的重要途径。调查显示①，共计 86.2%的工会主席表示，所在单位的职工董事、职工监事在维护职工权益方面作用发挥“非常好”或“比较好”，比上一次调查结果增加了 5.7 个百分点。

5. 推动构建和谐劳动关系，职工民主权利的实现途径进一步拓展。

一是职工有序政治参与更加广泛深入。各级工会系统的人大代表和工会界政协委员通过提案、书面意见以及政协协商专题会议，及时向党和政府反映职工的呼声。在最近一轮的全国县乡两级人大换届选举工作中，基层代表中一线工人、农民的代表比例均较上次换届选举有所上升。各级工会在推进改革的过程中，明显提高劳模和一线职工在工会领导机构中的比例，全国总工会执委会委员中劳模和一线职工的比例由上一次调查时的 15.4%增至 18.1%，全国 28 个省级工会配备产业工人兼职副主席 46 名。上一次调查中提出的“职工民主参与的声音弱，途径单一”的情况得到明显改善。

二是维护劳动关系和谐稳定，鼓励职工多渠道参与企业发展。近年来，各级工会通过开展“公开解难题、民主促发展”主题活动，组织职工代表为企事业单位复工复产献计献策，引导广大职工与企业风雨同舟、共渡难关，妥善处理好新冠疫情防控期间劳动关系问题。全国总工会组织开展“聚合力 促发展”全国优秀职工代表提案征集推荐活动。2022 年 5 月，全国总工会印发《关于做好常态化疫情防控形势下促进企业发展维护职工权益工作的通知》，要求积极做好常态化疫情防控形势下促进企业发展、维护职工权益各项工作，确保劳动关系总体和谐稳定。

① 第九次全国职工队伍状况调查问卷。

三是持续推进互联网技术在企事业单位民主管理工作中的运用，职工民主权利的实现方式更加丰富。随着企业组织结构、管控模式、运行方式呈现新变化，跨地区、跨产业的企业越来越多，职工队伍的流动性增强，利益诉求、思想观念、行为方式等也呈现新特点。各级工会积极探索互联网技术在职工民主权利维护方面的应用，坚持线上线下相结合，许多企事业单位利用内部网站、电子报刊、办公自动化系统、微信、微博、QQ 群、官方网站、企业 OA 等互联网平台或技术及时进行厂务公开，受到职工的普遍欢迎。调查显示[①]，36.4%的职工选择通过上述方式发表意见或反映愿望，职工参与民主管理的互动性进一步增强，参与范围更加广泛。

二、保障和实现职工民主权利存在的主要问题

五年来，全国已建工会企事业单独建立职代会制度、厂务公开制度，已建工会公司制企业建立职工董事职工监事制度的数量有所下降。从调查情况来看，导致企事业单位民主管理制度数据下降的原因主要集中在以下几方面：一是正常市场行为导致建制的企事业单位基数减少。例如，国企改革中，企业合并导致国有企业数量减少；受近几年经济下行压力加大和新冠疫情影响，部分中小型非公有制企业倒闭破产；事业单位改革继续深化，部分事业单位转为企业单位。二是统计口径逐年收紧，数据报送要求更加严格，将已注销企业及时从统计数据中剔除，统计结果更加精准。三是大量新兴市场主体出现，各项企业民主管理制度出现新的建制“空白点”。例如，平台企业、互联网企业等新业态企业蓬勃发展，大量新的市场主体尚未组建工会和实行企业民主管理制度。四是企事业单位民主管理制度还存在一些短板和弱项，维护职工民主权利工作还需要进一步加强。

本文仅针对企事业单位民主管理制度存在的短板和弱项进行分析，提出保障和实现职工民主权利存在的主要问题。

（一）对维护职工民主权利重要性、必要性的认识存在偏差

从调查情况来看，观念性的问题仍然是维护职工民主权利的主要障碍。一是一些企业负责人对维护职工民主权利的重要性、必要性缺乏充分认识，认为职工参与企业管理对企业方是牵制和麻烦，会影响经营者权威和决策效率。二是一些工会干部对深入推进企业特别是非公有制企业民主管理工作存在畏难情

① 第九次全国职工队伍状况调查问卷。

绪，部分企业工会工作者对民主管理制度不重视。调查显示[①]，在“您认为企业工会应该抓好的最主要的工作是?”的 12 个选项中，选择“组织职工参与企业管理”的仅占 23.4%，排在第 6 位。三是部分职工缺乏民主参与意识，担心争取民主权利会引起经营管理者的不满，影响其劳动经济权益。调查显示[②]，在非公有制企业中，10.8%的受访职工认为“单位领导不太可能真正让职工参与管理”，6.1%的受访职工认为“职工只要干活挣钱，没必要参与单位管理”。第十一次全国企业民主管理工作调研检查问卷显示，16.53%的受访职工认为实行民主管理会增加行政方对敢于提意见的职工或职工代表的反感。

（二）职工民主权利相关法律法规落实还存在不到位的情况

与上一次调查相同，当前部分企事业单位仍存在民主管理制度运作不规范问题。有的企事业单位简单地实行“二会合一”（职代会与工会会员代表大会合并召开）或“三会合一”（职代会与工会会员代表大会、企业行政会议合并召开），导致职代会与工代会出现职权混淆的现象。第十一次全国企业民主管理工作调研检查问卷显示，近两年，41.5%的受访职工表示本单位通过职代会讨论工会工作报告和工会经费使用报告，35.06%的受访职工表示本单位通过职代会选举工会委员。有的企业民主管理制度流于形式，作用发挥不到位。调查显示[③]，11.8%的公有制企业职工和 13.3%的非公有制企业职工认为，“职工参与单位管理”的实际作用不大，多是走形式。

（三）保障和实现职工民主权利的相关法制建设有待加强

非公有制企业应当实行民主管理却缺少有力法律依据，一些外资企业，以缺少国家层面的专项法律为借口，拒绝实行民主管理。当前职代会制度运作中的不规范现象，有待通过相关法律法规进行强制要求。已有的其他立法或散见于不同法律法规，或在适用范围、职权表述等方面已严重滞后，或权威性和约束力较弱。亟待出台一部适用于所有企事业单位，系统完备的国家层面企业民主管理相关法律。

（四）维护职工民主权利的覆盖领域不够广泛、实现形式不够丰富

现有的关于职工参与企事业单位民主管理的组织制度和工作制度规定，主要针对的还是传统的“工厂型”企业，现代大型企业中多种民主管理制度如何协同

① 第九次全国职工队伍状况调查问卷。
② 同上。
③ 同上。

推进，亟待深入研究。区域（行业）职代会制度在运作规则和职能定位等方面还有待进一步明确。事业单位、社会组织中职工民主政治权利的实现渠道和具体内容需要进一步丰富。新就业形态劳动者民主权利实现方式和途径还处于探索阶段，方式方法较为单一。由于各地在互联网技术运用基础和具体运用形式上存在较大的差异，互联网技术在维护职工民主政治权益方面的应用还存在极大的不平衡，对线上民主管理工作形式也缺乏明确的有效性认定和统一的规范性指导。

（五）工会干部和职工代表能力有待提高

目前，工会干部和职工代表能力不足、素质不高的问题尚未彻底解决，已成为制约职工民主权利实现的重要原因。上级工会对民主管理工作的指导仍然相对薄弱。基层工会干部多为兼职，且数量少、流动性大，有的对工会业务工作不熟悉。有的单位职工代表在履职前或履职过程中很少接受与企业管理、民主管理相关的培训。第十一次全国企业民主管理工作调研检查问卷显示，有40.85%的职工代表在当选后“未参加”履职能力培训或对相关培训“不了解”。

三、保障和实现职工民主权利的对策建议

为贯彻落实党的二十大精神，持续推进全过程人民民主建设，积极发展基层民主，健全以职代会为基本形式的企事业单位民主管理制度，保证职工充分实现民主权利，我们提出以下建议：

（一）进一步深化维护职工民主权利的重要性紧迫性认识

各级工会要把思想统一到习近平总书记和党中央决策部署上来，从政治和全局的高度，深刻认识维护职工民主权利、落实以职代会为基本形式的企事业单位民主管理制度的重要意义。要进一步加大职工民主权利相关法律法规政策和落实职工民主权利典型经验做法的宣贯，将企事业单位民主管理纳入地方党委、人力资源社会保障、国资委、工会、工商联等部门的培训中，通过报纸、网络、短视频、动漫、理论征文等渠道和形式，有针对性地开展宣传，进一步扩大企事业单位民主管理制度的社会影响力，形成维护职工民主权利的共识。

（二）加快推进职工民主权利相关立法进程

要坚持通过人大代表建议、政协提案等方式，努力推动立法进程，积极参与有关职工民主权利实现的法律法规的调研、起草和论证工作，加快立法步伐。继续配合全国人大，参与《公司法》修改。积极参与国企改革、提高基层社会治理、构建和谐劳动关系有关政策的制定。持续加大对地方立法的指导力度，推动具备条件的省份出台或修订完善地方立法。

（三）加强制度建设，促进职工规范有序行使民主权利

要充分发挥国家协调劳动关系三方、全国厂务公开协调小组、政府与同级工会联席会议等平台作用，推动完善职工民主参与相关制度机制。要通过制定《2024—2028年全国企业民主管理工作五年规划》《关于深化新时代企业民主管理工作的指导意见》等，推动符合条件的企事业单位普遍建立民主管理制度，规范国有企业、非公有制企业、事业单位的民主管理工作。要指导企事业单位落实《职工代表大会操作指引》。根据企事业单位需要，制定职工董事职工监事工作指引。适时修改《中华全国总工会关于推行区域（行业）职工代表大会制度的意见（试行）》，弥补区域（行业）职代会在实际操作中的不足。各级工会要积极配合做好本级人大常委会执法检查、政府行政监察和政协视察，使有关职代会的法律法规在企业得到贯彻落实。

（四）积极推动"互联网+民主管理"深入发展

要引导地方总工会和广大基层企事业单位结合实际情况，利用"互联网+民主管理"进一步丰富工会组织职工参与企事业单位民主管理的途径，畅通企业与职工的沟通协商渠道，稳步推进基层民主协商机制建设，把劳动关系矛盾化解在基层和萌芽状态，在完善基层社会治理中发挥积极作用。及时总结宣传较为成熟的实践经验，注意把握"线上工作形式是线下工作形式的有益补充"的原则，坚持线上线下融合发展，统一思想认识，避免企事业单位重线上工作而轻线下工作。

（五）加大培训工作力度，提高工会组织维护权益的工作能力和职工代表的素质

要制定《2024—2028年职工代表培训规划》，指导各级工会将职工代表培训工作列入年度重点工作，把师资队伍建设、经费投入保障、培训组织实施、效果监督评估等各项制度推向常态、长效。着力加强职工代表培训针对性，重点针对新任的工会主席和职工代表开展培训，突出对职工董事、职工监事履职能力的培训。加大力度做好各级各类职工代表培训教学示范点的宣传培育工作，鼓励基层单位组织开展各具特色的职工代表培训。要指导各地优化评选机制，完善监督机制，建立互学机制，形成激励机制，把各示范点建起来、管起来、用起来，为职工代表培训工作提供生动鲜活的优秀案例。

负 责 人：谭天星

承担单位：全国总工会基层工作部

职工精神文化权益状况调查报告

我国工人阶级既是物质文明建设的主力军，也是精神文明建设的主力军。自2017年第八次全国职工队伍状况调查以来，我国职工积极投身物质文明和精神文明建设，精神文化生活日益丰富、精神文化需求愈加多元。2022年，第九次全国职工队伍状况调查覆盖15个省（区、市），涉及150个城市。被调查单位分为两大类：一是已建工会单位，共3750家，从2021年工会统计年报数据库中随机抽选。二是未建工会单位，约750家，由抽中的调查城市总工会根据实际情况抽选。调查兼顾地区经济社会发展水平、单位类型、职工年龄、行业等因素，共调查职工45000人、工会主席3750人，问卷有效回收率分别为99.7%和99.9%。同时，调查通过网络视频连线，深度访谈近百名来自建筑、铁路、互联网等行业的职工，了解和把握当前我国职工精神文化权益状况。

一、基本状况

党的十八大以来，以习近平同志为核心的党中央高度重视社会主义精神文明建设，推进文化自信自强，提出一系列新思想新观点新要求，有力推动了物质文明和精神文明协调发展，全党全国各族人民文化自信明显增强、精神面貌更加奋发昂扬。调查显示，我国职工队伍精神文化权益实现状况总体向好，精神文化生活水平日益提高，职工受教育水平普遍提高、心态积极正面，实现“两个一百年”奋斗目标、实现中华民族伟大复兴的中国梦更加深入人心，社会主义核心价值观日益成为广大职工的共同价值追求。

（一）职工整体文化素质不断提高

职工的受教育程度是体现职工精神文化权益实现状况的重要参考指标。接受本次调查的职工平均受教育年限为13.79年，比2017年调查的13.63年高出0.16年，其中具有大专、大学本科及研究生以上学历的职工，已超过受访职工的六成（63.3%），高于2017年调查比例（58.8%）。中国职工队伍状况调查实施以来，此项数据一直呈上升态势，充分说明我国职工整体科学文化素质在不断提升。

（二）职工心理普遍积极向上

职工心理状况直接影响到职工的工作绩效、对企业的忠诚度和流动率，并最终影响到企业效益。受访职工中，认为自己心理健康状况很好的占30.6%、比较好的占39.6%，合计超过七成（70.2%）。近三成职工认为自己心理健康状况一般、不太好或不好。个案访谈中，职工普遍对自己的心理素质评价较好，认为自己“热爱生活”“比较乐观”“有了情绪问题也能自己调整”。

（三）职工参加文体活动意愿积极

职工文化建设是职工丰富精神文化生活、激发劳动热情和创造活动的重要载体，参加文体活动是职工放松身心的重要方式。调查显示，56.7%的受访职工表示单位有文体活动场所，55.9%的受访职工愿意到单位的文体场所活动，37.7%的受访职工愿意去但没有时间。对单位开展的文体活动，职工总体评价良好，受访职工表示满意的占41.9%，比较满意的占32.7%。

（四）职工网上文化生活丰富多彩

互联网已经成为职工获取公共服务的重要平台，也是实现服务更加精准、更有温度的新载体。职工最喜欢的业余休闲活动，按选择量的顺序排在前7位的依次是：电影电视（50.6%）、上网刷手机（44.6%）、运动健身（36.4%）、读书看报（32.9%）、旅游（21.6%）、逛街购物（19.1%）、睡觉（17.5%）。上网刷手机选项的频数（44.6%）比五年前“上网”选项有大幅度提升（27.5%），读书看报有所下降（五年前为38.6%），职工的业余休闲活动明显高度依赖互联网。

二、特点趋势

五年来，职工精神文化权益实现状况发生了显著变化，呈现出许多新特点新趋势。职工的精神文化权益需求更加丰富多元，提高自身职业发展能力的诉求强烈，获取、传播和分享信息成为基本的生活习惯，对传统文体活动的认可和参与度有所下降。

（一）职工精神文化权益实现状况对生产生活质量的影响更加直接

受访谈的职工表示，“提高收入需要长期踏实的努力付出，而改善心情却只需要一个20秒的视频”。职工表示，现代人的生活已经肯定不仅仅满足于吃饱穿暖了，精神层面的需求更加多样，并认为工会应该更注重满足职工的精神文化需求，帮助职工实现“更全面、层次更高一点”的权益。在职工精神文化权益得不到满足或受到侵害时，职工更倾向于直接表达，更容易呈现消极负面的情绪和面貌。有职工在访谈中说，现今的物质生活条件已远胜于父辈一代，但“幸福感”却不如他们，面临更多精神困扰和问题。当前，青年职工逐渐成为职工队伍主体，对于社会上存在的“精神上更脆弱、抗压能力更差”的观点，不少“90后”青年职工并不认同。他们认为，“一代人有一代人的问题”“现代人面临的客观问题更多”，对自身精神文化权益的影响更直接。

（二）职工自我学习提升的愿望和职业发展诉求更加强烈

职工对学习培训的参与度和热情持续高涨，超过八成（80.4%）的职工过去一年参加过单位组织的各类培训，其中43.3%的职工经常参加。尽管这类培训并不一定与职工的物质权益直接挂钩，有47.2%的职工表示参加学习培训后提高了收入。职工更加看重学习培训提升了他们的“无形资产”，92.1%的职工认为开展劳动和技能竞赛有益于单位和个人，77.6%的职工因为参加学习培训提高了就业竞争力。关于对目前所从事职业的评价，超过八成（81.7%）的职工对目前的工作“满意或比较满意”，但只有不足五成（42.4%）的职工认为现在的岗位“发展机会较多”，57.6%的职工认为现在的岗位“一般”“机会较少”或“没啥机会”。在个人访谈中，很多职工表示乐于接受现状，但对未来表示比较担忧，超过五成（51.1%）的职工一定程度上担心可能会失业。认为自己就业空间“很大”或“比较大”的仅占受访职工的31.8%，66.3%的职工不同程度地担心目前的职业技能在未来会过时。95.3%的受访职工有兴趣学习新的职业技能或知识，超过一半（52.0%）的职工表示很有兴趣，53.2%的职工有主动学习的习惯和行为。

（三）职工参与信息分享、传播的热情更加积极

在互联网、新媒体繁荣发展的新时代，手机已经成为职工生产生活的必需品，大量自媒体、公众号的影响力逐渐超过传统媒体，成为满足职工精神需求的供应者和服务者。无论是国际局势、国家大事，还是生活信息、娱乐八卦，各类热点信息在不同群体职工的精神世界中占据重要位置，成为影响职工思想状况和价值取向的重要因素。职工通过互联网获取、传播和分享信息，形式丰富，内容庞杂，不仅包括浏览网站，使用聊天软件如微博、微信等，也包括刷短视频、订阅公众号、看网络直播、使用社交App等。互联网提供的各类信息和文化产品，尽管从客观精准的真实性及蕴含精神文明价值的质量方面来看还有欠缺，但却在不同场合匹配职工工作生活的节奏，最能满足职工休闲放松的需求。职工不仅仅满足于做文化的接受者和消费者，更期待自己成为精神文化产品的创造者和提供者。职工乐于参与各类信息资讯的获取、传播和分享，并

不是单纯地出于得到信息的实用目的，而是成为一种生活习惯，出于“上网、刷微博、刷朋友圈、刷短视频”的精神文化休闲目的。

（四）职工对信息来源有一定鉴别力但更易被舆论裹挟

自媒体时代的信息传播渠道便捷、门槛低、成本少，但同时也导致许多信息的真实性、权威性大打折扣，整体上削弱了信息传播的实用性功能。一方面，职工的信息渠道主要来自网络和手机，很少通过传统媒体了解官方发布的信息，如中美关系、新冠疫情防控等国家大事和与切身利益相关的政策。另一方面，在信息来源的选择上，面对“造谣一张嘴，辟谣跑断腿”“谎言坐电梯，真相爬楼梯”的舆论传播困境，职工表示理解并认为官方信息更加真实可靠。一位“90后”建筑行业职工表示，他相信官方发布的信息是真实可靠的，因为自媒体的特点主要体现在传播速度快和娱乐消遣性强。职工对微博、朋友圈信息的信任度普遍高于自媒体、公众号等，因为此类消息来自“普通人、身边的朋友”，特别是一些以亲历、评论口气发布的内容，对衣食住行等日常生活有一定帮助。有的职工表示获取信息是为了得到谈资或放松身心，一位铁路职工表示自己上网更喜欢看评论区，认为“高手都在评论区”，但只是“为了好玩”，对信息的真实性并不核实，“网上的事谁说得清呢”。一旦官方机构、权威媒体没有第一时间发声，一些自媒体就容易煽动舆论，误导职工群众。一位“80后”互联网企业职工表示，官方的信息和说法虽然可信度高，但对普通职工来说“有门槛”“不好懂”，也“不够吸引眼球”，认为这种传播状态“不是一件好事”。

（五）职工对线上工会工作诉求更加多元

最近一年时间内，受访职工去过工人文化宫的仅有15.3%，68.5%的受访职工表示没去过。影响职工去工人文化宫的主要因素，排在前列的是“不了解”（30.9%）、“距离远近”（25.0%）、“活动项目是否吸引人”（10.8%）。关于各单位职工文化阵地建设情况，受访工会主席表示，有图书馆（室）的占46.2%，有健身房的占28.0%，有乒乓球、台球室的占51.5%，有羽毛球场（馆）的占25.0%，有篮球场、网球场的占33.9%，有瑜伽室、舞蹈室的占13.5%，有37.2%的单位设立了职工文体协会或职工兴趣活动小组。调查显示，无论硬件设施，还是制度建设，企业工会在满足职工精神文化诉求方面，与现阶段的职工需求有一定差距。一些职工表示，工会组织的文体活动有时候形式比较老旧、内容也倾向于中老年职工，而对已占职工队伍主体的青年职工吸引力不足，甚至造成负担。例如，一些企业单位喜欢搞“周末团建”活动，形式上凝聚团队精神，帮助职工放松身心，却也被批评是变相剥夺职工休息时间的自主权，有损职工权益。

三、原因分析

随着我国意识形态领域的发展变化，职工精神文化权益保障工作面临许多新形势、新情况、新问题，我们可以从职工所处环境、职工队伍诉求、工作主体的方式方法等方面入手，分析影响职工精神文化权益的主要因素。

（一）意识形态领域的渗透和泛娱乐化冲击

外在环境是影响职工思想的重要因素。目前，世界正经历百年未有之大变局，世界多极化、经济全球化与霸权主义、贸易保护主义的碰撞更加激烈。全球产业结构的变革与调整，给职工特别是青年职工的生产生活方式带来了根本改变。一方面，以美国为主导的西方国家对我国意识形态的渗透从未放松，中国崩溃论、中国威胁观、历史终结论、共产主义失败论一直在散播，这些错误的思潮和论调通过移动互联网的放大，一定程度上影响到青年职工群体的世界观和价值观。另一方面，国内社会矛盾与热点问题时有发生，社会思想多元多样多变，大屏、小屏环绕的舆论环境有“泛娱乐化”倾向，与娱乐明星、偶像剧、富豪有关的娱乐话题长期占据头条，宣扬“一夜暴富”观念，辛勤劳动创造的财富远远比不上一些明星的出场费，政治、经济等方面的严肃话题被一些自媒体娱乐化地解读，这潜移默化地影响着青年职工的思维方式，直接影响职工群众的思想稳定。

（二）激烈的社会竞争导致焦虑感加剧

受新冠疫情和经济结构调整等多因素影响，经济发展下行压力较大，中小企业生存发展面临困境，减发欠发工资现象有增长趋势。劳动合同短期化现象比较普遍，劳动合同到期后，企业不需任何理由就可解雇职工，很多职工感到就业稳定性差，工作压力大，精神高度紧张。面对日益激烈的社会竞争，部分职工感到后顾之忧多、思想包袱重，有的职工对未来缺乏信心，心理承受能力下降，一旦遇到突发事件的刺激，极易引发过激行为。调查显示，47.0%的职工赞同或比较赞同“新冠疫情使我的求职机会变少了”。一些受访职工表示，比起新冠疫情带来的经济损失，对个人生活和前途命运的不可控性、选择变少等，更容易让他们困扰和焦虑，对未来的不确定性表示担忧。

（三）企业主体责任发挥不到位

企业生产经营是第一位的任务，一些企业一味地追逐经济利益，“顾不上”

思想工作，不注重培育和提升企业发展的软实力。非公有制企业职工思想政治工作的开展力度相对较弱，导致职工对企业的忠诚度和归属感降低。很多企业组织开展的教育培训，多数针对企业的中高层管理者，对一线职工提供的教育培训机会不多，部分企业的党组织缺乏凝聚力。非公企业党群工作者大多是兼职人员，主要集中在企业的生产经营上，不能集中精力做好职工的思想政治工作。

（四）工作手段与职工精神文化的多样需求还不相适应

在职工网络生存趋势明显的当下，更加生动的交互式场景已经形成，单纯的灌输式“教育”，已经达不到应有的效果。理论说教和职工思想“两张皮”的问题仍较突出，职工最关心的问题是“工资收入”，最关注的是精神文化、休闲娱乐生活的质量，很多思政工作者只会讲官样文章，对职工有温度、有深度、有力度的引领还不够，缺乏深入人心和互动式的引导教育。网上工会工作是新时代工会实现职工权益、凝聚职工思想的重要平台。职工活跃在网上，我们的思想政治工作还停留在线下。调查显示，只有不到四成（38.8%）的受访职工“经常参加”或“偶尔参加”网上工会服务职工的活动，逾四成（40.2%）职工没有听说类似活动，这与近乎100%的职工互联网使用比例相比，存在较大差距。

四、对策建议

自2019年中共中央、国务院印发《关于加强和改进新时代产业工人队伍思想政治工作的意见》以来，全国各地围绕造就一支有理想守信念、懂技术会创新、敢担当讲奉献的宏大的产业工人队伍这一目标任务，持续开展“中国梦·劳动美”主题宣传教育、职业道德建设评选表彰、命名发布全国职工爱国主义教育基地、职工书屋建设、大国工匠进校园、大国工匠年度人物和“最美职工”宣传发布等活动，在广大职工中培育和践行社会主义核心价值观，不断丰富职工精神文化生活。

当前，结合学习宣传贯彻党的二十大精神和我国职工精神文化权益状况，提出以下对策建议。

（一）深入学习宣传贯彻党的二十大精神

学习宣传贯彻党的二十大精神，是党和国家政治生活的头等大事。按照党中央的统一部署，把握学习领会党的二十大精神的着重点，聚焦学习宣传贯彻党的二十大精神的着力点，找准工会工作与党的二十大精神的切入点和结合点，坚持不懈用习近平新时代中国特色社会主义思想引领广大职工，结合实际策划实施“中国梦·劳动美”主题宣传教育活动，充分发挥学习强国、学习强会、职工书屋、技能强国、产业工人学习社区等平台阵地作用，扎实组织各类学习培训、宣传宣讲活动，推动党的二十大精神进企业、进车间、进班组，引领广大职工牢牢把握团结奋斗的时代要求，凝聚广大职工团结奋斗的磅礴力量，在以中国式现代化全面推进中华民族伟大复兴的征程中建功立业。

（二）提高职工思想政治工作的针对性、实效性

坚持守正创新、问题导向、系统观念，重点把握青年职工、农民工、新就业形态劳动者、互联网企业职工等不同职工群体的诉求特点，研究挖掘职工思想政治工作和精神文明创建的特点和规律，实现思想政治引领和精神文明创建的有机融合。健全组织体系、完善动员机制，把广大职工吸纳到工会组织中来，扩大工会思想政治工作的有效覆盖。严肃处理恶意传播虚假信息、煽动负面舆情的行为。传播普及法律、健康、教育、公共安全等实用信息，既宣传成就、分析形势、解读政策、明确任务，又直面问题、聚焦热点，及时解疑释惑、理论情绪，加强正面引导，回应职工关切。在“五一”国际劳动节、建党节、国庆节、传统节日、重大节庆日等时间节点，集中开展形式多样、特色鲜明的主题教育，充分释放节日庆典的教育功能。更加注重人文关怀和心理疏导，健全心理服务体系和疏导机制、危机干预机制，政府部门在制定心理服务保障政策时，把职工心理援助作为职工必需的福利，列入医保范围，把心理健康服务与困难帮扶、法律援助、志愿服务等结合起来，引导职工正确对待困难、挫折和荣誉，理性表达和维护自身利益，树立成熟理性、客观公正的社会价值取向，塑造自尊自信、理性平和、亲善友爱的社会心态。

（三）在解决实际问题中解决思想问题

坚持以职工为中心的工作导向，坚持把职工群众眼前关心关注、急难愁盼的小事家常事作为办实事重点，以真诚服务赢得职工信赖。着力构建联系广泛、服务职工的工会工作体系，努力为广大职工提供普惠性、常态性、精准性服务。坚持从群众中来、到群众中去的工作方法，深入了解不同行业、不同职工群体的思想状况和心理特点，把解决思想问题同解决“急难愁盼”问题结合起来，把思想引领同“我为群众办实事”实践活动结合起来，深入开展工会干部赴基层蹲点活动，在有效服务职工中提升思想政治引领能力。搭建职工成长成才平台，围绕推动高质量发展，组织职工广泛深入持久开展“当好主人翁、建功新时代”劳动和技能竞赛，在火热的生产实践中培育担当民族复兴大任的时代新

人。更加注重满足职工提高技能素质、追求长远发展的意愿，努力推动落实关于职工教育培训、提高技术工人待遇、表彰奖励向一线倾斜等政策，不断拓宽职工的成长成才通道。

（四）培育健康文明、昂扬向上、全员参与的职工文化

坚持以社会主义核心价值观来引领和教育职工群众，推动社会主义核心价值观转化为广大职工的思想自觉和行为习惯。坚持用中华优秀传统文化、革命文化和社会主义先进文化培根铸魂、启智润心，坚持弘扬主旋律与提倡多样化相统一，努力实现内容题材、艺术形式、艺术风格多姿多彩、竞相发展，打造“工”字系列职工文化特色品牌。构建圈层式职工文化服务网络，广泛开展职工群众喜闻乐见、乐于接受、便于参与的文化体育活动，把思想政治工作融入群众性文化体育活动之中，让活动开展过程成为思想政治引领的过程。弘扬以伟大建党精神为源头的精神谱系，保护好、管理好、运用好红色工运资源，系统阐释、深入挖掘红色工运资源的内涵价值，推动党史学习教育常态化长效化，引导职工群众学习党的百年辉煌历史，从伟大建党精神中汲取力量，在新征程上坚定历史自信，增强历史主动。注重仪式感教育，强化入党入团、入职培训、升国旗等仪式的庄严感、礼仪感，在仪式开展中增强职工的爱党爱国、爱企爱家的责任感。坚持公益性、服务性方向，办好用好工会报刊网络、工人文化宫、职工院校、职工书屋、工运纪念设施、劳模公园等阵地，培养一支专兼结合的职工文艺队伍，挖掘和推广一批职工文化项目。贴近现实、观照现实，面向基层、服务职工，培育和创作思想性高、艺术性强、社会影响大、群众口碑好的精品力作，建设职工群众共有的精神家园。

（五）坚持走好网上群众路线

顺应互联网、新媒体时代的工作环境和舆论阵地工作特点，积极用好网络平台和新媒体手段，在网上突出展示工会组织和工会工作的声音、形象、内容和影响，善于从职工视角谋划网上宣传，推进网上宣传理念、内容、形式、方法、手段等创新。把网络传播平台作为党的二十大精神宣传的重要阵地，坚持分众化、差异化、精准化，开设网上专题专栏，制作推出新媒体产品，开展网上访谈互动，在网络宣传上展现新面貌、新作为，推动形成网上正面舆论强势，让党的声音成为网络空间最强音。将工会活动与互联网深度融合，走好网上群众路线，打造网上职工之家，增加网络文化产品供给，契合网上职工碎片化阅读的习惯，在微博、微信、抖音、快手等平台持续发力，适应网络信息的碎片化传播，提升传播有效性。精准把握不同平台的差异化特征，利用算法推荐等

技术开展定向微传播，充分运用职工喜欢和熟悉的时尚元素、话语体系，为职工提供精准化、订单式、多层次文化服务。在传统的文化体育活动之外，为职工提供学习培训、市场信息、技术服务、生活帮助等网络服务，结合职工喜欢和熟悉的生活元素、话语体系，增强职工的参与互动，让职工参与变被动为主动，让职工产生亲近感、归属感、满足感。

负 责 人：魏地春

承担单位：全国总工会宣传教育部

职工技术技能素质状况调查报告

素质是立身之基，技能是立业之本。为深入贯彻习近平总书记关于工人阶级和工会工作的重要论述，深化产业工人队伍建设改革，调研组深入分析全国职工队伍状况调查的数据成果，查阅国家法规政策和相关文献，组织有关专家召开视频研讨会，对全国 31 个省（区、市）和新疆生产建设兵团开展摸底统计、书面调研，并对黑龙江、上海、广东等 8 省（市）进行视频座谈调研，全面了解各地职工技术技能素质新情况新变化，提出具有针对性的对策，在此基础上，形成本专题报告。

一、职工队伍技术技能基本状况及发展趋势

本次调查（第九次全国职工队伍状况调查）显示，职工受教育程度继续稳定提高，整体素质和技术技能水平稳步提升，职工提升自身技术技能水平的意愿进一步加强，社会崇尚劳模精神、劳动精神、工匠精神的氛围更加浓厚。

（一）职工队伍受教育程度稳定提高，受教育年限进一步增长

1. 总体情况。本次抽样调查数据表明，目前职工平均受教育年限为 13.79 年，比 2017 年第八次全国职工队伍状况调查（以下简称 2017 年）的 13.63 年提高了 0.16 年，职工平均受教育年限稳定增长。高中及以上文化程度的职工占 85.1%，其中高中（含职高及中专、中技）文化程度的职工占 21.8%；大专（高职）及以上文化程度的职工占 63.3%。此外，初中文化程度的职工占 13.0%，小学及以下的职工占 1.9%。与 2017 年相比，大专（高职）及以上文化程度仍然是职工队伍的大多数，且比例显著提高，提高了 3.9 个百分点。其中，大专（高职）、大学本科、研究生以上文化程度比例分别比 2017 年提高 0.3、3.5、0.1 个百分点，特别是大学本科已占 33.3%，仍为占比最高的群体，其次是大专，占 27.2%（见图 1、图 2）。

2. 不同产业、不同类型单位职工受教育情况。从不同产业情况来看，第三产业职工平均受教育年限为 14.5 年，高于第一产业职工的 12.5 年和第二产业职工的 13.0 年。从不同单位类别来看，机关、事业单位的职工受教育程度仍然保持在较高水平，平均受教育年限分别为 15.7 年和 15.5 年，均高于企业（13.4

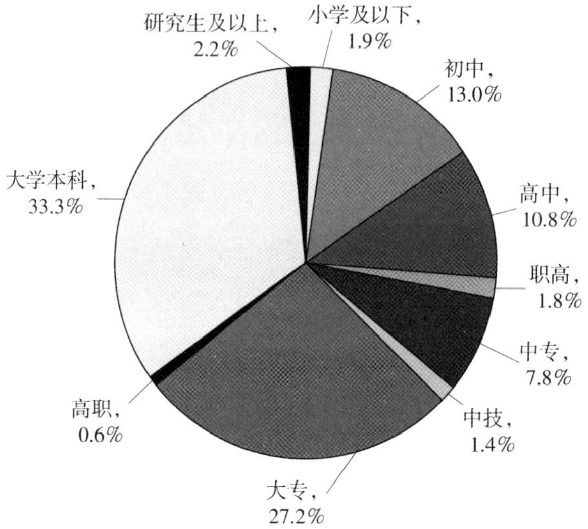

图 1　2022 年职工受教育程度

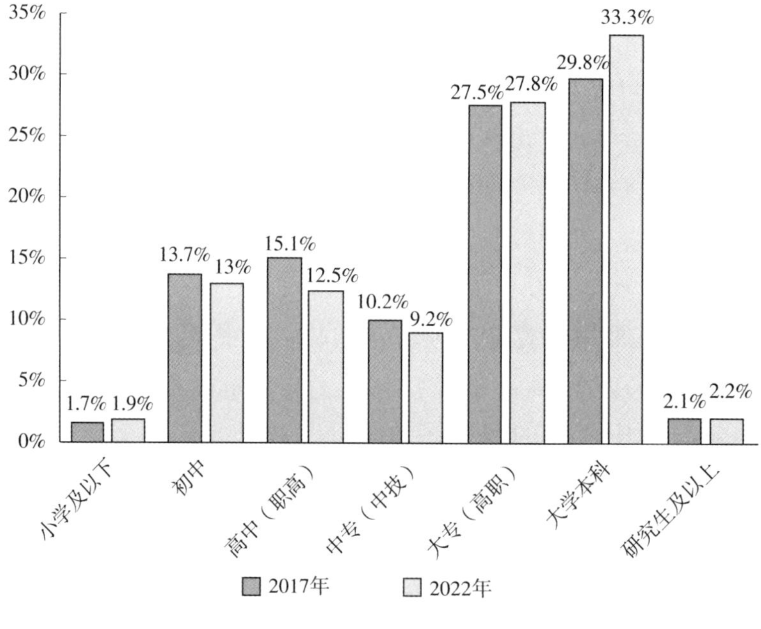

图 2　2017 年、2022 年职工受教育程度对比

年）、个体经营户（12.2 年）、社会组织（13.9 年）和其他单位（12.8 年）。从所有制成分来看，国有单位职工平均受教育年限为 15.4 年，明显高于其他单位。总体来看，公有制单位的职工平均受教育年限为 15.1 年，高于非公有制单位的 13.1 年。从单位规模来看，职工平均受教育水平随单位规模增大而变高。大型企业、中型企业、小型企业和微型企业职工平均受教育年限依次为 14.7 年、14.1 年、13.1 年和 12.7 年。

3. 不同户籍和年龄职工受教育情况。按户籍分，城镇职工平均受教育年限为 14.5 年，比 2017 年（14.3 年）增加了 0.2 年。城镇职工中大专及以上文化程度的占 74.9%，比 2017 年提高了 5 个百分点。农民工平均受教育年限为 12.8 年，比 2017 年（12.5 年）增加了 0.3 年，其中大专及以上文化程度的占 47.9%，比 2017 年提高了 7 个百分点。按年龄分，50~60 岁、40~50 岁、30~40 岁、18~30 岁职工的平均受教育年限依次提高，分别为 12.4 年、13.1 年、14.3 年、14.8 年，我国年轻职工队伍受教育水平逐渐提高。

（二）专业技术人员和技术工人队伍进一步发展壮大，技术技能水平稳定提升

1. 职工技术技能总体情况。抽样调查结果显示，专业技术人员占调查职工总人数的 17.1%。其中，具有高级职称的占 13.8%，中级职称的占 39.1%，初级职称的占 29.4%，没有职称的占 17.7%（见图 3）。此外，具有高级职称的职工比 2017 年增加 1.2 个百分点。普通职工中[①]，无技术等级的占 74.5%，有职业技能等级的占 25.5%。其中，初级工占 12.9%，中级工占 7.2%，高级工占 3.1%，技师占 1.7%，高级技师占 0.6%（见图 4）。

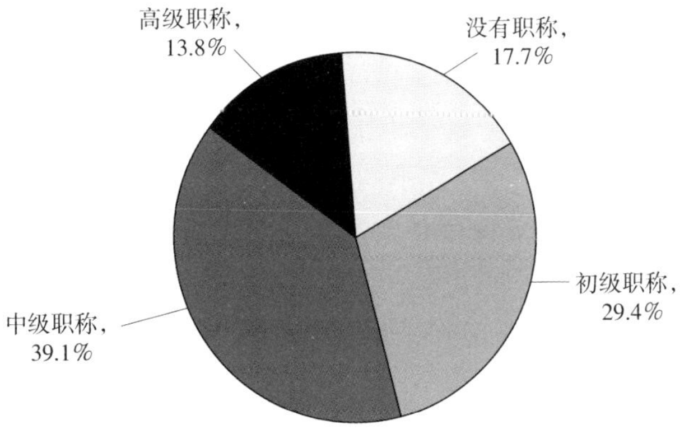

图 3　专业技术人员取得的最高专业技术职称

人力资源社会保障部公布的数据显示，截至 2021 年底，全国技能劳动者总量超过 2 亿人，占就业人员的 26%；高技能人才超过 6000 万人，高技能人才总

① 本次的调查问卷中，“普通职工”是指除公务员、专业技术人员、单位（不包括机关单位）一般管理人员、中层管理人员、高层管理人员之外的其他职工，下同。

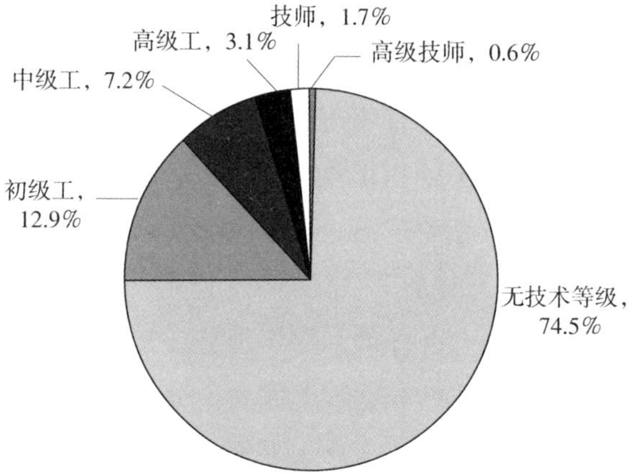

图 4　普通职工的职业技能等级状况

量比 2016 年底（4791 万人）增加约 1209 万人，占技能劳动者的 30%，其中高级工 4700 万人、技师 1000 万人、高级技师 300 万人。

2. 不同行业、不同类型单位职工中专业技术人员的比例。从行业来看，教育，卫生和社会工作，科学研究和技术服务业，水利、环境和公共设施管理业等行业职工中专业技术人员所占比重较大，分别为 71. 3%、51. 8%、27%和 26. 8%。制造业职工中专业技术人员占比为 8. 9%，比 2017 年下降 1. 1 个百分点。采矿业，制造业，批发和零售业，交通运输、仓储及邮政业，住宿和餐饮业，信息传输、软件和信息技术服务业，金融业，租赁和商务服务业，居民服务、修理和其他服务业，国际组织等行业专业技术人员均不到 10. 0%。

从单位类别来看，事业单位职工中专业技术人员所占比重较大，为 62. 7%；企业、机关分别为 9%和 15. 8%。不同所有制单位中，国有、集体、私有、港澳台商、外商单位的专业技术人员分别占 35. 8%、11. 9%、9. 1%、8. 1%和 9. 5%，国有单位仍占绝对优势。

3. 不同行业、不同所有制单位中的技术工人①占比。从行业来看，水利、环境和公共设施管理业的技术工人比重最大，为 45. 2%，其中高级工及以上技术等级占普通职工的 24. 9%；制造业中技术工人占 23. 8%，其中高级工及以上技术等级占普通职工的 4%。

从所有制来看，国有单位职工技术水平较高，技术工人占 37. 2%，其中高级工及以上技术等级占普通职工的 12. 7%，仍然明显高于其他类型单位。

① 本报告中，用来描述本次调查数据的“技术工人”是指“普通职工”中取得专业技术等级的人群，下同。

4. 专业技术人员的分布特征。从年龄结构来看，我国专业技术人员队伍集中分布在 30 岁至 50 岁，合计占 67. 5%。从行业分布来看，专业技术人员主要集中在教育、制造、卫生和社会工作 3 个行业，分别占 37. 1%、18. 7%、12. 8%，合计占 68. 6%。专业技术人员从事第三产业的最多，占 71. 5%。从单位类别来看，专业技术人员中，36. 7%在企业工作，50. 8%在事业单位工作，7. 1%在机关工作。

5. 技术工人的分布特征。从年龄来看，技术工人队伍年龄较为稳定，目前高级工平均年龄为 39. 9 岁，比 2017 年增长 1. 5 岁。技师平均年龄 42. 8 岁，比 2017 年增长 1. 6 岁。高级技师平均年龄 41. 1 岁，比 2017 年增长 2. 4 岁。相比 2017 年，技术工人的平均年龄进一步增长，年轻技术工人后备力量略显不足。

（三）职工重视提升专业技术技能，参与技能培训、技能竞赛的积极性进一步提升

1. 职工对专业技能提升具有积极态度，对职业生涯发展和规划较为关心。在调查中，12. 0%的职工非常担心自己目前的职业技能在未来会过时，21. 9%的职工表示比较担心，32. 4%的职工表示有点担心（见图 5）。95. 3%的职工表示有兴趣学习新的职业技能或知识（见图 6）。职工对提升和更新专业技术技能这一问题较为关注，对自己的职业技能能否匹配未来发展存在一定危机感。

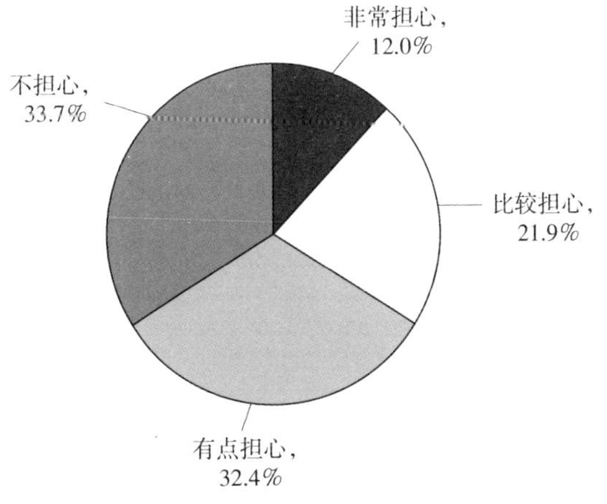

图 5　职工是否担心目前的职业技能在未来会过时

同时，94. 7%的职工都有一定的学习行动或计划打算。62. 7%的职工在调查中认为“共享经济”“数字经济”“平台经济”等新业态督促自己加强学习，提升就业能力。

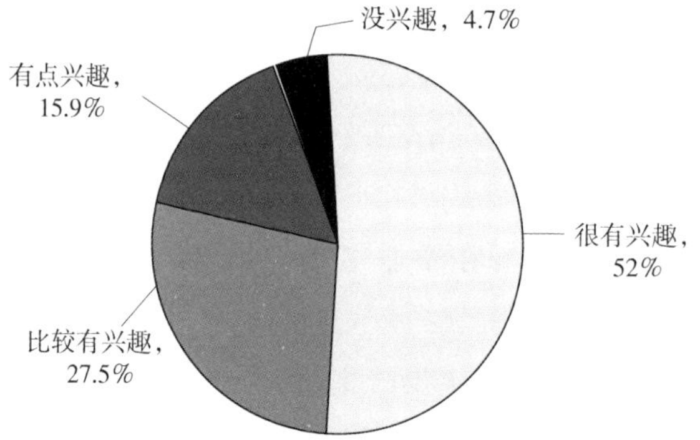

图 6 职工是否有兴趣学习新的职业技能或知识

2. 职工参与技能培训、技能竞赛的积极性进一步提升。在调查中发现，最近一年，有 80.4%的职工参加过单位组织的培训，比 2017 年提高了 2.6 个百分点。参加过培训的职工中 91.4%表示提高了技能等级或专业技能，比 2017 年提高了 1 个百分点。47.2%的职工增加了工资收入，比 2017 年增加了 3.9 个百分点。46.7%的职工调到了更理想的工作岗位，比 2017 年提高了 4.4 个百分点。最近五年，25.5%的职工自费参加过不是由单位组织的进修或培训，其中 67.3%的职工是为了晋升职务、技术等级或提高工资收入。职工最近一次自费参加进修或培训的平均花费为 3614.4 元。职工最希望参加的进修或培训，排在前 3 位的分别是学历或学位教育（36.0%），计算机技术类（32.0%），管理、策划、营销等类（31.5%）（见图 7）。

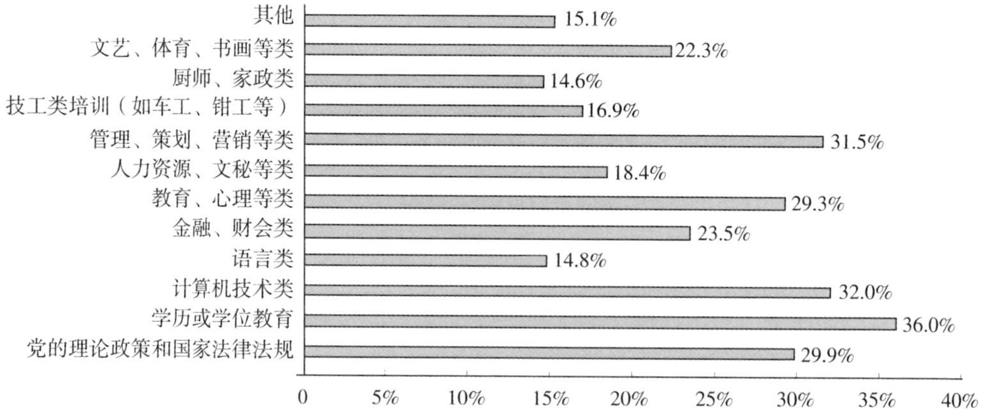

图 7 职工最希望参加的进修或培训

36.7%的职工参加过所在单位开展的劳动和技能竞赛活动（技术比武、岗位练兵等)。92.1%的职工认为开展劳动和技能竞赛（技术比武、岗位练兵等),对单位和个人都有好处。74.8%的职工评价设立“劳模和工匠人才创新工作室”在提高技术技能水平方面对单位、劳模、工匠人才和普通职工都有好处。

3. 崇尚劳模精神、劳动精神、工匠精神的氛围更加浓厚。本次调查显示，78.4%的职工认同或比较认同“靠劳动能过上富裕的生活”，比 2017 年提高了 8 个百分点。88.2%的职工对当代劳动模范、大国工匠、时代楷模等先进典型人物都有不同程度的了解（见图 8)。40.1%的职工觉得全社会弘扬“劳模精神、劳动精神、工匠精神”的氛围非常浓厚（见图 9)。

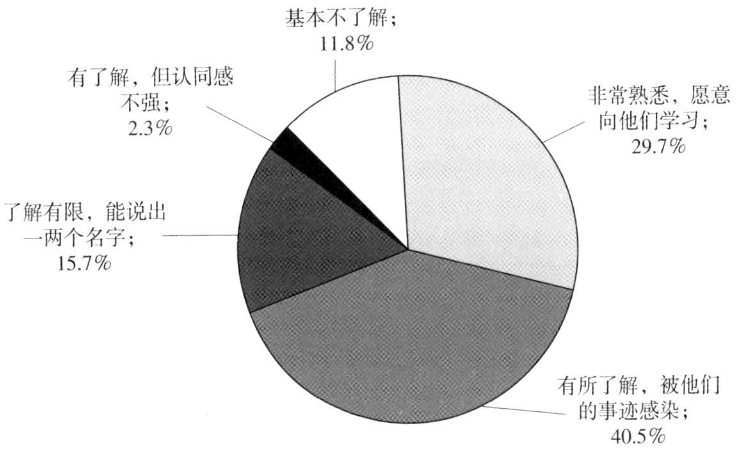

图 8　职工了解当代劳动模范、大国工匠、时代楷模等先进典型人物的情况

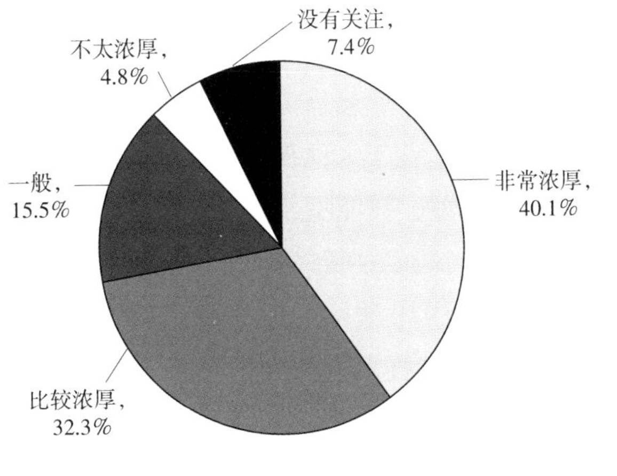

图 9　职工对全社会弘扬“劳模精神、劳动精神、工匠精神”的氛围的感受

本次调查中，87.9%的职工认为“劳模精神、劳动精神、工匠精神是以爱国主义为核心的民族精神和以改革创新为核心的时代精神的生动体现”，87.8%的职工认为“劳模精神、劳动精神、工匠精神是鼓舞全党全国各族人民风雨无阻、勇敢前进的强大精神动力”。对比2017年13.7%的职工认为“工匠精神在市场经济背景下有点过时”，本次调查中只有2.4%的职工还存有这种看法。认为“发扬这种精神要耗费太多时间、精力和成本，差不多就可以了”的职工有3.9%，比2017年持有此类观点的职工下降了2个百分点。2017年“没听说过工匠精神”的职工占4.7%，现在“没听说过劳模精神、劳动精神、工匠精神”的职工占3.7%（见图10）。这说明职工对劳模精神、劳动精神、工匠精神的了解程度进一步增加，更具有认同感。

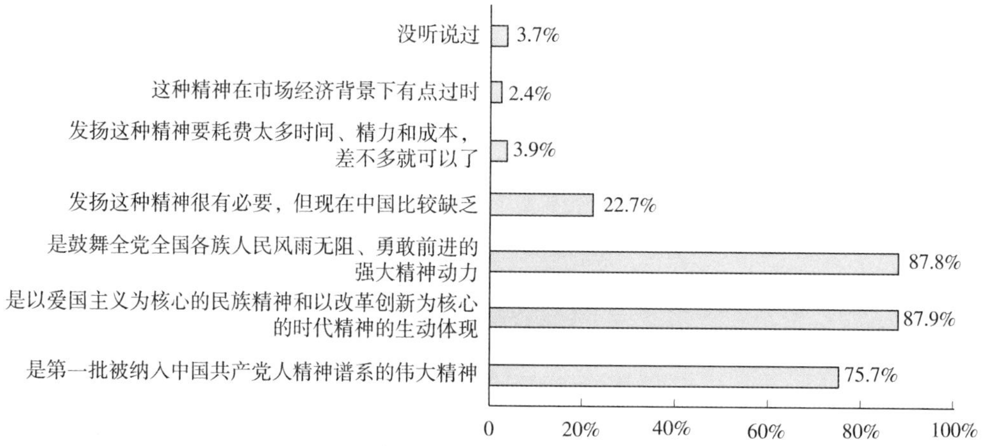

图10　职工对“劳模精神、劳动精神、工匠精神”的理解

（四）职工技术技能提升工作进一步深化，多方发力促进职工技术技能素质提高

1. 党和政府高度重视产业工人队伍建设改革，推动构建产业工人技能形成体系，努力造就一支知识型、技能型、创新型劳动者大军。先后印发《关于提高技术工人待遇的意见》《关于推行终身职业技能培训制度的意见》《关于分类推进人才评价机制改革的指导意见》等文件，2022年新修订出台《职业教育法》，对加强职业教育、提高技术工人培养水平提供法律保障和政策支持。2017年以来，国家发改委认定63家国家产教融合型企业和21个国家产教融合试点城市。财政部会同人力资源社会保障部指导各地从失业保险基金中提取资金1139亿元统筹用于实施职业技能提升行动，会同国家税务总局将企业职工教育经费支出的税前扣除限额由工资总额的2.5%提高至8%。人力资源社会保障部开展

补贴性培训 8300 多万人次，完成企业新型学徒制培训 124 万人。教育部、全国总工会开展农民工“求学圆梦行动”，培训各类农民工 600 万人次。

2. 工会多措并举推动职工技术技能素质整体提升。全国总工会不断拓展职工技能培训渠道，建设中国职工经济技术信息化服务平台，各地依托技能强国-全国产业工人学习社区广泛开展职工技能培训，目前平台学习培训人次累计达到 1.86 亿人次。全国总工会联合有关部委举办全国职工职业技能大赛、国家级一类职业技能大赛、国家级二类职业技能竞赛，产业工人队伍建设改革五周年来，围绕国家重大战略、重大工程、重大项目、重点产业开展多种形式的劳动和技能竞赛，在 58 个重点项目开展全国引领性竞赛，参赛企业 6 万余家，参赛职工 1500 余万人。加快构建以全国大赛为引领、各全国产业工会和地方总工会竞赛为主体、企事业单位竞赛为基础的三级职工职业技能竞赛体系。积极开展全国职工优秀技术创新成果交流活动，举办首届大国工匠创新交流大会，各级工会积极组织参展，打造职工创新成果交流平台。发挥职工创新补助资金及劳模和工匠人才创新工作室示范激励作用，命名 297 家全国示范性劳模和工匠人才创新工作室，创建各级各类创新工作室 8.2 万余家，鼓励职工进行创新活动，实现创新成果转化。

3. 企业职工技能培训和竞赛主体意识增强，注重加强职工技术技能培训和规划职工职业发展。本次调查显示，88.1%的单位对加强技术工人的能力、技能、素质建设积极或比较积极。最近一年，66.5%的单位开展过劳动和技能竞赛活动（岗位练兵、技术比武等）。在对各地进行书面调查的过程中，发现企业建立了一系列人才培养激励机制，有的企业开展技术攻关“揭榜挂帅”，成功培养一批核心技术骨干；有的企业与各省总工会合作共建工匠培育示范基地，可开展相关行业职业技能等级认定工作；有的企业大抓岗位练兵，制订个性化培训方案，推进“师徒结对”，提升导师带徒实效，加快创新人才梯队建设。企业开展职工培训的主动性和积极性进一步被调动，各级工会、政府部门和企业联动性进一步增强。

二、职工队伍技术技能素质方面存在的主要问题及原因分析

当前，我国职工队伍还存在着技术技能素质总体不高、技术工人总量不足、技能结构与产业需求不相适应、区域分布不平衡等问题，特别是产业工人中的高技能人才仍然紧缺，“招工难”与“用工荒”的现象仍然并存，这些已经成为我国实施制造强国战略、推动高质量发展的“瓶颈”。主要表现在：一是职工队伍技术技能素质整体偏低，难以适应发展实体经济、建设制造强国的需要。从

受教育程度来看，不同群体差异明显，普通职工特别是农民工整体文化技能水平仍然偏低，大专及以上文化程度相比城镇职工低27%。二是职工队伍中技术工人总量不足，技术工人队伍发展壮大后继乏人。人力资源社会保障部公布数据显示，截至2021年底，我国就业人员中，技能劳动者约占26%，远低于德国等制造业强国80%以上的水平。本次调查数据也显示，普通职工中，无技术等级的占到74.5%，且不同技术等级的技术工人平均年龄进一步增长，特别是高级技师比2017年增长2.4岁，一定程度上反映出技术工人后备力量不足的问题。三是技能结构不尽合理，一定程度上制约了产业结构转型升级。目前，我国高技能人才仅占就业人员的7%，远低于日本40%、德国50%的水平。本次调查数据显示，普通职工中的高技能人才（高级工、技师、高级技师）占比仅为5.4%。四是技能人才区域分布不平衡，一定程度上危及地区产业发展安全。近年来，我国人口进一步向发达区域、大都市圈城市群集聚，东北和西北部分省份出现较为严重的人口外流，技工紧缺现象也逐步从东部沿海扩散至中西部地区，从季节性演变为经常性。分析上述现象和问题，主要有以下几方面原因：

（一）产业转型升级，职业教育尚未完全匹配

1. 实施制造强国战略、推动高质量发展对职工技术技能素质提出更高要求。产业数字化、数字产业化对技能人才提出新需求。一方面，制造业产能不断扩张催生大量一线产业工人需求；另一方面，智能制造升级也使高级技工缺口逐渐扩大。

2. 职业教育与企业需求、岗位要求、产业发展要求仍存在一定程度的错位。职业教育作为技术技能人才培养的供给侧，目前在数量、结构、质量、水平等方面还不能完全适应产业发展、区域经济、市场需求的需要。

（二）体制机制尚不健全，产业工人发展空间存在局限

1. 职业发展通道狭窄，制度落实上存在局限。2022年，人力资源社会保障部制定出台了《关于健全完善新时代技能人才职业技能等级制度的意见（试行）》，将原有的五级技能等级延伸为八级，并建立与技能等级序列相匹配的岗位绩效工资制。但是，在现实中还面临着如何引导企业完善落实技能人才薪酬制度，推动“新八级工”制度落实落地的问题。

2. 不同岗位、不同职业序列间实现横向流动还存在体制机制障碍。当前，产业工人横向职业发展通道还不够顺畅，保障和鼓励一线工人“一专多能”“岗位轮换”的制度机制还没有形成。国有企业中普遍存在人力资源管理“双轨制”

模式，导致职工在享受劳动经济权益、民主管理权利、职业发展等方面存在事实上的不平等现象，阻滞了职工成长通道。

3. 一些企业培养产业工人缺乏内生动力、产业工人提升自身素质意愿不强。一方面，部分企业不愿拿出时间和资金组织开展技能培训，有的在经费使用方面存在“重管理干部、轻一线职工”现象。在本次调查中发现，49.1%的单位提取的职工教育培训经费占职工工资总额的比例不足2.5%，还有21.1%的单位没有提取；24.2%的单位职工教育培训经费中用于一线职工的比例没有达到60%。另一方面，由于劳动力市场发育不完善，技术工人流动性强，企业轻培养、重挖人现象普遍存在。同时，技术工人技能培训投资补偿机制没有形成，激励机制不完善，导致职工提高技能的积极性不高。

4. 社会环境和社会舆论氛围导致产业工人地位不高，对未来发展信心不足。本次调查显示，5.9%的职工认为近年来工人社会地位有所下降，1.3%的职工认为有很大下降。其中，70.1%的职工认为导致这一情况的主要原因包括工人的收入水平偏低，55.1%的职工认为原因包括工人的工作大多是苦、脏、累，52.1%的职工认为原因包括工人的就业岗位不稳定。长期以来，技术工人的收入水平、待遇保障、社会地位偏低，职业发展通道不畅、空间不足，职业荣誉感、自豪感、获得感不强，社会上“重学历、轻技能”现象仍然存在，导致技术工人职业吸引力不足。

（三）新就业形态、新冠疫情等新情况出现，为技能人才队伍带来改变

1. 零工经济、新业态蓬勃兴起，对产业工人形成虹吸效应。近年来，随着数字技术和平台经济蓬勃发展，外卖配送员、快递员、网约车司机等新就业形态劳动者越来越活跃，零工经济逐渐成为推动经济社会发展的新兴力量。互联网平台用工由于具有从业门槛低、自由度高、起薪有竞争力等优势，吸引了很多年轻人就业，导致许多青年工人从制造业流失，产业工人队伍后继乏人。本次调查中也发现，技术工人特别是高级技师平均年龄进一步增长，一定程度上反映出技术工人后备力量不足的问题。

2. 新冠疫情对职工就业和技能提升产生影响。2020年以来，受新冠疫情等因素影响，我国经济发展环境的复杂性、严峻性、不确定性略有上升，职工就业面临着线下工作受限、企业岗位变动、就业模式变化、工资收入降低等不利影响。43.5%的职工认为新冠疫情导致其所在的行业经营困难，34.5%的职工反馈新冠疫情曾经导致其所在单位停工停产，6.7%的职工曾经因新冠疫情失业，32.2%的职工工资因此减少。同时，线下技能培训、技能竞赛、技术交流等难以

开展，一定程度上阻碍了职工技术技能水平的提升。

3. 在新冠疫情影响下，职工技术技能提升的方式渠道发生较大变化。传统技术技能提升包括技能培训、技能竞赛、技术交流等方式，多以集中、线下形式为主。疫情发生后，职工技术技能提升形式由线下转为线上，依托互联网平台大力开展在线技能培训、线上岗位练兵比武，形式越来越丰富，一定程度上满足了新冠疫情下分散灵活的技术技能提升需求。

三、提高职工队伍技术技能素质的建议

习近平总书记指出："劳动者素质对一个国家、一个民族发展至关重要。当今世界，综合国力的竞争归根到底是人才的竞争、劳动者素质的竞争。""十四五"规划提出，深入实施科教兴国战略、人才强国战略、创新驱动发展战略，这些都需要有效提升劳动者技能，激发产业工人创新活力。因此，要针对职工队伍现状，多方发力，为职工技术技能素质提升提供全方位支持，建设宏大的知识型、技能型、创新型劳动者大军。

（一）健全有利于职工技术技能素质提升的制度体系

1. 强化顶层设计。充分认识深化产业工人队伍建设改革对于建设宏大的知识型、技能型、创新型劳动者大军的重要意义。全国总工会切实履行推进产业工人队伍建设改革牵头抓总职责，积极协调各有关单位，在全面总结五年改革成效和经验的基础上，研究制定《进一步深化产业工人队伍建设改革的指导意见》，推动以中共中央办公厅、国务院办公厅名义印发。强化制度意识，加强产业工人队伍建设改革协调小组各成员单位和参与单位之间经常性研究会商，聚焦职工技术技能素质提升等方面改革过程中的重点和难点问题，探寻破解问题的办法，积极推动和参与有关政策文件的制定出台，补充完善目前法律、政策空白点。强化宏观政策、产业政策、就业政策、社会政策联动、政策协同，逐步建立健全有利于职工技术技能素质提升的制度体系，加强政策集成，为提升职工技术技能素质提供制度保障。

2. 抓好贯彻落实。以宣传贯彻新修订的《工会法》《职业教育法》等法律法规为契机，切实履行好法律赋予工会的职能，在提高工人队伍整体素质的进程中发挥好工会组织的作用。增强产业工人队伍建设改革协调小组各单位齐抓共推改革的合力，加强政策的宣传解读。指导各级工会按照政策文件要求，不断推进职工特别是产业工人技能素质提升工作，推动各项政策落地落实。

（二）聚焦职工技能提升，构建技能形成体系

1. 推动完善职业教育培养体系。优化培养模式，加强产教融合、校企合作、工学结合、知行合一，着力构建现代职业教育体系。调整优化职业院校布局结构和专业结构，加强职业院校师资队伍和校风建设，针对产业发展要求和岗位需求提升教学水平。发挥企业主体作用，推进校企联合培养、订单式培养等工学一体的培养模式，有效构建起校企人才培养输送机制。

2. 多措并举开展职工技能培训。加强实训基地建设，紧扣国家区域重大战略，不同区域优势和产业特点，层层推进工匠学院体系建设，推动产（行）业工匠学院、数字化工匠学院建设，加快培养制造业高质量发展急需的人才。不断加强中国职工的经济技术信息化服务平台建设，完善技能强国-全国产业工人学习社区功能，打造内容丰富、学习简便的职工技能提升线上培训课堂。继续与科技部联合实施高技能领军人才境外培训计划，线上线下相结合，组织制造业紧缺人才走出国门，学习发达国家的工业战略、智能制造、制造业先进技术和管理经验等，拓宽视野、开阔眼界。发挥工会组织优势和大学校作用，开展普惠制的职工技能培训，为职工自主提升技能提供服务；充分了解农民工、劳务派遣工等流动性较大群体的职业培训需求，做好相关培训工作。

3. 广泛深入持久开展劳动和技能竞赛。围绕国家重大战略、重大工程、重大项目、重点产业，深入开展“建功‘十四五’ 奋进新征程”主题劳动和技能竞赛，广泛开展岗位练兵、技术比武、技术创新等技能型、智能型竞赛活动，引导广大职工提升技能素质，为推动高质量发展建功立业。继续联合有关部委共同主办国家级一类职业技能大赛和国家级二类职业技能竞赛，在工种设置和赛事设计上，聚焦当今世界科技革命和产业变革的需要，瞄准制造业紧缺人才的培养。特别是围绕提升数字化能力，开展全国职工数字化应用技术技能大赛，以赛促训，提升职工数字素养和技术能力。加强技能竞赛品牌化、机制化建设，着力构建以全国大赛为引领、各全国产业工会和地方总工会竞赛为主体、企事业单位竞赛为基础的三级职工职业技能竞赛体系。加大对技能比赛获奖选手的奖励力度，落实《职工技能比赛授予全国五一劳动奖章管理办法》，不断提高获奖者的物质奖励和精神奖励，鼓励职工积极参与技能比赛提升技术技能水平。

4. 发挥企业主体作用。深入推进全国职工素质建设工程五年规划，落实终身职业技能培训制度，引导企业开展技能培训。继续加大工会对企业职工技能培训扶持力度，以企业需求为导向，引导企业广泛开展职工岗前培训、技能提升培训、练兵比武、技能竞赛等活动，普遍提升职工的技术技能素质。大力推

行师徒帮教、名师带徒等，充分发挥高技能人才、劳模和工匠人才的作用，为企业培养更多“高精尖缺”的高技能领军人才。履行工会监督职责，督促企业足额提取职工教育培训经费，并按照比例要求用于一线职工，特别是一线技术工人。

5. 助力打通职工职业发展通道。配合职称制度改革、职业资格制度改革、职业教育改革和职业技能等级制度推行，拓宽技能人才职业发展通道，打破技能人才职业发展天花板。鼓励企业结合自身实际，针对不同工作岗位，设置科学合理的晋升路径，选聘特级技师、首席技师等。鼓励企业打通不同岗位间横向贯通的职业发展路径，实现职工在不同职业序列间横向流动。发挥工会优势作用，推动建立完善职工职业生涯成长规划，有效帮助职工实现良好发展。

（三）聚焦职工创新能力提升，支持职工开展创新活动

1. 深化开展“五小”等群众性创新活动。广泛开展“五小”等群众性创新活动，鼓励职工立足岗位、班组，开展合理化建议、技术改进、技术攻关和发明创造等活动。注重“五小”等群众性创新成果的转化和推广，总结绝招、绝技、绝活，命名先进操作法，进一步鼓励职工技术创新，积极营造创新文化，倡导人人创新、时时创新、处处创新的良好氛围。

2. 积极搭建展示交流平台。加强深化职工创新成果评选、展示、交流工作，持续开展全国职工优秀技术创新成果交流活动，举办大国工匠创新交流大会，积极探索将职工创新成果展示交流活动标准化、模板化、机制化，鼓励各地工会为职工搭建创新成果展示、交流和转化平台。推动增加一线工人特别是高技能领军人才参评国家科技进步奖、中国专利奖、全国创新争先奖等国家级奖项的比例，积极争取设立国家级技术工人表彰奖项，为含金量高的职工创新成果脱颖而出拓展渠道。鼓励支持各地设立职工技术创新成果奖，建立创新激励机制，明确奖励办法。搭建职工创新创效平台，提升职工创新成果转化率。

3. 充分发挥职工创新补助资金效益。加强源头培育，切实发挥职工创新补助资金的杠杆作用，释放激励效应，支持职工开展创新活动、参与企业创新攻关。深入挖掘职工中有含金量的创新成果，深化重点攻关，提高创新项目质量。注重创新补助资金项目的导向性，补助资金优先向国家需要、产业急需、企业关键核心技术项目倾斜，示范带动更多资金支持一线职工技术创新。

4. 深化劳模和工匠人才创新工作室建设。发挥劳模工匠人才在解决关键核心技术难题中的作用，让群众性技术创新活动更大程度地融入国家创新体系。设立专项补助资金，带动全国创新工作室创建活动的广泛深入开展，指导

有关单位积极探索建立跨区域、跨行业、跨企业的创新工作室联盟，形成集智创新的聚合效应。建立创新工作室网络工作平台，加强信息化管理，推动创新成果转化。

（四）做好示范宣传工作，营造良好社会氛围

1. 培养选树技能带头人和劳模、工匠人才。加强技能带头人、劳模和工匠人才的培养选树服务工作，鼓励其参与工匠学院建设、领衔创建劳模和工匠人才创新工作室，发挥其在精神传承、技能培训、创新创效等方面的示范带动作用。支持技能带头人、劳模和工匠人才参与所在企业（地区、集团、行业组织）的职工教育培训，在制订人才发展规划、职称（技能等级）评审或认定、教学实践等工作中发挥骨干作用。组织劳模、工匠人才进校园、进企业，大力宣传他们的先进事迹，推动劳模精神、劳动精神、工匠精神在全社会蔚然成风。

2. 建设“三位一体”的大国工匠品牌体系。充分发挥大国工匠的品牌效应，做好大国工匠创新交流大会、大国工匠论坛和大国工匠年度人物发布，积极构建“三位一体”的选树宣传、精神弘扬、培育培养、成果交流、政策研讨的大国工匠活动体系，进一步叫响做实大国工匠品牌。

3. 积极推动设立中国工匠日。提升工匠群体的职业认同感、自豪感，增强产业工人的职业荣誉感，营造尊重劳动、尊重知识、尊重人才、尊重创造的社会风尚，激励广大劳动者争当新时代的先锋。

负 责 人：马　璐

承担单位：全国总工会劳动和经济工作部

构建和谐劳动关系状况调查报告

按照《第九次全国职工队伍状况调查方案》要求，全国总工会权益保障部、中国工运研究所采取问卷调查、数据分析、文献研究等方式，围绕构建和谐劳动关系状况开展了调查研究，系统梳理总结五年来构建和谐劳动关系取得的成就与经验，分析研判我国劳动关系总体状况、发展态势及存在的问题，就加强新时代构建和谐劳动关系提出对策建议。

2011 年 8 月，在习近平同志亲自部署和指导下，全国总工会、人力资源社会保障部、全国工商联、中国企联、中央宣传部联合召开全国构建和谐劳动关系先进表彰暨经验交流会。习近平同志出席会议并发表重要讲话，深刻阐述构建和谐劳动关系必须坚持的指导思想、工作原则和政策措施等一系列重大理论和实践问题。这是改革开放以来我国第一次全国性、高规格研究部署构建和谐劳动关系的工作会议，是我国劳动关系发展进程中具有标志性的重大事件，对于构建和谐劳动关系具有里程碑意义。2015 年 3 月，中共中央、国务院印发《关于构建和谐劳动关系的意见》，提出了构建中国特色和谐劳动关系的重大意义、指导思想、工作原则、目标任务、政策措施，对构建中国特色和谐劳动关系进行顶层设计和总体部署。近年来，习近平总书记多次就构建和谐劳动关系作出重要论述。在庆祝中国共产党成立 100 周年大会上，习近平总书记强调，坚持全心全意为人民服务的根本宗旨，站稳人民立场，贯彻党的群众路线，尊重人民首创精神，践行以人民为中心的发展思想，发展全过程人民民主，维护社会公平正义，着力解决发展不平衡不充分问题和人民群众急难愁盼问题，推动人的全面发展、全体人民共同富裕取得更为明显的实质性进展。党的二十大报告明确提出“增进民生福祉，提高人民生活品质”的要求，强调“必须坚持在发展中保障和改善民生，鼓励共同奋斗创造美好生活，不断实现人民对美好生活的向往”，强调“健全劳动法律法规，完善劳动关系协商协调机制，完善劳动者权益保障制度，加强灵活就业和新就业形态劳动者权益保障”，这些重要论述和指示精神，为我们构建和谐劳动关系进一步指明了前进方向，提供了根本遵循。

一、五年来构建和谐劳动关系工作取得的进展与成效

近五年来，各地区各部门认真贯彻落实习近平总书记重要讲话精神和党中央决策部署，把构建和谐劳动关系摆到更加突出的位置，推动构建和谐劳动关系工作持续深入发展，有效预防和化解了劳动领域突出矛盾，为维护职工权益、促进经济可持续发展、确保社会大局稳定奠定了坚实基础。

（一）构建和谐劳动关系工作形成新格局

全国31个省（区、市）出台了构建和谐劳动关系的具体实施意见，将其纳入当地经济社会发展规划和政府目标责任考核体系，强化组织领导和统筹协调，在健全劳动关系协调和矛盾调处机制、保障职工基本权益、促进企业健康发展、构建和谐劳动关系良好环境等方面取得了明显成效。5个省份成立由省委副书记或省委常委担任组长的构建和谐劳动关系领导小组，23个省（区、市）成立由同级政府分管领导担任主任的协调劳动关系三方委员会。三方机制的职能定位、组织模式和运行机制进一步明确。截至2021年底，全国各级三方机制共21986个。源头治理、动态管理、应急处置相结合的工作机制日益完善，劳动关系双方自主协商、社会三方协调、政府依法调整的工作格局基本形成，构建和谐劳动关系的工作合力不断增强。

（二）劳动关系协调机制建设迈出新步伐

劳动合同制度和集体合同制度建设稳步推进。劳动合同制度全面实施，劳务派遣用工进一步规范，关于共享用工、电子劳动合同等政策相继出台。本次调查（即第九次全国职工队伍状况调查）中，受调查企业中劳动合同签订率达到91.5%，较第八次全国职工队伍状况调查提高2.5个百分点。各级协调劳动关系三方组织实施集体合同制度攻坚计划、集体协商“稳就业、促发展、构和谐”行动计划，截至2022年6月，62.4%的已建工会企业签订了集体合同，合同履行率达到98.2%，行业（区域）性集体合同覆盖职工5859万人。国家协调劳动关系三方实施劳动关系“和谐同行”能力提升三年行动计划，天津滨海新区、苏州工业园区、深圳盐田区、重庆九龙坡区和成都新都区等地开展的构建和谐劳动关系综合试验区建设和综合配套改革试点取得积极进展，“互联网+劳动关系”、特殊工时制度改革等方面在探索中前进。京津冀、长三角、粤港澳地区构建和谐劳动关系区域协调发展合作机制初见成效。

（三）预防化解劳动关系矛盾能力得到新提升

劳动保障监察行政执法与刑事司法衔接机制逐步健全，劳动用工领域信用

体系制度框架基本形成，欠薪失信惩戒机制得到落实。随着《关于全面治理拖欠农民工工资问题的意见》《保障农民工工资支付条例》的相继出台，被欠薪的农民工比例从2015年底的1%下降到2020年底的0.16%。2017年至2021年，人力资源社会保障部门共检查用人单位673.6万户次，涉及劳动者达2.7亿人次，查处各类劳动保障违法案件66.9万件，为710.8万名劳动者追讨工资等共计635.1亿元。全国总工会制定出台《工会劳动法律监督办法》，推广工会劳动法律监督意见书和建议书制度，开展劳动用工法律风险体检，建立欠薪报告制度，将因工资拖欠而生活困难的职工纳入帮扶范围。

加强劳动争议调解仲裁。人力资源社会保障部修订公布施行《劳动人事争议仲裁办案规则》《劳动人事争议仲裁组织规则》。全国总工会会同人力资源社会保障部、中央综治办、最高人民法院等八部门共同下发《关于进一步加强劳动人事争议调解仲裁完善多元处理机制的意见》，加强调裁审衔接与工作协调，积极探索建立调解仲裁与诉讼程序有效衔接、裁审标准统一的新规则、新制度，基本实现裁审衔接机制全覆盖。全国总工会会同最高人民法院在部分地区开展劳动争议多元化解试点工作。2017年至2021年，全国调解仲裁机构共处理争议案件1045.9万件，涉及劳动者1187.3万人，终局裁决率由33.1%提升至71.1%。调解仲裁服务水平不断提升，“互联网+调解仲裁”加速推进，困难职工享受免费法律援助的覆盖面不断扩大。

（四）和谐劳动关系创建呈现新气象

五年来，和谐劳动关系创建活动蓬勃发展。2018年以来，全国工商联、人力资源社会保障部、全国总工会联合开展两次全国就业与社会保障先进民营企业暨关爱员工实现双赢表彰活动。国家协调劳动关系三方会议先后于2019年、2022年开展全国构建和谐劳动关系先进表彰、全国和谐劳动关系创建示范企业与工业园区命名。19个省（区、市）定期开展和谐劳动关系先进表彰和创建示范。19个省份制定了省级和谐劳动关系评价标准，发布构建和谐劳动关系典型案例，把先进单位纳入社会信用体系诚信典型“红名单”。人力资源社会保障部组织开展了农民工工资支付、工伤保险、12333全国统一咨询日等主题宣传活动和法律“六进”活动。全国总工会开展“中国梦·劳动美”主题宣传教育、全国“最美职工”发布宣传，持续开展“尊法守法·携手筑梦”服务农民工公益法律服务行动。中国企联开展全国优秀企业家评选表彰，推进企业诚信建设、企业信用评价和信用指标发布工作。全国工商联持续开展非公有制经济人士理想信念教育、推进民营企业社会责任标准体系和评价体系建设、发布民营企业社会责任研究报告。

二、当前我国劳动关系总体状况

五年来，我国劳动关系总体保持和谐稳定。本次调查中，81.7%的职工对目前工作表示满意，比第八次全国职工队伍状况调查提高6.3个百分点，42.4%的职工认为单位发展机会较多，比第八次全国职工队伍状况调查提高4.2个百分点。企业和职工利益共同体、事业共同体、命运共同体意识进一步加强，88.7%的受调查职工表示“非常关心”“比较关心”工作单位的前途和发展，有71.7%的受调查职工表示单位“非常关心”“比较关心”职工个人利益和成长发展，比第八次全国职工队伍状况调查分别提高1.5个百分点、9.2个百分点。87.6%的受调查职工认为其所在单位经营管理者与普通职工关系融洽，比第八次全国职工队伍状况调查提高7.9个百分点，89.9%的受调查工会主席认为本单位劳动关系和谐稳定。主要表现在以下方面：

（一）就业稳定性增加

2017年至2021年，城镇新增就业超过6500万人，城镇登记失业率和调查失业率始终保持较低水平。本次调查数据显示，90.4%的职工与工作单位签订了劳动合同，较第八次全国职工队伍状况调查增加了近4个百分点，签订3年及以上和无固定期限劳动合同的职工比例达到67.8%。大型企业劳动合同签订率和长期劳动合同比率显著高于小微企业。本次网络调查数据显示，60.7%的职工在近5年内未转换过工作，有过3次及以上转换工作经历的职工比例仅为6.3%；40岁以上职工就业稳定性最高，近5年内未转换过工作的职工比例将近75%。高学历职工就业稳定性更强，66.5%的大学本科及以上职工近5年内未转换过工作，而初中及以下学历的职工该比例仅为55.2%。

（二）收入水平有所提升

五年来，以知识、技能价值为导向的工资收入分配政策进一步完善，最低工资评估制度普遍建立；国有企业工资决定机制改革取得突破，针对科研人员、技术工人的薪酬制度更加灵活、待遇得到提高。本次调查数据显示，目前职工月平均收入为5235元，5000元以上职工占比达到26.1%，高于第八次全国职工队伍状况调查5.7个百分点（扣除价格因素影响）。东部地区职工工资水平最高，提升速度最快。35.8%的东部地区职工工资在5000元以上，高于第八次全国职工队伍状况调查12.1个百分点；中部和西部地区工资在5000元以上的职工比例分别为16.6%和18.4%，均较第八次全国职工队伍状况调查提高了约7.3

个百分点（扣除价格因素影响）。农民工工资尤其是外出农民工工资提升较快，34. 8%的外出农民工工资在5000元以上，较5年前翻了一番。另外，对工资收入水平不太满意和不满意的职工比例下降了9. 8个百分点。

（三）社会保障更加充分

本次调查中，没有参加过或不清楚是否参加职工基本养老保险和城乡居民基本养老保险的职工比例由第八次全国职工队伍状况调查的13. 9%下降为7. 3%。84. 6%的职工参加了基本医疗保险，较第八次全国职工队伍状况调查提升了4. 6个百分点。表示单位为其办理了工伤保险和失业保险的职工分别为85. 7%和78. 4%，均较第八次全国职工队伍状况调查提升了约9个百分点。农民工社会保障水平提升更为明显，约11%的农民工没有参加过或不清楚是否参加职工基本养老保险和城乡居民基本养老保险，较第八次全国职工队伍状况调查下降了约12个百分点。农民工参加工伤保险的比例由第八次全国职工队伍状况调查的73. 1%提升至83. 6%，参加失业保险的比例由第八次全国职工队伍状况调查的58. 0%提升至72. 5%。随着社保关系转移接续办法更加完善，建筑业工伤保险专项扩面行动计划深入开展，截至2022年6月底，全国城镇职工基本养老保险、失业保险、工伤保险参保人数分别达10. 4亿人、2. 3亿人、2. 9亿人，较2017年底分别增加1. 25亿人、0. 42亿人、0. 63亿人。工会建档立卡的549. 87万户城市困难职工家庭全部如期实现解困脱困，职工互助保障活动深入推进。

（四）技能水平不断提升

产业工人队伍建设改革深入推进，职业技能提升行动扎实开展，面向广大职工的技能培训取得了明显成效。本次调查数据显示，80. 4%的受调查职工最近一年参加过单位组织的培训，其中43. 3%的职工经常参加培训，较第八次全国职工队伍状况调查提高了5. 8个百分点；91. 4%的职工认为通过培训提高了技能水平，47. 2%的职工认为通过培训增加了收入，46. 7%的职工认为通过培训获得了更理想的工作岗位，较第八次全国职工队伍状况调查分别提高了1个百分点、3. 9个百分点和4. 4个百分点。36. 7%的职工参加过单位开展的劳动和技能竞赛等活动，较第八次全国职工队伍状况调查提高了2. 8个百分点。

（五）参与民主管理的渠道更加畅通

本次调查数据显示，66%的受调查职工所在单位建立了职工（代表）大会制度，高于第八次全国职工队伍状况调查比例近2个百分点。55. 5%的受调查职工表示职工（代表）大会发挥了很好的作用，较第八次全国职工队伍状况调查提高了13.3个百分点。53.9%的职工会在职工代表大会上提出提案，50.1%的职工主要通过工会组织或职工代表表达诉求，54.1%的受调查职工所在单位开展了集体协商。81%的受调查单位认为单位工会在调解劳动争议及纠纷方面发挥作用大，希望工会加强组织职工参与企业管理服务工作的职工比例为32.3%。

三、构建和谐劳动关系面临的主要问题

当前，我国劳动关系呈现"整体向好、局部存忧，机制逐步健全、运行有待完善，新情况新问题不断涌现、应对举措急需跟上"的特征，构建和谐劳动关系工作还存在一些问题。

（一）工资决定和正常增长机制有待健全

近几年，我国劳动报酬在初次分配中的占比约52%，与发达国家65%~70%的占比相比还有较大提升空间。企业工资集体协商机制还不完善，企业单方决定工资的现象较为普遍。本次调查显示，有25.8%的受调查职工3年来没有涨过工资，较第八次全国职工队伍状况调查提高4.7个百分点。职工收入低、企业收入分配不公及单方决定机制是影响劳动关系和谐的重要因素。认为经营管理者与普通职工关系不够和谐的职工中，有52.8%认为职工收入低，有37.4%认为收入和福利待遇差距大，有47.9%认为单位管理决策缺乏职工参与、双方沟通较少。认为本单位劳动关系不和谐的工会主席中，有67.5%认为普通职工收入低、增长慢是本单位劳动关系中存在的主要问题。78.3%的职工表示最希望工会在提高职工工资收入方面开展或加强工作。70.1%的职工认为近些年工人地位下降的主要原因是收入水平偏低。

（二）职工参与构建和谐劳动关系的积极性有待提升

本次调查显示，目前部分企业民主管理机制有待完善，职工参与企业民主管理的积极性有待提高。仅有56.7%的受调查职工对工作单位的经营管理和自身权益发表意见或表达愿望，15.6%的受调查职工反映劳动规章制度由老板（领导）说了算，22.6%的受调查职工认为"职工参与单位管理实际作用不大，多是走形式""单位领导不太可能真正让职工参与管理"。

（三）新就业形态劳动者权益保障机制有待完善

大多数新业态就业人员游离在现行以劳动关系为基础、以单位关联性为主的社会保障制度之外，其劳动权益缺乏制度保障。网约车司机、快递员、外卖

配送员的劳动合同签订率分别只有4.7%、34.5%、30.6%。北京市总工会调查显示，28%的外卖配送员表示送餐中有交通事故经历。一些行业劳动定额缺失，劳动报酬主要取决于接单量、单价和奖惩制度等，不少外卖平台骑手每天工作十多个小时，没有节假日和正常休息时间。本次调查数据显示，67.5%的新就业形态劳动者每日工作时间在8小时以上，超过40%的网约车司机每日工作时间在14小时及以上，超过35%的劳动者处于每月无周休状态。

（四）部分企业社会责任意识有待增强

部分企业与职工共建共享意识不强，误信误用低劳动力成本竞争理论，甚至采用“寻底竞争”策略一味降低用工成本。有的企业将履行社会责任片面理解为做慈善、搞捐款，对提高员工收入不重视。部分互联网企业盛行“996”加班文化，刻意将牺牲休息时间与弘扬奋斗精神混为一谈。

（五）劳动关系领域法治化水平有待进一步提升

近年来，劳动法治不断完善，但劳动执法监督能力和劳动争议调处能力略显不足。本次调查数据显示，23.5%的受调查职工加班加点没有任何补偿，30%的受调查职工没有享受带薪年假且没有补偿。具体表现在：《劳动合同法》《劳动争议调解仲裁法》《社会保险法》等与劳动者利益息息相关的法律法规有待修订完善，《劳动保障监察条例》《集体合同规定》等部颁规章层级较低。公平就业、劳动基准、收入分配、集体协商、企事业单位民主管理等方面的法律法规有待研究制定和推动出台。劳动保障监察人力不足，调解工作基础薄弱，劳动人事争议仲裁员队伍专职化、专业化水平有待进一步提高，工会劳动法律监督由于缺乏约束力，实效性不够强。

四、构建和谐劳动关系面临的新形势新挑战

受多重因素影响，“十四五”时期，我国劳动关系在继续保持总体稳定的同时，局部地区、特殊时点、特定行业、部分人群存在劳动关系矛盾潜在风险，构建和谐劳动关系工作面临新的机遇和挑战。

（一）新一轮科技革命和产业变革加速劳动关系演变

数字经济成为撬动经济增长的新动能，以网约车司机、外卖配送员等为代表的新就业形态劳动者大量涌现，就业方式更加多元化，非标准化的劳动关系对和谐劳动关系的制度设计与措施保障形成挑战。与此同时，中国已经成为全球第一大工业机器人应用市场，“机器换人”在短期内将影响我国劳动力市场，汽车制造业、纺织服装和服饰业等劳动密集型行业企业用工规模将持续减少，

对职工就业和技能更新提升提出新挑战，影响着构建和谐劳动关系。本次调查数据显示，高中及以下学历的职工比例达到了36.7%，87.4%的职工处于无技能等级或初级工水平，比第八次全国职工队伍状况调查提高了2个百分点。26.6%的职工认为就业选择空间不大，较第八次全国职工队伍状况调查增加了12个百分点。66.3%的职工担心自己的职业技能在未来会过时，其中30~40岁青年职工比例更高，达到70%。本次网络调查数据显示，24%的职工技岗匹配主观评价在5分及以下（满分10分）。

（二）职工美好生活的新期待对和谐劳动关系构建提出更高要求

随着我国社会主要矛盾发生变化，劳动者对美好生活的向往总体上从“有没有”向“好不好”转变，从追求生存权益向追求发展权益转变，从追求物质权益向追求民主权利、精神权益转变，从利益诉求一体化、同质化向差异化、多元化转变，对民主、法治、公平、正义、安全、环境等方面的需求不断增长，对提高职工收入水平、改善职工生活品质提出了更高要求。本次调查数据显示，47.7%的受调查职工认为其整体生活品质处于6分及以下的水平（满分10分），30岁以下青年职工、农民工的这一比例更高，分别为51.6%和51.42%，高于均值约4个百分点；61.4%的职工最近一年参加过单位组织的体检，较第八次全国职工队伍状况调查提高了3.2个百分点，职工健康权利意识提升。“职业自由”正成为越来越多的年轻人追求的工作方式。本次网络调查数据显示，在选择工作时，看重职业发展空间和实现自我价值的职工比例分别为35.2%和24.1%；10.7%的职工看中工作方式自由，30.1%的职工关注能否兼顾家庭，追求工作和生活平衡，30岁以下青年职工群体青睐自由工作方式的比重为14.8%，高于均值4个百分点。未来一个时期，劳动关系调处将面临权利争议和利益争议交织、个体争议与集体争议叠加、局部利益与整体利益冲突的复杂局面。

（三）新冠疫情对和谐劳动关系的阶段性影响短时期难以消除

受经济全球化遭遇逆流和新冠疫情全球蔓延影响，我国一些出口导向型企业、传统劳动密集型企业、中小微企业生产经营面临不小压力和困难，经济领域矛盾风险将持续向劳动领域传导，劳动争议有所增加，对部分区域、行业劳动关系和谐稳定带来影响。受新冠疫情影响，有68.6%的受调查职工表示所在行业因疫情而经营困难，有34.5%的受调查职工所在单位出现过停工停产现象，有32.2%的受调查职工表示工资因疫情而减少，有6.7%的受调查职工因疫情原因失业，有47%的职工认为求职机会变少了，新冠疫情成为职工压力的主要来源。其中，受新冠疫情影响最严重的行业为住宿和餐饮业，批发和零售业，交通运输、仓储及邮政业，制造业，文化、体育和娱乐业，75%以上的职工反映行业受到影响，52.6%的住宿和餐饮业职工所在单位出现停工停产现象，14.7%的职工失业，55.6%的职工工资减少。

（四）劳动力市场结构性变革给劳动关系带来影响

随着人口老龄化进程加快，我国劳动力市场正在发生深刻变革。国家统计局2021年5月发布的第七次全国人口普查数据显示，15~59岁人口为89438万人，占63.35%，与2010年相比，下降6.79个百分点。根据人力资源社会保障部预计，“十四五”期间，我国劳动年龄人口将减少3500万人。随着劳动年龄人口数量不断下降，劳动力市场的老龄化进程将进一步加剧，劳动力供给从无限供给向有限供给转变，劳动力需求从数量型向质量型转变，劳动力成本上升，有效劳动力总供给时间下降，就业规模加速转移，由此将对职工收入和社会保障、企业人力资本投入和劳动生产率提高、就业人口分布和产业布局带来深远影响，继而对和谐劳动关系构建形成新的压力。

五、下一步构建中国特色和谐劳动关系的对策建议

针对劳动领域存在的问题与风险，需要立足当前、着眼长远，综合施策、标本兼治，统筹谋划、系统推进。

（一）进一步提高政治站位，把构建和谐劳动关系摆在事关党和国家全局的战略高度来抓

劳动关系是否和谐，事关广大职工和企业的切身利益，事关经济发展和社会和谐，事关党的执政地位的巩固和国家的长治久安。站在“两个一百年”历史交汇点上，面对中华民族伟大复兴的战略全局和世界百年未有之大变局，要求我们深入学习贯彻习近平总书记关于构建和谐劳动关系的重要论述，深刻认识我国社会主要矛盾变化带来的新特征新要求，深刻认识错综复杂的国际环境带来的新矛盾新挑战，深刻认识新发展阶段构建和谐劳动关系的重大意义，切实增强责任感、使命感和紧迫感，明确目标任务，采取有力措施，切实推动建立规范有序、公正合理、互利共赢、和谐稳定的劳动关系。

（二）加强法治保障力度，进一步把构建和谐劳动关系纳入法治化轨道

健全完善劳动法律法规体系，适时研究修改完善《劳动合同法》《就业促进法》《社会保险法》《劳动争议调解仲裁法》等法律，研究制定《基本劳动标准法》等劳动领域骨干性法律，加强《劳动保障监察法》《集体合同法》《企业民主管理法》的立法调研，进一步完善劳动法律法规体系。加强劳动法律监督检

查和案件审理，围绕劳动法律法规落实情况，加大人大执法检查、政府行政监察、政协视察等工作力度。在企业和职工比较集中、劳动争议矛盾较多的大中城市推动法院设立劳动法庭，专门审理劳动争议案件，加强调裁审衔接机制建设，更加高效、公正地解决劳动争议。

（三）保障职工基本权益，切实增强服务职工工作实效

健全有利于更充分更高质量就业的促进机制，着力稳定和扩大就业岗位。健全劳动、知识、技术、管理等要素按贡献决定报酬的机制，健全更好体现人力资本价值贡献的工资收入分配办法，实施企业薪酬指引计划。依法督促企业落实职工带薪年休假，深化特殊工时管理制度改革，遏制“996”“007”等随意超时加班现象。健全覆盖全民、统筹城乡、公平统一、可持续的多层次社会保障体系，推进社保转移接续，完善职工社会保险制度和分层分类社会救助体系。严格执行国家劳动安全卫生保护标准，加强女职工特殊劳动保护，改善职工生产生活条件。推进产业工人队伍建设改革，加快构建现代职业教育体系，建设一支高素质、宏大的知识型、技能型、创新型劳动者大军。培育壮大基层工会服务阵地，打造和提升送温暖等体现工会特色的职工服务系列品牌，提高职工群众获得感、幸福感、安全感。重视做好应对人口老龄化国家战略、实施三孩生育政策中女职工就业、生育保险、休息休假等权益维护工作。

（四）加强长效机制建设，不断健全构建和谐劳动关系的制度保障

坚持和加强党对构建和谐劳动关系工作的全面领导，建立健全构建和谐劳动关系工作的领导推动机制和评估评价机制。统筹国家协调劳动关系三方和其他有关部门力量，共同研究解决构建和谐劳动关系方面的重大问题。加强协调劳动关系三方机制建设，健全完善国家协调劳动关系三方对劳动关系重大问题定期会商研判制度。加强对劳务派遣、劳务外包等用工行为的监管，推进行业性、区域性集体协商，推动工业园区、乡镇（街道）和行业系统建立三方机制。创新区域（行业）职工代表大会制度，加强职工代表大会、厂务公开以及职工董事职工监事的制度衔接，推进企业集团职代会制度建设。加强劳动保障执法监察和劳动法律监督工作，健全完善劳动争议多元化解机制，加强基层劳动人事争议调解组织和劳动人事争议仲裁院建设，完善诉调对接工作机制和调解协议履行机制。

（五）加大新就业形态劳动者权益保障力度，努力破解影响构建和谐劳动关系的突出问题

在巩固提升国有企业、大型企业等企业和谐劳动关系的同时，突出做好网约车司机、外卖配送员等新就业形态劳动者权益保障工作。进一步明确互联网平台企业保障劳动者权益的主体责任，引导互联网平台企业、关联企业与工会或劳动者代表协商确定劳动报酬、工作时间、休息休假、福利待遇、劳动保护、规章制度等事项。积极推进职业伤害保障试点工作，防范和化解新就业形态劳动者职业伤害风险。研究探索企业为新就业形态劳动者参加养老保险、医疗保险给予补助的办法。探索新就业形态劳动者参加工伤保险、失业保险的办法。切实做好组建工会和发展会员工作，推动重点行业头部企业建立和完善工会组织。

（六）营造构建和谐劳动关系的良好环境，进一步形成工作合力

健全各级党政和全社会齐抓共管、各负其责的工作格局，深化和谐劳动关系创建活动。各级党委要更加重视构建和谐劳动关系工作，将其作为推动“十四五”时期经济社会发展的重要抓手，定期听取汇报，研究解决问题。各级政府要把构建和谐劳动关系纳入政府目标责任考核体系，深化“放管服”改革，加强劳动保障监察力量配备，全面提升劳动保障执法监管效能。各级工会要切实履行维护职工合法权益、竭诚服务职工群众的基本职责，加强职工思想政治引领，依法维护职工合法权益，帮助解决职工急难愁盼问题。各级工商联、企联/企业家协会要积极反映企业利益诉求，依法维护企业权益，教育和引导广大企业经营者主动承担社会责任。

负 责 人：魏地春、张茂华

承担单位：全国总工会权益保障部、中国工运研究所

县级以上地方工会状况调查报告

根据第九次全国职工队伍状况调查分工安排，全国总工会组织部承担“县级以上地方工会状况”分课题调查工作，并列入全国总工会领导年度重点调研课题，全国总工会书记处书记、党组成员、组织部部长张茂华同志高度重视，审定方案，加强指导，全程参与。课题组加强与全国总工会有关部门的沟通协调，综合采用文献研究、数据分析、书面调研、实地调研、调查统计、抽样问卷、视频座谈等方式开展调查。考虑到县级工会在工会组织体系中发挥着基础性和关键性作用，同时也是存在困难较多的一级地方工会，为进一步做好“县级工会加强年”专项工作，课题组在对省级、地市级、县级地方工会状况进行全面研究分析的基础上，重点分析了县级工会的基本状况、存在问题，并提出加强县级工会工作的意见建议。现将调查情况报告如下。

一、县级以上地方工会机构编制人员基本情况

中国工会统计年报数据显示，截至 2021 年 9 月，全国共有 31 个省、自治区、直辖市总工会以及新疆生产建设兵团总工会，共有 329 个地市级工会，2833 个县级工会。

（一）机构设置

省级工会机关内设机构共 464 个，平均为 15 个。省级产业工会共 436 个，平均为 14 个。其中驻会 125 个，占 28.7%；不驻会 311 个，占 71.3%。直属单位共 228 个，平均为 7.4 个。

地市级工会机关内设机构共 2640 个，平均为 8 个。地市级产业工会共 813 个，平均为 2.5 个。其中驻会 418 个，占 51.4%；不驻会 395 个，占 48.6%。直属单位共 824 个，平均为 2.5 个。

县级工会机关内设机构共 7854 个，平均为 2.8 个。县级产业工会共 1162 个，平均为 0.4 个。其中驻会 193 个，占 16.6%；不驻会 969 个，占 83.4%。直属单位共 2445 个，平均为 0.9 个（见图 1）。

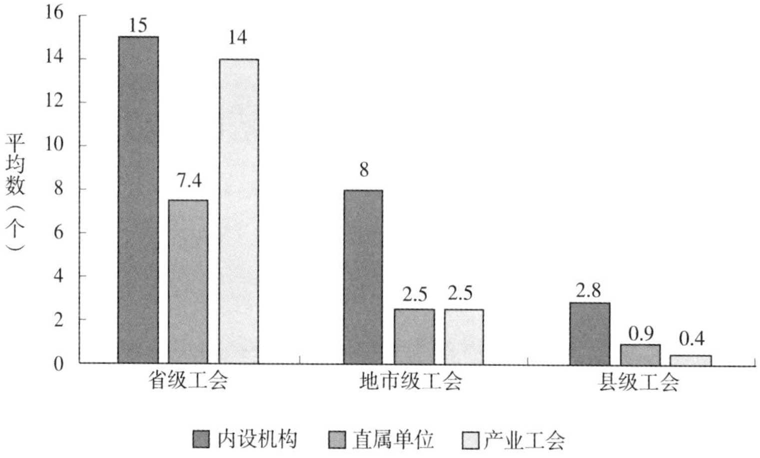

图 1　县级以上地方工会机构设置平均数（单位：个）

（二）人员编制

省级工会本级行政和事业编制共 5479 个，平均为 176. 8 个。其中行政编制 2308 个，平均为 74. 5 个；事业编制 3171 个，平均为 102. 3 个。省级工会现有干部数共 3146 人，平均为 101. 5 人。

地市级工会本级行政和事业编制共 12279 个，平均为 37. 4 个。其中行政编制 7650 个，平均为 23. 3 个；事业编制 4629 个，平均为 14. 1 个。地市级工会现有干部数共 9346 人，平均为 28. 4 人。

县级工会本级行政和事业编制共 32589 个，平均为 11. 5 个。其中行政编制 16741 个，平均为 5. 9 个；事业编制 15848 个，平均为 5. 6 个。县级工会现有干部数共 27792 人，平均为 9. 8 人（见图 2）。

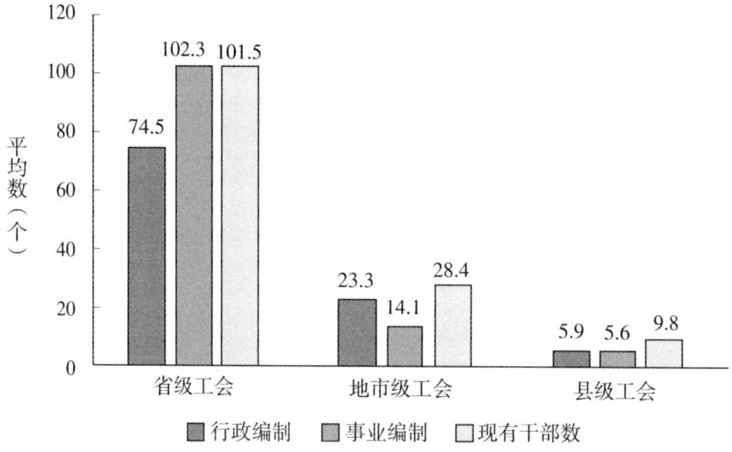

图 2　县级以上地方工会人员编制平均数（单位：个）

（三）领导班子

省级工会领导班子职数共 262 个，平均为 8.5 个；专职副主席职数共 134 个，平均为 4.3 个；实际配备专职副主席数共 137 人，平均为 4.4 人；实际配备兼职副主席数 105 人，平均为 3.4 人；实际配备挂职副主席数 21 人，平均为 0.7 人。

地市级工会领导班子职数共 1883 个，平均为 5.7 个；专职副主席职数共 984 个，平均为 3 个；实际配备专职副主席数共 956 人，平均为 2.9 人；实际配备兼职副主席数 581 人，平均为 1.8 人；实际配备挂职副主席数 153 人，平均为 0.5 人。

县级工会领导班子职数共 11067 个，平均为 3.9 个；专职副主席职数共 5202 个，平均为 1.8 个；实际配备专职副主席数共 4941 人，平均为 1.7 人；实际配备兼职副主席数 2272 人，平均为 0.8 人；实际配备挂职副主席数 1113 人，平均为 0.4 人（见图 3）。

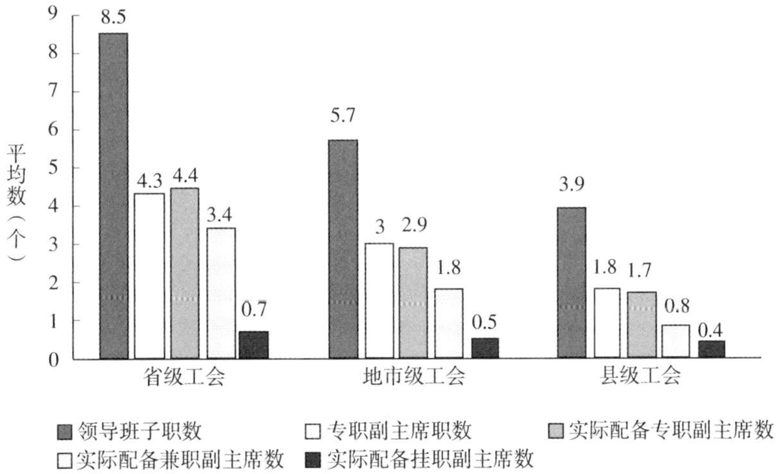

图 3　县级以上地方工会领导班子情况（单位：个）

二、县级以上地方工会运行及作用发挥情况

为评估县级以上地方工会运行及作用发挥情况，课题组设计了网络调查问卷，包括对各级工会组织建设、工作制度机制落实、作用发挥等情况的评价，请各省组织工会干部填写。根据调查对象所在层级分别设计不同题目，其中省级工会干部评价本级和下级工会，地市级工会干部评价上级、本级和下级工会，县级工会干部评价上级和本级工会，乡镇（街道）工会干部评价上级工会。自 2022 年 5 月 19 日至 6 月 6 日，共收回无记名问卷 100140 份。其中，省级工会干

部填写1865份，地市级工会干部填写8251份，县级工会干部填写39611份，乡镇（街道）工会干部填写50413份。

（一）对组织建设的评价情况

组织建设方面，共设计了组织机构健全、组织关系理顺、职能职责明晰、领导班子配齐配强、推进工会组织改革创新、工作力量充实6项指标。问卷结果显示，各级工会干部对组织机构健全、组织关系理顺、职能职责明晰、领导班子配齐配强4项指标的评价较高，综合好评率基本超过95%。推进工会组织改革创新、工作力量充实2项指标的综合好评率相对靠后（见图4）。

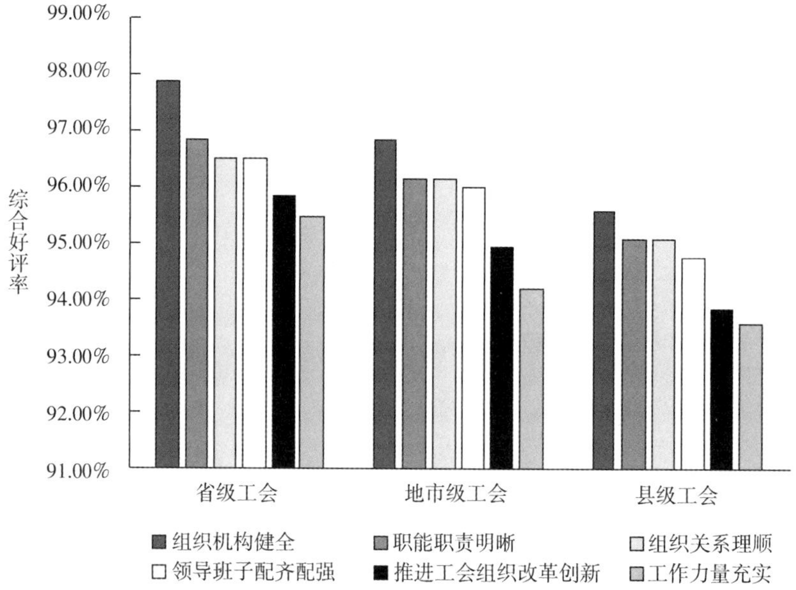

图4 工会干部对县级以上地方工会组织建设的评价情况

（二）对工作制度机制落实的评价情况

工作制度机制落实方面，共设计了定期向同级党委汇报工会工作制度，政府和工会联席会议制度，联系服务基层职工群众制度，全委会、常委会等会议制度，常委会向全委会报告工作制度，劳动关系协调机制，贯彻落实民主集中制等7项指标。问卷结果显示，各级工会干部普遍认为，县级以上地方工会各项工作制度机制落实情况均较好，7项制度机制落实情况综合好评率基本达到95%。其中，落实定期向同级党委汇报工会工作制度的综合好评率排名第一，落实劳动关系协调机制、政府和工会联席会议制度的综合好评率相对靠后（见图5）。

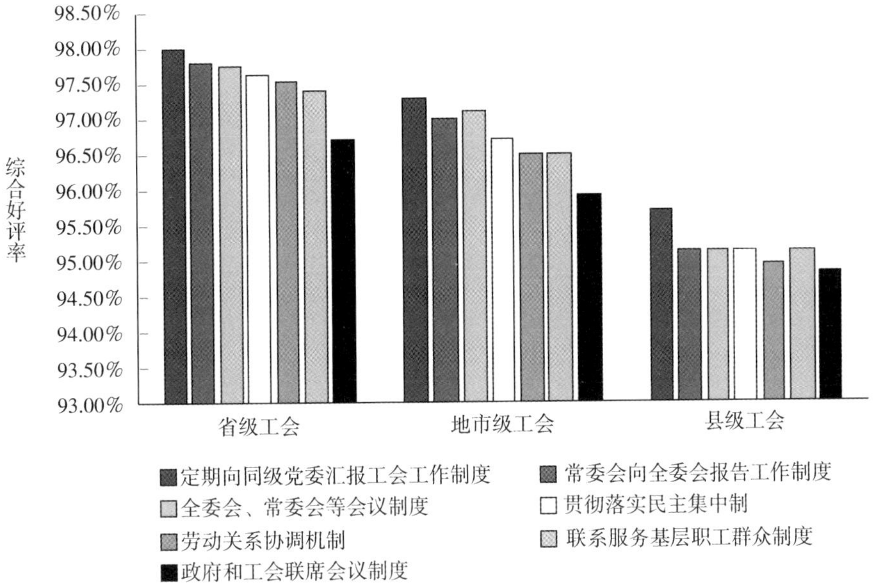

图5　工会干部对县级以上地方工会工作制度机制落实的评价情况

（三）对作用发挥的评价情况

作用发挥方面，共设计了团结引导职工群众听党话、跟党走，维护职工合法权益、竭诚服务职工群众，推进产业工人队伍建设改革，推进新就业形态劳动者建会入会工作，推进区域性、行业性工会联合会建设，加强产业工会工作，加强工会干部队伍建设，落实干部协管职责，贯彻执行上级政策决策部署，加强对基层工会调研指导10项指标。问卷结果显示，各级工会干部普遍认为，县级以上地方工会作用发挥较好，10个方面的综合好评率均超过90%。其中，团结引导职工群众听党话、跟党走，贯彻执行上级政策决策部署，维护职工合法权益、竭诚服务职工群众，推进新就业形态劳动者建会入会工作4项指标综合好评率排名前4，均达到95%以上（见图6）；加强产业工会工作和加强对基层工会调研指导等指标的综合好评率排名相对靠后（见图7）。

（四）对需要进一步加强和改进的方面的评价情况

需要进一步加强和改进的方面，共设计了充实工会干部队伍力量、争取同级党委政府重视支持、加强对下级工会的调研指导、创新工会工作方式方法、完善基层工会组织体系、提升工会干部素质能力、争取上级工会的工作支持、密切联系职工群众、加强调查研究、加大经费支持保障力度、加大工会干部协管力度、健全工作机构设置12项指标。问卷结果显示，各级工会干部认为需要

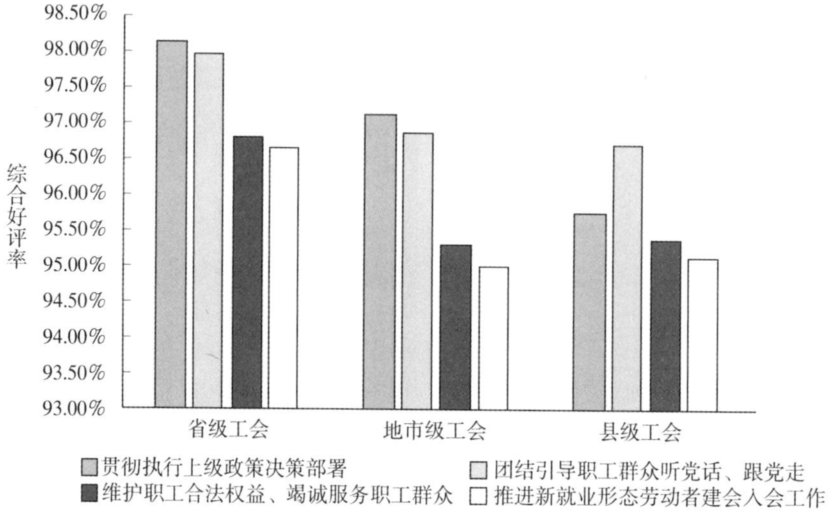

图6　工会干部对县级以上地方工会作用发挥的评价情况（前四名）

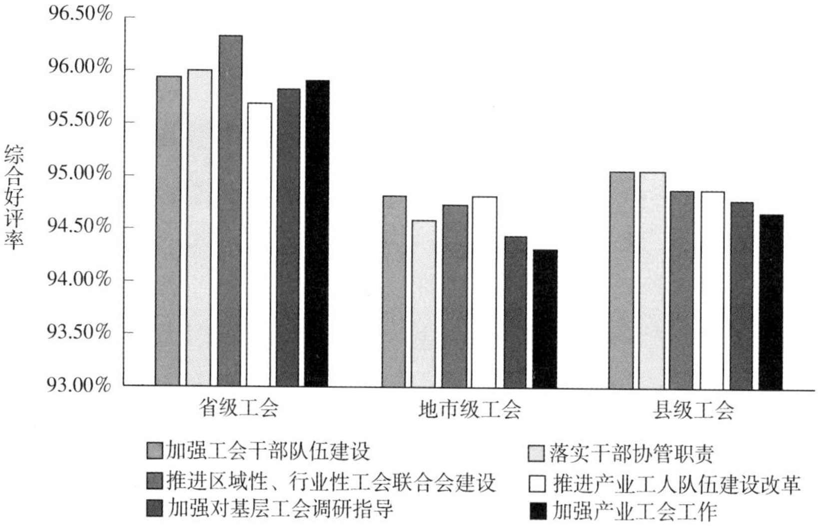

图7　工会干部对县级以上地方工会作用发挥的评价情况（后六名）

进一步加强和改进的方面，省级、地市级、县级工会排在前5位的指标，均为争取同级党委政府重视支持、充实工会干部队伍力量、加强对下级工会的调研指导、争取上级工会的工作支持、完善基层工会组织体系这5项（省级、地市级、县级工会5项指标的排序稍有差异）（见图8、图9）。

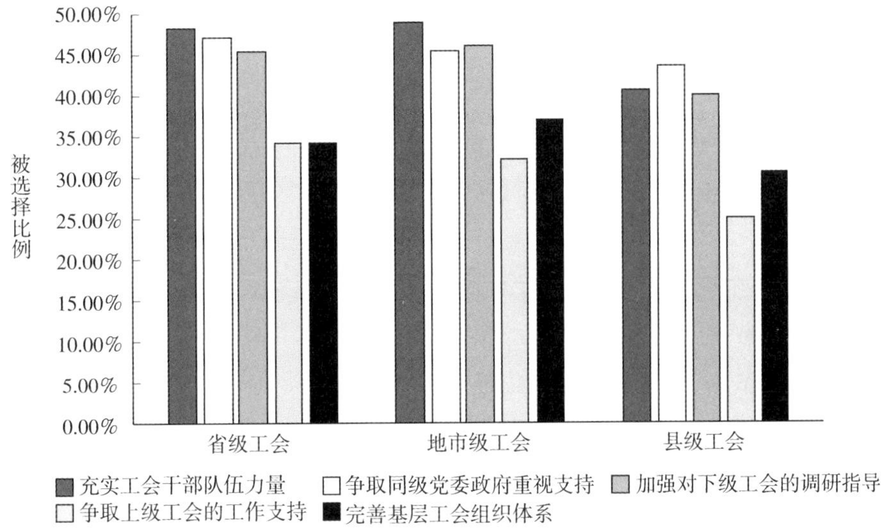

图 8　工会干部认为县级以上地方工会需要加强和改进的方面（前五名）

注：被选择比例是指参加调研的工会干部中认为该方面需要加强和改进的比例

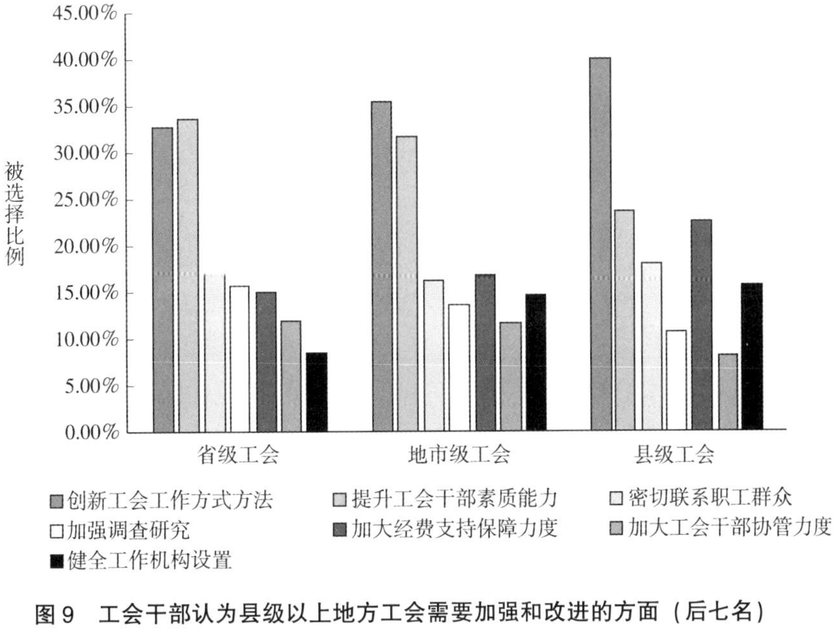

图 9　工会干部认为县级以上地方工会需要加强和改进的方面（后七名）

注：被选择的比例是指参加调研的工会干部中认为该方面需要加强和改进的比例

以上统计数据和问卷结果显示，近年来，省级、地市级、县级工会在机构设置、人员编制、领导班子配备等方面都得到了一定程度的加强，但县级工会基层基础相对薄弱的状况仍然没有完全改变。各级工会干部对省级、地市级、县级工会在组织建设、工作制度机制落实、作用发挥等方面指标的综合好评率均在90%以上，绝大多数在95%以上，但是省级、地市级、县级工会各项指标综合好评率呈现出逐级递减的趋势（表现为综合好评率柱形图的高度逐级降低），县级工会运行和作用发挥情况的综合好评率排名相对靠后。这从一个侧面反映出，县级工会是当前工会组织体系中相对薄弱的一个环节，需要进一步加强。

三、县级工会改革成效、存在问题及对策建议

（一）县级工会改革创新取得的成效

一是以党的政治建设为统领，始终坚持县级工会工作正确政治方向。县级工会坚持以习近平新时代中国特色社会主义思想为指导，深入学习贯彻党的十九大、二十大精神，深入学习贯彻习近平总书记关于工人阶级和工会工作的重要论述，增强“四个意识”、坚定“四个自信”、做到“两个维护”。加强和改进职工思想政治工作，推动习近平新时代中国特色社会主义思想在广大职工中落地生根、入脑入心，把广大职工更加紧密地团结在党的周围。深化党建带工建，推动工会工作纳入党建考核。河北省委出台文件，明确要求县级党委每届至少召开1次工会工作会议，每年听取1次工会工作汇报，党委主要负责人参加工会的重大活动。河北省9个市级和105个县级党委均印发了相关文件。宁夏回族自治区党委办公厅印发《关于加强新时代党建带工建工作的意见》，将党的组织建设和工会组织建设与党建工作同步考虑、统筹安排，纳入自治区效能目标考核。福建省南平市、宁德市将工会工作纳入全面从严治党主体责任检查内容。

二是以组织体系建设为重点，扩大县域工会工作覆盖面。各级工会针对中小微企业、新就业形态劳动者、农民工大量集中在乡镇、街道的实际，及时把工作重心向县级以下转移，不断加大乡镇（街道）、开发区（工业园区）、村（社区）工会的组建力度，基层工会组织体系不断完善。目前，全国4万个乡镇（街道）基本实现普遍建立工会组织，其中1.7万个成立总工会，北京、河北、上海等省（市）的乡镇（街道）已100%建立总工会；全国已建立开发区（工业园区）工会2440个、村（社区）工会组织近10万个。各地通过单独建会，组建联合工会、基层工会联合会、区域（行业）工会联合会等形式，最大限度地吸纳广大职工尤其是“两新”组织、非公小微企业职工和新就业形态劳动者入会。

三是以制度机制建设为依托，提升县级工会工作规范化水平。发挥工会与政府联席会议和劳动关系三方机制作用。2021年全国县级工会和政府召开联席

会议 1810 次。各地有效设置议题，开展广泛协商，推动联席会议制度在服务经济社会发展大局、促进劳动关系和谐稳定、加强工会自身建设等方面发挥积极作用。河北省 167 个县级工会全部建立与同级政府联席会议制度，年度会议召开率平均保持在 95%以上，将会议确定事项列入政府督查内容。湖南省县级以上地方劳动关系三方机制每年召开 1~2 次会议，就最低工资标准、工资增长指导线、职工收入分配、劳动就业、医疗保障等进行充分协商沟通。河南省洛阳市总工会建立对县区工会“1+N”工作考评机制，“1”即年度综合考评；“N”即 N 项年度重点工作考评，全面客观地评价县区工会工作实绩。广西壮族自治区总工会建立市县级工会干部评价制度，把市县两级工会干部满意度纳入自治区党委对区总工会的考核体系，督促省级工会加强对县级工会的指导和支持。

四是以干部队伍建设为保障，整合县域工会工作力量。争取党委支持，配齐配强县级工会领导班子和专兼职干部队伍。截至 2021 年 9 月，全国县级工会主席按同级副职配备的占三分之二，配备挂职副主席 1172 名、兼职副主席 2356 名。选优配强基层工会干部队伍。湖北、云南等省委下发关于工会改革的实施方案，明确乡镇（街道）工会机构干部配备标准。天津市乡镇（街道）工会基本形成“2+N”（“2”即两名专职工会干部，“N”即数目不等的兼职工会干部和社会化工会工作者）的配备模式。浙江宁波推行乡镇（街道）总工会兼职化改革，从企业中选拔人员兼任副主席、协理员，进一步壮大优化社会化工会工作者队伍。截至 2021 年底，全国共有社会化工会工作者 4.25 万人，近 20 个省（区、市）出台关于社会化工会工作者队伍的管理办法。

五是以阵地建设为基础，增强县级工会吸引力凝聚力战斗力。截至 2021 年底，全国县级工会共有独立批复的工人文化宫 950 个，县级职工服务中心（困难职工帮扶中心）2917 个。近年来，各级工会巩固深化工人文化宫清理整改成果，全国县以上有清理整改任务的工人文化宫已全面完成整改的占 88.27%，解决了整体对外出租承包、委托经营的问题。湖南省总工会支持市、县级工会加强工人文化宫等职工文化活动阵地建设，三年下拨市、县级工人文化宫建设经费 3.6 亿元。重庆市总工会采用区县主建、市总监督指导的方式，鼓励区县通过对现有阵地更新改造、置换、新建、购置等方式，提档升级职工服务阵地。福建省福州市以规划新建、政府划拨、改建升级等方式推进县级工人文化宫建设，所需资金主要由县级财政承担。青海省西宁市总工会采取“3+N”模式整合基层职工之家、青年之家、妇女之家等群团活动阵地和资源，支持指导各县区、园区共建群团服务站 116 家，各园区打造党群工作示范点 20 家，建立群众之家

1431家。

六是以工会经费为支撑，逐步提高县级工会财务保障能力。各省级工会认真落实全国总工会深化工会财务管理改革的工作部署，巩固经费收缴管理改革成果，健全完善财务制度体系，稳步实施全面预算绩效管理，县级工会财务保障能力逐步提升。重庆市总工会出台《关于印发区县总工会超额上解工会经费全额返还办法的通知》，明确以2018年为基数超额上解的工会经费全部返还区县总工会。山东、河北等省总工会通过实行一般转移支付、专项转移支付制度，保证经济欠发达地区县级工会的经费需求。推动县级工会基本支出纳入财政保障范围。甘肃省总工会2017年起，将本级经费的70%用于对下级工会的补助，对每个乡镇（街道）工会实行专项工作经费定额补助1万元，并对验收通过的规范化乡镇（街道）工会每个给予1万元专项补助。黑龙江省总工会在经费回拨中拿出400万元资金，对县级工会应留成小微企业经费部分给予全额补助。浙江、福建等省总工会通过将省总工会机关和省属事业单位基本支出纳入省级财政保障范围，示范带动县级以上工会在职人员经费与社保资金实现了由同级财政保障；积极争取财政资金对工会重点工作和职工服务阵地建设的支持。一些省级工会以贯彻落实《公共文化服务保障法》为抓手，推动县级工人文化宫建设纳入地方财政保障范围。2020年全国县级工会累计结余资金430多亿元，较2019年增长10%以上。

（二）县级工会工作面临的困难和问题

当前，随着新型工业化、信息化、城镇化和农业现代化深入推进，县域经济全面发展，乡村振兴加速推进，产业转型升级加快，职工队伍结构深刻变化，用工形式和劳动关系日趋复杂，县级工会面临的工作任务更加多样繁重，职能作用更加凸显。面对新形势新任务，一些县级工会仍存在人手短缺、基础薄弱、经费不足、活力不够、工作载体与职工需求不够适应等困难和问题。

一是县域工会工作力量仍显薄弱。第一，县级工会机关编制紧张，干部队伍结构不够合理。2021年全国2833个县级工会行政编制1.67万个，平均每县5.9个，与2015年平均每县6.1个相比略有下降。有的县级工会机关干部队伍结构不够合理，干部内部晋升和对外交流渠道不畅。第二，工会兼职副主席作用发挥不够。在工会改革中多数县级工会配备了兼职副主席，但本职工作繁忙，和工会兼职工作有冲突，作用发挥渠道有限，制度机制不健全。第三，乡镇（街道）工会“无人干事”问题仍较普遍。大多数地方虽然建立了乡镇（街道）工会，但绝大多数没有独立的机构、人员编制。有的地方在机构改革中将乡镇

（街道）工会撤并或裁减人员，超过半数的乡镇（街道）工会无专职人员，村（社区）工会有专职人员的极少，指导和服务基层工会的能力薄弱。第四，社会化工会工作者队伍不稳定。薪酬待遇偏低、职业通道有限，积极性不高，人员流失情况突出。工会干部特别是兼职工会干部和社会化工会工作者参加系统性、专业性培训机会较少，工会理论和业务水平有待进一步提高。

二是组织体系不够健全。第一，有的县级工会职能机构编制设置不够合理。团结教育、维护权益、服务职工功能不够突出，如有的县总工会仅1个内设科室（办公室）。第二，“小三级”工会组织不够完善。乡镇（街道）、村（社区）和企业工会等上下贯通的工会组织网络尚未形成，县以下区域性、行业性工会联合会发展不均衡，作用发挥有待加强。第三，组织新就业形态劳动者建会入会特别是“兜底建”还处于探索起步阶段。新就业形态劳动者分散流动的就业方式与以工会属地化组建和管理为主的传统方式不适应，线上难联系，线下难接触，稳定性不足；入会后的经费保障、服务方式、服务内容、管理模式等后续问题还难以有效解决，制约了入会进度和质效。第四，非公企业工会组建难度大，建设质量有待提高。不少非公企业尤其是小微企业对工会的认可度不高，组建工会面临许多困难，一些企业工会名义上建起来了，但未能很好地履行职能和发挥作用，影响了工会“娘家人”形象。

三是经费保障有待加强。第一，有的县级工会组织体制与财务体制脱节。分析2021年度工会决算数据可知，31个省级工会下辖县级工会共2700家，其中县（市）级工会1427家，区级工会1073家，开发区（工业园区）工会200家。从经费来源来看，2504个县级工会作为一级总工会，参与经费分成，其余196家区级工会不参与经费分成，作为市级工会的预算单位管理。200家县级开发区（工业园区）工会原本在县（市）级工会工作范围之内，独立管理后与原所在县级工会关系没有完全理顺。第二，县级工会经费分成比例不统一对经费收缴改革带来挑战。目前，31个省级工会对县级工会的经费分成比例各不相同，同一个省级工会不同地市的县（市、区）级工会之间经费分成比例也不尽相同。经费分成比例不统一，既无法准确测算保证县级工会正常运转的资金需求，也不利于工会经费规范收缴管理。第三，县级工会事权和支出责任划分还不明确。《中国工运事业和工会工作“十四五”发展规划》提出，按照事权和支出责任一致原则，健全完善工会转移支付制度，以县级工会为重点，逐步建立权责清晰、区域均衡、财力协调的工会经费分配关系。虽然全国总工会已经着手研究制定关于事权与支出责任划分的指导意见，但落实到市县级工会还需要一个过程。

四是阵地建设仍需巩固。第一，资产管理力量比较薄弱。县级工会基本上没有独立设置的资产管理部门、没有配备专职工会资产管理人员，对工会资产管理政策和业务不了解、不熟悉，资产基础管理整体水平偏低。第二，运营专业性不强。县级工会所属工人文化宫等资产服务阵地缺乏完善的工作体制机制和专业的运营管理人才，在承担公益服务职能，又要进行创收保证正常运转的情况下，经营方面存在困难，难以实现社会效益和经济效益有效融合。第三，部分设备设施老化。县级工会所属工人文化宫等多建于20世纪80年代，建设年代久远，亟待维修改造，但目前维修改造资金投入不足。工人文化宫建设虽然纳入了《公共文化服务保障法》的财政保障范围，但县级工会落实起来有困难，现实中还存在工人文化宫建设立项审批难等问题。第四，传统阵地运营模式与职工群众的实际需求存在差距。传统职工阵地提供的服务，现在直接在手机互联网上就可以完成，以文化宫为主体的传统职工阵地发挥的作用在逐渐削弱。

（三）针对若干具体问题的对策建议

党的二十大报告中强调，深化工会、共青团、妇联等群团组织改革和建设，有效发挥桥梁纽带作用。全心全意依靠工人阶级，维护职工合法权益。为做好新时代新征程的工会工作指明了前进方向。全国总工会和省市级工会要认真学习贯彻党的二十大精神，深入开展调查研究，有针对性地加强对县级工会的指导服务，尽可能地在人力、财力、物力上给予支持，有效解决部分县级工会存在的人手短缺、组织不强、经费不足、阵地薄弱等问题，实现“政治引领强、组织功能强、服务阵地强、制度机制强、作用发挥强”的“五强”目标，推动县级工会工作高质量发展。为此，提出以下建议。

一是关于县级工会工作力量问题。根据党中央关于机构编制管理的规定，县级工会增设机构增加编制、乡镇（街道）工会明确机构编制的难度较大。县域工会工作力量主要应通过优化机关干部队伍结构、配备兼挂职工会干部、上级工会选派机关干部蹲点、增加社会化工会工作者等渠道解决。第一，配齐配强县级工会干部队伍。县级工会应定期向同级党委和上级工会报告干部队伍建设情况。上级工会积极与地方党委组织部门沟通协调，推动县级工会编制内工作力量配备率由当前的85%提升到90%以上，推动选优配强各级工会领导班子，推动工会机关干部和党政机关、企事业单位干部双向交流，推动县级工会普遍配备兼挂职副主席并充分发挥其作用。第二，推动机关干部蹲点工作常态化长效化。从2022年起，全国总工会、省级和市级总工会机关每年选派3%到5%的干部赴基层蹲点，选派经验丰富、善于解决复杂问题的领导干部带队并担任组长，选派一定比例业务素质较全面、责任意识较强、具备一定组织协调能力的年轻干部参与，重点下沉到未建工会、工会工作比较薄弱、劳动关系情况比较复杂单位所在地的乡镇（街道）、开发区（工业园区）工会和县级以下区域性、行业性工会联合会开展工作，时间一般不少于3个月，直接充实其工作力量、推动解决重点难点问题。开展蹲点活动是工会联系服务基层和职工的有效举措，还需进一步指导、推动各地工会建立蹲点工作长效机制，巩固蹲点成果，增强基层工会活力。第三，增加社会化工会工作者数量并提高其待遇。探索建立与职工数、工会会员数、工会经费等指标挂钩的社会化工会工作者数量标准，每个乡镇（街道）工会至少配备1名社会化工会工作者，力争到“十四五”末，全国社会化工会工作者总数稳定在4.5万人左右，赋予县级工会社会化工会工作者管理使用权限。提高社会化工会工作者工资待遇和福利水平，推动社会化工会工作者薪资待遇逐步向当地事业编制薪资待遇靠拢。打通社会化工会工作者职业晋升通道，鼓励各级工会机关在人员招录中注重从社会化工会工作者中招录一定比例人员，明确同等条件下优先录取。研究起草社会化工会工作者管理使用的相关办法，聚焦招聘管理、薪酬福利、绩效奖惩、职业发展等关键环节，完善制度，进一步规范提升社会化工会工作者队伍建设水平。出台基层工会部分兼职工会干部工作补贴办法，保护和激励他们的工作积极性。第四，加强工会干部教育培训。全国总工会机关各单位每年到县级以下基层工会举办1至2期送教到基层专题培训。聚焦县级工会干部工作需要，在全国工会干部教育培训网开设新就业形态劳动者建会入会和权益维护、工会组建、困难职工帮扶、财务资产管理等业务课程，增强培训针对性实效性。充分利用工会院校、培训基地、服务站点和网络教育资源，分级分类及时轮训新任县级工会主席，大规模培训乡镇（街道）、开发区（工业园区）、村（社区）、工会联合会、企业工会专兼职干部和社会化工会工作者，保证新任工会主席、专职副主席在上岗一年内参加上级工会组织的脱产培训，保证所有工会专兼职干部和社会化工会工作者通过多种形式在上岗一年内参加工会业务培训。

二是关于组织体系建设问题。第一，建立党建带工建、工建服务党建机制。积极争取党委支持，推动把工会工作纳入党委目标考核，把党建带工建作为党建工作责任制的重要内容，把工会组织建设纳入党建工作总体规划和考核体系，把“小三级”工会组织建设和新就业形态劳动者建会入会纳入党建工作的重要议事日程，探索推进党的基层组织和工会基层组织同步建立、同步加强，以党的基层组织建设带动工会基层组织建设。第二，推动政策落地见效。近年来，全国总工会围绕基层工会组织建设出台了多项政策文件，部分省、市级工会结合地方实际制定了有关实施意见，提供了制度保障，明确了工作思路。各级工会要切实加强对下指导，把政策文件精神传到位、讲透彻、运用好，以严抓制度落实促进基层工会组织建设。第三，推进组织覆盖和工作覆盖双提升。大力推行“重点建、行业建、兜底建”模式，推动非公企业和新就业形态劳动者建会入会，同步开展规范化建设和示范创建，推动资源服务向基层倾斜，探索面向新就业形态劳动者服务项目、开展以满足新就业形态劳动者需求为导向的服务活动，以优质的服务吸引职工、凝聚职工。

三是关于县级工会经费保障问题。第一，推进工会经费收缴改革。建立权责清晰、财力协调、区域均衡的工会经费分配关系，研究制定合理划分事权与支出责任的指导意见，指导省级工会厘清县级工会的事权和支出责任，使县级工会事权和支出责任匹配一致。第二，加大工会送温暖帮扶力度。县级以上工会在做好建档立卡困难职工中央财政资金专项帮扶的同时，统筹全国总工会专项转移支付资金使用，加大工会经费投入，对受新冠疫情影响较深的特困行业职工和发生临时性、突发性生活困难职工及时开展慰问，帮助其渡过难关。第三，设立专项资金。省级工会在年度预算中安排一定额度的专项资金，用于新就业形态劳动者建会入会与保障服务相关支出，鼓励具备财力的市、县级工会参照执行。第四，完善财政划拨工会经费的制度机制。促进县级工会同级财政足额划拨财政供养单位的工会经费，提高县级工会经费保障能力。第五，省级和市县级工会加大对基层工会的经费投入力度，建立完善转移支付制度，积极探索基层工会组织经费直达机制，在年度本级经费预算中通过转移支付、项目化管理及定额补助等方式，将工会经费向乡镇（街道）、开发区（工业园区）工会和基层工会倾斜，出台促进基层工会留成经费足额到位的指导意见，把更多的经费直接用于普通职工群众。

四是关于县级工会阵地建设问题。第一，加强工人文化宫规范化建设管理。制定加强县级工人文化宫建设管理的指导性文件，明确建设、管理标准体系，推动解决机制不活、人才不足、资金不够等问题，推动纳入当地公共文化服务体系、落实事业单位分类改革各项政策、建立政府财政资金支持为主的多渠道资金保障机制。统筹管好用好现有各类活动阵地与设施，丰富完善县级工人文化宫的文化、教育、体育、培训等功能，把县级工人文化宫打造成工会组织综合服务阵地。2022 年推动 25～30 家标准化工人文化宫建设，其中含县级工人文化宫 10～15 家。第二，从实际出发分类施策。把工会服务阵地建设纳入政府和工会联席会议重点议题，积极争取地方行政力量支持，通过分级建设、分类实施、项目化推进的方式，按计划、按年度、按等级逐步完成职工服务阵地建设，提高阵地覆盖率。推进“会、站、家”一体化建设，加强职工之家、职工小家、暖心驿站等成本可控、作用明显的“小而美”服务阵地建设。压实省级工会管理责任，推动经济较发达、职工人数多的县（县级市）实现工人文化宫建设全覆盖。市辖区工会阵地可以通过市级工会资源整合来解决；乡镇（街道）工会可以通过不为所有但为所用的方式来解决职工活动阵地问题，基层工会服务阵地可以依靠单位行政部门解决，可以利用工会组织综合服务阵地，也可以与党组织、其他群团组织、社会组织共建、共享公共服务阵地。各级工会可积极探索通过购买服务的方式，鼓励、支持企业和社会组织建设服务阵地、共享服务阵地，丰富服务载体、拓展服务阵地。第三，推动职工服务中心（困难职工帮扶中心）赋能增效。到2025年，推动完成3200个县级以上职工服务中心综合服务能力提升，形成丰富社会资源与职工需求精准对接、运行顺畅的平台，从大处着眼、小处着手，为职工提供多层次菜单式物质性、精神性、文化性、发展性服务。第四，发挥好工会阵地协同效应。指导省级、地（市）级、县（区）级的工人文化宫（俱乐部）、疗休养院、职工服务中心（困难职工帮扶中心）等与基层工会服务站点、职工之家建立联系，明确职责定位，做好业务衔接，发挥协同效应。推进在职工聚集的乡镇（街道）、开发区（工业园区）、村（社区）建设工会服务职工站点、爱心驿站、企业女职工休息哺乳室等，可由工会单独建设，也可在党群服务站、社区服务站开设工会服务窗口，或者与其他群团组织联合建设，提高服务一线职工的便捷性、普惠性、精准性、常态性。

负 责 人：张茂华

承担单位：全国总工会组织部

全国产业工会工作情况调查报告

根据《第九次全国职工队伍状况调查方案》，依据第九次全国职工队伍状况调查获得的数据资料，并参考其他资料，对我国产业工会组织建设情况、作用发挥情况等进行分析研究，形成报告如下。

一、产业工会基本情况

（一）产业工会组织建设情况

目前，我国共有全国产业工会10个，其中驻会的7个，分别是中国教科文卫体工会、中国海员建设工会、中国能源化学地质工会、中国机械冶金建材工会、中国国防邮电工会、中国财贸轻纺烟草工会、中国农林水利气象工会；不驻会的3个，分别是中华全国铁路总工会、中国民航工会、中国金融工会。根据中国工会统计年报，截至2021年9月，全国共有省级产业工会或履行产业工会职能的厅、局、公司工会1084个，地市级产业工会或履行产业工会职能的厅、局、公司工会3132个，县级产业工会或履行产业工会职能的厅、局、公司工会14244个。省（区、市）、市（地）、县级产业工会干部共有107500人。其中，专职26344人，兼职81156人。在省、市、县各级产业工会组织中，有些是独立的产业工会组织，有些则是由行政管理部门的机关工会、大型骨干企业的机关直属工会代行产业工会职能。与2017年相比，产业工会组织和干部数量变化不大，产业工会干部兼职多、专职少的基本情况保持不变。

根据各全国产业工会测算，全国十大产业工会联系职工约3.8亿人。分产业来看，铁路产业职工约440万人，民航产业职工约81万人，金融产业职工约625万人，教育、科技、文化、卫生、体育产业职工约3100万人，水运、公路、建筑、城建产业职工约1.028亿人，煤炭、电力、石油、石化、化工、医药、地质产业职工约1758万人，机械、冶金、建材产业职工约4460万人，国防、邮政、电信、电子信息产业职工约2200万人，商贸流通、粮食、旅游、餐饮、家政服务、轻工、纺织、烟草产业职工约14000万人，农垦、林业、水利、气象、渔业、畜牧产业职工约1700万人。

（二）作用发挥情况

对涉及 10 个产业的 28891 名产业职工的问卷调查显示，广大产业职工较为认可工会作用发挥情况，对所在工会在保住职工工作岗位、提高职工工资收入、维护职工社会保障权益、改善职工劳动条件、提高职工职业技能、组织职工参与社会管理、调解劳动争议、丰富职工业余文化生活、帮扶困难职工、送温暖、维护女职工特殊权益、做职工思想工作、进行心理疏导等方面发挥作用情况平均打分均在 8 分左右（满分 10 分）。

1. 加强顶层设计，提供支持保障。全国总工会和各级工会高度重视产业工会工作，通过召开会议、出台政策措施等，加大对产业工会的支持和保障力度。全国人大常委会副委员长、中华全国总工会主席王东明同志带队深入 10 个全国产业工会调研，就做好产业工会工作提出明确要求。全国总工会成立了以时任全总党组书记、副主席、书记处第一书记陈刚同志为组长的产业工会工作领导小组，切实加强对产业工会工作的领导。全国总工会多次召开产业工会工作会议和工作座谈会，印发《关于深入推进产业工会工作创新发展的意见》《关于加强产业工会工作的实施办法》《全国产业工会工作评价体系和激励机制实施办法（试行）》《全国产业工会工作评价指标体系（试行）》等文件，对产业工会工作进行专题研究和部署。在推进工会改革中，注重优化产业工会职能；在推进产业工人队伍建设改革时，把建立完善产业工会作用发挥机制作为加强制度建设的重要内容；在制定《中国工运事业和工会工作“十四五”发展规划》时，将发挥产业工会作用作为重点工作来谋划。北京、辽宁、山东等省（市）级总工会健全定期研究产业工会工作制度以及与政府有关部门、行业协会（商会）、龙头企业、各区总工会、市总机关部门协调协作工作机制，出台相关意见部署推进产业工会工作。云南、贵州、湖北、海南等省总工会加强省级产业工会机构设置，在人员编制和领导职数等方面向产业工会倾斜。山西省总工会印发《山西省产业工会规范化建设指导意见》，每年向 500 人以上区域性（行业性）工会联合会发放经费补贴，2019 年将补贴标准从 5000 元提高到 1 万元。

2. 履行政治责任，加强思想引领。各级产业工会把学习贯彻习近平新时代中国特色社会主义思想作为根本任务，全面加强思想政治引领，团结引导广大产业职工坚定不移听党话、跟党走。一是持续强化理论武装。各级产业工会通过劳模宣讲、演讲比赛、读书诵读等各种方式，运用“学习强国”、职工书屋等多样化平台，推动新时代党的创新理论进企业、进车间、进学校、进教材、进头脑，打牢广大产业职工团结奋斗的思想基础。中国能源化学地质工会组织开展贯彻落实习近平总书记重要指示批示精神全国巡回宣讲活动。中国教科文卫体工会不断深化学校思想政治理论课改革创新，加强和改进学校体育美育和劳动教育。二是不断深化理想信念教育。各级产业工会紧扣中国共产党成立100周年等重要历史节点，开展“不忘初心、牢记使命”主题教育和党史学习教育，举办主题宣讲、职工演讲比赛、职工文艺演出下基层等一系列具有产业特色的宣传竞赛活动，引导广大产业职工进一步坚定理想信念。三是大力弘扬劳模精神、劳动精神、工匠精神。各级产业工会结合产业实际，大力创建劳模创新工作室和技能大师工作室，深化新时代工匠学院建设，广泛开展“大国工匠进校园”等活动，更好发挥劳模、工匠的示范引领作用。中国国防邮电工会依托大型骨干企业创建了31家新时代工匠学院，举办培训班125期，培训职工47000余人。中国机械冶金建材工会、中国财贸轻纺烟草工会、中国农林水利气象工会分别开展劳模工匠演示交流活动，并以“云”分享的方式进行同步直播。

3. 搭建载体平台，提升产改实效。各级产业工会聚焦国家重大战略、重大工程、重大项目，组织引导所联系的职工，广泛深入持久开展劳动和技能竞赛，积极为本产业本行业职工建功立业和成长成才搭建平台。一是积极推进产业工人队伍建设改革。中国能源化学地质工会确定28家产业工人队伍建设改革示范单位，充分发挥示范单位“头雁”效应。中国机械冶金建材工会所属委员单位中近150家大型企业，已有80多家出台产业工人队伍建设改革方案，并把产业工人队伍建设改革工作纳入企业年度考核和发展规划中。中国国防邮电工会出台了《深化劳模和工匠人才（职工）创新工作室创建的意见》，为深化创建工作提供了遵循。二是广泛开展具有产业特色的劳动和技能竞赛。中国教科文卫体工会形成横向涵盖大、中、小学，纵向覆盖全国、省、市、县、校多层次的竞赛体系。中国海员建设工会组织开展港珠澳大桥劳动竞赛、全国保障性安居建设劳动竞赛。中国财贸轻纺烟草工会每年与相关单位联合开展竞赛十几项，占国家二类竞赛总数的近四分之一。石家庄市化工医药工会推出“共同约定”工作法，由企业、工会和职工三方共同约定竞赛的权利和义务、主题和内容、成果分享方式。三是坚持不懈实施职工素质工程。中国能源化学地质工会依托中国石油天然气集团有限公司“互联石油”平台，建成集职工创新成果申报系统、劳模工匠专家库、创新工作室联盟库于一体的职工科技家园。中国机械冶金建材工会开通了中国机械冶金建材职工在线技能学习和岗位练兵系统。中国农林水利气象工会出台《关于广泛开展宣传“绿色生态工匠”活动 推进劳模和创新工作室创建工作的意见》。中国金融工会命名106家全国金融系统劳模和工匠人才创新工作室，开展劳模创新工作室区域联盟试点工作。

4. 创新方式方法，扩大组织覆盖。各级产业工会把非公企业、中小微企业、新经济组织作为重点领域，以青年职工、农民工、灵活就业人员和新就业形态劳动者特别是货车司机、快递员等“八大群体”为重点对象，努力破解入会条件、组织形式等难题。一是加强分类施策。中国国防邮电工会持续开展“深入推进非公快递企业工会组建和服务工作”专项行动，与部分非公快递企业联合开展“会站家”一体化建设。中国财贸轻纺烟草工会将所属的商场导购员、家政服务员、网约送餐员三个群体作为重点对象，在调研的基础上起草相关群体入会和权益维护指导性文件，在轻工行业开展工会组建专项行动。二是坚持以点带面。中国海员建设工会积极配合有关部门做好民营建筑企业、货运平台企业、百人以上房产中介企业工会组建和农民工、货车司机、房产中介员等群体入会相关工作，持续推进海员之家、司机之家、环卫工人服务站建设工作。成都市财贸轻化纺工会大力推进市级行业工会组织建设，目前已建立美食业、快递业、家政服务业等 10 个行业工会联合会。三是注重深化拓展。威海市农林水工会以健全组织建设为重点，以阵地建设为抓手，以思想政治引领为关键，以服务职工为中心，构建起“1+3+N”助力乡村振兴的工作体系。北汽（株洲）配套企业工会联合会按以核心汽车企业为龙头、零部件配套企业协同发展、企业与属地市政单位高度融合的原则，加强工会联合会建设。

5. 做实维权服务，促进和谐稳定。各级产业工会着力维护、保障和发展产业职工利益，做好服务产业职工工作。一是开展调查研究，了解掌握职工诉求。坚持深入基层开展调查研究，近年来围绕产业发展转型、新旧动能转换等影响劳动关系和企业稳定的现实问题，形成了一批有价值的调研成果。二是完善制度机制，加大源头参与力度。中国财贸轻纺烟草工会与对应的行业联合会建立联席会议机制，最长的已经坚持了 19 年。中国国防邮电工会与国家邮政局积极推进《关于进一步加强快递员群体权益保障工作的意见》的制定工作。中国农林水利气象工会与对口部委建立了常态化的联席会议机制，其中与国家林业和草原局的联席会议制度已经坚持了 21 年。三是开展集体协商，维护产业职工权益。中国海员建设工会通过与中国船东协会、挪威船东协会开展船员集体协商，使中国海员最低基薪实现稳定增长。中国财贸轻纺烟草工会与有关单位联合制定眼镜、皮革、服装等多个行业劳动定额指导标准，三次制定发布关于餐饮行业工资集体协商的指导意见，参与轻工行业国家职业技能标准的制定。中国金融工会部署开展省级金融工会集体协商试点工作，2020 年首次签署北京保险业集体合同。深圳市盐田区港运工会联合会连续10年与市拖车协会签订工资集体合同，推动行业特殊工时改革，制定了行业工资指导标准，惠及行业13个工种、1.24万名会员。四是用心用情服务，解决产业职工急难愁盼问题。中国国防邮电工会制定下发了《关于进一步做好关爱和帮助核工业特殊困难群体工作的意见》，积极推动解决长期困扰核工业职工的历史遗留问题。中国金融工会利用大型金融机构营业网点建设了包括中国建设银行“劳动者港湾”、中国工商银行“工行驿站”、中国农业银行“爱心港湾”、中国银行“温暖角”在内的2.8万余个户外劳动者服务站点。中华全国铁路总工会建立领导干部包保联系特殊困难职工和工会干部联系特殊困难职工全覆盖的“双联”管理制度。普洱市思茅区道路运输行业工会联合会依托职工服务阵地，积极搭建关心关怀、优质服务、风采展示、学习交流“四个平台”。

6. 深化自身改革，推动创新发展。各级产业工会积极加强自身建设，努力破解制约产业工会发展的重点难点问题，不断提高做好产业工会工作的能力和水平。一是完善工作制度机制。中国财贸轻纺烟草工会健全委员工作和议事规则，建立全委会“一盘棋”工作机制。中国机械冶金建材工会制定全委委员提案制度、基层工会重大事项报告制度、企业工会权责清单和绩效管理制度、标杆管理和学习交流制度4项制度。二是创新工作方式方法。中国民航工会建设开通“民航工会”微信公众号、民航职工电子书屋等网上宣传、服务阵地，搭建联系服务职工的“网上直通车”。中国海员建设工会利用联委会联合机制和平台功能，充分发挥基层工会积极作用，推动形成了相学互鉴的良好氛围。三是加强干部队伍建设。中国国防邮电工会编辑印发了《中国国防邮电工会党员干部应知应会100题》；北京市工业（国防）工会的23家企业集团工会均增设了一线劳模兼职副主席职位。

二、产业工会工作面临的困难和问题

（一）领导关系不够顺畅

在产业工会双重领导体制落实方面，不少地方工会将同级产业工会作为一个职能部门来管理，产业工会完成各职能部门分派的工作多，发挥产业特色、行业优势“自转”的空间有限。上级产业工会对下级产业工会的“领导”弱化为“指导”，有些甚至对工作情况特别是机构调整等重大事项不掌握，指导有时也无从谈起。产业工会对下没有考核制约手段，下级产业工会向上级产业工会报告工作制度普遍不健全。在产业工会与央企、企业集团及其所属企业工会关系方面，很多省属企业工会由省总工会直管，省产业工会因缺失骨干企业造成

“空心化”；有的企业工会由上级集团公司工会、所在地的地方工会、所属产业工会等多头领导，容易造成工作部署相互叠加或管理缺失的问题。在产业工会与区域性行业性工会联合会关系方面，由于区域性行业性工会联合会的设置、运行、监督、考核均由同级总工会负责，而省级产业工会和地市级总工会缺乏工作联系机制，加之产业工会组织体系在市县级普遍缺失，造成了部分产业工会与区域性行业性工会联合会“同产业，无联系”的现象。

（二）组织体系不够健全

一方面，上下难以贯通。目前全国产业工会比较健全，省级产业工会基本可以归口对应，地市级产业工会数量有限，区县级产业工会较少。例如，贵州、云南两省除省会贵阳市、昆明市建立市级产业工会外，其他市（州）、县（区）均未建立产业工会。部分地市级工会设置有类似产业工会办公室性质的机构，因过于综合导致产业属性不强。产业工会组织断层特别是一些产业聚集度高的市、县级产业工会“断腿”，工作触角无法全面深入，导致上情难下传、下情难上达，一定程度上使上级产业工会成为“空中楼阁”。另一方面，调整不够规范。有的地方工会将产业工会组织撤并，把产业工会职能划归机关部门。

（三）有效覆盖不够全面

长期以来，产业工会工作存在重头部、国有企业，轻中小、非公企业，重活动开展、轻统筹谋划等问题，对产业和职工的覆盖面还不够广泛。在全国层面，7 个驻会全国产业工会的设置自 2001 年全国总工会机构改革以来已有 20 年未调整，与产行业发展以及产业结构优化升级存在不同程度的脱节现象。例如，中国海员建设工会的设置和名称与交通运输行业尤其是交通新业态的蓬勃发展不适应，与交通运输各级行政管理部门、全国性行业协会不对应，名称上无法体现 4000 万名交通运输业职工群体。另外，7 个驻会全国产业工会不论规模大小，其委员数量均为 200 名，且主要由对口部委、行业协会、地方产业工会（以省级为主）以及行业内规模较大、代表性较强的国有或非公龙头企业构成，委员单位中的国有企业成为产业工会工作推进的主要抓手，对非公企业、中小企业覆盖不够，一定程度上限制了工作触角的延伸。在地方层面，近年来产业结构发生深刻变化，但相应的产业工会组织没有及时建立或调整，导致一些产业工会工作覆盖面窄，行业代表性不强，对新兴产业、重点产业和“两新”组织的组织覆盖和工作覆盖不够，对基层企业的影响力略有不足；对产业职工特别是新就业形态职工组织和工作覆盖有待提高，还有大量的劳动者需要加入工会组织，网络主播、平台电商等入会情况在很多地方还有待加强。有的产业工会虽然建起来了，但没有经费和专职工作人员，作用发挥十分有限，联系难、组织难、引导服务难、经费保障难等问题还不同程度存在。

（四）资源手段不够丰富

一些产业工会资源有限、手段单一，层级越低条件越差。一是人员配备不到位。一些地方产业工会编制和干部职数、内设机构因机构改革受到影响。有的省（区、市）虽有编制，但不配备工作人员，有的只配备少量工作人员。产业工会编制被地方总工会挪用、人员随时被地方总工会抽调的现象比较突出。有的设区市的驻会产业工会，只配备 1 名专职工会干部。县以下产业（行业）工会干部大多是兼职，只有少数地方配备专职工会干部。二是经费保障不充足。产业工会的工作经费来源不尽相同，但驻会全国产业工会和绝大多数省级产业工会，其经费由全国总工会或同级地方总工会按预算拨付。产业工会普遍反映，由于经费保障不充足，导致很多符合产业工会特色的工作很难有效开展。有的驻会全国产业工会反映，工作经费按照本产业定编人数进行核算，既不科学也不合理，制约了产业工会工作的开展。有的地方不驻会产业工会反映，开展活动需向同级总工会申请专项经费，费用不到位时要向效益好的企业“化缘”，请求冠名赞助，存在违纪违规风险；有时费用难以落实，甚至导致活动“流产”。县级产业工会没有经费的问题较为突出，办公场所简陋，活动阵地薄弱。三是评选表彰手段匮乏。各全国产业工会在“五一奖、模范职工之家、优秀工会干部”的推荐名额上相对较少，尤其是在全国劳动模范和先进工作者等奖项的评选中没有推荐人选的资格，产业工会对基层单位和广大职工的影响力有所下降。

（五）内生动力不够充足

有的产业工会存在“等靠要”思想，“推推动动，不推不动”，缺乏主动谋划推进工作的积极性主动性，陷入“自体循环”的工作模式难以自拔。一是推进工作创新力度不够。开展送温暖发福利等常规工作多，立足新要求破解新问题的深入思考少，熟悉产业特点、联系职工紧密、指导企业直接的优势没有充分发挥，工作平面化、平淡化。二是调查研究和源头参与力度不够。调查研究和反映本产业改革发展重大问题与职工特殊利益问题不够积极，参与制定涉及本产业职工切身利益的法律法规和政策不够主动。例如，有的产业工会有一年进行调研活动近 80 次，但仅形成 6 份调研报告，而且个别报告还缺乏理论研究和深度思考。再如，有的产业对涉及本产业的相关政策不了解、不收集、不研究，维护职工权益工作跟不上行业发展变化、做不到关键要害之处，看似忙忙碌碌，实则徒劳无功。三是协调产业劳动关系、维护产业职工权益力度不够。

推动相关部门及时发布具有行业指导意义的参考劳动标准力度不够，产业（行业）劳动标准尚未普遍建立；指导企业落实职代会制度不到位，民主管理工作不平衡、不规范问题还不同程度存在；推动或开展劳动关系预警、协调、仲裁、法律监督机制等工作效果不明显。

（六）能力素质不够适应

多年来，在干部管理使用上，一些地方存在产业工会领导年龄偏大、更换过于频繁现象，缺乏工作延续性，部分产业工会干部存在被动应付、养老休闲的消极思想。一些产业工会工作人手不足人员配备不足，特别是在市、县以下产（行）业工会尤为突出，兼挂职干部作用没有有效发挥。各级产业工会干部普遍反映，对工会工作理论研究不够，对工会知识和业务学习不精，对工会法律法规政策学习不够，对产业工会工作认识不足，面对新形势新任务新要求存在本领恐慌。

三、深入推进产业工会工作创新发展的对策建议

（一）进一步加大重视支持力度，赋予产业工会更多资源手段

一是进一步加强和改善对产业工会工作的领导。各级总工会应当把产业工会工作摆上重要工作位置，列入工会工作重要议事日程，纳入工会总体工作一起部署、一起推进、一起考核，定期召开产业工会工作会议，每年至少听取一次产业工会工作汇报，及时研究解决产业工会工作中的重大问题。二是加强产业工会干部队伍建设。各级工会应当重视和加强产业工会干部的培养、锻炼、交流和使用，配齐配强产业工会领导班子，优化干部队伍结构，增强干部队伍活力，让产业工会干部优秀的用起来、工作时间长的流动起来，特别是要加强对产业工会干部的培训，提升他们的综合素质和工作能力，让他们真正成为熟悉产业政策、善做工会工作的行家里手。三是加强产业工会经费保障。按照经费保障与事责匹配的原则，建立多元化投入保障体系，加大项目化定向补助，把更多资源力量用到重要领域、重点任务和关键环节，使产业工会的重点工作有充足的经费保障。

（二）进一步理顺组织领导关系，明确产业工会职责定位

一是明确理顺产业工会与地方工会的关系。应当坚持产业和地方相结合的组织领导原则，进一步突出产业工会作为一级重要工会组织的职能定位，按照优势互补、各展所长原则，合理界定地方工会和产业工会的职能和职责边界，明确具有统一性要求和区域性特点的工作主要由地方工会负责、产业工会支持

配合，属于产业特色的工作和特殊性问题主要由产业工会负责、地方工会支持配合，做到产业工会和地方工会在工作上各司其职、相互支持配合，在涉及政策制定、重点工作、资源分配等方面加强交流协调合作。二是理顺产业工会与同级工会职能部门的关系。针对产业工会目前完成各职能部门分派的工作多、履行产业工会主要职责少，产业工会的优势和作用没有得到有效发挥的问题，建议改变各职能部门多头向产业工会要求提供工作支持的现状，经由办公厅（办公室）或有关授权部门统一安排部署工作，各职能部门应当为产业工会开展业务工作提供理论和政策支持。定期召开产业工会与职能部门的协调会，在涉及政策制定、重点工作、资源分配等具体工作上加强工作交流。三是理顺产业工会与企事业工会的关系。建议在北京的央企工会，按照行业分类，由相应的全国产业工会领导并根据主营业务变化情况及时调整。北京以外的央企工会和地方企业集团所属基层工会，按照属地管理原则，一般接受所在地地方工会领导；所在地建立相应产业工会的，其工作应接受所在地产业工会指导。四是理顺产业工会与区域性行业性工会联合会的关系。建立产业工会对区域性行业性工会联合会指导机制，加强统筹协调，形成产业工会工作合力。产业特色突出的工会联合会成立情况应报相应的同级地方工会和上一级产业工会备案，由对口产业工会指导其开展工作，较有影响力的工会联合会的主席作为上一级产业工会委员。

（三）进一步健全完善组织体系，扩大产业工会对非公中小企业的有效覆盖

一是根据产业发展实际设置产业工会。应当加强对产业工会组织体系建设的分类指导，进一步明确产业工会全国组织、省级产业工会、城市产业工会和县（区）以下产业工会组织设置的原则、目标、任务和重点，特别是应当根据各地经济特征、产业结构调整变化、产业经济和职工集聚程度，加大在本地主导产业、集群化发展产业、职工比较集中的产业建立健全产业工会的力度。对于一些特殊产业，可与机构编制部门沟通协商，从产行业实际出发，适应形势任务变化对名称进行适当调整。例如，中国海员建设工会可考虑改为“中国交通建设工会”。二是优化产业工会领导机构组成。发挥产业工会委员会联合制、代表制组织制度优势，将各级产业工会中的“工作委员会”规范为“工会委员会”，调整和优化产业工会委员单位组成，适当扩大非公有制企业、社会组织委员名额比例，增强代表性。建立完善委员参与决策机制，充分发挥产业工委会委员、常委作用，完善联系基层和产业职工制度，切实帮助本产业职工解决困

难和问题。三是加强对新兴产业、重点产业和“两新”组织的产业工会覆盖。针对平台经济、共享经济迅猛发展的外部环境，要大力推行“重点建、行业建、兜底建”的建会模式，将网络主播、平台电商等新兴产业，货车司机、网约车司机、快递员、网约配送员等重点群体，尽可能纳入产业工会工作覆盖范围。加快推进各层级行业工会联合会建设，加强产业工会与行业工会联合会的工作联系，继续实施重点群体入会工作项目制，不断巩固拓展建会入会成果。

（四）进一步突出特色发挥优势，彰显产业工会职能作用

产业工会应当围绕中心、服务大局，按照工会整体工作部署，从产业特色和产业工会特点出发，结合实际发挥自身优势，创造性地开展工作。一是发挥产业工会覆盖企业广泛的优势。围绕国家重大战略、重大工程、重大项目，特别是制约产业发展的“卡脖子”问题组织开展产业、行业劳动和技能竞赛，为产业改革发展建功立业。二是发挥产业工会推进产业工人队伍建设改革的优势。进一步深化产业工人队伍建设改革，落实产业工人思想引领、建功立业、素质提升、地位提高、队伍壮大等改革措施，抓好改革试点工作，推动健全产业工人技能形成制度体系，重点推动完善现代职业教育制度、职工技能培训制度、高技能人才培养机制、“互联网+”培训机制等，畅通技术工人成长成才通道，促进提高产业工人待遇，培育更多的大国工匠和高技能人才。三是发挥产业工会联系职工紧密的优势。加强对本产业职工的思想政治引领，推动社会主义核心价值观融入职工生产生活，团结引导本产业职工坚定不移听党话、矢志不渝跟党走；加强与本产业职工的联系沟通，坚持深入产业一线，倾听职工呼声，反映职工诉求，切实帮助本产业职工解决急难愁盼问题；持续开展劳动关系领域风险隐患的全面排查，研判劳动关系的新动向、新特征和新问题，及时发现苗头性倾向性问题，将风险隐患化解在基层一线、消除在萌芽状态，把“五个坚决”落到实处，守牢“五个不发生”目标底线。四是发挥产业工会熟悉产业政策的优势。进一步健全完善产业工会联席会议制度、产业协调劳动关系三方机制等制度机制，加强和完善产业工会与政府行业主管部门、行业协会、大型企业的协调联动机制，加大源头参与力度，积极推动完善维护本产业职工切身利益的制度政策；深入研究产业政策对职工生产生活的影响，会同有关方面制定科学合理的产业（行业）劳动标准、劳动定额等，从产业层面为广大职工提供更为全面深入的维权服务。

（五）进一步健全评价激励体系，激发产业工会内生动力

应当坚持以正向激励为主，以制定出台《全国产业工会工作评价体系和激励机制实施办法（试行）》《全国产业工会工作评价指标体系（试行）》为契机，进一步健全分级分类的产业工会评价激励体系，把更多评选表彰名额、专项工作经费、专项帮扶资金等向评价为好和较好的产业工会倾斜，以评价激励倒逼产业工会改变“自体循环”的工作模式。在开展产业特色、行业特点突出的活动时，充分发挥产业工会熟悉产业政策、覆盖企业广泛、联系职工紧密的优势，更多地交由产业工会组织实施。在各级总工会统一管理下，工会系统的评选表彰名额适当向产业工会倾斜。各级工会开展职工疗休养、困难职工帮扶等工作，应当适当向产业工会倾斜。另外，可考虑在全国开展推进产业工会创新发展试点工作，选取不同层级不同类型产业工会开展试点，给予政策和资源支持，探索产业工会工作新模式。

负 责 人：马　璐、张茂华、邹　震
承担单位：全国总工会办公厅、组织部、劳动和经济工作部，各全国产业工会

基层工会状况调查报告

按照全国总工会《第九次全国职工队伍状况调查方案》要求，在谭天星同志的带领下，自2022年2月开始，全国总工会基层工作部围绕当前基层工会工作状况这一主题，先后实地调研了北京、山东等4个省（市）总工会和中华全国铁路总工会、中国民航工会、中国金融工会3个全国产业工会，召开9次视频调研会，在线调研了浙江、黑龙江等19个省（区、市）总工会和辽宁沈阳、甘肃白银等24个市、县（区）总工会，实地或在线调研工厂、学校、互联网企业、社区、社会组织等各类单位，与地方、产业和基层党政和工会干部及一线职工开展了座谈交流，并赴全国工商联、全国台联和中央台办就推进民营企业、台资企业工会建设进行了走访交流。我们依托第九次全国职工队伍状况调查统计、全国工会年度统计和全国工会实名制数据库的有关数据，对近年来基层工会建设相关调研成果和调查数据进行了分析研究和综合研判，在此基础上，形成本报告。

一、基层工会的总体情况

基层工会一般是指企业、事业单位、机关、社会团体和其他社会组织等用人单位的会员单独或联合建立的工会组织，以及用人单位工会组织的联合体，包括乡镇（街道）工会、村（社区）工会、乡镇（街道）级以下开发区（工业园区）工会和县级以下区域性、行业性工会联合会等。近年来，各级工会认真学习贯彻习近平总书记关于工人阶级和工会工作的重要论述特别是关于加强基层工会建设“三个着力”重要指示精神，落实中国工会十七大精神，按照全国人大常委会副委员长、中华全国总工会主席王东明同志关于切实树牢“落实到基层、落实靠基层”理念，把资源和手段进一步向基层倾斜，使基层工会真正满足建起来、转起来、活起来的要求，落实全国总工会党组、书记处关于全面加强基层工会工作的部署安排，推进各类企业、社会组织等组建工会，连续开展基层工会建设年、落实年活动和“强基层、补短板、增活力”行动，开展农民工入会集中行动、货车司机等“八大群体”入会工作、百人以上企业建会专项行动、新就业形态劳动者入会集中行动等，建会、建制、建家并重，不断推动工会改革向基层延伸。2021 年“职工之家建设专题调研”问卷调查显示，80%的职工表示了解工会，60%的职工认可工会活动效果，76%的职工认为工会总体上发挥了作用。[①] 经过各级工会的持续努力，当前基层工会组织建设和工会工作扎实应对劳动领域变化和挑战，组织体系进一步完善，基层基础进一步夯实，为加强职工思想引领、维护职工合法权益、竭诚服务职工群众、团结职工建功立业提供了有力保障，进一步巩固了党执政的阶级基础和群众基础。

二、各级工会加强基层工会建设的主要做法和成效

（一）着力推进工会组建工作

1. 互联网企业建会和新就业形态劳动者入会工作实现突破。2018 年以来，各级工会着力推进货车司机等“八大群体”和新就业形态劳动者入会工作。开展货车司机入会集中行动，推进货车司机、快递员、护工护理员等“八大群体”入会，全国新发展“八大群体”会员 874.3 万人。2021 年 9 月，全国总工会出台《关于推进新就业形态劳动者入会工作的若干意见（试行）》等文件，贯彻落实新修订《工会法》和人力资源社会保障部等八部门发布的《关于维护新就业形态劳动者劳动保障权益的指导意见》，为全会联动开展新就业形态劳动者入会集中行动提供了制度保障。截至 2022 年 6 月底，全国新发展新就业形态劳动者会员 687 万人。货车司机、网约车司机、快递员、外卖配送员 4 个重点行业的 12 个头部企业均已实现建会突破。

2. 非公有制企业和社会组织工会组建工作取得跃升。全国总工会推广上海市顾村镇工会推动非公有制企业依法建会的典型经验（简称上海顾村经验），促使一大批多年未建会企业成功建会；部署开展百人以上企业建会专项行动，组织各地工会全面摸排，上下联动、分类施策，着重推动补齐非公有制企业建会短板，全国已有 23 万家百人以上企业建会，带动广大小微企业组建工会。积极探索符合社会组织实际的工会建设方式方法，2021 年 8 月，全国总工会联合民政部印发《关于加强社会组织工会建设的意见（试行）》，推动社会组织依法建立工会，努力扩大工会对社会组织的覆盖面。截至 2021 年底，全国社会组织已建立基层工会组织 37229 个。

3. 组织职工建会入会方式与时俱进实现创新。积极适应新就业形态劳动者大量涌现的新情况，推行“重点建、行业建、兜底建”模式，全国总工会领导同志带队推动重点互联网平台企业建会，各地工会协调行业主管部门、借助行

① 该专题调研发放网络调查问卷近 15 万份。

业协会力量推动组建运输、快递等行业工会，做实乡镇（街道）、村（社区）工会等区域性工会，多管齐下吸纳劳动者入会，扩大工会组织覆盖面。各级工会加强宣传动员，开辟劳务市场入会、集体登记入会、流动窗口入会等多种途径，探索创新职工沟通会、网上入会、扫码入会等多种方式，畅通入会便捷渠道。加强会员信息化动态管理，一体推进“互联网+”工会普惠性服务和会员实名制管理工作，以有效服务吸引职工入会。北京市总工会依托“北京工会i会员”小程序，目前已发展会员60万人。

（二）着力完善基层工会组织体系

1. 做实建强乡镇（街道）、县级以下开发区（工业园区）工会。乡镇（街道）、开发区（工业园区）工会是企业和职工聚集的前沿阵地。各级工会进一步明确乡镇（街道）工会、开发区（工业园区）工会的职能定位、人员配备、保障措施等，指导推动健全组织形式、规范制度运行。目前，全国各地乡镇（街道）已普遍建立工会组织，20多个省（区、市）总工会出台专门文件，加强乡镇（街道）工会规范化建设，发挥其在促进非公有制企业建会、新就业形态劳动者入会、指导辖区企业工会开展工作等方面的重要作用。

2. 巩固壮大区域性、行业性工会联合会。2020年1月，全国总工会出台《关于加强和规范区域性、行业性工会联合会建设的意见》，各级工会按照地域相邻、行业相近的要求，遵循联合制、代表制原则，在企业和职工集中的村（社区）、行业、市场等建立工会联合会或联合工会，打通中间环节，延伸工作触角，实现对小微企业的组织覆盖。山西省总工会持续深化“双措并举、二次覆盖”，先后建立500人以上的基层工会联合会789个。

（三）着力规范基层工会建设

1. 依法规范基层工会民主选举。全国总工会指导推动各级工会贯彻落实《工会基层组织选举工作条例》，严格履行民主程序，依法规范选举，选优配强基层工会主席。2019年1月，全国总工会印发《基层工会会员代表大会条例》，明确基层工会会员代表大会的组成和职权、会员代表的产生和大会召开的流程等内容。各级工会把贯彻落实这两个文件作为加强基层工会规范化建设的重要抓手，通过举办培训班、送教到基层、调研督导等方式推动文件落地，为落实会员主体地位提供制度保证。2019年“六有”工会建设专题调研问卷调查显示，68.2%的职工参与过工会选举，参与选举的职工有70.4%认为选举基本体现了会员意愿。[1]

2. 深入开展职工之家建设。坚持依法建会、依法管会、依法履职、依法维权，以组织建设为基础，以作用发挥为关键，以健全机制为保障，以职工满意为标准，着力深化职工之家建设。建立完善模范职工之家动态复查监管机制，2020 年 8 月，全国总工会印发《全国模范职工之家、全国模范职工小家、全国优秀工会工作者评选表彰管理办法》，将模范职工之家评选表彰工作纳入法治化、规范化轨道。2021 年，对 1983—2005 年受表彰全国模范职工之家、职工小家进行复查，撤销 8 个单位全国模范职工之家称号，撤销 2 个单位全国模范职工小家称号，收回奖牌、证书。2021 年起，全国总工会组织开展全国模范职工之家“结对共建”试点活动，发挥模范职工之家示范引领作用，促进基层工会优势互补、资源融合，带动一批工作基础相对薄弱的基层工会大幅提升规范化建设水平。持之以恒指导推动基层工会普遍开展会员评家活动，将会员满意度作为衡量基层工会和建家成效的根本标准，把评议结果作为评选模范职工之家和优秀工会工作者的重要依据，切实保障会员民主权利，以评家促建家。

3. 资源力量向基层工会倾斜。各级工会积极协调解决基层缺编制、缺经费、缺办公场所、缺工作人员等问题。大力推行乡镇（街道）工会干部“1+2+N”配备模式，加大工会经费转移支付、定额补助力度，将人财物向基层倾斜。各省（区、市）总工会把精简的省级工会编制，充实到县、乡镇（街道）和开发区（工业园区）工会。上海市总工会出台关于街镇“小三级”工会建设经费补助的实施办法，会同上海市财政局制定文件，为基层工会建设提供资金保障。

（四）着力加强基层工会干部队伍建设

1. 巩固基层工会工作者队伍。各级工会优化基层工会干部队伍结构，注重从基层一线劳模（先进工作者）和优秀职工中选配工会干部。着力培育壮大社会化工会工作者队伍，到 2021 年 10 月已达 4.25 万人，全国总工会年度拨付工资分级补贴资金 1.5 亿元。注重发挥兼职、挂职工会干部作用，培养和建设工会积极分子和志愿者队伍。截至 2021 年 9 月底，全国基层工会专职、兼职干部分别有 68.5 万人、650.7 万人。

2. 强化基层工会干部履职保障。各级工会开展形式多样的培训活动，提高工会干部履职能力。积极推动基层工会主席、专职副主席享受相应保障待遇。探索由地方工会向基层工会兼职干部发放补贴，激励工会干部履职尽责。

---

① 该专题调研发放网络调查问卷 3 万多份。

中华全国铁路总工会明确，铁路局集团公司的专职工会主席按企业党政同级副职配备，进同级党组织领导班子，专职工会副主席按不低于企业中层正职配备，经审委主任按同级工会副职配备。广东省总工会出台非公有制企业主席工作津贴制度，对符合条件的企业工会主席，按月发放 300～500 元不等的工作津贴。

3. 在服务基层的一线锻炼工会干部。各级工会把加强基层工会建设与改进工会干部作风结合起来，探索建立基层工会干部联系点制度，努力打通联系服务职工的“最后一公里”。2021 年开展全国工会系统机关干部赴基层蹲点活动，全国省市县三级工会共组成蹲点组 4488 个，选派蹲点干部 12865 人，选取未建工会、工会工作比较薄弱、劳动关系情况比较复杂单位所在地的乡镇（街道）、开发区（工业园区）工会和县级以下区域性、行业性工会联合会作为蹲点单位，察实情、听真言、找问题、办实事，取得积极成效。各地工会累计开展职工思想引领活动 1 万多场次，指导新发展会员 131.86 万人，走访慰问职工、开展普惠服务惠及职工 328.13 万人，为职工提供法律援助涉及 14.31 万人。截至 2022 年 8 月中旬，全国 31 个省（区、市）总工会和新疆生产建设兵团总工会全部制定工作方案，省市县三级工会已下派蹲点干部 6465 人，蹲点工作扎实有序开展。

三、基层工会面临的形势和存在的问题

（一）企业组织形式和职工队伍结构发生新变化，给基层工会建设带来严峻挑战

近年来，随着数字经济蓬勃兴起，互联网平台公司、创客空间等新产业新业态新模式迅猛发展，吸收了大量灵活就业人员。以货车司机、网约车司机、快递员、外卖配送员等群体为代表的新就业形态劳动者大量涌现，他们大多数没有签订劳动合同，兼职从业人员多，具有组织方式平台化、工作机会互联网化、工作时间碎片化、就业契约去劳动关系化、流动性强、收入不稳定等诸多特点。这些劳动者有的是新从业人员，有的是从传统产业中转移出来的，如何把他们组织到工会中来，对基层工会工作特别是基层组织建设工作提出了新挑战。

国家市场监督管理总局统计数据显示，从建会领域上看，目前全国共有各类市场主体超过 1.58 亿户，其中个体工商户突破 1 亿户，除一些不具备建会条件的（如无雇工的，或仅雇佣一两人的），企业和个体经济组织建会空间仍然很

大。从建会主体上看，第二、三产业每年新增就业1000万人以上，发展会员空间也很大。工会服务难以满足职工日益凸显的多元化需求，工会组织“黏性”相对不足，职工对工会缺乏归属感，入会意识有待提高。新就业形态劳动者与平台企业间确立劳动关系难度大，发展劳动者入会难度大，争取企业支持组建工会难度大，整体上保持基层工会组织体系稳定难度增大。

（二）基层工会组织体系不健全和资源力量不足，仍然是制约基层工会建设的“瓶颈”

1. 基层工会资源力量不足仍待解决。除部分国有、集体企业和少数规模较大的非公有制企业外，按职工人数3‰比例配备专职工会干部的要求在大多数企业还未实现。不少非公有制企业工会干部“端老板饭碗”，受制于缺人员、缺经费等原因，对行政依附性较强，不敢和不愿维权问题较为突出。乡镇（街道）工会普遍无编制，专职干部少、专职不专问题略为突出。一些乡镇（街道）、开发区（工业园区）工会落实上级工会部署不到位，指导服务基层能力较弱。社会化工会工作者薪酬总体偏低、职业发展通道不畅，队伍难以稳得住。对于无固定用人单位的新就业形态劳动者，无单位拨缴工会经费，难以确定个人会费缴纳数额，其所属的基层工会联合会仅靠上级工会拨付经费，难以持久健康发展。

2. 基层工会组织不规范的现象仍较常见。一些非公有制企业工会组织机构不够健全。一些基层工会联合会覆盖单位过多，实际作用较为有限。乡镇（街道）、开发区（工业园区）、村（社区）工会及基层工会联合会直接覆盖会员，“粘连度”有待提高，工会组织凝聚力有待加强。机关、事业单位工会组织体系比较稳定，但一些机关、事业单位工会隶属关系不清，存在多头管理现象，还有的以机关工会代行产业工会职能。

3. 国有企事业单位撤并工会组织和工作机构问题有待解决。近年来，国有企事业单位改革改制过程中，撤并工会组织和工作机构、减少工会专职工作人员的问题有待解决，按规定单独设置工会工作机构的比例略低，国有企事业单位工会的地位受到影响，作用发挥面临挑战。2018年，全国总工会组织各全国产业工会、各省（区、市）总工会对国有企事业单位撤并工会工作机构情况进行了专题调研。调查结果显示，在被调查的1.3万多家国有企事业单位中，能够单独设置工会工作机构的只有44.2%，与党政部门合署办公的占46.3%。在合署办公中，工会大多成为党政部门的附属处室，有的甚至没有专门的机构和人员，工会组织的独立性和法人地位无法保证。改革改制中工会专职干部削减较多，专职工会干部比改革改制前减少 13.5%，总体上专职工会干部仅为职工数的 1.6‰。国有企事业单位工会工作对我国基层工会组织建设具有基础性、示范性、导向性作用，推动解决国有企事业单位撤并工会问题刻不容缓。

（三）基层工会组织制度和工作机制落实不到位，履职成效不明显

1. 基层工会制度机制落实有差距。一些基层工会不按时换届，不按时召开会员（代表）大会，甚至用职工代表大会代替会员（代表）大会。没有严格落实选举制度，有的不经选举直接指定任命工会主席，有的候选人不报告同级党组织和上一级工会同意。有的会员评家走形式，评家结果运用不充分，会员评家制度没有起到应有的约束激励作用。一些基层工会没有建立以职工需求为导向的工作机制，设计活动、落实工作未充分听取职工的意见。有的基层工会忽视或轻视职会代表大会、厂务公开、职工董事、职工监事、集体合同等构建和谐劳动关系的机制建设，维护职能淡化，工会主责主业有“欠账”。有的基层工会缺少监督检查机制，工作重部署、轻落实，重形式、轻实效。

2. 基层工会履职效能不给力。调查显示，相当数量的职工认为本单位工会在服务职工和保护职工利益方面发挥作用不够，职工对本单位工会发挥作用情况评分最末的三项是“组织职工参与企业管理”“提高职工工资收入”“提高职工职业技能”，而这三项工作恰是职工最期盼的。服务职工信息化程度不高，只有 32.8%的职工比较关注工会微信号等工会新媒体，存在“联不上”“粘不牢”“记不住”等问题。38.6%的职工表示所在单位工会未开展网上服务，仅有 6.7%的职工经常参加网上工会活动。面对新就业形态劳动者分布广泛、跨区域流动性大等情况，工会运用互联网开展工作的手段不够灵活和丰富，与职工期盼还有差距。

（四）基层工会干部能力不强，履职保障不充分

1. 基层工会干部素质能力有待提升。有的基层工会干部不注重学习，凭感觉靠习惯开展工作，工作能力、创新精神不适应新形势的需要。有的基层工会干部事业心和责任感不强，缺乏服务意识和实干精神，解决职工困难、维护职工权益的办法不多。有的基层工会干部对职工感情不深，不能与职工群众打成一片，个别工会干部作风懒散、脱离群众，得不到职工认可。

2. 对基层工会服务保障不够有力。基层工会遇到问题和困难时，一些工会领导机关缺位，对基层工作的政策指导不精准、服务保障不到位、解决困难不给力，仍习惯于层层发文、考核评比。2018 年全国总工会“关于夯实基层基础、增强基层工会活力专题调研”调查显示，63%的职工认为缺乏上级工会的指导

和帮助是影响基层工会发挥作用的首要外部原因，55%的职工认为单位党政领导不重视不支持是第二大外部原因。①

四、加强基层工会建设的意见建议

各级工会要进一步深入学习贯彻习近平总书记关于工人阶级和工会工作的重要论述特别是关于加强基层工会建设“三个着力”重要指示精神，按照《中国工运事业和工会工作“十四五”发展规划》部署要求，推动工会改革进一步向基层延伸，增强基层工会组织政治性、先进性、群众性，激发基层工会活力，发挥基层工会作用，真正把基层工会建设成为职工之家。

（一）推进工会改革向基层深入

1. 完善党建带工建、工建服务党建的工作格局。各级工会要积极争取党政重视支持，充分发挥“党建带工建、工建服务党建”的优势，构建起政治上带、组织上带、工作上带、作风上带，联合部署、联合落实工会工作的态势。积极推动将基层工会建设纳入党建工作总体部署，实施“一把手”工程，明确工会系统责任分工，加强调研督导，层层传导压力，形成职能部门相互协同、各级工会联动的工作格局。

2. 加大对基层工会的投入和指导服务力度。坚持把更多资源和力量充实到基层一线，多渠道推动解决基层工会人员不足等问题。坚持工会经费进一步向基层工会倾斜，明确经费分成比例。合理界定基层工会工作职责，积极推行“上代下”维权工作机制。加强对基层工会的精准指导服务，因地制宜制定政策、开展服务，根据不同地区、不同单位类型、不同行业基层工会特点，加强分类指导。

（二）加强基层工会组织建设

1. 加强“小三级”工会建设。进一步完善和规范乡镇（街道）工会组织形式，推动有条件的村（社区）建立工会。加快推进县级以下行业性工会联合会建设，在职工聚集的楼宇、市场、项目等建立区域性工会联合会，建立一批以覆盖新就业形态劳动者为主的示范性区域性、行业性工会联合会。

2. 持续推进新就业形态劳动者建会入会。继续开展新就业形态劳动者入会集中行动，聚焦货车司机、网约车司机、快递员、网约配送员等重点群体，推动重点行业头部企业建立和完善工会组织。继续实施重点群体入会工作项目制，

① 该专题调研共发放问卷6450份，同时委托黑龙江、山东、上海、湖北、广东、陕西等6省（市）总工会开展调研。

以 25 人以上非公有制企业为重点，推行网上申请入会、集中入会仪式等做法，推进规模较大的非公有制企业和社会组织依法规范建立工会组织。

3. 大力推进“六有”工会建设。以“六有”为基本标准，持之以恒推进基层工会规范化建设。推动各级工会把规范基层工会选举作为加强“六有”工会建设的首要环节，着力选优配强基层工会主席。落实基层工会干部专兼挂要求，壮大社会化工会工作者队伍，优化干部队伍结构，合理配备工会专兼职工作人员。加强与有关部门沟通协调，以推进制度建设为支撑，逐步依法纠正国有企业撤并工会组织和工作机构问题。推动理顺机关和事业单位工会组织隶属关系，强化分类指导和经费保障。加强对县级工会的指导帮助，发挥县级工会在健全基层工会组织体系，激发基层工会活力中的作用。

（三）创新基层工会工作方式方法

1. 创新服务职工群众的载体。树立建设职工之家就是建设基层工会的理念，推进“会、站、家”一体化建设，鼓励和支持各地整合社会资源，建设一批服务阵地，健全工会服务体系，拓展服务项目，推动开放共享。用互联网、大数据开展普惠服务、精准服务，进一步增强会员获得感。

2. 推进互联网信息技术应用于基层工会工作。加强顶层设计，提升基层工会利用互联网开展工作能力，加快推进智慧工会建设。继续探索试行网上入会，推动“指尖入会”“扫码入会”。不断健全支持网上便捷入会的大数据系统和服务平台，搭建多层次工会网上平台，促进线上入会与线下入会相结合。

3. 狠抓工会各项维权制度机制落实。完善基层工会会务公开制度机制，推动企业事业单位健全并落实职工代表大会、厂务公开等民主管理制度，严格民主程序，提高运行质量。指导基层工会开展集体协商，调处劳动争议，加强工会法律监督，构建和谐劳动关系，切实履行工会基本职责。

（四）加强工会干部队伍建设

1. 选优配强基层工会主席。推进基层工会会员代表大会制度和民主选举制度落实落地，严格履行民主程序，把政治素质好、专业能力强、工作有激情，知职工、懂职工、爱职工的人选拔到工会主席岗位上来。加强工会小组建设，选好工会小组长，不断壮大工会积极分子队伍。

2. 加强社会化工会工作者队伍建设。加强对社会化工会工作者的管理服务，着力完善考核评价机制，优化职业发展通道，保障薪酬待遇，强化培训指导，使这支队伍进得优、干得好、稳得住，力争到“十四五”末，全国社会化工会工作者总数稳定在 4.5 万人左右。

3. 提升基层工会干部履职能力。加强基层工会干部培训，创新和丰富培训形式和内容。建立健全激励保障机制，推动实施基层工会兼职干部履职补贴制度。抓好工会领导机关干部赴基层蹲点工作，进一步锤炼工会干部作风，密切工会与职工群众的联系。

（五）深化职工之家建设

1. 做实叫响职工之家品牌。推动基层工会在加强规范建设、强化思想引领、促进改革发展、落实维权制度、拓展服务载体、开展会员评家等方面着重发力，全面提升新时代职工之家建设水平，进一步做实叫响职工之家品牌。规范开展全国模范职工之家评选表彰，按照有关规定严格把好模范职工之家申报、推荐、公示、审核等关口，做到优中选优，确保模范集体和个人的示范性。推动各级工会建立起完善的模范职工之家动态复查监管机制，力争到 2025 年底对已评选的全国模范职工之家复查一次，保持模范职工之家的先进性。

2. 加强典型示范引领。注重总结推广先进典型的好经验好做法，挖掘宣传一批事迹突出、亮点鲜明的先进典型，综合运用传统媒体和微博、微信等新媒体，加大宣传力度，扩大先进典型辐射面、影响力，推动基层工会工作深入开展。在试点基础上，广泛开展全国模范职工之家“结对共建”活动，充分发挥模范职工之家的政治引领、示范带动作用，推动未建工会或工作基础薄弱、作用不明显的单位特别是非公有制企业规范建会、规范建家。

负 责 人：谭天星

承担单位：全国总工会基层工作部

女职工队伍和女职工组织建设状况调查报告

根据全国总工会《第九次全国职工队伍状况调查方案》安排，首次设置女职工队伍和女职工组织建设状况分课题。2022 年 3 月至 8 月，全国总工会女职工部围绕女职工队伍和女职工组织建设总体状况，通过文献研究、线下抽样问卷调查、网络调查等方式，组织展开调查研究，同时综合运用近期开展的相关专题调研成果，形成本专题报告。

一、基本情况

（一）女职工队伍结构

1. 40 岁以下为主体。女职工队伍年龄结构较男职工更年轻且在合理区间，发展潜力大。女职工平均年龄 37.0 岁，低于本次调查（即第九次全国职工队伍状况调查）的职工队伍平均年龄 38.3 岁，比男职工平均年龄低 3.0 岁。比第八次全国职工队伍状况调查的职工平均年龄高 1.2 岁。40 岁以下的女职工占 64.9%，其中 18～30 岁的占 22.2%，“90 后”成为女职工队伍重要组成部分。

2. 科学文化素质和职业技术技能提升。女职工平均受教育年限为 14.0 年，比男职工高 0.5 年，其中高中及以上学历达 86.4%，比 2017 年提高 0.6 个百分点；大学本科及以上学历占 38.6%，比 2017 年提高 4.4 个百分点，研究生以上学历比 2017 年提高了 0.2 个百分点。80%的女职工参加过单位组织的培训，比 2017 年高 2.2 个百分点。其中，认为通过培训提高了技能等级或专业技能的占 90.9%，认为通过培训提升了就业竞争力的占 75.3%。从学习方式来看，单位内部集中培训和网络在线学习受到女职工欢迎，分别占 32.1%、30.3%。女职工学习意愿增强，66.3%的女职工对目前的职业技能在未来会过时有所担心，95.9%的女职工有兴趣学习新的职业技能或知识。

3. 来源构成多样。从户籍来看，拥有本地户口的女职工占 80.1%，比男职工高 4.1 个百分点；从来源来看，女农民工总体比例有所下降，截至 2021 年底，已建工会单位女农民工占女职工总数 38.0%，较 2017 年下降 6.2 个百分点，但仍是女职工队伍的重要组成部分。

4. 就业分布发生转移。从就业的行业结构来看，新经济高速发展使我国就业结构发生大位移，新经济创造新就业岗位，职工队伍总体从第二产业逐步向第三产业转移，女职工在新经济领域特别是数字经济领域的就业数量增加。2020 年中国工会统计年报数据显示，制造业女职工占比由 2017 年的 31.7%下降到 2020 年的 28.4%。中国科协创新战略研究院发布的《中国科技人力资源发展研究报告（2020）》显示，截至 2020 年底，我国科技人力资源总量为 11234.1 万人，其中女性科技人力资源增长迅速，占总量比例从 2005 年的约三分之一提高到 2019 年的 40.1%，科技人力资源的性别比例更趋均衡，在尖端科学技术领域女性科技人才不断涌现，为国家科技进步和创新发展作出重要贡献。

（二）女职工权益实现状况

1. 就业和劳动报酬。从就业途径来看，52.2%的女职工通过单位现场招聘获得工作，13.0%的女职工通过网络招聘就业。从签订劳动合同来看，80.1%的女职工与用人单位签订劳动合同。其中，44.7%的女职工约定的合同期限是 3 年及以上、22.8%的女职工约定的是无固定期限劳动合同，劳动关系较为稳定；仅 44.7%的女职工为避免出现工资纠纷在合同中约定工资报酬具体数额，尚有 59.5%的女职工在合同中没有对加班工资做出约定。从劳动报酬来看，女职工工资收入总体上升，但男女职工收入仍有差距，9.3%的受调查女职工认为自己的工资水平在所在城市处于中等偏上或高收入水平，比男职工低 5.1 个百分点；当月受调查的女职工表示上月从单位获得的全部到手货币收入平均值为 4892.9 元，比男职工低 772.9 元；女职工年终奖平均值为 9753.0 元，比男职工低 1525.2 元。

2. 工作环境和劳动安全卫生。用人单位更加重视改善工作环境和加强劳动安全卫生保护，75.6%的女职工表示在近两年内参加过单位组织的安全生产和职业卫生方面的培训；64.6%的女职工收到过所在单位发放的劳保用品，比 2017 年增加了 13.9 个百分点；75%的女职工表示所在单位及时足量发放防疫用品。

3. 劳动强度和休息休假。女职工周平均工作时间为 5.5 天、44.7 小时，19.6%的女职工周工作 48 小时以上，72.1%的女职工加班加点可以拿到加班费、安排休假等补偿，57.3%的女职工按规定享受带薪年假。新冠疫情暴发以来，因线上或弹性办公且企业处于复工复产恢复阶段，16.2%的女职工工作量减少、工时缩短；但部分制造防疫用品的产业，复工复产速度快、订单量和用工需求大，17.9%的女职工工作时间延长；新冠疫情之下女职工就业相对稳定，61.8%的女职工表示所在单位未因疫情停工停产。

4. 特殊利益保护和社会保险。女职工生育权益受到重视，55.7%的受访女职工参加了单位组织的妇科及乳腺疾病检查，91%的女职工表示所在单位未发生过限制怀孕等现象，八成以上女职工表示未因怀孕、生育和哺乳而被所在单位降低工资、辞退或解除劳动合同和转岗；单位给予女职工一胎、二胎、三胎的产假天数在 98 天以上的，分别占比 85.9%、89.4%、81.3%；有 42.2%的单位为职工提供了孕妇休息室、哺乳室；76.9%的女职工产假期间工资待遇与产假前持平或高于产假前水平。但女职工生育意愿较低，47.5%的女职工有一个孩子、27.7%有两个孩子、23.1%没有孩子；在已生育且有子女在学在托的职工中，52.1%认为教育费用太高是教育方面的最主要问题；69.9%的女职工没有生育或再生育打算，21.1%的女职工短时期内不考虑生育或再生育，24.3%的女职工表示延长产假、倡导弹性工作能够促进其生育意愿。最近一年，六成以上女职工参加过单位组织的体检；绝大多数女职工所在单位按规定为其缴纳了养老保险、医疗保险、工伤保险、失业保险和生育保险，超过半数的女职工所在单位提高了为女职工缴纳各类保险的基数。

5. 参与民主管理和民主决策。64.2%的女职工参与过所在工会委员会或会员代表的选举，54.7%的女职工有机会对于工作单位的经营管理和自身权益发表意见或反映愿望，51.7%的女职工表示工会或职工代表参与制定所在单位的劳动规章制度。55.6%的女职工表示所在单位建立了职工代表大会制度，职工代表大会中女职工代表占 36.2%，76.2%的女职工认为所在单位的职工代表大会作用发挥得很好；57.1%的女职工的所在单位实行了厂务公开（业务、校务或院务公开），52.5%的女职工所在单位开展了集体协商，认为集体协商制度在维护职工权益方面发挥的作用“非常有效”和“比较有效”的女职工占 91.1%；86.5%的女职工认为职工参与单位管理有利于维护职工的权益，82.8%的女职工认为这是职工应当享有的权利。

6. 新就业形态女性劳动者权益保障。阿里研究院与中国就业形态研究中心课题组发布的《数字经济与中国妇女就业创业研究报告》显示，在数字贸易、电商、直播等领域，数字经济已创造 5700 万名女性就业机会。《2021 中国农村女性就业调研报告》显示，支付宝的人工智能训练师中 62.3%为女性，云客服中 72%为女性，村淘电商主播中 53%为女性。

（三）女职工队伍精神面貌

1. 充分肯定劳动价值和先进典型。92.4%的女职工认为开展劳动和技能竞赛对于女职工和所在单位是双赢；73.9%的女职工认为设立劳模和工匠人才创新工作室对单位、劳模工匠和普通职工的技术技能水平提升都有好处。55.4%的女职工认同“靠劳动能过上富裕的生活”，72.4%的女职工认为全社会弘扬劳模精神、劳动精神、工匠精神的氛围浓厚，近九成女职工认同劳模精神、劳动精神、工匠精神是以爱国主义为核心的民族精神和以改革创新为核心的时代精神的生动体现，是鼓舞全党全国各族人民风雨无阻勇敢前进的强大精神动力，近八成女职工了解劳模精神、劳动精神、工匠精神是第一批被纳入中国共产党人精神谱系的伟大精神；女职工对劳模工匠等先进典型的示范引领作用高度认可，但对先进典型的了解程度不够，表示对当代劳动模范、大国工匠、时代楷模等先进人物非常熟悉的仅占26.9%，近一半女职工表示对先进典型人物有所了解或了解有限。

2. 对未来充满信心。82.7%的女职工认为社会总体公平；86.6%的女职工认为和以前相比，人们的道德水平有所提高；家庭经济收入水平仍是决定生活幸福程度的最重要因素；在家庭各项支出中，日常吃饭、房租或房贷、教育花费排前三位；46.2%的女职工认为与五年前相比家庭生活水平有所提高，34.1%的女职工自购住房、承受住房压力，73.2%的女职工对生活感到满意，85.7%的女职工认为未来的生活会越来越好。

3. 重视家庭关系和谐和业余生活丰富。在家风建设方面，引起女职工重视的前三位选项是夫妻和睦、孝老爱亲、教子有方；89.1%的女职工对于工作单位的前途和发展“非常关心”或“比较关心”；88.3%的女职工认为所在单位经营管理者与普通职工之间的关系融洽。55.6%的女职工表示所在单位有职工文体活动场所，参与文体活动积极性较高，74.4%的女职工对单位开展的职工文体活动表示“满意”或“比较满意”。

（四）女职工组织建设基本情况

1. 女职工入会率提升。64.5%的女职工是工会会员，比2017年高3.7个百分点。75.6%的女职工由单位组织统一加入工会，15.5%的女职工以书面申请的方式加入工会；网上工会建设和“互联网+”工会普惠性服务还有待被女职工广泛知晓和接受。

2. 女职工组织覆盖率下降。本次受调查的3726位工会主席中，有19.2%的工会主席表示单位未建立工会女职工委员会或设立女职工委员。已建工会单位女职工组织覆盖率达79%，其中57.2%的工会主席反映所在单位建立了女职工委员会，21.8%的单位设立了女职工委员。

3. 女职工组织作用发挥不够充分。在遇到困难和问题寻找多重帮助时，有

30.7%的女职工表示倾向于找工会帮忙，73.3%的女职工倾向于找亲朋好友帮忙；工会在提高女职工工资收入和职业技能方面发挥的作用的得分分别是 7.49 分和 7.84 分（满分 10 分）。

4. 网上工作吸引力有待加强。65.4%的女职工是由于单位要求参加而知晓网上工会活动的，55.1%的女职工认为参加过的网上工会活动比较新颖；女职工对网上工会活动的网络参与便利程度、带给职工的实惠力度、界面友好易用度等方面的好评度分别为 58%、52.1%和 52.1%。女职工参与网上工会活动较少的原因主要是，活动吸引力不足和对操作技术不熟悉。

二、总体趋势和存在问题

（一）女职工队伍不同群体差异明显

互联网、新媒体的时代到来，瞬息千里的传播速度和鱼龙混杂的多元信息，给人们思想带来巨大影响，女职工的思想独立性、多元性增强，利益诉求、价值观念、精神追求更趋复杂多样；由于文化程度、技能素质和地域差异等原因，不同群体女职工对工人阶级社会地位的认知不同，做好思想政治引领工作面临新挑战，需要工会在围绕培育和弘扬社会主义核心价值观、推进家庭家教家风建设等方面进一步加大工作力度。

（二）女职工队伍专业素质特别是数字化能力有待提高

女职工更注重实现自身价值，希望有更大发展空间，调查显示，女职工中 77.2%无技能等级、64.1%无专业技术职称，说明专业素质偏低的现状还有待改变。同时，性别之间，不同地区、不同行业、不同女职工群体之间的数字鸿沟普遍存在。全国总工会女职工部关于女职工数字化能力提升需求的调查显示，69.4%的女职工表示在工作中天天使用网络，但仅有 8.31%的女职工表示对数字化非常了解；最近三年，自费参加过数字化相关进修或培训的女职工比例仅为 7.8%；在数字化方面面临的挑战选项中，不了解专业术语、缺乏自信害怕转变、不会使用网络工具居前三位。女职工中普遍存在获得数字化培训的机会较少、掌握互联网和数字化技术的能力不强等问题，迫切需要工会做好数字赋能工作。

（三）女职工权益实现存在问题

在法律保障方面，《妇女权益保障法》《女职工劳动保护特别规定》等涉及女职工权益维护法律法规政策与现实需求还不适应，现有法律法规政策落地面临新情况新问题，依法维权难度加大；在劳动报酬方面，一些企业职工的劳动收入还没有实现与企业经济效益同步增长，存在职场性别歧视、男女同工不同酬现象，且受生育政策调整和新冠疫情影响，近几年女职工总体增资水平缓慢；在就业和劳动强度方面，存在用工不规范、劳动合同质量有待提高、部分劳动合同缺乏实质内容、超时加班等问题；在劳动安全卫生方面，总体条件逐步改善，但对女职工的职业健康教育还有提升空间，参加单位组织的体检以及“两癌”筛查的女职工比例还不够高，2020 年、2021 年、2022 年参加过单位组织的妇科及乳腺疾病检查的女职工比例分别为 4.0%、36.0%和 10.3%，2020 年以前仅 5.4%；在社会保障方面，存在覆盖不到位，特别是生育保险、失业保险和工伤保险覆盖率较低等情况。

（四）女职工关爱服务不够精准

生育政策调整和配套措施的出台，迫切要求工会组织积极构建生育友好的就业环境，推动创建家庭友好型工作场所。女职工对更高层次、更高品质生活充满期待，生活需求更注重工作和生活均衡化，精神生活更倾向休闲娱乐、文化消费等内容；社会需求更注重社会公平正义，最关注就业、教育、收入分配等民生领域问题；服务需求更个性化、智能化，追求分众化体验和便捷化服务。女职工特殊权益维护、身心健康、婚恋交友、照料家庭、职业发展等需求多样化，新就业形态劳动者权益保障和关爱服务对工会工作提出新要求。女职工对子女托育托管保持高度关注，46.1%的女职工表示子女教育问题压力最大，93.3%的女职工表示所在单位没有为职工提供托育服务，91.2%的女职工表示所在单位没有幼儿园，91.9%的女职工表示所在单位没有开办职工子女放学后托管班，91.1%的女职工表示所在单位没有开办职工子女寒暑假托管班，工会组织开展的爱心托管和普惠托育深受欢迎但受众不多；当前工作节奏快、社交圈子小成为婚恋交友主要障碍，“会聚良缘”婚恋交友活动为单身职工搭建了可信赖的社交平台，受到好评，但覆盖面需扩大；互联网成为女职工工作生活新空间，但网上工会工作有待加强，网上活动对女职工的可达性提升空间较大。

（五）女职工组织建设存在短板

各级工会女职工组织聚焦主责主业，在建机制、强功能、增实效上下功夫，取得了一定的工作成效。但面对新形势新任务仍有诸多不适应，如基层工会女职工组织覆盖率有所下降、生机活力不足、工作影响力不够；女职工工作队伍以兼职为主，调查研究能力、群众工作能力、解决问题能力不足；宣传报道和舆情引导、网上网下联动不够扎实有效；工作理念和方式方法创新力度不够等，急需引起高度重视并予以妥善解决。

三、对策建议

（一）持续加强女职工的思想政治引领，为全面建设社会主义现代化国家汇聚力量

坚持以习近平新时代中国特色社会主义思想为指导，加强主题教育与形势政策学习，发挥“玫瑰书香”主题阅读等活动的引领作用，引导女职工进一步加强理论武装、坚定理想信念。梳理总结巾帼劳模成长规律和时代特征、精神品质，开展女劳模女工匠进校园、进企业宣讲活动，充分发挥示范带动作用，激发女职工的劳动热情和创造活力，营造崇尚劳动、尊崇劳模、尊崇工匠的社会风尚。着力推动社会主义核心价值观在家庭落地生根，充分发挥女职工在家庭文明建设中的作用，广泛开展“培育好家风——女职工在行动”主题实践活动，推动形成社会主义家庭文明新风尚；宣传推广《创建家庭友好型工作场所指导手册》，深化“幸福奶爸行动”，倡导男女共担家庭责任的理念，为女职工参与经济社会发展营造良好环境。

（二）牢牢把握工人运动时代主题，不断激发女职工提升素质建功立业内生动力

一是深化女职工提升素质建功立业工程。开展符合女职工特点的职业教育和技能培训，引导女职工参与“建功‘十四五’、奋进新征程”主题劳动和技能竞赛，推动落实科技创新巾帼行动，积极培育女职工创新工作室，培养造就更多巾帼劳模工匠，促进高素质女职工技能人才队伍建设。二是实施女职工数字赋能工程。开展专题调研，针对需求组织女职工数字技能培训，提升女职工科技创新和数字化技术应用能力，推动消弭数字性别鸿沟。三是弘扬劳模精神、劳动精神、工匠精神。开展女职工先进集体和个人表彰或表扬，积极选树先进典型，规范五一巾帼奖评选管理，提高女职工在全国五一劳动奖章等评选表彰中的获奖比例。

（三）依法维护女职工合法权益和特殊利益，努力构建和谐劳动关系

一是加大源头参与力度。继续推动《妇女权益保障法》等女职工权益保护法律法规政策制定完善，加大专题调研和成果转化力度，推动工会系统法规政策性别平等评估机制建设，健全完善女职工权益保护法律法规政策体系。二是推动法律法规贯彻落实。常态化做好女职工维权典型案例评选、联合专项执法检查、工会劳动法律监督，推动侵犯女职工权益案件调查处理，旗帜鲜明维护女职工权益；推动在已建工会女职工组织并签订集体合同的企业中签订女职工

专项合同并切实发挥作用；开展普法宣传活动，加大法律法规知识的宣传教育及培训力度，不断提高女职工尊法学法守法用法的意识和能力。三是维护女职工参与民主管理和民主决策权利，坚持女职工组织与工会组织同时筹备、同时产生（或换届）、同时报批。完善以职工代表大会为基本形式的民主管理制度，促进企事业单位职工代表大会中女职工代表比例与女职工比例相适应，提升女职工民主管理意识和能力。四是保障女职工平等享有劳动权利。深化工会就业服务品牌工作，多渠道为女职工提供就业岗位信息，促进女职工高质量就业；密切关注生育政策调整对女性就业、生育后返岗、职业发展以及休息休假、劳动安全卫生等权益实现的影响，依法维护女职工合法权益和特殊利益；加大劳动关系三方监督检查、人大与工会执法检查力度，推动女职工收入与企业经济效益同步增长。五是加强女职工劳动保护。提高执行《女职工劳动保护特别规定》和禁止安排女职工从事禁忌劳动范围相关规定的企业比重；开展《女职工劳动保护特别规定》实施评估研究；推动将女职工特殊劳动保护作为劳动保障监察的重要内容，推动和参与专项执法检查，督促用人单位严格执行相关法律法规；推动特定行业、企业开展女职工职业病检查，降低女职工职业病发病率。

（四）回应女职工对美好生活的多样化需求，提升女职工关爱服务工作水平

一是推动职工子女托管托育服务不断扩大覆盖面。落实国家积极生育支持政策，开展全国爱心托育用人单位推荐申报工作，推动和支持有条件的用人单位为职工提供托育服务，推进工会爱心托管服务，加强女职工休息哺乳室建设，推动创建家庭友好型工作场所。二是关注女职工身心健康。加强健康知识宣传普及，推进女职工宫颈癌和乳腺癌筛查工作；将心理健康服务纳入女职工培训内容，采取“专业+志愿”方式，壮大心理健康服务人才队伍，加强人文关怀和心理疏导。三是深化工会婚恋交友服务。总结工会开展婚恋交友活动经验，打造“会聚良缘”职工婚恋服务品牌。四是开展“六一”儿童节关爱慰问和关爱农民工子女主题活动，关爱保护儿童。

（五）适应女职工就业方式新变化，探索新就业形态女性劳动者工会工作新途径

一是推动完善相关法律法规政策。推动相关方面尽快根据不同行业新就业形态劳动者用工特点，修改完善《劳动法》《劳动合同法》等法律制度；参与研究适应平台就业的劳动标准体系，推动完善符合新就业形态特点的劳动标准；

推动在法律体系设计中对平台企业、第三方机构等利益相关单位责任和相关企业权利义务进行规制。二是推动建立适应新就业形态的社会保险体系。参与修改完善《社会保险法》，围绕新就业形态女性劳动者社会保险需求提出工会组织意见建议；推动完善针对新就业形态劳动者参加社会保险的制度设计。三是建立健全新就业形态女性劳动者特殊权益保障体系。推动修订《女职工劳动保护特别规定》，将新就业形态女性劳动者纳入保护范围；逐步完善新就业形态女性劳动者生育保险制度，建议科学测算合理确定生育津贴标准，不断提高生育医疗费用保障水平与支付的便捷性，减轻女性劳动者生育医疗费用负担；推动将生育保险上升为与国家人口发展战略相适应的生育保障体系，逐步实现生育保险与城乡居民基本医疗保险合并实施。四是推动行业制定标准先行先试。加强调查研究，推动行业和头部企业牵头制定最低工资、劳动定额、订单分配、奖惩考核、女性劳动者权益保障等标准，为劳动法律体系修订提供依据。

（六）以改革创新精神加强女职工组织自身建设，增强工会女职工工作吸引力凝聚力战斗力

一是加强女职工组织建设。坚持以工会组织建设带动工会女职工组织建设，着力扩大组织覆盖面；加强工会女职工组织规范化建设，完善工作运行机制，加强干部教育培训，持续激发组织活力；以全国总工会、全国妇联2023年修订两家章程为契机，推动进一步理顺双方关于基层女职工工作的关系。二是构建合力推进工会女职工工作的格局。做好各级工会相关部门、产业工会和直属单位的对内统筹，加强与人社、卫健等政府部门，妇联等群团组织，专家智库等社会资源的对外协调；完善上下联动工作机制，增强顶层设计与基层探索整体效能。三是创新工作方式方法。加强调查研究，推动成果转化为政策制度和指导性意见；打造工作品牌，巩固提升女职工普法宣传月、玫瑰书香、会聚良缘、爱心托管、托育服务、女职工休息哺乳室等特色品牌，发挥其示范引领效应；加强网上引领和宣传工作，扩大网上工作覆盖面。四是强化支持保障。贯彻全国工会系统女职工工作会议精神，落实全总《关于加强新时代工会女职工工作的意见》及分工方案，加大经费支持和保障力度，推动建立健全激励制度，调动工会女职工工作者积极性。

负 责 人：马　璐

承担单位：全国总工会女职工部

职工文化阵地建设管理状况调查报告

根据全国总工会《第九次全国职工队伍状况调查方案》要求，2022 年 4—9 月，在全国总工会书记处书记、党组成员，组织部部长张茂华同志的直接领导下，全国总工会资产监督管理部集中开展职工文化阵地建设管理状况调查工作。张茂华同志带队赴黑龙江、吉林、山东开展实地调查，并主持召开东北三省一区工会资产工作调研片会和推进工人文化宫高质量发展调研座谈会。全国总工会资产监督管理部组织对全国县以上（含县级，下同）工会所属的，有机构、有编制的职工文化阵地进行网络问卷调查。在综合实地调查、网络问卷调查和线下调查数据的基础上，形成本报告。

一、县以上职工文化阵地建设管理基本情况

（一）机构情况

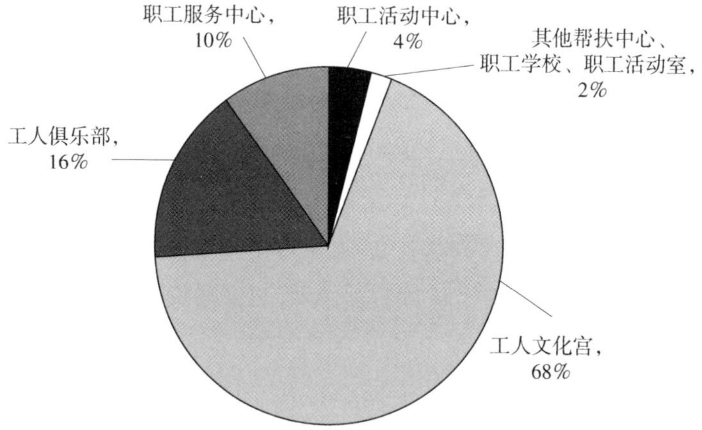

图 1　全国县以上职工文化阵地的机构情况

按照机构名称分类，全国县以上职工文化阵地 1612 家。其中，工人文化宫 1098 家，占比 68%；工人俱乐部 259 家，占比 16%；职工服务中心 157 家，占比 10%；职工活动中心（文化中心、文体中心）68 家，占比 4%；其他帮扶中心、职工学校、职工活动室等合计 30 家，占比 2%（见图 1）。工人文化宫（含工人俱乐部）合计 1357 家，占总数的 84%，是县以上职工文化阵地的主体。

按照机构所属主管工会级别分类，其中省（自治区、直辖市）总工会所属的有 6 家，占比不到 1%；市（地、州、盟）总工会所属的有 320 家，占比 19.8%；县（市、区、旗）总工会所属的有 1286 家，占比 79.8%。县级工会所属职工文化阵地是职工文化阵地的主要组成部分，对职工文化阵地的布局有重要影响。

按照单位性质分类，公益一类事业单位 628 家，占比 39%；公益二类事业单位 862 家，占比 53%；其他单位性质的有 122 家，占比 8%。

（二）人员情况

截至 2021 年底，县以上职工文化阵地额定编制人数 18258 人，在职职工人数 16850 人，其中在职在编人数 13421 人；在职专业技术人员人数 4478 人，其中中级职称以上人数 2233 人；离退休人数 18316 人。调查显示，专业技术人员特别是中级职称以上人员占比不高。在职专业技术人员占在职职工总人数的比例为 27%，中级职称以上人数占在职专业技术人员人数的比例为 31%。

（三）建设情况

截至 2021 年底，县以上职工文化阵地总占地面积 981.84 万平方米，总建筑面积 867.85 万平方米。其中，管理用房建筑面积 101.88 万平方米，占比 14%；业务用房建筑面积 514.43 万平方米，占比 73%；辅助用房建筑面积 92.75 万平方米，占比 13%。在业务用房建筑面积中，用于电影院、剧场 71.46 万平方米，占比 10%；用于体育健身 123.76 万平方米，占比 18%；用于教育培训 111.55 万平方米，占比 16%；用于图书馆（室）（含职工书屋）28.15 万平方米，占比 4%；用于开展其他活动 175.51 万平方米，占比 25%（见图 2）。

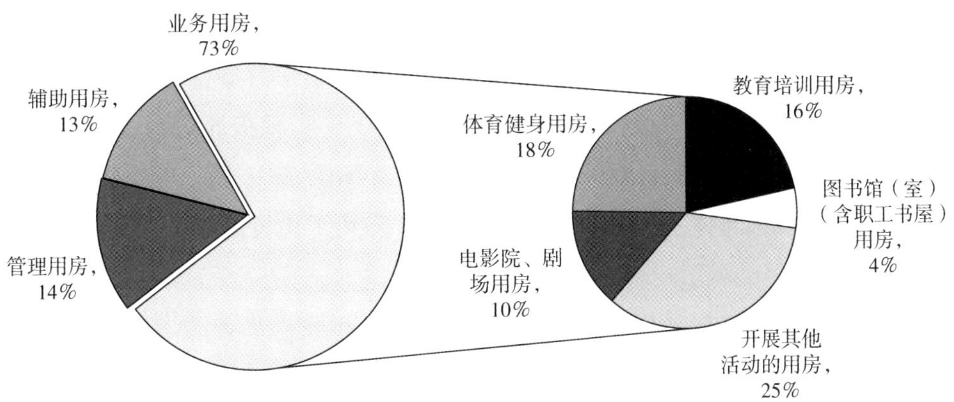

图 2 县以上职工文化阵地建筑面积总体分布

（四）收支情况

2021年，县以上职工文化阵地总收入449822.30万元。其中，财政补助收入104421.34万元，占比23%；工会补助收入260862.89万元，占比58%；事业收入34652.25万元，占比8%；经营收入14493.15万元，占比3%；其他收入35392.67万元，占比8%。2021年，县以上文化阵地总支出421408.61万元。其中，人员经费支出205561.27万元，占比38%；场馆运营维护支出83901.81万元，占比15%；上缴支出14777.4万元，占比3%；其他支出240107.2万元，占比44%。

（五）运营情况

2021年，县以上职工文化阵地服务职工总计9393.83万人次。其中，场所服务（含室外场地）3130.66万人次、数字服务5211.27万人次、流动服务1051.91万人次；以上单位有495家在工作日夜间正常运营，占比31%；有691家周末正常运营，占比43%。

二、职工文化阵地建设管理的特点和趋势

通过调查统计发现，职工文化阵地建设和管理工作呈现出以下特点和趋势。

（一）纳入公共文化服务体系工作取得突破性进展

各级工会在党的领导下，通过政府与工会联席会议、人大代表议案、政协委员提案等多种形式，推动工人文化宫纳入当地公共文化服务体系，列入当地民生工程、重点工程，纳入“十四五”规划编制议程，形成了“党委领导、政府支持、工会推动、各方配合”的良好局面。

一是源头参与力度加大。在全国总工会和各方面的努力推动下，2016年全国人大常委会颁布《公共文化服务保障法》，把工人文化宫、职工书屋纳入国家公共文化设施范畴。2017年，全国总工会印发《关于学习贯彻落实〈中华人民共和国公共文化服务保障法〉的通知》，要求各级工会积极履行公益服务职能，推动把政府的公共文化服务保障责任落实到位。2018年以来，全国总工会资产监督管理部积极参与住建部和文旅部牵头的《公共文化设施项目规范》编制工作，加强工人文化宫建设标准的顶层设计。

二是纳入地方公共文化服务体系。截至2021年底，共有天津、内蒙古、黑龙江、上海、江苏、浙江、安徽、福建、江西、山东、湖南、广东、广西、四川、陕西、甘肃、宁夏17个省（区、市）把工人文化宫纳入当地公共文化服务体系。其中，江苏、广西、宁夏把工人文化宫建设纳入地方“十四五”规划和

2035年远景目标纲要；8个省（区、市）把工人文化宫纳入地方人大常委会颁布的公共文化服务保障条例；11个省（区、市）的党委、政府相关部门与工会就加强工人文化宫建设和改革发展联合发文。2016年以来，福建省总工会、陕西省总工会连续三次把支持工人文化宫建设纳入与省政府联席会议议题。山东省16个市均将工人文化宫纳入公共文化服务体系，把工人文化宫建设列为民心工程、重点工程。

三是落实相关公益保障政策。全国总工会发布《关于进一步做好工人文化宫工人疗休养院阵地管理相关工作的通知》《关于工会所属事业单位改革相关问题的函》，指导地方工会在事业单位改革中，推动科学划分工人文化宫等工会事业单位类别，依法依规保护职工文化阵地的产权关系和隶属关系。截至2021年底，县以上职工文化阵地被核定为公益类事业单位的共1530家，占比为92%。2021年，财政补助用于人员经费支出的金额为63692.06万元，占比为财政补助总额的61%。调查发现，由于机构编制审批困难，部分新建成工人文化宫存在有阵地但无机构无编制的问题。

（二）在清理整改进程中进一步突出公益性服务性

各级工会认真贯彻落实中央群团改革要求，围绕“突出公益、聚焦主业、自主经营、依法监管”总体工作目标，集中力量抓好工人文化宫清理整改工作，加强工会资产公益性服务性建设，服务职工能力和水平得到明显提升。

一是坚持公益性服务性成为共识。2016年，中央政策研究室就工人文化宫开展专题调研，强调工人文化宫阵地不能失、牌子不能变、功能不能改、主业不能丢。2017年，中国工会十七大通过的《中国工会章程》明确规定，工会兴办的企业、事业，坚持公益性、服务性。调查发现，加强工会资产公益性服务性建设已经成为共识，各级工会把工人文化宫、职工书屋等职工文化阵地作为开展工会工作的重要抓手、服务职工的保障手段、展示工会形象的示范窗口，工会资产的政治属性、职工属性进一步突出。

二是清理整改成效显著。2016年以来，全国总工会研究制定《关于加强和规范工人文化宫管理的意见》等多个文件，部署开展清理整改工作。在工作推进过程中，坚持和完善会议制度、报表制度和简报通报制度，召开全国工会资产监督管理工作会、座谈会和清理整改工作推进会，编印清理整改工作简报共26期，总结工作经验，督促清理整改任务落实。调查发现，截至2021年底，全国有清理整改任务的县以上工人文化宫1083家，全面完成清理整改工作的956家，清理整改方案落实率为88.27%。因各种原因尚未完成的清理整改工作任务，已纳入各地工会资产监督管理日常工作持续加以推进，基本实现应清尽清、应改尽改，从根本上解决了工人文化宫整体出租承包、委托经营等问题。2016年至今，在清理整改工作的推动下，县以上工会新设立职工文化机构630家，占县以上职工文化阵地总数的39%；主场馆新建成509家，占县以上职工文化阵地总数的32%。

三是制度建设日趋完善。党的十八大以来，全国总工会先后研究出台32项关于工会资产的基本工作制度和规范性文件，把工会资产公益性服务性的根本要求落实到工作全过程。调查统计显示，在全国总工会指导下，各省级总工会自2016年以来共研究制定119项制度文件，专门用于规范和促进工人文化宫的建设、管理、使用工作，进一步强化公益性服务性的制度保障，发挥职工文化阵地服务工会工作全局的作用。

（三）职工文化阵地呈现高质量发展态势

坚持把发展作为第一要务，贯彻落实新发展理念，职工文化阵地的发展质量和效益不断提高。

一是制定发展规划。2018年，全国总工会在厦门召开全国工会资产监督管理工作座谈会，对推动工会资产实现高质量发展作出全面安排部署。2019年，制定并实施《关于推动工会资产实现高质量发展的指导意见》，明确工会资产高质量发展的指导思想、目标任务和基本原则，着力推动工会资产指标体系、政策体系、标准体系、信息系统建设体系、考核体系建设。2021年，研究制定《中国工运事业和工会工作“十四五”发展规划》，对推进标准化工人文化宫建设、推动县级工人文化宫建设全覆盖、加强县级工人文化宫综合服务阵地建设、积极推动纳入公共文化服务体系等提出明确要求。2020—2021年，在山东青岛、广西北海召开工人文化宫高质量发展推进会，总结36个地方经验。调查发现，江西、广东、四川、甘肃、宁夏、新疆6个省（区）级总工会把工人文化宫建设纳入当地工会的“十四五”规划，山西、上海、山东3个省级总工会把工人文化宫发展写入省工会代表大会报告，湖南省总工会开展“工会资产高质量发展年”建设，把职工文化阵地建设和作用发挥列入重点工作等。

二是加强阵地建设。各地工会认真落实全国总工会提出的“鼓励恢复重建、倡导维修改建、规范控制新建”要求，加大投入力度，加强工人文化宫等职工文化阵地建设，着力解决设施陈旧、功能落后等问题。调查发现，2016—2021年，县以上职工文化阵地建设总投资金额2243225.92万元；截至2021年底，县以上职工文化阵地业务用房建筑面积占总建筑面积的比例达73%，主责主业进一步突出，服务环境和面貌得到很大改善。辽宁省总工会以推进县区工人文化宫（综合性职工服务阵地）建设为重点，2019年以来已支持县区工人文化宫建设项目共40个，已经竣工并投入使用的工人文化宫有21家。山东省临沂市总工会集中资源力量，用一年时间新建了一个设计理念先进、功能齐全的工人文化宫，结束了当地没有市级工人文化宫的历史。在做强增量的同时，加强存量资产保护，严把资产处置关。按照审批权限，从2016年以来，全国总工会共审批职工文化阵地资产处置事项62件，对比处置前后，土地面积增加72234.53平方米，增长10.27%；建筑面积增加503058.49平方米，增长115.77%，促进了职工文化阵地的安全完整、保值增值和有效利用，为实现高质量发展打下较好阵地基础。

三是创新运营管理机制。2019年，浙江省总工会出台《关于进一步规范工会职工服务阵地社会化市场化运作的意见》，推动开展“两性两化”运作试点，有效解决了工人文化宫等职工文化阵地发展中面临的迫切问题。全国人大常委会副委员长、中华全国总工会主席王东明同志对此作出重要批示。在深入总结浙江等地方经验基础上，全国总工会研究制定《关于坚持公益性服务性方向 推进职工服务阵地社会化市场化运作的意见》，明确职工服务阵地社会化市场化运作的重要意义、基本原则、实现途径、工作机制。调查发现，截至2021年9月底，辽宁、河北、上海、浙江、安徽、福建、江西、山东、四川、海南等省级总工会已研究制定关于“两性两化”运作的实施细则和负面清单，广州市总工会出台《关于广州市总工会直属事业单位开展社会化市场化专业化合作的指导意见》。山东枣庄市总工会整合内部资源，成立全市工人文化宫联盟，以市级工人文化宫为龙头，与县级工人文化宫实现资源共享、阵地共用、活动共推，并延伸建设10个镇街工人文化宫示范点。通过深化改革创新，职工文化阵地发展质量和效益稳步提升。2021年，全国县以上职工文化阵地共实现收支结余28413.69万元，基本实现收支平衡、略有盈余的经营目标。但也要看到，县以上职工文化阵地的事业收入和经营收入总共占总收入的11%，自我发展能力还有待提高。

（四）服务职工群众的能力与水平明显提高

各级工会围绕工会中心工作，充分发挥工人文化宫等职工文化阵地在加强职工思想政治引领、推动产业工人队伍建设改革、开展职工维权服务等方面的重要作用，服务职工群众的能力进一步提高。

一是围绕打造健康文明、积极向上、全员参与的职工文化，提供职工文化、教育培训、体育健身等服务，构建以工人文化宫为枢纽的普惠服务平台。调查发现，县以上职工文化阵地提供服务呈大幅增长态势，以2021年为例，省级职工文化阵地提供服务1516.56万人次，市级职工文化阵地提供服务5281.31万人次，县级职工文化阵地提供服务2595.97万人次。调查同时发现，约70%的职工文化阵地晚间不开放，约60%的职工文化阵地节假日期间不开放，阵地有效利用率有待进一步提高。

二是依托“智慧工会”建设，实现对工人文化宫的在线动态监管和信息共享，打造线上线下融合的服务体系。山东省总工会搭建工人文化宫数字化平台，实现“全省一张图”在线监管，工人文化宫人工成本、运行能耗实现在线管理优化，职工群众实现在线开展活动浏览与预约，职工体验与职工服务实现双提升。调查发现，2021年，县以上职工文化阵地提供数字服务人次占总服务人次的55%，超过场馆服务和流动服务人次的总和，数字化服务比例呈大幅上升趋势。

三是在增加工人文化宫专业人才配备的基础上，充分吸收各类文体爱好者、志愿者培育骨干队伍，有效解决专业人才不足等问题，把职工文化事业推向更高水平。长春市工人文化宫依托市职工文化体育协会，组建起书法、绘画、摄影等20个专业委员会，吸纳基层单位文体专业爱好者加入专业委员会，增强专业技术指导、带动、服务力量，在凝聚文艺人才、活跃运动团队、开展文体活动、组织文体竞赛等方面，较好地发挥了桥梁纽带作用。

四是利用工人文化宫广泛宣传普及新冠疫情防控知识，开展慰问抗疫医务人员演出和线上职工文化教育等活动，积极投身新冠疫情防控和服务保障工作，得到各级党委、政府和社会的好评。哈尔滨市工人文化宫在新冠疫情期间利用微信公众平台开展了“中国梦·劳动美·战疫情”黑龙江省暨哈尔滨市职工书画摄影展参展作品选登、“职工颂·端午情”哈尔滨市职工朗诵协会端午云诗会、“党在我心中，向信仰敬礼”歌唱类作品征集等职工文化活动。

三、工作建议

新形势下，各级工会应适应建设社会主义文化强国的需求，适应职工群众对美好生活的向往，适应工会改革创新的需要，深入贯彻落实中国工会十七大和全国总工会十七届历次执委会精神，以坚持公益性服务性为方向，以推动高质量发展为主线，以服务职工群众为目的，把职工文化阵地打造成新时代职工群众的“学校和乐园”。

（一）加大政策协调沟通力度，推动公益性保障政策落实

职工文化阵地是公共文化设施的组成部分，推动职工文化阵地实现高质量发展、更好服务职工群众，关键是要把职工文化阵地纳入当地公共文化服务体系。一是要抓住工会改革和产业工人队伍建设改革的机遇，通过向党委汇报工作、召开联席会议，以及公共文化服务体系协调小组、人大代表议案或者建议等平台，推动落实《公共文化服务保障法》的保障政策，重点落实工人文化宫的人员经费、活动经费、基本运行经费等财政保障政策，同等享受公益性文化单位的水、电、气等公用服务价格优惠政策。二是推动当地政府将职工文化阵地建设纳入当地国民经济与社会发展规划、城乡建设规划和土地利用总体规划，把建设、维修、管理资金纳入各级政府投资项目基本建设计划和财政预算。三是将职工文化阵地提供的服务纳入当地重大文化工程和项目、基本公共文化服务实施标准及公共文化服务目录、政府购买服务目录，把职工文化人才的培育纳入公共文化人才培养计划，从政策上积极解决职工文化阵地改革发展的后顾之忧。

（二）坚持以县级工人文化宫建设为重点，加强职工文化阵地标准化建设

从调查结果看，县级工人文化宫数量最多、工作基础相对薄弱，是职工文化阵地建设的重点和难点。要对标对表《中国工运事业和工会工作“十四五”发展规划》部署要求，以开展工人文化宫标准化建设活动为契机，推动职工文化阵地特别是县级工人文化宫建设管理规范化、体系化。一是把阵地建设放在突出位置，加强总体统筹，推动经济较发达、职工人数多的县（含县级市）实现工人文化宫建设全覆盖，推动使用年限较长、存在安全隐患的县级工人文化宫实现更新升级，完善阵地网络。二是要整合工会资源，统筹管好用好现有各类活动阵地和设施，丰富完善县级工人文化宫的文化、教育、体育、培训等功能，把县级工人文化宫打造成工会组织综合服务阵地，推动解决县级工人文化宫场地不足、功能不全、设施陈旧等问题。三是要进一步优化职工文化阵地的空间布局、内容布局和功能布局。问卷调查发现，25%的被调查职工认为距离远近是影响去工人文化宫的最重要因素；55.9%的被调查职工愿意到单位职工文体活动场所开展活动。要抓住“距离远近”这一关键点，以工人文化宫为资源、人才、项目的枢纽和平台，积极推动在街道社区、产业园区、规模以上非公企业、商圈楼宇等职工聚集区建设职工文化阵地，构建圈层式职工文化服务网络。

(三) 深化改革创新，推动“两性两化”运作落地见效

改革是发展的动力。推动职工文化阵地高质量发展，必须认真贯彻落实《关于坚持公益性服务性方向 推进职工服务阵地社会化市场化运作的意见》，创新运营管理机制，积极融入市场服务体系。一是要以工人文化宫为重点，充分运用社会资源力量和市场运营机制参与职工文化阵地建设和管理，形成可复制可推广的运作模式，发挥对其他类型职工服务阵地的带动作用，确保社会化市场化运作健康发展。问卷调查发现，职工文化阵地的宣传和品牌培育还不够，30.9%的被调查职工反馈，缺乏对工人文化宫的了解。要以实施“两性两化”运作为契机，加强工会内部阵地资源整合，推动各省级工会、中心城市工会建立本地区工人文化宫联盟合作机制，实现活动联办、平台联建、品牌联创、人才联动，形成以中心城市工人文化宫为龙头、各市县工人文化宫为骨干的新型职工文化服务体系，进一步做优做强职工文化品牌，提高影响力。二是要以实施经营业绩考核工作专项行动为抓手，逐步实现各级工会对本级所属职工文化阵地经营业绩考核全覆盖，根据不同功能和类别，合理设置考核指标，强化考核结果运用。三是要认真贯彻落实党和国家关于事业单位改革的方针政策和决策部署，深化县以上工人文化宫体制机制改革，在坚持公益性服务性的前提下，推动其按照市场经济规律办事，激发发展动力和活力。

(四) 加强数字赋能，提升职工文化阵地服务效能

网络化、数字化、智能化发展是大势所趋，也是职工文化阵地的建设、管理、使用方式转型升级的机遇。一是要依托智慧工会建设，在网络视听、移动多媒体、融媒体等新兴领域拓展服务，将具有当地特色的历史文化、红色文化等植入职工文化阵地服务平台。紧贴职工需求，培育发展有明显优势的文化产业项目，形成特色文化服务品牌，扩大优质文化产品供给，推动文化事业和文化产业发展。二是要大力推进“互联网+”等新型阵地建设，坚持线上线下有机结合，利用网络为职工提供多样化、个性化、一站式服务，把职工文化阵地打造成服务职工群众的基地和窗口。三是要积极布局工人文化宫“新基建”，推动有条件的地方工会搭建集活动信息发布、场馆智能预约、能耗数据实时监测等功能于一体的集成管控平台，积极探索与社会网络平台的合作共享，推动端口对接、资源共享、服务嵌入，利用社会化网络平台优势，扩大工人文化宫网络服务平台的覆盖范围，提升传播效率。引导职工文化阵地开展错峰式服务，在工作日晚间、节假日有序开放，有效打通服务职工“最后一公里”。

（五）压紧压实主体责任，加强职工文化阵地的品牌保护

按照“谁主管、谁负责”的原则，落实建好管好用好职工文化阵地的主体责任。一是要把职工文化阵地建设管理纳入重要议事日程，与工会重点工作同研究、同部署、同考核、同落实，定期听取关于职工文化阵地建设管理工作的报告，及时帮助协调解决遇到的困难问题。二是要进一步理顺管理体制，推动形成组织、宣教、财务、资产等相关部门共同参与的工作机制，及时研究推进职工文化阵地建设、改革、发展的重大事项，形成高质量发展工作合力。三是要依法依规加强资产监管，依法制止以各种形式非法侵占、处置职工文化阵地资产的行为，防止随意撤销工人文化宫机构、随意改变产权关系和隶属关系的行为，确保工会职工文化阵地资产安全完整和保值增值。

负 责 人：张茂华

承担单位：全国总工会资产监督管理部

地方调查报告
第三编

北京市职工队伍状况调查报告

党的十八大以来，是北京发展史上具有里程碑意义的重要时期。习近平总书记多次视察北京，发表重要讲话，深刻回答了“建设一个什么样的首都、怎样建设首都”这一重大时代课题，为做好新时代首都工作提供了根本遵循。特别是近五年来，北京大力加强“四个中心”功能建设，提高“四个服务”水平，抓好“三件大事”，打好三大攻坚战，统筹推进改革发展稳定和改善民生各项工作，率先全面建成小康社会，圆满完成新中国成立70周年、庆祝中国共产党成立100周年活动和北京2022年冬奥会冬残奥会等一系列重大活动服务保障工作，打赢多轮聚集性新冠疫情歼灭战，城市综合实力和国际影响力迈上新台阶。

北京发生的新的历史性变化，是包括工人阶级在内的全市人民共同奋斗的结果。在党的领导下，在各级工会的组织动员下，在社会各界的关心支持下，全市广大职工充分发挥工人阶级主力军作用，凝心聚力、勇担重任，攻坚克难、接续奋斗，为新时代首都发展贡献了智慧和力量。

新时代首都发展也有力带动了全市职工队伍的发展变化。为深入了解自2017年第八次全国职工队伍状况调查以来北京市职工队伍和劳动关系的新情况新变化，全面总结工会改革和产业工人队伍建设改革过程中形成的经验做法，有效发挥工会组织桥梁纽带作用，更好地维护职工合法权益、竭诚服务职工群众，为工会向党和政府反映职工队伍情况提供依据，根据第九次全国职工队伍状况调查安排部署，北京市总工会成立市职工队伍状况调查领导小组，于2022年2月至8月组织开展北京地区调查。

本次调查设置1个总课题、8个分课题、18个子课题、17个区工会课题和8个产业工会课题。调查内容涵盖北京市职工队伍总体状况和结构变化、职工劳动经济权益、民主政治权利、精神文化权益、技术技能素质等多个方面，重点分析研究产业工人、新就业形态劳动者等群体状况。调查范围覆盖北京市各类单位的职工，含已建工会单位和未建工会单位的职工。调查方式包括文献研究、线下抽样问卷调查、专题调研、典型调查、网络调查等。其中，线下抽样问卷调查分为职工问卷和工会主席问卷两类，抽样时通过随机抽样的方法确定样本单位，再通过等距抽样的方法确定样本职工，同时兼顾职工数量、职工类型、行业覆盖、区域经济发展水平及调查数据的延续性可比性等。职工问卷共调查6290个样本，回收有效问卷6290份，有效回收率100%。其中已建工会单位职工样本5790个，占92.05%；未建工会单位职工样本500个，占7.95%。工会主席问卷共调查250个样本，回收有效问卷250份，有效回收率100%。网络调查为“职工生活品质”专项调查，随机抽取140个已建工会单位16296名职工在线填答，填答率达99.74%。

调查表明，党的十八大以来特别是近五年来，首都广大职工听党话跟党走，工人阶级主力军作用充分发挥，职工队伍结构稳中向好，素质技能不断提高，获得感幸福感安全感不断增强，劳动关系整体和谐稳定，职工队伍和工会组织团结统一。与此同时，受各方面因素影响，职工队伍和工会工作中还出现了一些新情况新问题，需要引起高度重视，采取措施加以解决应对。调查报告内容如下。

第一部分
坚定正确政治方向 工人阶级主力军作用充分发挥

五年来，北京市广大职工以高度的主人翁责任感和奋发有为的精神状态，积极投身首都现代化建设的伟大实践，在各行各业、各条战线唱响了北京劳动者之歌。全市各级工会深入学习贯彻习近平总书记关于工人阶级和工会工作的重要论述，团结动员广大职工聚焦全市中心工作，充分发挥工人阶级主力军作用，为推动首都高质量发展贡献智慧和力量。

一、广大职工听党话跟党走，政治性不断增强

（一）对党的方针政策衷心拥护

五年来，广大职工深刻领悟“两个确立”的决定性意义，增强“四个意识”、坚定“四个自信”、做到“两个维护”，始终在思想上政治上行动上同以习近平同志为核心的党中央保持高度一致，切实把党中央决策部署和意志主张落实到实际工作中。本次调查显示，89.9%的职工表示国家“十四五”规划目标切实可行，能让老百姓得到实惠，相信党和政府制定的目标是正确的。广大职工高度评价过去五年党和国家事业取得的重大成就，认为新时代十年伟大变革意义重大。本次调查显示，94.4%的职工认同党的百年奋斗从根本上改变了中国人民的前途命运，开辟了实现中华民族伟大复兴的正确道路。91.3%的

职工对坚定不移推进全面从严治党、大力推进反腐倡廉的做法非常支持。90.7%的职工认为“中央八项规定”政策出台以来，贪污腐败的情况有明显减少或有一定减少。82.5%的职工对全面建成社会主义现代化强国、实现中华民族伟大复兴的中国梦非常有信心。

（二）劳模精神、劳动精神、工匠精神深入人心

五年来，北京市共推荐评选全国劳动模范和先进工作者79名，全国五一劳动奖状21个，全国五一劳动奖章113名，全国工人先锋号114个；评选表彰北京市劳动模范和先进工作者1148名，首都劳动奖状244个，首都劳动奖章1296名，北京市工人先锋号496个。选树40名北京大工匠和40名提名人物，各级各类行业工匠、企业工匠不断涌现。本次调查显示，广大职工充分肯定劳模精神、劳动精神、工匠精神，69.1%的职工认为弘扬劳模精神、劳动精神、工匠精神的氛围非常浓厚或比较浓厚，66.9%的职工被当代劳动模范、大国工匠、时代楷模等先进典型人物的事迹感染，愿意向他们学习。广大职工通过积极参与中国特色社会主义理想信念教育，牢固树立了中国特色社会主义共同理想，践行社会主义核心价值观的积极性、主动性、自觉性越来越强。本次调查显示，77.3%的职工认为和以前相比，现在人们的道德水平有所提高，76.5%的职工对社会主义核心价值观非常了解或比较了解。

（三）坚持围绕中心服务大局

五年来，广大职工积极投身北京市重点工作，以实际行动书写家国情怀。圆满完成新中国成立70周年、中国共产党成立100周年、北京2022年冬奥会冬残奥会、“一带一路”国际合作高峰论坛、中非合作论坛北京峰会、亚洲文明对话大会、世界园艺博览会、中国（北京）国际服务贸易交易会等一系列重大活动服务保障任务，树立了包容、开放、自信的形象。广大职工积极践行绿色生产、绿色生活，开展“垃圾分类”“光盘行动”等活动，在全社会形成勤俭节约、绿色低碳、文明健康的生活方式和消费模式。2020年以来，首都广大职工全力以赴抗击新冠疫情，全方位投入一线群防群治、医疗设施建设、防护用品生产和城市民生保障等各项工作中。本次调查显示，新冠疫情发生以来，46.5%的职工参与过与抗疫相关的志愿服务。目前北京市建立职工志愿服务队5135支，实名注册职工志愿者532031人，开展服务职工项目500余类/项，累计参与服务的职工志愿者超过百万人次，服务近1500万人次。

二、广大职工勇争先建功业，先进性不断提升

（一）劳动和技能竞赛成效显著

五年来，北京市广大职工积极参与京津冀协同发展、城市副中心、大兴国际机场、冬奥场馆、“三城一区”科创中心等重大工程和重点项目劳动竞赛，在创先争优中助力城市发展。北京市职工职业技能大赛五年来累计举办145个职业（工种）竞赛项目，直接参赛职工148.2万人次。在第六届、第七届全国职工职业技能大赛中，北京取得团体和个人多项第一的优异成绩。积极参与“走出去”战略和“一带一路”倡议，通过技能竞赛等平台，加强与发达国家高技能人才的技术交流。本次调查显示，83.1%的工会主席认为单位加强技术工人的能力、技能、素质建设很积极或比较积极，91.3%的工会主席认为单位开展劳动和技能竞赛使职工得到了技能等级或职称晋升，96.1%的工会主席认为提高了企业劳动生产率。

（二）创新创效能力持续增强

广大职工立足岗位，依托职工创新工作室、技能大师工作室等载体，深入开展技术交流、技术协作、技术咨询、技术帮扶，为企业发展提供了技术和人才支持。职工创新成果不断涌现，五年来北京市累计评选市级职工创新助推项目615个、职工发明专利助推项目1441个、职工自主创新成果300项、“名师带徒”500对。2020年，北京市总工会对全市5000家职工创新工作室中的1633家调研统计，自开展职工创新工作室创建以来，累计取得创新成果3万余项，创造经济收益达到1772亿元。本次调查显示，近70%的职工认为设立“劳模和工匠人才创新工作室”对单位、劳模、工匠人才和普通职工都有好处。

（三）职业发展平台有效拓展

按照政治上保证、制度上落实、素质上提高、权益上维护的总体思路，北京深入推进产业工人队伍建设改革，先后出台《北京市贯彻〈关于加强和改进新时代产业工人队伍思想政治工作的意见〉的措施》《关于全面加强新时代首都技能人才队伍建设的实施意见》《关于进一步健全完善制度机制 深化首都产业工人队伍建设改革的实施意见》等制度政策40余项，选取产业工会、企业、高校等23家单位开展试点工作，推进首都工匠学院建设，推动形成以7所技师学院为骨干、22家公共实训基地和18家高技能人才培训基地为支撑的技能人才培养平台。208家备案企业自主开展技能人才评价，覆盖80余万名企业职工，五年来北京市共有12余万名职工取得职业技能等级证书。本次调查显示，70.8%

的职工认为近年来工人社会地位有很大提高或有所提高，超过90%的工会主席认为产业工人队伍建设改革在调动职工积极性主动性创造性、提升职工技术技能水平与企业技术水平方面产生积极影响。

三、各级工会办实事解难事，群众性不断彰显

（一）职工合法权益更有保障

各级工会健全源头参与、协调三方、集体协商、民主管理、法律监督与援助等工作机制，充分发挥劳动争议调解多方联动机制、厂务公开部门联席会议、北京市协调劳动关系三方委员会等议事协调机构（机制）的作用，代表职工发出工会声音，表达职工利益诉求。五年来，北京市劳动关系总体和谐稳定，截至2021年5月底，全市企业职工劳动合同签订率达98.6%，城镇职工劳动合同续订率达92.1%，全市已建工会企业集体协商建制率动态保持在85%以上，百人以上已建工会企业集体协商建制率在95%以上。2019—2021年，北京市仲裁机构共受理劳动人事争议案件34.8万件，审结争议案件33.3万件，仲裁结案率达98.1%，其中调解成功率达63.8%。本次调查显示，88.4%的工会主席认为自己为职工维权说话很有分量或比较有分量，单位工会在维护职工权益上发挥了积极作用。85.7%的职工认为劳资关系融洽，大部分职工和单位互相关心支持，互动良好。

（二）服务职工工作质量持续提升

各级工会围绕“七有”“五性”要求，依托三级服务体系，做实“春送岗位、夏送清凉、金秋助学、冬送温暖”服务内容，持续开展“送政策、送温暖、送文化、送健康、送法律”服务项目。五年来，北京市建成职工之家1524家、暖心驿站34091个、户外劳动者暖心驿站9683家、母婴关爱室2770家，命名职工心灵驿站330家，上线职工心理体验服务系统。“12351”职工服务平台开展服务项目15765个，服务职工3289.21万人次。在职职工医疗互助保障计划（“二次报销”）累计覆盖职工592.4万人，受助职工1522.9万人次，互助金额18.1亿元。各级工会累计投入10.76亿元开展“两节送温暖”活动，走访慰问职工482.76万人次。本次调查显示，职工对本单位工会发挥作用打分最高项为“帮扶困难职工、送温暖”（平均分8.65分，满分10分）；认为与工会联系最密切的关键词为“慰问送温暖”的职工占21.9%。

（三）工会改革创新更有成效

贯彻中央党的群团工作会议精神，按照增强“三性”、去除“四化”的要

求，制定《关于坚持首善标准 深化改革创新 不断增强工会组织政治性先进性群众性的实施方案》，推动工会改革不断向纵深拓展。制定《北京市“十四五”时期职工发展规划》，从职工政治地位、思想政治引领、技能水平、劳动经济权益、服务体系、职业安全6个方面谋划部署“十四五”时期职工发展和工运事业重点工作，首次提出了18项具体指标、15个重点工作专栏，完善规划的科学性、操作性。在扩大工会组织覆盖方面，创新企业沟通会、职工沟通会“双沟通”工作机制，开发“北京市工会基层组织建设系统”，职工可通过“北京工会i会员”小程序实现全域实时入会。目前，北京市有工会会员761.24万人、工会组织5.8万个。本次调查显示，81.6%的工会主席非常赞同“只有将职工组织到工会中来，才能发挥工会作用、切实维护职工权益”。

第二部分
认真贯彻新发展理念 职工队伍整体稳中有进

五年来，北京坚持贯彻新发展理念，积极应对复杂多变的外部环境和新冠疫情考验，开展了一系列创新性探索，经济社会发展取得新的历史性成就。首都功能持续提升，经济高质量发展迈出坚实步伐，人民群众幸福感不断增强。与之相适应，职工队伍呈现诸多积极变化。

一、职工队伍结构稳中向好

（一）队伍总量相对稳定

北京市统计局数据显示，改革开放以来，北京市常住人口持续增长，2016年达到2195.4万人高点后呈现相对稳定状态，近五年来由2194.4万人逐年减少至2188.6万人（见图1）。与此同时，首都职工队伍与人口发展基本同步，在经过持续快速增长后，2017年开始进入相对稳定状态。北京市从业人员由2017年的1246.8万人减少至2021年的1158万人，减幅7.1%；城镇非私营单位在岗职工由2017年的756.4万人减少至2021年的708.4万人（见图2），减幅6.3%。五年间，两项指标均呈现波动式变化，但分别维持在1200万人和730万人左右。

（二）年龄结构分布合理

第七次人口普查数据显示，2020年北京市60岁及以上常住人口429.9万人，较2010年增加183.9万人；16~59岁劳动年龄常住人口为1490.7万人、占68.1%，其中20~29岁占14.9%，30~39岁占21.2%，40~49岁占14.7%，50~

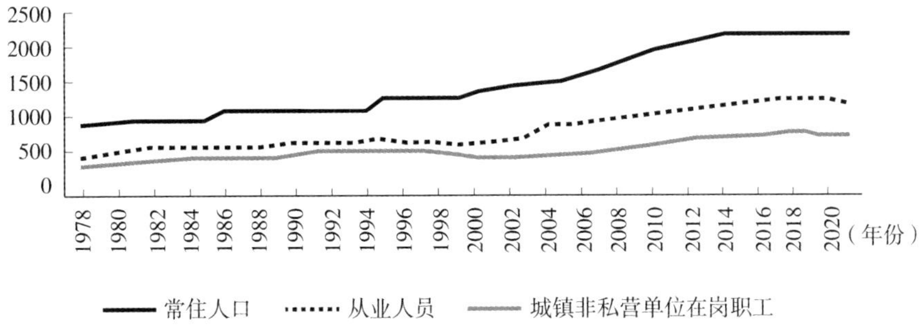

图1 改革开放以来北京市常住人口与职工规模发展趋势（单位：万人）

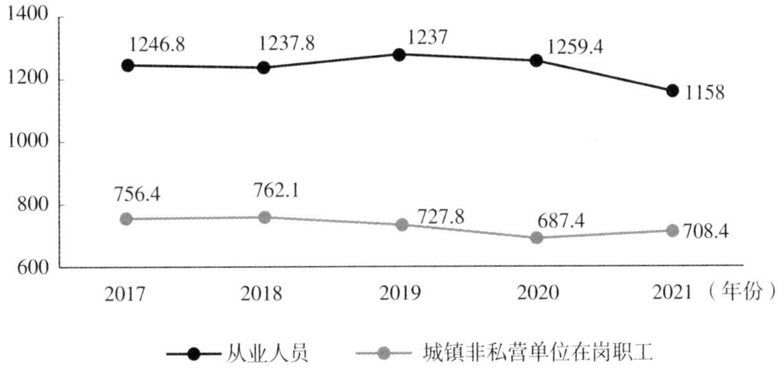

图2 2017—2021年北京市从业人员与城镇非私营在岗职工发展趋势（单位：万人）

59岁占14.8%。虽然人口老龄化程度进一步加深，但劳动年龄人口规模较大、劳动力资源总体充足仍是现阶段重要特点。本次调查显示，参与调查的职工平均年龄39.3岁。其中，20～29岁占19.3%，30～39岁占42%，40～49岁占28.2%，50～59岁占10%，以中青年劳动力为主，年龄结构处在合理区间。

（三）人才资源规模不断壮大

《北京人才发展报告（2021）》显示，截至2020年底，北京地区人才资源总量达到781.3万人，较2017年713.82万人增长9.4%，国家战略人才力量不断聚集，规模持续壮大，2020年人才密度①达到62%，较2017年提高4.7%。其中，以专业技术人才、企业经营管理人才和高技能人才为主体，占比分别为49%、38.2%和14.4%；农村实用人才和社会工作人才增长速度较快，年均增速分别为7.6%和6.9%（见表1）。

① 人才密度指在一定区域或系统内人才数量在从业人员中所占的比重。

表1 北京地区人才队伍发展情况（单位：万人）

人才队伍类型	2017 年	2018 年	2019 年	2020 年	年均增速
党政人才	21.4	20.8	21.1	22.4	1.5%
企业经营管理人才	279.3	288.6	301.5	298.8	2.3%
专业技术人才	358.0	370.0	386.6	383.1	2.1%
高技能人才	98.4	99.6	100.5	112.3	4.5%
农村实用人才	5.3	6.3	6.0	6.6	7.6%
社会工作人才	6.3	6.8	7.6	7.7	6.9%

（四）就业结构与经济发展总体协调

2017 年以来，北京立足首都城市战略定位，坚定不移疏解非首都功能，高质量发展再上台阶。从产业来看，2021 年北京地区生产总值（GDP）达到 40269.6 亿元，第一、二、三产业 GDP 构成为 0.3∶18.0∶81.7，其中第三产业 GDP 较 2017 年提高 1.1%；第一、二、三产业从业人员构成为 2.3∶16.7∶81，其中第三产业从业人员较 2017 年增长 0.4%。从行业来看，职工积极应对产业结构调整与自身发展需求，有序向“高精尖”行业流动。2017 年以来，制造业、批发和零售业从业人员分别下降 24.9%、21%。信息传输、软件和信息技术服务业的从业人员显著上升，由 2017 年 101.6 万人增长至 130.5 万人，增幅 28.4%。从单位性质来看，非公有制经济仍是吸纳职工就业的主力军。2021 年末，公有制（国有和集体）单位从业人员 165 万人，占从业人员总数的 14.2%，较 2017 年下降 15.3%；非公有制单位从业人员比重持续增加，其中港澳台商投资、有限责任公司和私营单位从业人员分别为 73.5 万人、335.8 万人和 317.1 万人，较 2017 年分别增长 12.7%、5.5%和 3.1%。

（五）产业工人队伍蓬勃发展

2022 年，《北京市产业工人队伍状况研究报告》显示，北京市产业工人主要分布在 8 个行业和 1 类群体①，根据第四次全国经济普查数据（2021 年底发布），结合不同职业类型从业人员占比情况测算，北京市产业工人在 272.6 万~311.7 万人（见表 2），占从业人员 21.4%~24.5%。随着科技创新与产业升级，北京

① 根据全国总工会界定，我国产业工人主要是指在第一产业的农场、林场，第二产业的采矿业、制造业、建筑业和电力、热气、燃气及水生产和供应业，以及第三产业的交通运输、仓储及邮政业和信息传输、软件和信息技术服务等行业中从事集体生产劳动，以工资收入为生活来源的工人。

市产业工人实现了向新型产业工人转变，传统工厂流水线工作模式逐步向人与机器人、人工智能高度融合的劳动组织形式发展，并通过5G、大数据、云计算等新技术形成“智能劳动”，广泛应用于电商、零售、制造等各个行业，加速赋能生产生活，有力促进了企业降本增效、节能减排，北京全员劳动生产率由2017年22万元/人提升至2021年31万元/人，居全国首位。

表2　北京地区产业工人分布情况测算

<table>
<tr><th>序号</th><th>行业分类</th><th colspan="2">从业人员数/万人</th><th>产业工人占比下限/%</th><th>产业工人下限数量/万人</th><th>产业工人占比上限/%</th><th>产业工人上限数量/万人</th></tr>
<tr><td>1</td><td>农林业</td><td colspan="2">2.1</td><td>0.5</td><td>1.1</td><td>0.6</td><td>1.3</td></tr>
<tr><td>2</td><td>采矿业</td><td colspan="2">2.8</td><td>0.6</td><td>1.7</td><td>0.7</td><td>2.0</td></tr>
<tr><td>3</td><td>制造业</td><td colspan="2">77.6</td><td>0.6</td><td>46.6</td><td>0.7</td><td>54.3</td></tr>
<tr><td>4</td><td>电力、热气、燃气及水生产和供应业</td><td colspan="2">10.4</td><td>0.7</td><td>7.3</td><td>0.8</td><td>8.3</td></tr>
<tr><td>5</td><td>建筑业</td><td colspan="2">75.3</td><td>0.4</td><td>30.1</td><td>0.5</td><td>37.7</td></tr>
<tr><td>6</td><td>交通运输、仓储及邮政业</td><td colspan="2">60.4</td><td>0.8</td><td>48.3</td><td>0.9</td><td>54.4</td></tr>
<tr><td rowspan="2">7</td><td rowspan="2">信息传输、软件和信息技术服务业</td><td rowspan="2">138.9</td><td>35.3</td><td>0.2</td><td>7.1</td><td>0.3</td><td>10.6</td></tr>
<tr><td>103.6</td><td>0.7</td><td>72.5</td><td>0.8</td><td>82.9</td></tr>
<tr><td>8</td><td>科学研究和技术服务业（研究与试验发展业）</td><td colspan="2">22.9</td><td>0.7</td><td>16.0</td><td>0.8</td><td>18.3</td></tr>
<tr><td>9</td><td>新就业形态劳动者</td><td colspan="2">60.0</td><td>0.7</td><td>42.0</td><td>0.7</td><td>42.0</td></tr>
<tr><td colspan="2">合计</td><td colspan="2">450.4</td><td>—</td><td>272.6</td><td>—</td><td>311.7</td></tr>
</table>

（六）新就业形态劳动者成为一支重要力量

《北京市新就业形态劳动者状况研究报告》显示，北京市以平台从业为主要收入来源的新就业形态劳动者（活跃劳动者）总数为45万~60万人，其中网约车、外卖、快递三大行业20万~25万人。北京市新就业形态劳动者中男性占比达85%，62%在18~39岁，高中和大专学历分别占比39.41%和31.91%，外地农村户籍与外地城镇户籍分别占比51%和24%。收入普遍在7000~20000元，工作时长普遍在8~10个小时及以上。随着技术进步，新就业形态不断涌现，职业更新迭代速度也在加快，北京市新就业形态劳动者呈现出群体规模扩大化、工作领域集中化、就业形式灵活化、就业状态专职化长期化的发展趋势，成为服务市民生活、助力城市发展的重要力量。

二、职工队伍素质技能不断提高

（一）科学文化素质稳步提高

第七次人口普查数据显示，2020年北京市每10万人中具有大学文化程度的人口由较2010年的31499人上升至41980人，提高33.3%；15岁及以上常住人口平均受教育年限为12.6年，高于全国平均水平2.7年，较2010年提高0.9年，其中16~59岁劳动年龄人口的平均受教育年限提升幅度更大，由2010年的12.2年提高至2020年的13.3年，受教育水平的提升有力地支撑了北京经济的高质量发展。本次调查显示，具有大学文化程度以上的职工占比84.3%，比2017年提高近2%；拥有大学本科及以上学历的职工占比排在前三位的行业分别是金融业，教育业，公共管理、社会保障和社会组织，占比分别为94.85%、83.16%、82.86%。

（二）技术技能水平有效提升

北京市人力资源社会保障局的数据显示，截至2021年底，全市专业技术人才总量达395万人，较2017年提高31.7%；技能人才总量达370.1万人，其中高技能人才总量达114.4万人，较2017年提高16.3%。本次调查显示，企事业单位中拥有职称的职工占38.3%。其中，高级职称占6.5%，中级职称占16.2%，初级职称占15.6%。在普通职工（3565人）中，具有技术等级的职工占24.58%。其中，高级技师占1.1%，技师占1.4%，高级工占3.4%，中级工占8.4%，初级工占12.4%。国有企事业单位中，职工具有职称和技术等级的占比分别达到52%和27.4%。

三、职工获得感幸福感安全感不断增强

（一）职工生活品质持续改善

1. 就业形势总体稳定。五年来，北京坚持就业优先政策，抓好高校毕业生等重点群体就业，支持多渠道灵活就业，就业形势总体稳定。2017—2021年的《北京统计年鉴》显示，五年间每年城镇新增就业人数26万人以上，城镇调查失业率持续控制在5%以内。2017—2021年的《北京地区高校毕业生就业质量年度报告》及相关数据显示，高校毕业生就业率始终在95.9%以上。“十三五”时期，74.2万名城乡就业困难人员实现就业。

2. 工资收入水平持续增长。北京市统计局数据显示，2021年北京市全口径

城镇单位就业人员年平均工资为127535元，较2017年101599元增长25.5%，居全国首位。2021年北京市居民人均工资性收入由2017年35217元增长至2021年45675元，增幅29.7%（见图3）。2021年北京市居民人均可支配收入由2017年57230元增长至75002元，年均实际增长5.4%，与经济增长基本同步。最低工资标准由2017年2000元/月增长至2021年2320元/月，增幅16%。北京市中等收入群体[①]占比68.5%，初步形成了以中等收入群体为主体的格局，为实现共同富裕奠定了坚实的物质基础和社会基础。保障农民工工资支付政策体系不断完善，积极开展根治农民工欠薪专项行动，农民工劳动合同签订率达到97%。2021年1—10月北京市共查处拖欠农民工工资案件4135件，为9514名农民工追发工资1.59亿元。本次调查显示，职工上月（2021年3月）从单位获得的到手全部货币收入平均为8401.7元，较2017年的5764.4元增长45.8%。

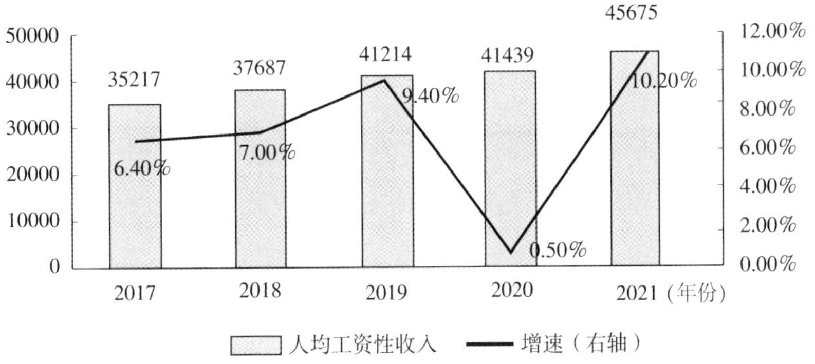

图3 2017—2021年北京市居民人均工资性收入及增速（单位：元）

3. 社会保障范围不断扩大。2018年1月1日起，北京市实施统一的城乡居民基本医疗保险制度，并不断探索逐步将农民工、劳务派遣工、新就业形态劳动者等群体纳入保障范围。截至2021年末，北京市社保覆盖范围超过2000万人，其中企业职工养老保险、医疗保险、失业保险、工伤保险和生育保险参保人数分别为1725.1万人、1486万人、1358万人、1305.9万人和1082.7万人，均比2017年末实现两位数增长；城乡居民基本养老保险和城乡居民基本医疗保险参保人数分别为191万人和400.8万人。2021年，推出广受市民欢迎的北京普惠健康保，个人参保达301.51万人。全市各级工会持续开展职工医疗互助保障计划，在住院医疗、住院津贴、重大疾病、女工特疾、子女意外伤害等方面

① 国家统计局标准为家庭年收入在10万~50万元的群体。

为职工提供实实在在的保障。

4. 社会公共服务供给持续优化。五年来，北京紧紧围绕“七有”目标和“五性”需求，不断提高公共服务和民生保障水平。2021 年，北京市一般公共预算支出中，用于教育、社会保障和就业、卫生健康的支出比重分别为 15.9%、14.6%、8.8%，较 2017 年分别增长 1.8%、2.9%、2.5%。在教育方面，“双减”政策落地，职工家庭教育支出和相应精力负担有所减轻。在住房方面，2017—2021 年，北京市加快推进保障性租赁住房发展，筹集建设各类政策性住房 41.9 万套，房地产市场健康平稳运行。在医疗方面，深化医药卫生体制改革，医药分开、医耗联动综合改革成效显著。截至 2021 年，组建家庭医生团队 5518 个，签约服务满意度 89.1%，较 2018 年提高 12.2%①。在社会救助方面，不断加大社会救助和精准帮扶工作力度，北京市低保标准从 2017 年 900 元/月提高至 2021 年 1245 元/月，增长 38.3%。在落户方面，稳步有序推进长期在北京稳定就业和生活的常住人口落户，2018 年实施积分落户制度以来，累计 24103 人获得落户资格。

5. 劳动安全卫生条件大幅提升。《2021 年北京应急管理事业发展统计公报》显示，2021 年北京市单位地区生产总值安全事故死亡率为 1.1696%，较 2017 年下降近一半。2021 年，北京市发生工矿商贸生产安全事故、生产经营性道路交通事故、生产经营性火灾事故、铁路交通事故、农业机械事故共计 437 起，死亡 471 人，较 2017 年分别下降 23.2%和 25.4%。职业病发病病例从 2017 年的 1085 例下降至 2021 年的 324 例，重大急性职业病危害事故、慢性职业性化学中毒事故始终保持为零。“安康杯”竞赛活动覆盖全市 2032 家企业、8210 个班组，较 2017 年提升 55%以上；参与职工 120.88 万人，较 2017 年提高 28.9%。本次调查显示，42.4%的单位安全生产由厂长（总经理）负总责，77.3%的单位有专人负责安全生产和劳动保护工作，工作环境不存在高低温作业、粉尘污染、噪声污染、有毒有害气体、辐射和容易伤及肢体的机械故障的职工分别为 86.2%、89.1%、89%、92.7%、94.6%和 91.4%。本次调查显示，69.4%和 85.6%的职工能够及时收到单位发放的劳动保护用品和防疫用品，74.9%的职工在最近一年内参加了单位组织的体检，43.2%的职工所在单位已在“五一”国际劳动节前落实本年度安全生产和职业卫生培训，职工生命健康权益得到有效维护。

6. 特殊群体关心关爱更加精准及时。坚持精准发力、分层分类施策，

---

① 签约服务满意度指标于 2018 年开始统计。

2017—2021 年，北京市 7257 户困难职工全部实现解困脱困。持续用好市级劳模专项补助资金，组织开展劳模慰问、生活困难补助、特殊困难帮扶、健康体检和疗休养等活动。新就业形态劳动者劳动保障问题被纳入政府“每月一题”，持续鼓励和支持京东、美团等头部企业与劳动者开展集体协商，签订专项集体合同，从制度层面为劳动者权益保驾护航。严格落实《女职工劳动保护特别规定》，切实维护女职工职业健康与生育权利。本次调查显示，62.9%的女职工近两年内参加了单位组织的女职工妇科及乳腺疾病检查，82.4%的职工所在单位未发生过限制女职工怀孕的情况，73.6%以上的职工所在单位未发生过女职工因怀孕、生育、哺乳而被降低工资、转岗、辞退或解除合同的情况，单位给予女职工产假天数达到国家标准（98 天）及以上的占 94.8%，95.1%的女职工产假期间工资待遇能够落实。

（二）职工主人翁地位不断夯实

1. 职工民主政治权利得到加强。近年来，大量先进职工代表被推选为党代表、人大代表、政协委员和群团组织代表大会代表、委员会委员，职工参与管理国家事务、经济和文化事业及社会事务的权利得到充分实现和保障。强化产业工人队伍党建工作，五年来发展产业工人党员 1.8 万余名。2022 年，中国共产党北京市第十三次代表大会代表中，生产和工作一线党员 296 名，占 38%，较中国共产党北京市第十二次代表大会提高了近 3%。在近三届北京市人大代表中，一线工人占比呈上升趋势，上升比例分别为 3.6%、5.3%和 5.7%。在 2019 年北京市工会第十四次代表大会 643 名代表中，基层一线职工代表 535 名，占比 83.2%，远超群团改革要求的比例（60%），较上一届大幅提高。

2. 企事业单位民主管理制度不断完善。本次调查发现，以职工代表大会为基本形式的民主管理制度不断完善，制度化、规范化、法治化建设水平不断提升，有效维护了职工知情权、参与权、表达权和监督权等民主权利。本次调查显示，86%的单位建立了职工（代表）大会制度。其中，90.6%的单位按期召开职工（代表）大会，91%的单位在制定重大经营决策时经过职工（代表）大会讨论审议，93.8%的单位在制定涉及职工权益的工作方案时经过职工（代表）大会表决决定，86.4%的单位通过职工（代表）大会对领导干部和经营管理人员开展民主评议活动，实现了对干部的民主监督。76.8%的职工认为单位的职工（代表）大会较好地发挥了作用。

3. 职工诉求表达和处理渠道更加广泛。本次调查显示，有机会对单位的经营管理和自身权益发表意见或反映愿望的职工达 54.5%以上，途径包括直接向班组长或单位领导反映、向单位工会组织或职工代表反映、在单位职工代表大会上发表意见或提出提案、通过微信群电子邮件及民主议事会恳谈会等。与此同时，“12351”职工服务热线也成为职工群众表达利益诉求的重要渠道。2017—2021年“12351”热线职工诉求分析报告显示，五年间共受理职工诉求48.2万件，年均受理9.64万件，诉求涉及组织建设、法律维权、互助保障、困难帮扶、服务活动等方面（见图4），2020年以后与新冠疫情、新就业形态劳动者、“双减”政策等相关的法律维权类诉求呈上升趋势。热线积极从源头引导职工群众依法维权、依法办事，推动“接诉即办”向“未诉先办”转变，诉求办结率每年均达100%，派单已办结回访满意度90%以上。

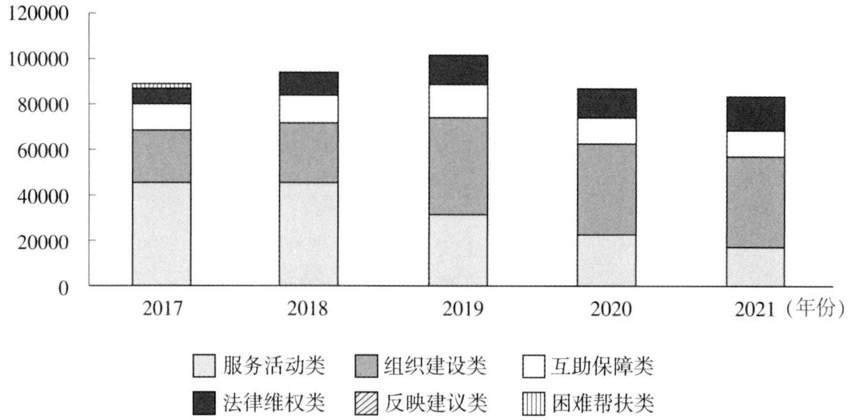

图4　2017—2021年“12351”热线职工诉求分类情况（单位：件）

（三）职工文化教育需求日益丰富

1. 职工接受继续教育机会增多。加强学习、提升技能素质已成为北京市职工的主流精神文化需求和自觉行动。本次调查显示，95%以上的职工对提高综合素质和技能水平有强烈的紧迫感和意愿并付诸行动。五年来，北京市不断健全面向全体劳动者、全职业生涯、全过程衔接的终身职业技能培训制度，首钢、北京燃气等企业建立了具有企业特色的技能人才激励机制。本次调查显示，58.7%的单位按照比例要求提取了职工教育培训经费，其中73.5%的单位职工教育培训经费中用于一线职工的比例达到60%及以上。84%的职工在最近一年内参加过单位组织的培训，其中87.3%的职工提高了技能等级或专业技能，67%的职工提升了就业竞争力。另有29.8%的职工自费参加过（不是单位组织的）进修或培训。

2. 职工精神文化生活丰富多彩。本次调查显示，职工精神文化需求多元化，文体活动经常化。观看电影电视、上网、运动健身、阅读、旅游等健康向上的文体活动成为职工业余放松休闲的首选。特别是新冠疫情发生后，职工旅游、亲友聚会等受到较大影响，97.1%的单位把开展职工文体活动作为凝聚职工、服务职工的有效载体，给予经费支持，加强职工宣传教育与文化阵地建设，组建职工文体协会或兴趣小组，开设图书馆、健身房、球馆、瑜伽室等，经常性地免费为职工举办运动会、集体观影、心理咨询讲座等喜闻乐见的文体活动，并逐渐使之制度化。金隅集团职工运动会、燕山石化职工元宵节大家乐晚会、“五月的鲜花”职工歌咏比赛、敬贤杯围棋邀请赛等一系列品牌活动受到职工喜爱。

3. 依托“互联网+”开启全网式生活。本次调查显示，上网、刷手机已经成为职工生活中不可或缺的休闲活动。77.8%的职工通过网络获取新闻资讯，购物、移动支付、社交、阅读、即时共享等也已成为一种消费时尚和文化现象。近一成的职工经常使用网约车和共享单车等绿色出行方式，极大地提升了城市文明形象。为了适应职工生活方式的转变，66.3%的单位通过网络（网页、客户端、公众号、群等）开展工会工作、组织职工服务活动、加强职工群众联系，受到职工欢迎，收到良好效果。

第三部分
准确把握新形势新要求 职工队伍发展面临新挑战

当前，我国已经踏上了全面建设社会主义现代化国家、向第二个百年奋斗目标进军的新征程。站在新的历史起点上，推动新时代首都发展，更加需要紧紧依靠工人阶级，牢牢把握工人运动时代主题，准确掌握职工队伍发展存在的问题，科学评估发展形势及环境条件变化，积极应对机遇与挑战，团结引导广大职工奋进新征程、建功新时代。

一、职工队伍发展面临的机遇挑战

党的十八大以来，习近平总书记始终关心重视工人阶级和工会工作，领导召开中央党的群团工作会议，指导制定加强和改进党的群团工作意见、产业工人队伍建设改革方案，两次出席全国劳模大会并发表重要讲话，每到一地视察和调研都与劳动模范、一线职工座谈交流，每年“五一”国际劳动节都以不同形式向广大劳动群众致以节日的祝贺慰问，给中国劳动关系学院劳模本科班学员、郑州圆方集团全体职工回信，向首届大国工匠创新交流大会致贺信，对工人阶级发展壮大倾注了无限关爱。习近平总书记围绕工人阶级和工会工作发表重要讲话、作出重要指示，深刻阐明了工人阶级主力军作用，坚持全心全意依靠工人阶级是党的一贯主张，实现中华民族伟大复兴的中国梦根本上要靠包括工人阶级在内的全体人民的劳动、创造、奉献。这为我们加强职工队伍建设特别是产业工人队伍建设改革指明了前进方向、提供了根本遵循。党的二十大报告提出，深化工会、共青团、妇联等群团组织改革和建设，有效发挥桥梁纽带作用。中国共产党北京第十三次代表大会报告提出支持工会、共青团、妇联等人民团体更好发挥作用。充分体现了党对工会等群团组织一直以来的重视和期望，工会引导广大职工听党话跟党走，团结动员广大职工奋进新征程、建功新时代。

同时，新一轮科技革命和产业变革蓬勃兴起，全球治理体系深刻变革。全球经济增长放缓，地缘政治冲突持续，外部环境更趋复杂严峻。国内经济形势亦不容乐观，仍面临着需求收缩、供给冲击、预期转弱等压力，内生型与输入型矛盾、历史遗留问题与新生问题交织叠加，社会民生、劳动关系等领域的风险隐患较为凸显，不确定性不稳定性因素增多，中小企业等市场主体生存仍有一系列困难，职工在就业创业、福利待遇、社会保障、安全生产、技能培训、民主参与等方面也存在一些问题，职工队伍稳定发展面临新挑战。

二、职工队伍发展存在的突出问题

（一）就业方面存在一定压力

新冠疫情叠加经济下行，对各行各业特别是服务业发展及其就业吸纳能力形成严重冲击，运输、文旅、餐饮、互联网等企业经营存在困难，职工就业稳定性受到影响。作为最大的市场主体，民营经济承载了约八成的就业，新冠疫情和国际环境的不确定性给民营企业带来较大压力。北京市统计局数据显示，2021 年末私营单位从业人员 317.1 万人，较 2019 年减少 14.9%。北京市新增城镇就业人员从 2017 年的 42.2 万人减至 2021 年的 26.9 万人，总体略有下滑。与此同时，2022 年全国高校毕业生 1076 万人，其中北京 26.8 万人，创历史之最。本次调查显示，近五年分别有 11.2%、3.1%、9.9%的职工经历了失业、下岗、待岗，4%的职工有因新冠疫情暂时失业的经历。

（二）工资收入满意度有待提高

一是职工收入差距依旧较大。从北京市法人单位登记类型来看，2021 年港澳台商投资（261260 元）、股份有限公司（254752 元）、外商投资（241602 元）

和国有（209851元）单位从业人员年平均工资均在20万元以上，集体（75023元）和股份合作（74790元）单位从业人员年平均工资在10万元以下。从行业来看，金融业（395402元），信息传输、软件和信息技术服务业（291864元），文化及体育和娱乐业（227040元）及卫生和社会工作（222570元）从业人员年平均工资最高，住宿和餐饮业（80180元），居民服务、修理和其他服务业（79653元）及农林牧渔业（79204元）相对较低。本次调查显示，普通职工上月从单位获得的到手全部货币收入平均为7595元、高层管理人员为16409元。二是北京作为特大城市其高昂生活成本让职工感到一定压力。72.5%的职工对自己现在的工资收入水平表示一般或不满意，55.7%的职工认为自己的工资处于城市中等偏下和低收入水平，“收入低”成为职工生活压力主因。93.8%的职工认为物价对生活影响较大，近半数职工家庭基本“月光”或入不敷出，三成职工因新冠疫情原因暂时收入减少，日常饮食、房租房贷、教育、医疗成为家庭支出的大头，半数以上的职工通过加班、放弃休假、从事兼职等方式换取更多收入，经济压力大、生活负担重也成为影响职工生育的重要原因。

（三）职工技能有待进一步提升

产业工人队伍建设改革实施以来，北京技术技能人才总量持续扩大，但整体规模与结构仍不能满足首都产业发展需要，急需在改善人才发展环境、完善人才培养体系、加强职业技能培训等方面加大改革力度，推出务实举措。截至2021年底，北京专业技术人才与技能人才均占从业人员30%左右。其中，高技能人才占从业人员9%左右，占技能人才30.9%，远低于德国等发达国家专业技术人才和技能人才占从业人员80%的水平，低于日本、德国等发达国家制造业高技能人才占技能劳动者40%~50%的水平，与中央提出的“到‘十四五’时期末东部省份高技能人才占技能人才比例达到35%”的目标也有一定距离。2022年，《北京市产业工人队伍状况研究报告》指出，目前仍然存在产业工人队伍结构和技能水平难以支撑产业升级需求的问题。本次调查显示，67.2%的职工担心自己目前的职业技能在未来会过时。

（四）职业安全健康仍不容忽视

一是安全生产仍旧存在空白点。本次调查显示，仍有一成左右的制造业，建筑业，水利、环境和公共设施管理业及卫生和社会工作等行业的职工，面临高低温作业、粉尘、辐射等安全隐患，其中个别职工存在防护措施不够甚至没有的情况。二是部分职工休息休假权益得不到保障。本次调查显示，79.2%的职工存在超时工作现象，其中经常和几乎每天超时工作的职工占12.6%，一周实际工作天数为 7 天的职工占 3.2%；2021 年未能享受带薪年假的职工占 13.2%；11%的职工对于超时工作不敢拒绝。三是新型职业健康危害逐渐显现。《2021 年北京市职工心理健康状况调查》显示，有较为明显的抑郁情绪感受、焦虑情绪感受、呈现出中度以上的压力知觉感受和对目前生活有不满意感受的职工分别占 13.4%、18.1%、59.8%和 32.3%，较 2017 年分别增长 5.3%、7.6%、20.8%和 20.1%，其中医护工作者和服务业职工的心理状况需要高度关注。

（五）民主管理制度有待进一步落实

本次调查显示，80.3%的职工认为参与单位管理是职工应当享有的权利，有利于促进单位发展和维护职工利益。然而在具体实践中，由于经营管理者认识不到位、工会组织建设弱化、传统民主管理制度和实操未能与现代企业治理结构相融合等原因，民主管理制度在规范运作方面还存在一定偏差，仍有 13.4%、32%和 40.7%的已建工会单位没有建立职工（代表）大会、厂务公开和职工董事职工监事制度。在建立职工（代表）大会制度的单位中，22.8%的职工认为职工（代表）大会没能很好发挥作用，10.9%的职工认为集体协商没能很好维护职工权益。单位在制定劳动规章制度时，21.5%的职工所在单位由管理部门单独制定。

（六）新就业形态劳动者权益维护仍有不足

随着平台就业规模的快速增长，新业态在发展中不可避免地出现“成长的烦恼”。由于用工关系认定模糊、平台与劳动者权利义务不对等、社会保险权益缺失、劳动安全风险突出等问题，新就业形态劳动者的地位有待提高，劳动关系呈现不稳定特征。尽管国家和北京市均做出了维护该群体权益的政策制度安排，社会各界出台关心关爱举措，但在法律、社会保障和管理服务层面根本性解决问题还有差距。工会组织如何有效组织这些职工入会，落实其权益维护、服务保障、职业发展以及对所服务平台企业的知情权、参与权、表达权、监督权，也是需要研究破解的问题。

（七）实现共同富裕任务依然艰巨

实现共同富裕是一项长期任务，北京仍旧面临发展不均衡不充分的问题，主要体现在城乡收入、区域收入、居民收入的差距上。在城乡方面，2021 年北京市城乡居民收入比为 2.45∶1，在全国各省区市中排名第 22 位，农村基础设施和公共服务还相对薄弱。在区域方面，2021 年北京市 GDP 最高的海淀区即将突破万亿，但仍有7个市辖区在千亿元以下，其中最低的延庆区仅204.7亿元。在居民收入方面，2020年北京市20%最高收入组人均可支配收入是20%最低收入组的5.75倍。中等收入群体“脆弱层”（即家庭年收入在10.2万~12.8万元），由于增收基础相对薄弱、家庭负担较重、面临风险较大等情况，极易对现有格局造成波动。本次调查显示，职工认为提高生活品质、实现共同富裕主要体现在更满意的收入、更舒适的居住条件、更好的教育、更好的医疗卫生服务、更可靠的社会保障等方面，占比依次为72.6%、58.8%、51%、50.3%和45.9%。北京在推动经济高质量发展、完善收入分配制度、促进城乡区域协调发展、推进基本公共服务均等化、构建和谐和睦社会环境等方面仍有努力空间。

（八）工会组织吸引力凝聚力有待进一步加强

本次调查显示，15.4%的职工表示单位有工会但自己没加入或不知道单位有没有工会，说明还有部分职工由于各种原因没有加入工会组织或不了解工会组织。在被问及遇到困难和问题倾向于找谁帮忙解决时，选择工会的职工仅占8.8%。职工最希望单位工会开展或加强的职工服务工作，排在前三位的是提高职工工资收入、开展职工职业技能培训、职工子女教育托管（见图5）。职工对本单位工会发挥作用情况进行评分时，评分最低的前三项是提高职工工资收入、组织职工参与单位管理、提高职工职业技能（见图6）。这说明工会最应当做好的工作反而是职工眼中最大的短板。在被问及单位工会需要上级工会加强哪些方面支持时，工会主席认为排在前三位的是工会经费支持、工会业务培训、服务职工项目，说明在对基层工会工作的投入和支持力度上，还存在薄弱环节。

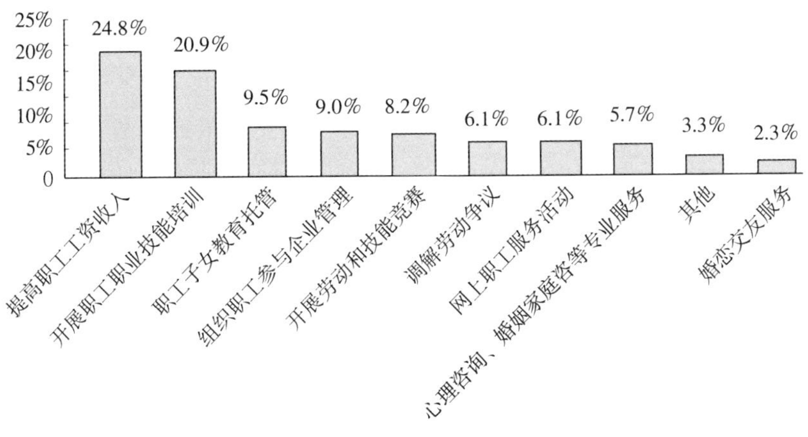

图5　职工最希望工会开展或加强的职工服务工作

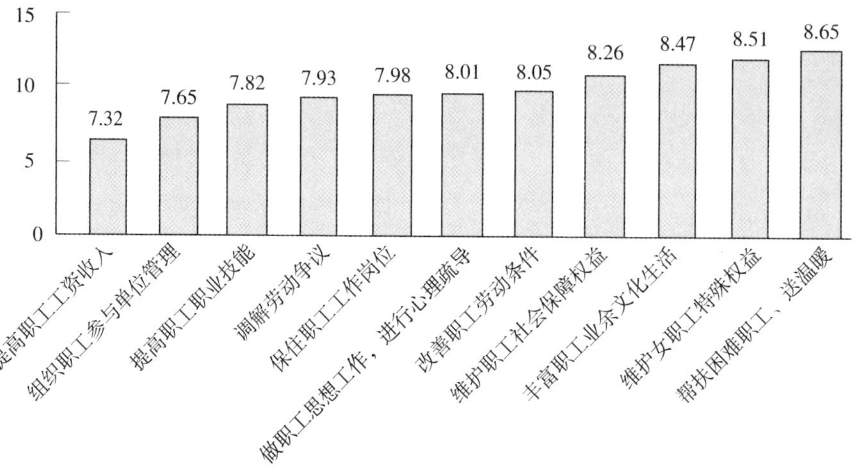

图6　职工对所在单位工会发挥作用打分情况

三、职工队伍发展环境的趋势研判

（一）北京经济发展从规模扩张向质量提升转变

党的十八大以来，北京实现了“四个转向”，即坚定不移从北京发展转向首都发展，从单一城市发展转向京津冀协同发展，从聚集资源求增长转向疏解非首都功能谋发展，从城市管理转向超大城市治理。随着城市定位和经济发展战略调整，北京强化减量发展背景下的创新引领，“五子”联动融入新发展格局，着力构建“高精尖”经济结构。北京市 GDP 先后跨越两个万亿台阶，突破了 4 万亿元，人均 GDP 和全员劳动生产率保持全国领先，单位 GDP 能耗和水耗持续下降。2021 年，北京市第三产业增加值占 GDP 的比重达 81.7%，其中金融业，信息传输、软件和信息技术服务业，科学研究和技术服务业占第三产业比重合计达到 52.7%，较 2012 年提高 14.2%；十大“高精尖”产业增加值占全市 GDP 的比重达 30.1%，较 2018 年提高 5%；数字经济增加值从 2015 年的 8719.4 亿元增加至 2021 年的 1.6 万亿元，占全市 GDP 的比重达四成以上，其中数字经济核心产业占 GDP 的比重达两成以上。

（二）职工规模从劳动力持续增长向充足稳定转变

《北京城市总体规划（2016 年—2035 年）》实施以来，北京严格落实人口调控责任，采取多种方式有效抑制人口过快增长。常住人口由 2017 年的 2194.4 万人逐年减少至 2021 年的 2188.6 万人，守住了 2300 万常住人口总量上限。与此同时，职工队伍规模同步调整，五年间北京市从业人员在 1200 万人左右，受非首都功能疏解、经济下行和新冠疫情影响，呈现波动式变化。虽然北京劳动力依然充足，但人口年龄结构变化给北京劳动力供给带来的影响需要引起高度重视。一方面，近六年来北京人口连续出现负增长，劳动年龄人口规模比重下降，再加上全国范围内的区域长期、均衡发展和人口增长速度下降，都将直接影响北京劳动力供给和人才流入；另一方面，人口老龄化、少子化已呈常态化趋势，进而带来劳动力老化风险。

（三）利益诉求从以劳动报酬为主向多维度诉求转变

当前，北京职工队伍总体稳定，劳动关系和谐向好，但北京处于深度转型期，劳动关系矛盾进入凸显期和多发期，劳动争议诉求复杂多元、调处难度加大，构建和谐劳动关系的任务艰巨繁重。2017—2021 年的《北京市联动机制劳动争议调解报告》显示，2017 年联动机制各级调解组织受理劳动争议 2.1 万件，2019 年这一数字上升至 3.7 万件，虽然 2021 年回落至 1.9 万件，但有很大可能是受新冠疫情的抑制性影响。案件多发生在非公企业特别是未建立工会和未签订集体合同的企业，农民工欠薪、“996”工时、裁员破产、新就业形态争议是主要问题领域，劳动报酬、补偿赔偿、解除终止劳动合同是主要诉求，年休假、劳动关系履行、竞业限制、职场发明、集体合同争议等诉求有所增加。

（四）就业方式从传统组织化向自主灵活化发展

受产业结构优化升级、新经济模式蓬勃发展、劳动者就业偏好转变等影响，传统全日制固定雇佣的就业方式受到影响，劳动者“非劳动关系”就业的可能性明显提高。劳动者不再到固定单位上班、履行固定岗位职责，而是通过组织或平台灵活自主选择自己胜任或擅长的工作任务和服务对象，实现了就业决定权从企业向劳动者的转移。人力资源社会保障部的数据显示，截至 2021 年 5 月，我国灵活就业人员规模已达到 2 亿人。同期，北京市人力资源社会保障局的数据显示，北京以灵活就业人员身份缴纳社保的本市户籍人员 65.8 万人。灵活就业的职业还在不断衍生，就业人员规模还在不断扩大。职工在灵活就业的同时，由于脱离了“组织”，其技能提升、职业发展、社会保障和权益维护等也失去了“组织”的有效管理和服务，就业质量偏低。《北京市新就业形态劳动者状况研究报告》的数据显示，37.1%的新就业形态劳动者由工厂工人转化而来。而其服务的平台或企业“重用轻培”或“只用不培”，势必对北京技能人才总量、结构及推进“高精尖”产业发展等带来一定影响。

（五）劳动关系从传统雇佣关系向新型劳动关系发展

随着就业模式的转变，劳动者和企业之间也从单一的雇佣关系向包括雇佣关系在内的多元人力资本关系发展，出现了工作关系、合作关系、合伙关系、社群关系等。去劳动关系化除了带来企业用工合规风险外，也对劳动者权益维护带来挑战。例如，平台企业通过层层外包将用工成本和用工风险向外剥离，再通过一系列法律手段及参与其中的外包公司、下游企业、个人或灵活用工平台，将本应清晰的劳动关系逐渐模糊化，使得现有法律法规难以发挥作用。2021 年 7 月，人力资源社会保障部等八部门印发《关于维护新就业形态劳动者劳动保障权益的指导意见》，首次提出了“不完全劳动关系”的概念，即不完全符合确立劳动关系情形但企业对劳动者进行劳动管理的用工形式，打破了传统劳动关系和劳务关系的二元体系，优化了针对新就业形态劳动者权益保障的制度安排，努力在劳动者和平台之间实现一种平衡。

（六）工作模式从“互联网+”向极度依赖网络发展

第 50 次《中国互联网络发展状况统计报告》显示，截至 2022 年 6 月，我国网民规模为 10.51 亿人，互联网普及率达 74.4%，接近发达国家水平。2022 年北京通信业经济运行数据显示，截至 2022 年 7 月底，北京地区三家基础电信企业的固定互联网宽带接入用户总数达 856.2 万户。其中，百兆以上的宽带接入用户达 818.7 万户，占总用户数的 95.6%，处于全国领先水平。电信业务收入和电信业务总量保持稳定增长，医院、高校、文旅区、客运车站、高铁、地铁、园区、楼宇等 145 个重点场所已完成 84% 的 5G 网络信号覆盖。随着互联网的普及，大数据、物联网、云计算、区块链、人工智能的广泛应用，网络早已从最早的社交网络走向生活及应用网络，成为生产生活中必不可少的工具和产业转型升级、数字经济发展的重要支撑。

（七）思想状况呈现复杂多元特征

改革开放以来，我国经济社会发生了深刻变化，既有的行为模式、制度规范、思想观念、价值取向、宗教信仰和生活方式受到影响，思想文化领域也出现了意识形态多元、分化等现象。其中，社会经济成分、社会阶层、就业岗位、就业方式的多样化，行为准则、认知水平、社会心态、教育背景的差异化，以及信息技术特别是网络传播的迅猛发展加速改变人们的交流方式和思维方式，使得职工思想活动的独立性、选择性、多变性和差异性不断增强，思想空前活跃，思想文化需求也呈现出多元化趋势，对把牢意识形态主导权、加强职工思想政治工作带来较大挑战。

第四部分
以新时代首都发展为统领 建设高素质劳动者大军

党的二十大报告明确提出，以中国式现代化全面推进中华民族伟大复兴。北京作为首都，始终与党和国家的使命紧密联系在一起。今后五年是北京率先基本实现社会主义现代化的关键时期。主动适应新时代首都发展的新要求、职工队伍发生的新变化、各项工作开展面临的新挑战，必须始终坚持以习近平新时代中国特色社会主义思想为指导，坚持以人民为中心的发展思想和全心全意依靠工人阶级的方针，促进职工体面劳动、舒心工作、全面发展，最大限度激发广大职工的积极性、主动性、创造性，为推动首都高质量发展贡献智慧和力量。

一、贯彻落实全心全意依靠工人阶级的根本方针

（一）加强党对职工队伍发展工作的领导

一是强化各级党委的领导责任。把职工队伍发展工作摆上重要议事日程，及时研究职工队伍发展变化的重大问题，从思想理论、组织领导、工作指导、财力物力等方面为职工队伍发展工作提供保障、创造条件。二是强化职工队伍党建工作。把技术能手、青年专家、农民工、新就业形态劳动者等职工群体中的优秀分子吸收到党内来。结合不同群体的工作方式、活动半径、特定需求，灵活组建党组织，落实定期学习、联系群众、诉求表达、谈心谈话等制度，带动职工有序参与基层社会治理。三是保障职工民主政治权利。不断扩大各级党组织、人大、政协、群团组织代表大会和委员会委员中一线产业工人的比例。推动完善以职工代表大会为基本形式的企事业单位民主管理制度，特别是创新形式载体，在平台企业中开展好民主管理、集体协商等工作，推进厂务公开、业务公开，保障职工知情权、参与权、表达权、监督权，切实提高职工主人翁地位。

（二）强化促进职工队伍发展的顶层设计

一是完善法律制度。落实党的二十大报告提出的“加强灵活就业和新就业形态劳动者权益保障”的要求，研究制定保障灵活就业和新就业形态劳动者权益的法律法规和制度体系，完善《劳动法》《就业促进法》《社会保险法》《职业教育法》等，制定并出台司法解释，对最低工资、工作时间、休假标准、劳动安全卫生等方面进行规定和限制，开展好新就业形态劳动者职业伤害保障试

点，规范灵活就业和新就业形态健康发展。二是加强政策集成。围绕职工队伍发展，深化产业工人队伍建设改革，加强单位、部门协调配合，确保政策实施资源统筹、效用叠加。建立综合评估和监测体系，对不适应的政策及时修订完善，对先进经验及时总结推广。三是强化系统研究。对职工群体的数量结构、基本特征、劳动特点、权益实现、需求变化、思想状况等情况进行深入研判。根据时代变化，随着认识深入，对职工相关的名词、概念的理论界定和内涵阐释，进行调整、修正或补充。特别是针对人口老龄化背景下建立生育支持政策体系、加强劳动力开发利用等问题做好系统性、前瞻性思考和研究，做好预判分析和政策储备。

（三）有效发挥工会组织桥梁纽带作用

一是深化工会改革和建设。围绕保持和增强政治性、先进性、群众性，坚持和完善自觉接受党的领导制度、强化职工思想政治引领制度、劳动关系协调机制、发挥工人阶级主力军作用制度，构建联系广泛、服务职工的工会工作体系，提升团结教育、维护权益、服务职工功能，切实增强工会组织吸引力凝聚力。二是加强基层基础建设。以工会干部赴基层蹲点、“区级工会加强年”等活动为契机，推动资源下沉，解决基层工会工作任务重、人手少、经费不足等问题。通过重点建、行业建、兜底建等多种方式，把包括新就业形态劳动者在内的广大职工最大限度地组织到工会中来。三是提升工会工作精准化水平。健全完善职工需求调查、会员评家、“12351”职工服务热线诉求办理反馈等制度机制，通过走下去访、坐下来听，主动听取职工意见和建议，补齐短板、改进工作。四是深化智慧工会建设。建设北京工会大数据平台，健全工会工作和会员信息数据库，做好技能提升、维权服务、建会入会、困难帮扶等重点工作信息化建设，强化数据开发利用，提升工会治理数字化能力和服务职工精准化水平。

二、有效加强新形势下职工思想政治工作

（一）突出思想政治引领工作的重点

一是加强党的创新理论教育。推动习近平新时代中国特色社会主义思想在广大职工中落地生根、入脑入心，向职工宣传宣讲党的二十大精神，系统阐释中国式现代化的领导力量、本质要求、价值取向、战略安排等一系列重要问题，筑牢思想基础，建设具有强大凝聚力和引领力的社会主义意识形态。二是加强职工安全意识教育，向职工宣传宣讲国家经济社会发展成就、党和国家制定出台的涉及职工切身利益的法律法规政策，扩大了解、增加理解、消除误会，引

导广大职工立场坚定、态度鲜明，敢于斗争、善于斗争，自觉抵制敌对势力的煽动渗透破坏。三是推动理想信念教育常态化制度化。坚持以社会主义核心价值观为引领，弘扬伟大建党精神，在全社会弘扬劳动精神、奋斗精神、奉献精神、创造精神、勤俭节约精神，培育时代新风新貌。培养选树更多劳动模范和北京大工匠，创新先进模范培养选树和管理服务工作，营造工人伟大、劳动光荣的社会风尚和精益求精、追求卓越的敬业风气，大力弘扬劳模精神、劳动精神、工匠精神。四是加强法治教育，重视宪法特别是劳动法律的宣传教育，引导职工树立法治意识，维护宪法法律权威，养成办事依法、遇事找法、解决问题用法、化解矛盾靠法的习惯。

（二）丰富思想政治引领的形式载体

一是发挥先进人物示范引领作用。组织劳模工匠宣讲团进机关、进企业、进楼宇、进院校，通过先进事迹报告会、演讲讲座、座谈交流等多种形式讲好劳模故事、劳动故事、工匠故事，使职工身边有典型、学习有榜样、奋斗有目标。二是加强阵地建设。发挥工人文化宫、工人俱乐部、职工活动中心、职工书屋等阵地作用，开展主题宣讲、专题培训、特色活动，把思想性、知识性、趣味性有机统一起来，加强对职工的思想政治引领。三是加强职工文化建设。以“中国梦·劳动美”为主题，组织“最美职工”评选，开展“北京劳动者之歌”系列活动，通过艺术展览、书画摄影、歌咏比赛等活动丰富职工文化生活。鼓励文艺工作者创作出更多宣传劳动者、展现新时代工人阶级风采的优秀作品，培养健康文明、昂扬向上的职工文化，增强职工精神力量。

（三）讲求思想政治引领的方法实效

一是将解决思想问题与解决实际问题结合起来。职工的思想问题往往与实际问题交织在一起，做好新时代职工思想政治工作，不能只停留在简单的灌输和空洞的说教上，需要针对职工生产生活中面临的突出问题，开展有针对性的教育、说服、疏导、服务，把思想政治工作融入关心关爱职工、维护职工合法权益的常态化工作之中。二是强化互联网思维。整合报、网、微、端、屏等资源，采用职工喜欢和熟悉的时尚元素、话语体系，综合运用动漫、短视频、网络直播等方式，探索更符合年轻职工的风格，多角度、多层次开展潜移默化的思想政治工作。三是主动适应信息化发展的趋势，借助信息化手段和互联网平台，分析研究职工的现实需求和反馈意见，探索推出文化服务“菜单”，尝试采取“订单”服务方式，增强服务的匹配度和职工的满意度。

三、全面提升职工队伍技术技能素质

（一）强化技术技能人才培养

一是优化职业教育类型定位。围绕建设教育强国、科技强国、人才强国目标任务，实施中职、高职办学条件达标工程，发展本科职业教育，推动职普融通、产教融合、科教融汇，培养更多应用型、技能型人才。健全高技能人才需求动态监测分析体系，鼓励行业龙头企业参与职业教育的专业规划、课程设置、教材开发、教学设计、教学实施，有针对性地开展人才培养。二是扩大技能培训的辐射范围。联合职业院校、龙头企业等面向社会共建共享一批公共实训基地，在中小企业聚集的楼宇园区设立培训点，开展送培训进企业活动。加强技能需求预测和调查研究，按照“三步走”工作思路加强首都工匠学院建设，大力开展职工讲师（匠师）队伍建设，推动优秀技能人才将生产经验和技术技能转化为系统化的课程。三是健全完善终身学习机制。落实党的二十大报告提出的“建设全民终身学习的学习型社会、学习型大国”要求，积极利用信息网络、人工智能、云计算等技术，为职工提供高质量、体系化、标准化课程内容，形成面向职工、适合职工、更加开放公平灵活的教育体系和学习方式，推动实现人人皆学、处处能学、时时可学。积极引导鼓励职工不仅做知识的消费者，也要做知识的生产者，依托互联网平台开展专业技能和实用内容分享，实现切磋技术、取长补短。

（二）激发技术技能人才创新活力

一是开展各种形式的创新活动。发挥北京高校院所基础研究主力军和重大科技突破生力军的作用，瞄准产业化关键技术开展研发。推动具备条件的企业、行业建立职工创新工作室、职工创新工作室联盟，针对高端制造、信息产业中的薄弱环节开展联合攻关，解决跨行业、跨领域关键共性技术难题，营造有利于科技型中小微企业成长的良好环境。二是注重培养职工创新能力。做好创新工作室认定、职业发展、创新项目、发明专利、名师带徒、自主创新成果等职工助推项目。搭建企业内部、同行业、产业链上下游技能人才交流平台，通过技能竞赛、行业研讨、经验交流、考察访问等活动，提升技能人才创新能力和水平。三是建设创新人才高地。实施“高聚工程”“朱雀计划”等人才计划，建设中关村人才特区，面向全球引进和使用各类科技人才资源。实施“北京学者”“智源学者”“科技新星计划”等人才计划，加大青年人才等创新型人才培养力度。实施“英才计划”，建立高校与中学联合发现和培养青少年科技创新后备人才的有效模式，培养基础学科拔尖创新后备人才。

（三）健全完善技术技能人才激励机制

一是构建人才评价机制。完善社会化职业技能鉴定、企业技能人才评价和院校职业资格认证相结合的技能人才多元评价机制，支持行业协会、龙头企业开发职业技能标准和评价规范，承担信息交流、标准制定、等级鉴定、评价认证、教育培训等功能。二是完善高技能人才与专业技术人才贯通发展机制。鼓励企业打破专业技术职称评审与职业技能评价界限，支持高技能人才参加职称评审和职业资格考试，鼓励专业技术人才参加职业技能评价，搭建两类人才成长立交桥，促进高技能人才与专业技术人才融合发展。三是完善薪酬激励机制。引导企业、高校院所、科研事业单位等制定以实际贡献为评价标准、与岗位职责目标相统一的收入分配激励机制，鼓励探索试行更灵活的薪酬制度。进一步优化科学技术奖励制度，加大技术技能要素和创新成果按实际贡献参与分配力度，对高技能人才实行技术创新成果入股、岗位分红和试行股权制、期权制等激励方式，促进技术技能型职工收入水平长期稳定提高。

四、做好职工群体维权服务工作

（一）完善就业政策保障体系

一是提供全方位就业服务。落实党的二十大报告提出的“促进高质量充分就业”，用好资金补贴、税收减免、社会保险费缓缴等方式，推动战略性新兴产业、先进制造业发展，加快发展吸纳就业能力强的第三产业，激励更多中小微企业、个体工商户等吸纳就业。深化工会就业创业服务，开展“春送岗位”“春风行动”“就业服务月”“民营企业招聘周”等线上线下相结合的专项活动。做好首都职工创业小额贷款，鼓励创业带动就业和灵活就业。二是做好重点群体就业工作。引导高校毕业生树立正确的求职择业观，提供针对性的就业指导，畅通市场化、社会化就业渠道。对脱贫家庭、低保家庭、零就业家庭、残疾等困难职工群体开展“一对一”就业援助，优先为其提供服务、推荐岗位。三是健全就业援助制度。畅通线上线下失业登记渠道，畅通失业人员求助渠道，提供针对性公共就业服务和职业培训，促进失业人员尽快实现就业。对通过市场渠道难以实现就业的，利用公益性岗位托底安置。

（二）维护职工收入分配权益

一是健全完善分配制度。推动提高劳动报酬在初次分配中的比重，坚持多劳多得，鼓励勤劳致富，健全向一线职工倾斜的分配制度，推动增加低收入者收入，扩大中等收入群体。二是推动落实最低工资保障制度。完善最低工资增长机制，建立最低工资评估机制，定期发布企业、行业工资指导线、工资调控水平和调控目标，推动最低工资标准科学合理调整。三是推动健全工资支付保障机制。开展工资支付专项检查和督查，推动完善发生欠薪后的救济制度，督促用人单位规范工资支付行为。四是依法推动企业普遍开展工资集体协商。发挥工会组织作用，重点推动区域性、行业性工资集体协商，推动企业建立健全反映劳动力市场供求关系和企业经济效益的工资决定和正常增长机制，促进职工工资随劳动生产率同步提高。

（三）推动健全多层次社会保障体系

一是扩大保障覆盖面。引导更多符合条件的单位和职工纳入社会保障，推动灵活就业人员、新就业群体、农民工、非公有制企业职工参保，完善对缴费困难群体帮扶政策，推动解决职工漏保、断保、转移接续等问题，努力实现应保尽保和法定人群全覆盖。二是积极开展职工医疗互助。深化北京市在职职工医疗互助保障计划，衔接基本医疗保险、商业健康保险，提高保障金额，动态更新疾病给付型职工医疗互助的疾病范围，升级津贴型和费用报销型职工医疗互助的保障额度。三是健全灵活就业人员社保制度。打破传统劳动关系对社保关系的制约，探索灵活就业群体社会保障政策和商业保险种类，提供更多投保简便、缴费灵活、自由选择的保险种类。

（四）积极构建和谐劳动关系首善之区

一是发挥协调劳动关系三方机制作用。按照北京市和谐劳动关系评价指标体系，开展劳动用工法治体检，完善守信激励和失信惩戒机制，将有重大违法行为的企业纳入诚信体系，进行重点监管和失信惩戒，将和谐劳动关系先进单位纳入诚信典型“红名单”，享受相关激励政策和服务。二是加大矛盾调处力度。完善劳动争议多元处理机制，进一步推进企业和行业性、区域性劳动争议调解组织建设，加强人民调解、仲裁调解、司法调解、工会参与调解的联动协作和平台对接，深化劳动争议调解多方联动机制。三是加强劳动领域风险隐患监测。加强工会劳动关系风险监测预警平台建设，综合职工服务热线、舆情监测、法律服务、工会信访等数据信息，开展全方位筛查和实时监测，实现重大矛盾隐患早关注、早发现、早会商、早解决，切实维护劳动领域政治安全。

（五）全面提升服务职工工作质量

一是加强职工服务阵地标准化建设。突出共建共享，吸纳整合社会资源，加大公共区域职工之家、职工暖心驿站建设力度，推动形成布局合理、发展平衡、功能完善、运行有效的站点网络。上线站点地图导航功能，在站点门口设置醒目的引导指示标志，开展有针对性的宣传活动，扩大站点知晓度。鼓励站点通过节假日开放、错时开放、预约服务等方式，通过人员值守或人脸识别、扫码开门等科技手段，实现24小时全时服务。定期开展北京市最美服务站点评选工作，鼓励支持服务站点根据职工需求优化服务设施、丰富服务内容，建设具有示范引领作用的“名片型”服务站点。二是做大做强职工服务品牌。紧扣“七有”目标和“五性”需求，培育一批职工受益度、满意度高的“工”字服务品牌项目，加大购买社会组织专业服务力度。实施“女职工关爱行动”，促进家庭友好型工作场所建设。重视职工心理健康，充分发挥职工心理咨询热线、心理体验服务系统的作用，鼓励用人单位建设“职工心灵驿站”和“减压室”。建立职工健康档案，做好重点人群定期筛查体检，把传统的劳模和职工疗休养转型升级为现代化的健康管理。积极培育职工志愿者队伍，叫响职工志愿服务品牌。三是持续做好困难职工帮扶工作。建立健全临时困难职工生活状况监测预警机制和常态化帮扶机制，完善多层次梯度帮扶格局，推进困难职工帮扶与政府救助、公益慈善力量有机结合，实现送温暖常态化。

负 责 人：张　良
承担单位：北京市总工会研究室、北京市工会干部学院

山西省职工队伍状况调查报告

根据全国总工会统一安排，山西省总工会于2022年3月至7月开展了2022年全省职工队伍状况调查。本次调查采取抽样问卷、座谈交流、个案访谈和文献研究相结合的方法，全面了解职工队伍近期状况和近五年来的发展变化，形成如下报告。

一、山西省职工队伍的基本状况和发展变化

山西省是我国重要的能源和原材料供应基地，矿产资源十分丰富，其中以煤矿、铝土、铁等为最，尤其是煤炭资源得天独厚，形成了典型的资源型经济，工业主要集中在煤炭、氧化铝、焦炭、钢铁、电力等能源行业和高耗能行业。五年来，山西一手抓煤、电、钢、焦等传统优势产业改造提升，一手抓高端装备制造、新材料、大数据等战略性新兴产业发展壮大，产业发展的含金量、含新量、含绿量不断提升。2021年山西省GDP 9.1%的增长中，有7.1个百分点源自非煤产业拉动。山西省职工以主人翁姿态投身高质量发展的伟大实践，职工队伍整体素质持续提升，工人阶级先进性不断发展。

（一）总体状况

1. 性别和年龄结构。本次受调查的职工中，女性比例略高于男性，男职工占49.4%，女职工占50.6%。受调查的职工平均年龄为39岁，比2017年提高0.6岁，与全国劳动力人口平均年龄（38.8岁）基本持平。30~40岁的职工最多，占35.6%；其次是40~50岁的职工（28.3%）和30岁以下的职工（21%）；50岁以上的职工占15.2%。分行业来看，科研和技术服务业、房地产业、租赁和商务服务业、信息和软件业4个行业的职工平均年龄最小（35岁），水利、环境和公共设施管理业的职工平均年龄最大（44岁）。从单位类型来看，非公有制单位的职工更为年轻，平均年龄比公有制单位小4.6岁。

2. 政治面貌。本次抽样职工中，共产党员占29.1%，共青团员占14.8%，合计43.9%；民主党派占0.2%；未加入任何党派的职工占55.9%。

3. 民族和宗教信仰。山西省民族众多，56个民族和谐共生。近年来全省少数民族人口稳步增长，但总体仍以汉族为主，占人口的99.65%。在宗教信仰方

面，山西省存在佛教、道教、伊斯兰教、天主教、基督教5个宗教团体。从本次调查来看，88.6%的职工无宗教信仰，11.4%的职工有宗教信仰，后者比2017年的13.6%略有下降。

4. 户籍和婚姻状况。总体来看，山西省各地职工以本地户口为主，占88.7%。其中本地非农业户口最多，占59.9%；本地农业户口和本地居民户口分别占26.6%和2.6%。外地户口占11.3%，其中外地农业户口占比更高，为6.1%；外地非农业户口和外地居民户口分别占4.8%和0.4%。婚姻方面，职工以有配偶为主体，占81.6%，未结过婚职工占16.3%，离异职工占1.7%，丧偶职工占0.4%。

5. 总体受教育程度较高。第七次全国人口普查显示，山西省人口受教育平均年限为10.5年，位于全国第四，拥有大学程度及以上的人口比例为17.4%。本次受调查的职工中，接受过大专及以上教育的占65.2%，其中机关事业单位、国有企业的职工以本科及以上学历居多，特别是机关单位，本科及以上学历的职工达到了73.3%。另外，调查显示，受教育程度越高的职工群体，党员所占比例越高。接受大学本科、研究生及以上学历教育的职工中，党员比例分别达到42.3%和66%；接受大专（高职）教育的职工中，党员占26.6%；而接受教育水平为中专（中技）及以下的职工中，党员只占16.2%。

6. 技能素质持续提升。近年来山西省持续开展大规模全民职业技能培训，从2018年起实施全民技能提升工程。目前，山西省技能人才占从业人员的比例达到28.8%，高技能人才占技能人才的比例达到30%，全面完成国家及山西省委、省政府的目标任务，高标准超额完成国家的“三年行动”目标，2021年提前一年完成“5年500万人”的培训任务，越来越多的劳动者走上技能就业、技能成才、技能增收之路。同时，与发达地区相比，山西省高技能人才比例依然偏低，并且存在分布不均衡问题。从本次调查来看，运城市高技能人才比例最高，高级工及以上技能等级职工占13.4%；忻州市和吕梁市高技能人才最少，受调查职工均未达到高级工或以上技能等级。另外，调查显示高技能人才中党员占比明显较高，中级工及以下技能等级职工中党员占比为17.8%，高级工及以上技能等级职工中党员占比为35.9%，后者是前者的2倍多。

（二）工作就业状况

1. 第三产业就业人员最多。近年来，山西省进行的产业结构优化工作取得成效，第一、二、三产业按照就业人数的排序为“三、二、一”结构。2021年，山西省第三产业增加值首次迈上“一万亿”的新台阶，提供了50.4%的就业岗位，为促进就业提供了强力支撑。

2. 非公有制经济是吸纳就业的主渠道。随着山西省全力实施市场主体倍增工程，持续优化营商环境，推动惠企政策落实落地，民营经济总量规模逐渐壮大，结构质量不断优化，发展实力显著增强。2021 年，山西省民营经济总量跨过万亿元大关，占全省 GDP 的 46%，是吸纳劳动力、扩大就业的主渠道。

3. 新业态经济成为稳就业的重要力量。近年来山西省新业态加速发展，2021 年规模以上服务业中，互联网和相关服务业、快递业营业收入分别增长 50.0%、26.9%，成为稳就业的重要力量。

4. 职工工资和社保福利水平不断提升，工作满意度较高。在工资方面，2021 年山西省城镇居民人均可支配收入达到 37433 元，比 2017 年（29132 元）增长了 28.5%。调研显示，自新冠疫情发生以来，企业生产经营虽受到不利影响，但工资发放基本符合当地最低工资标准要求，大部分以每月固定日期进行发放。许多困难企业还积极偿还过去拖欠职工的工资、医药费、集资款等。在社会保险和福利方面，全省各地企业职工大部分参加了不同项数的社会保险，部分企业参加了各市总工会职工医疗互助工程，有的还设立了企业年金。企业普遍为职工提供了不同种类的福利，如发放节日礼物、夏季高温补贴、冬季取暖补助等。线下问卷调查结果显示，83.2%的职工对当前工作感到满意，职工生活状况稳定，生活水平保持良好状态。

5. 新冠疫情影响较大。新冠疫情给山西省国民经济和社会发展带来挑战，职工工作生活受到较大影响。问卷调查结果显示，新冠疫情成为职工一大压力来源。46.7%的职工表示新冠疫情导致求职机会变少；52.1%的职工存在不同程度的失业担忧；19 个行业中，有 9 个行业超过八成的职工都表示新冠疫情导致本行业经营困难，其中金融业该比例占 97.5%，受影响较大的还有批发和零售、农林牧渔、交通运输仓储及邮政、文化体育和娱乐、制造、房地产、住宿和餐饮、科学研究和技术服务等行业。

6. 稳定性成为职工择业的首要因素。受经济形势和新冠疫情等影响，当前职工更为青睐稳定的工作，不轻易跳槽，且愿意努力工作以获得更多的报酬。从本次调查数据可以看到，最看重工作稳定性的职工占 65.1%，比排第二位的“收入高”（有 43.1%的职工选择）高出 21%。参加调查的职工中 61.8%的职工近五年都未换过工作，20.6%的职工只换过 1 次工作。

（三）生活品质状况

1. 职工精神风貌积极向上，对未来发展充满信心。77.6%的受访职工对当前生活感到满意，86.2%的职工相信未来生活会越来越好。职工业余休闲活动积极、健康、向上，最受欢迎的活动依次为：观看影视（45.8%）、读书看报（39.3%）、刷手机上网（39.2%）、运动健身（38.9%）。

2. 家中“一老一小”是职工的关注重点。教育和养老是职工重点关注的问题。调查显示，职工更倾向于将增加的生活支出用于“子女教育”和“赡养老人”，分别有61.4%和48.4%的职工选择该两项。对民生领域的改进，职工最期待的也紧贴教育和养老，排在前三位的分别为：注重教育资源的均衡与可获得，增加养老服务机构、设施及服务，发展社区养老和生活服务等。

3. “三孩”政策开始显效。面对人口增长放缓状况，山西省积极调整优化生育政策，制定了包括降低生育、养育、教育成本在内的配套措施。从本次调查来看，已婚职工中一孩职工最多，占总数的48.1%；二孩职工其次，占41.6%；还有4%的职工拥有三孩。

4. 职工期待进一步缩小收入差距。在促进共同富裕问题上，本次调查中职工最在意的是收入差距缩小，71%的职工希望国家建立固定的工资增长机制。根据2022年山西省总工会开展的“稳步促进全体人民共同富裕问题”重点课题问卷调查统计，参与调查的9227位职工，85.8%的职工最为关心收入和分配结构问题。

（四）思想政治状况

1. 坚决拥护党的大政方针。广大职工深刻领悟“两个确立”的决定性意义，增强“四个意识”、坚定“四个自信”、做到“两个维护”，始终在思想上政治上行动上同以习近平同志为核心的党中央保持高度一致，普遍拥护党和政府坚守人民立场、关心关爱职工的一系列举措。调查显示，90.2%的职工相信“十四五”规划能让老百姓得到实惠，93%的职工相信到本世纪中叶能够基本实现全体人民共同富裕，95.7%的职工对我国全面建成社会主义现代化强国、实现中华民族伟大复兴的中国梦充满信心。

2. 对工会工作认可度较高，期待进一步发挥作用。职工对工会工作普遍表示认可，对“当遇到困难和问题时，您倾向于找谁帮忙解决”这一问题，选择“工会”的人数紧随“亲朋好友”，排在第二位。91.3%的职工认为集体协商在维护职工权益方面发挥了有效作用。职工最希望工会在“维护职工合法权益”和“与企业开展集体协商，提升职工工资水平”上发挥更大作用。

3. 劳动精神在新一代职工中延续。近八成（79.2%）受访职工相信靠劳动能过上富裕的生活。在实现共同富裕的主要途径方面，职工选择最多的是“勤劳致富”。职工愿意通过劳动得到更多报酬，普遍接受加班。明确表示不接受加班的只占职工总数的6.1%，其余不愿加班的职工是因单位没有按照劳动法给予加班补偿。

4. 个人发展意愿强烈。调查中67.6%的职工有技能过时的担忧。高达91.6%的职工认为开展劳动和技能竞赛对单位和个人都有好处，94.9%的职工有兴趣学习新的职业技能或知识，但大多是被动参加单位组织的培训。

5. 心理状况总体良好。本次调查显示，92.5%的职工都存在心理压力，其中39.8%的职工心理压力较大，不过这些压力大多处于可调节范围内；72.7%的职工表示心理健康状况良好，明确表示心理状态不好的职工占6%。职工前五大压力来源依次为：收入、新冠疫情、教育、就医、买房，以上5个因素的受关注度远高于其他。

二、调查发现的问题

（一）职工技能素质提升还需加强

高质量发展离不开高技能、高素质的产业工人。山西省出台了《关于提高技术工人待遇的实施意见》，大力开展职业技能培训，技术工人紧缺状况得到缓解，但与发达地区相比，掌握新技术高技能的知识型和复合型技能人才相对缺乏，优秀高技能领军人才更加缺乏。

1. 技术工人待遇还需提升。山西省与发达地区相比，缺乏具有竞争力的薪酬激励机制，重学历、轻技能的现象依然存在。加之产业工人工作给人“苦、脏、累”的印象，导致择业时许多毕业生对事业单位和公务员报考趋之若鹜，宁愿千军万马过独木桥，也不愿意成为技术工人。面对“您认为工人社会地位下降的主要原因”这一问题，职工选择最多的是“收入水平低”（66.1%）和“工人工作苦、脏、累”（48.5%）。

2. 企业技能培训不够系统。企业开展的技能培训，还不能完全满足职工日益增长的学知识、学技术、学技能的需求。除了少数大中型企业有比较完善的学习培训制度外，一些中小微企业特别是民营企业对培训不够重视，只愿意消费人才，不愿意培养人才，担心职工接受培训并积累了足够的工作经验后会很快跳槽，舍不得投入。调查显示，68%的职工在当前岗位上没接受过职业技能培训。从教育培训实施的具体过程来看，还存在培训目标模糊、流于形式、质量不高等问题，部分农民工对各类培训学习等提升素质和技能的活动还缺乏主动性。

3. 技能人才成长渠道不够畅通。许多中小非公企业没有形成系统的职业发展规划、科学有效的人才测评体系，没有健全配套的技能人才培养制度，职工的职业与岗位晋升通道不够顺畅，一线技术工人很难跻身中高管理层。大多数企业又缺少相应的激励机制，难以调动工人的积极性，形成了“招工难”“留工难”的情形。

4. 职工自我提升主动性不足。调查显示，职工虽然有强烈的技能提升愿望，但落实到行动上的主动性不足。89.4%的职工通过参加单位组织的培训提高了技能等级或专业技能，74.4%的职工认为培训提升了就业竞争力。但在单位组织的培训之外，能坚持经常主动学习的职工只占 29.8%，自费参加进修或培训的职工只有 21.9%。

（二）劳动者权益保障工作还需细化

1. 新冠疫情下部分行业承压较大。新冠疫情之下，服务业受影响较大，生活性服务业尤其是聚集性服务业持续承压。2021 年，山西省城镇非私营单位居民服务、修理和其他服务业平均工资同比下降 1.2%，是 19 个行业中唯一负增长的行业；文化、体育和娱乐业平均工资增速也仅为 6%，均低于城镇非私营单位工资平均增速。

2. 劳动合同管理有待加强。山西各地企业劳动合同制度落实情况基本良好，本次调查的职工有 85.4% 的职工签订了合同，但存在一些问题。调查显示，33.2%的职工签订合同时没有约定或不清楚具体的劳动报酬数额，62.9%的职工签订合同时没有约定或不清楚加班工资如何计算；只有不到半数（45.5%）的职工能够按照劳动法得到足额的加班费或得到相当时间的倒休，20.4%的职工能得到部分加班补偿，还有 34.2%的职工得不到任何补偿；43.4%的职工既没有享受带薪年假，也没有得到相应的补偿。一些非公企业劳动合同签订率较低，在落实工资集体协商制度、工资指导线、高温津贴及职工带薪年假、支付加班工资等方面落实较差。部分劳动密集型民营企业将最低工资标准作为职工工资标准，职工收入低、生活压力较大。个别改制企业职工劳动合同呈现短期化倾向，一些职工的合同期甚至只有半年。

3. 社会保险覆盖率和保障水平仍有不足。从调查情况来看，不同行业、不同企业参保程度参差不齐。大部分规模以上企业为职工办理了医疗保险、大病医疗保险和工会组织开展的职工医疗互助，而有的企业只为少数有专长的业务技术骨干和中高层管理人员办理社会保险。另外，有职工反映大病医药费自费部分负担过重，职工看病难问题有待进一步缓解。本次调查显示，基本养老保险、职工基本医疗保险、工伤保险、失业保险、生育保险及住房公积金覆盖比例分别为70.7%、69.8%、70.1%、54.8%、49.6%和41.8%。仅29.7%的职工单位提供了补充养老保险，只有33.3%的职工参加了职工医疗互助活动。

4. 职工收入水平差距较大。虽然从纵向比较，山西省职工工资水平保持了稳步较快增长，但是工资绝对值仍低于全国平均水平。本次网络调查显示，职工月收入平均值为4092.38元，其中64.7%的职工月平均收入在4000元以下，86.8%的职工月平均收入在6000元以下，月平均收入高于1万元的职工只占2.6%。在问及心理压力来源时，职工选择最多的就是“收入低”。同时，职工队伍内部收入差距较大。具体来看，一是行业差距。规模以上企业中平均年工资最高的是电力、热力、燃气及水生产和供应业（10.5万元），信息传输、软件和信息技术服务业（10.2万元）；最低的是水利、环境和公共设施管理业（3.7万元），住宿和餐饮业（3.9万元）。二是地域差距。太原作为山西省省会城市，各项经济指标都名列前茅，职工平均工资最高。2021年，太原市城镇非私营单位年平均工资为9.6万元，是平均工资最低的忻州市（7.2万元）的1.4倍。三是不同所有制单位间的差距。尽管山西省城镇私营单位平均工资不断增长，但与非私营单位相比差距仍然明显，2021年平均工资仅为后者的55.5%，其中差距最大的电力、热力、燃气及水生产和供应业，私营单位平均工资（4.7万元）仅为非私营单位平均工资（10.1万元）的46.3%。

（三）新业态工会工作还需深化

1. 新就业形态劳动者权益保障存在新问题。新就业形态劳动者入职门槛低，劳动强度大，工作环境艰苦，女性从业者与男性同工同酬，高收入靠超高强度、超长时间劳动获得。部分从业者未与平台企业之间建立现行法律认定的劳动关系，一旦发生劳动纠纷，劳动者的基本权益很难得到保障。目前，平台企业会提供多种意外保险购买模式，但很多新就业形态劳动者不享受养老保险、医疗保险和工伤保险等基本社会保险，从业者一旦遭受重大意外或者患大病，其本人甚至家庭有可能会面临收入被迫中断、医疗保障中断的双重压力。另外，新就业形态劳动者对个人权益保障的认识不够，很大一部分从业者对服务单位是否应该为其缴纳社会保险没有概念，感知度和关注度不高，即使签订过合同的从业者，也只是知道自己有保险，具体有哪些险种，很多人没有明确的认识。

2. 新业态工会工作存在新挑战。在组织建设上，新就业形态劳动者大多集中在非公经济组织和社会组织，用工方式较为灵活，职工结构年轻化，现有工会组织模式距离职工需求变化尚有差距，在及时快捷为职工服务方面灵活性不足。在宣传发动上，与新形势下“互联网+”工作方式契合度不够高，线上线下立体宣传不平衡，对年轻从业者吸引力不足。在工作方法上，近年来开展了“四送”、普惠服务、大病医疗保险等工会特色项目，但在全覆盖新就业形态劳动者上仍有欠缺，还需综合协调政府相关部门、社会组织等多方资源促进工会工作。

三、对策与建议

（一）促进人口长期均衡发展

1. 推动“一老一小”事业高质量发展。一是全面落实国家优化生育政策。平衡女职工生育权与工作权，保障妇女劳动和社会权益。加大提供妇幼健康服务，加快发展普惠托育服务体系，全面推进综合性托育服务机构建设，释放生育政策潜力。二是积极应对人口老龄化。加强基本养老服务制度建设，提升社区养老服务的能力，构建居家社区机构相协调、医养康养相结合的养老服务体系，大力发展普惠性养老服务和互助性养老，健全多层次、多支柱养老保险体系，推进“5G+智慧养老”，发展“银发经济”。三是不断深化社会服务，将“一老一小”工作贯穿于公共服务各个领域。强化政策的系统性、协同性和有效性，围绕“一老一小”领域存在的共性问题，从城镇农村互补、政府社会共建、事业产业同步等多个维度统筹谋划，力争从更高水平实现老有颐养、幼有善育。

2. 做好人才“引育用留”。按照高质量发展的目标要求，大力实施人才强省战略，准确把握人才事业发展的形势任务，发挥优势、主动作为，不断完善人才政策体系，加强人才服务保障，切实增强做好人才工作的政治、思想和行动自觉。一是完善人才发展体制机制。加强人才培养和教育，实施重点领域人才队伍建设工程和高层次人才特殊支持计划，着力构建更为科学的人才培养体系。围绕产业转型两个方面推动科技成果转移转化，深化科研经费管理改革，构建科学有效的人才测评体系，坚决破除制约山西省人才发展的思想障碍和制度藩篱，让山西省本土人才充分涌现出来，做好“晋才晋用”。二是壮大战略人才力量。立足山西省实际，依托省校合作建立供需对接平台，重点围绕煤炭清洁高效利用、高端装备制造、新材料、大数据等领域，以更广胸怀和最大诚意主动招徕人才，加大人才扶持力度，为科研项目和技术革新提供必要场所和资金投入，培育建设众创空间、孵化器、加速器等创新创业孵化平台和双创示范基地，营造宽松氛围，提供成长机会。三是优化人才发展生态。强化政策执行和落地，用心用情服务，使人才找政策有权威统一的清单、要认定有明确具体的标准、想创新有开放合作的平台、谋发展有多元向上的通道、出成果有名利双收的激励、去兑现有便利快捷的窗口、需服务有专业精准的代办、遇困难有周到暖心的回应，让人才发展生态全面优起来。

（二）推进产业工人队伍建设改革

1. 加强企业党组织建设。坚持党建引领，增强基层党组织政治功能和组织力，推动“党建带工建，工建促党建”落实见效。加大在产业工人队伍中发展年轻党员的力度，把技术能手、优秀产业工人吸收到党组织中来，把先进分子培养成企业经营管理骨干，发挥工人党员先锋模范作用。创新党组织工作内容和活动方式，切实发挥好基层党组织的政治核心作用。

2. 推动职业技能培训提质增效。聚焦“高、精、尖、需、特”产业，深化产教融合、校企合作，大力推进订单式、项目制培训和急需紧缺技能人才培训，特别是针对当前一些企业在复工复产和增产扩产中面临的技能人才招工难的问题，积极开展定向培训、精准输送，实现生产恢复和就业增加“两不误、两促进”。积极发挥企业培养职工技能人才的主体作用，完善专业人才培养体系和技能导向激励机制，引导企业在关键岗位、关键工序培养使用高技能人才，实现多劳者多得、技高者多得。发挥工会大学校作用，加快山西工匠学院建设，鼓励各地有条件的地方广泛建立工匠学院，加强“工匠学院+实训基地+网上培训”三位一体的工会技能培训阵地建设，扩大职工（劳模）创新工作室引领辐射效应，培育打造知识型、技能型、创新型的中高端技能人才队伍。

3. 畅通产业工人成长通道。抓住国家“新八级工”政策出台的契机，完善产业工人培养、使用、评价、激励制度，促进职业技能等级认定结果与培养使用待遇更好结合。引导用人单位形成技能累积导向的薪酬分配制度，建立基于岗位价值、能力素质、业绩贡献的岗位绩效工资制，鼓励企业针对技能人才实行特殊薪酬制度以及专项奖励。

4. 完善相关激励机制。推动建立产业工人工资正常增长机制和持续增长制度，对高技能人才探索实行年薪制，加大对产业工人创新补助力度，努力提高产业工人待遇，实现产业工人体面劳动。

5. 发挥模范引领作用。继续做好劳模工匠进学校、进园区、进企业、进班组活动，扩大先进模范典型的影响力。为在新时期作出重大贡献、享有崇高声誉的产业工人颁发相应荣誉，给予物质奖励，在全社会营造劳动光荣的良好风尚和追求精益求精的敬业风气。

（三）强化就业优先

1. 稳定扩大就业岗位供给。全力实施市场主体倍增工程，扩大市场就业容量。落实好加强人力资源服务支持民营经济发展政策举措，强化各项减税降费、补贴补助等稳岗就业政策落实，支持和引导企业吸纳更多劳动力就业。落实好吸纳就业补助、社会保险补贴等政策，鼓励劳动者通过网约车司机、直播带货等新业态新模式就业，多渠道支持灵活就业，全面取消灵活就业人员在就业地参加社会保险的户籍限制。

2. 全面提升就业服务质量。实施就业服务质量提升工程，开展公共就业服务专项活动，支持各类劳动力市场、人才市场、零工市场建设，加强省外劳务服务工作站、各地劳务协作站、乡镇（街道）就业服务站建设，完善山西省公共就业服务信息网络平台，健全内外衔接、上下贯通的公共就业服务体系。做好农民工、防返贫监测对象、城镇就业困难人员等群体的精准帮扶工作。推动农民工就业稳规模、强技能、提质量，鼓励农民工参加政府补贴性职业技能培训、职业技能竞赛创业，点对点输送务工人员到岗，心贴心维护劳动保障权益。

3. 推动创业平台建设。以创新创业促进就业，把稳定就业基本盘与支持创新创业、灵活就业结合起来，推动新业态新模式与创新创业联动发展，更好地发挥创业带动就业倍增效应。支持企业、社会组织建立创业孵化基地和创业园区，完善创业指导、创业实训、投资融资等“一站式”创业服务。加大对各类群体的创业支持，落实创业补贴、场租补贴、社保补贴政策。鼓励农民工在乡创业就业，鼓励参与支农项目建设。

4. 强化稳岗纾困支持。抓好退减税、社会保险费阶段性减缓、失业保险稳岗返还、就业补贴、降低融资成本等政策落地。针对部分企业缺工严重、稳岗压力大和重点群体就业难等突出矛盾，因地因企因人分类帮扶，提高政策精准性。例如，山西省总工会简化流程全额返还小微企业工会经费，降低小微企业经营成本。2021 年山西省返还小微企业工会经费及建会筹备金 1.66 亿多元，2022 年返还 3.37 亿元。运城市盐湖区建设零工市场，把务工者“请进屋”，提供吃、住和劳动工具等“一条龙”服务，既满足了务工人员的灵活就业需求，又解决了企业劳动力不足的问题，务工人员马路边揽活儿“打游击”成了历史，劳动就业变得更加高效、更加体面。

5. 以消费带动就业。要想方设法刺激消费，采取发放消费券等方式，促进零售、餐饮、旅游等行业加快复苏，提升城市“烟火气”，进一步稳住传统消费，培育新兴消费，适当增加公共消费，推动消费和就业形成互为牵引的良性循环。新冠疫情暴发以后，山西省各级工会通过“云闪付”App 向全省工会会员发放每人 300 元的标准电子消费券，三年来累计发放 12.43 亿元，促进以餐饮服务业为重点的小微企业发展，为山西省经济复苏提振了信心。

（四）积极有为促进共同富裕

共同富裕是社会主义的本质要求。我们必须把推动共同富裕作为新发展阶段践行人民至上的主攻方向，以劳动者为本，坚持人民性、科学性相统一，从政治和战略的高度做好顶层设计，探索典型经验和有效路径，深化工资收入分配改革，完善收入和财富分配格局。一是健全工资合理增长机制，坚持居民收入增长和经济增长基本同步、劳动报酬提高和劳动生产率提高基本同步，健全最低工资标准调整机制，使最低工资标准增长更好地与经济社会发展相协调；健全工资指导线制度，为企业合理确定工资水平提供更具针对性的信息引导；完善行业工资集体协商制度，维护职工经济利益和保障企业合法权益。二是加强和改进工资收入分配宏观调控，灵活运用三次分配制度优化财富分配格局，提高劳动报酬在初次分配中的比重，加大税收、社会保障、转移支付等再分配调节力度和精准性，发挥慈善等第三次分配作用，持续提高低收入群体收入，扩大中等收入群体，合理调节城乡间、区域间、不同群体间的分配关系，缩小收入分配差距，积极有为地促进共同富裕，编密织牢社会安全网。

工会组织积极展现担当作为。一是加强源头参与。积极参与各项民生政策、劳动安全卫生法规制度等的修订、完善和调整，在推进收入分配制度改革、完善社会保障政策、改善社会公共事业建设、健全和完善劳动法律制度等方面积极发挥作用，从源头上维护职工合法权益。二是构建高标准职工服务体系。建立健全新时代高标准的山西省工会职工服务体系，同时继续发挥各级城市困难职工解困脱困工作领导小组作用，积极争取党政更多的支持，推进工会数据与民政、人力资源社会保障、卫健、住房、医保等部门数据的有效衔接，联合配套出台更多具体措施，努力让数据多跑路、职工少跑腿，进一步提高困难职工的保障水平和质量。

（五）防范化解就业领域矛盾纠纷

1. 切实维护劳动者合法权益。积极开展和谐劳动关系创建活动，保障职工劳动经济权益。监督企业依法与劳动者订立书面劳动合同规范用工，督促企业依法落实工时制度，保障劳动者休息休假权益，监督企业参加企业职工社会保险，加大劳动用工备案宣传力度，建立线上线下相结合的备案指导服务模式，引导企业“应备尽备”。健全公共服务体系，进一步完善职工代表大会、职工民主管理、工资集体协商等各项制度。加大对违反劳动法律法规、侵害职工权益案件的调查处理，依法公开曝光失信行为，提高失信主体代价。

2. 强化动态监测预警。建立完善职工思想状况定期调查制度，不断探索服务职工的新途径新方法，及时掌握各类职工群体的利益诉求和思想动态，更加贴近职工、贴近实际、贴近生活。强化互联网服务和引领功能，充分利用现有工会新媒体矩阵，强化对社会热点难点问题的正面引导，及时回应职工关切问题，完善劳动关系预警、协调、处理机制，畅通职工利益诉求表达渠道。

3. 加强心理健康服务。深入研究广大职工特别是新生代职工生产生活方式的新变化、新特点，研究解决影响职工健康成长的突出心理问题，帮助职工解疑释惑、排忧解难、增进共识，引导职工理性看待利益调整和社会变革，依法有序表达合理诉求。充分发挥职工心理健康咨询示范基地、爱心驿站等服务阵地作用，针对部分企业缺工严重、稳岗压力大和重点群体就业难等突出矛盾，因地因企因人分类帮扶，提高政策精准性。加大政策创新力度，进一步研究运用多种政策工具稳岗扩岗。推广“互联网+心理健康”服务系统功能，推动形成多层次、多样化、多功能的职工心理健康服务新格局。

4. 稳妥化解突出矛盾。不断完善和用好劳动纠纷处置化解机制，对劳动争议案件依法依规、快办快处，切实防止矛盾激化。健全劳动关系群体性事件预防和处置机制，做到分级响应、分级处置，提高应急处置能力，坚决防止出现极端事件和群体性事件。

5. 加大重点人群劳动权益保障。重点加强对青年职工、农民工、新业态从业人员等群体的权益保障和心理疏导。做好根治欠薪工作，推动实现在建工程项目农民工实名制管理、工资专户、行政司法联合惩戒等制度的措施全覆盖。加大对外卖骑手、网约车司机、快递员、网络主播等灵活就业人员特别是新就业形态从业人员的劳动保障力度，加强岗前培训、职业技能培训和政策法规教育，坚决防止和纠正就业歧视，切实维护弱势群体权益，努力让劳动者体面劳动、全面发展。

（六）加强新就业形态劳动者工会工作

1. 切实摸清底数。加强与税务、市场监管、交通、邮政等部门的协调联动，深入基层进行大调研、大排查，切实摸清新就业形态劳动者特点、分布、人数及所在平台企业、关联企业工会组建情况，做到企业数量清、所处区位清、入会对象清、推进建会工作情况清。加快推进会员实名制数据库建设，进行动态化管理，逐步实现新就业形态劳动者会员的精准统计。

2. 全面推进建设。推动用人单位“单独建”、龙头企业“牵头建”、行业协会“推动建”。以平台头部企业为关键，以行业（区域）工会作为吸收新就业形态劳动者入会的重要渠道，着力建设一批以覆盖新就业形态劳动者为主的市级、县级行业工会联合会，推进快递物流园区特别是国家级、省级物流园区普遍建立工会组织，强化乡镇（街道）工会入会兜底职能，全面扩大有效覆盖。

3. 加大经费补助。做好山西省乡镇（街道）、500 人以上基层工会联合会（联合基层工会）、村（社区）工会经费补贴及社会化工会工作者和专职集体协商指导员工资分级负担经费补贴。建立新就业形态劳动者入会和权益维护工作专项经费，按照分类分层分级方式进行补贴。

4. 创新方式方法。探索推行“一键扫码”网上建会入会全流程操作模式、基层工会联合会直接发展会员方式，及时将新就业形态劳动者吸收进来。推行集体登记入会、流动窗口入会、职工沟通会现场入会等方式，举行集中入会仪式等做法，增强会员意识，扩大工会影响。推动形成线上线下有机融合相互支撑的组织体系，为新就业形态劳动者提供更加及时精准的服务。

5. 深化服务保障。推动完善适应新就业形态劳动者的社会保险模式，联合第三方商业保险机构共同开发专属意外保险，防范和化解职业伤害风险。将加入工会组织且符合相关条件的新就业形态劳动者纳入工会帮扶工作管理系统，广覆盖、分梯度、多层次进行常态化帮扶，精准定位、分类施策，开展生活救助、医疗救助、子女助学等特色服务。发挥工会职工心理健康咨询示范基地作用，有针对性地开展人文关怀、职工心理咨询和干预等特色服务。

6. 加强法律援助。加大源头参与力度，反映职工诉求，维护职工合法权益，积极参与规范新就业形态劳动者用工政策法规制定工作，推动建立健全新就业形态劳动者权益保障地方性政策法规体系。加强与法院对接工作，对符合工会法律援助条件的新就业形态劳动者，及时提供纠纷调解、法律咨询、法律援助等服务。

7. 加大宣传力度。加强思想政治引领，多维度立体式做好建会、入会、服务宣传，提升对工会的归属感、认同感和荣誉感。开展以送思想文化、送身心健康、送平安保障、送温暖关爱、送工作岗位、送技能提升等为主要内容的新就业形态劳动者温暖行动。注重选树新就业形态劳动者和平台企业先进典型，及时表彰宣传，发挥示范作用。

负 责 人：王　纯

承担单位：山西省总工会工运理论研究中心

辽宁省职工队伍状况调查报告

为全面了解我国职工队伍和劳动关系新情况新变化，准确把握新时代工会工作面临的新形势新任务，全国总工会于2022年1月至8月，组织开展了第九次全国职工队伍状况调查。辽宁作为此次调查选定的15个省（区、市）之一，发放抽样调查问卷3250份（职工问卷3000份，工会主席问卷250份）、网络专项调查问卷1.6万份。按照全国总工会抽样要求，组织沈阳、大连、锦州、营口、辽阳5个市，以及新宾、东港、彰武、昌图、朝阳5个县（市）的300家机关企事业单位3250人参与抽样问卷调查。沈阳、大连、锦州、营口、辽阳每个市调查已建会单位职工400名、工会主席40名和未建会单位职工100名；新宾、东港、彰武、昌图、朝阳每个县（市）调查已建会单位职工100名、工会主席10名。同时，组织辽宁省14个市的130家机关企事业单位近1.6万名职工参与“职工生活品质”网络问卷调查。

辽宁省总工会根据全国总工会《第九次全国职工队伍状况调查方案》部署，成立以主要领导为组长的调查领导小组，制定印发《全省职工队伍状况调查方案》，扎实组织辽宁省各级工会做好网络调查和抽样调查工作，赴鞍山、抚顺、盘锦、葫芦岛等地开展实地调研，与基层工会干部和企业一线职工交流座谈。在深入研究分析全国总工会反馈的调查数据、查阅相关文献资料、充分借鉴近年来工会调研成果的基础上，形成调查报告。

调查表明，2017年以来，辽宁全面振兴全方位振兴迈出坚实步伐，全省职工队伍不断发展壮大，主力军作用充分发挥，劳动经济权益、民主政治权利、精神文化权益进一步实现，获得感、幸福感、安全感进一步增强，职工队伍总体保持稳定。与此同时，职工队伍建设方面还面临着一些新情况新问题，必须高度重视并采取措施认真加以解决。

一、辽宁省职工队伍的整体情况

五年来，辽宁省广大职工在辽宁省委、省政府的坚强领导下，围绕推进供给侧结构性改革、结构调整“三篇大文章”、加快“数字辽宁、智造强省”建设、构建“一圈一带两区”区域发展格局、优化营商环境、绿色低碳发展、疫情防控等重大决策部署，攻坚克难，砥砺奋进，为推动辽宁高质量发展作出了重要贡献。

（一）职工队伍结构更加优化

1. 职工年龄结构总体稳定。本次调查显示，职工队伍平均年龄为 39.9 岁，与 2017 年第八次全国职工队伍状况调查时相比增长 0.9 岁。50 岁以下的职工占比 85.4%，比 2017 年提高了 1.1 个百分点。其中，40~50 岁、30~40 岁、30 岁以下职工分别占比 33.8%、37.3%、13.9%。50~60 岁职工仅占 14.1%。由此可见，“70 后”“80 后”“90 后”是职工队伍的主体，职工队伍年龄结构处于合理区间。

2. 职工性别结构更趋平衡。调查显示，男性职工占比 46.5%、女性职工占比 53.5%，与 2017 年第八次全国职工队伍状况调查时男性职工占比 43.8%、女性职工占比 56.2%相比更趋平衡，更接近辽宁省人口男性与女性 49.8∶50.2 的性别比例结构。从产业角度来看，第一、二、三产业从业者性别比（男性∶女性）分别为 46.9∶53.1、51.1∶48.9、43.1∶56.9，第三产业女性从业者数量明显多于男性。从行业角度来看，男性就业率较高的行业有采矿业，交通运输、仓储及邮政业，水利、环境和公共设施管理业；女性就业率较高的行业有卫生和社会工作、租赁和商务服务业、科学研究和技术服务业。

3. 产业工人队伍结构分布更为合理。随着工业化、城镇化的深入推进，以及产业结构升级，农村富余劳动力向城镇转移成为趋势。据统计，辽宁省城镇从业人员数量已由 2017 年的 1071.2 万人增加到 2021 年的 1483 万人。第一、二、三产业就业比重由 2017 年的 31.3∶24.5∶44.2 变为 2021 年的 27.4∶22.5∶50.1，全省第三产业从业人员人数增幅明显，已达 1097.2 万人，成为吸纳劳动就业的主渠道和“蓄水池”。从行业角度来看，制造业仍是辽宁省发展优势和支柱产业。截至 2020 年末，在各行业门类中，制造业就业人数相对占优，占全省在岗职工总数的 22.5%。卫生和社会工作，租赁和商务服务业，信息传输、计算机服务和软件业就业人数分别增长 1.3%、1%、0.7%。新产业、新业态、新商业模式企业大量涌现，带来大量非全日制、临时性和弹性工作等灵活就业群体。

4. 非公有制企业用工比重持续增加。据统计，截至 2020 年末，辽宁省国有和集体单位在岗职工数占职工总数 40%，非公有制单位就业职工数占在岗职工总数的 60%，这与本次调查显示的公有制就业职工占比 41%、非公有制就业职工占比 59%的比例结构基本持平。2017—2020 年，非公有制企业用工比重持续增加，就业职工人数占比提高了 10.9 个百分点。非公有制经济在促进辽宁省经济发展和扩大社会就业方面发挥了重要作用。

（二）职工队伍素质不断提高

1. 文化素质持续提升。调查显示，职工接受教育的平均年限为 14.4 年。其中，接受过高中（职高）以上学历教育的职工占比 89.1%，大专及以上学历教育的职工占比 72%，本科及以上学历的职工占比 46.7%，研究生及以上学历教育的职工占比 4.5%。与 2017 年相比，受过中专（中技）教育职工占比增长 2.9%，拥有本科及以上学历职工的占比增长 0.4 个百分点。从年龄结构上看，以“90 后”为主体的年龄为 18~30 岁的新生代职工学历最高，受过大专（高职）及以上教育的达 87.9%，比以“80 后”为主体的 30~40 岁职工群体和以“70 后”为主体的 40~50 岁职工群体占比分别高出 1.8%和 24.4%。职工文化素质的提升既是辽宁经济社会发展的重要标志，也为建设素质优良的产业工人队伍提供了人才基础。

2. 技能素质不断提高。近年来，辽宁省深入实施“兴辽英才计划”，强化科技型人才引育，加强产业工人队伍改革，打造知识型、技能型、创新型技工强省。据统计，辽宁省拥有的技能人才从 2017 年的 483 万人增加到 2021 年的 509 万人。其中，高技能人才增加 26.3 万人，达到 127 万人。截至 2021 年，辽宁省拥有国家级高技能人才培训基地 28 家，国家级技能大师工作站 43 家，省级技能大师工作站 158 家。调查显示，分别有 41.1%和 21.5%的职工拥有专业技术职称和职业技能等级；职工受教育程度与其专业技术职称或职业技能等级成正比例关系。学历越高的职工拥有专业技术职称或职业技能等级的概率越大。调查中，受过大学本科教育并具有职业技能等级的职工占比 25.5%，比受过大专（高职）教育并具有职业技能等级的职工占比高出 3.1 个百分点。有 43%的职工最近 1 年内经常参加单位组织的培训，有 93.5%的职工认为通过参加单位培训提高了技能等级或专业技能能力。

3. 就业方式更加灵活，就业观念不断更新。伴随新业态、新技术、新产业的蓬勃发展，新就业形态和就业岗位不断涌现，如网约车司机、快递人员、外卖人员等。这种基于网络平台的就业方式，呈现出就业领域新、匹配方式新、就业方式新、就业观念新的“四新”特点。调查显示，分别有 34.5%、39.1%和 60.0%的职工认为共享经济、数字经济、平台经济等新业态给自身带来更多就业选择机会、更多创业可能性、督促自身加强学习提升就业能力；有 61.5%的职工担心自己目前的职业技能在未来会过时。“80 后”“90 后”的职工在择业过程中，他们既关注工资待遇，也注重工作环境、福利待遇、职业稳定性及发展前景。调查显示，职工对工作最看重的三项分别是“工作稳定”（62%）、“收入高”（45.9%）、“职业发展空间大”（31.4%）；36%的职工认为自己就业选择空间“很大”或“比较大”，48.4%的职工认为自己在单位发展机会“较多”。

（三）职工生活品质不断提高

1. 收入水平稳中有升。据统计，过去五年，辽宁省城镇非私营单位就业人员年平均工资从2017年的61153元增长到2021年的86062元，在岗职工年平均工资由62545元增长到88474元。辽宁省城镇私营单位从业人员年平均工资从2017年的35654元增长到2021年的50168元。调查显示，2021年职工月家庭总收入平均为8276.3元，比2017年的职工队伍状况调查时的7318元增加了958.3元，说明近年来辽宁省职工家庭收入水平稳步增长。

2. 生活水平持续改善。据统计，2021年辽宁省常住居民人均可支配收入35112元。其中，城镇居民人均可支配收入43051元，农村居民人均可支配收入19217元。与2017年相比，分别增长了7277元、8058元、5470元。2021年辽宁省城镇居民家庭人均消费支出24849.1元，排在前三位的支出项目分别是：食品、居住、交通和通信。城乡居民住房自有率不断提高，职工住房条件进一步改善。调查显示，自购住房并已付清房款的职工占比49.5%，自购住房并在还房贷的职工占比34.1%。58.2%的职工认为与五年前相比，家庭生活水平“有很大提高”或“有所提高”。被调查的职工对目前整体生活质量打分均值为6.6分（1分最差、10分最好）；80.3%的职工对自己的生活感到“很满意”或“比较满意”；88.7%的职工认为未来的生活会“越来越好”。

（四）职工队伍思想政治积极上进

1. 职工对党的领导、国家发展充满信心。辽宁省广大职工紧密团结在党的周围，听党话感党恩跟党走，自觉做中国特色社会主义的坚定信仰者、忠诚实践者。调查显示，96.1%的职工对党的百年奋斗从根本上改变了中国人民的前途命运，开辟了实现中华民族伟大复兴的正确道路“非常赞同”或“比较赞同”；95.1%的职工高度评价党和政府在打赢脱贫攻坚战、全面建成小康社会方面所做的工作；96.7%的职工对坚定不移推进全面从严治党、大力推进反腐倡廉的做法“非常支持”或“比较支持”；91.9%的职工认为中央八项规定政策出台以来，贪污腐败情况“有明显减少”或“有一定减少”；97.5%的职工认为党和政府在抗击新冠疫情中始终坚持生命至上、精准防控，保障人民生命健康安全的做法“非常好”或“比较好”；87.9%的职工对生态环境保护、绿色发展“非常满意”

或“比较满意”；对于“十四五”规划，有91.1%的职工认为“规划切实可行，能让老百姓得到实惠”或“虽然对具体内容不了解，但相信党和政府制定的目标是正确的”。96.5%的职工对全面建成社会主义现代化强国、实现中华民族伟大复兴的中国梦“非常有信心”或“有信心”；92.9%的职工对实现共同富裕“非常有信心”或“有信心”；89.6%的职工对实现碳达峰、碳中和“非常有信心”或“有信心”。

2. 职工对社会主义核心价值观更加认同。辽宁省广大职工积极践行社会主义核心价值观，大力弘扬劳模精神、劳动精神、工匠精神，进一步营造了劳动光荣、创造伟大的浓厚氛围。调查显示，78.9%的职工对社会主义核心价值观“非常了解”或“比较了解”；86.1%的职工认为社会总体上“很公平”或“比较公平”；85.1%的职工认为与以前相比，现在人们道德水平“有所提高”；82.8%的职工认为“雷锋是我们学习的楷模，人人都应该向他学习”；83.5%的职工认为近年来工人的社会地位“有很大提高”或“有所提高”；81.3%的职工“认同”或“比较认同”靠劳动能够过上富裕的生活；74.5%的职工对当代劳动模范、大国工匠、时代楷模等先进典型人物“非常熟悉”或“有所了解”；77.8%的职工认为全社会大力弘扬劳模精神、劳动精神、工匠精神的氛围“非常浓厚”或“比较浓厚”。

二、辽宁省职工权益保障和落实情况

（一）职工劳动经济权益得到有效落实

1. 职工就业总体稳定。一是就业数量稳中有升。据统计，2017—2021年，辽宁省城镇新增就业年均增长47万人，城镇失业人员再就业累计281.2万人，就业困难人员实现就业52.4万人。全省城镇登记失业率稳定在3.8%~4.6%，全省零就业家庭保持动态清零。职工平均从事职业份数为1.79份，职工就业稳定性有所增强。二是就业质量整体向好。调查显示，职工第一次就业平均年龄25.2岁，平均工龄14.6年，88.6%的职工对目前工作“非常满意”或“比较满意”，最近五年内从未有过下岗、待岗、转岗安置经历的占半数以上。

2. 工资收入稳步提升。据统计，辽宁省城镇非私营单位就业人员年平均工资为86062元。其中，在岗职工年平均工资为88474元。辽宁省最低工资标准四个档次由2017年的1620元、1420元、1300元、1120元调涨至2021年的1910元、1710元、1580元、1420元。城镇居民人均可支配收入年均增长5.3%。调查显示，职工上月从单位获得到手货币收入平均值为4406.1元，与2017年末相比，增加了22.1%。有82%的职工认为自己现在的工资收入水平可以接受，

55.4%的职工认为自己工资收入水平在所在城市属于中等及以上水平。总体来看，职工收入水平整体稳步增长，最低工资制度对促进低收入职工工资水平增长发挥较大作用。

3. 职工社会保障权益有序实现。一是社会保险覆盖面不断扩大。截至2021年底，辽宁省参加城镇职工基本养老保险人数为2084.6万人，比2017年增加了134.8万人。其中，在职职工参保人数增加了32.1万人。2021年失业保险参保人数690.9万人，比2017年增加了11万人。调查显示，辽宁省88.9%的职工参加了职工基本养老保险、87.7%的职工参加了职工基本医疗保险、85.5%的职工参加了工伤保险、83.6%的职工参加了失业保险、73.9%的职工参加了生育保险，与2017年第八次全国职工队伍状况调查相比，除医疗保险参保人数略有下降外，其他保险参保人数分别提高了1.1、10.4、8.1、7.1个百分点。二是职工社会保险待遇水平稳步提高。自2004年以来，辽宁省企业退休人员月人均基本养老金实现了17连涨，失业保险金月人均水平也提高至1558元。调查显示，51%的单位近一年内提高了职工各类保险的缴费基数。由于社会保障水平不断提高，截至2021年末，辽宁省年享受最低生活保障城镇居民由62万人降至30.9万人。

4. 职工安全卫生权益得到有力维护。五年来，辽宁省各级党委、政府严格落实安全生产责任制，深化重点行业领域专项治理，有效防范重大安全风险，全省安全生产形势持续稳定向好。全省各级工会开展以“安康杯”竞赛为载体的群众性安全生产和职业健康活动，覆盖企事业单位1.5万家，参与职工210万人。健全职工报告、举报安全生产事故隐患制度，查找并整改安全生产事故隐患5230项，充分发挥最广泛、最直接、最有效的群众监督作用。调查显示，80%的职工参加过单位组织的安全生产和职业卫生方面的培训；76.7%的单位能够给职工“及时足量发放防疫用品”、71%的单位能够“及时足量发放劳动保护用品”；职工工作环境不存在高温低温、粉尘、噪声、有毒有害气体、辐射、机械故障隐患的比例分别为84.8%、83.8%、84.8%、92.3%、94.2%、86.4%；95.9%的职工“没有患过职业病，也没有受过工伤”，55.1%的工会主席所在单位厂长（总经理）对安全生产工作负总责，68.2%的单位近五年内未发生过安全生产事故。企业普遍能够落实主体责任，按照规定履行安全生产职责，职工生命健康权益得到进一步维护。

（二）职工民主政治权利得到进一步实现

1. 工人阶级先进性得到彰显。五年来，辽宁省产业工人在各级党委、人大、政协、群团组织的代表大会代表、委员会委员中的占比不断提高。其中在党的二十大辽宁省代表中，工人代表7人，占总数的10.9%。2020年辽宁省工会第十二次代表大会工人代表109人、占代表总数的21.9%，与辽宁省工会第十一次代表大会相比，一线职工代表人数增加了39人、占比提高了10.9%。产业工人在劳动模范和先进评选中的名额比例不断加大。近年来，在辽宁五一劳动奖评选中，产业工人获奖比例不低于33%，2021年获奖比例为56.7%，2022年产业工人获奖比例达到60.7%。产业工人队伍党建引领力持续加强。扎实开展党建工作情况摸底排查和“两个覆盖”集中攻坚，发展党员工作持续向企业生产一线倾斜，五年来新发展党员超过40万人。其中产业工人5.3万人，占13.1%。本次调查显示，共产党员占37.9%，共产党员和团员人数占比54.5%，达到被调查职工总数的一半以上，充分体现了工人阶级的政治性、先进性。

2. 企事业单位民主管理制度作用发挥明显。五年来，辽宁省各级工会坚持和完善以职工代表大会为基本形式的企事业单位民主管理制度，通过抓建制率提升、抓程序规范、抓作用发挥，强化示范带动、强化创新突破、强化培训提升等方式，持续推进厂务公开制度化、规范化，完善职工董事、职工监事制度，推进职工代表素质提升工程，提高企事业单位民主管理工作覆盖面和实效性。全省企事业单位普遍建立了职工（代表）大会制度，实行了厂务公开等民主管理制度。调查显示，75.2%的公有制单位建立了职工代表大会制度，54.6%的非公有制企业建立了职工代表大会制度。85.4%的职工认为职工代表大会作用发挥“很好”或“较好”，与五年前相比，职工的满意度上升了7.4个百分点；62.1%的职工所在单位实行了厂务（业务、校务或院务）公开；60.3%的职工有机会对工作单位的经营管理和自身权益发表意见和反映愿望。有58.3%、56.5%、59.3%的单位，分别采取工会或职工代表参与、职工代表大会表决、事先张贴出来征求职工意见的方式来制定劳动规章制度，与五年前相比，分别增加了4.4个百分点、3.3个百分点、5.8个百分点，职工的知情权、参与权、表达权、监督权得到进一步保障。

3. 集体协商工作成果得到持续巩固。五年来，辽宁省协调劳动关系三方扎实开展集体协商攻坚活动，联合开展“集中要约行动”“和谐同行”企业培育共同行动，推动平等协商和集体合同扩面提质增效。截至2021年底，辽宁省实现已建工会的企业集体协商建制率动态保持在80%以上，其中规模（限额）以上已建工会的企业开展年度集体协商、签订工资专项集体合同保持在90%以上，行业（区域）集体合同范围不断扩大，集体协商工作的成效进一步提升。调查显示，职工劳动合同签订率达到94.8%，比2017年提高了4个百分点；56.8%的职工所在单位开展了集体协商，95.7%的职工认为集体协商在维护职工权益方面发挥作用“非常有效”或“比较有效”。随着集体协商制度不断完善，企业劳动关系和谐度和职工对企业的认同感也不断攀升。有90.2%的职工“非常关心”或“比较关心”所在单位的前途和发展，有78.9%的职工认为所在单位很关心其个人利益和成长发展；有93.6%的职工认为单位经营者与职工关系“很融洽”或“比较融洽”，职工与企业经营管理者共同利益、共同事业、共同生态、共同文化的命运共同体意识不断增强。

（三）职工精神文化权益有力发展

1. 职工文化服务供给不断完善。五年来，辽宁省公共文化服务供给能力不断提升。截至2021年底，全省建有文化馆、艺术馆123个，公共图书馆129个，博物馆65个，档案馆145个。有线电视用户546.0万户，其中数字电视用户527.5万户。广播人口覆盖率99.48%，电视人口覆盖率99.46%。2021年出版报纸50种（不含校报），出版量5.1亿张；期刊312种，出版量0.6亿份；图书1.2万种，出版量1.8亿册，为满足全省职工群众日益增长的精神文化需求，提供了丰富的公共文化产品供给。全省职工文化阵地建设取得较大发展，各级工会积极推进县区工人文化宫（综合性职工服务阵地）建设，划地新建、升级改造40个工人文化宫建设项目，建设职工书屋4800余家，省级以上职工书屋示范点700多家。调查显示，63.6%的职工所在单位建有文体活动场所，62.9%的职工经常去单位职工文体活动场所活动，80%的职工对本单位开展职工文体活动表示“满意”或“比较满意”，与五年前相比，分别增加了10个百分点、8.3个百分点、16.1个百分点。

2. 职工精神文化需求健康向上。调查显示，职工最喜欢的业余休闲活动中，排名前五位的是：陪伴家人（63.4%）、休息补觉（43.4%）、健身锻炼（29.5%）、旅游（22.1%）、朋友聚会（21.6%）。95.1%的职工有兴趣学习新的职业技能或知识，18.7%的职工最近五年自费参加过进修或培训，能够“经常主动学习”或“工作需要而针对性学习”的职工达到58.4%，39.9%的职工所在单位提取职工教育培训经费占职工工资总额比例等于或高于1.5%。83%的单位职工教育培训经费用于一线职工的比例达到60%及以上。在回答好的家风建设应注重哪些方面这个问题上，职工选择夫妻和睦、教子有方、孝老爱亲的分别占比30.4%、23.3%、26.3%，分列前三位。有65.5%的职工最关注的是党中央关于经济方面的决策部署；北京2022年冬奥会冬残奥会如期成功举办后，有

62.4%的职工对参与冰雪运动表示“非常愿意”或“比较愿意”。

（四）工人阶级主力军作用充分发挥

五年来，辽宁省广大职工充分发挥主人翁精神，立足岗位、建功立业，为辽宁高质量发展作出积极贡献。全省各级工会聚焦结构调整“三篇大文章”等重大部署和项目推动、工程建设、产业发展，积极搭建建功立业平台，创新劳动和技能竞赛机制，累计组织8万余家企业、36.5万人次职工参加“技师杯”职业技能竞赛、辽宁省职工劳动和技能大赛，覆盖职工800余万人。目前，全省拥有各级劳模、职工创新工作室4658个。其中，全国级劳模创新工作室12个、省级劳模创新工作室312个、职工创新工作室712个，市级及以下创新工作室3622个。完成创新成果12128项，其中8957项成功转化，申请专利3589个，累计创造直接经济效益756亿元。组织职工开展“五小”技术创新活动，择优推选533个已实现成果转化的创新项目参加辽宁省职工创新大赛，直接创造经济效益54.4亿元。调查显示，90.9%的职工认为开展劳动和技能竞赛（技术比武、岗位练兵等）对单位和个人都有好处。75.7%的职工认为劳模和工匠人才创新工作室对单位、劳模、工匠人才和普通职工提高技术技能水平都有好处；95.5%的工会主席认为工人阶级作用的发挥“非常重要”或“比较重要”。在评价本单位职工参加劳动和技能竞赛时，有68.5%的工会主席认为“大多数职工都积极参加”、18.5%的工会主席认为“能提高技能或晋升职级的愿意参加”；工会主席认为开展劳动和技能竞赛（岗位练兵、技术比武等）实际效果主要体现在促进职工之间的交流与合作、提高企业劳动生产率、提升职工就业竞争力、使职工得到了技能等级或职称晋升、直接或间接提高职工工资收入等方面，占比分别为100%、95.3%、95.3%、93.4%、89.7%。每一个调查单位平均每年有190人次参加过单位开展的劳动和技能竞赛（岗位练兵、技术比武等）活动。新冠疫情发生以来，有45%的职工参与到抗疫相关志愿服务工作中。

（五）基层工会组织建设更加完善

1. 基层工会组织建设提质扩面。截至2022年7月，辽宁省有基层工会组织6.2万个，实名制工会会员1017.7万人，其中新发展新就业形态劳动者会员23.7万人。五年来，全省各级工会多措并举推动基层工会组织建设，扩大基层工会组织覆盖面，拓展建会领域、丰富建会方式。加强新经济组织、新社会组织等领域基层工会组织建设，加强“八大群体”建会，在基层工会组织建会的创新方法和手段上下功夫，推进“互联网+”工会建设，探索网上入会新方式、新途径，基层工会组织建设有突破。本次调查显示，68.7%的职工是工会会员，单位组织统一加入工会是主要入会形式，占 47.7%。

2. 工会作用发挥得到大多数职工认可。调查显示，职工对所在单位工会所作 11 个方面的工作进行打分评价（10 分最好，1 分最差），总体得分较好。分别为：保住职工工作岗位方面 8.3 分、提高职工工资收入方面 7.7 分、维护社会保障权益方面 8.3 分、改善职工劳动条件方面 8.2 分、提高职工职业技能方面 8.1 分、组织职工参与单位管理方面 8 分、调解劳动争议方面 8.2 分、丰富职工业余文化生活方面 8.4 分、帮扶困难职工送温暖方面 8.6 分、维护女职工特殊权益方面 8.5 分、做职工思想工作方面 8.3 分。职工想到与工会联系最密切的关键词排在前三位的分别是职工代表（23%），慰问送温暖（16.2%），福利补助（14.1%）。

三、职工队伍建设过程中值得关注的问题

2017 年以来，辽宁省各级工会组织服务振兴发展、服务职工群众，带领广大职工在推进新时代辽宁高质量发展中充分发挥了重要作用，广大职工的合法权益得到了较好的维护。但由于受经济下行压力、新冠疫情等因素影响，职工队伍建设和发展还存在一些新问题新情况。

（一）职工权益维护还需要进一步加强

1. 职工收入分配还存在不平衡现象。从行业角度来看，以 2020 年为例，在 19 个行业门类中，在岗职工平均工资最高行业是最低行业的 5.5 倍；从企业自身来看，企业内部职工收入分配存在差距，收入分配向管理岗位倾斜。调查显示，61.1%的职工到手货币收入低于调查均值，64.5%的职工年终奖低于调查均值，29.5%的职工自 2019 年以来未涨过工资。在涨工资的职工群体中，66.1%的职工工资涨幅低于调查均值，39%的职工期待收入“持续稳步增长”，32.9%的职工期待收入“越高越好”，40.6%的职工认为自己的工资收入在所在城市属于“中等偏下”甚至“低收入”，18%的职工对自己的工资收入水平“不满意”或“不太满意”；有 2.7%的职工曾被拖欠过工资。

2. 职工社会保险权益还需要进一步维护。调查显示，有 3.2%的职工所在单位未给其办理职工基本养老保险或城乡居民基本养老保险，53.5%的职工所在单位未给其提供补充养老保险（如企业年金、职业年金），8.1%的职工所在单位未给其办理职工基本医疗保险，6.2%的职工所在单位未给其办理工伤保险，8.9%的职工所在单位未给其办理失业保险，13.7%的职工所在单位未给其办理生育保险，41.2%的职工所在单位未给其办理住房公积金。此外，不同所有制、不同单位、不同岗位的职工保障程度不同。

（二）构建和谐稳定劳动关系的工作力度还需要进一步加大

1. 劳动合同签订还需要进一步规范。调查显示，在是否签订劳动合同上，有5.2%的职工所在单位未与职工签订任何劳动合同；在劳动合同期限上，28.5%的职工劳动合同在3年以下，71%的在3年以上，30.2%的为固定期限；在劳动合同规范性上，12%的劳动合同对劳动报酬数额未作出具体约定，40.1%的劳动合同没有对如何计算加班工资作出明确约定。

2. 部分企业民主管理制度作用发挥还需要进一步增强。调查显示，21.1%的职工认为其没有机会对工作单位的经营管理和自身权益发表或反馈意见；10.2%的工会主席认为所在单位不能按期召开职工代表大会；10%的工会主席所在单位在"制定重大决策经营决策时"曾有过未经职工（代表）大会讨论审议的情况，41.1%的工会主席所在单位既没有职工董事也没有职工监事。

3. 职工劳动保护力度还需要进一步加大。调查显示，20%的职工没有参加过单位组织的安全生产和职业卫生方面的培训，有40.2%的职工最近一年没有参加过单位组织的体检；女职工中，没有参加过单位组织的妇科及乳腺疾病检查的占比32.8%。在得过职业病或受过工伤的职工中，有45.2%的职工认为单位对其治疗、疗养和赔偿"做得一般"或"做得不好"。

（三）职工技术技能素质还需要进一步提升

1. 职工成长成才渠道还需要进一步拓宽。调查显示，50.9%的职工认为在参加单位组织的与工作相关培训后，其工资收入并没有增加；49.4%的职工认为参加单位培训后，并没有调整到更理想的工作岗位，职工的培训成果较难直接转化为个人发展资本。在回答关于设立劳模和工匠人才创新工作室对于提高技术技能水平有何评价的问题时，有21%的职工表示"没听说过"或"听说过，但不太了解"；9.1%的职工不认为开展劳动和技能竞赛"对单位和个人都有好处"。

2. 部分职工对提高技术技能的认识还需要进一步增强。调查显示，企业高技能等级人才少，高级工（含技师、高级技师）仅占被调查职工的3%。一些职工受网络文化影响较大，在闲暇时间上网刷抖音、追剧、追星、玩游戏、网络购物较多，4.9%的职工没有兴趣学习新知识新技能，31.8%的职工最喜欢的业余休闲活动是观看电影、电视和上网、刷手机，进修培训的职工仅占4.6%。结束上一份工作后没有参加过职业技能培训（包括自费）的职工占比75.8%。

（四）职工生活品质需要进一步提升

1. 职工生活压力较大。调查显示，家庭支出占家庭收入比重50%以上的职工占 80.5%。对家庭总体收支情况表示能攒下不少钱的职工仅占 3.6%，收入够用、有少量结余的职工占 42.4%，基本月光的职工占 41.4%，入不敷出的职工占 12.6%。86.8%的职工表示自身生活“压力很大”或“有一定压力”，感到压力最大的四个原因分别是收入低（18.1%）、新冠疫情影响工作生活（18%）、看病就医费用高（16%）、子女教育（15.6%）。70.6%的职工认为新冠疫情导致其所在行业经营困难，42.3%的职工所在单位因新冠疫情停工停产，29.6%的职工工资收入因新冠疫情影响而减少。26.9%的职工认为自己经常或有时有情绪困扰，职工心理“亚健康”状态需要给予更多关注。

2. 工会宣传工作的力度还需要进一步加强。近年来，由于经济社会快速发展，城市化进程加速，职工的思想观念和利益诉求复杂多元，部分职工群体对同一社会问题有不同认知和理解。调查显示，22.3%的职工认为全社会大力弘扬“劳模精神、劳动精神、工匠精神”氛围“一般”“不太浓厚”；有 25.8%的职工对当代劳动模范、大国工匠、时代楷模等先进典型人物“了解有限”“认同感不强”。

（五）基层工会组织作用还需要进一步增强

1. 基层工会组织工作覆盖面还需要进一步扩大。调查显示，职工入会途径不同，有单位组织统一加入工会的职工占 77.3%，通过书面申请的职工占 14.4%，通过口头申请的职工占 1.6%，通过网上申请的职工占 0.6%。19.8%的职工没有参与过在网络上开展的工会服务职工活动，经常参加的职工占 14.2%。在没有参加网上工会活动职工中，22.2%的职工是因为“操作技术不太熟悉”、15.6%的职工是因为“活动没多大吸引力”、14.5%的职工是因为“觉得麻烦浪费时间”、9.1%的职工是因为“带给职工的实惠不够”。

2. 基层工会组织作用发挥还需要进一步增强。调查显示，在职工最希望单位工会开展或加强的服务职工工作中，排序分别为提高职工收入、开展职工职业技能培训、组织职工参与企业管理、开展劳动和技能竞赛、调解劳动争议、职工子女教育托管、心理咨询和婚姻家庭咨询等专业服务、网上职工服务活动和婚恋交友服务。60.4%的工会主席所在单位未设立孕妇休息室、哺乳室；90.5%的工会主席所在单位未提供托育服务（3 岁以下）；最近一年未给职工发放过生日卡、电影票的单位占比 48.5%；最近一年未给职工发放过米面油、水果、节令食品的单位占比 11.2%；最近一年未给职工发放过日化用品、文体用品的单位占比 34.3%。

四、加强辽宁省职工队伍建设的对策建议

未来五年，是奋力开创辽宁全面振兴全方位振兴取得新突破的关键五年。新的使命和担当，为广大职工提供了更加广阔的历史舞台。面对新时代辽宁全面振兴全方位振兴的新阶段、新形势、新任务、新要求，必须以习近平新时代中国特色社会主义思想为指导，深入学习贯彻习近平总书记关于东北、辽宁振兴发展的重要讲话和指示批示精神，扎实推进产业工人队伍建设改革，促进职工队伍全面发展，充分发挥工人阶级主力军作用。

（一）加强职工思想政治引领，团结引导职工坚定不移听党话、跟党走

以学习、宣传、贯彻党的二十大精神为主线，组织劳模工匠、专家学者、先进人物广泛开展有特色、接地气、入人心的宣传宣讲活动，推动习近平新时代中国特色社会主义思想进企业、进车间、进班组。贯彻落实《关于加强和改进新时代产业工人队伍思想政治工作的意见》，广泛开展“强国复兴有我”“中国梦·劳动美”“劳动创造幸福”主题宣传教育活动，发挥职工思想政治教育基地、爱国主义教育基地的功能和作用。大力弘扬劳模精神、劳动精神、工匠精神，宣传阐释“六地”精神，组织“劳模进校园”“大国工匠进校园”“思政教师进企业”活动，不断提升职工思想政治素质，组织引导广大职工紧密地团结在以习近平同志为核心的党中央周围。

（二）推进产业工人队伍建设改革，打造知识型技能型创新型技工强省

深入学习贯彻习近平总书记关于产业工人队伍建设改革的重要指示精神，落实《关于推行终身职业技能培训制度的意见》，积极实施《辽宁省“十四五”职业技能培训规划》，开展“技能辽宁行动”，深化职业技能社会化评价改革，强化企业培训和企业新型学徒制培训。推进技能人才评价制度改革，推行职业技能等级认定，做好民营企业技能人才自主评价工作。大力深化职业教育改革，制定出台推进职业院校混合所有制办学的指导意见，开展高等职业教育星级专业评估，指导推动中省直企业做好国家产教融合建设试点工作。开展“建功‘十四五’、奋进新征程”主题劳动和技能竞赛，落实《关于进一步提高非公企业劳动和技能竞赛工作水平的意见》，推动劳动和技能竞赛向非公企业延伸。加大劳模和工匠人才（职工）创新工作室创建力度，深化“五小”等群众性创新活动，加大对产业工人创新创效扶持力度，激发产业工人创新潜能，造就一支有理想守信念、懂技术会创新、敢担当讲奉献的宏大的产业工人队伍。

（三）切实维护职工合法权益，积极构建和谐劳动关系，促进全省职工队伍和谐稳定

健全协调劳动关系三方机制。开展“集中要约”行动，推动落实辽宁省协调劳动关系三方会议制度。提高重点企业集体合同签订率、质效评估工作覆盖率，加强集体协商指导员队伍建设。健全职工民主管理工作机制。进一步健全以职工代表大会为基本形式的企事业单位民主管理制度建设，推动已建会企事业单位民主管理工作的有效覆盖，做好职工代表大会、厂务公开以及职工董事职工监事的制度衔接。开展辽宁省职工代表师资培训，深化开展“聚合力、促发展”职工代表优秀提案征集推荐活动、辽宁省厂务公开民主管理先进单位和先进个人评选表彰活动。健全职工安全健康保障机制。落实安全生产责任制，持续深入开展“安康杯”竞赛等群众性安全生产和职业健康活动。发挥工会劳动保护监督检查作用，督促企业落实安全生产和职业病防治主体责任，健全职工报告举报生产安全事故隐患奖励机制。实施“女职工关爱行动”，维护女职工合法权益和特殊利益。持续推进女职工“两癌”筛查工作，推动女职工关爱室、职工红娘工作室建设，支持有条件的用人单位为职工提供托育托管服务，选树省级职工子女托管班示范点。

（四）改善职工生活品质，确保服务帮扶更加精准有效

推动就业优先政策落地见效。深化拓展“三个一批”促进就业措施和“工会就业创业服务月”等品牌，协助党政做好下岗待岗职工、农民工、退役军人职工等群体就业服务，对在档困难职工家庭应届高校毕业生和有就业意愿的职工实现工会就业服务全覆盖。大力推进实名制就业，对重点群体实施精准培训。完善常态化梯度帮扶长效机制，加大送温暖资金投入，强化职工综合服务阵地建设。加强职工疗休养院规范管理，提升工人文化宫服务功能。加强工人文化宫、疗养院运营管理，将其打造成为职工服务综合性阵地，建好管好职工书屋，开展最美工会户外劳动者服务站点推树活动。强化工会户外劳动者服务站点等阵地特色服务，打造普惠制“辽工惠”平台，构建线上线下相结合的服务综合体。

（五）深化工会组织改革创新，切实提高服务职工工作水平和能力，进一步提高对职工群众的凝聚力与吸引力

持续推进建会入会工作。重点加强“三新”领域工会组织建设，扎实开展集中建会行动。持续深化“八大群体”入会工作，聚焦货车司机、网约车司机、

快递员、外卖配送员等重点群体，开展新就业形态劳动者入会集中行动。进一步加大科技型中小企业建会工作，做好工会会员数据库信息采集录入工作。以“六有”为标准，进一步完善会员代表大会、规范民主选举、会员评家等制度机制，有力激发基层工会活力。推动基层工会组织健全完善会员代表大会评议职工之家制度，深化开展会员评家工作，以评家促建家。发挥模范职工之家示范引领作用，开展全国模范职工之家“结对共建”活动，做好“司机之家”创建工作。加强数字工会建设，形成辽宁省工会统一工作平台。聚焦职工群众急难愁盼问题，完善辽宁省工会精准普惠服务平台，让职工群众便捷快速地在网上网下参加活动、接受服务。

负 责 人：杨忠林

承担单位：辽宁省总工会研究室

江苏省职工队伍状况调查报告

为全面了解当前职工队伍发展变化及其特点，深化对职工队伍发展规律的认识，共商共建共享新时代和谐劳动关系，推动工会工作高质量发展，为党和政府制定各项政策以及指导工会工作提供科学依据，根据全国总工会《第九次全国职工队伍状况调查方案》统一安排，2022 年 3—7 月，江苏省总工会启动全省第九次职工队伍状况调查，积极配合全国总工会完成各项调查任务的同时，按照高质量分析研判、形成高质量报告的要求，努力为提升全省职工队伍素质和改善生活品质，推动工会工作高质量发展提供对策建议。

本次调查通过文献研究、线下问卷抽样调查、网络调查、个案访谈、实地调研等相结合的方式进行，覆盖江苏省 13 个设区市。其中，线下问卷抽样调查涉及南京、无锡、徐州、常州、南通 5 个设区市和灌云、盱眙、滨海、高邮、沭阳 5 个县（市），共 3000 名职工、250 名工会主席参与；网络调查是应形势变化而开展的创新方式，是工会适应信息技术的变革发展，适应职工特别是青年职工行为方式、诉求方式、思维方式转变的全新尝试，有助于优化调查资源和手段，提高调查的实效性和针对性，加速推进“互联网+”普惠性服务的智慧工会建设。本次网络调查涉及江苏省 13 个设区市的 187 家抽样单位，共计 14774 名职工在线填写问卷，问卷回收率 100%，有效率 92.6%。调查组参考五年来江苏省经济社会发展相关资料，充分运用本次职工队伍状况调查数据结果和个案访谈的有关资料，以及赴相关设区市、县实地调研成果，并和 2017 年开展的第八次职工队伍状况调查相关数据作比较，在此基础上形成较为系统、完整的调查报告。现报告如下。

一、五年来江苏省职工队伍发展变化的总体状况

（一）职工队伍规模保持基本稳定

2021 年，面对经济下行压力加大等多重考验，江苏省科学统筹经济社会发展，经济持续恢复发展，在高质量发展中扎实推动共同富裕取得新成效，实现“十四五”国民经济和社会发展的良好开局。2021 年，实现地区生产总值 11.6 万亿元，位列全国第二，比 2017 年的 8.59 万亿增长 35%；人均地区生产总值

13.7万元，在全国各省区市位列第一。经济总量跃上新台阶，促进了职工队伍的发展壮大，保证了职工队伍规模的总体稳定。据工会组织年报统计，截至2021年9月，江苏省已建工会单位的职工人数为2137.4万人。根据《江苏统计年鉴》，2017—2020年，江苏省就业人员总数保持平稳缓慢增长，2020年底就业人员总数为4893.00万人，比2017年底的4872.80万人增加20.20万人，增长0.4%，而2013—2016年，就业人员总数增加58.32万人，增长1.2%，相对而言增速有所放缓（见图1）。受不确定因素影响，城镇单位职工人数呈下降趋势，2020年城镇单位职工人数为1263.46万人，比2017年减少131.09万人，下降9.4%（见图2）。

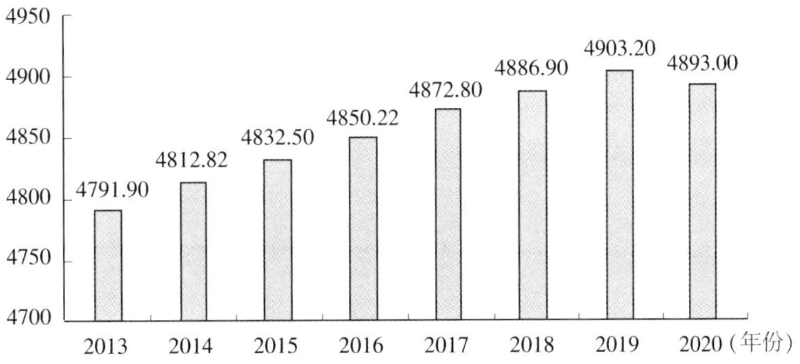

图1　2013—2020年江苏省就业人员总数（单位：万人）

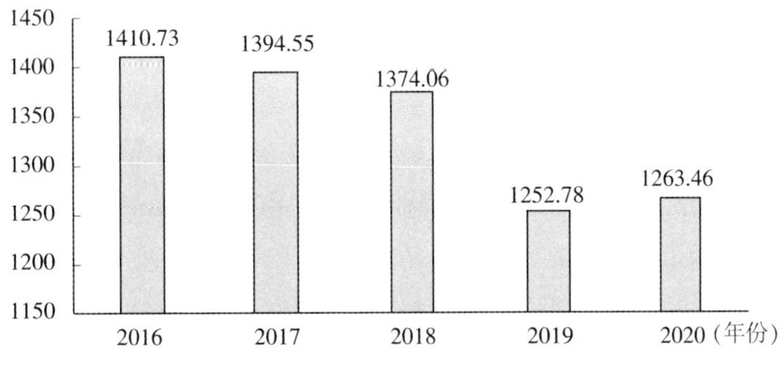

图2　2016—2020年江苏省城镇单位职工人数（单位：万人）

（二）职工队伍结构和趋势评价

1. 职工队伍年龄结构相对均衡合理。本次调查显示，职工队伍平均年龄38.9岁，比2017年的37.3岁增加1.6岁；50岁以下的职工占85.6%，比2017年的88.8%下降3.2个百分点。与上一个五年相比，职工队伍平均年龄整体出现小幅增长，这也反映出江苏省人口老龄化趋势。根据第七次全国人口普查数据，江苏省60岁及以上常住老年人口1850.53万人，占总人口比例为21.8%（全国18.7%），高于全国3.1个百分点，位居全国第六。江苏省每5个人中，就有1个是老年人。随着经济社会发展和医疗水平的提升，特别是越来越普及的健康促进行动，人口老龄化趋势将更加显著。但“80后”“90后”仍是江苏省职工队伍主体，“00后”也逐渐进入职工队伍，职工队伍年龄结构仍然处于合理区间（见图3）。

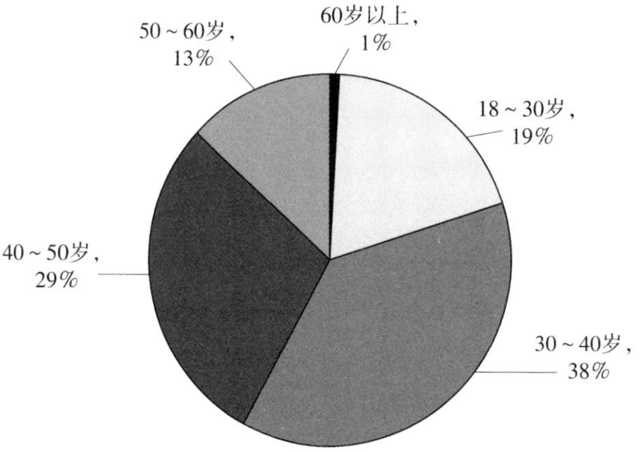

图3　2022年4月抽样调查职工队伍年龄分布情况

2. 产业、行业及单位类别结构逐步优化。自2017年以来，江苏省高度重视发展数字经济新模式，把做强做优做大数字经济作为经济转型发展的关键增量，打好产业基础高级化、产业链现代化攻坚战，不断提升制造业核心竞争力，深入推动产业转型升级优化布局。据江苏统计年鉴显示，第一产业劳动者逐步向第二、三产业转移，第一、二、三产业就业比重从2017年的15.8∶41.3∶42.9转变为2020年的13.8∶39.7∶46.5（见图4）。第一、二产业就业人数呈减少趋势，第三产业就业人数呈稳步增加趋势；2020年江苏省第三产业就业人数为2275.3万人，比2017年净增184.8万人，增长8.8%。第三产业就业人数增加，与江苏省产业结构持续优化，以新产业、新业态、新模式为主要内容的“三新”经济迅速崛起，推动经济高质量发展的趋势相一致。在江苏省国民经济各行业基础门类中，制造业（包括先进、高端制造业）仍然一支独大。本次调查显示，制造业职工人数占到受访职工总数54.3%（见图5）。就单位类别结构而言，企业职工占比最大，达75.0%；事业单位职工占11.7%，个体经营户占6.0%，机关职工占5.9%，社会组织职工占0.3%，其他职工占1.0%（见图6）。

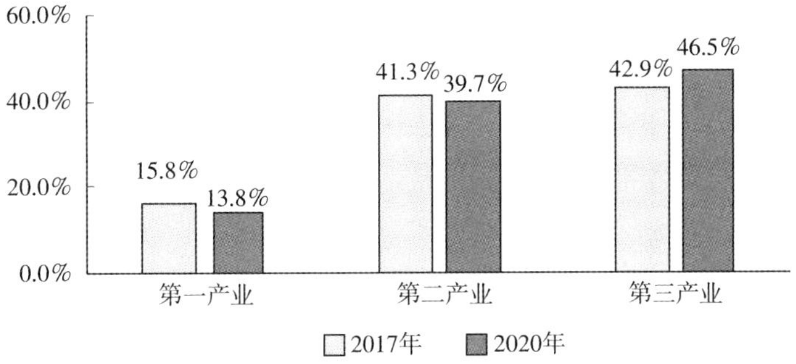

图 4　2017 年、2020 年江苏省各产业类别就业人数分布情况

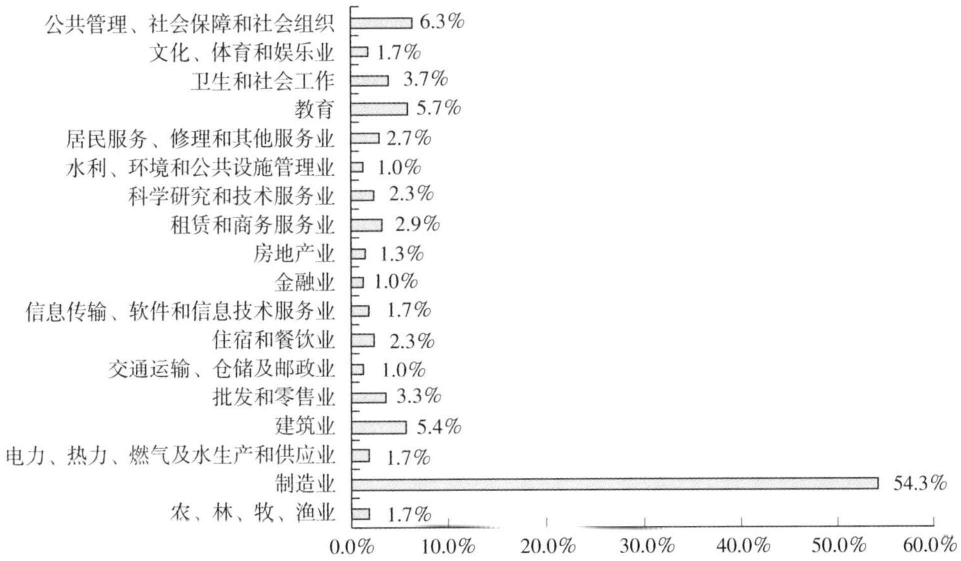

图 5　2022 年 4 月抽样调查职工队伍各行业门类就业人数分布情况

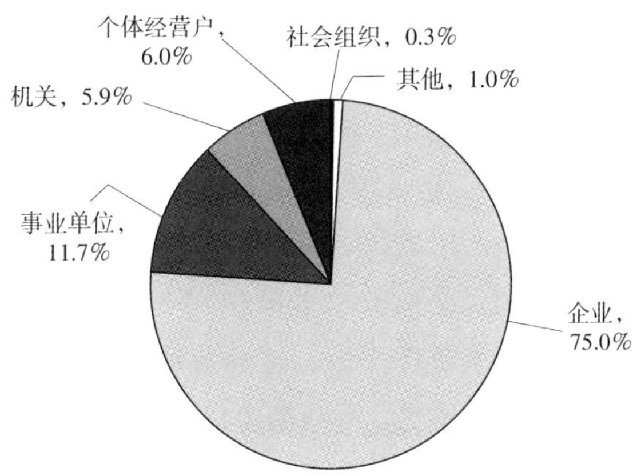

图 6　2022 年 4 月抽样调查职工队伍各单位类别就业人数分布情况

3. 非公有制单位职工比例略有下降。2020 年以来，新冠疫情对就业市场的影响较大，对住宿餐饮、居民服务和文体娱乐等接触密集型服务业的影响较为明显，而接触密集型服务业恰好是年轻人口就业更为集中的领域，导致非公有制单位年轻人的失业率略高于新冠疫情前。根据《江苏统计年鉴》，2020 年城镇非公有制单位职工人数为 968.6 万人，占城镇单位职工人数的 76.7%，较 2017 年下降 2.8 个百分点。这个下降趋势与本次抽样调查的数据结果相一致。本次调查显示，私有、港澳台商、外商及其他单位职工总数为 2270 人，占职工总数的 75.7%，比 2017 年下降 0.7 个百分点（见表 1）。而公有制单位受国际环境和新冠疫情影响较小，调查显示，职工在五年内没有过失业、下岗、待岗经历的人数占比，都比非公有制单位高。

表 1　职工队伍所有制分布变化情况

所有制分组	第八次职工队伍状况调查		第九次职工队伍状况调查	
	频数（人）	占比	频数（人）	占比
公有制单位	708	23.6%	727	24.3%
非公有制单位	2287	76.4%	2270	75.7%

4. 农民工群体规模扩大，但老龄化等问题凸显。根据江苏省人力资源社会保障厅统计数据显示，江苏省现有农民工就业规模超过 2400 万人，他们主要分布在国民经济各行各业，是江苏省职工队伍的重要组成部分。本次调查显示，本地农业户口职工占比为 31.5%，较 2017 年的 26.2%增加 5.3 个百分点；外地农业户口职工占比为 10.8%，较 2017 年的 8.8%增加 2 个百分点（见图 7）。

建筑行业是吸纳农民工就业的一个主要领域，根据江苏省建筑工人实名制信息管理服务平台统计，现有 860 万建筑业从业人员中，有建筑工人 560 万人。其中，18~40 岁、40~50 岁、50~65 岁的建筑工人占比分别约为 29%、23%、48%。未来十年，将有约 210 万名建筑工人超过 60 岁，陆续退出一线作业岗位，而年轻农民工却越来越难招，工地上“老龄化”“用工荒”现象日益凸显。同样，在园林、市政、物业和家政行业中，超龄劳动现象也较为普遍。有的企业劳动报酬较低，职业晋升激励不足，导致新生代农民工“用脚投票”增多，“招工难”和“用工荒”现象同时存在。

新冠疫情给农村劳动力外出打工带来诸多不便。根据中国联通数据平台和国家统计局江苏调查总队的监测数据，2022 年农民工返乡就业趋势明显增加，比如赴上海、浙江等地务工的江苏农民工大量选择回乡就业，江苏省农民工就业总量比 2021 年末增加 86 万人。全省各地积极顺应农民工返乡就业的新趋势，强化农民工就业创业平台建设和政策支持，用好税费减免、富民创业担保贷款、一次性创业补贴等政策，解决好农民工返乡就业创业的现实需求，进一步扩大了县域就业容量，如灌云县特色服饰电商产业集聚区带动农村就业人员超 2 万人。

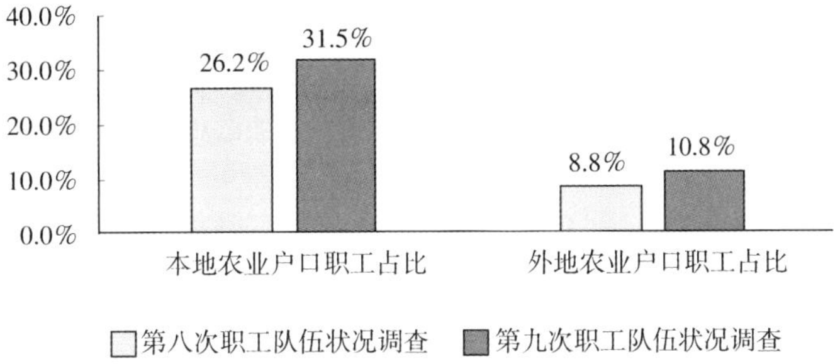

图 7　第八、九次职工队伍状况调查中农业户口职工占比变化情况

5. 新就业形态劳动者和灵活就业人员增长迅速。随着移动互联网、大数据、云计算等信息技术的广泛运用，新产业新业态新商业模式企业大量涌现，非全日制、临时性和弹性工作等灵活就业群体蓬勃发展。新就业群体的年轻化趋势明显，外卖、快递、代驾等新兴服务业中，年轻人是从业人员主力。江苏省出台支持多渠道灵活就业政策，鼓励网络营销、直播带货、远程办公、在线教育、智能服务等产业发展，规范快递、外卖、代驾、货运等平台就业，支持多样化的自主就业、分时就业、居家就业，促进更多新的就业岗位成长。根据省人力资源社会保障厅调查显示，2021 年江苏省灵活就业人员达到 1100 万人，其中快递、外卖、网约车、电商等平台企业从业人员超过 400 万人，互联网条件下新业态成为吸纳就业“新沃土”。本次调查显示，“赞同”或“比较赞同”基于互联网技术快速发展的“共享经济”“数字经济”“平台经济”等新业态带来更多就业选择机会的职工占 35. 9%、带来更多创业可能性的职工占 37. 3%（见图 8），正在做、曾经做过和打算做互联网新兴工作（专兼职开网店、卖东西）的职工比例为 10. 6%。

（三）职工队伍整体素质进一步提高

1. 职工的社会政治觉悟和思想道德境界不断升华。广大职工衷心拥护以习近平同志为核心的党中央的坚强领导，高度认可党和国家取得的巨大成就，

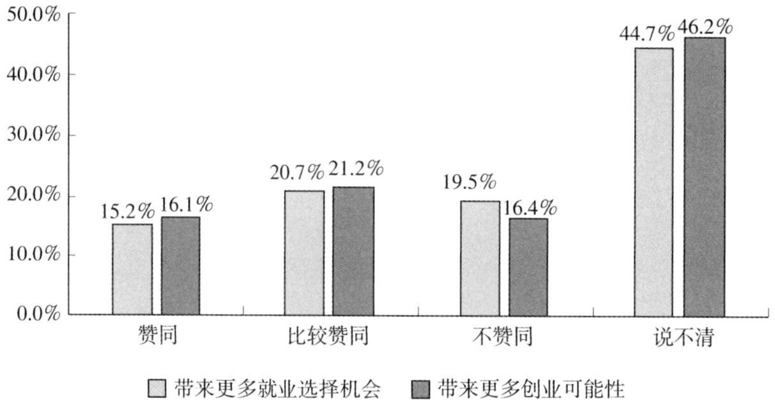

图 8　基于互联网技术快速发展的新业态对就业的影响

对中华民族伟大复兴的光明前景充满信心，为实现第二个百年奋斗目标建功立业的热情空前高涨，听党话、感党恩、跟党走的群体意愿更加坚定。本次调查显示，94.6%的职工“非常赞同”或者“比较赞同”党的百年奋斗从根本上改变了中国人民的前途命运，开辟了实现中华民族伟大复兴的正确道路这一观点；96.8%的职工认为党和政府在抗击新冠疫情中，始终坚持生命至上、精准防控，保障人民生命健康安全方面做得“非常好”或“比较好”；95.6%的职工对我国实现全面建成社会主义现代化强国、实现中华民族伟大复兴的中国梦“非常有信心”或“有信心”。职工的思想道德素质显著提升。新冠疫情发生以来，有42.5%的职工参与过抗疫相关的志愿服务，体现新时代劳动者的担当和奉献精神；多数职工对“如何看待学习雷锋”都表现出积极的评价，96.8%的职工认同雷锋精神的社会价值，比 2017 年提高 5.9 个百分点。总体来看，江苏省职工队伍政治态度和人生体验是积极向上的。

2. 弘扬劳模精神、劳动精神、工匠精神蔚然成风。立足本职岗位敬业奉献成为职工队伍的主流心态，劳动光荣、技能宝贵、创造伟大的价值观念得到强化。广大职工普遍被当代的劳动模范、大国工匠、时代楷模等先进典型人物的事迹感染，愿意向他们学习。全社会弘扬劳模精神、劳动精神、工匠精神的氛围更加浓厚。本次调查显示，在回答“您是否了解当代劳动模范、大国工匠、时代楷模等先进典型人物”这一问题时，31.1%的职工表示“非常熟悉，愿意向他们学习”，39.3%的职工表示“有所了解，被他们的事迹感染”（见图 9）；在回答“您觉得全社会弘扬‘劳模精神、劳动精神、工匠精神’的氛围如何”时，有 71.8%的职工选择“非常浓厚”或“比较浓厚”。

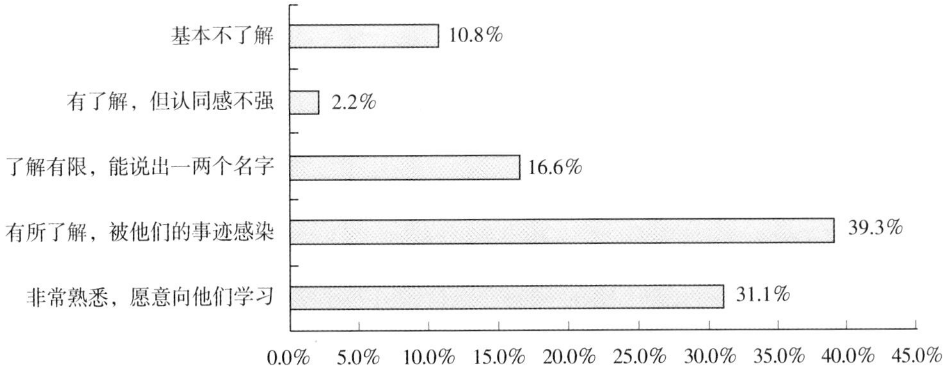

图 9　对当代劳动模范、大国工匠、时代楷模等先进典型人物的了解情况

3. 立足岗位创新创造的技术素质、技能素质不断提高。随着产业工人队伍建设改革全面推进，职工积极参与职业教育和技术技能培训，经历多岗位锻炼，发展通道进一步畅通。技术技能稳步提升，拥有专业技术职称的职工人数有所增加。根据工会组织年报统计，2021 年江苏省基层工会职工技术革新项目 38665 项、发明创造项目 18555 项、取得国家专利项目 26272 项、推广先进操作法 16375 项，与上一个五年相比，均有大幅增长。本次调查显示，近四成的被调查职工拥有专业技术职称。其中，高级职称、中级职称、初级职称分别占 4.8%、16.2%和 18.4%。普通职工中，有近三成取得职业技能等级。其中，初级工占 16.2%，中级工占 8.2%，高级工占 2.9%，技师占 1.5%，高级技师占 0.9%。不同所有制单位、不同规模企业的职工技能等级有落差。国有单位普通职工中有技能等级的占 44.3%，私有单位则占 28.8%；大、中、小、微企业中取得技能等级的职工占比分别为 31.4%、28.8%、28.7%和 24.3%。

广大职工参加技术培训的比例有所增加。调查显示，参加过所在单位开展的劳动和技能竞赛（技术比武、岗位练兵）活动的职工占 35.6%；最近一年，参加过单位组织培训的职工占 83.1%，比 2017 年提高 3.2 个百分点；职工中表示“参加单位组织的与工作相关的培训，提高了技术等级或专业技能”的占 92.3%，表示“参加单位组织的与工作相关的培训，提高了就业竞争力”的占 79.4%。职工主动学习的意愿增强，95.3%的职工对学习新职业技能或知识“有兴趣”，“没兴趣”的职工仅占 4.7%；有 76.3%的职工能“主动学习”并且“有学习计划”；26.8%的职工近五年来自费参加进修或培训。

二、五年来江苏省职工权益得到依法保障和实现

（一）职工的劳动经济权益得到依法保障

1. 职工就业趋势向好。一是职工的工作相对稳定，本次调查显示，目前职工从事的工作平均是第 2. 2 份，平均工龄为 15. 2 年，在目前所在单位的平均工龄为 8. 9 年；84. 1%的职工表示最近五年没有过失业经历；92. 7%的职工表示最近五年没有过下岗经历。二是就业质量有所提高，83. 9%的职工对目前所从事的工作感到“非常满意”或“比较满意”，比 2017 年提高 8. 1 个百分点；仅有 0. 7%的职工表示“不太满意”或“很不满意”当前工作，比 2017 年下降 1 个百分点。总体而言，江苏省各级政府把促就业、保民生作为工作重点，各类企业和职工积极投身复工复产，市场就业形势和职工就业状况基本稳定。

2. 工资收入稳步上升。本次调查显示，职工上月从单位获得的到手全部货币收入平均值为7324. 1 元，与 2017 年调查相比，职工工资增幅高于江苏省 GDP 增幅。另外，职工上月到手全部货币收入在“5001 元至 10000 元”范围的占比最高，为 35. 7%，在 2000 元以下的占 3%（见图 10）。对照江苏省最低工资标准（一类地区 2280 元、二类地区 2070 元、三类地区 1840 元），本次调查中绝对低收入的职工占比较小。需要注意的是，调查期间正处于新冠疫情多点散发、多地频发态势，有可能影响职工在回答上月到手货币收入时出现 500 元及以下的极端值。关于对自己现在的工资收入水平的评价，33. 9%的职工表示“满意”或“比较满意”。

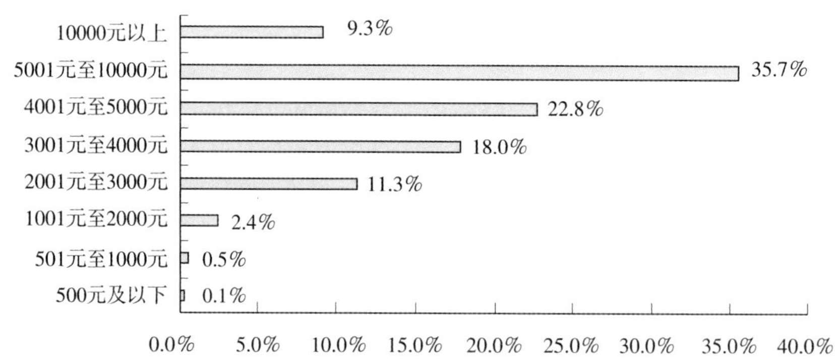

图 10　2022 年 4 月被调查职工上月从单位获得的到手全部货币收入情况

3. 社会保险权益进一步落实。2017 年以来，江苏省企业职工基本养老保险省级统筹制度规范完善，工伤保险省级统筹制度基本建成，机关事业单位养老保险制度改革深入推进，全民参保计划全面实施，被征地农民社会保障工作扎

实推进，养老保险基金委托投资稳步推动，职业年金投资运营全面开展，社会保险制度更趋完善。据江苏省人力资源社会保障厅数据显示，到 2020 年末，江苏省城乡居民社会养老保险参保人数达到 2400. 4 万人，城镇职工基本医疗保险覆盖人数超过 3100 万人。江苏省月平均发放失业保险金由 2017 年的每人 624 元提高到 2020 年的每人 776 元。2020 年，江苏省 1987. 11 万人参加生育保险，比 2017 年增加 405 万人。2020 年，江苏省各项社会保险基金总收入合计 3461. 16 亿元，年末五项基金累计结余 6431. 37 亿元，抗风险能力显著增强。本次调查显示，参加基本养老保险、基本医疗保险、工伤保险、失业保险和生育保险职工比例分别为 88. 6%、90. 8%、91. 0%、84. 9%、79. 6%，与 2017 年调查相比均有一定幅度的提高（见图 11）。

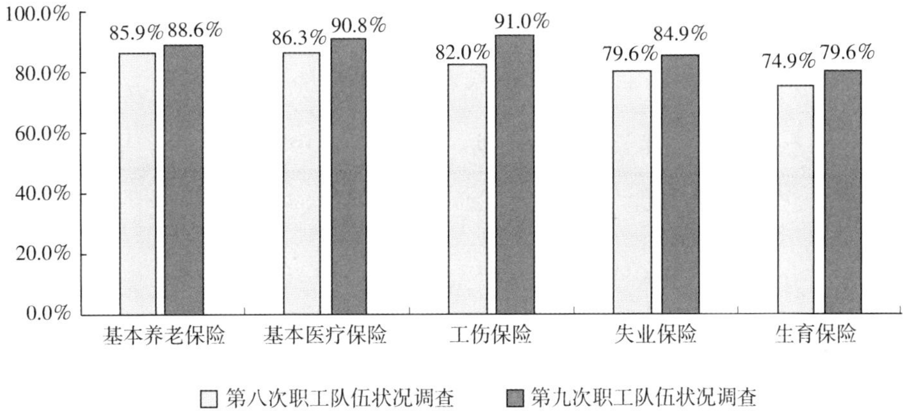

图 11　第八、九次职工队伍状况调查社会保险参加情况对比

4. 劳动安全卫生权益得到保障。本次调查显示，用人单位对安全生产工作的重视程度有所提升。82. 9%的职工最近两年参加了单位组织的安全生产培训，比 2017 年提高 2. 4 个百分点。91. 5%的单位有人专门负责安全生产和劳动保护工作，比 2017 年提高 4. 7 个百分点。发放劳动保护用品情况有所改善，71. 7%的职工所在单位能够及时足量发放劳保用品，高出 2017 年 18. 3 个百分点（见表 2）。新冠疫情防控基本到位，86. 6%的职工表示所在单位能够及时发放防疫用品。职业病防治力度加大，88. 1%的职工没有患过职业病和工伤；认为发生职业病或工伤后，单位的治疗、疗养、赔偿做得不好的职工仅占 11. 2%，比 2017 年下降 5. 1 个百分点；职工参加单位组织体检的比例为 69%，比 2017 年提高 3. 8 个百分点。最近五年，有 60. 3%的单位没发生过安全事故，比 2017 年提高 10. 5 个百分点。

表 2 第八、九次职工队伍状况调查被调查单位足量发放劳保用品占比情况

发放劳保用品情况	第八次职工队伍状况调查	第九次职工队伍状况调查
及时足量发放	53.4%	71.7%
及时发放，但不够用	11.7%	5.6%
发放不及时	3.4%	2.4%
有需要，但从未发放过	6.3%	3.7%
不需要	25.3%	16.5%

（二）职工的民主权利得到逐步落实

1. 企业民主管理建制率稳步提升。各级工会积极贯彻《江苏省企业民主管理条例》《关于加强企事业单位民主管理制度体系化建设的意见》，推动企事业单位健全职工代表大会，厂务公开，协商民主，职工董事、监事等民主管理制度，用制度保障职工群众民主权利有效落实。截至 2021 年 9 月，江苏省建立职工（代表）大会制度的企业有 27 万家，覆盖职工 1630.9 万人。其中，非公有制企业 20.7 万家，覆盖职工 1241 万人；建立区域（行业）职代会 7972 个，覆盖企业 12.6 万家，覆盖职工 312.89 万人。建立厂务公开制度的企业数 23 万家，覆盖职工 1491.1 万人。本次调查显示，69.4%的职工所在单位建立职工（代表）大会制度，比 2017 年提高 2.3 个百分点，这些职工中有 76.2%的人表示自己单位职代会作用发挥很好或较好，比 2017 年提高 7.1 个百分点。58.1%的职工表示自己的单位实行厂务公开，比 2017 年提高 4.2 个百分点。

2. 职工民主权利落实较为充分。职工民主知情、民主表达、民主参与、民主决策、民主监督等民主权利，在涉及职工切身利益的事项上日益得到保障落实。本次调查显示，53.5%的职工表示最近五年参加过人大代表选举投票，比 2017 年的 43.3%提高 10.2 个百分点；56.8%的职工表示单位制定劳动规章制度会事先张贴出来征求职工意见，比 2017 年的 54.1%提高 2.7 个百分点；55.1%的职工表示通过单位职工代表大会发表意见、提出提案等，比 2017 年的 47%提高 8.1 个百分点。另外，95.2%的工会主席表示本单位在制定涉及职工权益的工作方案时经过职工（代表）大会表决决定，88.6%的工会主席表示本单位职工（代表）大会对领导干部和经营管理人员开展民主评议活动，87.5%的工会主席表示本单位在制定重大经营决策时经过职工（代表）大会讨论审议。本次调查的个案访谈发现，职工不仅关注收入等经济权益，还关注对企业发展状况的知情权、企业民主协商、职工主人翁地位等政治权益。

3. 职工民主参与形式更加丰富。民主管理形式越多、门槛越低，职工参与的范围越广泛，特别是随着互联网信息技术的快速发展，职工参与民主管理的方式更加灵活、形式更加丰富、渠道更加畅通。本次调查显示，在谈到“您主要通过什么渠道发表意见或反映愿望”时，排名前三的回答依次为：直接向班组长或单位领导反映意见、在单位职工代表大会上发表意见或提出提案等、向单位工会组织或职工代表反映（见图 12）。此外，用人单位广泛引入“互联网+”工会新思维，采取线上与线下相结合的方式，致力微博、微信、OA 办公、内部网络等“四大平台”建设，着力打造“指尖上的厂务公开”，以开放的姿态赢得职工的理解支持。个案访谈了解到，很多职工把“微信群、QQ 群、电子邮件、OA 系统、意见箱等方式”作为自己表达意见和反映愿望的渠道。

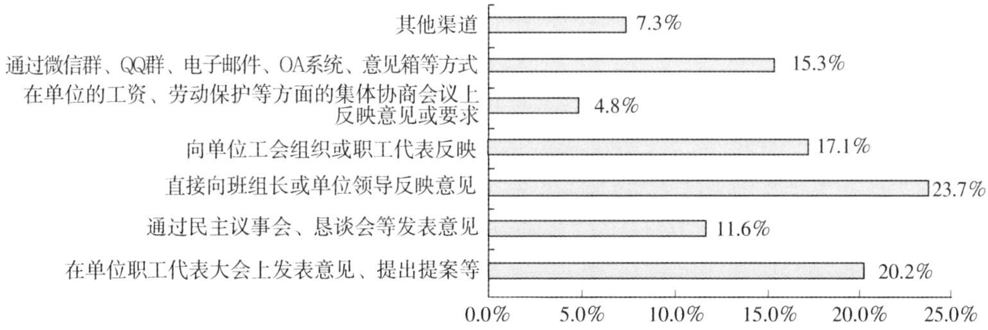

图 12　职工发表意见或反映愿望的渠道

（三）职工的精神文化权益得到积极拓展

1. 职工文化阵地建设卓有成效。深入推进文化强省建设，大力实施文化惠民工程，文化资源不断丰富，公共文化服务体系逐步健全，文化事业得到蓬勃发展。据统计，江苏省现有工人文化宫 74 家，总占地面积 46. 21 万平方米；全国工会职工书屋示范点 741 家，江苏工会职工书屋示范点 1468 家，江苏省“书香企业”建设示范点 206 家，设区市级以上职工书屋 5574 家，累计藏书量达 2107 万册。本次调查显示，58. 9%的职工所在单位有职工文体活动场所，主要为图书室、乒乓球室、健身房等。广大职工对文体活动有参与意愿，92. 6%的职工愿意到单位的职工文体场所活动。大部分职工对目前职工文体活动感到“满意”或“比较满意”，占比达到 74. 1%。40. 6%的单位设立职工文体协会或职工兴趣小组，其中有 96. 3%的单位对文体协会或职工兴趣活动小组给予经费支持。

2. 职工精神文化生活更加健康多元。根据 2022 年 1 月开展的江苏职工精神文化生活品质状况调查数据显示，76.2%的职工愿意参加工会组织的精神文化活动，“看电影、看演出、看展览”最受职工欢迎，参加文体类活动次之，知识技能培训和读书主题活动受众面均达到40%以上。在工作之余，82.1%的职工会欣赏艺术类演出，81.7%的职工愿意参观博物馆、展览馆、科技馆。除了传统的登山、散步等运动外，普拉提、跑步、攀岩等新兴健身项目也悄然进入职工的生活，34.6%的职工尝试过此类运动。青年职工更愿意在休闲娱乐方面投入金钱，本次调查显示，在上个月家庭支出方面，受访职工在休闲娱乐方面的平均支出为486.8元，占平均家庭总支出的5.9%，其中18~30岁的青年职工这一平均支出为717.1元，明显高于其他年龄段的职工（见图13）。职工的受教育程度也与休闲娱乐方面的开销高度正相关，学历越高的职工，在这方面的花费就越大。总的来说，职工在休闲娱乐方面的消费意愿和消费能力，在调查中都得到了一定体现。

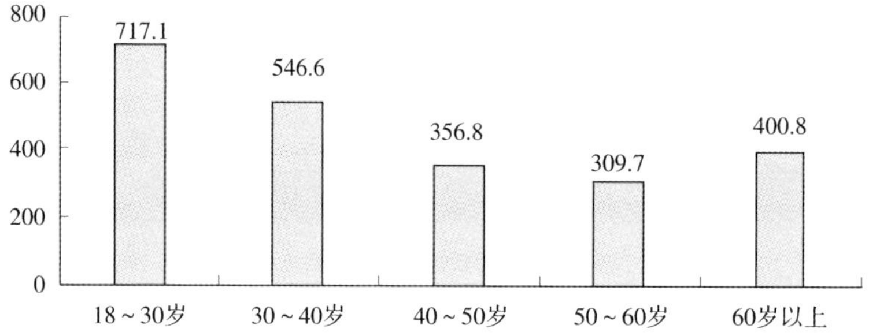

图13　不同年龄段职工上个月在休闲娱乐方面的平均支出情况（单位：元）

3. 互联网成为职工文化生活的新空间。新媒体的发展和传播技术的进步给职工的精神文化生活方式带来了革命性的变化。根据江苏职工精神文化生活品质状况调查显示，移动网络已经成为职工获取信息最主要的渠道，87.5%的职工表示每天使用网络。41.3%的职工用微信、微博、QQ等平台进行工作和社交，33.5%的职工在学习强国、今日头条等资讯网站浏览新闻。这充分体现了互联网新媒体在新闻传播领域的明显优势。互联网具有及时性、交互性、丰富性等特点，在新闻传播、信息发布、实时追踪更新等方面，都比传统媒体更有优势，新闻宣传、舆论引导甚至意识形态工作的主要阵地已经转移到了网络空间。

三、当前职工队伍和劳动关系需重点关注的问题

（一）新业态对就业的影响深远

1. 互联网和人工智能运用加剧市场就业压力。随着人口红利的逐步消退，

以及老龄化社会的到来，制造业积极应用互联网和人工智能提高自动化水平，以此来应对这些问题。制造业部分岗位被人工智能替代，技术革新正在重塑整个社会和经济结构。本次调查显示，36%的职工担心人工智能（AI）等技术造成自己失业，他们认为AI等技术已经替代了自己部分工作，并且减少了所在岗位的招聘需求，导致自己产生了换工作的想法。职工对于基于互联网技术快速发展的“共享经济”“数字经济”“平台经济”等新业态的认知和态度不够乐观，仅有22.2%的职工认为新业态对所在行业没有较大冲击（见图14）。不同行业类别、产业类别、单位类别的职工对互联网新业态的认知呈现差异化特点。从行业类别来看，金融业的职工认为冲击最大，其次是信息传输、软件和信息技术服务业的职工；从产业类别来看，对第三产业影响最大，第一产业紧随其后；从单位类别来看，对个体经营户的影响最大，其次是企业。

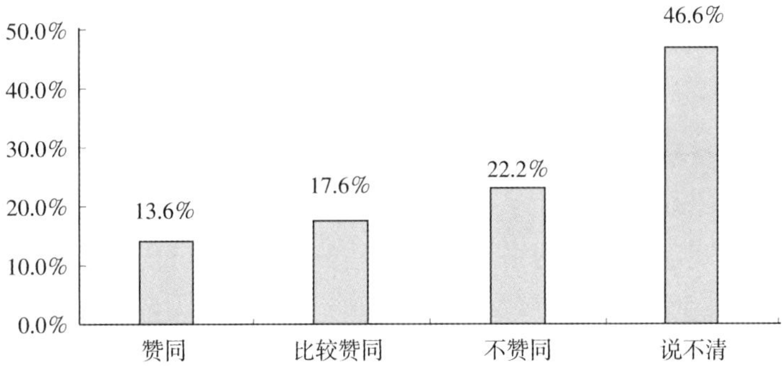

图14　对“基于互联网技术快速发展的新业态对所在行业有较大冲击”观点的认知

2. 职工对未来职业发展的预期发生变化。新冠疫情对就业的影响短期表现为就业减少，加上人工智能的广泛应用，在此双重影响下，给就业工作带来一些困难，在一定程度上影响广大职工的收入，对职工的心理健康和生活品质产生一定影响。本次调查显示，92%的职工感觉生活“有一定压力”或“压力很大”，比2017年提高2.9个百分点。网络调查显示，在回答“您生活中的压力主要来自哪些方面”时，排名前三的答案依次为：“物价高，生活日用开支大”“养育子女投入大”“住房条件差/买不起房”（见图15）。职工对于自己在单位的发展心理预期不太乐观，57%的职工认为发展机会“一般”“较少”或“没啥机会”；在回答“是否担心自己会失业”时，47.6%的职工表示“担心”或“有点担心”；关于就业选择的空间问题，67.9%的职工感觉自己就业选择的空间“一般”“比较小”或“很小”；对于“是否担心目前的职业技能在未来会过时”这一问题，68.2%的职工表示担心。

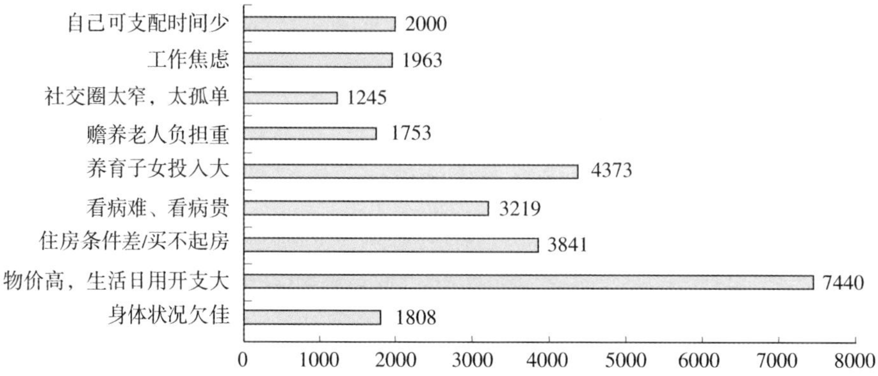

图 15　生活压力主要来源分布情况（单位：人）

（二）产业工人队伍建设改革仍需深化推进

1. 江苏省推进产改取得阶段性成效，但产业工人的社会地位和待遇有待持续提升。聚焦经济社会发展的重点领域和产业工人关切的突出问题，创新举措、精准发力，打通管理、技术、技能人才的通道，为建设高素质产业工人队伍提供了有效支撑。但是，受限于宣传力度和社会关注面，职工对产业工人队伍建设改革政策的知晓度不高。网络调查显示，53.0%的职工只是听说过但并不是很了解，仅有 6.9%的职工比较了解（见图 16）。产业工人收入水平整体偏低，工作大多是“苦、脏、累”，就业岗位也不稳定。当前，社会上重学历轻技能的观念并未得到根本扭转，“技术工人也是人才”的观念还不够普及，凭技术吃饭、靠技术致富的理念还没有成为社会的普遍共识和价值追求，产业工人队伍建设改革仍需深化推进。

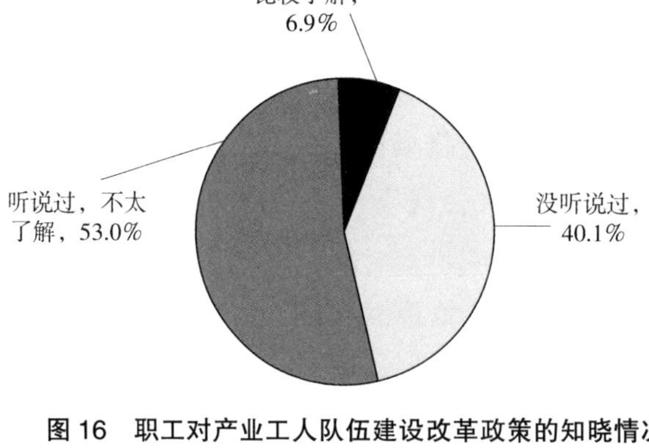

图 16　职工对产业工人队伍建设改革政策的知晓情况

2. 部分市场主体产业工人队伍建设改革积极性不高，产业工人技能培训质量有待稳步提高。虽然大部分用人单位建立起与技能等级挂钩的津贴制度，但是多数在收入总额中占比不高，级差也不够明显，影响一线职工钻研技术业务、参加岗位培训、岗位创新、提升技术技能等级和职称水平的主动性积极性。不同类型的用人单位在提高产业工人技能素质的工作上存在差距，规模以上企业通常都有专门的培训部门和较为规范的培训制度，而少数中小型非公有制企业对待技术交流、技能培训、技能竞赛的态度则比较消极，甚至片面地认为职工在接受培训和晋升技术等级后会“跳槽”，企业得不偿失。还有一部分用人单位缺乏依靠人才来壮大自身的长远发展眼光，人力资源开发的积极性不高，重使用、轻培养，倾向于以从外部招收技术工、熟练工取代自我培养，缺乏培养高素质产业工人队伍的长远规划。一线工人特别是产业工人发展通道不够畅通。按照现有的标准，技术工人晋级体系主要是初级工、中级工、高级工、技师、高级技师五级，在用人单位人事管理体系上与工程技术人员和管理人员的界限明显，存在职业发展的“天花板”现象。本次调查显示，只有39.4%的普通职工和43.2%的专业技术人员认为在单位发展机会较多，这一比例低于中层管理人员（57.6%）和高层管理人员（81%）。

（三）职工部分权益保障的落实尚不够到位

1. 劳动工时和休息休假权尚需依法规范。当前，部分地区和用人单位对《劳动法》《劳动合同法》等法律法规执行不到位，造成部分产业工人的劳动经济权益受到侵害，其中受侵害较多的是法定加班补偿权、依法参保权等。此外，带薪休假、住房公积金等权益落实仍有缺位。本次调查显示，81.1%的职工存在加班加点的情况，其中，15.9%的职工表示没有得到任何补偿，仅有33.3%的职工能够按劳动法规定足额拿到加班费。关于“2021年是否享受了带薪年假”，27.4%的职工表示“没有享受带薪年假，没有补偿”，8.2%的职工表示“享受了带薪年假，但没有达到规定天数”。

2. 职工民主权利仍需有效落实。调查显示，部分用人单位管理者对民主管理认识还不清晰，有些单位领导民主意识淡薄，在管理过程中没有充分尊重职工的民主权利。在回答“是否有机会对工作单位的经营管理和自身权益发表意见或反映愿望”时，43.7%的职工认为“没有”或“说不清”，比2017年上升2.4个百分点。部分用人单位民主管理运作不规范，对涉及职工切身利益的重大问题和重要问题，不能广泛听取职工意见。认为工作单位劳动规章制度由“领导（老板）个人说了算”和“管理部门单独制定”的职工分别占17.7%和

27.8%。认为单位职工（代表）大会发挥作用一般或说不清的职工共占23.8%。

3. 新就业群体劳动关系的界定亟待厘清。随着平台经济、共享经济等新业态的快速发展，企业组织形式、用工方式和分配方式更趋灵活，灵活用工呈现扩大化、无序化趋势，市场主体所要求的用工自主灵活性，与保障劳动者劳动权益的平衡难题亟待破解，特别是互联网条件下劳动关系的认定标准亟待规范。劳动关系领域出现一些新生问题和法律法规政策空白点，对现行的劳动关系认定、劳动关系协调模式提出新的挑战。部分新业态企业通过与劳动者签订承包协议、建立民商劳务关系等去劳动关系化的方式规避劳动法律法规，导致新就业形态劳动者的劳动报酬、社会保险、工时休假等权益难以得到保障。部分网约平台没有与“网约工”签订劳动合同，认为其与“网约工”建立的是合作关系而非雇佣关系，保护“网约工”合法权益的问题日益凸显。

4. 提升农民工生活品质还需社会关注。经济增长放缓给农民工就业总量带来压力，同时就业招工两难的结构性矛盾较为突出。缺乏技能是农民工成为现代产业工人的主要障碍。目前，大多数农民工从事以制造业、建筑业为主的第二产业，接受过技能培训的比例总体偏低，农民工参保比例低于城镇职工参保比例。本次调查显示，农业户口的职工认为自己的工资收入水平处于所在城市低收入档次的占比要高于非农业户口，对生活感觉压力很大的比重也高于非农业户口。

（四）工会组织作用亟待更有效发挥

1. 企业工会维权服务功能有待完善。目前，企业配备的工会干部人数很少，且兼职化现象较为普遍，工会干部在为职工维权服务工作上所花的时间和精力较少。另外，企业工会干部作为企业成员之一，在经济上受制于企业，往往会在维护职工权益时产生畏难情绪。调查数据显示，工会主席在回答“您感觉工会主席在为职工维权上，说话有没有分量”时，表示“不太有分量”和“没什么分量”的占13.7%，比2017年上升4.9个百分点。另外，一些企业工会主席被排斥在公司领导层之外，削弱了工会主席的话语权和影响力，进而影响到职工的民主权利和经济利益，这些必须引起高度重视。

2. “互联网+”工会建设亟待加强。工会在利用互联网开展工作上，思维方式和服务模式有待转变，开展工作的载体、方法、措施实效性不足。本次调查显示，21.3%的职工表示没参与过在网络上开展的工会服务职工活动，没听说过的职工占37.8%，经常参加的职工有11.9%（见图17）。没有参与网上工会活动主要原因中，21.9%的职工表示对操作技术不太熟悉，20.2%的职工认为活动没多大吸引力，17.8%的职工觉得麻烦浪费时间，9%的职工表示带来的实惠不够。在参加网上工会活动的职工中，有65.3%的职工是被单位要求参加的；通过亲友同事口碑推荐、上网时无意发现等自发途径知道网上工会活动的职工，只有34.6%，这说明工会工作还是采取传统的线下方式居多，缺乏具有足够吸引力的网上服务项目，职工网上活跃度还不高，网上覆盖群体还不足，网上工作与职工渴望享受到更加便捷、更多服务内容的需求之间存有差距。

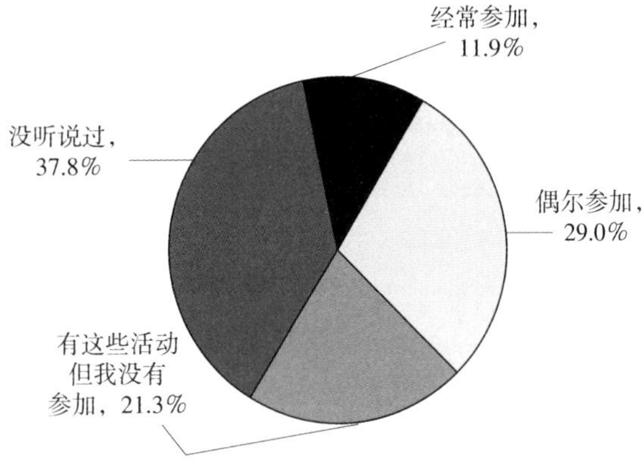

图 17　职工对于网络上开展的工会服务活动参与度

四、加强高素质职工队伍建设、依法协调劳动关系的思路和建议

（一）坚持旗帜鲜明讲政治，加强对职工的思想引领和组织凝聚，进一步夯实党执政的阶级基础和群众基础

1. 强化思想理论武装。要深入学习贯彻习近平总书记关于工人阶级和工会工作的重要论述，全面落实党的二十大精神，深刻领悟“两个确立”的决定性意义，增强“四个意识”、坚定“四个自信”、做到“两个维护”，引导职工群众听党话、感党恩、跟党走，将党的意志和主张变成广大职工群众的自觉行动，巩固党执政的阶级基础和群众基础；深入基层一线、工厂车间，在职工群众中开展面对面、互动式宣讲，加强理想信念教育和形势政策教育，把广大职工的思想和行动统一到中央的决策部署上来。通过职工演讲比赛、主题阅读、知识竞赛、文艺展演等，努力使职工主题教育活动形式多样、丰富多彩、寓教于乐，让党的创新理论更好走近职工身边、走进职工心里，成为提升广大职工政治觉悟的思想武器，凝聚起为实现中华民族伟大复兴的中国梦而奋斗的磅礴力量。

2. 加强对职工的思想引领。着力培育和践行社会主义核心价值观，做好推荐评选全国和省级劳模先进、文明职工、最美职工等评选表彰，精心策划开设专题专栏、建设宣传教育设施，积极宣传职工中爱岗敬业和无私奉献典型，充分彰显江苏省工人阶级与时俱进的精神风貌，大力弘扬劳模精神、劳动精神、工匠精神；持续推进“劳模工匠进校园 思政教师进企业”活动，创新职工思想政治工作的方式方法，有针对性地加强职工的心理疏导和人文关怀，加强对职工思想动态和网络舆情研判，将加强职工思想政治引领和解决实际问题相结合，广泛组织开展“中国梦·劳动美”主题宣传教育，建好用好新时代江苏省工会融媒体发展矩阵，发挥工会报刊、网站、文化、出版等宣传阵地作用，着力弘扬主旋律，传播正能量，更加关注职工的精神文化权益及其实现情况，激励引导广大职工在劳动创造幸福、奋斗成就梦想的实践中升华人生价值。

3. 深入开展“党建带工建、工建服务党建”活动。坚持党建引领，积极推动将工建纳入党建工作的总体部署，推动党建带工建“三创争两提升”活动的深入，将其打造成“党建带群建、群团共建”的江苏工会名片；主动构建联动机制，通过与其他群团组织活动联办、服务联手、政策联动、典型联宣、阵地联建、力量联合、品牌联造、工作联评，实现深度融合，提高融合成效；争取政府有关部门和社会各界的支持和配合，完善同级政府与地方工会联席会议制度，发挥各级劳动关系三方协商机制的重要作用，解决好涉及职工民生问题和工作中难题；推动结合党委、人大和政协换届工作，落实工人阶级作为国家和社会主人翁的制度安排，提高产业工人在各级党组织和人大、政协、群团组织的代表大会代表、委员会委员中的比例，推动产业工人在群团组织中兼职、挂职及作用发挥，不断畅通各类职工的利益诉求表达和维护渠道；认真分析研判江苏省工人党员的发展情况，推动各地采取实际举措在企业发展一线工人党员，加强对工人党员尤其是流动党员的管理教育和服务，发挥基层党组织的战斗堡垒和先锋模范作用，努力提升工人党员在广大职工中的威信和影响力。

（二）深入开展调查研究，深刻认识疫情对民生就业的深远影响，进一步探索工会参与社会治理的实践路径

1. 高度聚焦国际、国内形势的深远影响。受到国际发展环境变化影响，我国经济社会发展面临前所未有的挑战，对维护劳动关系和谐稳定提出新的更高的要求。要深入学习贯彻习近平总书记的重要讲话和指示批示精神，全面落实中央“六保”“六稳”的工作部署，推动落实国民经济和社会发展“十四五”规划，在推进高质量发展中更好地保障和改善民生。江苏省职工要牢固树立政治意识和大局意识，围绕高质量发展中实现共同富裕的战略目标，充分发挥在改革发展稳定中的主力军作用，加快实现城乡社会福利和公共服务均等化，推

动劳动保障和公共政策更加普惠公平，为全省高质量发展夯实和谐劳动关系基础。江苏省各级工会要持续深化“我为群众办实事”活动，公开征集为职工办实事的服务项目和服务内容，结合实际制定工会开展普惠性服务项目清单，将稳企保岗作为集体协商协调机制的首要目标，妥善处理因新冠疫情影响涉及的企业劳动关系矛盾，正确对待社会利益关系和利益格局的调整问题，在深入调查研究和充分听取职工民意的基础上，推动开展集体协商及和谐企业创建活动，弘扬社会契约精神和劳动诚信意识，强化劳动合同和集体合同制度的刚性约束，加快推进《江苏省集体协商条例》的立法进程，尊重基于平等的民主协商形成各类协议，着力提高劳动合同和集体合同的履约率，引导劳动者树立与企业共渡难关、共克时艰的意识，为全省经济社会发展作出新贡献。

2. 明确互联网劳动关系的认定标准。随着世界新一轮产业变革和科技革命的浪潮冲击，互联网等数字技术快速迭代、大数据广泛运用，助推数字产业化和产业数字化交融发展，对劳动力市场和就业素质结构产生影响，要着眼高质量发展要求和强化问题导向，加快劳动保障政策调整和劳动关系立法进程，推动结合实际出台相应的地方性法规政策，从保护所有劳动者基本权益的角度出发，坚持促进企业发展和维护职工权益的原则，集中破解互联网劳动关系认定中的理论实践问题，在维护城镇企业和正规就业职工合法权益的同时，加快完善面向新就业形态的制度和政策体系，建立健全适应新就业形态的权益保障体系，关注灵活就业人员的生活品质改善问题。针对江苏省新就业形态的发展趋势和特点规律，研究和制定有关报酬支付、职业安全等劳动标准，建立健全劳动争议纠纷的预警和调处机制，为广大职工尤其是新就业形态劳动者维护权益提供制度保障。

3. 探索工会参与社会治理的实践路径。党的十九届四中全会明确指出，构建基层社会治理新格局要充分发挥工会等群团组织的作用。随着经济社会发展，人们在追求更高质量的美好生活过程中，社会价值观念日益多元、社会利益关系日趋复杂。要按照党中央深化党和国家机构改革的要求，深化江苏省产业工人队伍建设改革和工会改革，在于法有据、党政授权和凝聚共识的基础上，有序承接适宜工会承担的部分公共职能，推动把工会工作纳入各级党政考核评价体系，带动更多的社会组织有序参与社会治理进程，拓展工会维权服务的重点领域和实现形式，不断提升广大职工的技能素质和生活品质，保障和实现职工的体面劳动和全面发展。要制定全省工会参与完善社会治理的指导意见，牢固树立大抓基层的鲜明导向，增强工会团结教育、维护权益和服务职工功能，健全联系广泛、服务职工的工作体系，增强工会组织的吸引力、凝聚力、战斗力。

(三)深化产业工人队伍建设改革，畅通职业发展通道和晋升激励机制，进一步为产业工人赋能成长营造适宜环境

1. 深化产业工人队伍建设改革，着力提升产业工人队伍建设改革的工作质量和放大典型示范效应。围绕实施科技创新和“制造强省”的目标，把高素质产业工人队伍建设放在重要位置，持续推动产业工人队伍建设改革走深走实。健全产业工人培养、使用、评价、激励制度，围绕技能培训、技能评价等出台支持政策，创新完善技能人才薪酬激励机制，引导企业建立技能水平与薪酬等级挂钩制度，激发产业工人提升技术技能水平的内生动力；发挥市场机制引导和政策激励作用，调动市场主体的积极性主动性创造性，深化产教融合、校企合作和工学结合，完善产业工人的晋升激励机制，拓宽职业发展通道。以规模企业、龙头企业、产业集群为重点，健全市场化、社会化、多元化评价体系，争创新职业、新工种技能等级认定的“江苏标准”，建立第三方参与评估绩效的人才评价标准。激发市场机制活力和尊重市场主体地位，推动产业工人队伍建设改革扩面提质增效，在提升产业工人参与度和知晓率上下功夫，营造崇尚技能成才和立志技能报国的社会氛围。建立江苏省产业工人素质结构数据库，推动将产业工人的概念内涵和行业分布标准纳入国家普查数据和城市调查的统计口径，形成工会统计年报和政府统计数据的衔接，不断提升产业工人相关数据的科学性和精准性。

2. 深入开展劳动和技能竞赛，完善创新技能导向的职业等级制和晋升激励机制。以推动列入工会与政府联席会议议题等形式，搭建成长平台，提高服务能力，引领职工投身创新创造实践。聚焦“十四五”时期国家和江苏省重大战略、重大工程、重大项目、重点产业，广泛深入持久开展劳动和技能竞赛，深化技术革新、技术协作、发明创造、合理化建议、网上练兵和“五小”等活动，努力建设一支宏大的知识型、技能型、创新型劳动者大军。探索“云竞赛”形式，推动竞赛从国有企业向非公企业拓展，从传统产业向战略性新兴产业、现代服务业延伸，统筹企业的人力资源管理和生产要素配置，不断激发和提升产业工人创新创造的活力。支持和引导企业积极推行设立首席技师、特级技师等岗位职务，积极探索实施技术、专利入股、分红机制，推动“能级工资”集体协商制度化，团结动员广大职工拼搏实干、建功立业，在构建新发展格局、推动高质量发展中发挥创新人才的示范引领作用。

3. 聚焦互联网信息技术发展，提高企业职工职业技能素质信息化和数字化水平。适应江苏省互联网平台数字经济发展的新要求，围绕数字产业化升级和

产业数字化转型背景，推动加大科技创新政策和市场资源要素供给，结合现代产业经济实际培养更多的江苏“数字工匠”。聚焦电子信息、物联网、大数据、人工智能等优势产业和未来需求领域，加快构建数字技能人才培育和引进机制，为江苏省制造业数字化转型升级搭设人才桥梁；强化产教融合、校企合作、普职融通，建立一套以数字化为基础的新型职业技术教育制度，聚焦数字技术新职业新工种和紧缺岗位加强职业技能培训，广泛组织开展数字技能岗前培训、在岗培训和转岗培训，全面提升广大职工数字技能素质及其发展能力；充分利用江苏工会服务网，打造集师资队伍、教育内容、职工群体于一体的网络公共学习平台，优化数字学习环境和技能提升环境，更好地满足广大职工多元化、个性化学习需求，为江苏省数字经济的可持续发展提供人才支撑。

（四）共商共建共享和谐劳动关系，更好地维护和发展职工的合法权益，进一步维护江苏省职工队伍稳定

1. 深化企事业单位民主管理制度。坚持源头参与，积极提请将加强企事业单位民主管理制度体系化建设列入各级党委常委会年度工作要点，写入各级政府工作报告，作为加强民主政治建设的基础工作融入全局统筹部署。坚持以创建民主管理先进单位、示范单位活动为牵引，以全国性民主管理工作互查互检为抓手，推动企事业单位逐步构建以职工代表大会为基本形式，以厂务公开和职工董事、监事为重要形式，以协商民主为补充形式的“四位一体”民主管理制度体系，全面保障职工的知情权、参与权、表达权和监督权。适应平台经济迅速发展的客观形势，在巩固建制成果的基础上，积极探索构建符合新就业形态劳动者特点的民主管理的新机制，发挥互联网平台企业特点优势，建立更加灵活便捷畅通的民主参与、民主表达、民主监督形式，保障包括新就业形态劳动者在内的所有劳动者普遍行使民主权利。

2. 完善劳动关系三方协商机制。把构建和谐劳动关系摆在重要工作位置，推动完善政府、工会、企业共同参与的协商协调机制，积极参与协调劳动关系，有效调解社会矛盾，工作重心下沉，维权关口前移，满足职工群众对劳动就业和职业发展的现实需要；健全协调劳动关系三方组织建制体系，完善工作例会、情况通报和协商议事规则，推动有条件的地方实现三方机制实体化运作和常态化管理，重点推动工业园区、乡镇（街道）和行业系统建立三方机制，努力构建多层次、全方位、网格化劳动关系协商协调格局；大力推进行业性、区域性集体协商，开展集体协商质效评估工作，巩固提高集体协商覆盖面和实效性。健全企业劳动争议调解组织和工作制度，创新劳动人事争议调解仲裁机制，强

化劳动调解仲裁队伍和工会公职律师建设，推进“互联网+调解仲裁”和职工法律援助对接。

3. 深化和谐劳动关系创建活动。深入实施劳动关系“和谐同行”能力提升三年行动计划，选树省级优秀劳动关系和谐企业并推广典型经验。全面落实《关于对劳动关系和谐企业加强正向激励的意见》，加大对非公有制企业及中小企业和谐创建的指导培育、评估认定和正向激励力度，推广和谐企业创建在线评定，向公共信用管理部门推送和谐企业守信“红名单”标注，为和谐劳动关系企业赋能；健全工会法律援助办案机制，做到“应援尽援”，拓宽职工尤其是新就业形态劳动者申请工会法律援助途径，提高工会法律援助的办案质量；健全工会劳动关系发展态势监测和分析研判工作机制，加强与人力资源社会保障、司法行政等部门以及法院的协作配合，在劳动关系分析研判、劳动隐患排查化解、劳动领域和谐共建方面形成合力；完善工会劳动法律监督机制，突出预防和协商的监督理念，开展企业劳动用工监督评估专项服务行动，帮助用人单位依法规范用工。

4. 加强对新就业形态的规范指导与监管。联合政府和社会科学研究机构加大对新就业形态的研究，推动修改《劳动法》《劳动合同法》，制定我国互联网平台数字经济劳动基准法，形成中国特色依法协调劳动关系的基本法系；推动政府相关部门探索出台新就业形态用工合规操作指引，为新就业形态依法规范用工提供精准指导；探索建立新就业形态职业伤害保障制度，为新就业形态劳动者提供有效的社会保险和安全保障；在行政执法和司法实践中对假借灵活用工之名，行规避法定义务和法律责任之实的情况准确定性，严格执法，依法惩罚企业侵权和违法用工行为。对不完全符合认定劳动关系情况中劳动者权益保障问题，要积极推动国家层面尽快补齐法律法规空缺。加强相关产业、行业协会和工会组织建设，充分发挥行业组织民主协商的自治功能，推动相关劳动者权益保障和政策落到实处；通过企业工会、产业工会、行业工会联合会、区域工会联合会等多种形式和线下线上各种方式，大力推进新就业形态劳动者的工会组织建设，实现工会对新就业形态群体的全覆盖。

（五）深化新时代工会改革，不断提升职工队伍的组织化程度，进一步发挥党联系职工群众的桥梁纽带作用

1. 着力夯实基层工会组织。按照党中央深化工会改革的部署，以增强“政治性、先进性、群众性”为根本标尺和衡量标准，努力构建联系广泛、服务职工的工会工作体系，不断提升工会自身建设科学化水平。要贯彻实施《江苏省工运事业和工会工作“十四五”发展规划》，有针对性地加强工会组织建设和会

员发展工作，在巩固传统领域建会职工入会的基础上，重点加强新就业形态劳动者建会入会和维权服务工作，不断拓展企业建会和职工入会新的增长点；建设专干、社工、义工相结合的基层工会工作队伍，探索推行非公企业工会主席和干部岗位津补贴制度。把力量和资源向基层倾斜，结合实际完善全省“小三级”的工会组织体系，探索社区网络、城市综合体等建会方式，实现对小微企业的组织和工作覆盖，推动破解基层“缺人、缺钱、缺阵地”瓶颈，使基层工会建起来、转起来、活起来，让职工群众感受到工会是“职工之家”，工会干部是最可信赖的“娘家人”、贴心人。

2. 着力推进“数字工会”建设。同步融入全国总工会“十四五”信息化建设工程，推动“数字工会”一体化、标准化、融合化、智慧化建设，打通各级工会间的数据壁垒、工作壁垒，发挥出江苏工会服务网的数据整合和普惠服务功效；以江苏省“数字工会”建设为基础，创新现代工会组织体制、运行机制和活动方式，努力形成线下线上有机融合、相互支撑的组织体系；加强与政府门户网站和公共服务平台的共享合作，为基层工会联系职工群众构建互动交流平台，推动各级工会开展服务内容和服务模式创新，探索跨区域、江苏省共享的高黏性在线普惠服务项目，使广大职工能够跨地域享受更优质的服务，建设工作有力、组织顺畅、充满活力的现代工会组织。

3. 着力提升工会工作规范化水平。要构建工会工作体系、组织体系和服务职工体系，完善新形势下工会工作的体制和机制，按照联合制代表制要求优化地方工会组织架构，在工会副主席、常委、委员、代表及内部工作部门人员中，适当提高劳模先进和一线职工的任职比例。完善向同级党委和上级工会的请示报告制度，坚持以加强党的政治建设为统领，尤其是提升江苏省工会系统党的建设科学化水平，加强各级党委领导下的协调推进工作机制建设；常态化开展机关干部赴基层蹲点工作、“我为群众办实事”实践活动，加强上级工会对下级工会的指导服务，加强工会组织建设和提升工作制度规范化水平，协调解决基层工会面临的实际困难和问题。要围绕全面落实党的二十大确定的目标任务，科学统筹江苏省疫情防控和经济社会发展，推动实现职工体面劳动、共同富裕和全面发展，充分调动广大职工的积极性、主动性、创造性，团结动员广大职工为实现“争当表率，争做示范，走在前列”勠力奋斗。

负 责 人：徐大勇

承担单位：江苏省总工会办公室（研究室）

浙江省职工队伍状况调查报告

为准确把握一个时期职工队伍发展变化及特点，深化对职工队伍发展规律的认识，根据全国总工会关于开展第九次全国职工队伍状况调查的统一部署，浙江省被列为第九次全国职工队伍状况调查省份之一。本次调查在杭州市、宁波市、湖州市、嘉兴市、绍兴市5个市和温州永嘉县、金华兰溪市、衢州开化县、台州仙居县、丽水庆元县5个县（市），对250家建会企业2503名职工、250名工会主席和未建会企业500名职工开展了线下问卷调查。浙江省总工会高度重视本次调查工作，及时成立领导小组、制定调查实施方案、安排调查经费，召开动员部署会，举办培训班，组织相关工会认真实施，收回有效职工问卷3003份，有效工会主席问卷250份。在问卷调查数据统计基础上，结合2017年以来浙江省总工会在服务中心大局、服务保障职工群众等工作的实践和探索，形成浙江省职工队伍状况调查报告。

党的十九大以来，浙江省以最坚决的行动落实习近平总书记的重要指示批示精神，忠实践行“八八战略”、奋力打造“重要窗口”，坚决扛起高质量发展建设共同富裕示范区政治责任，高水平全面建成小康社会，浙江发展取得了历史性成就、站上了新的更高起点。浙江省广大职工群众在经济社会稳定发展、助力新冠疫情防控等中心工作中充分发挥了主力军作用，职工队伍总体保持和谐稳定，职工精神文化生活日趋丰富，职业技能素质不断提升，生活水平明显改善，政治地位、经济地位、社会地位有了较大提高。同时，在浙江省经济社会快速发展进程中，各类新经济新组织新业态不断涌现，劳动关系领域出现新情况新问题，值得我们高度关注和深入研究。

一、浙江省职工队伍基本状况

（一）分布情况

从行业分布来看，制造业职工占比最大，占职工总数的55.6%，同2017年（48.2%）相比增加了6.6个百分点；其次是公共管理、社会保障和社会组织行业职工，占职工总数的6.7%；其他依次是教育职工占5.6%，批发和零售业职工占4.3%，建筑业职工占3.7%，居民服务修理和其他服务业职工占3.4%，卫生和社会工作职工占 3.1%，信息技术服务职工占 2.7%，金融业职工占 2.7%，租住和商务服务业职工占 2.0%，住宿和餐饮职工占 2.0%，文化体育和娱乐业职工占 1.7%，电力热力燃气及水生产和供应业职工占 1.7%，农林牧渔业职工占 1.4%，交通运输和邮政业职工占 1.3%，公共设施管理业职工占 1.0%，房地产业职工占 0.7%，科学研究和技术服务业职工占 0.7%。从产业分布来看，第二产业职工规模最大，占 60.9%；第三产业职工占 37.7%；第一产业职工比例最小，占 1.4%。从就业单位分布来看，在企业就业的职工最多，占 79.6%；其他依次是事业单位职工占 8.4%，机关职工占 7.1%，个体经营户占 4.3%，社会组织和其他职工各占 0.3%。从所有制单位分布来看，在私有制单位就业的职工最多，占 75.4%；在国有和集体单位就业的职工分别为 20.9%、0.7%；港澳台商、外商单位就业的分别为 1.7%、1.4%。从单位规模来看，小型企业职工最多，占 65.0%；其次为中型企业职工占 21.0%，大型企业职工占 3.5%，微型企业职工占 10.5%。中、小型企业是浙江省吸纳劳动力的主体。

（二）自然特征

从性别来看，职工中男女比例比较均衡。其中，男性占 42.0%，女性占 58.0%。从婚姻状况来看，已婚职工占 79.0%，未婚职工占 21%。从年龄来看，职工队伍总体上较为年轻，平均年龄为 37.5 岁。16~18 岁职工占 0.1%，19~40 岁职工占 62.8%，占大多数；41~50 岁职工占 27.4%，51~60 岁职工占 8.9%，60 岁以上职工占 0.8%。

（三）社会特征

从户籍情况来看，本地户口职工占 77.4%，外地户口职工占 22.6%。从政治面貌来看，共产党员占 22.8%，共青团员占 17.9%，民主党派成员占 0.5%，未加入任何党派占比达 58.8%。从宗教信仰来看，绝大多数职工不信仰任何宗教，占比达 77.6%。其次为信仰佛教的，占 12.7%。信仰基督教、道教、天主教和伊斯兰教的分别占 1.8%、0.3%、0.1%、0.1%。

二、职工劳动经济权益实现状况

（一）职工就业状况总体稳中趋好

从总体上看，虽然遭遇了经济结构换挡、新冠疫情等影响，浙江省职工就业态势总体平稳。职工平均工龄为 7.48 年。获得工作的方式，单位招聘是职工获得工作的主要途径，占 50.3%，16.6%的职工通过亲友介绍，15.3%的职工通过网络应聘。近五年，82.0%的职工没有经历过失业，91.9%的职工没有经历过下岗，84.1%的职工没有经历过待岗，92.3%的职工没有经历过安置转岗。

新冠疫情对职工就业产生了一定的影响。67.0%的职工认为新冠疫情“导致我所在的行业经营困难”，32.3%的职工认为新冠疫情“曾经导致我所在单位停工停产”，3.3%的职工认为新冠疫情“曾经导致我失业”；14.6%的职工回答新冠疫情“延长了我的工作时间”，14.9%的职工回答新冠疫情“缩短了我的工作时间”；27.0%的职工回答新冠疫情“使我的工资减少”；1.9%的职工回答新冠疫情“导致我的社保缴费中断了”，1.5%的职工回答新冠疫情“导致我遇到过劳动纠纷”；22.7%的职工赞同新冠疫情“使我的求职机会变少了”，只有3.3%的职工赞同新冠疫情“使我得到了更理想的工作岗位”，2.7%的职工赞同新冠疫情“使我增加了兼职的机会”。

新业态发展给职工就业带来了新机遇新挑战。关于“共享经济”“数字经济”“平台经济”等新业态对就业的影响，35.5%的职工比较赞同“带来更多的就业选择机会”，37.6%的职工比较赞同“带来更多的创业可能性”，60.4%的职工比较赞同“督促我加强学习，提升就业能力”；31.3%的职工比较赞同“对所在的行业有较大影响”，27.5%的职工比较赞同“对就业岗位有较大影响”。调查结果显示，12.5%的职工正在做或曾经做过互联网专兼职工作。关于依托互联网专兼职，4.5%的职工认为“工作较轻松，收入不错”，9.5%的职工认为“工作很辛苦，收入不错”，28.2%的职工认为“工作较轻松，收入一般”，26.8%的职工认为“工作很辛苦，收入一般”。

（二）职工工资收入增速明显

总体上来看，浙江省职工收入水平在不断提高。调查表明，“上个月从单位获得的到手全部货币收入”平均值为6928元，相比2017年（4776元）增长了45.1%。其中，5001~10000元占比最大，占37.0%；4001~5000元占26.9%，3001~4000元占21.2%；2001~3000元占13.2%，而2000元以下的，合计占比只有1.7%。

工资总体在逐年增加，但也受到新冠疫情等因素影响。在对“您最近一次涨工资是什么时候”的回答中，24.5%的职工表示是在今年（2022年），34.2%的职工表示在2021年，10.5%的职工表示在2020年，也有25.2%的职工表示2019年以来没涨过工资。在工资增长绝对值方面，“您最近一次涨工资，大约涨了多少钱”的回答均值为846元。其中，401~500元比重最高，达到21.9%；其次是501~600元和201~300元这两档，分别达到19.5%、16.8%。

年终奖收入有所提升。“2021年，您拿到了多少年终奖”的回答均值为

18904元，相比2017年（13382元）增加了5522元。年终奖收入在5001元及以上的职工占大部分，占64.8%。其中，10001~20000元和20000元以上的分别为17.5%、26.8%。

拖欠工资问题并不突出。99%的职工表示单位没有拖欠工资，仅有1%的职工表示单位有工资拖欠情况。在遭遇过欠薪问题的职工中，被拖欠工资2001~5000元的占46.7%，被拖欠工资5001~10000元的占40%，被拖欠工资10001~50000元的占13.3%。

职工对收入满意度总体不是很高。调查结果显示，在“您认为自己的工资收入水平在您所在的城市属于哪个档次”回答中，46.0%的职工认为自己的工资水平是中等，26.7%的职工认为自己的工资水平中等偏下，认为自己是高收入、中等偏上水平的分别占0.7%、10.7%，认为自己是低收入水平的占10.5%。在收入满意度方面，有50.9%的职工认为一般，占比最大。认为满意和比较满意的分别占16.5%、15.2%，不太满意和不满意的职工分别占6.1%、11.2%。

家庭收入趋于中上水平。调查结果显示，大部分职工的家庭月总收入在5001~8000元、8001~10000元、10001~20000元这三个档次，占比分别为18.9%、24.9%、36.4%。职工家庭月总收入在5000元及以下和20000元以上的分别占13.7%、6.0%。家庭总体收支状况有盈余的职工较多，6%的职工表示能攒下一些钱，50.3%的职工表示收入够用、有少量节余，32.2%的职工表示基本“月光”，还有11.5%的职工表示入不敷出。大部分职工觉得与五年前相比，家庭的生活水平有所提高，占比为59.3%；有24.8%的职工觉得没什么变化，15.9%的职工觉得下降了。

（三）社会保障覆盖面不断扩大

从总体上来看，大部分职工都享受到了社会保障，且保障水平在不断提高。在“最近一年，您单位为您缴纳各类保险的基数是否有变化”回答中，63.5%的职工认为缴纳基数比过去提高了，没变化的职工占19.9%，不知道的职工占14.0%，仅有2.5%的职工认为比过去降低了。

在养老保险方面，绝大多数职工参加了养老保险。在“您参加的是哪种养老保险”回答中，参加职工基本养老保险的职工占92.4%，参加城乡居民基本养老保险的职工占3.4%，没有参加上述养老保险的职工占1.5%。除了上述养老保险外，还有22.4%的职工表示单位提供了补充养老保险（如企业年金、职业年金等）。

在医疗保险方面，93.8%的职工参加了单位办理的职工基本医疗保险，

3.3%的职工没参加，3%的职工不知道。30.1%的职工参加了城乡居民基本医疗保险。28.3%的职工参加了商业医疗保险。40.9%的职工参加了职工医疗互助保障。

在工伤保险方面，单位为职工办理工伤保险的占90.5%，单位没有为职工办理工伤保险的占2.4%，有7.2%的职工不知道单位是否办理。

在失业保险方面，单位为职工办理失业保险的占89.6%，单位没有为职工办理失业保险的占3.6%，有6.8%的职工不知道是否办理。

在生育保险方面，单位为职工办理了生育保险的占81.3%，4.2%的单位把生育保障与医疗保险合并办理，6.0%的单位没有为职工办理生育保险，有8.5%的单位职工不知道是否办理。

在住房公积金方面，有53.0%的职工表示单位为自己办理了住房公积金，有43.2%的职工表示单位没有办理住房公积金，还有3.8%的职工表示不知道是否办理。

（四）部分职工休息休假权益未得到充分落实

总体上来看，职工的休息休假权益保障不是很充分，仍有一部分职工工作强度较大。调查结果显示，“上周您实际工作了多少天”的回答均值为5.62天。其中，43.5%的职工工作了6天，占比最大；其次是工作了5天的职工，占40.0%；12.8%的职工工作了7天，3.5%的职工工作了5天以下。“上周您实际工作了多少小时”的回答均值为46.5小时。其中，38.1%的职工工作时间在40小时及以下；37.4%的职工工作了41~48小时；工作48小时以上的占24.5%。在“您加班加点的情况如何”回答中，大部分职工偶尔加班加点，占64.6%；8.7%的职工经常加班加点，2.6%的职工几乎每天加班加点，24.2%的职工从不加班。

加班加点补偿权益基本可以得到保障。在“您加班加点能得到下列哪种补偿”回答中，37.1%的职工按劳动法规定足额拿到加班费，17.5%的职工按加班时间安排相当时间的倒休，10.6%的职工部分倒休、部分拿到加班费，4.3%的职工不足时倒休或不足额拿到加班费，还有14.6%的职工是以其他补偿形式进行补偿，也有15.8%的职工没有得到任何形式补偿。

职工对加班加点接受程度较高。大部分职工“可以接受适度加班，能增加收入”，占比达59.9%；13.7%的职工“希望能加班加点，加班多工资收入也多”；20.9%的职工“不愿意加班加点，因为没有补偿或补偿很少”；5.5%的职工则表示“有加班工资也不愿意加班加点”。

带薪年假制度落实不充分。在“您去年是否享受了带薪年假”回答中，54.5%的职工按规定享受了带薪年假，6.6%的职工“享受了带薪年假，但没有达到规定天数”，9.4%的职工“没有享受带薪年假，得到相应补偿”，29.5%的职工“没有享受带薪年假，没有补偿”。

三、职工文化素质和技能素质状况

（一）职工学历教育情况有所提升，职业教育普及度不高

调查结果显示，从教育状况来看，职工平均受教育年限为13.8年，整体上具备基本的文化素质。大学本科学历的职工占比最高，为36.2%；大专学历的职工占26.8%，初中学历的职工占13.8%，高中学历的职工占11.0%，中专、职高、高职、中技学历的职工分别为5.0%、2.3%、0.6%、0.5%，小学及以下学历的职工和研究生及以上学历的职工分别为1.9%和1.8%。职业教育占比相对较小。

（二）职工职业技能水平偏低，高技能人才紧缺

调查结果显示，浙江省职工队伍技能水平总体不高。从专业技术等级情况来看，无技术等级的职工占75.5%；初级工占11.5%，中级工占6.7%，高级工、技师和高级技师合计占比仅为6.1%。从专业技术职称来看，没有职称的和初级职称的职工占绝大多数，合计占比为81.7%；中级职称的职工占比为14.0%，高级职称的职工占比为4.2%。高技能人才比例偏低。

（三）职工对技能培训持肯定态度，但培训的参与度有待提高

调查结果显示，在“您结束上一份工作后，是否接受过职业技能培训（包括自费）”的回答中，没有接受过的职工占71.7%。在“最近1年，您参加单位组织的培训情况”的回答中，经常参加的职工占35.8%，有时参加的职工占18.9%，偶尔参加的职工占21.4%，24.0%的职工没有参加过。在“参加单位组织的与工作相关的培训，是否给您带来了下面这些好处”一问中，回答提高了技术等级或专业技能的职工占90.0%，增加了工资收入的职工占47.9%，提升了就业竞争力的职工占77.2%，调到了更理想的工作岗位的职工占44.2%。职工不愿投入过多培训成本。在“近五年来，您是否自费参加过（不是由单位组织的）进修或培训”的回答中，没有参加过的职工占74.8%。“您最近一次自费参加进修或培训，大约花了多少钱”回答的均值为3985元。关于“您自费参加进修或培训的主要目的”，为了晋升职务、技术等级或提高工资收入的职工占绝大多数，达到70.1%；职工为了满足个人兴趣爱好，占15.4%；为了保住现有岗位

和为了换工作的目的性没有那么强烈的职工，分别只占7.3%、2.0%。

（四）劳动和技能竞赛等活动受到职工支持和欢迎

调查结果显示，在“您是否参加过所在单位开展的劳动和技能竞赛（技术比武、岗位练兵等）活动”的回答中，30.7%的职工表示参加过，占比最大；22.3%的职工表示单位开展过但自己没参加，27.7%的职工表示单位没开展过此类活动。在“您认为开展劳动和技能竞赛（技术比武、岗位练兵等），对单位和个人是否有好处”回答中，绝大多数职工认为对单位和个人都有好处，比例达92.9%。在“您如何评价设立‘劳模创新工作室’‘技能大师工作室’对于提高技术技能水平的作用”的回答中，75.3%的职工认为对单位、劳模（大师）和普通职工都有好处。

（五）职工有较大兴趣学习新技能，但学习主动性和持久度不够

调查结果显示，大多数职工有职业危机感，在“您是否担心您目前的职业技能在未来会过时”的回答中，33.0%的职工有点担心，20.5%的职工比较担心，9.8%的职工非常担心，不担心的职工占36.8%。在“您是否有兴趣学习新的职业技术、知识或能力”的回答中，绝大部分的职工都有兴趣。其中，很有兴趣的职工占47.2%，比较有兴趣的职工占30.8%，有点兴趣的职工占17.4%，只有4.6%的职工觉得没兴趣。在“您目前的学习状态如何”的回答中，32.4%的职工选择“工作需要时，会有针对性开展学习”，30.6%的职工选择“偶尔主动学习，有计划但坚持不够”，只有17.0%的职工选择“经常主动学习，能坚持学习计划”。在“下列哪种学习方式更适合您的实际情况”的回答中，利用网络在线学习占30.3%，同2017年（23.6%）相比，增加了6.7个百分点。单位内部集中授课培训和业余时间参加培训课程两个选项占比较大，分别为27.3%、19.3%。单位之外脱产培训和单位内“师带徒”的形式分别占14.8%、8.3%。

四、职工职业安全和健康状况

（一）劳动保护措施相对到位

从总体上来看，浙江省大多数企业工作环境较好。少数企业存在高温低温作业、粉尘污染、噪声污染、有毒有害气体污染、辐射污染、容易伤及肢体的机械故障隐患等工作环境，大多也采取了有效防护措施。调查结果显示，22.2%的职工工作环境存在高温、低温作业，其中86.0%的职工表示单位采取了有效防护措施；18.9%的职工工作环境存在粉尘污染，其中有74.6%的职工表示单位

采取了有效防护措施；21.2%的职工工作环境存在噪声污染，其中76.9%的职工表示单位采取了有效防护措施；9.1%的职工工作环境存在有毒有害气体污染，其中79.1%的职工表示单位采取了有效防护措施；5.7%的职工工作环境存在辐射污染，其中73.7%的职工表示单位采取了有效防护措施；16.9%的职工工作环境存在容易伤及肢体的机械故障隐患，其中88.8%的职工表示单位采取了有效防护措施。

安全生产培训呈现常态化趋势。在“您最近一次参加单位组织的安全生产方面的培训是什么时候”的回答中，选择今年（2022年）的职工占40.8%，选择2021年的职工占34.7%，选择2020年的职工占2.4%，选择2020年以前的职工占4.3%，选择没有参加过的职工占17.8%。在防疫和劳动保护用品发放方面，选择防疫物品能够及时足量发放的职工占76.1%；选择劳动保护用品能够按时足量发放的职工占69.2%，比2017年（58%）增长了11.2个百分点。

（二）职业病防治成效较为明显

在职业病防治方面，在“您是否得过职业病或受过工伤”的回答中，没有患过职业病，也没有受过工伤的职工，占92.9%；得过职业病或受过工伤，但现在已经治好的职工占4.6%；得了职业病或受了工伤，还没有治好的职工占2.5%。在“发生职业病或工伤后，单位对您的治疗、疗养和赔偿等做得怎么样”的回答中，65.5%的职工表示做得很好，25.0%的职工表示做得一般，9.5%的职工表示做得不好。在“治疗职业病或工伤对您生活的影响”的回答中，难以负担，为治病欠下很多债务的职工占4.6%，勉强能负担治病费用的职工占20.0%，75.4%的职工表示个人没有什么经济压力。

（三）女职工特殊保护落实比较到位

在女职工特殊保护方面，89.4%的职工表示单位没有发生过限制女职工怀孕的情况，83.9%的职工表示所在单位没有因女职工怀孕、生育、哺乳而发生过“降低工资”，85.9%的职工表示所在单位没有因女职工怀孕、生育、哺乳“辞退或解除合同的情况”，81.5%的职工表示所在单位没有因女职工怀孕、生育、哺乳而转岗，发生过因女职工怀孕、生育、哺乳而转岗的比例分别为1.5%、0.8%、2.7%。

（四）健康体检覆盖面不广

总体来看，职工享受健康体检的不多，在“最近一年来，您参加单位组织体检的情况”的回答中，59.2%的职工表示参加过。在“您最近一次参加单位组织的女职工妇科及乳腺疾病检查是什么时候”的回答中，44.6%的职工表示没参加过，选择今年（2022年）的职工占10.7%，选择2021年的职工占36.7%，选择2020年的职工占2.9%，选择2020年以前的职工占5.1%。

五、职工民主政治权益实现状况

（一）职工代表大会依然是职工民主参与的主要形式，微型企业建制率不高，普通职工参与率不足

调查结果显示，55.9%的职工单位建立了职工（代表）大会制度，56.9%的职工单位实行了厂务公开（业务、校务或院务公开）。职工代表大会制度在大中型企业比较规范，大型企业建制率92.1%，中型企业建制率67.5%，小型企业建制率65.0%，微型企业建制率26.3%。38.2%的职工是职工代表大会的代表，其中普通职工比例为33.0%，普通职工民主参与度相对不足。认为单位的职工（代表）大会作用发挥得很好、较好的职工分别占比55.1%、21.2%，同比2017年的38.7%、33.6%有较大幅度提升。认为单位的职工（代表）大会作用发挥得一般、较差、很差、说不清的职工分别有16.2%、0.8%、0.4%、6.3%。

（二）职工民主参与形式多样、意识增强

调查结果显示，在“您是否有机会对工作单位的经营管理和自身权益发表意见或反映愿望”的回答中，大部分职工表示有机会，占比达55.5%；2.7%的职工表示没有机会，20.7%的职工表示说不清。职工主要通过以下三种渠道发表意见或反映愿望：直接向班组长或单位领导反映意见，在单位职工代表大会上发表意见、提出提案，向单位工会组织或职工代表反映，占比分别达68.8%、52.8%、45.6%。另外，职工通过微信群、QQ群、电子邮件、OA系统、意见箱等方式发表意见或反映愿望的比例也较高，达到42.2%。通过民主议事会、恳谈会等发表意见的比例达28.2%。职工对民主参与的意愿不断加强，认为“是职工应当享有的权利”的占82.1%，认为“有利于促进单位的发展”的占79.1%，认为“有利于维护职工利益”的占89.9%。

（三）民主参与成效体现比较到位

调查结果显示，65.4%的职工表示单位劳动规章制度的制定并非领导（老板）个人说了算；53.4%的职工表示单位劳动规章制度不是由管理部门单独制定的。51.8%的职工表示工会或职工代表参与制定了单位劳动规章制度；46.2%的职工表示单位劳动规章制度的制定经职工代表大会表决决定；52.0%的职工表示单位会事先张贴劳动规章制度以征求职工意见；44.9%的职工表示单位劳动规

章制度先实行再根据职工意见修改。

六、职工思想动态和文化需求状况

（一）职工对国家社会发展充满信心

调查结果显示，92.0%的职工非常赞同或比较赞同“党的百年奋斗从根本上改变了中国人民的前途命运，开辟了实现中华民族伟大复兴的正确道路”的观点；90.7%的职工认同党和政府在“打赢脱贫攻坚战，全面建成小康社会”方面的工作；93.9%的职工支持坚定不移推进全面从严治党、大力推进反腐倡廉的做法；94.6%的职工认同党和政府在抗击新冠疫情中，始终坚持生命至上、精准防控，保障人民生命健康安全的做法；88.8%的职工对现在的生态环境保护、绿色发展表示满意或比较满意；86.0%的职工相信党和政府制定的目标是正确的，党的“十四五”规划切实可行、能让老百姓得到实惠。职工认为可以让自己从中获益的政策前三位是“实施就业优先政策，推动实现更加充分、更高质量就业”（72.5%）、“推进乡村振兴战略，加快农业农村现代化”（71.8%）、“推动传统产业高端化、智能化、绿色化”（69.8%）。职工对国家发展充满信心，93.8%、89.1%、86.7%的职工分别对“全面建成社会主义现代化强国、实现中华民族伟大复兴的中国梦”“到本世纪中叶，全体人民共同富裕基本实现”“在2030年以前，实现碳达峰；在2060年以前，实现碳中和”等政策非常有信心或有信心。

（二）职工价值观导向正确

调查结果显示，73.5%的职工非常了解或比较了解“社会主义核心价值观”，77.1%的职工认为社会总体上是很公平或比较公平。83.9%的职工认为“和以前相比，现在人们的道德水平”有所提高，53.2%的职工认同“靠劳动能过上富裕的生活”；64.4%的职工“了解当代劳动模范、大国工匠、时代楷模等先进典型人物，愿意向他们学习、受他们的事迹感染”，69.1%的职工认为“全社会大力弘扬‘劳模精神、劳动精神、工匠精神’的氛围”非常浓厚或比较浓厚。

（三）职工生活水平有所提高，但有一定生活压力

从总体上来看，职工社会地位、生活水平有所提升，但也承受一定的生活压力。调查结果显示，79.1%的职工认为近年来工人社会地位有很大提高或有所提高；59.3%的职工认为与五年前相比，家庭生活水平有很大提高或有所提高；58.8%的职工自购住房；81.4%的职工对自己的工作非常满意或比较满意；只有

合计 1.2%的职工表示不太满意和很不满意。在“您认为下列哪些问题让您感到压力最大”的回答中，位列前三的是新冠疫情影响工作生活、子女教育、收入低，分别占 53.4%、45.7%、45.4%；买不起房（33.5%）从 2017 年的第一位下降到 2022 年的第四位。当遇到困难和问题时，职工最倾向于找亲朋好友、单位领导、工会这三类群体帮忙解决，占比分别为 75.2%、33.3%、27.9%，还有 23.0%的职工选择“默默忍受”。在“您如何评价自己的心理健康情况”的回答中，分别有 28.7%、40.5%的职工自认为“很好”或“比较好，善于自我调整”，自认为“一般，有时会有情绪困扰”的职工占比为 23.6%，5.2%的职工自认为“不太好，经常有情绪困扰”，0.8%的职工自认为“不好，可能有点儿疾病倾向”，1.2%的职工说不清。

（四）职工文化需求多样化，网络成为重要生活方式

从业余生活来看，职工的休闲方式趋于多样化和健康化，注重身心的平衡。在“您最喜欢的业余休闲活动有哪些”的回答中，前三位的是电影（电视）、旅游、读书看报，占比分别为 56%、37.8%、34.9%。随后依次为运动健身，上网，逛街、购物，占比分别为 34.7%、28.9%、20.4%。此外，还有睡觉，唱歌、跳舞，打牌、下棋，喝酒、聚会，进修培训，打游戏，观看演出等职工喜爱的业余休闲活动方式。信息化日益明显，对互联网的依赖度提升，且移动互联网已在职工生活中占据重要位置。从了解新闻、获取信息的主要渠道来看，微博、微信的占比最大，为 69.1%，其次为新闻网站，占比 59.7%；而抖音、快手等短视频平台位居第三，占比 54.8%。“使用最多的移动互联网产品和服务”是网上购物，占比 82.4%；其次为移动支付，占比 63.5%，网上交友聊天的位居第三，占比 51.3%，其他依次为网上点外卖、阅读电子书报杂志、网络约车、共享单车等。

（五）职工服务阵地建设相对缺乏，工人文化宫作用发挥不够明显，网上工会活动吸引力不够强

从工作单位文化建设来看，在“您单位是否有职工文体活动场所”的回答中，选择“有”的职工占 53.5%，选择“没有”的职工占 34.7%，还有 11.8%的职工“不知道”。愿意并且经常去职工文体活动场所活动的职工占 52.4%，愿意但没时间去的职工占 40.3%，不愿意去的职工占 4.6%。对单位开展的职工文体活动很满意的职工占 36.5%，比较满意的职工占 36.6%，不太满意和很不满意的职工分别占 5.4%、1.4%。本单位没有开展文体活动的职工占 20.1%。

工人文化宫在职工中影响力有待提高。最近一年，只有16.6%的职工去过工人文化宫。影响工人文化宫吸引力的最主要原因是不了解，占34.7%；其次是距离远近，占22.8%；第三位是活动项目是否吸引人，占12.7%。

职工对网上工会活动参与度不高。调查结果显示，经常参加网上职工服务活动的职工占9.0%，偶尔参加的职工占25.6%，有这些活动但我没有参加的职工占23.0%，没听说过的职工占42.4%。关于“通过什么渠道知道这些网上工会活动”的回答，单位要求参加占55.7%，亲友同事口碑推荐占22.7%，上网时无意发现占8.7%。参与过网上工会活动的职工中，51.5%的职工认为网上工会活动有吸引力；56.7%的职工认为网络参与便利；51.4%的职工认为带给职工实惠；52.4%的职工认为网上工会活动界面友好，易用度很好。

七、职工和企业劳动关系状况

（一）劳动关系总体上和谐稳定

调查结果显示，在“您认为本单位的劳动关系状况如何”的回答中，94.4%的职工认为和谐稳定。在“您认为您所在单位经营管理者与普通职工之间的关系怎么样”的回答中，认为很融洽的职工占50.1%，认为比较融洽的职工占38.2%，认为一般的职工占10.3%，认为不太融洽的职工占0.9%，认为很不融洽的职工占0.5%。在职工和工作单位关系方面，在“您工作的单位关心您的个人利益和成长发展吗”的回答中，表示非常关心的职工占35.0%，表示比较关心的职工占34.0%，表示一般的职工占24.6%，表示不怎么关心和完全不关心的职工分别只占4.6%和1.8%。同时，职工非常关心工作单位的前途和发展的占53.5%，比较关心的职工占33.3%，一般的职工占10.7%，不怎么关心和完全不关心的职工分别只有2.0%和0.6%。

（二）劳动合同是确立劳动关系的主要方式

调查结果显示，依法签订并愿意遵守劳动合同的单位占绝大多数，88.2%的职工与工作单位签订了劳动合同，7.7%的职工与工作单位签订了聘用合同（事业单位），1%的职工签订了其他用工合同。此外，1.2%的职工与工作单位签订过劳动合同，但合同已过期没有续签，还有1.9%的职工没有签订任何合同。劳动合同期限呈现长期化趋势。不满1年的劳动合同占4.4%，1~2年的劳动合同占21.6%，2~3年的劳动合同占11.2%，3年以上的劳动合同占44.4%，无固定期限的劳动合同占18.0%，以完成一定工作任务为期限的劳动合同占0.5%。在劳动合同条款的约定上：在劳动报酬方面，约定了全部月工资（或年工资）具体数额的占45.2%，只约定了底薪数额的占16.1%，只约定了不低于当地最低工资标准的占11.8%；13.8%的劳动合同没有关于劳动报酬数额的具体约定。在加班工资方面，有44.2%的劳动合同对加班工资的计算有明确约定。

（三）集体合同、工资集体协商不断规范

调查结果显示，目前单位单独签订集体合同（含专项集体合同）的占76.6%；没有签订的单位占16.9%；2.5%的单位签订过集体合同，但已过期，还没续签。单位在签订集体合同的过程中，得到过上级工会指导帮助的达96.2%。74.2%的企业完全执行现行集体合同条款，24.5%的企业大部分执行，只有1.3%的企业少部分执行。在工资集体协商方面，57.5%的职工表示所在单位开展了工资集体协商，14.3%的职工表示没有开展，28.2%的职工表示不知道。职工对工资集体协商的效果较为认可，在“您觉得工资集体协商在维护职工权益方面发挥的作用如何”的回答中，认为非常有效的职工占56.5%，比较有效的职工占33.2%，一般的职工占7.9%，认为不太有效果和没有效果的职工分别占2.1%、0.2%。

八、工会组织建设和作用发挥情况

（一）工会组织覆盖面动态保持稳定

根据中国工会统计年报，截至2021年底，浙江省共有基层工会13.6万家，同2017年（15万家）相比减少了9.3%；覆盖企业46.2万家，同2017年（53万家）相比减少了12.8%；工会会员1846万人，同2017年（2000万人）相比减少了7.7%。工会组建率和职工入会率动态保持在85%左右。在“您是工会会员吗”一问中，64.3%的职工回答“是”，10.2%的职工回答“单位有工会，但我没加入”，13.3%的职工回答“不是会员，单位没有工会”，12.2%的职工回答“不是会员，不知道单位有没有工会”。大部分职工由单位组织统一加入工会的占78.0%，11.9%的职工书面申请加入工会，以口头申请、网上申请、其他方式等加入工会的职工分别占2.8%、1.7%、1.2%，还有4.3%的职工记不清。62.6%的职工参与过本单位工会委员会或会员代表的选举，26.5%的职工没参与过，10.9%的职工记不清。

（二）工会组织作用发挥，职工认同感提升

在对“哪种做法最符合企业工会工作实际”的回答中，职工选择“坚持促进企业发展、维护职工权益”的原则，把两个方面兼顾好的占89.1%；职工选择“企业工会的首要任务是维护职工权益，其他的可以不考虑”的占7.4%；职工选择“企业工会应该主要抓生产，讲维权太多难以得到经营者支持”的占3.5%。职工普遍给予工会积极评价。在对本单位工会发挥作用的情况进行打分（总10分）的结果中，保持职工工作岗位稳定8.05分，提高职工工资收入7.73分，维护职工社会保障权益8.31分，改善职工劳动条件8.14分，提高职工职业技能7.99分，组织职工参与企业管理7.74分，调解劳动争议8.14分，丰富职工业余文化生活8.11分，帮扶困难职工8.44分，维护女职工特殊权益8.39分，做职工思想工作，进行心理疏导8.03分。在“提到工会，您会想到哪些与工会联系最密切的关键词”的回答中，回答排前三位的是职工代表（56.5%）、慰问送温暖（48.4%）、福利补助（38.3%），旅游、文体活动（30.3%）则排到第四位。在“您最希望单位工会开展或加强下列哪些方面的职工服务工作”一问中，回答排前三位的分别是提高职工工资收入（76.9%）、开展职工职业技能培训（70.4%）、组织职工参与企业管理（30.8%）。

（三）工会主席民主产生程度逐渐提高，履职能力不断提升

在“您是通过什么方式担任工会主席”的回答中，工会主席选择工会会员（代表）大会选举的占60.9%；选择本单位领导指派，并通过民主程序的占33.5%；工会主席选择上级工会委派，并通过民主程序的占2.8%；还有2.8%的工会主席选择其他。基层工会主席职业责任感较强，“您单位的普通职工中，您能叫出名字的大概占百分之多少”的回答均值在89.8%以上。96.8%的工会主席赞同“只有将职工组织到工会中来，才能发挥工会作用、切实维护职工权益”的观点，100%的工会主席赞同“工会如果不能维护职工的合法权益，就会丧失职工群众的信任和支持”。

（四）产业工人队伍建设改革认同度高，但宣传不够

对于产业工人队伍建设改革对本单位职工产生的作用，77.3%认同提高了职工的思想道德素质，78.0%认同调动了职工的积极性主动性创造性，80.0%认同提升了职工的技术技能水平，76.0%认同提升了企业技术水平，63.3%认同增加了企业收入。但在“工会主席对产业工人队伍建设改革的了解程度”的回答中，非常了解的仅占15.6%，比较了解的占30.0%，合计不足50%。

九、思考和建议

（一）以职工思想建设为引领，进一步凝聚起职工建功新征程的磅礴力量

一是以党的政治建设为统领，深入基层和企业开展党的二十大精神和党史、

新中国史、改革开放史、社会主义发展史宣传宣讲，创新职工思想政治引领新形式，浙江工会通过开展“守好红色根脉 班前十分钟活动”，进一步夯实了广大职工助力高质量发展建设共同富裕示范区的思想基础。二是以社会主义核心价值观为重点，深入开展以“劳动创造幸福”为主题的职业教育宣教活动，强化以职业道德为重点的社会公德、职业道德、家庭美德、个人品德教育。三是大力弘扬劳模精神、劳动精神、工匠精神，实施劳模工匠理论宣讲“百千万”计划，充分发挥劳模工匠示范引领作用，进一步营造崇尚劳动、尊重劳动的浓厚氛围。四是探索建立职工思想状况监测预警机制，及时了解掌握职工思想动态。

（二）以打造高素质职工队伍为重点，进一步助力经济社会高质量发展

一是探索建立职工学历教育、技能培训、技能竞赛、技能晋级、激励表彰等技能素质全方位提升机制，构建职工技能形成体系，加强重点产业和社会急需紧缺人才培养，推动技能人才与专业技术人才融合发展。二是完善职业技能等级自主评价相关制度，推行社会化职业技能等级认定，完善职业资格评价、职业技能等级认定、专项职业能力考核等多元化评价方式，努力形成培训与技能等级考证相挂钩、技能与就业相衔接的工会服务模式。三是推动职业教育发展，培育选树新时代“浙江工匠”，关注新业态、新就业群体中的技能人才，培育一支覆盖广泛、梯次衔接、技艺高超的新时代浙江工匠骨干队伍。四是推动产业工人队伍建设改革提质拓面，推动产改工作从规模以上试点企业向中小企业延伸，让广大职工有实实在在的获得感。

（三）以职工民主参与为切口，进一步构建和谐劳动关系

一是源头参与新形势下职工权益维护保障工作，重点加强新业态、新就业群体劳动用工和权益维护情况调研，推动出台规范新业态、新就业群体劳动用工的相关法律政策，指导和督促企业依法开展职会代表大会、厂务公开、平等协商等工作。二是推动普遍建立职会代表大会和厂务公开制度，进一步完善操作规程，规范民主程序，推广职工说事、职工恳谈会、工会代表常任制等新的民主管理形式，确保职工群众合理诉求得到充分有序表达，妥善处理好劳动领域遇到的实际困难和问题。三是全面推进劳动争议多元化解工作，完善“调裁诉”程序衔接，与人社、法院建立联席会议机制、信息互通机制、调裁诉对接工作机制、法律文书互认保障机制、调解协议履行机制、在线诉调对接机制等。

（四）以共同富裕示范区建设为契机，进一步助力提升职工生活水平

一是积极推动落实就业优先政策，加大工会经费投入力度，重点针对农民工、困难职工家庭高校毕业生子女和轮岗、转岗再就业职工群体，提升职工就业再就业能力。二是探索完善“提低”“扩中”政策机制，探索建立困难职工主动感知、及时发现、精准帮扶、全程在线的工作机制；深化推进“能级工资”集体协商等举措，建立完善技能水平与薪酬等级挂钩制度，在“扩中提低”、缩小收入差距上进行探索突破。三是培育职工服务品牌，大力开展“幸福共同体领头雁行动”，深化职工疗休养、青年职工交友、爱心托班、妈咪暖心小屋等为职工办实事项目，引导和激励企业在高质量发展建设共同富裕示范区中勇担社会责任。四是推动建立职工生活品质指标体系、政策体系、评价体系，将职工生活品质指标细化量化，让更多职工共享高质量发展建设共同富裕示范区成果。

（五）以集中建会入会为载体，进一步提升工会组织服务效能

一是持续开展建会入会“集中行动”，推动货运、快递、外卖配送、网约车等重点行业的头部企业依法建立工会，特别是推动浙江省将新业态、新就业群体最大限度地吸引到工会组织中来。按照“组建一批，规范一批”的工作部署，确保新组建工会有力有序运转起来。二是整合工会各类服务阵地，加快服务阵地“两性”“两化”运作，规范运用工人文化宫、职工学校、服务中心等资源，打造枢纽型、多元化工会文化服务阵地，提升工会服务的社会化、专业化水平。三是充分利用社会组织资源，拓宽服务供给，建立健全工会联系、引导、扶持社会组织的制度机制，通过项目合作、购买服务等方式，扎实推进户外劳动者服务站点、妈咪暖心小屋、职工书屋等建设，提高工会服务效能。

负 责 人：吕志良

承担单位：浙江省总工会政策研究室

安徽省职工队伍状况调查报告

为准确把握2017年第八次全国职工队伍状况调查以来安徽省职工队伍发展新变化新特点，深化对职工队伍发展规律的认识，准确把握新时代安徽省工会工作面临的新形势新任务，推动安徽省工会工作高质量发展，根据全国总工会发布的《第九次全国职工队伍状况调查方案》安排，安徽省作为本次全国职工队伍状况调查选定的15个省（区、市）之一，于2022年3月中旬正式启动第九次安徽省职工队伍状况调查。

本次调查共设置1个总课题、13个分课题、1个网络调查课题和10个产业工会课题，主要通过线下抽样调查、网络抽样调查及调研访谈等方式进行。按照全国总工会统一安排，安徽省在合肥、芜湖、蚌埠、马鞍山、阜阳5个省辖市，以及怀宁、明光、霍山、涡阳、绩溪5个县（市）开展线下抽样调查，共计投放线下抽样调查问卷3250份。其中，职工问卷3000份（已建工会单位2500份，未建工会单位500份），工会主席问卷250份，回收有效问卷3213份；在安徽省范围内抽选214家企业开展网络抽样调查，投放问卷15670份，回收有效问卷15468份。调查情况综合分析报告如下。

一、职工队伍结构基本情况

五年来，安徽省广大职工深入学习贯彻习近平新时代中国特色社会主义思想，在安徽省委的坚强领导下，埋头苦干，奋勇争先，充分发挥了工人阶级主力军作用，为建设现代化美好安徽作出了重要贡献。2021年，安徽省生产总值42959亿元，相较于五年前增幅达59%。职工队伍总量不断增加，结构不断优化。截至2021年，安徽省就业人员3243.0万人，三次产业就业比例为24.2∶31.9∶43.9，职工向第二、三产业转移趋势明显，第二、三产业从业人员占全省就业人员比例从2017年的68.3%增长到75.8%。

（一）从年龄结构来看，职工队伍年龄重心呈上移趋势

本次抽样调查中，安徽省职工平均年龄38.5岁，其中40岁以下职工占到调查总数的59.4%（见图1），职工年龄结构比较合理。同时，受人口老龄化趋势影响，相较于前两次安徽省职工队伍状况调查数据，职工平均年龄呈逐步上升

趋势，年龄重心明显上移（见表1）。这种趋势在部分单位类型中更加明显，本次调查中，机关及事业单位职工的平均年龄分别为40.51岁、41.80岁，国有、集体成分职工的平均年龄分别为40.4岁、39.54岁，相较于其他类型单位的年龄层次更高。

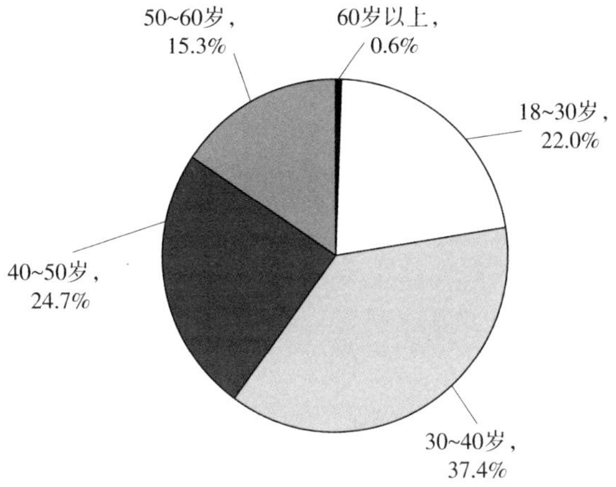

图1　安徽省职工队伍年龄构成

表1　2012年、2017年、2022年安徽省职工队伍年龄结构对比

年份	平均年龄（岁）	40岁以下职工占比（%）
2012	36.7	60.9
2017	37.4	60.4
2022	38.5	59.4

（二）从性别结构来看，职工男女比例较平衡，未婚比例增高

本次调查中，男性职工占49.1%，女性职工占50.9%，男女比例较均衡。其中，男性职工占比最高的行业为交通运输、水利、环境和公共设施管理业，建筑业；女性职工占比最高的行业为卫生和社会工作、批发和零售业及住宿和餐饮业。

在调查中，未婚职工占15.3%，较五年前增加1.2个百分点。其中，30岁以下职工未婚比例达57.0%，30~40岁职工未婚比例为5.8%，分别比五年前增加3.5个百分点、2.1个百分点。职工平均年龄上升而未婚比例提高，这与当前我国平均初婚年龄整体推后的趋势一致。

（三）从户籍状况来看，农民工队伍不断壮大，本地化趋势明显

根据安徽省国民经济和社会发展统计公报数据，2021年安徽全省农民工1981.3万人，较五年前增长63.2万人。其中，外出农民工1311.1万人，较五年前减少104.3万人。本次调查中，本地农业户口职工占比30.9%，比五年前增长3.3个百分点，表明安徽省农民工越来越倾向于本地就业。另外，本次调查中外地户口职工占比16.5%，比五年前提高了4.1个百分点，也显示出安徽省对外来人口就业的吸引力在不断增强，这种吸引力与工资待遇等方面因素有关，调查中本地非农业户口职工的平均月收入为5003.59元，农业户口职工平均月收入为4421.77元，而外地非农业户口职工平均月收入为6287.08元，外地农业户口职工平均月收入为5378.54元，均高于本地职工收入水平。

（四）从职工素质状况来看，职工队伍整体素质不断提升

职工受教育程度有所提高。本次调查中，受过小学及以下教育的职工占2.6%，受过初中教育的职工占15.3%，受过高中（职高）教育的职工占14%，受过中专（中技）教育的职工占8.3%，受过大专（高职）教育的职工占28.1%，受过本科教育的职工占29.4%，受过研究生教育的职工占2.2%。其中，受过大专及以下教育的职工比例比五年前降低了2.6个百分点，而受过本科及以上教育的职工比例则由五年前的28.9%上升到31.6%。其中，第一产业职工平均受教育水平相对偏低，第三产业职工平均受教育水平最高。

职工技术素质不断增强。根据安徽省国民经济和社会发展统计公报数据，2021年末，安徽省专业技术人才总量451.4万人，比五年前增长226.8万人。本次调查中，初级职称职工占比15.7%，中级职称职工占比8.8%，高级职称职工占比3.9%，技师占比1.6%，高级技师占比0.1%，较五年前有技术职称的职工比例上升了4.2个百分点。但也要看到，安徽省专业技术人员总量仍需提升。本次调查显示，安徽省职工中级工和高级工相加仅占12.7%。在专业技术职称中，中高级只达到19.8%，说明目前安徽省专业技术技能人才队伍建设仍然存在一些短板，同高质量发展和制造强省建设需求相比仍有较大差距。

职工思想政治素质不断强化。本次调查显示，当前安徽省职工价值观主流是积极进取、健康向上的，84.9%的职工不信仰任何宗教；79.9%的职工非常了解或比较了解社会主义核心价值观；87.1%的职工认为现在人们的道德水平有所提高；81.9%的职工认同靠劳动能过上富裕的生活。职工对党和国家的方针政策认同度也很高，受访职工中对我国实现全面建成社会主义现代化强国、实现中华民族伟大复兴的中国梦非常有信心及有信心的占96.3%；对全体人民基本实

现共同富裕非常有信心及有信心的占 92.4%；94.7%的职工非常赞同或赞同“党的百年奋斗从根本上改变中国人民的前途命运，开辟了实现中华民族伟大复兴的正确道路”；九成以上的职工对脱贫攻坚、全面从严治党等工作成效认为非常好或比较好。特别是对党和政府在抗击新冠疫情中，始终坚持生命至上、精准防控，保障人民生命健康安全的做法，97.3%的职工认为非常好或比较好，工人阶级的先进性得到进一步体现，职工群众听党话、跟党走的决心更加坚定。

二、职工劳动经济权益实现情况

职工收入水平稳定提升，但收入差距略有扩大。根据安徽省国民经济和社会发展统计公报数据，2021 年安徽省城镇非私营单位就业人员年平均工资为 93861 元，扣除价格因素实际增长 8.1%，城镇私营单位就业人员年平均工资为 56154 元，扣除物价因素实际增长 5.6%。

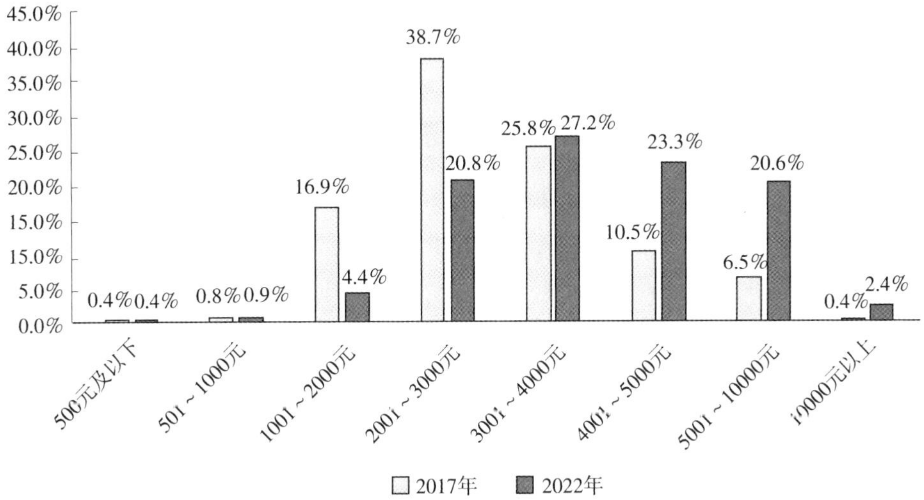

图 2　2017 年、2022 年安徽省职工月平均收入构成

本次调查中，职工月平均收入为 4970.67 元，相较于五年前增长 51.85%。其中，77.3%的受访职工自 2019 年以来有过工资增长，61.4%的职工在近两年内涨过工资。职工收入水平明显提升，特别是中高收入人群不断增加。本次调查中，月平均收入在 4001~5000 元的职工较五年前增加 12.8 个百分点，月平均收入水平在 5001~10000 元的职工较五年前增加 14.1 个百分点，月收入在 10000 元以上的职工较五年前增加 2 个百分点（见图 2）。欠薪防控力度不断加强，98.6%的受访职工从未被拖欠过工资，其中农民工曾被拖欠工资的比例由五年前的 6.8%下降到 2.7%。

工资收入的上涨与职工的期待仍有一定差距。本次调查显示，职工对工资水平满意度不高，69.7%的职工认为自己收入水平处于所在城市的中等及中等偏下水平，对自己收入水平觉得满意及比较满意的职工仅有35.5%，不太满意及不满意的职工有17.8%。

（一）就业形势总体向好

受新冠疫情等因素影响，安徽省就业人数增长趋势在2020年出现近年来的首次转折。面对新冠疫情、经济下行压力加大等形势，安徽省上下坚持稳就业、保民生，2021年全省城镇新增就业70.9万人，比2020年度增加4.46万人；城镇失业人员实现再就业26.7万人，就业困难人员实现就业7万人，城镇登记失业率2.46%，比2020年减少0.37个百分点，职工就业形势在逐渐走向好转。职工就业稳定性在逐步提升，在对职工合同签订年限进行调查时，42.7%的职工签订的是3年及以上合同，较五年前增加2.8个百分点。职工对目前工作的满意度也较高，认为非常满意及比较满意的占83.4%。

本次调查中，在被问到新冠疫情对就业有何影响时，有44.6%的职工认为新冠疫情导致所在行业经营困难，39.7%的职工认为新冠疫情曾导致单位停工停产，8.1%的职工因为新冠疫情而暂时失业。33%的职工因为新冠疫情工资减少，25.9%的职工认为新冠疫情使求职机会减少。

（二）职工职业培训权得到较好实现，但劳动竞赛参与率有待提高

调查显示，79.9%的职工很有或比较有兴趣学习新的职业技能或知识，26.4%的职工自费参加过非单位组织的进修或培训，平均培训花费3200元，参加培训原因居前两位的是“晋升职务、技术等级或提高工资收入”“满足个人兴趣爱好”。在被问及最希望参加哪些方面的进修或培训时，排名前三位的是学历或学位教育、党的理论政策和国家法律法规、计算机技术类，可以看出，职工自身有较强的学习提升意愿，且学习的需求更趋向于个性化。

职工对职业培训的需求也得到了较好实现。78.1%的职工最近一年参加过单位组织的培训。培训成果转化度较高，81.7%的职工认为参加培训后提升了就业竞争力，92.8%的职工通过参加单位组织的与工作相关的培训提高了技能等级或专业技能，56.8%的职工参加单位组织的与工作相关的培训后增加了工资收入，52.5%的职工参加培训后调到了更理想的工作岗位。

但相对于职工需求度，劳动竞赛的覆盖面还有待提升。本次调查中93.5%的职工认为开展劳动和技能竞赛（技术比武、岗位练兵等），对单位和个人都有好处，显示出职工还是有积极意愿参加劳动竞赛的，但从实际情况看有24.4%

的职工表示单位没开展过此类活动，22.7%的职工表示单位开展过但没参加，劳动竞赛的覆盖面有待进一步提升。

（三）劳动用工较为规范，但带薪休假制度有待进一步落实

本次调查中，93.8%的职工与工作单位签订了各种形式的用工合同，其中83%的职工与用工单位签订了劳动合同，合同内容对工作期限、劳动报酬等均有所规定，有力保障了职工的合法权益。职工休息休假权益基本落实，职工工作时间总体符合国家规定，略有超时工作现象。本次调查中，职工每周平均工作5.5天，42.0%的职工平均每周工作40小时及以下，34.3%的职工平均每周工作41~48小时，87.5%的职工偶尔或从不加班加点，81.8%的职工在加班后能够获得加班费、调休或其他形式的补偿。

从职工自身意愿来说，当代职工更加注重工作和生活的平衡，60.4%的职工可以接受适度加班，能增加些收入；26%的职工不愿意加班加点，31.2%的职工明确不接受“996”。但带薪年休假制度有待进一步加强落实，本次调查中，50.2%的职工按规定享受了带薪年假，16%的职工部分享受带薪年假或因未享受带薪年假得到相应补偿，33.8%的职工没有享受带薪年假也没有得到任何补偿。

（四）社会保障体系不断完善，住房公积金覆盖面有待提升

本次调查中，92.8%的职工参加了职工基本养老保险或城乡居民基本养老保险，84.1%的职工参加了职工基本医疗保险，85.5%的职工由单位办理了工伤保险，78%的职工办理了失业保险，68.6%的职工办理了生育保险，53.2%的职工最近一年缴纳各类保险的基数有所提高。住房公积金覆盖面有待提升，本次调查中，41.2%的职工所在单位为其办理了住房公积金，住房公积金制度在不同类型行业落实程度差别较大，企业、事业单位、机关、个体经营户、社会组织和其他类型单位的住房公积金缴纳比例分别为39.7%、98%、93.5%、12.5%、37.9%和20.3%，国有、集体、私有、港澳台商、外商企业的住房公积金缴纳比例分别为91%、25.5%、31.6%、40%和90%。

（五）职工劳动安全卫生条件有所改善，但职工安全健康权益有待进一步保障

本次调查显示，安全教育比较到位，73.8%的职工在近两年内参加过单位组织的安全生产和职业卫生方面的培训，76.6%的职工所在单位能够及时足量发放防疫用品，69.3%的职工所在单位能够及时足量发放劳动保护用品。劳动安全防

护较完善，在本次调查中，职工工作岗位中存在高温低温作业、粉尘污染、噪声污染、有毒有害气体污染、辐射污染和容易伤及肢体的机械故障隐患的情况较少，并且基本得到有效的防护。93.8%的职工没有患过职业病，也没有受过工伤，53.4%的受过职业病或工伤的职工认为单位的治疗、疗养和赔偿职业病做得很好，防治取得初步成效。健康保障进一步落实，61.9%的职工在最近一年参加了单位组织的健康体检，相较于五年前上升了6.5个百分点。

（六）女职工特殊权益得到较好维护，“四期”保护仍有死角

调查中，八成以上的单位没有过限制女职工怀孕，或因女职工怀孕、生育、哺乳而降低工资、辞退或安排转岗的现象。67.6%的单位建立了女职工委员会（或设立了女职工委员），82.1%的单位给予女职工98天以上的产假，51.7%的单位给予女职工128天以上产假。同时，46%的女职工两年内参加过单位组织的女职工妇科及乳腺疾病检查，38.4%的单位建立了孕妇休息室、哺乳室。职工子女托育也存在难题。根据对约30000名女职工开展子女托育情况专题调研显示，当前安徽省3岁以下职工子女入托率约为2.6%，76.9%的职工认为子女0~3岁期间照护是个难题，70.7%的职工家庭有托育需求，25.4%的职工家庭有强烈的托育需求。

（七）新就业形态劳动者队伍不断壮大，权益保障力度有待加强

根据对安徽省货车司机、网约车司机、快递员、外卖配送员等新就业群体开展的问卷调研来看，新就业形态人员中签订劳动合同的比例仅为49.46%，签订劳务、挂靠以及其他合作协议的比例为21.26%，没有签订任何形式的合同或协议的比例为18.98%，不清楚自己是否签订协议的比例为10.31%。工作时间过长略有发生，每天工作8小时以内的占15.81%，8~12小时的占65.54%，超过12小时的占18.64%。31.97%的受访人员表示每月基本没有休息日，每月能够休息1~2天的为27.82%，每月能够休息3~4天的为25.85%，每月能够休息5~8天的为13.54%，每月能够休息9天及以上的为1.80%。本次调研数据显示，安徽省新就业形态人员每月工资在2000元以下的占比为8.03%，2000~5000元的占比为45.10%，5000~8000元的占比为32.52%，8000~10000元的占比为10.44%，10000元以上的占比为3.91%。绝大部分新就业形态人员在高强度、长时间的劳动机制之下，每单位小时的工资收入较低。社会保险参保率较低，缴纳养老、医疗、工伤、失业、生育等各项社会保险中的一项或者多项的新就业形态人员占比为45.59%，一项都没有缴纳的占比为33.78%，不清楚是否缴纳的占比为20.62%。

三、职工民主政治权利实现状况

（一）民主管理制度体系进一步完善，作用发挥上还有待加强

2021 年安徽省工会综合统计资料显示，截至 2021 年 9 月，全省已建工会的企事业单位建立职代会制度 9.54 万家，涵盖职工 714.17 万人。全省已建工会的企事业单位建立厂务公开制度 9.56 万家，涵盖职工 709.37 万人。初步形成了以职工代表大会为基本形式，以厂务公开制度、职工董事制度职工监事制度、平等协商集体合同制度为法定形式，以职工民主管理委员会、民主议事会、劳资恳谈会、民主协商会等为补充形式的企事业单位民主管理制度体系。本次调查中，71.3%的职工所在单位建立了职工代表大会（职工大会）制度，41.4%的职工是职工代表，职工代表比例符合法定要求并具有普遍代表性。58.9%的职工所在单位实行了厂务公开，52.0%的职工所在单位开展了集体协商，民主管理制度的建立情况总体较好。同时，职工对民主管理制度的认可度也比较高，77.2%的职工认为单位的职工（代表）大会作用发挥得很好或较好，对于集体协商在维护职工权益方面发挥的作用，92.4%的职工认为非常有效或比较有效。

此外，部分企事业单位虽然建立了职工代表大会、厂务公开等民主管理制度，但由于配套制度不健全，落实过程中程序不到位、操作不规范，导致企业民主管理制度作用发挥还不够到位。

（二）职工民主参与渠道较畅通，认知度还有待提高

本次调查显示，职工参与民主管理的意愿较强，81.9%的职工认为参与单位管理是职工应当享有的权利，80.4%的职工认为职工参与单位管理有利于促进单位的发展，84.8%的职工认为参与单位管理有利于维护职工利益。职工意见表达的通道也较为畅通。58.1%的职工表示有机会对工作单位的经营管理和自身权益发表意见或反映愿望；在劳动规章制定过程中，50.3%有工会或职工代表参与，51.8%通过工会或职工代表参与制定，48.9%由职工代表大会表决，55.9%事先公示征求职工意见，46%根据职工意见进行了修改。职工最常采取的意见反映渠道为直接向班组长或单位领导反映意见、在单位职工代表大会上发表意见、提出提案等以及向单位工会组织或职工代表反映，现行民主管理的渠道还是比较受职工信任。39.9%的受访职工会“通过微信群、QQ 群、电子邮件、OA 系统、意见箱等方式”发表意见或反映愿望，体现出职工民主管理参与的互动性进一步增强。职工与单位的关系也更为融洽，89.6%的职工“非常关心”或“比较关心”工作单位的前途和发展，88.7%的职工认为所在单位经营管理者与普通

职工之间的关系很融洽或比较融洽。

此外，部分职工对民主管理制度认知度还有待提高，22.1%的职工不知道单位有没有建立职工代表大会制度，32.6%的职工不知道单位是否实行厂务公开制度，29.3%的职工不知道单位是否开展了集体协商，这一情况在未建会单位、私有企业、小微企业中更为明显。

（三）工会组织代表维护作用发挥明显

近年来，安徽各级工会切实履行维护职工合法权益、竭诚服务职工群众的基本职责，代表职工参与立法、执法和法律监督，在国家和社会管理中发挥重要作用，在生活救助、职业介绍、助医助学、信访咨询、职业技能提升、就业服务、法律援助等方面取得明显成效，工会组织的地位作用得到职工进一步认同。

本次调查中，受访职工对工会各项工作打分均在7分以上（满分10分），可见职工对于工会作用发挥的认可度还是比较高的，其中最受职工认可、评分较高的三项工作为帮扶困难职工、送温暖，维护女职工特殊权益以及维护职工社会保障权益。职工在想到与工会联系最密切的关键词时，选择最多的是职工代表、慰问送温暖和福利补助。

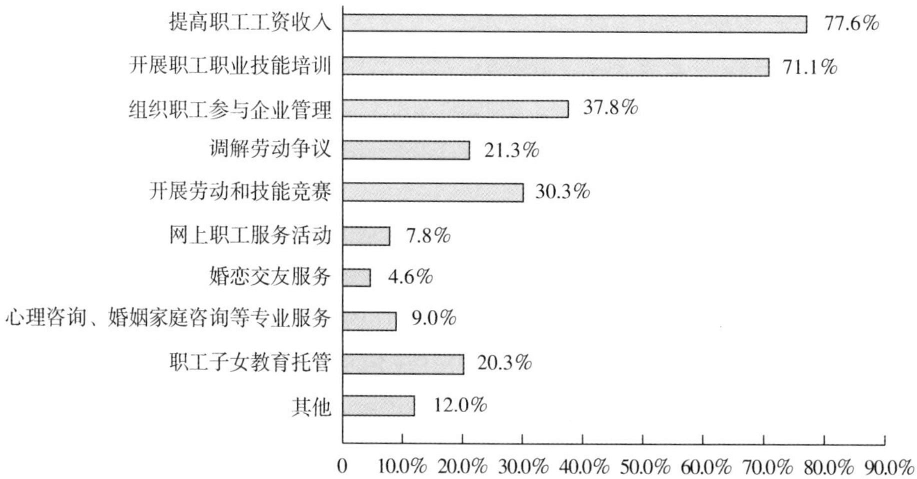

图3　职工希望工会开展或加强的工作

职工最希望单位工会开展或加强的工作，排名前三的为提高职工工资收入、开展职工职业技能培训、组织职工参与企业管理（见图3）。工会主席认为企业工会最应开展的工作，排名前三的为提升职工保障福利水平、提高职工工资收入及帮扶困难职工（见图4），未来应进一步提升工会工作与职工需求的适配度。同时，基层工会主席兼职率高，75%的工会主席为兼职，86.8%的工会主席属单位的管理人员，这也对基层工会组织发挥作用带来不利影响。

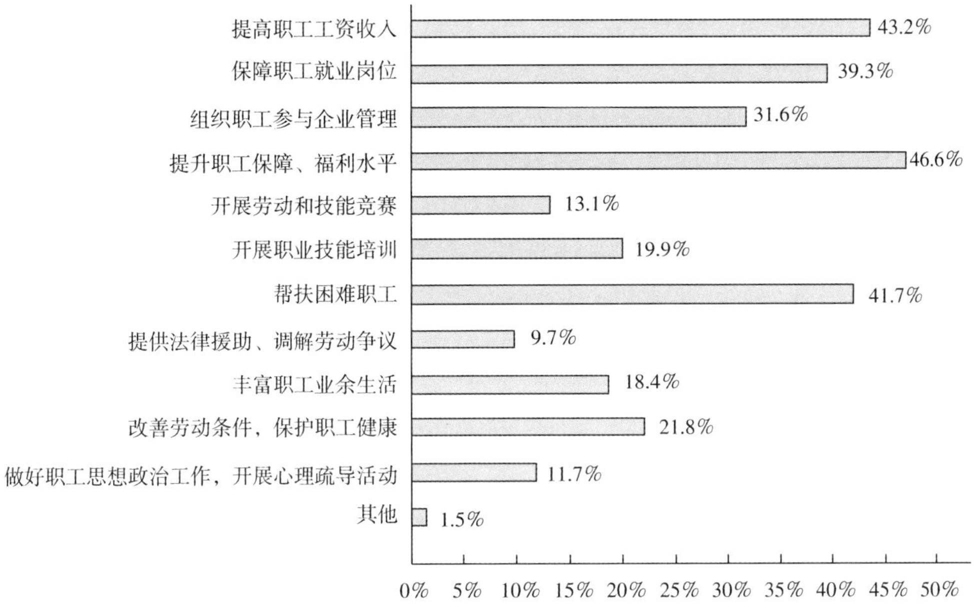

图4　工会主席认为企业工会应抓好的最主要工作

四、职工精神文化权益实现状况

（一）职工生活方式受互联网影响大，对工会网上活动认知度有待提高

本次调查显示，职工了解新闻、获取社会热点信息的渠道中，新闻网站、微博微信、抖音快手等短视频平台已成为职工获取新闻社会热点信息的主要渠道。受访职工日常使用移动互联网产品或者服务场景中，网上购物占77.3%、移动支付占66.4%、网上交友聊天占49.6%、网上点外卖占31.5%，新媒体不仅在信息传播领域占有明显的优势，也成为职工衣食住行的主要信息来源。但对比职工对网络生活的依赖，工会网络服务活动参与度还有待提升。本次调研中，39%的单位工会从未开展过网上服务职工工作，仅9.4%的职工经常参加工会网络服务活动，27.6%的职工偶尔参加，41.2%的职工没听说过，63.2%的职工是因单位要求而知道网上工会活动的，这说明工会网上活动的宣传力度有待加强。但在评价参加过的网上工会活动时，职工对网上工会活动的新颖度吸引力、参与便利程度、带给职工的实惠力度等方面评价均较高，说明工会开展网上服务活动有一定的吸引力，接下来如何创新开展网络服务职工活动，把更多

的职工吸引过来、稳固下来是需进一步关注的重点。

（二）职工对文体活动需求度大，工人文化宫等文体活动场所建设有待加强

本次调查显示，职工最喜欢的业余休闲活动中，排名前三位的是观看电影（49.3%），上网、刷手机（46.4%），运动健身（36.4%），运动健身首次在职工业余生活中占据前位，业余休闲活动更加健康多元。本次调查中，53.3%的职工表示单位有文体活动场所，愿意且经常去的占55.6%，愿意但没时间去的占38.5%，合计占受访职工的94.1%。虽然职工愿意参加文体活动，但实际参与率却大打折扣，这与目前文体设施建设滞后有关。仅有53.3%的职工所在单位有文体活动场所，而对单位开展的文体活动质量，职工认可度也不高，仅有38.3%的职工选择了“满意”。

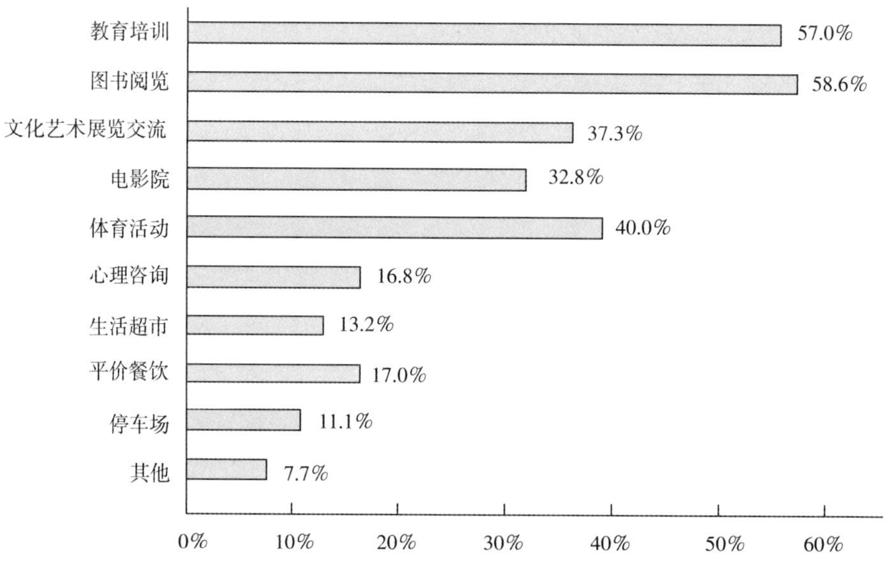

图5　职工希望工人文化宫有什么活动及配套措施

作为实现职工精神文化权益的重要载体，工人文化宫的作用发挥较有限，12%的职工最近1年去过工人文化宫。而在被问及影响您去工人文化宫的原因时，不了解的居首位，距离远近其次，活动项目是否吸引人居于第三，可见工人文化宫在为职工群众提供文体活动时有缺位，建设质量和活动开展情况距离职工需求都有一定距离。职工希望工人文化宫开展的活动及配套措施排在前三位的分别是图书阅览、教育培训和体育活动（见图5）。

（三）职工生活压力较大，心理健康情况需要关注

本次调查中，40.0%的职工认为自己压力很大，50.9%的职工感觉有一定的压力。首先是经济压力。本次调查显示，职工平均家庭月收入为9919.1元，其中工资性收入为8569元，工资性收入仍然是职工收入的主要部分。33.2%的职工家庭支出占家庭收入比重达到50%~80%，25.5%的受访职工家庭支出占家庭收入比重高达80%~100%，46.7%的职工家庭收入够用且有少量结余，38.5%的职工基本月光。

从职工家庭支出结构看，占据家庭支出的前三位为日常吃饭、房租或房贷、教育。95.8%的职工反映目前物价对自己生活影响很大或有影响。据调查，仅有68.1%的职工通过全款或贷款的方式自购住房，36.7%的职工因目前的收入和房价情况不打算买房。受访职工中50.5%的职工有一个孩子，26%的职工是两孩家庭，84.8%的30岁以下职工中短期内不考虑或不打算生育，在30~40岁职工中这个比例达到87.7%。在被问及为何不生育或不再生育时，排在前列的原因是生活负担加重、经济压力加大、教育成本高、无人照料孩子。

这种压力也反映在职工的心理健康上，仅有29.4%的职工认为自己心理健康情况很好。同时，对收入分配不公平、教育资源分配不公平等反映仍然存在，值得注意的是，相较于五年前，认为教育资源分配不公平的增幅最大。另外，新冠疫情也对职工生活感受产生直接影响。调查显示，“新冠疫情影响工作生活”成为职工感到压力最大原因（57.4%），职工对精神交流、文化休闲生活方面的需求迫切。

（四）职工自我评价有所提高

在问及近年来工人社会地位的变化时，81.7%的受访职工认为工人社会地位有很大提高或有所提高，相较五年前增加12.2个百分点，这与近年来从中央到地方高度关注产业工人、不断畅通产业工人成才之路、提升产业工人荣誉感的正面导向和务实举措有关。仅有5.7%的受访职工认为工人社会地位有所下降，而他们认为工人社会地位下降的主要原因分别是工人的收入水平偏低（24.8%）、工人的工作大多是苦脏累（17.0%）以及工人的就业岗位不稳定（16.2%），可见，提升职工自我评价最主要还是需要提升收入水平、改善工作环境。

五、新形势下加强职工队伍建设的对策建议

工人阶级是推动经济社会发展的主力军，也是促进社会稳定的重要力量。

加快建设现代化美好安徽，需要团结动员包括广大职工在内的一切力量。各级党委政府、社会各界要进一步落实全心全意依靠工人阶级方针，各级工会组织要不断加强产业工人队伍建设，切实履行维权服务职能，实现好维护好发展好职工群众合法权益。

（一）加强思想政治引领，建设一支听党话、感党恩、跟党走的职工队伍

当前，安徽省职工队伍整体政治素质较高，坚定不移听党话跟党走的先进性不断体现。但随着经济社会快速发展、社会主要矛盾发生变化，职工队伍结构也深刻调整，在利益诉求、价值取向、思想观念上呈现多元多样多变的新特征。要始终坚持用习近平新时代中国特色社会主义思想引领广大职工，推动理想信念教育常态化制度化，引领职工坚决拥护以习近平同志为核心的党中央，自觉践行社会主义核心价值观，坚定不移听党话跟党走。要根据青年职工、农民工、新就业形态劳动者等不同群体的差异化需求，充分运用职工对新媒体使用的重度需求，采用启发式、案例式、体验式方法，运用网络化、多媒体的方式，让党的创新理论“飞入寻常百姓家”。要着力推动工人文化宫高质量发展，突出文化教育培训、文体娱乐服务等功能，使工人文化宫真正成为新时代职工文化生活的“精神家园”。要高度关注职工心理健康，加强人文关怀和心理疏导，引导职工依法理性有序表达利益诉求，维护好职工队伍团结统一和社会和谐稳定。

（二）助力职工技能素质提升，为职工成长成才铺路搭台

建设现代化美好安徽，必须要有一支高素质的职工队伍。要不断扩大劳动技能竞赛覆盖面，围绕“十四五”时期安徽省重大战略、重大工程、重大项目、重点产业，突出新就业形态劳动者、数字经济等领域广泛开展劳动和技能竞赛，最广泛地把全省职工团结起来、凝聚起来、动员起来。深化技术革新、技术协作、发明创造、合理化建议、网上练兵和“五小”等活动。不断强化职工职业技能素质培养，制定完善职业技能培训政策，形成政府、工会、企业、社会组织共同参与的工作格局。加强职业技能教育的财政投入，构建劳动者终身职业培训体系，提升劳动者就业创业能力，改进职业技能鉴定办法，完善技能人才激励机制，改革阻碍职工流通、提升的制度壁垒，打破职工发展的“天花板”。畅通职工的发展渠道，突出职工个性化需求，菜单式开展多种类技能培训，激发职工学技能、强本领的热情。

（三）用心用情用力解决职工群众急难愁盼问题，不断实现职工对美好生活的向往

让人民群众过上更加幸福的好日子是我们党始终不渝的奋斗目标，实现共同富裕是社会主义制度的本质要求。当前，受新冠疫情等因素影响，职工在就业、收入、生活等各方面有一定压力，住房、教育等仍然是职工最为关注的民生问题。要不断深化收入分配制度改革，扩大中等收入群体，保障低收入群体收入增长，着力解决一线职工工资偏低、不同企业和行业之间职工收入差距过大问题，努力提高职工收入水平，让广大职工更多更公平地分享改革发展成果。各级工会要牢固树立以职工为中心的工作导向，切实履行好维权服务的基本职责，不断打通服务职工新途径，健全困难职工帮扶长效机制，更加深入广泛推进建立企业与职工协商确定劳动报酬的共决机制，着力稳就业促就业，扎实做好各项民生保障工作，不断拓宽职工诉求表达通道，特别要高度关注当前疫情形势和经济下行压力给职工生产生活造成的影响，重点关注特殊困难职工、低收入职工、新就业形态劳动者等群体，使广大职工获得感成色更足、幸福感更可持续、安全感更有保障。

（四）坚持改革创新，不断激发工会组织生机活力

新形势新任务对工会工作提出新的更高要求，要不断强化工会组织建设，把更多职工特别是新就业形态劳动者吸引过来。要通过各种方式、各种渠道加强对工会工作的舆论宣传，扩大工会组织社会影响。要围绕职工所需所求，不断丰富工作内容、创新工作载体，建立健全工会联系职工群众、为职工办实事办好事解难事的机制和制度，不断提升工会组织在职工中的凝聚力、在社会上的影响力。特别是要不断加强工会网上工作，不断优化网上服务工作流程，不断强化工会网上工作宣传推广，把网上工会建设为联系职工、服务职工的重要平台。

负 责 人：徐发成

承担单位：安徽省总工会办公室

福建省职工队伍状况调查报告

根据全国总工会统一部署，福建省总工会于 2022 年 4 月至 6 月开展了第九次全省职工队伍状况调查。本次调查采取问卷抽样调查、网络调查、文献研究相结合的方式。网络调查覆盖福建省 166 家企业 11000 多名职工。线下调查主要分布在福州、厦门、漳州、莆田、三明 5 个设区市以及政和、长汀、福鼎、武夷山、上杭 5 个县（市），涉及已建工会职工 2500 名、未建工会职工 500 名、工会主席 250 名。在深入研究分析抽样数据，开展实地调研，综合运用工会调研成果的基础上，形成了调研总报告。现将情况报告如下。

一、福建省职工队伍基本情况

2017 年以来，福建省坚持以习近平新时代中国特色社会主义思想为指导，深入贯彻落实习近平总书记对福建工作的重要讲话和指示批示精神，持续建设机制活、产业优、百姓富、生态美的新福建，经济综合实力显著增强，产业转型升级步伐加快，职工队伍不断发展壮大，主力军作用进一步发挥。

（一）职工队伍结构情况

1. 男女职工比例分布逐渐均衡。根据福建省统计局数据显示，2020 年城镇非私营单位男女职工比例由 2016 年的 56.5：43.5 调整为 51.6：48.4。本次调查显示，女性职工在第三产业中增长迅速，这可能与近年来福建省数字经济飞速发展为女性创造了更多就业机会有关。

2. 职工队伍仍呈年轻化趋势。本次被调查职工平均年龄为 37.0 岁，与 2017 年的职工平均年龄 35.5 岁相比，职工队伍整体年龄有所增大，但仍呈年轻化趋势。其中，18~30 岁、30~40 岁、40~50 岁占比最大，分别为 23.6%、42.3%、23.4%，累计达到 89.3%（见图 1）。

3. 职工的其他社会特征情况。从婚姻结构来看，在本次调查中未婚职工占 22.0%，已婚职工占 78.0%。从政治面貌来看，在本次调查中，共产党员职工占 20.1%，共青团员职工占 22.9%，未加入任何党派的职工占 56.6%。从宗教信仰来看，在本次调查中，有 59.3%的职工不信仰任何宗教，26.3%的职工信仰佛教。从户籍结构来看，在本次调查中外地户口职工占比（21.5%）低于本地户

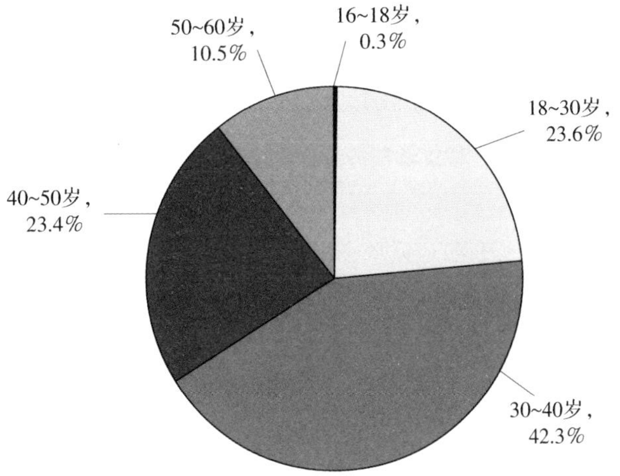

图 1　职工队伍年龄结构情况

口职工（78.5%），农民工占比（48.2%）低于城镇职工（51.8%）。

（二）职工队伍分布情况

1. 从地域分布来看，职工主要集中在福州、厦门和泉州等较为发达的城市。福建省统计局的数据显示，2020 年末福建省各设区市城镇单位就业人员数占比从高到低分别为福州市（25.8%）、厦门市（20.9%）、泉州市（19.5%）、漳州市（8.0%）、莆田市（7.2%）、龙岩市（5.2%）、三明市（4.4%）、宁德市（4.4%）、南平市（4.0%）。

2. 从产业分布来看，第三产业的就业人数进一步增加。福建省统计局数据显示，2020 年福建省生产总值为 4.4 万亿元，其中第三产业为 2.1 万亿元，比 2016 年增加了 0.8 万亿元。2020 年第三产业从业人员 1164 万人，比 2016 年增加了 186 万人。随着社会经济的发展，第三产业的从业人员呈不断增加的趋势，第三产业已成为吸纳就业的主力。

3. 从所有制分布来看，非公企业所占比例最高。非公企业占 72.9%，公有制企业占 27.1%。其中，私有企业职工占 65.6%，国有企业职工占 24.1%，港澳台商职工占 4.0%，外商企业职工占 3.3%，集体企业职工占 3.0%。

4. 从单位类别和单位规模分布来看，企业就业职工所占比例最高，达到 74.2%，其次是事业（10.4%）、机关（8.7%）、个体经营户（6.4%）和其他（0.3%）。单位规模主要以小型企业为主，占比达到 57.8%。

5. 从行业分布来看，主要集中在制造业、批发和零售业。制造业职工占 33.9%，相比五年前，下降了 4.6 个百分点。房地产业就业人员占 0.3%，与五年前相比下降了2.1个百分点，降幅明显。卫生和社会工作行业就业人员占8.3%，与五年前相比上升了6.3个百分点（见表1）。从整体上看，第一、二产业劳动力逐步向第三产业转移，但制造业仍然是福建省的主导产业。

表1　职工队伍行业分布情况（单位：%）

行　业	2017年	2022年
农、林、牧、渔业	3.3	5.8
采矿业	0.4	1.1
制造业	38.5	33.9
电力、热力、燃气及水生产和供应业	2.7	1.7
建筑业	5.7	6.3
批发和零售业	9.7	8.8
交通运输、仓储及邮政业	3.8	4.7
住宿和餐饮业	5.0	2.7
信息传输、软件和信息技术服务业	3.0	4.0
金融业	2.0	2.0
房地产业	2.4	0.3
租赁和商务服务业	1.7	2.0
科学研究和技术服务业	1.0	2.0
水利、环境和公共设施管理业	0.9	1.0
居民服务、修理和其他服务业	4.3	4.7
教育	6.6	5.5
卫生和社会工作	2.0	8.3
文化、体育和娱乐业	1.7	1.7
公共管理、社会保障和社会组织	5.4	3.7
国际组织	0.1	0.0
合　计	100	100

（三）职工技术技能素质状况

1. 职工文化素质明显提升。职工平均受教育年限达到13.61年，相比2017年增加0.25年。大学本科以上学历比例最大，占33.1%，初中及以下学历比例最小，占16.5%（见表2）。可见，职工受教育程度呈现中低学历职工递减，高学历职工递增的发展态势。

表 2 职工受教育程度情况

学 历	2017 年调查职工		2022 年调查职工	
	人数（人）	比重（%）	人数（人）	比重（%）
初中及以下	575	19.2	492	16.5
高中（职高）、中专（中技）	714	23.9	681	22.8
大学专科（高职）	822	27.6	823	27.6
大学本科以上	873	29.2	988	33.1
合 计	2984	99.9	2984	100

2. 职工技能水平持续提升。近年来，福建省深入推进产业工人队伍建设改革，大力实施“技能福建”行动，着力构建具有福建特色的现代职业教育体系和产业工人技能形成体系，有力推动了职工队伍素质提升。根据福建省人力资源和社会保障厅数据，截至 2021 年，福建省技能劳动者达 664.32 万人。被调查职工中技术工人占 24.0%，与五年前相比，上升了 1.4 个百分点。

3. 技能人才激励成效明显。福建省持续推进高技能人才振兴计划。福建省人力资源和社会保障厅数据显示，截至 2021 年底，福建省已有国家级高技能人才培训基地 38 个、国家级技能大师工作室 39 个、省级技能大师工作室 605 个；获得国务院政府特殊津贴高技能人才 60 人，“中华技能大奖”获得者 5 名、“全国技术能手”获得者 126 名，“福建技术能手”获得者 1084 名。开展特级技师评聘试点工作，产生首批“特级技师”11 名，并享受正高级工程师待遇。

4. 职工对学习新技能态度积极。职工努力掌握新知识，增强新技能，不断提高自身素质的意愿强烈。本次抽样数据显示，64.8%的职工担心目前的职业技能在未来一定时间内将会过时，93.5%的职工有兴趣学习新职业技术、知识或能力。最受职工欢迎的三种学习方式是单位内部集中授课培训、利用网络在线学习和业余时间参加培训课程（见图 2）。24.6%的职工参加过单位开展的劳动和技能竞赛。68.7%的职工反映最近一年参加过单位组织的培训。为了提高技能，近五年有 21.7%的职工有自费参加过进修或培训，培训平均费用为 3464 元。

5. 劳动和技能竞赛受到职工支持和肯定。在“开展劳动和技能竞赛对单位和个人是否有好处”的回答中，有 85.9%的职工认为对单位和个人都有好处（见图 3）。在问及对“劳模创新工作室”“技能大师工作室”的看法时，有 65.6%的职工表示对单位、劳模、工匠人才和普通职工都有好处。

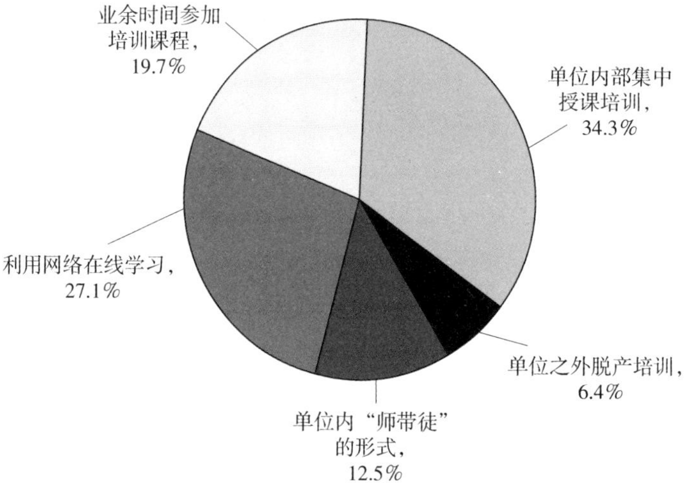

图2　职工倾向的学习方式

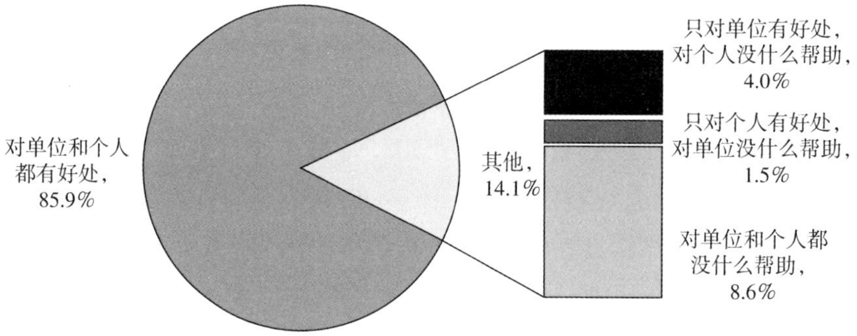

图3　职工对开展劳动和技能竞赛的看法

（四）数字经济产业职工队伍不断壮大

1. 数字人才快速增长。福建是数字中国建设的思想源头和实践起点，也是数字经济大省。近年来，福建省把发展数字经济作为全方位推进高质量发展超越的重要引擎，大力推进国家数字经济创新发展试验区建设，数字经济发展驶入快车道。2020 年，福建数字经济增加值突破 2 万亿元；2021 年，福建省数字经济增加值达 2.3 万亿元。随着各地加快布局数字经济，以计算机科学、软件工程、人工智能、数据科学和电子工程等技术流学科为背景的典型数字人才快速增长，数字人才队伍成为福建省全方位推进高质量发展超越的一支重要力量。

2. 职工队伍更为年轻，学历更高。福建省数字经济产业工人队伍整体年轻，参与此次调查的 700 名数字经济核心产业职工，“80 后”“90 后”是主体，84%

的职工在39岁以下，40岁（含）以上职工仅占16%（见图4）。例如，晨曦信息科技集团股份有限公司的100多名职工，平均年龄仅29岁。职工受教育程度较高，66.3%的职工学历为本科及以上，大专学历的职工占25.6%，高中以下学历的职工仅占11.8%。例如，永福电力设计股份有限公司，本科及以上学历的职工占91%。

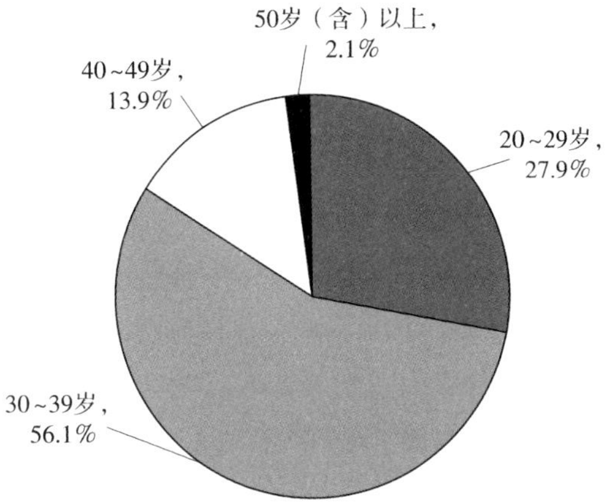

图4　数字经济产业职工的年龄结构

3. 职工技术技能水平高于福建省职工整体水平。在被调查的700名职工中，35.3%的职工有职业技能等级。其中，初级工、中级工、高级工的占比分别为33.6%、39.3%、27.2%。36.7%的职工拥有专业技术职称，其中初级职称、中级职称、高级职称的占比分别为44.0%、46.7%和9.3%。数字经济产业职工拥有职业技能等级的比例比福建省平均水平（23.6%）高出11.7个百分点，拥有专业技术职称的比例则比福建省平均水平（23.6%）高出8.2个百分点。

4. 职工就业稳定性较好，用工更为规范。职工获取工作的途径多样，网络应聘是最主要的就业途径，部分高技能人才和高级职称人员通过单位人才引进、猎头公司等方式获得工作。职工就业稳定性较好，85.4%的职工最近两年没有换过工作，57.3%的职工认为单位发展机会较多。与其他行业相比，数字经济产业劳动用工更为规范。98.9%的职工与单位签订了劳动合同，劳动合同过期未续签及签订其他用工合同的职工仅占1.1%；职工工资收入较高，57.6%的职工月收入高于6000元，34.9%的职工月收入高于8000元，4000元以下占比仅为8.4%（见图5）；带薪年假政策执行较好，90.6%的职工享受了带薪年假，没有享受带薪年假且没有获得补偿的职工仅占7.7%。

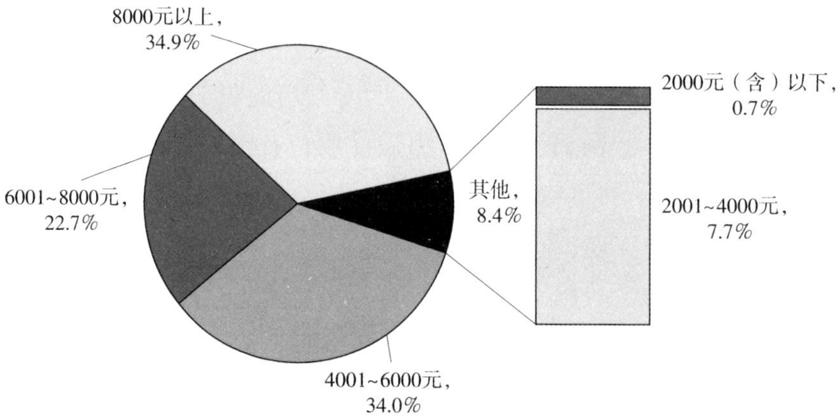

图5　数字经济产业职工上月从单位获得的到手全部货币收入

5. 数字人才地区和产业分布不均衡。数字经济沿海山区发展不平衡，数字人才分布同样呈现地区发展不平衡的特点，主要分布在数字经济发达的福州、厦门、泉州等地。从产业分布来看，数字化人才主要集中于第三产业。由于数字化改造提升传统产业面临较高壁垒，中小企业数字化转型发展不够平衡，目前数字化就业岗位在第一、二产业中占比相对较低。

（五）新就业形态劳动者异军突起

1. 新就业形态劳动者已成为福建省新增就业的重要组成部分。依托互联网平台的新就业形态就业容量大、进出门槛低、灵活性和兼职性强，已成为福建省新增就业的重要组成部分。特别是福州、厦门、泉州等沿海城市由于经济发展水平较高，吸引了众多资本和劳动者流入，新就业形态发展更为活跃，相关从业人员更多。相比传统就业，新就业形态呈现出匹配效率高、组织方式新、就业观念新等特点。截至2021年底，福建省新就业形态企业建会4809家，25.7万人入会。

2. 新就业形态劳动者以青壮年为主。男性占85.0%，女性从业人员相对较少，主要分布在快递外卖行业。从年龄结构看，30~39岁年龄段的占五成以上；其次为40~49岁，占比为26.0%；20~29岁占比为18.7%（见图6）。从政治面貌来看，共青团员和共产党员分别占14.3%、4.0%，八成从业人员未加入任何党派。从受教育程度来看，大部分从业人员为高中（41.7%）和大专学历（35.0%）。

3. 工作时间自由和收入较高是新就业形态劳动者的首要择业原因。本次调查显示，新就业形态劳动者选择当前职业的原因排在前三位的分别是：工作时

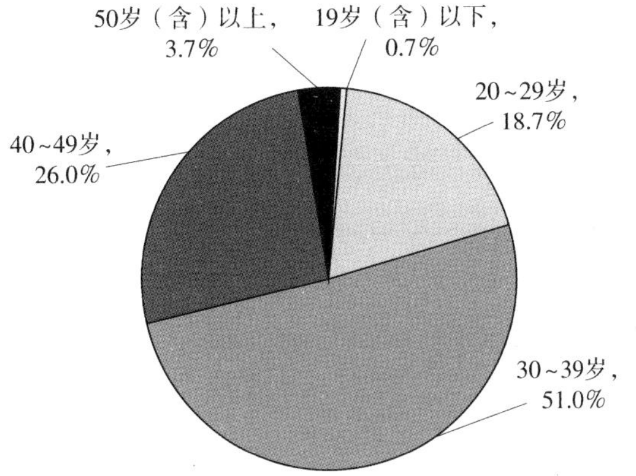

图 6　新就业形态职工的年龄结构

间更自由（71.3%）、收入较高（51.7%）、工作环境（26.0%），此外，被迫选择、发挥个人特长、个人爱好和其他原因，分别占 18.7%、17.7%、16.7%和 7.7%（见图 7）。55.3%的新就业形态劳动者月收入在 6000 元以上，其中货车司机的收入明显高于快递外卖等行业，40%的货车司机月收入在 8000 元以上。新就业形态劳动者的派单方式灵活多样，占比最高的是平台派单为主+自由接单为辅（36.7%），其次为平台派单（32.0%），再次是自由接单（14.3%），其中网约车行业比较依赖平台派单，货运行业则以自由接单和其他方式接单为主。超六成新就业形态劳动者劳动报酬按月发放，按单发放、按周发放、按天发放的比例分别为：13.7%、13.7%、8.0%。其中，快递行业劳动报酬以按月发放为主，网约车行业以按周发放为主。

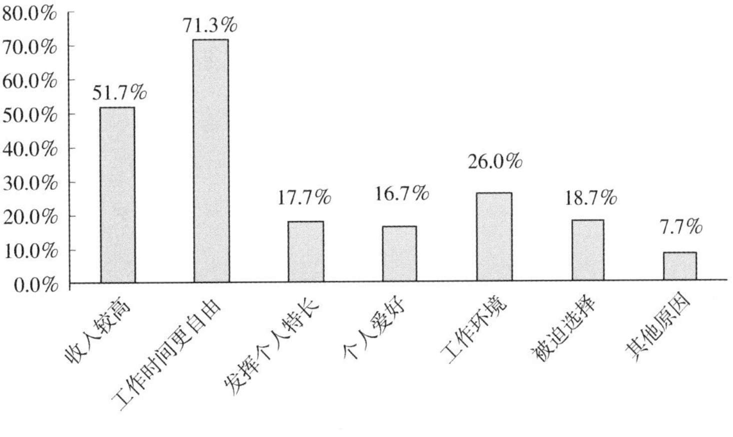

图 7　新就业形态职工选择当前职业的主要原因

4. 新就业形态劳动者用工关系复杂，工作流动性较大。行业龙头企业如顺丰快递、好慷家政等，与员工大多签订劳动合同，建立正式的劳动关系，从业人员的权益相对比较有保障。其他新业态企业的用工方式灵活多样，有建立劳动关系的，也有劳务派遣关系、劳务关系、承包关系、居间服务关系等，还有部分劳动者同时就职于多个网约平台，这些都给劳动关系的认定和权益维护带来极大的挑战。与福建省职工队伍相比，新就业形态劳动者流动性较大，31.3%的被调查对象两年内有换过工作。其中，流动性最高的是外卖行业，相对稳定的是货运行业，已婚职工的流动频率小于未婚职工。针对出现的劳动纠纷问题，新就业形态劳动者维权意识普遍较高，会选择采用多种方式进行维权，排在前三位的维权方式分别为：向劳动保障部门投诉（67.0%）、找主管人员协商（61.7%）、寻求工会帮助（28.3%）（见图8）。

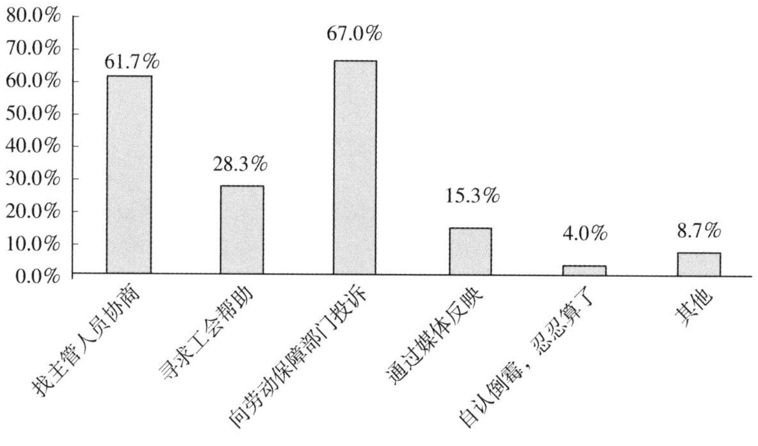

图8　新就业形态职工发生劳动纠纷的解决途径

5. 新就业形态劳动者职业危机感较强。新就业形态作为一种新生事物，有其生机勃勃的一面，但也存在劳动关系不明晰、劳动者权益保障难等问题。本次调查显示，只有24.0%的职工认为所在单位发展机会较多。64.7%的新就业形态劳动者有提升技能等级或专业技术等级的愿望。实用是新就业形态劳动者学习培训的主要动机。新就业形态劳动者希望得到的培训和学习类型分别是技能类培训（70.3%）、专业知识类培训（59.3%）、管理类培训（44.0%）（见图9）。其中，货运行业和快递行业职工更倾向于选择技能类培训。

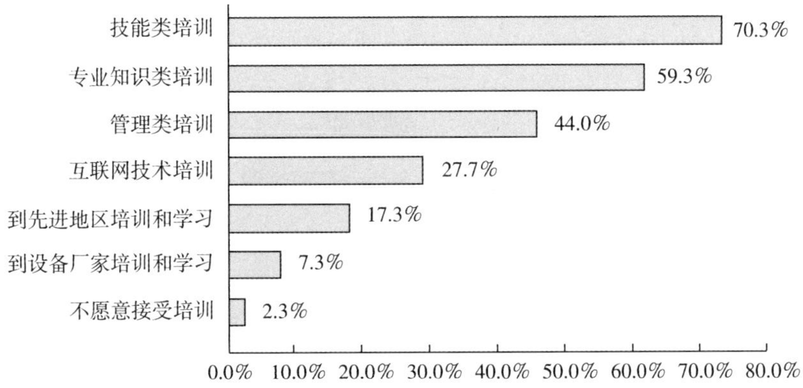

图 9　新就业形态职工希望得到的培训和学习类型

二、职工权益保障和实现情况

2017 年以来，福建坚持以习近平新时代中国特色社会主义思想为指导，践行以人民为中心的发展思想，把人民群众对美好生活的向往作为奋斗目标，有针对性地解决职工群众最关心最直接最现实的利益问题，职工群众的各项权益得到了较好的保障和实现。

（一）职工劳动经济权益实现情况

1. 职工就业总体稳定。职工的第一次就业平均年龄为 23. 7 岁，平均工龄为 13. 2 年，当前工作平均是第 2. 3 份；到当前单位工作的平均年龄为 29. 7 岁，当前单位的平均工龄为 7. 2 年。可见，职工初次就业呈年轻化态势，在职场停留时间较长，调换工作的频率不高，就业岗位比较稳定。福建省统计局的数据显示，截至 2020 年末，福建省城镇登记失业率为 3. 82%，相比 2016 年末下降 0. 04 个百分点。就业渠道灵活多样，46. 5%的职工通过单位招聘获得当前工作，17. 0%的职工通过网络应聘获得工作，15. 5%的职工通过亲友帮忙获得工作（见图 10），自主择业还是职工的首要选择。75. 5%的职工对目前工作比较满意或者非常满意。

2. 劳动用工更加规范。87. 0%的职工与单位签订了劳动合同，4. 7%的职工与工作单位签订了聘用合同，合计 91. 7%，相比五年前提升了 4. 1 个百分点（见图 11）。60. 7%的职工与单位签订 3 年以上或无固定期限的中长期劳动合同。集体合同制度稳步推进，有 52. 1%的单位工会与企业签订了集体合同，有 92. 1%的单位完全执行或大部分执行单位现行的集体合同条款。在“本单位的劳动关系状况如何”的回答中，超过九成的职工认为本单位劳动关系和谐稳定，认为单位劳动关系比较紧张的职工仅占0.4%。

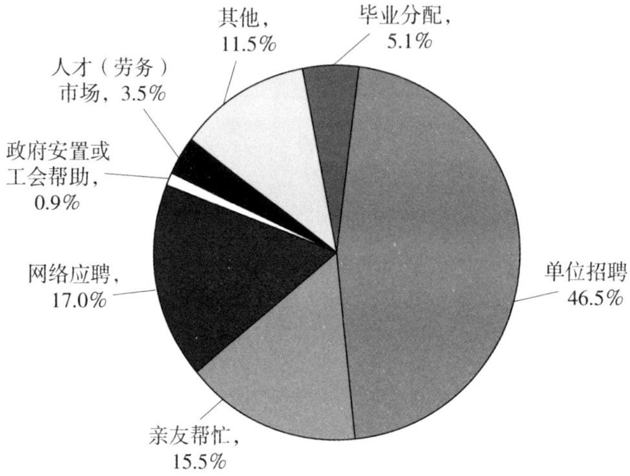

图10　职工获得目前这份工作的途径

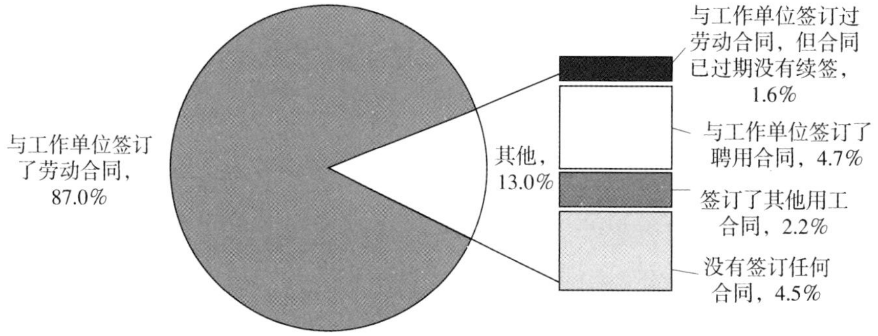

图11　职工与单位签订合同的情况

3. 工资收入稳步提升。五年来，福建省劳动者收入随着企业效益增长和劳动生产率增长同步提高，职工的平均工资增幅较大。福建省统计局数据显示，2020年福建省城镇非私营单位就业人员年平均工资为88149元，比2016年的61973元增长了26176元。福建省城镇私营单位就业人员年平均工资为58631元，比2016年的46326元增长了12305元。本次调查显示，54%的职工近两年有涨过工资，职工最近一次涨工资的平均值为463.9元，相比五年前提升了17.9个百分点。

4. 社会保障覆盖面不断扩大。福建省统计局数据显示，从2016年到2021年，福建省城镇职工基本养老保险参保人数由795.5万人增加到1010.81万人，城乡居民基本养老保险参保人数由 1489. 1 万人增加到 1588. 2 万人，城镇职工基本医疗保险参保人数由 792. 1 万人增加到 917. 19 万人，失业保险参保人数由 575. 5 万人增加到 716. 7 万人。工伤保险参保人数由 735. 84 万人增加到 984. 39 万人。本次抽样调查显示，企业职工参加城镇职工基本养老保险、城镇职工基本医疗保险、工伤保险、失业保险和生育保险的比率分别为：82. 5%、81. 5%、84. 8%、75. 8%和 71. 1%，在“单位为职工缴纳各类保险的基数变化情况”的回答中，39. 6%的职工认为比过去提高了。有 47. 3%的职工办理了住房公积金。

5. 劳动安全卫生状况不断改善。企业基本能够履行安全生产职责，多数职工对自己岗位的劳动保护措施持认可态度。用人单位组织开展安全生产培训趋于常态化，62. 5%的职工在近三年参加过单位组织的安全生产和职业卫生方面的培训。企业、职工的安全卫生意识不断增强，多数单位发放劳动保护、防疫用品及时足量。安全事故的发生和职业病的发病率逐年降低，95. 0%的职工没有患过职业病，也没有受过工伤，罹患职业病或受工伤的职工相比五年前降低了 1. 1 个百分点。

6. 女职工权益得到较好维护。本次调查显示，在已建立工会单位中，53. 2%的单位建立了女职工委员会，21. 6%的单位设立了女职工委员；单位给予女职工一孩、二孩、三孩的产假天数在 98 天以上的，分别占比 84%、82. 6%、75. 7%；42. 8%的单位为职工提供了孕妇休息室、哺乳室。在建会单位中，约七成女职工产假期间工资待遇与产假前持平；限制女职工怀孕或因女职工怀孕、生育、哺乳而被辞退或解除合同或被转岗等现象极少（见图 12）。

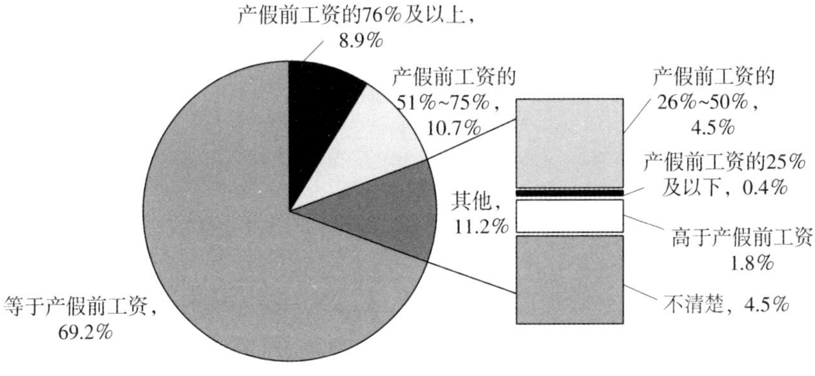

图 12 单位女职工在产假期间工资待遇水平的变化

（二）职工民主政治权利保障和实现情况

1. 企业民主管理制度逐步规范。近五年来，福建省各级工会不断健全和完善民主管理制度，努力创新和拓展民主管理领域。截至2021年底，福建省共有147945家企（事）业单位建立职工代表大会制度，148341家企（事）业单位实行厂务公开制度。本次调查显示，在建会单位中，有80.8%的单位建立了职工代表大会制度或职工大会制度，89.1%的单位能按期召开职工（代表）大会，84.7%的单位在“制定涉及职工权益的工作方案”时经过职工（代表）大会表决决定，73.8%的单位建立了厂务公开制度。

2. 职工民主参与意识不断增强。超过七成的职工认为参与单位管理是职工应当享有的权利，职工参与单位管理有利于维护职工利益，促进单位的发展。随着互联网信息技术的快速发展，职工民主参与渠道更加多元灵活。职工发表意见或反映愿望最主要的三种渠道分别是：直接向班组长或单位领导反映意见；在单位职工代表大会上发表意见、提出提案；通过微信群、QQ群、电子邮件、OA系统、意见箱等方式（见图13）。在数字经济领域，职工通过微信群、QQ群、电子邮件、OA系统、意见箱等方式发表意见或反映愿望的比例最高。

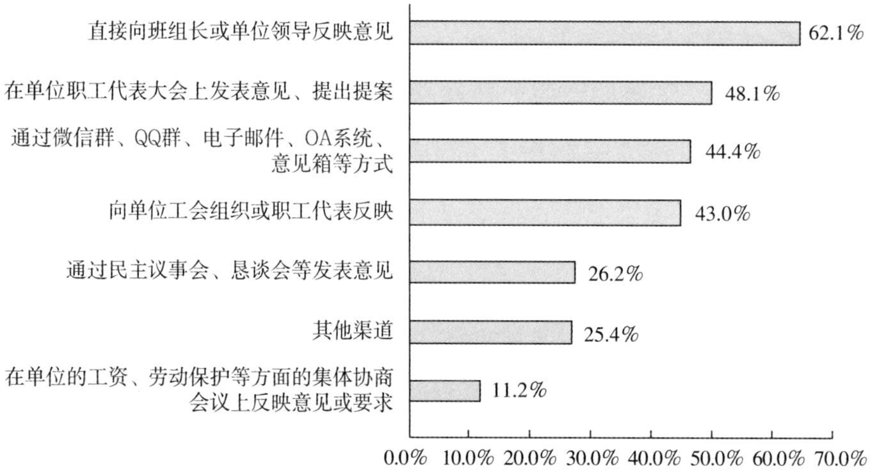

图13　职工发表意见或反映愿望的主要渠道

3. 工会组织代表维护作用发挥明显。截至2021年底，福建省基层工会有94020万个，涵盖单位25.3万家；建会单位职工数791万人，工会会员772万人。本次调查显示，职工对工会发挥作用情况打分（满分10分），最高分是帮扶困难职工和维护女职工特殊权益。职工代表、送温暖慰问、福利补助是职工认为与工会联系最密切的关键词。帮助提高职工工资收入、开展职工职业技能培训是职工最希望单位工会开展或加强的职工服务工作，分别占 82.0%、64.9%。

4. 职工充分认可集体协商制度。国有和集体单位开展工资集体协商的比例较高，分别为 56.6%和 40.2%。港澳台商、私有和外商单位比例也均在 30%以上。在开展工资集体协商的单位中，89%的职工认为工资集体协商在维护职工权益方面发挥的作用非常有效或比较有效，相比五年前，提升了 3.6 个百分点。

（三）职工精神文化权益保障和实现情况

1. 职工队伍思想政治面貌良好。广大职工对习近平总书记真诚爱戴，对党的十八大以来我们国家取得的伟大成就由衷自豪。职工关心国家的发展，拥护党的领导的政治立场鲜明，对党和政府的工作给予充分肯定。87.4%的职工对“党的百年奋斗从根本上改变了中国人民的前途命运，开辟了实现中华民族伟大复兴的正确道路”的观点，持非常赞同和比较赞同的态度。86.4%的职工高度评价党和政府在“打赢脱贫攻坚战，全面建成小康社会”方面的工作。90.6%的职工对我国实现“全面建成社会主义现代化强国、实现中华民族伟大复兴的中国梦”的目标有信心。

2. 职工思想观念积极向上。职工更加认同社会主流价值观。对“社会主义核心价值观”非常了解或比较了解的职工，相比五年前提升了 28.5 个百分点。认同“雷锋是我们学习的楷模，人人都应该向他学习”这一观念的职工，相比五年前提升了 18.5 个百分点。职工广泛认可“劳模精神、劳动精神、工匠精神”，81.3%的职工认为“劳模精神、劳动精神、工匠精神”是以爱国主义为核心的民族精神和以改革创新为核心的时代精神的生动体现。有 73.4%的职工认为工人社会地位有很大提高或有所提高。

3. 职工精神文化需求层次提升。随着社会经济的不断发展、物质生活水平的提高，职工对精神文化生活的追求也越来越高，不再满足于简单的物质需求，更多地转变为个人综合素质全面发展的精神需求，更加注重自身成长和实现自身价值。职工参与的业余休闲活动，形式多样，内容丰富。职工最喜欢的 4 项业余休闲活动分别是观看电影、电视，上网、刷手机，运动健身，读书看报（见图 14）。职工上月的家庭支出中休闲娱乐花费平均为 500 元，占上月家庭总支出的 6.2%。职工参与单位文体活动的积极性很高，有 53.3%的职工表示愿意参与且经常参与；表示愿意但没时间参与的职工占 38.9%。

4. 互联网给职工生活带来积极变化。互联网和手机应用已深度渗透到职工

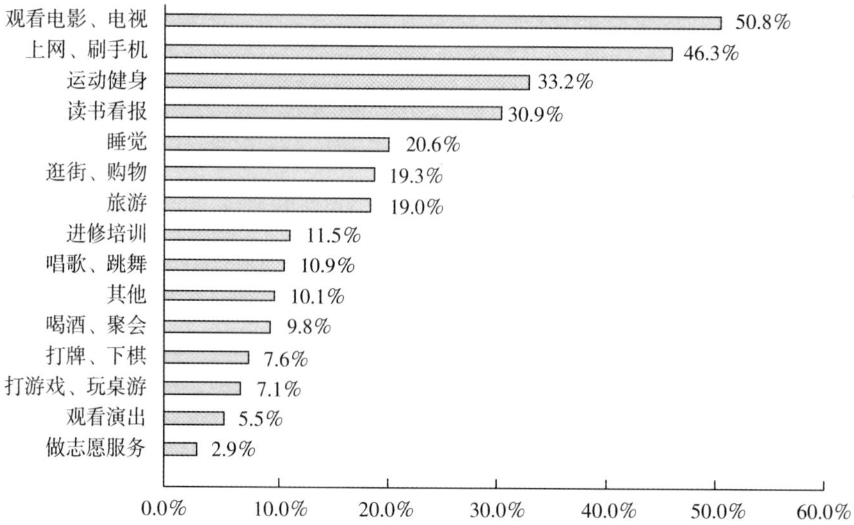

图 14 职工最喜欢的业余休闲活动

生活的方方面面，无人不网、无时不网、无处不网已经成为当今社会的时代特征。职工最常用的手机 App 前三位分别是：微信、QQ 等社交软件，今日头条等新闻客户端，学习强国等学习平台。在职工了解新闻、获取社会热点信息的渠道中，前四项分别是微博、微信，新闻网站，抖音、快手等短视频平台，手机资讯（见图 15）。

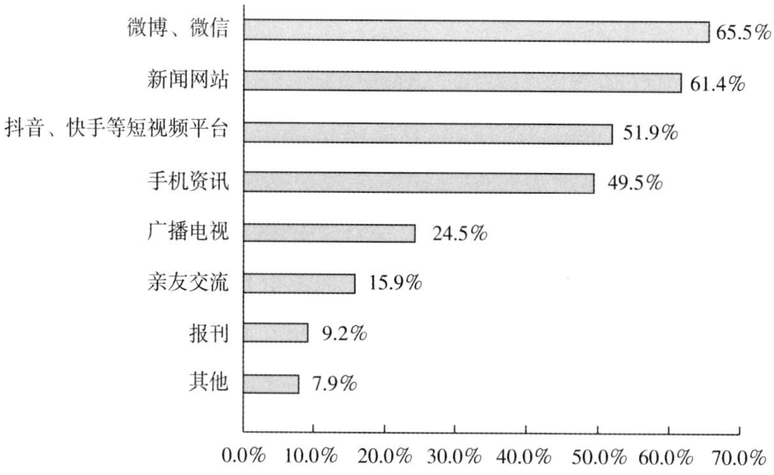

图 15 职工了解新闻、获取社会热点信息的主要渠道

三、当前职工队伍发展中需关注的重点问题

（一）职工收入差距仍然较大

1. 一线职工工资收入相对较低。近年来，福建省职工工资逐年上涨，但物价上涨、房租上涨等因素导致工资上涨的意义一定程度上被削弱（见图 16）。本次调查显示，普通一线岗位职工上月从单位获得的到手全部货币收入平均值为 4680 元。职工生活水平有所提高，但家庭支出持续扩大，79.8%的职工家庭支出占收入的比重超过 50%。

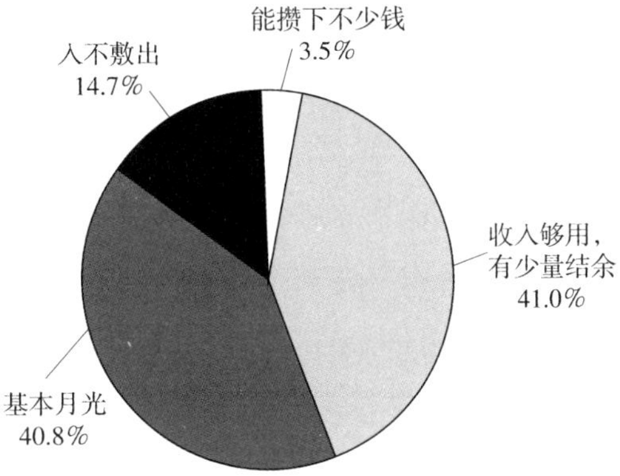

图 16　职工家庭的总体收支状况

2. 不同行业岗位工资差距大。本次调查显示，职工上月从单位获得的到手全部货币收入平均值最高的 3 个行业为：房地产业（12069 元）、采矿业（7778 元）、信息传输、软件和信息技术服务业（6368 元），收入平均值较低的行业主要有租赁和商务服务业（4272 元），以及文化、体育和娱乐业（3832 元）。高层管理人员与普通职工收入差距较大，职工期盼尽早落实收入分配改革，提高劳动报酬，在体面劳动中获得尊严。

3. 部分行业存在拖欠工资现象。近年来，在各级各部门的共同努力下，福建省工资拖欠现象大为好转，99.1%的被调查职工表示单位未拖欠工资。但依然有 0.9%的被调查职工表示存在工资拖欠现象，主要分布在农林牧渔业、建筑业、租赁和商务服务业等行业，其中建筑业的平均拖欠工资金额最高。

（二）职工劳动权益保障有待加强

1. 部分职工休息休假权益保障有待提升。本次抽样数据显示，调查前一周，职工平均工作天数为 5.6 天、平均工作小时为 45.3 小时。部分职工加班补偿落实不到位（见图 17）。56.3%的职工可以接受适度加班以增加收入。

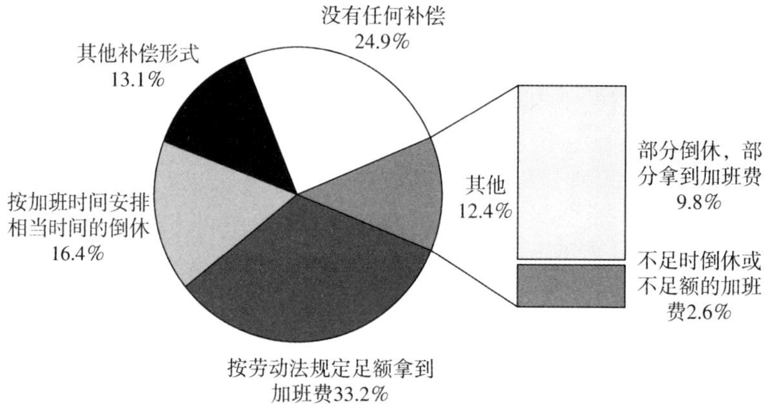

图 17　职工加班加点得到的补偿形式

2. 职工职业健康保障需进一步落实。本次抽样显示，职业病、工伤仍然是危害职工健康的重大隐忧，有 5.0%的被调查职工得过职业病或受过工伤，在这部分得过职业病或受过工伤的职工中，有 44.4%的被调查职工认为单位对治疗、疗养和赔偿做得一般。

3. 职工心理压力较大。本次调研中，部分职工表示生活压力较大。收入低、新冠疫情影响工作生活、子女教育、买不起房、看病就医费用高是让职工感到压力最大的五个问题。部分职工担心或有点担心自己会失业。在对心理健康的评价方面，22.1%的职工有时会有情绪困扰，5.5%的职工经常有情绪困扰。

4. 新就业形态劳动者权益保障亟须关注。部分新就业形态企业为了降低劳动成本，刻意规避劳动法律，不与劳动者直接建立劳动关系签订劳动合同，仅签订劳务协议或合作协议等，致使劳动安全、劳动报酬、社会保险、教育培训、休息休假等相关权益难以保障，同时，住房保障、子女教育等基本公共服务也难以享受。平台企业借助大数据、算法等技术优势，实行等级补贴和以罚代管的模式，追求超额劳动效率。新业态从业人员为了提高劳动报酬，不得不选择超时工作，还要承受来自客户投诉和平台罚款的压力，影响身心健康。

（三）职工队伍技能素质有待提升

1. 职工队伍技能结构不合理。在职工“取得的最高职业技能等级”的回答中，只有 24.0%的职工有技能等级。其中，初级工占 54.2%，中级工占 30.0%，高级工占 11.2%，技师占 4.4%，高级技师占 0.2%（见图 18）。在职工“取得的最高专业技术职称”的回答中，33.0%的职工拥有职称。其中，初级职称占 53.8%，中级职称占 37.9%，高级职称仅占 8.3%（见图 19）。技术工人总量偏小、结构不合理，初级工占比大，高技能人才偏少。根据福建省人力资源和社会保障厅提供的数据，2021 年，技能人才求人倍率保持在 2 以上，高技能人才求人倍率更是在 2. 5 上下浮动。随着产业转型升级和经济进一步发展，高质量、高素质劳动力短缺的结构性矛盾将会更加突出。

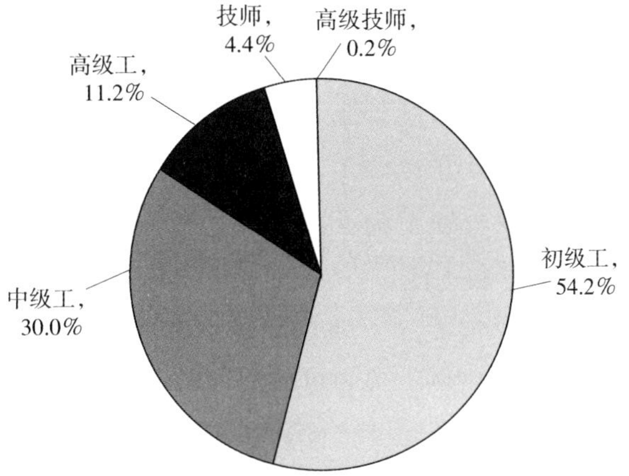

图 18　职工取得的最高职业技能等级

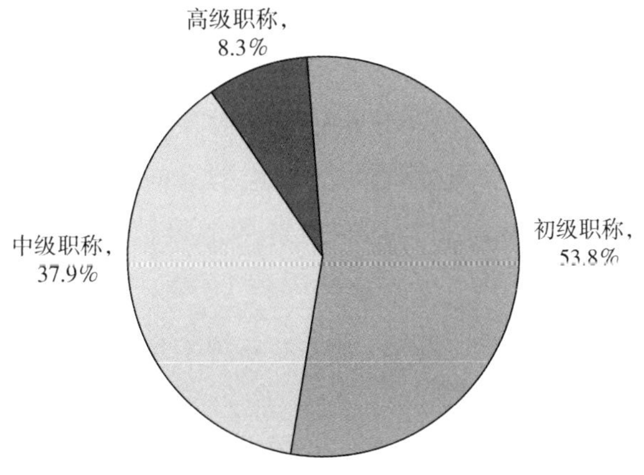

图 19　职工取得的最高专业技术职称

2. 企业培育职工的主体作用发挥不足。本次调研发现，职工的技能提升和培训主要由企业承担，受经营理念、成本控制、职工流动率等因素影响，企业自主培养技术工人特别是高技能技术人才的意愿不高，存在重使用轻培养、重眼前轻长远的倾向，更倾向从外界招收熟练技能人才，导致高素质产业工人队伍成长缓慢。

3. 一线职工缺乏职业晋升通道。多数企业没有为职工制定职业发展规划，技术工人的职业发展通道通常在纵向上存在“高级技师”的天花板，在横向上存在流向管理岗位的“职业壁垒”。职工技能培训水平整体有待提升，校企合作还不够密切，存在供需脱节、培训层次偏低、培训质量不高等问题。职工职业教育和技能培训基础设施仍需完善，高技能教育培训师资力量仍然比较薄弱。

（四）基本公共服务有待提升

1. 职工住房保障有待加强。近年来，福建省住房保障体系不断健全，住房保障能力不断增强，但面对大量的外来人口，住房保障远不能满足需求，特别是福州、厦门、泉州等人口净流入城市，部分新市民和年轻职工缺乏购房能力。随着房屋出租价格上涨，部分职工为了降低住房成本，租住在离工作地点较远的郊区，给工作生活带来诸多不便。

2. 随迁子女教育问题仍需关注。随着城镇化进程的加快，进城务工人员随迁子女的总量呈加快增长的趋势，尽管城区学位一直在增加，但外来务工人员子女入学难问题仍然存在。部分职工反映难以就近入学。一些新就业形态劳动者因没有签订劳动合同，无法缴纳社保，子女不能享受外来务工人员随迁子女入学政策。此外，被调查职工还反映了“没时间管教、陪伴”“教育费用太高”等问题。

3. 医疗保障与职工群众期待仍有差距。医保基金支付能力的有限性与人民群众日益增长的健康需求之间存在矛盾，重大疾病费用高仍是导致职工生活困难的最重要因素。医保公共服务能力与职工群众便捷化需求存在差距，特别是外来务工人员异地就医较难。异地医疗费用的报销问题困扰着部分外来职工。一些职工反映，由于其本人、子女或父母到工作地后，医保关系没有随之转移，工作地（就医地）与参保地医保政策差异、报销范围和比例不同，面临异地就医报销难、报销比例低等问题。

（五）工会组织作用有待进一步发挥

1. 工会提供的服务还比较传统。职工群众美好生活需要日益广泛，而工会提供的服务还比较传统，尚不能很好地满足不断增长的职工群众美好生活需要。针对职工需求，特别是不同地域、不同行业、不同企业等不同类型职工“想什么”“盼什么”“要什么”等缺乏深入分析，在谋划工作、开展活动时针对性不够强、具体的服务内容不够丰富。

2. 工会在提高职工工资收入、开展职业技能培训等方面工作有待加强。本次调查显示，职工最希望单位工会开展和加强的工作，排在前三位的是提高职工工资收入（82.0%）、开展职工职业技能培训（64.9%）、组织职工参与企业管理（31.1%）（见图20）。

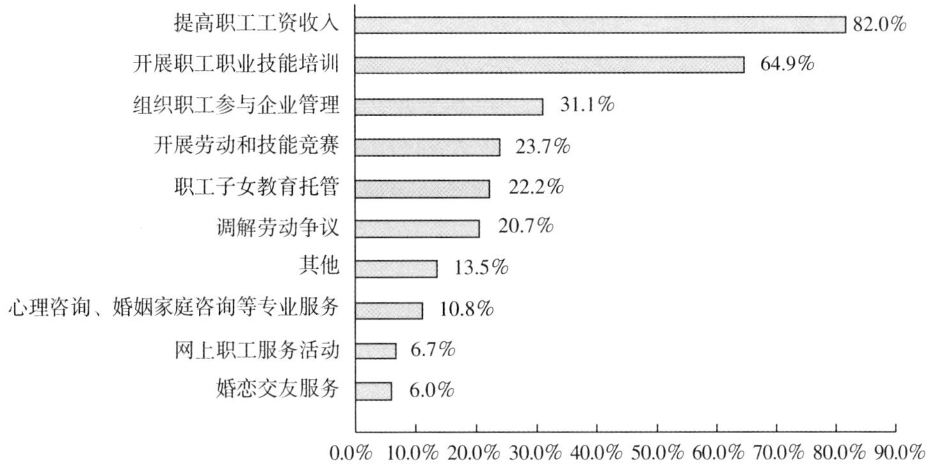

图20　职工最希望单位工会开展和加强的职工服务工作

3. 数字工会建设有待加强。统一规范的“互联网+”工会服务体系有待进一步完善。自上而下的职工服务信息平台尚未建立，没有形成统一的“工会大数据”体系，与政府主导的政务服务平台之间互联互通、资源共享有待加强。一些地方工会习惯于传统的工作思维和工作方式，对于应用“数字工会”开展工会工作的重视不够，线上线下工会工作的融合度还不足，现有以门户网站和微信公众号为主的“互联网+”服务内容和传播效果上还有待提高。各级工会网上工作缺乏专业信息化人才。

四、基于本次抽样调查的思考与建议

职工权益的实现是一个系统工程，既需要工会组织切实履行基本职责，将已有的工作载体、工作方式、工作手段、工作品牌运用好、发挥好，也需要积极争取政府支持，推动形成党委领导、政府重视、各方支持、工会运作、职工参与的工作格局，建立健全党政主导的维权服务机制，使职工合法权益得到切实保障。

（一）加强职工思想政治引领，引导职工群众坚定不移听党话、感党恩、跟党走

一是在职工群众中广泛深入地开展习近平新时代中国特色社会主义思想学习宣传活动。巩固拓展党史学习教育，广泛开展“喜迎二十大、建功新时代”等主题系列宣传教育活动，引导广大职工增强“四个意识”、坚定“四个自信”、

做到“两个维护”，把职工群众紧密团结在党的周围。二是大力弘扬劳模精神、劳动精神、工匠精神。发挥劳模示范引领作用，开展劳模大宣讲、劳模进校园等活动。引导企业做好职工身边的劳动模范、技术能手、能工巧匠的宣传、培育工作，构筑劳动光荣的社会风尚和精益求精的敬业风气。三是把宣传好党和国家的各项惠民政策作为职工宣传的重要内容。党的十八大以来，党和政府为满足人民群众对美好生活的向往，出台了一系列政策，包括各级工会也曾出台许多优惠措施，要多渠道多途径加大政策宣传力度。四是切实改进工会宣传思想工作的方式方法。积极争取党委、政府支持，赋予工会品牌评选活动项目更高的“含金量”。创新传统的工会宣传活动方式，抓好基层群众性文体活动。推进工会网站、官方微信公众号等新媒体融合发展，加强与主流媒体、新媒体平台的协作合作，构建网上网下一体、“工”字特色明显的报网微端刊全媒体传播体系。

（二）推进产业工人队伍建设改革，造就一支知识型、技能型、创新型的劳动大军

一是坚持系统观念推进改革。落实全心全意依靠工人阶级方针，坚持“政治上保证、制度上落实、素质上提高、权益上维护”的总体思路，推动产业工人队伍建设改革向基层延伸、向纵深发展。突出补齐制度缺项和政策短板，推动构建产业工人全面发展制度体系，着力提升改革的政策效能。以民营企业为重点，积极探索建立企业主体作用发挥机制，调动和保护企业培养人才的积极性。二是深化职业技能提升行动。推动统筹发展好职业院校教育和职业培训，健全完善终身职业技能培训制度。加大职业培训补贴力度与范围，落实职工教育经费税前扣除政策。引导企业发挥技能人才培养主体作用，加大在岗培训力度，建设一批产业工人技能实训基地。发挥劳动模范、大师工匠等高技能人才传帮带作用，培养造就更多高技能人才和大国工匠、八闽工匠。三是构建技能人才评价激励体系。加强技能等级认定评价主体能力建设，以国有企业、上市公司等龙头企业为重点，实现有条件企业自主评价全覆盖。推动职业技能评价主体多元化，健全以职业能力为导向、以工作业绩为重点、注重职业道德和知识水平的技能人才评价体系。四是落实保障与激励机制。落实“新八级”职业技能等级制度，完善技能人才成长通道。引导企业使用技能人才薪酬分配指引，完善权益保障，提高技能人才薪酬及福利待遇水平。逐步拓宽高技能人才与专业技术人才成长贯通领域。

（三）大力构建中国特色和谐劳动关系，维护劳动领域政治安全

一是完善政府、工会、企业共同参与的协商协调机制。健全劳动关系发展态势监测和分析研判机制，主动预防和妥善处理劳动关系领域出现的苗头性、倾向性问题。开展网络职工舆情分析，及时把握职工最关心、最直接、最现实的利益问题。推进行业性、区域性集体协商，推动企业建立健全多形式多层级的沟通协商机制。二是健全完善劳动争议多元化解机制。司法、人力资源和社会保障、法院、工会等部门沟通协作，推广职工法律服务“园区枫桥”机制，做好职工队伍稳定风险隐患专项排查化解工作，把风险隐患化解在基层一线、消除在萌芽状态。推进工会维护劳动领域安全稳定体系和能力建设，建立健全工会维护劳动领域政治安全长效机制，确保“五个坚决”要求的落实。三是推进工会工作法治化建设。加快修订实施《福建省实施〈中华人民共和国工会法〉办法》，落实《福建省工会劳动法律监督条例》，健全各级工会劳动法律监督组织，完善工会劳动法律监督机制。推行工会劳动法律监督“一函两书”制度，促进用人单位依法规范用工。工会与司法行政部门沟通协作，进一步加大职工法律援助工作力度。

（四）切实保障好职工合法权益，不断提升职工生活品质

一是维护职工劳动经济权益。深入实施就业优先战略，强化各级政府稳就业保就业主体责任，落实资金投入保障机制，健全完善援企、减负、稳岗、扩就业政策体系，切实做好就业保障工作。深化收入分配制度改革，健全工资合理增长机制，提高劳动报酬在初次分配中的比重，形成适应福建省经济社会发展的收入分配格局。督促企业依法支付职工加班加点工资，落实带薪年休假制度，做好女职工特殊权益保护工作，特别是多胎女职工产假等权益，依法打击恶意欠薪行为。二是进一步推动基本公共服务均等化。推动加快完善以公租房、保租房和共有产权住房为主体的住房保障体系，切实改善职工住房条件；着力构建优质均衡的基本公共教育服务体系，减轻职工家庭教育负担；健全多层次医疗保障制度体系，为职工提供更为便捷高效的就医服务，减轻职工医疗负担。三是把普惠服务与精准服务相结合。各级工会要在做好送温暖、医疗互助等传统品牌项目的基础上，进一步丰富内容，积极开展职工子女暑托班、疗休养、心理健康服务、职工交友等活动。针对职工群体个性化、多样化需求，切实做好精准服务工作，提高工会服务的“含金量”。

（五）扎实做好新就业形态劳动者权益保障工作

一是完善新就业形态劳动者权益保障制度。坚持支持与规范并重、鼓励与约束并举，健全新就业形态劳动者社会保障、权益保障、职称评价等政策制度。督促、引导、推动平台企业切实做好劳动者的管理、保障工作。制定有关新就业形态就业规范、失业保险、工伤保险等法规和条例，把为企业平台提供服务但未建立劳动关系的弹性就业人群纳入体系。二是完善劳动者休息休假制度。加快推动行业明确劳动定员定额标准，科学确定劳动者工作量和劳动强度，保障劳动者的休息休假权利。要通过“算法取中”等方式，合理确定订单数量、准时率、在线率等考核要素，让新就业形态劳动者有足够的休息时间。三是有序引导新就业形态劳动者加入工会组织。各级工会要着力抓好新就业形态劳动者维权服务工作。聚焦货车司机、网约车司机、快递员、外卖配送员等重点群体，主动协同人力资源和社会保障、交通运输、邮政、市场监管等行业主管部门，进一步加强新就业形态劳动者建会入会工作。推动头部企业及其关联企业与劳动者就劳动报酬、奖惩制度、休息休假和职业安全等事项开展集体协商。

（六）加大工会改革创新力度，进一步增强工会组织的凝聚力和战斗力

一是加强工会组建和发展会员工作。推进规模较大的非公有制企业和社会组织依法规范建立工会组织。重点加强“三新”领域工会组织建设，推进重点行业头部企业建立和完善工会组织。聚焦货车司机、网约车司机、快递员、外卖配送员等新就业形态重点群体，创新组织形式和入会方式，最大限度地把职工组织到工会中来。二是完善基层工会组织体系。理顺组织体制，构建纵横交织、覆盖广泛的工会组织体系。加强上级工会对下级工会的指导服务，加大工作力量、经费使用等向基层倾斜的力度。切实加强区域性、行业性工会联合会建设，不断扩大对小微企业的有效覆盖。加强社会化工会工作者队伍建设，积极培育工会积极分子和志愿者队伍，引导社会力量参与工会工作。三是推进“数字工会”建设。打造集工会业务、普惠服务、智慧管理于一体的网上工会综合平台。完善数据建设和数据交换标准，畅通福建省总工会与全国总工会、全省各级工会、省直有关部门的数据对接共享。建设工会服务平台，打造以媒体宣传、就业服务、技能提升、法律维权、职工帮扶、文化服务为重点的网上服务体系，创新网上普惠服务模式。

负 责 人：祝荣亮
承担单位：福建省总工会政策研究室

山东省职工队伍状况调查报告

为全面把握2017年以来山东省职工队伍发展变化情况，根据全国总工会统一部署，山东省总工会组织开展了2022年全省职工队伍状况调查。本次调查主要采取线下抽样调查、网络调查、专题调查、文献研究等方式开展。线下抽样调查共抽取1212家样本单位，投放并收回调查问卷6000份，其中职工问卷5000份，工会主席问卷1000份；网络调查覆盖单位162家，参与调查职工17466人。调研组在认真分析问卷调查数据、深入基层开展座谈访谈、充分吸收专题调研成果、广泛查阅五年来全省经济社会发展相关资料的基础上，形成了本次调查总报告。

本次线下抽样调查覆盖山东省16个市、19个国民经济行业类别。从被调查单位来看，已建立工会单位占83.3%，未建立工会单位占16.7%；从单位类别来看，企业占74.64%，机关和事业单位占14.62%，个体经营户占6.52%，社会组织及其他占4.22%；从所有制成分来看，国有和集体企业占32.15%，非公有制企业占67.85%；从企业规模来看，大型企业占6.26%，中型企业占27.14%，小微企业占66.6%；从被调查职工来看，男女职工比例为46.14∶53.86；从产业分布来看，第一产业职工占4.34%，第二产业职工占49.9%，第三产业职工占45.76%；从年龄分布来看，30岁以下职工占18.12%，30~40岁职工占44.55%，40~50岁职工占26.97%，50岁以上职工占10.36%；从学历水平来看，初中及以下学历职工占12.62%，高中（职高、中专、中技）学历职工占21.66%，大专及以上学历职工占65.72%；从政治面貌来看，共产党员占25.66%，共青团员占15.65%，民主党派及未加入任何党派的职工占58.69%，基本涵盖了山东省各行各业职工。具体调查情况如下。

一、五年来山东省职工队伍总体状况和发展趋势

（一）职工队伍的总体变化和特征

1. 职工队伍结构呈现新特点。一是山东省就业人员总量有所下降，第二、三产业就业人员有所增加。山东省统计局数据显示，2021年全省从业人员5475万人，比2017年减少218万人，下降3.83%。第一、二、三产业就业人员占比由

2017年的28.5：33.5：38.0变为2021年的24.0：33.8：42.2。二是非公有制企业用工比重持续增加。2017—2021年，山东省城镇非公有制从业人员从2830.5万人增加到2986.7万人，净增156.2万人，增长5.52%；国有和集体单位从业人员小幅减少，由425.9万人减少至399.3万人，占比下降了1.29个百分点。三是职工平均年龄有所增加。本次调查显示，职工平均年龄为37.93岁，比2017年调查时增加了2.78岁，青壮年职工仍然是职工队伍的主体，40岁以下的职工占62.66%，但是比五年前下降了9.54个百分点。其中，城镇职工平均年龄40岁，比五年前提高了2.74岁；农民工平均年龄36.62岁，比五年前提高了3.19岁。

2. 职工队伍流动性趋势增强。本调查显示，五年来，53.72%的职工工作发生过变动，比2017年调查时提高了3.34个百分点，26.53%的职工工作变动超过2次。分行业来看，职工工作变动排在前三位的分别是科学研究和技术服务业（74.24%）、租赁和商务服务业（73.33%）、住宿和餐饮业（65.55%）（见图1）。分单位类型来看，排在前三位的分别是个体经营户（59.87%）、企业（58.17%）、其他（58.06%），机关事业单位职工工作变动率最低（22.56%）。分年龄段来看，31~40岁职工工作变动最多，占59.36%；其他依次是51岁及以上（49.76%）、41~50岁（48.84%）、20~30岁（48.07%）。分岗位来看，从事管理岗位的职工发生过工作变动的占58.36%，其中高级管理人员占比达

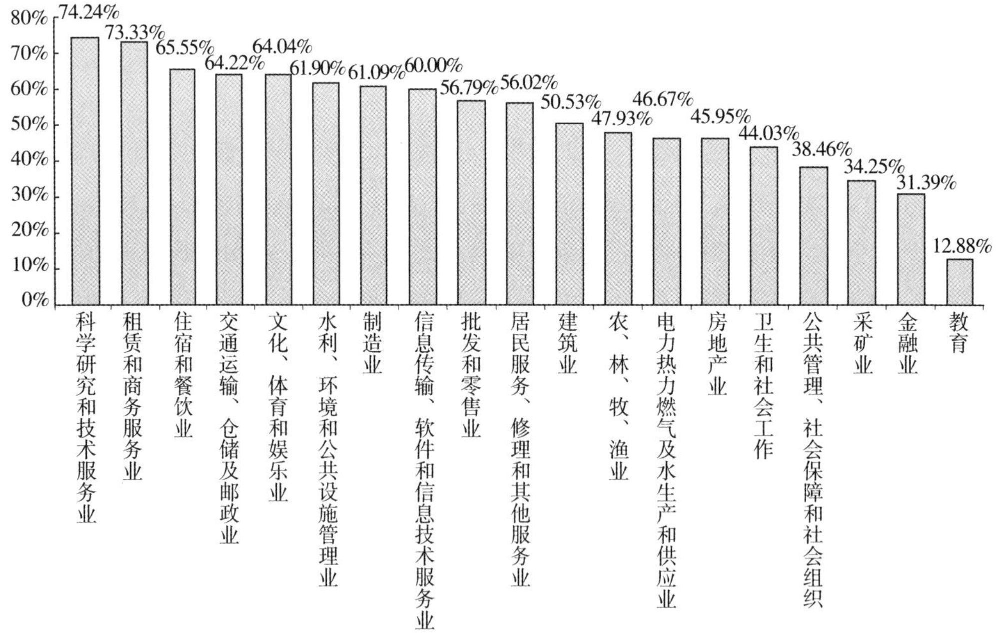

图1　各行业职工工作变动情况

67.16%。此外，技术技能人才也呈现流动性增强趋势，具有技能等级、取得专业技术职称的职工分别有54.84%、45.23%发生过工作变动，比五年前分别提高了4.13个百分点、4.75个百分点。

3. 新就业形态劳动者队伍迅速壮大。近年来，以货车司机、网约车司机、快递员、外卖配送员等为代表的新就业形态劳动者数量大幅增长。据测算，山东省新就业形态劳动者规模约为800万人。2022年初，山东省总工会开展的专项调查显示，山东省新就业形态劳动者具有以下特征：一是年龄普遍比较年轻。平均年龄为37.5岁，比此次调查的职工平均年龄低0.9岁。其中，快递员、外卖配送员平均年龄较小，分别为33.9岁、36岁，货车司机、网约车司机的平均年龄稍大，分别为41.9岁、40岁，总体上以青壮年劳动力为主。二是整体学历水平不高。高中（中专、技校）及以下学历的占72.4%，在货车司机、网约车司机中占比更高，分别为87.4%、82.7%。三是以男性劳动者为主。男性和女性劳动者分别占71.8%、28.2%，货车司机、外卖配送员、网约车司机、快递员中男女劳动者占比分别相差了81.4、76.6、75.4、28.2个百分点。四是择业观念自由。从入职动机看，职工选择新就业形态领域的最主要原因是时间自由和约束少，占50.34%（见图2）。

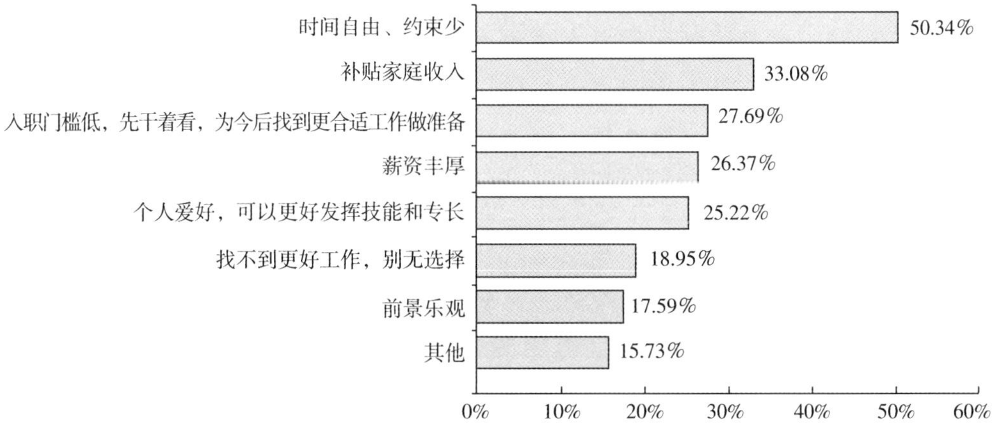

图2　职工选择从事新就业形态领域工作的原因

4. 互联网深度融入职工工作生活。近年来，互联网已经深度融入职工工作生活的方方面面。一是拓展了职工生活新空间。本次调查显示，99.46%的职工使用网上交友聊天、网上购物、网上点外卖、移动支付、阅读电子书报杂志等移动互联网产品或服务；99.04%的职工通过新闻网站，微博、微信，短视频平台，手机资讯了解新闻、获取社会热点信息（见图3）。二是引领了职工就业新观念。本次调查显示，随着数字经济、共享经济、平台经济快速发展，职工就业观念和方式发生深刻变革，74.64%的职工认为对其就业观念产生较大影响，43.84%的职工认为带来更多创业可能性，18.15%的职工表示依托互联网做过、正在做或打算做专兼职工作。三是打通了职工发声新通道。自媒体时代，互联网的快速集聚放大效应，极大提升了职工反映意见、表达诉求的便捷性和“话语权”。

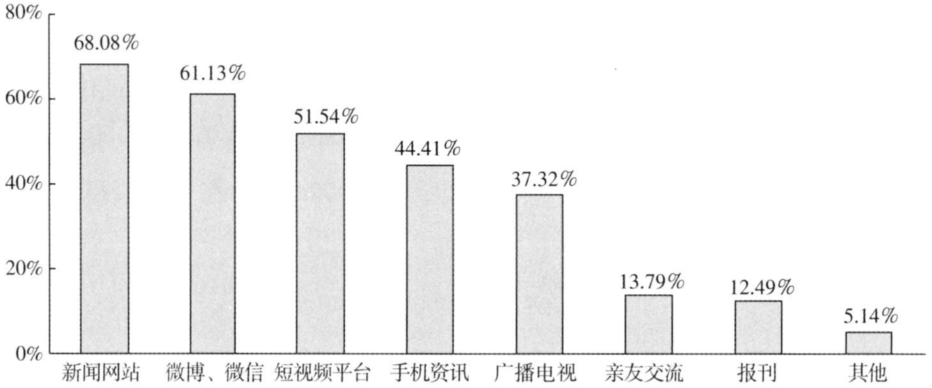

图 3　职工了解新闻、获取社会热点信息的主要渠道

（二）职工学习培训和综合素质方面

1. 职工参加学习培训热情普遍较高。近年来，随着新旧动能转换加快、企业转型升级提速，企业对提升员工技术技能素质越来越重视，职工参加学习培训的积极性越来越高，许多企业建立起薪酬福利待遇与职工技能水平挂钩机制。本次调查显示，86.11%的职工最近一年参加过单位组织的学习培训，84.06%的职工很有兴趣或比较有兴趣学习新的职业技能或知识。职工认为通过参加学习培训，提高了技能等级或专业技能的占 94.29%，提升了就业竞争力的占82.68%，增加了工资收入的占 55.11%，调到了更理想工作岗位的占 51.98%（见图 4）。正是在学习培训的正向激励下，58.11%的职工表示能主动有计划学习或根据工作需要有针对性地开展学习，24.61%的职工最近五年自费参加过进修或培训，职工最近一次自费参加进修或培训的平均费用达 3341 元。

2. 技术技能人才数量增长较快。五年来，山东省对职业教育、技工教育支持力度持续加大，累计投入 330 多亿元实施省级职业教育特色高校建设工程，在全国率先开展企业技能人才自主评价，在 8 个领域实现高技能人才和专业技术人才职业贯通发展，全省 21.3 万人通过企业自主评价获得了职业技能证书，

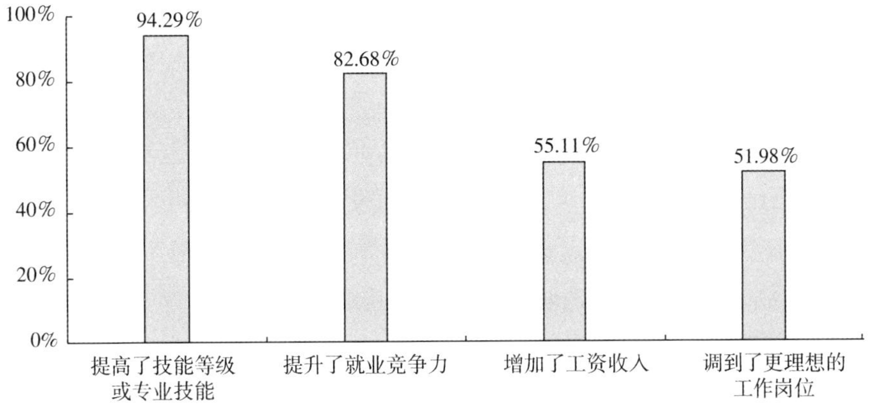

图 4　参加单位相关学习培训的作用情况

“齐鲁工匠”建设工程带动培育各级工匠人才 4.34 万名。有关部门数据显示，山东省现有各类技术技能人员 1358 万人，较 2017 年增长 22.8%；高技能人才 373 万人，比 2017 年增长 28.36%，居全国前列。本次调查显示，普通职工中取得技能等级的占 26.83%，比 2017 年提高了 2.63 个百分点（见图 5）；特别是在大型企业、国有企业中，取得技能等级的普通职工占比分别达到 41.03%、33.67%，比五年前分别提高 26.15、9.17 个百分点。

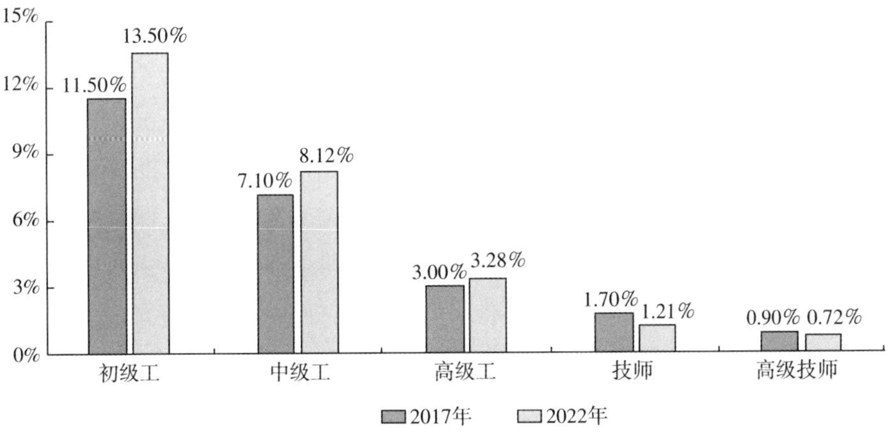

图 5　普通职工取得相关技能等级的占比情况

3. 高学历人才呈现集聚趋势。本次调查显示，受过大专及以上教育的高学历人才占 65.72%，分布呈现集聚趋势。分单位类别来看，高学历人才向机关、事业单位集聚。机关、事业单位受过大专及以上教育的职工占比分别是 94.58%、97.35%，比企业分别高 32.87、35.64 个百分点（见图 6）。分行业来看，高学历人才向教育、水利/环境和公共设施管理、金融业集聚，这三个行业受过大专及以上教育的职工占比分别是99.7%、95.71%、93.52%，而占比最低的农林牧渔业只有43.32%。分地域来看，高学历人才向经济发达的中心城市集聚。济南、青岛两市受过大专及以上教育的职工占比分别达80.4%、79.05%，而占比最低的济宁市只有41.41%。本次调研发现，位于非中心城市（城区）的企业难以留住高学历人才。这说明除工资报酬之外，城市配套、工作环境、发展前景等成为高学历人才在就业选择时越来越看重的因素。

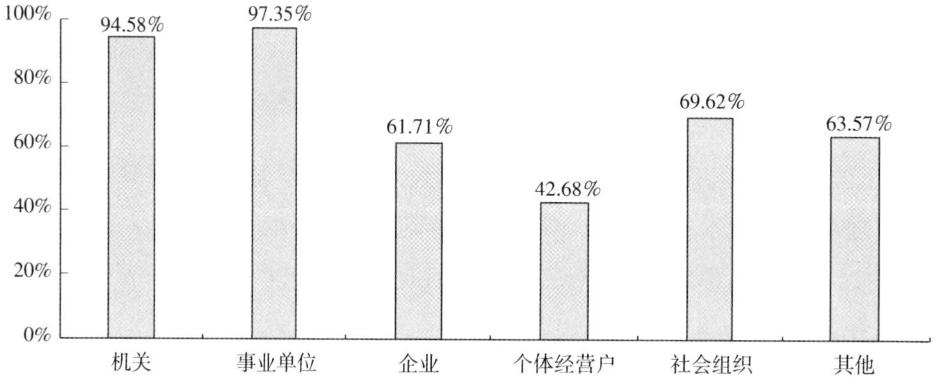

图6 不同类别单位职工受过大专及以上教育的占比情况

（三）职工思想认知和意识形态方面

1. 职工对党和国家的大政方针坚决拥护。本次调查显示，97.17%的职工非常赞同或比较赞同“党的百年奋斗从根本上改变了中国人民的前途命运，开辟了实现中华民族伟大复兴的正确道路”；94.2%的职工对推进全面从严治党、大力反腐倡廉非常支持；93.1%的职工对现在的生态环境保护、绿色发展非常满意或比较满意；77.53%的职工认为“十四五”规划目标切实可行。认为自己能从“实施就业优先政策，推动实现更充分就业、更高质量就业”“推动传统产业高端化、智能化、绿色化”“推进乡村振兴战略，加快农业农村现代化”“加强党风廉政建设和反腐败斗争”等政策中获益的分别占81.84%、80.32%、77.58%、77.57%（见图7）。

2. 职工对社会主流价值观更加认同。本次调查显示，83.85%的职工对“社会主义核心价值观”非常了解或比较了解，比2017年提高了30.95个百分点（见图8）。认为工人阶级社会地位有很大提高或有所提高的职工占82.48%，比五年前提高了12.48个百分点。84.73%的职工认为人人都应该向雷锋学习；78.58%的职工对当代劳动模范、大国工匠、时代楷模等先进典型人物非常熟悉

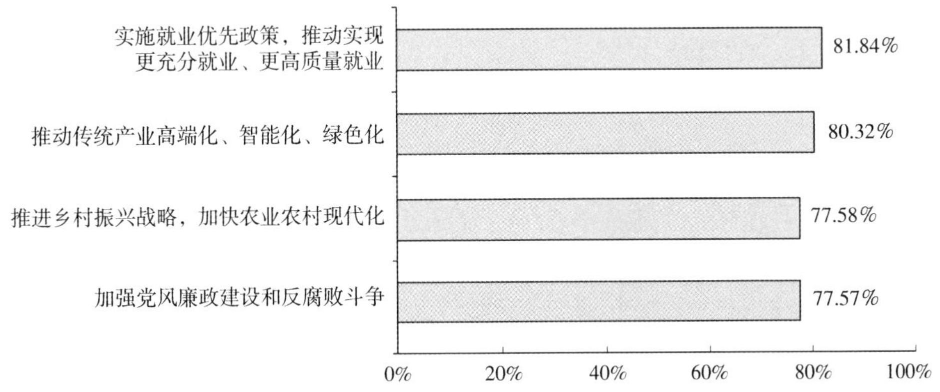

图 7　认为能从党和国家大政方针中获益的职工占比情况

或有所了解，并表示愿意向他们学习或被他们的精神感染；82.23%的职工认为全社会大力弘扬劳模精神、劳动精神、工匠精神的氛围非常浓厚或比较浓厚；83.98%的职工认同或比较认同“靠劳动能过上富裕生活”。

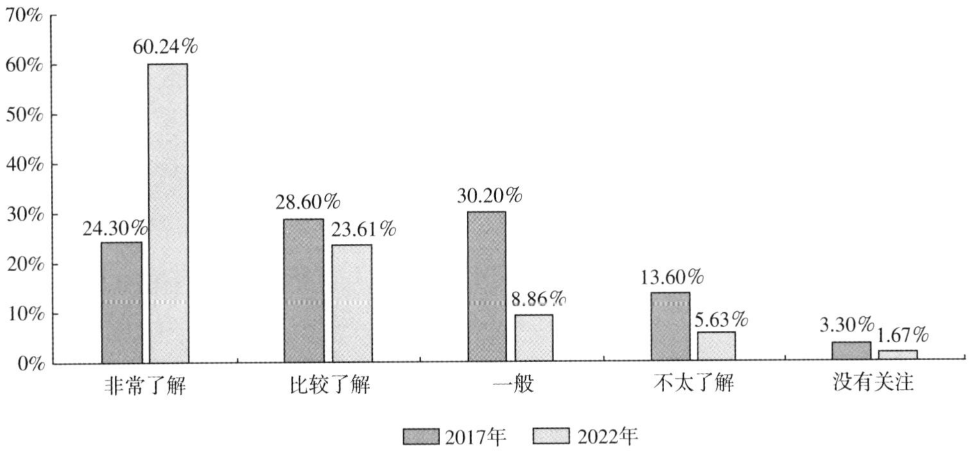

图 8　职工对“社会主义核心价值观”的了解情况

3. 职工对待评价社会问题更加理性。对于反腐倡廉问题，79.45%的职工认为中央八项规定出台后，贪污腐败现象明显减少。对于公平正义问题，87.29%的职工认为目前社会总体上很公平或比较公平，比 2017 年提高了 12.69 个百分点。对于道德素养问题，87.75%的职工认为现在人们道德水平有所提高，比 2017 年提高了 21.45 个百分点。对于家庭美德传承问题，分别有 89.09%、82.78%、69.16%的职工认为夫妻和睦、孝老爱亲、教子有方是好家风。对于自身生活状态，82.33%的职工对生活感到很满意或比较满意（见图 9），92.11%

的职工感觉自己未来生活会变得越来越好，分别比2017年调查时提高了6.43个百分点、16.41个百分点。

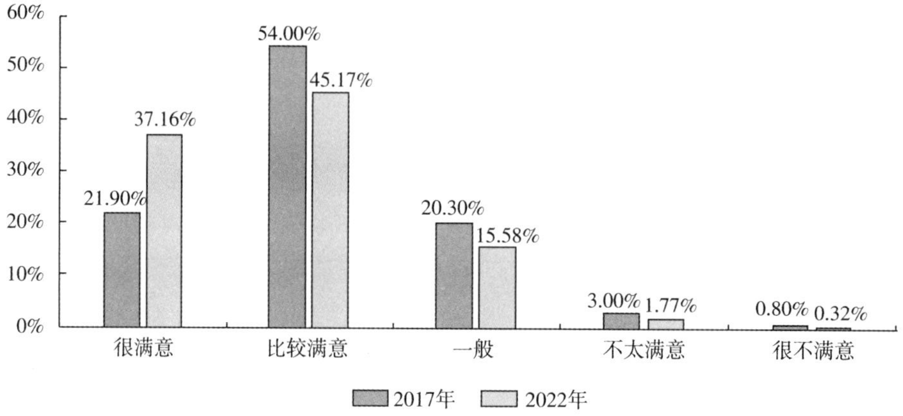

图9　职工对自身生活状态的满意度情况

二、五年来职工权益保障和实现情况

（一）职工劳动经济权益得到有力维护

1. 劳动就业形势总体向好。一是职工就业渠道比较广泛。本次调查显示，除58.89%的职工通过单位招工方式就业外，还可以通过亲友帮忙（10.19%）、网络应聘（8.07%）、毕业分配（7.30%）、人才（劳务）市场（2.48%）等方式就业（见图10）。二是职工就业状态比较稳定。本次调查显示，职工在一个单位平均工作的时间是9.09年，73.87%的职工最近五年内没有失业、下岗、待岗或安置转岗；与单位签订3年以上或无固定期限劳动合同的职工占74.98%，比2017年调查时提高了8.68个百分点。三是职工对自身工作比较满意。本次调查显示，87.42%的职工对自己目前的工作非常满意或比较满意，表示不太满意或很不满意的职工仅占0.89%。

2. 职工收入水平稳步提高。一是工资收入稳步增长。根据山东省统计局数据，2021年城镇居民人均可支配收入47066元，比2016年增长38.38%。本次调查显示，职工月平均工资为5168元，比五年前增长37.96%；上年度职工年终奖平均值为8309元，比五年前增长45.14%，两者结论基本一致。二是收入渠道不断拓宽。根据山东省统计局数据显示，山东省城镇居民工资性收入在可支配收入中的占比，2021年为57.17%，比2016年下降了6.96个百分点。本次调查显示，部分职工尝试依托互联网寻求其他增收途径（见图11）。三是家庭收入持续提高。本次调查显示，职工家庭月平均收入为9949元，比2017年调查时增加

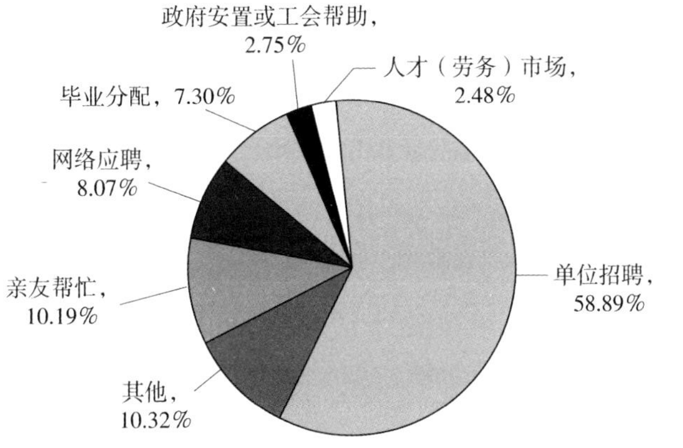

图 10　职工就业的主要渠道分布

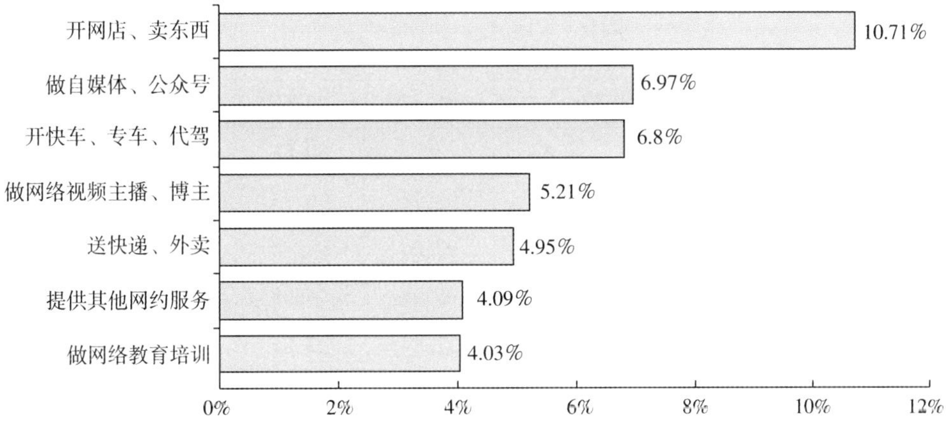

图 11　职工依托互联网曾经、正在或打算兼职的情况

1870 元；64.35%的职工认为家庭生活水平比五年前有所提高或有很大提高，47.83%的职工认为家庭总体收入够用或有少量结余。

3. 基本社会保障水平不断提升。一是基本社会保险覆盖面持续扩大。截至 2021 年，山东省职工养老、医疗、工伤、失业、生育等保险参保人数分别为 3226.7 万人、2435.6 万人、1921.9 万人、1542.7 万人和 1607.5 万人。调查显示，上述“五险”的参保率分别为 95.14%、96.99%、92.39%、87.27%和 83.96%，分别比 2017 年调查时提高了 12.3、12.85、11.76、12.74、10.69 个百分点；住房公积金缴存率也比五年前提高了 5.11 个百分点，达到 56.61%。此外，各行业职工基本社会保险参保率也有提高（见表 1）。二是基本社会保险待遇标准提升明显。从 2016—2021 年，城市居民年最低生活保障标准由 5964 元提高到 9768 元，增长 63.78%；职工失业保险金标准由 950 元、900 元、850 元三档，提高到 1890 元、1710 元、1530 元三档，分别增长 98.95%、90%、80%。

表 1　山东省各行业职工基本社会保险参保率情况

国民经济行业类别	养老保险/%	医疗保险/%	工伤保险/%	失业保险/%	生育保险/%
农、林、牧、渔业	90.78	95.35	86.18	74.19	64.06
采矿业	100	100	98.65	95.95	94.59
制造业	95.59	97.50	93.82	87.37	85.27
电力、热力、燃气及水生产和供应业	98.76	100	99.38	99.38	94.41
建筑业	97.57	97.28	97.23	95.22	88.54
批发和零售业	92.88	94.31	89.68	83.27	85.05
交通运输、仓储及邮政业	93.81	91.87	84.69	78.37	71.77
住宿和餐饮业	90.83	95	90.83	88.33	90.83
信息传输、软件和信息技术服务业	94.83	98.28	96.55	93.97	96.55
金融业	94.85	97.06	97.78	98.51	92.59
房地产业	87.84	95.95	95.95	90.41	95.89
租赁和商务服务业	97.12	97.84	92.81	89.21	90.71
科学研究和技术服务业	100	97.10	88.41	91.30	91.18
水利、环境和公共设施管理业	87.50	96.88	82.81	79.69	81.25
居民服务、修理和其他服务业	87.56	94.47	85.71	77.78	73.61
教育	99.40	99.09	93.31	90.03	71.73
卫生和社会工作	98.74	100	95.60	94.97	94.30
文化、体育和娱乐业	94.44	95.56	87.78	75.56	87.78
公共管理、社会保障和社会组织	95.86	96.55	82.07	80.00	76.22
国际组织	100	100	100	100	100

4. 劳动安全卫生状况明显好转。一是安全生产事故大幅降低。根据山东省应急管理厅数据，2021 年亿元 GDP 生产安全事故死亡率为 0.0131，比 2016 年下降 0.0469。二是企业安全生产意识不断增强。本次调查显示，90.62%的单位对职工进行过安全生产方面的培训，89.08%的单位工会有专人负责安全生产工

作，比 2017 年分别提高了 4. 72、2. 18 个百分点。三是职工劳动保护条件进一步改善。本次调查显示，71. 51%的职工参加过单位组织的健康查体，比 2017 年提高了 6. 71 个百分点。四是工伤或职业病待遇落实较好。60. 63%的职工认为发生职业病或工伤后，单位在治疗、疗养和赔偿等方面做得很好，比 2017 年提高了 7. 73 个百分点。

5. 劳动关系更加和谐稳定。伴随着以人民为中心的发展思想日益深入人心，依靠职工办企业、以职工为本的观念在大多数企业得到落实。本次调查显示，80. 24%的职工认为所在单位非常关心或比较关心个人的利益和成长发展，仅有 0. 97%的职工认为完全不关心（见图 12）。91. 09%的职工认为所在单位经营管理者与普通职工之间的关系很融洽或比较融洽，只有 0. 12%的职工认为很不融洽。与之相对应，92. 75%的职工非常关心或比较关心所在单位的前途和发展，完全不关心的仅占 0. 29%。可见，企业与员工的命运共同体意识不断增强，劳动关系总体和谐稳定。

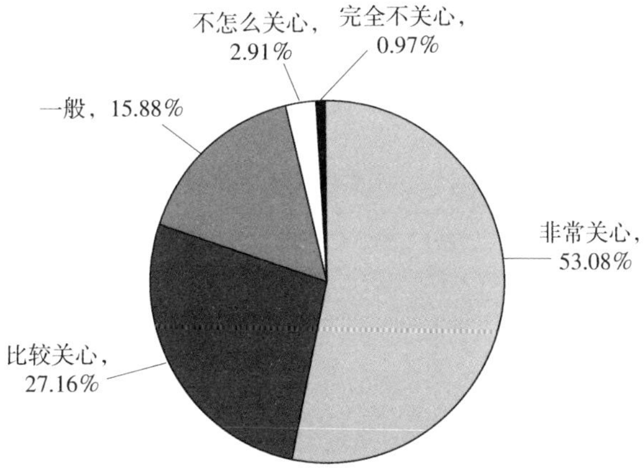

图 12　职工认为所在单位关心其个人利益和成长发展情况

（二）职工民主政治权利得到有效落实

1. 民主管理工作成效更加明显。本次调查显示，分别有 72. 78%、71. 12%的职工认为所在单位建立了职工（代表）大会制度、实行了厂务公开，比 2017 年分别提高了 7. 48、9. 92 个百分点（见图 13）。

在建立职工（代表）大会制度的单位中，83. 41%的职工认为作用发挥得很好或较好。对于单位制定劳动规章制度这个问题，分别有 63. 8%、58. 62%、64. 2%的职工认为有工会或职工代表参与制定、经职工代表大会表决决定、事先

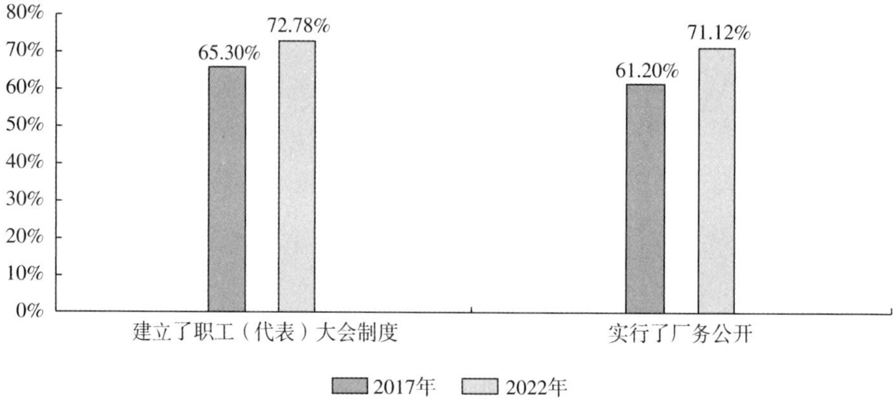

图 13　职工（代表）大会制度及厂务公开情况

张贴出来征求职工意见，比 2017 年分别提高了 10.9、9.52、9.8 个百分点；而认为其是由领导（老板）个人说了算、管理部门单独制定的职工分别比五年前降低了 6.8、5.9 个百分点（见图 14）。

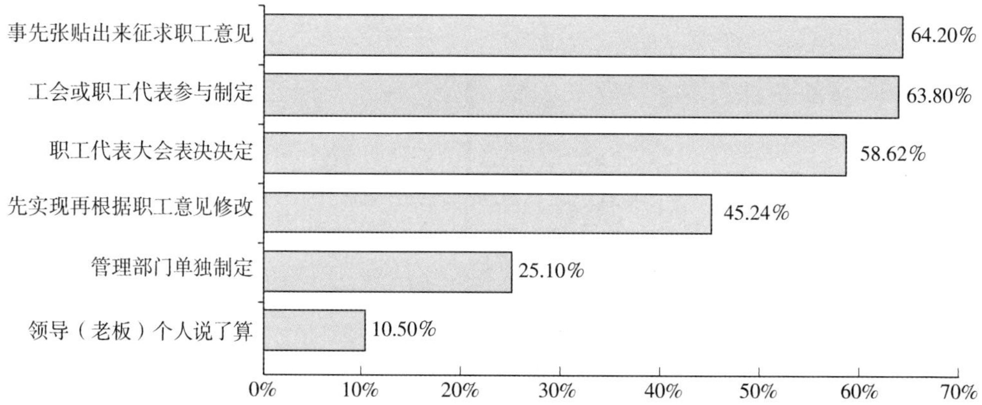

图 14　企业劳动规章制度的制定方式

2. 民主管理参与渠道更加畅通。职工的民主参与意识不断增强。本次调查显示，对参与单位管理的看法，88.67%的职工认为有利于维护职工的利益，87.24%的职工认为是应当享受的权利，84.92%的职工认为有利于促进单位的发展。职工诉求反映渠道更加多元，除了可以直接向班组长或单位领导、工会组织或职工代表反映意见外，还有职工代表大会、民主议事会、民主恳谈会、集体协商会以及多种线上反映意见渠道，65.26%的职工表示有机会发表意见、反映诉求。

3. 集体协商工作推进更加有力。在山东省总工会积极推动下，山东省将协调劳动关系三方机制升级为山东省协调劳动关系三方委员会，并以三方委员会名义推进集体协商工作，成效明显。本次调查显示，62. 93%的职工认为所在单位开展了集体协商，比 2017 年提高了 24. 83 个百分点；认为没有开展的职工比五年前下降了 22. 89 个百分点。在被调查单位的工会主席中，有 97. 07%的职工认为单位在签订集体合同时得到过上级工会的指导帮助，78. 14%的职工认为单位现行集体合同条款得到完全执行，20. 39%的职工认为得到大部分执行，认为完全没有执行的职工仅占 0. 16%（见图 15）。职工对集体协商也非常认可，高达 94. 16%的职工认为其在维护职工权益方面非常有效或比较有效。

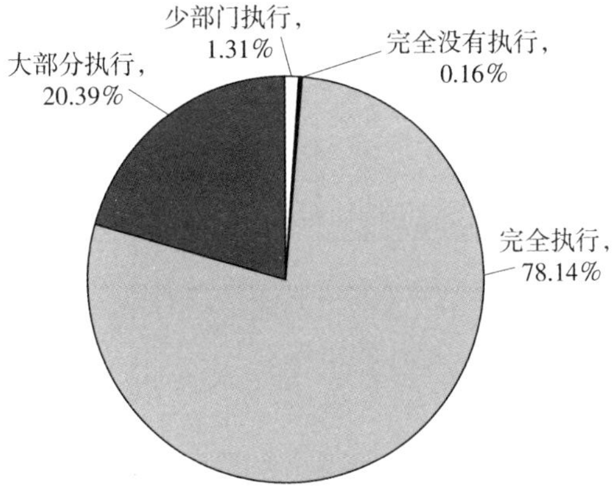

图 15　集体合同条款执行情况

（三）职工精神文化权益得到充分保障

1. 职工文化活动阵地不断扩大。近年来，山东省各级建制文化馆、图书馆、博物馆、档案馆建设提档升级并相继免费向大众开放，各类线上报纸、期刊、图书触手可及，加之几乎全面覆盖的广播、电视和网络信号，为丰富职工精神文化生活提供了良好条件。山东省各级工会注重加强职工文化阵地建设，全省已建成职工书屋 19522 个，其中国家级 1120 家、省级 427 家。特别是自 2019 年启动实施工人文化宫三年集中整治提升行动以来，山东省共收回出租、承包和被占用工人文化宫面积 11. 3 万平方米、新建 50 万平方米，全省工人文化宫数量达到 126 家，重新焕发活力，成为职工精神文化生活的“乐园”。

2. 企业职工文化活动丰富多彩。本次调研发现，近年来企业越来越重视在丰富职工文化生活方面加大投入，许多企业都配套建设文体活动场所，并提供子女托管、午休床位、加班餐厅等“暖心”服务，定期开展节日聚餐、集体出游等团建活动，有效增强了企业凝聚力。本次调查显示，分别有47.68%、57.84%、40.81%、27.26%的单位建有图书馆（室），乒乓球室、台球室，篮球场、网球场，健身房等职工文体活动场所（见图16）。38.41%的单位设立了职工文体协会或职工兴趣活动小组，其中94.88%的单位给予全额或部分经费支持。职工参加文体活动的积极性也很高，95.16%的职工表示愿意到单位的职工文体场所活动，经常去的占62.22%。

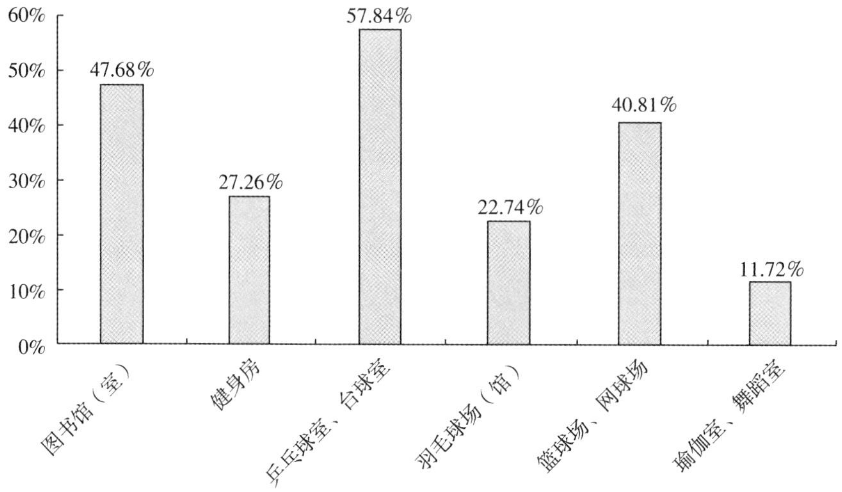

图16　单位设有文体活动场所情况

3. 职工人文关怀和心理疏导更加普及。近年来，各级工会通过购买服务开展健康巡讲、设立服务站点、开发线上关爱平台等方式，为职工提供普惠化、专业化、个性化心理疏导和服务。调研中了解到，企业也越来越重视做好职工人文关怀和心理疏导工作，许多有条件的企业都建立了心理咨询室，并定期开展职工心理检测、讲座。本次调查显示，单位向职工提供过心理健康咨询服务、开展过心理健康培训或讲座、免费或优惠提供过第三方心理健康咨询服务的分别占71.48%、67.69%、49.18%，比2017年分别提高了10.08、17.39、8.58个百分点（见图17）。

（四）工会依法维权能力、自身建设水平不断提高

1. 依法维权工作赢得认可。近年来，山东省总工会推动出台《山东省工会劳动法律监督条例》，市县两级全部建立工会法律援助实体化机构，每年为职工办理法律援助案件超过1万件，赢得职工广泛点赞。本次调查显示，工会主席对工会维权职能评价较高，问卷涉及的11项维权职能，认为发挥作用很大或较大的占71.2%~91.28%（见图18）。职工对工会维权职能也比较认可，在遇到困

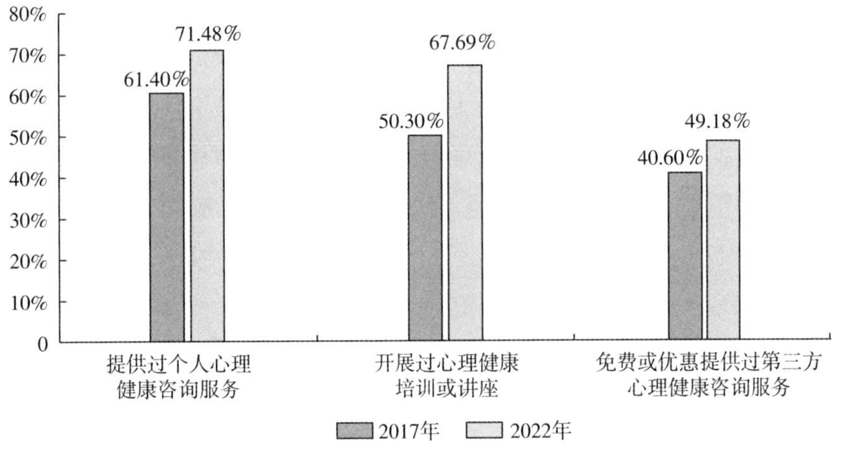

图 17　单位为职工提供心理咨询服务相关情况

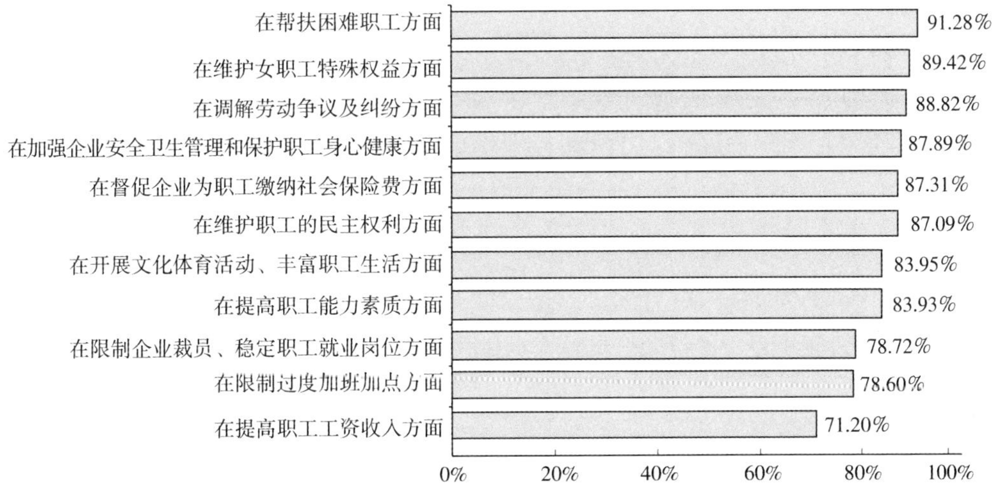

图 18　工会主席认为单位工会维权作用很大或较大的比例

难和问题时选择找工会帮忙解决的占 38.24%，比五年前提高了 8.44 个百分点；职工对所在工会发挥作用情况打分（满分 10 分），排在前三位的分别是帮扶困难职工、送温暖（8.75 分）、维护女职工特殊权益（8.73 分）、维护职工社会保障权益（8.59 分）。

2. 网上工会工作实现领先。山东省总工会联合相关企业投入 5800 余万元强力打造“智慧工会”，目前已实现全省工会一张网，基本覆盖工会所有业务功能，实名采集工会会员 1296 万人、认证会员 981 万人。山东省各级工会累计开展网上普惠活动 4.5 万场，普惠金额超过 7 亿元。本次调查显示，52.38%的职工参加过网上工会活动。其中，94.55%的职工对网上工会活动评价很好或较好。

3. 工会干部素质不断提高。本次调查显示，69.52%的工会主席通过工会会员代表大会选举担任工会主席，47.49%的工会主席具有大专以上文化程度，分别比2017年提高了16.62、1.09个百分点。基层工会主席使命意识、事业心和责任感进一步增强，98.1%的工会主席非常赞同或基本赞同“工会如果不能维护职工的合法权益，就会丧失职工群众的信任和支持”，97.6%的工会主席非常赞同或基本赞同“只有将职工组织到工会中来，才能发挥工会作用、切实维护职工利益”。

三、职工队伍发展过程中存在的主要问题

（一）劳动用工环境仍需改善

1. 就业压力仍然较大。一方面，就业总量持续攀升。据测算，2022年山东省待就业劳动力超过210万人。其中，仅高校应届毕业生就有79.5万人，预计全年能提供就业岗位110万个左右，供大于求的就业形势需要解决。另一方面，就业空间受到挤压。受实现“碳达峰”“碳中和”目标和“机器人换人”步伐持续加速影响，部分易替代岗位和行业劳动者的就业空间被进一步压缩挤占。本次网络专项调查显示，30.8%的职工担心因人工智能造成失业。

2. 劳动用工行为亟待规范。一是劳动合同签订不够规范。本次调查显示，仍有12.89%的劳动合同没有关于劳动报酬数额的具体约定（见图19）。二是劳务派遣用工过于宽泛。《劳动合同法》明确规定，劳务派遣一般在临时性、辅助

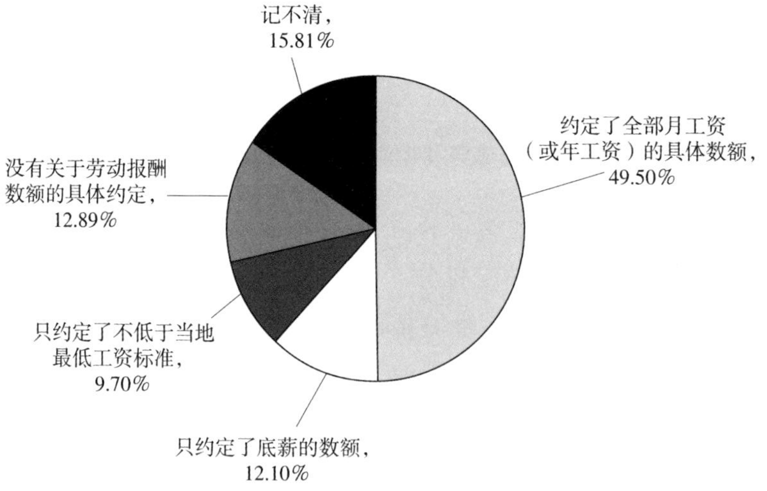

图19 劳动合同中对劳动报酬约定情况

性或者替代性的工作岗位上实施。然而，企业中使用劳务派遣工十分普遍，本次调查显示，25.61%的被调查单位使用了劳务派遣工。其中国有企业使用劳务派遣工的最多，占52.03%。此外，调研发现，劳务外包用工模式越来越受青睐，企业履行用工责任，也让职工对企业的归属感有待提高。

3. 就业不确定性因素仍然较多。一是短期用工影响就业稳定。近年来，越来越多的非公有制小微企业倾向于采取非全日制用工、季节性用工、灵活用工等短期用工形式。本次调查显示，24.37%的职工劳动合同期限在3年以内；这一情况在租赁和商务服务业中最为明显，占比达到49.23%。对于从事礼仪庆典、装潢安装、租赁搬运等的零散职工，大多是有项目时集结、项目结束时终止，就业状态不太稳定。二是职工就业选择空间不够宽。39.45%的职工认为自己就业选择空间一般，20.33%的职工认为较小或很小。女职工和大龄职工对此较为不乐观，62.27%的女职工认为自己的就业选择空间一般、较小或很小，比男职工高5.42个百分点；65.42%的50~60岁职工认为自己的就业选择空间一般、较小或很小，比18~30岁职工高11.66个百分点（见图20）。

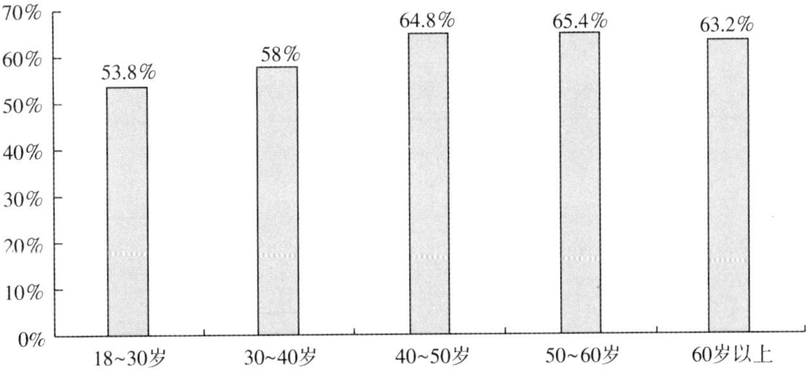

图20　各年龄段职工认为就业选择空间一般、较小或很小的占比情况

（二）职工权益保障水平有待提升

1. 普通职工收入水平偏低。调查显示，普通职工的收入水平偏低且增长缓慢。本次调查的普通职工占63.10%，其中52.11%的普通职工月平均工资在4000元以下，25.05%的普通职工近三年没有涨过工资，超过69.19%的普通职工认为自己的工资收入在所在城市属于中等及中等偏下水平（见图21）。从2021年的年终奖情况来看，普通职工年终奖平均为6185元，比平均值低2124元。部分国有企业、大型企业管理人员月平均工资与普通职工差距较大，有的在3倍以上。

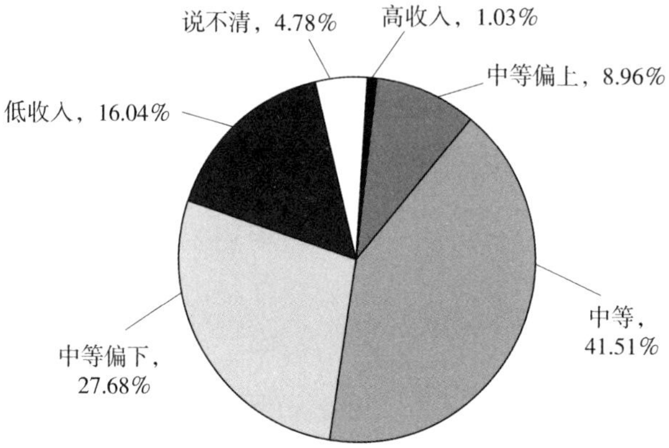

图 21　普通职工的工资收入水平在所在城市档次情况

2. 职工收入差距仍然较大。本次调查显示，不同行业间职工收入差距有所扩大。2017 年测算职工月平均收入最高的行业与最低的行业收入比为 1.93：1，到本次调查时上升至 2.15：1；不同区域间职工收入差距也呈扩大趋势，2017 年测算职工月平均收入最高的市与最低的市的收入比为 1.46：1，到本次调查时上升至 1.90：1。不同岗位间职工收入差距略有扩大，2017 年测算企业管理人员与普通职工月平均收入比为 1.31：1，到本次调查时上升至 1.40：1（见表 2）。

表 2　不同行业、地区、职位的职工年平均收入差距情况

年份	类别	行业	区域	职位
2017 年	最高月平均收入/元	房地产业：5356	济南：4324	企业管理人员：4456
	最低月平均收入/元	居民服务、修理和其他服务业：2781	济宁：2952	普通职工：3409
	最高与最低收入比	1.93：1	1.46：1	1.31：1
2022 年	最高月平均收入/元	科学研究和技术服务业：8189	东营：7790	企业管理人员：6530
	最低月平均收入/元	住宿和餐饮业：3818	济宁：4104	普通职工：4649
	最高与最低收入比	2.15：1	1.90：1	1.40：1

3. 职工社会保障水平发展不均衡。一是基本社会保险缴纳标准差异较大。缴费基数总体上是企业低于机关、事业单位，非公有制企业低于国有企业，大部分小微企业按当地最低缴费基数为职工缴纳基本社会保险金。农民工参加职工基本养老保险的占83.15%，比城镇职工低13.36个百分点。二是住房公积金缴纳情况不平衡。分单位类别来看，住房公积金缴纳率最高的是事业单位和机关，分别达到95.70%、88.89%，企业缴纳率仅为52.44%（见图22）；小型企业、微型企业缴纳率更低，分别仅占46.92%、29.89%。分所有制来看，国有企业、外商企业缴纳率最高，占比分别为92.89%、85.56%，缴纳率最低的是私营企业，占比40.8%。本次调研发现，大部分企业住房公积金缴纳基数就低不就高，多是按当地最低标准缴纳。三是参加补充社会保障的比例不高。本次调查显示，为职工缴纳补充养老保险的用人单位仅占28.43%，为职工提供商业医疗保险、职工医疗互助活动的用人单位分别占33.42%、26.49%。

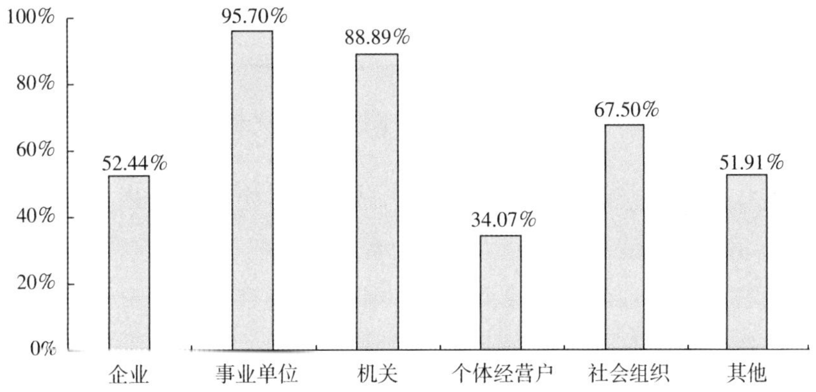

图22　各类单位为职工缴纳公积金的占比情况

（三）重点职工群体权益保障问题应予以关注

1. 新就业形态劳动者权益保障问题亟待关注。一是劳动合同签订率有待提高。由于新就业形态劳动者劳动关系相对模糊，有些平台企业为规避风险，不与从业者签订劳动合同。新就业形态劳动者专项调查显示，货车司机、网约车司机未签订劳动合同比例分别为47.7%、42.6%。二是社会保障水平相对较低。未参加养老保险、医疗保险、工伤保险、商业性意外伤害保险的新就业形态劳动者分别占22.4%、13.7%、29.2%、32.1%。三是职业发展通道不畅。24.7%的新就业形态劳动者认为个人学历较低、技能培训不够、感觉没有上升途径，其中在网约车司机、货车司机中的占比分别为37.9%、32.9%。四是权益维护相对困难。由于新就业形态劳动者与平台企业之间地位并不平等，在订单分配、计件单价、抽成比例、奖惩措施等核心算法规则制定上，由平台企业单方决定，导致协商提高劳动者报酬、降低工作强度等难度较大。在被调查的新就业形态劳动者中，53.1%的近半年月均收入在4000元以下，56.3%的日均工作8小时以上，认为“平台扣罚太多、收取管理费或抽成太高”的均占36%以上，其中网约车司机中有这一看法的占比为58.8%（见图23）。

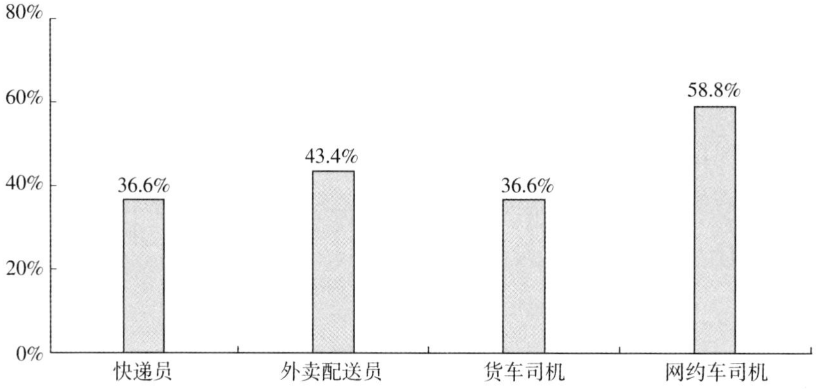

图23　认为“平台扣罚太多、收取管理费或抽成太高”的占比情况

2. 农民工融入城市困难问题仍未根本破解。本次调研发现，进城务工人员特别是“80后”“90后”新生代农民工已经习惯了打工节奏，适应了城市生活，很难再回到农村，然而在融入城市过程中却面临困难：一是安家落户难。城市的高房价、高生活成本，以及廉租房、经济适用房、子女上学等政策壁垒，是影响农民工在城市落户的重要因素。本次调查显示，28.63%的农民工想要落户城市，却因各种原因尚未落户（见图24）。二是对城市的归属感不强。本次调查显示，农民工认为自己是外地人、新本地人或说不清的占12%。此外，由于城市中适合农民工的低消费娱乐场所较少，很多在城市打工的农民工，空闲时间多是打牌、刷手机，业余生活比较枯燥。

（四）职工心理调适和思想观念问题需高度重视

1. 职工心理调适能力有待加强。一是职工普遍感觉压力大。本次调查显示，表示没什么压力的职工仅占8.64%，这一比例在网络专项调查中较低，为3.6%。分单位类别来看，事业单位职工的压力最大，表示压力很大或有一定压力的占94.68%。分年龄段来看，30~40岁职工压力最大，表示压力很大或有一定压力的占91.96%（见图25）。分性别看，男职工压力更大，表示压力很大的比女职工高出2.09个百分点。从压力溯源来看，排前三位的原因分别是收入低

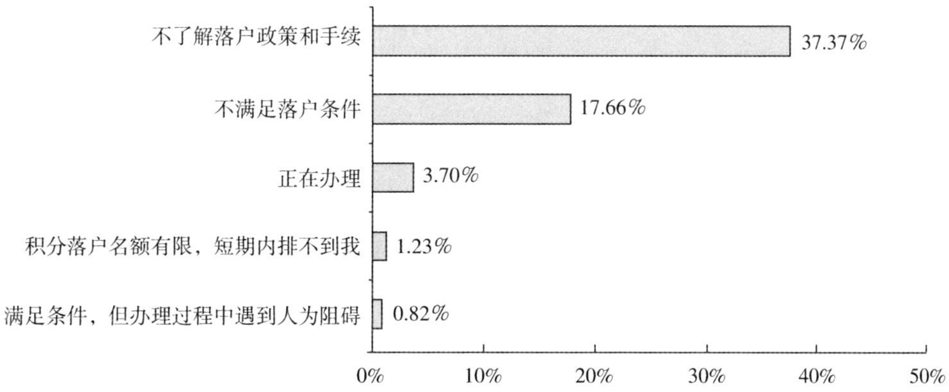

图 24　农民工有落户意愿尚未落户城镇的原因

（52.58%）、新冠疫情影响生活（48.70%）、子女教育（47.03%）。二是企业一线职工心理健康问题突出。有焦虑症状的企业一线职工占 16.4%，高于中层以上管理人员（13.3%）、其他人员（12.2%）；职业倦怠检出率最高的也是企业一线职工（41.9%），同样高于中层管理人员（34.5%）、其他人员（34.2%）。

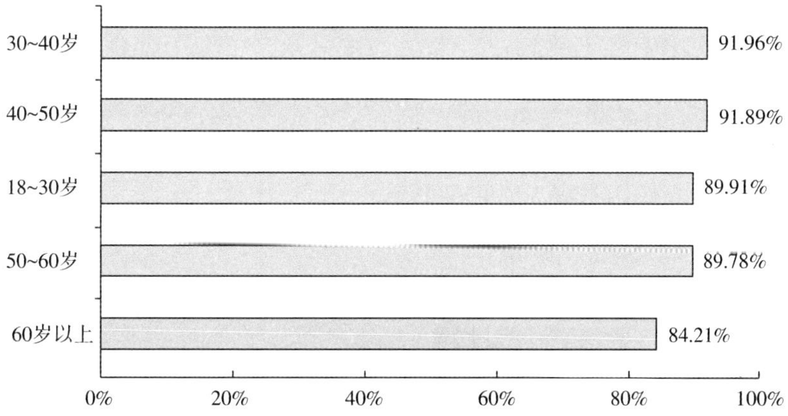

图 25　各年龄段职工表示压力很大或有一定压力的比例

2. 职工婚育观念发生新变化。一是晚婚趋势更加明显。调研发现，适婚职工的结婚年龄逐步推迟，特别是城市大龄女青年、农村大龄男青年找适婚对象难的问题尤为突出，“不婚主义”在青年职工中有一定市场。本次调查显示，30 岁以上职工中未婚的占 26.4%。二是生育欲望不高。调查显示，不打算或短期内不考虑生育的职工高达 88.88%。职工不想或不再生育的原因由高到低排序，分别是经济压力加大（69.46%）、生活负担加重（65.30%）、教育成本高（41.15%）、无人照料孩子（38.64%）（见图 26）。

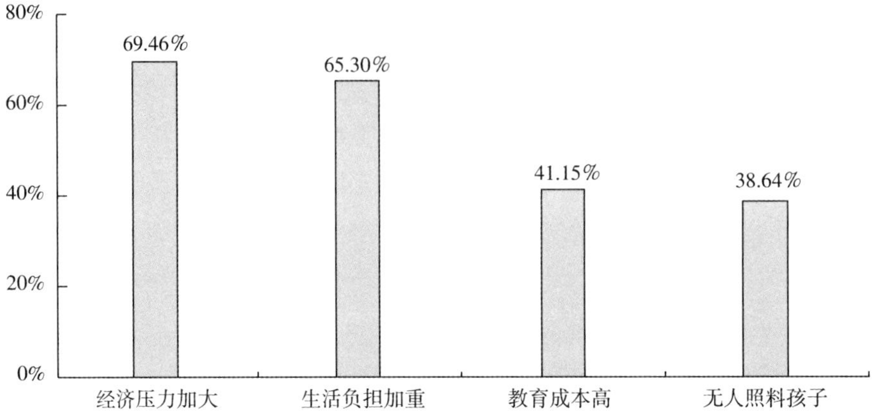

图 26　职工不想或不再生育的原因

（五）工会自身建设和作用发挥仍然存在短板

1. 加强工会基层基础仍然任重道远。一是基层工会工作力量相对弱化。大部分开发区（工业园区）和国有企业工会不再单独设立，纳入党群工作部门统筹，专职工会工作人员减少。县以下工会力量不足、人员老化，特别是企业工会干部兼职等问题比较普遍。本次调查显示，76.71%的基层工会主席是兼职的。二是基层工会作用发挥不够到位。本次调查显示，工会干部深入职工不够，即便是小微企业的工会主席，也有 11.19%叫不出普通职工名字。维权作用发挥不够，44.29%的被调查工会主席非常赞同或基本赞同“保护工人的利益要靠政府政策和法律，工会作用有限”（见图 27）。

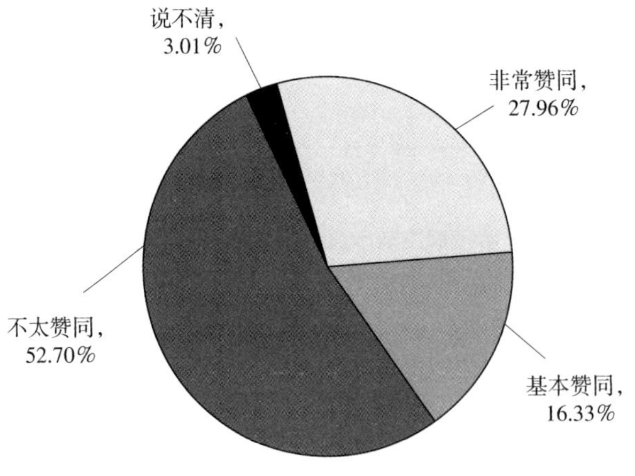

图 27　“保护工人的利益要靠政府政策和法律，工会作用有限”的比例

2. 深化产改的任务依然十分繁重。一方面，技能人才队伍规模仍需壮大。

而此次调查显示，山东省普通职工中有技术等级的占26.83%，高级技工以上的只占5.21%。调研发现，部分企业的技能等级不与薪酬挂钩，影响了职工提升技能的积极性；有的企业认为职工技能等级高了容易跳槽，不愿意花钱搞培训。本次调查显示，48.77%的企业提取职工教育培训经费比例低于职工工资总额的2.5%（见图28）。另一方面，技术工人的社会地位有待提升。本次网上专项调查显示，职工认为提升工人阶级主人翁地位，最重要的是增加社会认同和尊重。然而，当前社会上“重学历、轻技能”的倾向仍然存在，有些家庭即便把孩子送到职业院校也更多是为了“复读”升学，不愿让他们踏踏实实学技能，许多职业院校毕业生“宁在公司打杂，不开车间机床”，之所以出现上述现象，都能从技术工人社会地位不高找到原因。

3. 民主协商工作水平有待持续提升。一是民主管理工作发展不平衡。本次调查显示，25～100人建会企业中，认为建立了职工代表大会制度的占68.13%，实行了厂务公开制度的占70.91%，分别低于总体比例4.65、0.22个百分点（见图29）。部分职工对职工代表作用发挥情况不满意，9.66%的职工认为职工参与单位管理的实际作用不大，多是走形式。二是集体合同覆盖面有待提升。2021年山东省集体合同覆盖企业60399家，占建会企业的70.49%，扩面的潜力还不小。

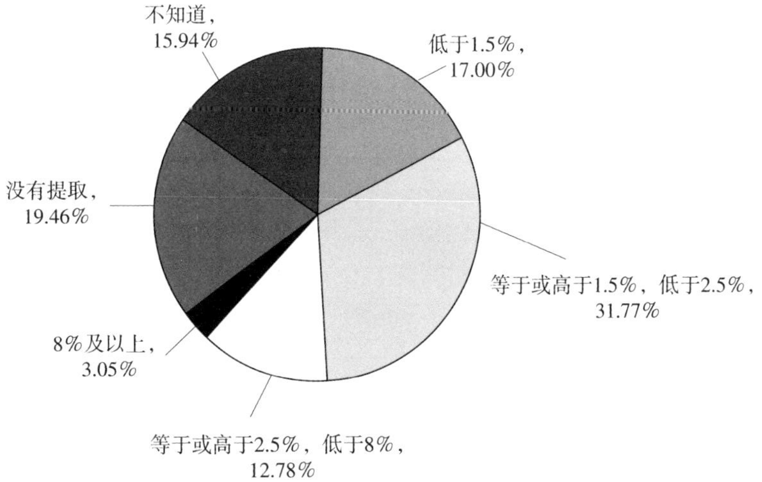

图28　单位提取职工教育经费占职工工资总额的比例

4. “互联网+”工会工作仍需持续加力。一方面，“智慧工会”对职工的吸引力凝聚力有待提高。本次调查显示，47.62%的职工表示没参加或没听说过网

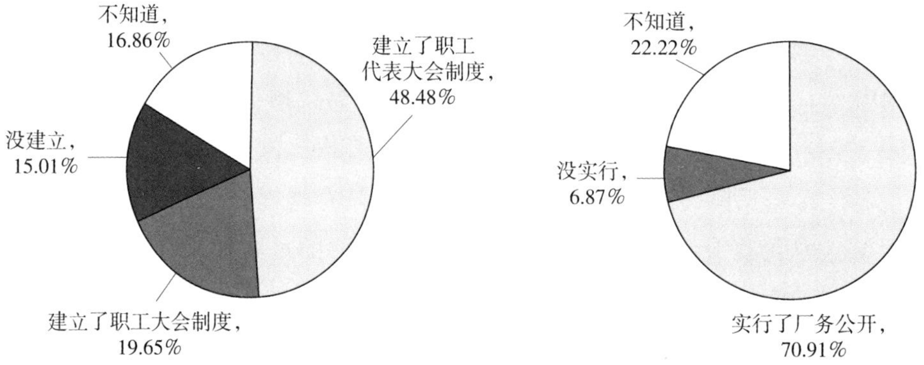

图 29　25~100 人建会企业中建立职工代表大会制度及实行厂务公开的单位比例

络上开展的普惠服务活动，没有参与这些活动的最主要原因是操作技术不太熟悉（22.73%）、觉得麻烦浪费时间（19.46%）、活动没多大吸引力（18.53%）（见图30）。通过调研走访了解，有一半以上职工参与网上工会活动是应单位要求的“被动式参与”。另一方面，工会网上人才队伍建设应引起重视。当前，山东省工会各项业务工作基本搬到了网上，这对工会干部运用网络思维、网络工具推进工作提出了更高要求。据统计，2021 年山东省总工会接受的职工投诉信息八成以上都是通过网络反映的，这充分说明了加强工会网上人才队伍建设的紧迫性。

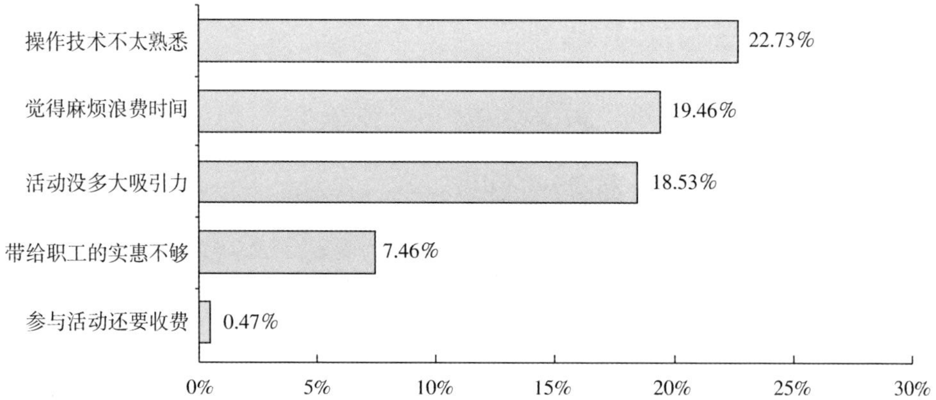

图 30　职工没有参与网上工会活动的主要原因

四、进一步加强职工队伍建设的对策建议

（一）聚焦筑牢团结奋斗的思想基础，不断加强和改进职工思想政治引领，引导广大职工听党话、跟党走

一是坚持用党的创新理论武装职工。始终把学习宣传贯彻习近平新时代中

国特色社会主义思想作为首要政治任务，坚持守正创新，统筹运用工会力量和外部资源，持续深化对党的创新理论的研究阐释；充分发挥工会组织优势，综合运用各种行之有效的载体和手段，面向广大职工广泛宣传宣讲党的创新理论，使职工深刻理解中国共产党为什么能、马克思主义为什么行、中国特色社会主义为什么好，不断增强政治认同、思想认同、理论认同、情感认同。二是坚持用职工喜闻乐见的方式引导职工。适应职工思想发展变化创新方式方法，紧扣职工思想脉搏，抓住职工普遍关切，更多借助网络新媒体等手段，更多采用职工听得懂、易接受的方式，变理论灌输为思想交流，有的放矢开展职工思想政治引领工作。把解决思想问题与解决现实问题结合起来，针对职工工作生活中遇到的实际困难，精准、精细地做好排忧解难、疏导化解工作，切实增强职工思想政治引领工作的针对性、实效性。三是坚持用各具特色的教育阵地凝聚职工。一方面，充分用好劳模精神劳动精神工匠精神教育基地、山东省职工“四德”教育基地以及各类工运史展馆，努力将其打造成为广大职工接受思想教育的生动课堂和实践基地。另一方面，充分发挥山东省红色资源、传统文化资源丰富的优势，不断拓展职工思想教育阵地的覆盖范围，通过策划开展一系列主题鲜明、寓教于乐的展示展演活动，让职工群众乐于参与、便于参与、经常参与，最大限度发挥阵地的思想政治引领功能。四是坚持用主旋律、正能量感染职工。工会组织会同各方协同发力，教育引导广大职工自觉践行社会主义核心价值观，大力弘扬劳模精神、劳动精神、工匠精神，爱党爱国、敬业奉献，崇德向善、见贤思齐，崇尚劳模、争当工匠，切实唱响“劳动光荣、工人伟大”的时代强音。

（二）聚焦建设新时代社会主义现代化强省，持续深化产业工人队伍建设改革，充分发挥工人阶级主力军作用

一是在提高技能素质上持续用力。深入实施“技能兴鲁”行动，构建政府、院校、社会、企业合力促进职工技能提升的工作格局。建立多元化的职业技能培训机制，着力构建职、普比例结构合理，行业、企业、院校、社会力量共同参与的职业教育和技能培训体系。纵深推进国家职业教育创新发展高地建设，建强职业技能培训载体，建设一批高水平职业院校和专业。加大职工在岗培训力度，鼓励企业自主开展职业技能培训，督促引导企业足额提取职工教育经费，鼓励名师带高徒，推广“双师带徒”培训模式，不断壮大技能人才队伍规模。二是在畅通上升通道上持续用力。逐步推动职业教育与普通教育双向互认、相互贯通，支持企业根据发展需要，逐步拓宽高技能人才与专业技术人才发展的

贯通领域，扩大贯通规模，畅通发展通道，着力构建纵向有阶梯、横向可融合的高技能人才成长路径。持续深化“齐鲁工匠”、齐鲁首席技师建设培育工程，引导广大职工走技能成才、技能报国之路。三是在完善激励机制上持续用力。深化人才发展体制机制改革，推进全省人才招引激励政策向技术技能人才倾斜，完善体现技能价值导向的薪酬分配制度，实现多劳者多得、技高者多得，激发调动高技能人才创新创造活力。鼓励企业对高技能领军人才参照高级管理人员标准落实经济待遇，引导企业将技术工人的创新能力、现场解决问题能力和业绩与经济待遇挂钩，研究探索职工技术创新成果转化推广收益分配激励政策，设置技能津贴、师带徒津贴等各类津贴，让广大一线职工、技能人才有付出得实惠。四是在提高社会地位上持续用力。进一步把全心全意依靠工人阶级方针贯彻到工作推进全过程，落实到企业生产经营各方面，不断提高产业工人在各级党委、人大、政协、群团组织的代表大会代表、委员会委员中的比例，继续选拔具有一定参政议政能力的产业工人到群团组织挂职或兼职，持续加大对产业工人、技能人才的待遇激励和荣誉表彰力度，多措并举健全完善保证产业工人主人翁地位的制度性安排，切实提升产业工人、技能人才的社会地位。五是在组织建功立业上持续用力。聚焦“十四五”时期山东省重大工程、重点项目、重点产业，广泛深入持久开展形式多样的劳动和技能竞赛，不断创新竞赛载体，完善竞赛的组织机制、激励机制、效能评估机制，并推动竞赛向非公小微企业、新业态领域延伸，推动竞赛不断扩大覆盖面、增强实效性。积极搭建创新创效平台舞台，依托山东省职工创新创效服务基地、鲁班双创网等，努力培育更多全员创新企业、推出更多职工优秀创新成果，让广大职工创新才智充分涌流。

（三）聚焦提升生活品质、促进共同富裕，切实保障职工权益，不断增强职工群众获得感幸福感安全感

一是进一步强化就业优先战略。坚持以发展促进就业，着力扩大就业政策和岗位有效供给，并通过实行各类助企纾困政策，最大限度释放政策红利，促进更高质量的就业；坚持以创业带动就业，加大创业金融支持，完善创业税收及补贴政策，持续优化创业环境，支持新就业形态规范发展，充分发挥就业“蓄水池”作用。二是进一步推动收入分配公平。政府、企业、工会协同发力，推动建立职工工资正常增长机制和支付保障机制，努力实现职工收入增长和经济发展同步。不断完善初次分配、再分配、三次分配协调配套的基础性制度安排，加大税收、社会保险、转移支付等调节力度并提高精准性，扩大中等收入群体比重，提高低收入群体收入，逐步形成中间大、两头小的橄榄型分配格局。

三是进一步完善社会保障制度。加大企业职工基本养老保险全国统筹力度，积极稳妥推进个人养老金发展，持续完善多层次、多支柱养老保险体系。完善分级诊疗制度，健全重大疾病医疗保险制度，持续提高医保报销比例和报销范围，扩大门诊报销覆盖人群，鼓励有条件的职工购买补充商业医疗保险，不断提高医疗保障水平。深化公积金制度改革，更好发挥公积金对中低收入群体的住房保障功能。四是进一步保障重点群体权益。建立健全防止返困动态监测机制，实现巩固解困脱困成果与提升职工生活品质有效衔接。健全完善新就业形态劳动用工相关法律法规和政策，加大新就业形态建会入会力度，推动平台企业及其分支机构、关联企业开展集体协商，让新就业形态劳动者享受到与普通职工同样的基本社会保障和公共服务。持续探索新形势下维护农民工、灵活就业职工权益的方法手段，努力为他们提供更加精准、对路的服务。五是进一步丰富精神文化生活。持续扩大优质文化产品和服务供给，大力建设群众身边的文体活动场所和设施，让广大职工更加便捷地享受到高品质精神文化服务。各级工会统筹用好工人文化宫、职工服务中心、职工疗休养院、职工书屋等各类服务阵地，组织开展丰富多彩的文体活动，积极培育健康文明、昂扬向上、全员参与的职工文化。六是进一步汇聚维权服务工作合力。加强顶层制度设计，不断推动完善劳动法律法规体系，更好发挥政府与工会联席会议制度、协调劳动关系三方委员会、劳动争议调处“四方联动”机制等作用，源头维护职工合法权益和正当利益。发挥政府主导作用，进一步规范企业劳务派遣、劳务外包等用工行为，切实加大劳动执法和监督力度，建立完善劳动违法诚信“黑名单”制度，确保职工休息休假等法定权利得到有效落实。强化企业主体作用，引导企业树立依靠职工办企业的理念，严格遵守劳动法律法规，主动履行相应社会责任，为职工提供更好工作条件。发挥工会职能优势，积极参与涉及职工利益法规政策的立改废释，不断提高企业民主管理、集体协商工作水平，持续加强工会法律援助服务、工会劳动法律监督，常态化做好劳动关系风险监测预警研判和隐患排查化解工作，以劳动关系和谐、职工队伍稳定促进社会和谐稳定。

负 责 人：徐海荣、石爱作
承担单位：山东省总工会政策研究室

河南省职工队伍状况调查报告

为深入了解自2017年第八次河南省职工队伍调查五年来职工队伍的新变化、新趋势、新特征，及时反映基层和职工愿望呼声，更好加强职工队伍建设，充分发挥工人阶级现代化河南建设主力军作用，按照全国总工会统一部署，河南省总工会组织开展了第九次全省职工队伍状况调查。

调查设置“1+12+1+10+6”课题体系，即1个总课题、12个分课题、1个网络调查课题、10个市（县）课题和6个产业工会课题。调查通过线下抽样问卷调查、网络调查、专题调研、文献研究和专家论证相结合的方式进行，覆盖全省17个省辖市和济源示范区。调查样本的选取兼顾了所在地经济社会发展水平，职工队伍分布的地域、行业、企业规模和所有制成分差异，其中线下抽样问卷调查在郑州、洛阳、平顶山、新乡、焦作5个省辖市和开封兰考、南阳方城、商丘宁陵、信阳罗山、驻马店汝南5个县进行，覆盖300个企事业单位，回收职工问卷3000份（其中已建工会单位职工问卷2500份，未建工会单位职工问卷500份）、工会主席问卷250份；网络调查收集问卷1.27万份。河南省总工会调研组在认真分析问卷调查数据、工会统计数据和河南省统计局、河南省人社厅等有关数据的基础上，加强沟通、综合研究，形成总报告如下。

一、河南省职工队伍总体状况和结构变化

2017年以来的五年，河南省广大职工紧紧围绕河南省委省政府确定的经济社会发展目标，勇于担当、主动作为，拼搏奋斗、建功立业，充分展现了主人翁风采，彰显了主力军作用。在这一历史进程中，全省职工队伍内部结构、整体素质等方面发生了许多新的变化。

（一）职工队伍发展态势良好

据统计，2021年末河南省常住人口9883万人，职工队伍总数约为3340.4万人，比2017年增加了495.4万人，年均增长99.1万人，职工占全省从业人员的69%。五年来，河南省广大职工踊跃投身经济建设主战场，深入开展建功新时代主力军行动，在促进河南经济平稳健康发展中作出积极贡献。2017—2021年，河南省生产总值从44824.9亿元增长到58887.4亿元，人均生产总值从

45723 元增长至 59410 元。

（二）职工队伍结构呈现新的特征

1. 职工产业和行业分布结构持续优化。2021 年，河南省第一、二、三产业从业人员占全部从业人员的比例分别是 24.2%、29.9%、45.9%，与 2017 年的 27.3%、30%、42.7%相比，第三产业占比上升了 3.2 个百分点，第一产业占比下降了 3.1 个百分点，第二产业占比变化不大。第三产业就业人数由 2017 年的 2148 万人增加到 2021 年的 2222 万人。城镇非私营单位就业增长最快的 3 个行业分别是居民服务业，水利、环境和公共设施管理业，公共管理、社会保障和社会组织；城镇私营单位就业增长最快的 3 个行业分别是教育，农、林、牧、渔业，卫生和社会工作。三次产业的产值结构为 9.5∶41.3∶49.1，就业结构与产值结构的协调性进一步提高。

2. 职工年龄结构较为合理。职工队伍新老交替，年龄结构仍处于合理区间。线下抽样问卷调查显示，职工平均年龄为 38.9 岁，其中公有制单位 40 岁，非公单位 38.4 岁。职工第一次就业的平均年龄为 25.3 岁。18～30 岁职工占比 18.4%，30～40 岁职工占比 39.6%。40 岁以下职工占比 58.2%，与 2017 年的调查数据基本持平。40～50 岁职工占比 26%，50 岁以上职工占比 15.9%。网络调查显示，20 岁及以下职工占比 4.6%，21～30 岁职工占比 25.6%，31～40 岁职工占比 37.2%，41～50 岁职工占比 22.4%，50 岁以上职工占比 10.2%。“70 后”“80 后”仍是职工队伍主体，“90 后”大幅增加，“00 后”也逐渐进入职工队伍。

3. 农民工队伍更加壮大。2017—2021 年河南省新增农村劳动力转移就业年均增长 51.7 万人，近三年农村劳动力转移就业总量保持在 3000 万人以上。2021 年转移就业总量 3134.3 万人，其中省内转移 1878.4 万人，省外输出 1256 万人，近五年来省内转移就业人数占转移就业总量的比例维持在 60%左右。线下抽样问卷调查显示，从行业看，从事住宿和餐饮业的职工中农民工占比最高，比例达 72.6%，其次为农、林、牧、渔业，制造业，居民服务业，房地产业和建筑业。

4. 新就业形态劳动者群体迅猛增长。近年来，随着互联网技术的快速发展，河南“共享经济”“数字经济”“平台经济”迅速壮大，新就业形态劳动者大量涌现。据统计，全省现有货车司机、网约车司机、快递员、外卖配送员等新就业形态劳动者约 320 万人，其中工会会员 58.2 万人，新业态相关企业约 7500 家，其中已建立工会组织的 4556 家。专题调研显示，新就业形态劳动者整体以男性为主，占87.6%，女性占12.4%，其中货车司机男性占96%，女性占4%，客观反映了货运行业长途跋涉的艰辛。新就业形态劳动者整体年龄分布30岁以下的占26.9%，30~50岁的占64.5%，50岁以上的占8.6%。

（三）职工队伍素质大幅提升

1. 职工学习新知识新技能的意识普遍增强。职工求学求知求技意识普遍增强，从“要我学”向“我要学”、从追求学历向兼顾技能转变，更加注重自身核心技能和综合竞争能力的提升。线下抽样问卷调查显示，64.7%的职工担心目前的职业技能在未来会过时，96.9%的职工对学习新的职业技能或知识感兴趣，59%的职工“经常主动坚持学习”或“在工作需要时，会有针对性开展学习”，只有3%的职工很少有学习的念头。最近五年，24.2%的职工参加过自费进修或培训，一次自费进修或培训平均花费2778元。

2. 职工科学文化素质稳步提高。河南省大力发展教育事业，教育现代化深入推进，职工文化程度进一步提升。线下抽样问卷调查显示，职工平均受教育年限为13.6年，高中（职高）及以上学历的职工占83.4%；大学本科及以上学历的职工占30.2%，比2017年提高5.3个百分点；中专（中技）及以下学历的职工仅占32.7%，比2017年降低4.1个百分点。按行业划分，拥有大学本科及以上学历的职工比例排在前5位的分别是金融业占80%，教育业占76.5%，科学研究和技术服务业占56.7%，公共管理、社会保障和社会组织占51.5%，卫生和社会工作占48.5%。

3. 职工技术技能素质不断提升。河南加快推进产业工人队伍建设改革，深入推进“人人持证、技能河南”建设，加快实现人口数量红利向素质红利转变。线下抽样问卷调查显示，表示产业工人队伍建设改革调动了职工积极性主动性创造性、提升了职工技术技能水平、提升了企业技术水平、增加了企业收入、降低了企业成本的分别占99.3%、100%、100%、96%、93.4%。2021年全省共开展各类职业技能培训399.3万人次，3.6万人通过高级职称评审。全省技能劳动者总量达1012.5万人，相较2017年增长了354.8万人。河南省总工会每年组织开展100项以上省级技能竞赛、200个重点工程建设竞赛、1000家重点企业绿色发展竞赛。五年来选树中原大工匠127名，带动各级工会选树各类工匠人才1.3万名；新建各级劳模和工匠人才创新工作室2000余家，做实做优劳模和工匠人才创新工作室联盟，带动各类企业师带徒、匠带兵行动向纵深发展。线下抽样问卷调查显示，职工参加技术培训的比例普遍提升，单位职业培训、劳动和技能竞赛、劳模和工匠人才创新工作室对提升职工技术技能素质发挥了重要作用。最近一年82.6%的职工参加过单位组织的培训，比2017年增加了12.6个百分点。参加单位职业培训的职工中，92.7%提高了技能等级或专业技能，55%增加了工资收入，81.9%提升了就业竞争力，55.6%调到了更理想的工作岗位。

二、河南省职工权益保障和实现情况

五年来，河南省委、省政府积极践行以人民为中心的发展思想，突出抓好就业、收入、教育、医疗、住房、养老、社保等民生工作，着力维护职工合法权益，解决好群众“急难愁盼”问题，促进全体人民共同富裕，让职工群众获得感成色更足、幸福感更可持续、安全感更有保障。

（一）职工劳动经济权益有效落实

1. 职工就业基本稳定。河南省将就业优先政策置于宏观政策层面，并把就业作为“六稳”“六保”首要任务，促进就业创业政策更加完善、措施更加有力，就业局势保持总体稳定。其中，河南省各级工会深入开展阳光就业、金秋招聘月、春风行动等就业创业服务活动，提供就业服务167.5万人次。2017—2021年河南省城镇新增就业年均增长133.9万人，城镇失业人员再就业累计191.2万人，就业困难人员实现就业67.9万人，城镇登记失业率保持在3.4%以下。线下抽样问卷调查显示，河南就业质量也保持在较高水平，83%的职工对目前工作“非常满意”或“比较满意”。最近五年内从未有过失业、下岗、待岗和安置转岗经历的职工占比分别为72.8%、86.8%、77.6%、90%，职工平均从事职业份数为1.88份，平均工龄为13.71年。

2. 职工收入水平持续提高。随着经济社会的发展，河南省职工经济收入逐年增长，收入来源多元化，生活水平明显提高。2021年，全省城镇非私营单位就业人员年平均工资74872元，比2017年增长34.9%；城镇私营单位就业人员年平均工资48117元，比2017年增长31%。全省居民人均可支配收入26811元，比2017年增长22.1%。全省一类、二类、三类行政区域月最低工资标准分别调整为2000元、1800元、1600元，较上次调整提高100元。线下抽样问卷调查显示，职工上月从单位获得的到手全部货币收入平均值为3815.9元，比2017年的2934元增长了30.1%，其中2001~5000元的占79%，比2017年增长10.8个百分点；5000元以上的占11.5%，比2017年增长7.8个百分点。职工拿到的年终奖平均值为5601.6元，比2017年的2971.3元增长了88.5%。54.5%的职工认为自己的工资收入水平在所在城市属于中等及以上水平，77.5%的职工认为自己现在的工资收入水平可以接受。

3. 职工社保状况不断向好。河南省不断健全社会保障体系，企业职工基本养老保险基金实现省级统收统支，机关事业单位养老保险制度改革全面推进，职业年金实现投资运营，城乡居民基本养老保险制度合并实施。基本医疗保险和生育保险实现市级统筹，城乡低保、特困人员供养标准进一步提高。工伤保险基金省级调剂制度平稳运行，失业保险基金省级统筹稳步推进。2021 年底，全省参加城镇职工基本养老保险 2377.5 万人，其中参保在岗职工 1841.5 万人。参加城镇职工基本医疗保险 1342.2 万人，其中参保在岗职工 933.92 万人。参加失业保险 1004.9 万人，参加工伤保险 1045.4 万人。线下抽样问卷调查显示，参加职工基本养老、职工基本医疗、工伤、失业、生育五项保险的职工分别为 70.3%、66%、78.3%、63.4%、56.6%；参加职工医疗互助活动的占比为 18.7%，比 2017 年提高 10.1 个百分点。此外，2020 年以来全省各级工会积极推动实施职工重大疾病互助保障，参加大病互助保障活动职工累计 310.6 万人次，缴纳互助金 1.47 亿元，赔付 2.25 万人次，赔付金额 6309 万元。

4. 职工劳动安全卫生权益得到较好维护。河南省始终把安全生产摆在突出位置，安全生产形势持续稳定向好。五年来，全省各级工会积极开展“安康杯”竞赛，平均每年参赛企业 4.2 万家、参赛班组 25 万个、参赛职工近 1000 万人次；每年组织开展安全隐患排查 8000 余次，为 85 万名以上职工进行职业健康体检。2021 年度，全省发生各类生产安全事故起数和死亡人数同比分别下降 6.5%、8.1%。线下抽样问卷调查显示，最近五年，单位没发生过安全事故的占比 67.9%，比 2017 年提高 5.8 个百分点。各单位对安全生产工作的重视程度有所提升，78.1%的职工最近两年参加了单位组织的安全生产培训，比 2017 年提高 3.6 个百分点。76.1%的职工所在单位能够及时足量发放防疫用品。70.6%的职工所在单位能够及时足量发放劳动保护用品，比 2017 年提高 16.3 个百分点。职业病防治力度持续加大，职工工作环境不存在高温低温、粉尘污染、噪声污染、有毒有害气体污染、辐射污染、容易伤及肢体的机械故障隐患的比例分别为 75.8%、78.3%、79.9%、88.3%、92.4%、82.1%；95.6%的职工没有患过职业病和受过工伤，比 2017 年提高 1.6 个百分点；最近一年职工参加单位组织体检的比例为 60.1%，比 2017 年提高 9.2 个百分点；41.9%的职工认为发生职业病或工伤后，单位的治疗、疗养和赔偿做得很好，比 2017 年提高 9.3 个百分点。

（二）职工民主政治权利有序实现

1. 职工民主政治权利实现渠道更加畅通。河南省第十一次党代会代表中，工人代表 46 名，占 5%。河南省第十三届全国人大代表中工人代表 14 名，占 8.86%。河南省第十三届人大代表中，工人代表 58 名，占 6.2%。河南省总工会、共青团河南省委、河南省妇联提高工人在各级代表大会和委员会中的比例。河南省、市级总工会及相关产业工会班子中均有1名一线职工兼职；河南省工会第十五次代表大会的代表中，基层一线代表占84.3%，一线职工代表占17%，均比河南省第十四次代表大会时有大幅提高，尤其是农民工代表的比例由1.2%提高到了5.8%。同时，职工民主政治诉求、维权意识日趋强化，线下抽样问卷调查显示，92%的职工非常关心或比较关心工作单位的前途和发展，48.1%的职工最近五年参加了人大代表选举投票，56.3%的职工参加过现在居住社区或村的活动，35.6%的职工是单位职工代表大会代表。在“对职工参与单位管理的看法”的回答中，排在前3位的是，87.7%的职工认为有利于维护职工利益，84.6%的职工认为是职工应当享有的权利，83.6%的职工认为有利于促进单位的发展。在“发表意见或反映愿望”的渠道方面，69.7%的职工直接向班组长或单位领导反映意见，52.3%的职工在单位职工代表大会上发表意见、提出提案等，50.2%的职工向单位工会组织或职工代表反映。

2. 职工组织化程度进一步提高。五年来，河南省工会着力加大基层工会组建力度，深入实施货车司机、家政服务员等“八大群体”建会入会集中行动和新就业形态劳动者入会攻坚行动等，新建工会组织3.05万家，新发展会员515.4万人，其中新就业形态劳动者会员48.39万人。截至2021年底，全省已建立基层工会组织13.85万家，覆盖单位17.84万个，工会会员1413.82万人。线下抽样问卷调查显示，各级工会组织切实履行各项职能，得到广大职工的认可和信赖。67.9%的工会会员参与过其所在工会委员会或会员代表的选举。在对所在工会发挥作用情况进行评分时（满分10分），工会在帮扶困难职工、送温暖方面得分最高，达到8.8分；其次为维护女职工特殊权益、维护职工社会保障权益、丰富职工业余文化生活、保住职工工作岗位、做好职工思想工作等方面，得分均在8.5分以上；改善职工劳动条件、提高职工职业技能、调解劳动争议、组织职工参与单位管理、提高职工工资收入等得分均在8分以上。41.3%的职工参加过网上工会服务活动，其中98.4%表示网上工会活动很好或比较好，且对网上工会活动便利程度、实惠力度、界面友好及易用度等方面给予好评的职工均在98%以上。

3. 企事业单位民主管理提质增效。民主管理制度化、规范化和程序化稳步推进，职工群众知情权、参与权、表达权、监督权得到较好保障。截至2021年底，全省已建立工会的企事业单位建立职工（代表）大会制度的近10.7万家，建制率92.1%，比2017年增加了2.6个百分点，覆盖职工1099.9万余人；建立厂务公开制度的10.3万余家，建制率89%，比2017年增加了1.2个百分点，覆盖职工1060.8万余人；建立职工董事制度的2943家，建立职工监事制度的2413家。线下抽样问卷调查显示，已建立职工（代表）大会制度的单位中，93.1%能够按期召开职工（代表）大会，86.2%在制定重大经营决策时经过职工（代表）大会讨论审议，90.9%在制定涉及职工权益的工作方案时经过职工（代表）大会表决决定，78.9%的职工认为单位的职工（代表）大会作用发挥得很好或较好。

4. 集体协商和集体合同制度不断完善。五年来，河南省各级工会高度关注城市困难职工、农民工、新就业形态劳动者等重点群体，深入实施维护职工权益行动，突出办好常态化帮扶城市困难职工、支持对环卫工人提供免费早餐等“十件实事”，切实维护劳动领域政治安全，促进职工队伍和社会大局和谐稳定。全省17个省辖市和济源示范区全部建立本地协调劳动关系三方委员会，深入开展和谐劳动关系创建活动，全面实施劳动合同和集体合同制度。截至2021年底，全省企业签订劳动合同772万份，签订率97.8%。签订集体合同5.6万份，覆盖企业13.5万家，涉及职工921万人，建会企业集体协商建制率92.1%。线下抽样问卷调查显示，66.8%的企业单独签订了集体合同，比2017年提高2.1个百分点，已单独签订集体合同的企业中集体合同条款能够完全执行占比为76.1%。在开展了集体协商的企业中，91.7%的职工认为集体协商在维护职工权益方面“非常有效”或“比较有效”。企业劳动关系和谐度和职工对企业的认同感大幅提升，88.4%的受访工会主席认为所在单位劳动关系“和谐稳定”，比2017年提高7.7个百分点；86.3%的职工认为经营管理者与普通职工的关系“很融洽”或“比较融洽”，比2017年提高6.2个百分点。

（三）职工精神文化权益有力发展

1. 职工对经济社会发展充满信心。广大职工不断深刻领悟“两个确立”的决定性意义，增强“四个意识”、坚定“四个自信”、做到“两个维护”，始终在思想上政治上行动上同以习近平同志为核心的党中央保持高度一致。线下抽样问卷调查显示，广大职工坚决拥护党的领导，对党和国家事业取得的历史性成就给予充分肯定，对党领导下国家和民族未来的发展充满信心。96%的职工对“党的百年奋斗从根本上改变了中国人民的前途命运，开辟了实现中华民族伟大复兴的正确道路的观点”非常赞同或比较赞同，95.2%的职工认为“党和政府在打赢脱贫攻坚战，全面建成小康社会方面的工作”非常好或比较好，98.6%的职工认为“党和政府在抗击新冠疫情中，始终坚持生命至上、精准防控，保障人民生命健康安全的做法”非常好或比较好，96.9%的职工对“坚定不移推进全面从严治党、大力推进反腐倡廉的做法”非常支持或比较支持，92.2%的职工认为“中央八项规定出台以来贪污腐败情况减少”。97.3%的职工对“我国全面建成社会主义现代化强国、实现中华民族伟大复兴的中国梦”非常有信心或有信心，92.6%的职工对“本世纪中叶全体人民共同富裕基本实现”非常有信心或有信心，90.4%的职工感觉未来的生活会变得越来越好。

2. 职工道德素质积极向上。广大职工踊跃参与中国特色社会主义理想信念教育，积极践行社会主义核心价值观，主流思想健康向上。线下抽样问卷调查显示，74.8%的职工对社会主义核心价值观“非常了解”或“比较了解”，比2017年提高30.3个百分点；90.4%的职工认为现在和以前相比人们的道德水平“有所提高”；84.7%的职工认为人人都应该向雷锋学习，98.5%的职工认同雷锋精神的社会价值；新冠疫情暴发以来，53.8%的职工参与过和抗疫相关的志愿服务。广大职工大力弘扬劳模精神、劳动精神、工匠精神，引领勤奋做事、勤勉为人、勤劳致富的良好社会风气。线下抽样问卷调查显示，82.9%的职工认同或比较认同“靠劳动能过上富裕生活”的观念；90.7%的职工认为劳模精神、劳动精神、工匠精神是鼓舞全党全国各族人民风雨无阻、勇敢前进的强大精神动力；78.1%的职工觉得“全社会弘扬劳模精神、劳动精神、工匠精神的氛围”非常浓厚或比较浓厚；77%的职工了解“当代劳动模范、大国工匠、时代楷模等先进典型人物”，表示“愿意向他们学习”或“被他们的事迹感染”。五年来，全省先后涌现837名省级以上劳模、358名省级以上先进工作者和22名省级以上“最美职工”代表。

3. 职工精神文化生活更加充实。广大职工精神文化需求日益增长，呈现出个性化、多样化、层次性、品质化等新特点，同时享受的服务更加完善。五年来，全省各级工会组织开展万场文化活动进基层5.12万场次，覆盖职工800余万人；新建职工书屋2600余家。各级工会职工文化服务阵地建设不断加强，总投资约3.5亿元、总建筑面积约4.27万平方米的河南省职工文体中心建成投用；全省县级及以上工会主管的职工文化阵地113家，数量位居全国第3。线下抽样问卷调查显示，64.3%的职工所在单位有职工文体活动场所，比2017年增加了2.8个百分点；59.1%的职工愿意且经常到单位的职工文体场所活动；75.8%的职工对单位开展的职工文体活动感到“满意”或“比较满意”。53.4%的单位设有图书馆，63.7%的单位有乒乓球室、台球室，42.5%的单位有篮球场、网球场，44.6%的单位设立了职工文体协会或职工兴趣活动小组，97.7%的单位对文体协会或兴趣小组给予经费支持，95.3%的单位职工参加文体活动不需交费。

三、河南省职工队伍发展中出现的新情况新问题

面对错综复杂的世界政治经济环境、艰巨繁重的改革发展稳定任务以及新冠疫情严重冲击，我国经济发展面临的风险挑战明显增多，经济下行压力持续加大，同时伴随着“共享经济”“数字经济”“平台经济”等新业态的大量涌现，全省职工队伍内部结构、就业形态、技能素质、权益实现、利益诉求等方面出现了一系列新情况新问题。

（一）职工队伍内部群体更加多样

1. 职工队伍分层明显。职工队伍内部的公务员、事业编制人员、经营管理人员、专业技术人员、新就业形态劳动者、普通工人、困难职工、劳务派遣工、农民工等不同职工群体，因文化程度、技能素质等差距，导致其在职业选择、劳动岗位、劳动报酬、社会地位等方面出现显著差异，各群体之间的界限、利益关系、总体格局愈加明晰。线下抽样问卷调查显示，18%的职工认为社会总体上“不太公平”或“很不公平”。职工认为社会不公平的主要原因前3项中，有收入分配不公平（58.4%），教育资源分配不公平（53.6%），富二代、官二代特权（42.3%），与2017年调查结果一致。

2. 职工收入差距扩大。不同地区、不同行业、不同所有制、不同工种职工间的收入差距明显。分地区看，2021年郑州市城镇非私营单位就业人员年平均工资93191元，比经济相对欠发达的周口市高59.6%。分所有制看，全省城镇非私营单位就业人员年平均工资比城镇私营单位高55.6%。分行业门类看，全省城镇非私营单位中年平均工资最高的行业是金融业125279元，为全省平均水平的1.67倍；最低的是受疫情影响较大的住宿和餐饮业45984元，为全省平均水平的61.4%。从增速看，全省城镇非私营单位中年平均工资增速最高的行业为采矿业，增长13.3%；最低为水利、环境和公共设施管理业，仅增长0.1%。线下抽样问卷调查显示，疫情导致38.2%的职工工资减少；31.3%的职工2019年以来没有涨过工资；9.5%的职工上月从单位获得的到手全部货币收入在2000元以下，61.8%的职工拿到的年终奖在4000元以下，均低于相应平均值1600元以上。同一企业内部管理人员和普通职工之间收入差距大。线下抽样问卷调查显示，上月收入最高的管理人员平均工资是普通职工的1.7倍。在回答“单位经营管理者与普通职工关系不够融洽的主要原因”时，排在第1位和第3位的分别是“职工收入低”（57.9%）、“收入和福利待遇差距大”（35%）。职工对自己现在的工资收入水平“满意”或“比较满意”的仅占33.3%。

3. 职工阶层流动受阻。随着职工队伍内部群体的变化，不同群体职工之间出现利益固化倾向，在教育、医疗、居住等方面的利益诉求也出现显著差异，职工队伍内部流动性减弱，而协调、沟通、整合的平台和制度安排还相对滞后，不同群体职工间的利益矛盾时有出现。例如，劳务派遣制等就业差异带来的“同工不同酬”现象，不利于职工通过劳动实现阶层流动。线下抽样问卷调查显示，使用劳务派遣工的企业中，劳务派遣工平均工资低于同岗位正式职工的占22%。农民工难以真正融入城市，其受教育程度、党团组织率、身份认同度、社会事务参与度都低于城市职工。优质教育资源短缺，分配不均衡，阻碍了职工通过子女教育实现阶层流动的愿景。据统计，2021 年和 2022 年河南高考报考人数均超过全国报考人数的 10%，但河南却没有一所 985 大学。线下抽样问卷调查显示，职工认为在本单位发展“机会较少”或“没啥机会”的比例为 14.9%，“机会一般”的比例为 37.2%，感觉自己就业选择空间“比较小”或“很小”的占 23.6%，表明职工改变现有身份和地位的难度很大。

（二）职工技术技能素质短板明显

1. 技术工人和高技能人才不足。河南省产业升级持续推进，对技术工人特别是高技能人才需求量大。但全省技能劳动者仅占从业人员的 20.9%，其中高技能人才 251.3 万人，占技能劳动者的 24.8%。技术工人数量少，素质参差不齐，虽然平均受教育年限、学历层次都有提高，但偏重理论知识学习，动手能力和操作技能不足，知识面窄，缺乏岗位变化的适应能力和立足岗位求创新的潜力。线下抽样问卷调查显示，普通职工中无技能等级的占 74%，有技能等级的职工中高级工及以上的仅占 7.8%。没有专业技术职称的职工达 68%，有高级职称的职工仅为 3.6%。

2. 技术工人和高技能人才结构分布不合理。线下抽样问卷调查显示，制造业职工平均受教育年限为 12.8 年，在各个行业中处于倒数第 3 位，其中具有大学及以上文化程度的从业人员比例为 17.4%，在各个行业中处于倒数第 3 位，而占比最高的金融业达 80%；初中及以下文化程度的为 23.8%，仅低于住宿和餐饮业（27.5%），农、林、牧、渔业（26%）。制造业普通职工中无技能等级的占比 76.4%，高级工以上的仅占 3.8%。显然这种情况难以支撑实体经济、建设制造强省的发展需要。同时，技术工人和高技能人才多集中在公有制企业和大型企业中，在非公企业、小微企业中严重匮乏。线下抽样问卷调查显示，公有制单位职工平均受教育年限为 14.6 年，而非公有制单位仅为 13.1 年；公有制单位中具有大学本科及以上文化程度的职工占 51.5%，具有高级工以上技能等级的占 20.6%，而非公有制单位占比分别仅为 21.1%、4.1%；公有制单位中初中及以下文化程度的占比 7.6%，无技能等级的占比 60.7%，而非公有制单位占比分别达 20.5%、78%。大型企业职工平均受教育年限为 14.8 年，而小微企业仅为 12.9 年；大型企业中具有大学本科及以上文化程度的职工占 42.5%，具有高级工以上技能等级的占 7.4%，而小微企业占比分别仅为 19.5%、4.8%；大型企业初中及以下文化程度的占比为 0，无技能等级的占比 70.4%，而小微企业占比分别达 22.9%、77%。

3. 职工技术技能培训机制不健全。国有及国有控股企业有相对完善的职工技术技能教育培训机制，而非公企业特别是民营企业往往更注重招聘环节，对职工在职培训不积极，不愿意投入经费，重使用轻培训，职工的专业知识和技能得不到及时有效的更新和提升。尤其是受新冠疫情和经济下行压力影响，部分企业经营发展困难，加之职工培训效益滞后，企业缺乏组织技能培训的动力。线下抽样问卷调查显示，一些企业不能很好落实按职工计税工资总额的 1.5%～2.5%足额提取职工教育经费的有关规定。据受访工会主席反映，职工教育经费提取低于 1.5%的企业占 19.2%，没有提取的占 15.5%，表示“不知道”的占 16.1%；职工教育经费用于一线职工的比例未达到 60%的占 25%。在结束上一份工作后，没接受过职业技能培训的职工达 62.7%；最近一年没参加过单位组织培训的职工达 17.4%；在是否参加过所在单位开展的劳动和技能竞赛（技术比武、岗位练兵等）活动方面，表示“没参加、单位没开展过、不清楚”的占 57.5%。同时，职工提升技术技能缺乏激励机制，一线职工晋升通道狭窄、条件苛刻，且技能等级与工资收入并非完全挂钩，技术工人特别是高技能人才在收入分配上没有体现出优势。线下抽样问卷调查显示，高级工上月从单位获得的到手全部货币收入均值为 3766 元，而单位一般管理人员、中层管理人员、高层管理人员收入均值分别为 4341 元、5186 元、5906 元，说明技能人才的工资收入在企业中低于管理人员，特别是与中高层管理人员存在较大差距，技能等级对职工的吸引力不足，导致职工获取技能等级的热情不高。

（三）就业形势严峻

1. 企业稳岗压力加大。作为人口大省、劳务输出大省和全国重要的交通枢纽，河南省新冠疫情防控压力较大，人员流动和外出就业受限，加之外部环境复杂性不确定性加剧，经济下行压力加大，就业领域风险挑战严峻。吸纳就业较多的传统劳动密集型企业、中小微企业和个体工商户，面临消费市场萎缩、经营成本上升、人工租金上涨、防疫开支增加等较多困难，经营压力和稳岗压力增大。零售、餐饮、娱乐、商贸、旅游等接触性服务业受冲击明显，提供就业岗位能力减弱，部分企业选择降薪裁员。一些工艺落后、高耗能高污染的企业或生产线停产或淘汰，部分劳动者不得不面临下岗、待岗和转岗。线下抽样问卷调查显示，企业2021年利润与2020年相比“有些下降”和“显著下降”的占43.7%，2022年“没有招聘新员工计划”的占21.2%、“有减员计划”的占4.7%；认为疫情导致企业所在行业经营困难的占88.1%、曾经导致单位停工停产的占65.8%、曾经导致单位利润降低的占87.6%。8.1%的职工表示疫情曾导致自己失业，50.9%的职工表示疫情使求职机会变少，51.3%的职工“担心”或“有点担心”自己会失业。

2. 高校毕业生就业压力持续增加。2022年河南城镇新成长劳动力将超过150万人，其中应届高校毕业生81.7万人，比上年增加11万人，应届高校毕业生总量和增量均创历史新高，规模连续四年居全国第一。而受传统观念、疫情等多重因素影响，部分高校毕业生更加偏向于求稳定、求安全，不愿在个体企业、私营等单位就业，不愿到苦、脏、累、险的岗位，据人力资源社会保障部调查，50.9%的毕业生希望到体制内就业，28.9%的毕业生准备参加各级各类机关事业单位考试。而就业市场岗位80%来自民营企业，与毕业生的就业预期有较大偏离。专升本、考研的比例逐年攀升，有毕业生明确表示如果没有考上，将会选择“二战”“三战”，缓就业、慢就业现象越来越普遍。同时，选择就业的毕业生因经济报酬、工作环境、劳动强度、社会保障与自己的职业期待有较大落差，导致其就业稳定性较低。

3. 就业结构性矛盾突出。职工队伍整体素质依然偏低，技能人才特别是高技能人才短缺，难以适应产业结构调整升级的需要，导致供需结构失衡、匹配度低，“招工难”和“就业难”并存。新兴产业高端人才需求旺盛，无专业技能、年龄优势的低端人力群体就业更加困难；新型城镇化加速推进，农业劳动力向城镇及非农领域转移就业的难度却越来越大。网络调查显示，职工在找工作时遭遇难题最多的是学历歧视（40.4%）和年龄歧视（38.6%）。部分企业采取非全日制用工、非正规就业、劳务派遣等灵活用工、隐蔽用工形式，非正规就业人员大量出现。线下抽样问卷调查显示，使用劳务派遣工的企业占受调查企业的21.2%。

4. 新业态对就业产生深远影响。“共享经济”“数字经济”“平台经济”作为经济业态发展、市场竞争与技术进步交互作用的必然结果，对就业产生了深远影响。线下抽样问卷调查显示，表示新业态对自己所在的行业、就业岗位产生较大冲击的职工分别占31.7%、26.9%，使自己收入增加和减少的分别占8%、9.6%，给自己带来更多就业选择机会和更多创业可能性的分别占34.4%、38.5%，督促自己加强学习、提升就业能力的占65.1%。同时，人工智能（AI）作为一项革命性技术，其快速发展与应用短期内会对就业造成一定影响，但从长远看，以AI为代表的数字技术，通过在更高水平更大程度上赋能企业和劳动者来推动经济社会发展，并在这一过程中创造更大就业空间。网络调查显示，38.6%的职工担心AI等技术造成失业，32.2%表示AI等技术已替代了自己部分工作或减少了自己所在岗位的招聘需求，27.7%表示AI等技术使自己的工作效率提高或创造了更多就业机会。

（四）职工权益保障和实现还不到位

1. 社会保障整体水平不够高。第七次全国人口普查结果显示，河南60岁及以上人口为2140万人，占总人口的21.5%，人口老龄化加剧，劳动人口相对减少，退休人员大幅增加，社保长期资金平衡和基金保值增值压力增大。同时，受疫情灾情影响，社保实施“免减缓”政策，在为企业减轻负担的同时，也造成社保基金收入缩减，收支平衡进一步动摇。具体到职工，不同单位、职业身份的职工享有的社保权益存在较大差异，农民工参加职工基本养老和医疗保险的比例依然较低。部分企业特别是非公企业普遍存在社保未缴费、不足额缴费、不按时缴费现象。有的企业只为少数有专长的业务、技术骨干和高中层管理人员办理社保，或只为职工缴纳部分保险。线下抽样问卷调查显示，“没有办理”（包括“不知道”）工伤保险、失业保险、生育保险和住房公积金的职工比例分别达21.7%、36.6%、43.4%和63.3%。不同所有制和规模的单位职工参加社保情况差别较大，以职工基本养老保险为例，公有制单位职工参加的比例为81.4%，非公有制单位为66%；大型企业为90%，小微企业为64.2%。

2. 劳动合同制度落实不规范。有的企业由于是短期或季节性用工，不愿与劳动者签订劳动合同，一旦发生劳动纠纷，则不承认与劳动者存在雇佣关系，导致劳动者权益得不到有效维护。有的企业在签订劳动合同时，单方面确定劳动定额和计件单价，迫使职工超时加班。有的企业没有建立劳动用工制度；有的建立了但不规范且没有认真执行；有的只针对劳动者建立制度，未能形成劳动合同双方的制约机制。线下抽样问卷调查显示，11.3%的职工没有与单位签订任何合同。工作单位在制定劳动规章制度时，由领导（企业负责人）个人说了算的占14.4%、由管理部门单独制定的占21.3%。职工签订的合同中“没有关于劳动报酬数额具体约定”的占12.5%，“没有关于加班工资计算明确约定”的占 41.5%。只有 42.2%的职工每周工作时间在 40 小时以内，32.4%的职工每周工作时间在 41~48 小时，每周工作时间在 48 小时以上的职工占 25.4%，加班加点能够“按劳动法规定足额拿到加班费”或“按加班时间安排相当时间倒休”的职工仅占 42.3%。在是否愿意加班方面，表示“因为没有补偿或补偿很少而不愿意加班”的职工占 25%。在休息休假方面，表示“没有享受带薪年假且没有补偿”的职工达 43.2%，“享受了带薪年假但没有达到规定天数”的职工占 4.5%。

3. 新就业形态劳动者权益保障有待加强。数量庞大的新就业形态劳动者，现实中普遍存在劳动关系认定难、工作生活条件差、社会保障不到位、群体组织程度低、合法权益救济难等突出问题。一是超时工作现象普遍。目前新就业形态劳动者的工作时间、薪酬算法等没有统一标准来规范，其交易规则、价格、收入、福利等均由平台单方决定，从业人员缺乏话语权。行业性质决定多劳多得，尤其在网约车、外卖和快递等行业，工资报酬和工作量、工作时间直接挂钩，劳动者为了获得高收入，主动多接单、延长工作时间，劳动强度较高。专题调研显示，新就业形态劳动者日工作时长在 8~12 小时的占 37.5%，日工作时长在 12~16 小时的占 39.2%，日工作时长超过 16 小时的占 16.6%。二是奖惩制度不合理。部分平台对从业人员采用十分苛刻的考核方式，将消费者的满意度直接与从业人员的实际收入挂钩，并且罚多奖少，奖罚不对等。如外卖行业，基本没有统一的行业评价和奖惩标准，由各平台自行制定奖惩措施，惩罚条件和措施严厉苛刻。三是劳动者参保率低。由于劳动者与平台之间不属于传统意义上的标准劳动关系，无法与我国目前普遍实行的用人单位、劳动者和国家三位一体的社保体系匹配，以企业职工身份参加社保难度大。部分劳动者因工资收入不高，不愿参、参不起，即使参加了社保，也因为收入的不稳定性和工作流动性大而导致不得不中断社保费缴纳。大部分劳动者对社保政策知之甚少，没有参保意识或不知道如何参保，再加上部分平台企业没有按要求履行社保缴纳义务，导致新就业形态劳动者社保参保率普遍较低。专题调研显示，全省新就业形态劳动者群体五险一金整体缴纳率（参加其中任意一项均视同参保）为 19.3%，无任何保障（包括商业保险）的劳动者占比为 39.1%。部分企业为员工购买了集体保险或通过社会渠道为员工提供意外互助保障，但整体赔付标准低、保障力度小。四是劳动保护不到位。大多数新业态企业为员工提供的劳动保护措施仅限于安全教育、工作服、部分防暑防寒防疫用品等，有些企业甚至没有为员工提供任何劳动保护措施。五是维权困难。新业态企业与从业者之间的关系复杂多样，有劳动关系、劳务外包、劳务派遣等，且平台的审批、监管部门不同，有工信、交通、市场监管、商务等部门，对监管协同性提出了更高要求。由于劳动关系认定困难，加之有些企业未与劳动者签订合法规范的劳动合同，导致部分新就业形态劳动者不符合法律对劳动关系主体的认定，劳动监察部门执法无据，劳动争议调解仲裁机构也无法将这类群体所涉的纠纷列入仲裁处理范围。专题调研显示，新就业形态劳动者群体签订正式劳动合同的仅占32.2%，签订劳务合同的占48.5%，劳务派遣、第三方合作、劳动者自由加盟和不完全符合确立劳动关系情形的占19.3%。

4. 劳动关系矛盾燃点增多。虽然河南省劳动关系总体运行平稳，但是在各种因素叠加影响下，劳动关系矛盾易发多发，劳动争议案件居高不下，群体性劳动争议时有发生。2021年全省劳动人事调解仲裁机构共受理案件5.05万件，涉及劳动者5.44万人，涉及金额11.48亿元，其中劳动人事仲裁机构受理仲裁案件31141件，比2020年同期增加6847件；全省劳动保障监察机构共立案4212件，比2020年同期增加437件。劳动报酬、社会保险、工伤待遇、加班工资、休假工资、经济补偿金、赔偿金、风险抵押金、集资款等各种纠纷相互交叉，一些突出风险隐患需引起高度警惕。如经营困难企业降薪裁员、欠薪欠保问题；教培行业劳动纠纷、就业分流问题；新就业形态劳动者权益保障薄弱问题；房地产和建设工程领域欠薪特别是拖欠农民工工资问题；城镇困难职工生活保障问题；传统能化企业欠薪欠保等历史遗留问题等。

（五）职工思想和利益诉求更加多元

1. 职工思想认知和利益诉求差异显著。社会转型时期，人们价值观念、精神需求、文化选择丰富多样，加上不同职工群体所处的政治地位、经济地位、社会地位不同，深化改革的受益程度不同，文化层次和综合素质不同，在价值追求、理想选择和精神需求上出现了明显差异，职工思想的独立性、选择性、多变性越发显著，在利益诉求上更加注重追求发展权益、精神权益和民主权利。特别是激烈的竞争环境、利益分配的不均衡、社会保障体系的不健全等，导致部分职工发展空间受限，对社会的责任感和归属感减弱，对工人阶级和思想政治工作的认同感减弱。线下抽样问卷调查显示，25%的职工对自己的生活感到一般或不满意。20%左右的职工认为推进乡村振兴战略，实施就业优先政策，推动传统产业高端化、智能化、绿色化，加强党风廉政建设和反腐败斗争等具体政策与自己关系不大。职工中党员、共青团员比例不高，党员的比例为24.4%，共青团员的比例为14.1%。22.8%的职工认为近年来工人社会地位没有提高甚至下降，下降的主要原因是感觉“工人的收入水平偏低”（68.1%）、“工人的工作大多是苦、脏、累”（54.3%），“工人的就业岗位不稳定”（47.3%）。网络调查显示，职工认为提高工人阶级主人翁地位，最需要做的是“增加社会认同和尊重”（41.4%）、“推崇技术，提升技能水平”（20.3%）。

2. 相关民生问题亟待破解。网络调查显示，职工认为生活品质主要体现在“更满意的收入”（71.4%）、“更好的教育”（58.7%）、“更舒适的居住条件”（52.4%）、“更好的医疗卫生服务”（48.4%）、“更好的工作”（46.8%）等方面，职工对目前整体生活质量打分的平均值是6.6分（满分10分）。近年来，虽然职工工资收入水平持续提高，但物价上涨，教育、就医、住房支出加大，“上学难、看病难、住房难”等民生问题仍然困扰着很多普通职工。线下抽样问卷调查显示，54.6%的职工表示家庭总体收支状况是“基本月光”或“入不敷出”。42.6%的职工表示与五年前相比家庭生活水平没什么变化甚至下降。97.2%的职工认为现在的物价对生活影响很大或有影响。51.1%的职工没有孩子或只有一个孩子，而仅有8.7%的职工有生育或再生育打算；职工不生育或不再生育原因中排在前3位的是“经济压力加大”（67.1%）、“生活负担加重”（66.3%）、“教育成本高”（41.5%）。93.3%的职工认为生活压力很大或有一定的压力，职工感到压力最大的前5项分别是“收入低”“新冠疫情影响工作生活”“子女教育”“看病就医费用高”“买不起房”，占比分别为54.8%、53.6%、44.1%、42.2%、26.3%。除疫情影响外，其他四项与2017年相比没有变化。如上学方面，职工在子女教育方面面临的主要问题中，“教育费用太高”（55.2%）高居首位。职工关于生育最期待的是“教育减负，教育资源均衡”（46.1%）、“入托入园更便利更便宜”（44.3%）。医疗方面，职工最希望改善的是“降低医疗费用，提高报销比例”（83.6%）、“优化异地就医和报销”（83.6%）。住房方面，无房职工占41.1%，在还房贷的职工占28.3%，按目前的收入和房价不打算买房的占36%。职工对住房方面最期待的是“进一步调控房价”（61.6%）、“租购住房在子女入学等方面有同等权利”（25.3%）。

3. 职工民主参与渠道有待拓宽。网络调查显示，职工最希望现在工作场所改善的方面是，“遇到困难时能获得帮助”（52.9%）、“有渠道表达我的诉求”（31.7%）。一些地方职工群众进入“两代表一委员”（党代会代表、人大代表，政协委员）的比例相对较少，尤其是人数庞大的农民工、新就业形态劳动者、劳务派遣工等一线职工群体缺乏参政议政、反映意见的合法渠道。企事业单位民主管理还存在一些短板，一些企业不建立职工（代表）大会制度或职代会职权不落实；一些企业制度执行较为随意，民主程序打折扣；一些企业职工董事、职工监事的数量和比例达不到要求等。线下抽样问卷调查显示，31.3%的职工表示单位没有建立或不知道单位是否建立了职工（代表）大会制度，37%的职工表示单位未实行或不知道是否实行了厂务公开制度（业务、校务或院务公开）。20.4%的职工没有机会对工作单位的经营管理和自身权益发表意见或反映愿望。在回答“单位经营管理者与普通职工关系不够融洽的主要原因”时，排在第2位的是“单位管理决策缺乏职工的参与，双方之间沟通较少”（46.6%）。同时，互联网重塑了职工的日常生活、社会交往和休闲娱乐方式，对职工思想价值塑造和民主参与行为的影响日益加深。线下抽样问卷调查显示，职工了解新闻、获取社会热点信息的主要渠道中，排在前3位的分别是“新闻网站”（65.9%）、“微博、微信”（58.3%）、“抖音、快手等短视频平台”（54.4%）。职工最喜欢的业余休闲活动中，“上网、刷手机”排在第3位，占比39.3%，仅次于“观看电影、电视”“运动健身”。职工使用较多的移动互联网产品或服务中，排在前3位的分别是“网上购物”（77.8%）、“移动支付”（70.2%）、“网上交友聊天”（45.5%）。互联网信息鱼龙混杂，传播速度快，易对职工思想产生冲击，且职工特别是青年职工又往往喜欢通过微信群、QQ群、朋友圈、微博、抖音等表达诉求和不满情绪，职工思想政治工作难度进一步加大。

四、加强职工队伍建设的对策建议

确保高质量建设现代化河南、确保高水平实现现代化河南，谱写新时代中原更加出彩的绚丽篇章，对河南职工队伍建设和作用发挥提出了新的更高要求。综合调查研究情况，我们建议：

（一）不断完善制度安排，着力保障工人阶级主力军作用发挥

1. 更好保障职工主体地位。强化各级党委贯彻落实全心全意依靠工人阶级根本方针的领导责任，把职工队伍发展工作摆上重要议事日程，加强政策支持、资源统筹，及时研究解决职工队伍发展中的重大问题，健全党委领导、政府负责、工会推动、企业和社会参与的工作格局。

2. 拓宽职工民主参与渠道。强化和创新职工队伍党建工作，加大在一线职工中发展党员力度，注重吸收技术能手、青年专家和优秀工人，将工人阶级意识的教育与培养作为政治社会生活的重要方面来推动，形成一线职工积极的政治参与心态。适当增加一线职工在党的代表大会代表和委员会委员、人民代表大会代表、政协委员、群团组织代表大会代表和委员会委员中的比例，加强职工参政议政能力建设。通过网络问政等，丰富政治参与形式，推进协商民主广

泛多层制度化发展，建立多样化、多层次的职工利益表达渠道。健全以职工代表大会为基本形式的企业民主管理制度，推动厂务公开制度进一步落实，构建党委、工会、职代会与股东大会、董事会、监事会各负其责、协调运转、有效制衡的公司治理结构。

3. 优化职工职业发展空间。改革企业人事管理和劳动管理相区分的双轨制管理，推进企业建立与职业技能等级相挂钩的工资分配制度，完善高技能领军人才、首席技能大师、首席技师等技术人才选树培养机制，选树宣传一批具有影响力的大国工匠和各级工匠人才，从政治、经济、社会待遇等方面给予更多政策支持。加大政府对收入分配宏观调控力度，发挥财政税收政策调节作用，完善再分配、三次分配制度，规范企业工资收入分配制度，严格落实最低工资制度，大力发展慈善事业，推动更多低收入职工迈入中等收入行列。深化集体协商“集中要约”行动，提升企业工资集体协商实效，完善工资平等协商机制、正常增长机制、支付保障机制，建立技术工人创新成果参与分配、技师津贴等制度，推动提高技术工人待遇政策落实，助推实现多劳者多得、技高者多得，对有突出贡献者要给予重奖、重用。促进农民工融入城镇，建立保障农民工权益的基本公共服务、户籍、土地管理等制度，努力实现农民工职业生存、社会身份、自身素质、意识行为的市民化。

（二）全面提升技术技能，着力打造知识型技能型创新型劳动大军

1. 深化产业工人队伍建设改革。发挥好各级产业工人队伍建设改革协调小组作用，强化部门协同配合、广泛汇聚社会力量，加快资源整合、加大投入力度，在总结推广好有关典型经验的同时，着力抓重点、补短板、强弱项，抓紧出台更多配套政策，落实好思想引领、建功立业、素质提升、地位提高、队伍壮大等改革措施，推动改革取得更大成效，加快造就一支有理想守信念、懂技术会创新、敢担当讲奉献的宏大的产业工人队伍。

2. 加快构建职工技能形成体系。高质量推进“人人持证、技能河南”建设，大规模开展“全劳动周期、全工种门类”职业技能培训和评价取证，让更多劳动者实现技能就业、技能增收、技能致富。深化职业教育改革，完善现代职业教育制度，加强高水平职业院校和高水平专业建设，深化职普融通、产教融合、校企合作。加大职工职业技能培训力度，建设一批职工技能实训基地，建强新时代工匠学院，用好职工技能培训与网上练兵平台，强化和落实企业开展职工培训主体责任，监督督促企业按时足额提取职工教育经费并确保用于一线职工，引导企业加大在岗培训力度，向职工提供普惠性、均等化、贯穿学习和职业生

涯全过程的终身职业技能培训。健全职业技能考核鉴定和晋升制度，形成有利于提高职工队伍技能水平的体制环境，培养出更多梯次结构科学合理的技能人才。

3. 丰富拓展劳动和技能竞赛。聚焦“两个确保”目标和“十大战略”实施，围绕重大工程、重大项目、重点产业，广泛深入持久开展多层级多行业多工种多形式的劳动和技能竞赛，强化经费投入保障，不断探索新途径、扩大覆盖面、提高参与度，尤其是要在深化非公企业劳动竞赛、探索新业态劳动竞赛上下功夫，激励和引导广大职工争做技术能手、安全标兵、劳动模范，以实际行动当好主人翁、建功“十四五”。发挥劳模和工匠人才创新工作室示范引领作用及联盟集聚效应，深化群众性技术创新活动，把蕴藏在职工中的创新创造活力充分激发出来。

（三）统筹解决民生热点问题，着力提高职工生活品质

1. 推动更加充分更高质量就业。实施就业优先战略，把新增就业人数和控制失业率作为考核政府政绩的重要内容，坚持就业结构与经济结构相适应、扩大就业与扩大内需相统一、培育新就业增长点与培育新经济增长点相结合，充分发挥中小企业吸纳劳动力的主渠道作用。深化“万人助万企”活动，落实差异化税费、金融支持政策，因企施策、动态帮扶，加大对零售、餐饮、旅游、运输等吸纳就业能力强的行业纾难解困力度。紧盯下岗失业职工、农民工、高校毕业生和困难群体，落实好鼓励到基层社区服务、鼓励企业吸纳就业、帮扶就业困难人员就业、支持灵活就业等政策，加大失业保险稳岗返还力度，千方百计稳定就业岗位和劳动力供给。加强公共就业服务，建强网上就业服务平台，建立就业帮扶服务大数据系统，根据企业需求和劳动者意愿进行大数据匹配，提供精准对接服务。落实促进就业创业优惠政策，坚持创业带动就业，扩大就业见习和创业孵化基地规模，支持下岗失业人员兴办合作经济、合伙经济或从事个体劳动。

2. 发展更加公平更高水平教育医疗。加大教育改革力度，调整优化高校结构布局、学科学院和专业设置，加强“双一流”大学梯队建设；支持普通高中多样化特色化发展，优化城乡中小学校布局，改善农村基本办学条件，开展县域义务教育优质均衡创建；扩大优质普惠学期教育供给，完善特殊教育和专门教育保障机制，规范促进民办教育发展，持续做好“双减”工作，深入推进教育现代化，促进教育更加优质更加均衡。坚持医疗、医保、医药、医养、医改“五医联动”，推动以治病为中心向以人民健康为中心转变，努力为职工提供全

方位全周期健康服务；优化医疗服务体系，推进国家区域医疗中心、省级医学中心建设，发展县域医共体和城市医联体，提升公立医院改革成效，推动基层医疗卫生机构服务能力达标升级；深化医药卫生体制改革，完善分级诊疗制度，推进药品和耗材集中带量采购改革，探索完善医疗服务价格形成机制，完善医保支付方式，让职工看病多一些便利、少一些负担。

3. 打造更加完善更可持续社会保障体系。坚持守住底线、突出重点、完善制度、引导预期，加快健全覆盖全民、统筹城乡、公平统一、可持续的多层次社会保障体系。完善多层次、多支柱养老保险体系，健全农民工、新就业形态劳动者参加社会保险制度，着力推进全民参保；健全重大疾病医疗保险和救助制度，推动基本医疗保险、失业保险、工伤保险省级统筹，加快推进住院、门诊费用异地就医直接结算；健全分层分类的社会救助体系，支持职工医疗互助行动，有条件的可以以地方为单位建立医疗互助互济制度；落实三孩生育政策，发展普惠托育服务体系，保障好妇女儿童合法权益；加快建设居家社区机构相协调、医养康养相结合的养老服务体系和健康支撑体系，不断满足老年人日益增长的多层次、高品质健康养老需求。加大保障性住房建设力度，对困难职工家庭实行供房优惠，拓宽廉租房来源渠道，把廉租房租金与最低工资挂钩；实行住房租赁补贴制度，特困职工家庭，可采取以发放租赁补贴为主、实物配租和租金核减为辅的办法解决；积极探索组织中低收入居民合作建房，由财政贴一点、银行贷一点、企业拿一点、个人出一点等形式，帮助职工“凑钱”置房；建立健全保障性住房退出机制，推动纳入诚信体系管理，鼓励困难职工换购住房，加快保障性住房的周转率。

（四）构建和谐劳动关系，着力维护职工队伍和社会和谐稳定

1. 做好新就业形态劳动者维权服务工作。完善相关制度和政策，针对新就业形态劳动关系、劳动强度、劳动方式等方面的新特点，加快出台新的劳动关系认定标准和方法，完善适应新就业形态劳动者的劳动合同、劳动管理等制度，将劳动关系运行全过程纳入法治化轨道；抓紧研究制定新就业形态劳动者参加养老、医疗保险和缴纳住房公积金的社会保障制度，探索适应新就业形态劳动者的失业、工伤保险保障方式。最大限度将新就业形态劳动者组织到工会组织中来，充分发挥工会组织维权服务作用，抓住行业计件单价、订单分配、抽成比例、劳动定额、报酬支付等重点内容，组织平台企业普遍开展集体协商，订立行业集体合同或协议，督促平台企业依法履行民主管理程序。加强人社、工信、交通运输、市场监管、法院、商务、工会等部门的联系沟通，建立完善与

相关行业组织机构的联席会议机制，强化资源支持保障、推动信息互通互享，加大对平台企业监管力度，严格劳动法律监督，探索建立新就业形态劳动者权益协商协调机制，及时有效为新就业形态劳动者提供维权服务。

2. 大力发展和谐劳动关系。把构建和谐劳动关系纳入地方经济社会发展规划和政府目标责任考核体系，充分发挥协调劳动关系三方作用，推进三方机制制度化规范化建设。深化和谐劳动关系创建示范活动，完善责任分工、督导检查、评审考核等机制，健全目标考核体系，提高创建活动参与率，推动企业全面履行各项社会责任，激发职工劳动热情和创造活力，实现企业和职工互利共赢。推进集体协商工作提质增效，针对生产经营正常企业、生产经营困难和受新冠疫情影响较大的企业、女职工较多和职业危害较大的企业，围绕不同内容开展常态化协商；以劳动密集型、中小企业集中的行业（区域）为重点，聚焦企业和职工普遍关心的问题，推进行业性和区域性集体协商，实现县级以下区域内基础扎实、条件成熟的行业普遍建立集体协商制度。

3. 坚决防范化解劳动领域风险隐患。健全劳动关系风险监测、分析、预防和处置机制，密切关注重点群体、重点领域，深入开展职工队伍稳定风险隐患排查化解工作，把矛盾纠纷化解在基层、消除在萌芽状态。加强涉稳网络舆情监测，壮大舆情引导力量，做到涉劳动领域负面舆情早发现、早报告、早处置，有效防止小事拖大、大事拖炸，防止负面舆情形成风险传导和现实危害。巩固劳动领域维护政治安全阵地基础，构建有关部门和工会共同参与的应急联动工作机制，强化协同、强化管控、强化处置，切实维护劳动领域政治安全和职工队伍稳定。

（五）强化思想政治引领，着力筑牢团结奋斗思想根基

1. 创新职工思想政治工作方式方法。牢牢掌握意识形态工作主动权，坚持不懈以习近平新时代中国特色社会主义思想武装广大职工，加强社会主义核心价值观、“中国梦·劳动美”和“四史”宣传教育。紧跟时代发展和职工特别是青年职工需求变化，以职工喜闻乐见、便于参加的形式和方法开展思想政治工作，更加注重人文关怀，更加注重利用网络平台为职工提供思想教育、市场信息、技术指导、生活帮助等服务，从号召式向激发式、从“我说你听式”向“参与互动式”转变，使职工思想政治工作更有味道、更有温度、更有力量。

2. 加大非公企业职工思想政治工作力度。加强非公企业党建和工建工作，下大力气解决企业经营管理与思想政治工作“两张皮”现象，健全思想政治工作制度、建强思想道德教育阵地，确保思想政治工作有人抓、有人管。

3. 加强职工文化建设。推动图书馆、博物馆、文化馆（站）、体育场馆、影剧院等公共文化设施面向广大职工有针对性地开展活动。支持基层工会升级改造职工文体活动场馆，管好用好工人文化宫、职工书屋、工运史馆、劳模纪念馆等设施，发挥好教育引导职能。支持鼓励面向职工的文化作品创作，在政策制定、资金支持、评审评优等方面，更多地向宣传劳动者、展现新时代工人阶级风采的优秀作品倾斜。支持帮助各类企事业单位、行业协会和职工文化体育协会发挥作用，培育一批基层职工文化骨干队伍，推出一批职工文化艺术活动品牌。通过政策引导、考核表彰激励等举措，推动企业将职工文化建设纳入企业发展规划、融入企业生产经营之中，常态化开展思想政治引领和职工文化服务，培育健康文明、昂扬向上的职工文化。建立支持劳模、关爱劳模、尊重劳模的长效机制，大力弘扬劳模精神、劳动精神、工匠精神，讲好劳模故事、劳动故事、工匠故事，让勤奋做事、勤勉为人、勤劳致富在中原大地蔚然成风。

（六）深化工会改革创新，着力提升工会组织吸引力凝聚力战斗力

1. 加强和改进党对工会工作的领导。各级党委要从巩固党的阶级基础、执政基础和群众基础的高度，切实加强和改进党对工会工作的领导，加强政策支持、资源统筹，支持工会依法依章程开展工作，定期听取工作情况汇报，及时研究解决工会工作中存在的困难和问题，为工会工作搭平台、拓阵地提供坚强后盾，持续推进工会改革创新，不断增强工会组织政治性、先进性、群众性，把工会组织建设成为党的群众工作的坚强阵地。

2. 夯实工会基层基础。以加强基层党的建设为契机，坚持党建带工建，依法推动企业普遍建立工会组织，扩大工会组织对新兴领域和“共享经济”“数字经济”“平台经济”等从业群体有效覆盖，支持推进产业聚集区、劳务派遣、建筑、物流、家政等领域和行业农民工入会，最大限度地把职工团结凝聚到党领导下的工会组织中来。做好国有企业改革改制和兼并重组中工会工作，坚决纠正撤销和归并工会组织的行为，着力解决乡镇（街道）、产业集聚区工会机构设置、经费保障、人员配备等问题，全面激发基层工会活力。重视支持工会组织依法参与集体协商，参与人大执法检查、政府行政监察、政协委员视察等联合监督，推动将工会帮扶工作纳入社会救助体系，为工会协调劳动关系、维护职工合法权益创造良好条件，在促进企业与职工共同建设、共同发展中更好发挥作用。

3. 加快智慧工会建设。支持推进工会与网信、人社、民政、公安、住建、工商、金融等部门有关数据交换，建立完善工会工作和会员信息基础数据库，

协同联动为职工提供就业创业、困难帮扶、法律援助、劳动保护等精准服务。完善网上服务应用，推行网上普惠服务精准化，打造河南工会系列普惠服务品牌，逐步形成党政支持、省总主导、地方跟进、产业参与、协同互动、线上线下有机结合的工会网上工作体系，稳步实现全省工会“一网运行”“一网通办”。

负 责 人：李公乐、寇武江

承担单位：河南省总工会政策研究室、办公室

湖北省职工队伍状况调查报告

为全面了解五年来湖北省职工队伍新情况新变化，准确把握新时代工会工作面临的新形势新任务，为2023年湖北工会十四大提供数据支撑、理论准备和决策参考，进一步推动湖北省工会工作高质量发展，2022年4月至7月，湖北省总工会组织开展了第九次职工队伍状况调查。采用分层多阶段随机抽样方法，通过线上线下相结合的方式开展了问卷调查，调查涉及全省87个县市区，19个行业，34个产业类别，488家企事业单位。其中发出线上职工问卷13077份；发出线下职工问卷3000份，工会主席问卷250份，累计分析调查选择数198.9万个，在此基础上和2017年湖北省第八次职工队伍状况调查数据进行了对比分析。同时结合走访座谈、典型分析、查阅资料等方式开展了职工队伍调查，在综合分析的基础上，形成湖北省职工队伍状况调查报告。

一、湖北省职工队伍的新特点

（一）听党话跟党走的自觉更加坚定

1. 职工的政治地位进一步提高。五年来，湖北省各级党委政府认真贯彻落实党的依靠方针，切实保障广大职工的政治地位和社会地位。以产业工人为例，省委组织部等相关方面加强宏观指导和结构把控，不断提高产业工人在党代表、人大代表、政协委员、群团组织委员会领导成员中的结构比例。全省产业工人担任湖北省第十一次党代会代表50人（这一比例在湖北省第十二次党代会中得到进一步提高），担任湖北省第十三届人代会代表35人，担任湖北省政协委员6人，产业工人在全省政治生活与社会治理中的地位作用日益突出，广大职工的政治地位和政治待遇得到更加充分的保障和体现。与此同时，根据本次线下问卷调查结果，职工中共产党员约占25.4%，共青团员约占22.2%，累计占比接近调查职工总数的50%，这一变化体现了职工队伍中的思想倾向、政治立场和政治观点，更加凸显了广大职工的阶级属性和听党话、跟党走的坚定决心。

2. 核心主流价值观在职工中广泛形成。95.3%的被调查职工认为党的百年奋斗从根本上改变了中国人民的前途命运，开辟了实现中华民族伟大复兴的正确道路，93.9%的职工认可党和政府在“打赢脱贫攻坚战，全面建成小康社会”

方面的工作，97%的职工对坚定不移推进全面从严治党、大力推进反腐倡廉的做法非常支持或比较支持，93.5%的职工认为中央八项规定政策出台以来贪污腐败的情况有所减少，66%的职工对“十四五”规划的目标表示认同和支持。广大职工参与社会主义核心价值观培育活动热情高涨，2019 年至今，四年累计开展各层级职工宣讲比赛 2000 多场，吸引劳模、工匠等一线职工 15 万多人参与。职工在参与宣讲与聆听宣讲中受教育、受感染，更加深刻认识到新中国发展的伟大成就、当前的形势任务和中国发展的光明前景，84.9%的职工认为目前社会总体上公平或比较公平，88.5%的职工认为自己未来的生活会越来越好，充满信心，对习近平新时代中国特色社会主义思想的政治认同、思想认同、理论认同、情感认同不断增强。

3. 经受住了抗疫大战大考的实践检验。2020 年，面对突如其来的新冠疫情，湖北省 10 万个基层工会组织、30 万名工会干部和 1100 万名职工，闻令而动、主动担当、勇于作为，踊跃投身疫情防控的人民战争总体战、阻击战。广大医护工作者白衣擐甲、逆行出征，义无反顾、日夜奋战，把“人民至上、生命至上”的理念贯穿始终；项目建设职工逆行出征、在“两山”医院及方舱医院建设中彰显了中国速度，一大批“停不得”企业和值守离鄂离汉通道职工坚守岗位，4 万余名工会干部职工进驻社区（村组），奋战在防控一线。千万职工团结一心、众志成城，坚定扛起主战场责任，打赢了气壮山河的疫情防控阻击战，在大战大考中彰显了工人阶级的主力军作用。

（二）湖北省职工队伍的结构明显优化

1. 年龄结构较为合理，就业环境更显公平。本次抽样显示，职工平均年龄 39.5 岁，其中 40 岁及以下的占 55.6%，30~50 岁仍是职工队伍主体，两者合计达 66.8%，18~30 岁职工大幅增加，已占职工队伍的 16.9%，整体结构更加年轻化（见图 1）。男女职工比例更加合理，就业公平进一步提升，87.8%的职工表示没有在求职过程中遭遇到性别歧视，女性职工拥有更加公平的就业环境和更多的就业机会。

2. 受教育程度进一步提升，产业结构更优化。本次调查表明，与前五年相比，湖北省职工学历水平普遍提高：57.3%的职工具有大专及以上文化程度，比 2017 年的 54.9%上升 2.4%；29.7%具有大学本科及以上文化程度，比 2017 年的 25.3%上升 4.4%（见图 2）。从就业分布看，第三产业从业人员增长较快。统计显示，三大产业结构比例由 2017 年的 10.8∶44.5∶44.7 调整为 3.3∶45.2∶51.5，第一产业占比持续下降，第三产业占比继续攀升，三大产业结构分布更趋合理，职工就业伴随湖北省产业结构调整得到进一步优化。

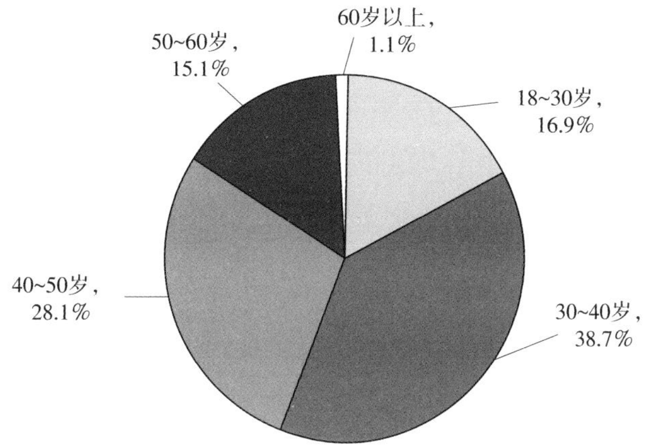

图 1　职工年龄分布占比

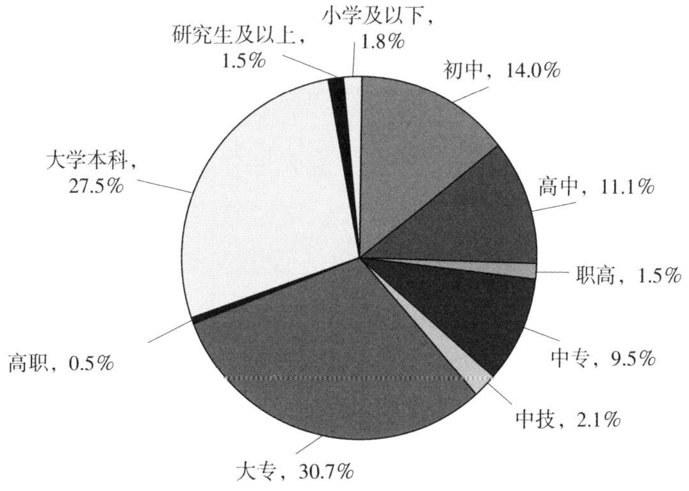

图 2　职工受教育程度占比

3. 非公有制单位和新就业形态劳动者数量显著提高。从调查数据来看，目前民营、外资单位职工数量占比约为 70%，国有和集体单位职工数量约占 30%。同时，互联网经济蓬勃发展，带来快递员、货运物流司机等新就业形态劳动者数量的增加，已成为湖北省职工队伍的重要组成部分。有越来越多的人在传统的全日制用工之外开始了新的尝试。据抽样调查，12%的职工正在或曾经从事过网络开店、快车专车、快递外卖、自媒体公众号及网约生活服务等网络兼职工作。有 39.2%的职工表示有从事上述网络兼职工作的打算。对基于互联网技术快速发展的“共享经济”“数字经济”“平台经济”等新业态，37.7%的职工表示带来了更多的就业选择机会，41.3%的职工表示带来了更多的创业可能性，71%的职工认为可以督促自我加强学习，提升就业能力。

（三）推动经济社会发展的作用更加凸显

1. 产业工人队伍不断壮大。自2017年湖北省全面深化改革领导小组第14次会议审议通过《湖北省产业工人队伍建设改革实施方案》以来，产业工人队伍建设改革持续走深走实，全省产业工人队伍无论是从数量还是技能素质方面都有较大程度的提升。从数量上看，本次统计中仅制造业职工数量就占到受访职工总数的38.2%。近年来，湖北省职业院校招生连创新高，为持续壮大全省产业工人队伍提供了不竭源泉。同时，为顺应农村剩余劳动力加速向城市转移的发展趋势，有关方面加大农民工职业培训力度，完善促进农民工就业政策，规范使用农民工用工管理，加快农民工融入城市社会，推动更多农民工成为产业工人，据统计目前仅农民工会员就达到484万人，成为发展壮大全省产业工人队伍的重要力量。从技能素质上看，全省大力推行“技能+学历”教育，分层分级创建培训基地，构建终身职业培训体系。本次调查了解到，34.2%的职工接受过职业技能培训，获得初级以上职称的占35.5%，初级工、中级工、高级工、技师和高级技师的占比达到25.8%，一支宏大的知识型、技能型、创新型产业工人大军正在加速形成，为湖北从制造大省向制造强省的转变提供了有效的人才支撑。

2. 建功立业成果充分彰显。五年来，湖北省职工按照湖北省委、省政府“一主引领、两翼驱动、全域协同”的区域发展布局，充分发挥工人阶级主力军作用。积极参与“践行新理念、建功‘十三五’”“当好主人翁、建功新时代”等主题劳动和技能竞赛，五年累计参与各类竞赛职工达4000多万人次。在本次调查抽样的单位中，76.7%的企业组织开展了劳动竞赛等建功立业活动，并组织职工积极参与其中，有效助力企业生产经营效率的提升。随着武汉具有全国影响力的科技创新中心建设加快推进，高新技术企业数量、科技型中小企业数量、高新技术产业增加值实现“三个过万”，也催生了战略性新兴产业职工迅猛增长，是行业产业良好发展的中坚力量。“十三五”期间，湖北省职工提出合理化建议171.5万条，完成技术攻关、技术革新项目13.2万项，发明创造5.5万项，取得发明专利4.7万项，推广先进操作法4.8万项，近三年累计85项重大职工技术成果获得国家和省级奖励并推广运用。项目创新内容涉及企业管理占比17%，推进高水平技术改造和绿色化改造占比48%，有效提升工作效率和企业竞争力，助力武汉城市圈经济总量超过3万亿元，“襄十随神”“宜荆荆恩”城市群经济总量分别达到1万亿元左右，充分体现了全省职工在湖北高质量发展中作出的积极贡献。

3. 践行“三个精神”更加主动。五年来，共推荐评选省级以上劳动模范和先进工作者600人、五一劳动奖状424个、五一劳动奖章1082个、工人先锋号894个，2017年开始连续培育选树荆楚工匠419名，全省各级选树劳模、先进工作者3000多人。2018年湖北省劳模评选、2020年全国劳模推荐，企业一线职工、产业工人入选人数均超过半数，进一步在职工中树立了“劳动光荣、工人伟大”的重要导向。先模人物的示范带动作用在实际生产劳动中得到充分体现。湖北省总工会先后在2019年、2022年组织开展了相关调查。在2019年全省产业工人相关调查中，75%的产业工人希望能当劳模工匠，68%的产业工人认同“还是得靠劳动才能过上富裕的生活”。在2022年组织开展的全省近150家企业抽样调查中，37.7%的职工表示非常了解“三个精神”的内涵，76.2%的职工对劳动模范给予正面评价，62.3%的职工表示“三个精神”在企业文化中得到了体现，81.5%的职工认为靠劳动能过上富裕的生活，劳动最光荣、劳动最崇高、劳动最伟大、劳动最美丽的理念逐步在荆楚大地蔚然成风。

二、职工权益维护的新成效

（一）职工就业和收入稳中有升

在大力落实就业优先战略的背景下，湖北省新增就业445万人，本次调查显示，55.7%的职工表示近五年没有更换过工作，47.4%的职工没有担心过自己会失业，73.4%的职工认为自己的就业选择空间尚可。城市居民人均可支配收入增加10892元，全省职工工资水平实现较快增长。本次调查显示，2021年全省职工平均工资62326元，比2017年的51415元增长21.2%。74.7%的职工在近三年上涨过工资，工资平均增长461.7元。特别是2020年以来，全省统筹新冠疫情防控和经济社会发展，保持了职工就业和收入的基本稳定。87.1%的职工表示疫情没有造成其失业，55.7%的职工劳动时间没有受到疫情影响，54.7%的职工表示工作单位没有因为疫情停工停产；57.1%的职工工资没有受到疫情影响，3%的职工工资有所上涨；95.4%的职工表示没有因为疫情带来劳动纠纷和劳资矛盾。

（二）职工职业保障提质扩面

湖北省职工社保水平明显提高，基本医保参保率超过97%，企业职工基本养老保险实现省级统筹。抽样调查职工中，参加了单位提供的养老、医疗、失业、工伤和生育保险的比例分别为 93.6%、85.4%、76.6%、86.1%和 75.5%，相对五年前的 88.8%、82.3%、70.6%、78.8%和 69.7%，各项保险的参保率有了明显的提高。工会全面开展为女职工购买安康保险工作，协同做好“两癌”筛查，大力推进武汉城市圈和襄阳职工医疗互助活动，参保职工达 90 万人次。武汉市总工会与武汉市人力资源社会保障局、武汉市卫健委、武汉市医保局、武汉市政务服务和大数据管理局等有关部门的沟通合作，在湖北省率先实现职工医疗互助“一站式”即时结算。

（三）职工劳动时间和环境依法保障

调查中，有 46.6%的受访职工表示上一周的工作时间是 5 天，42.4%的职工表示上一周的工作时间是 6 天，其中 43.4%的职工累计工作时长在 40 小时以下，36.9%的职工累计工作时长 41~48 小时，19.7%的职工表示在 48 小时以上，86.8%的职工偶尔加班或从不加班，76.4%的职工表示加班可以得到加班费或者调休形式的补偿。54.5%的职工按规定享受了年休假，13.7%的职工享受了部分年休假或得到了相应的经济补偿，表明大多数职工劳动时长和休假权利得到了保障。绝大多数职工的工作环境良好，并不接触高低温作业、粉尘噪声有毒有害气体污染、可能伤及肢体的故障等可能造成职业病或工伤隐患。企业、职工安全生产意识不断增强，在被调查职工中，84.1%的职工在近三年参加过单位组织的安全生产培训，受访职工企业分别有 74.2%和 86.6%发放了劳动保护用品和防疫用品，两项物资分别有 67.2%和 78.3%的企业可以做到及时足量发放。

（四）职工身心健康和精神文化生活受到广泛关注

调查中，59.4%的职工在近一年参加了单位安排的体检，47.1%的女性职工公司针对妇科及乳腺疾病组织了体检。湖北省工会建成职工心灵护航加油站 1000 余家，开通 24 小时线上心理咨询和工作日线下咨询，通过专家团队深入企业开展线上+线下咨询、驻厂服务、心理团辅、艺术减压沙龙等为广大职工提供实时沟通、高效便捷的心理咨询和陪伴服务。职工文化生活更加丰富，网络的影响更加凸显。看电影、电视（占 51.4%），上网、刷手机（占 43.4%），运动健身（占 38.1%），读书看报（占 31.0%），旅游（占 24.4%）成为职工最喜欢的业余休闲活动。网络在职工生活中占据越来越重要的位置，79.0%的职工主要通过新闻网站、微博微信、资讯 App 等网络途径了解新闻及获取资讯。66.9%的职工在日常生活中使用过网络购物、网络约车、移动外卖、移动支付等互联网服务。

（五）职工民主权利和参与方式得到更好实现

调查显示，职工对参与民主管理的要求和呼声十分强烈，85.4%的职工认为这是职工应当享有的权利，86.1%的职工认为有利于促进单位的发展，89.2%的职工认为有利于维护职工利益。71.6%的被调查单位建立了职工（代表）大会制度，其中78.1%的职工认为职工（代表）大会作用发挥得很好或较好；63%的职工表示实行了厂务公开（业务、校务或院务公开）。在制定工作单位劳动规章制度方面，有接近六成的单位能做到先行征求职工意见、由工会或职工代表参与、职工代表大会表决决定。在表达诉求方面，57.6%的职工选择在单位职工代表大会上发表意见、提出议案，34.0%的职工选择通过民主议事会、恳谈会发表意见，12.2%的职工在单位的工资、劳动保护等方面的集体协商会议上反映意见或要求，职工知情权、参与权、监督权、表达权等得到进一步保障。落实职工董事、职工监事制度，全省股份制企业职工董事达6113人、职工监事达5305人，依靠职工办企业的社会氛围和工作导向更加鲜明。同时，随着互联网信息技术的快速发展，职工参与民主管理的方式更加灵活，在本次调查中34.7%的职工把“微信群、QQ群、电子邮件、OA系统”等方式作为表达意见和反映愿望的主渠道。

三、职工队伍稳定和发展面临的新问题

（一）职工队伍素质与产业发展要求存在一定差距

湖北省第十二次党代会提出要围绕建设全国构建新发展格局先行区，实现创新发展迈上新台阶，提出了科技创新策源功能显著增强，产业基础再造和产业链提升稳步推进，产业体系核心竞争力明显提高，建设全国科技创新高地、制造强国高地、数字经济发展高地的目标任务。职工的业务素质和技能水平，是实现发展目标的关键一环。但是调查发现，湖北省技能劳动者总量虽然众多，但整体技能素质仍然偏低，高级工以上的高技能人才占比不到三分之一。就本次调查来看，专业技术人员仅占抽样职工的17.3%，无技术等级的职工占比高达74.2%，高级工、技师、高级技师仅占6.4%（见图3）。高技能人才总量不足、职工队伍整体素质偏低，成为湖北省经济社会发展的一大掣肘。在问及单位职工的技术技能素质与企业发展需要是否相适应问题时，接近半数的工会主席认为还没有达到完全适应的标准，从一个侧面反映出职工队伍素质上的短板和不足。调查中有35.0%的职工没有参加过单位组织的职业培训，与此同时，91.7%的职工认为参加单位组织的与工作相关的培训可以提高自身技能等级或专

业技能，说明用人单位和有关部门在推动落实职业技能培训，提高职工技能素质上还有很大的努力空间。

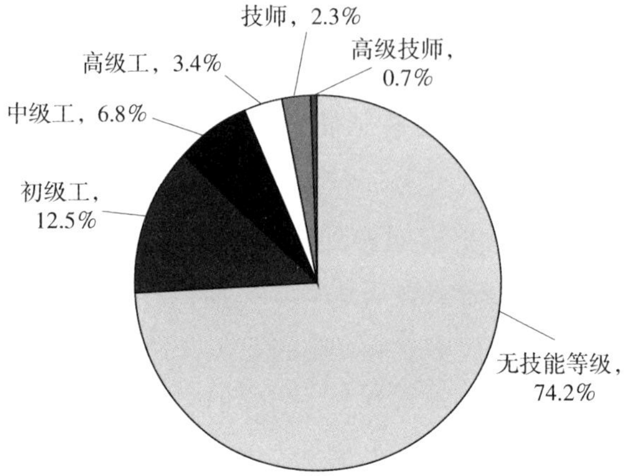

图 3　职工最高职业技能等级分布

（二）后疫情时代对职工队伍结构的影响调整较大

由于新冠疫情影响，2020 年湖北省地区生产总值 43004. 49 亿元，按可比价格计算，比 2019 年下降 5. 0%，2021 年在国家各种激励政策的大力支持下，湖北经济发展重回主赛道，地区生产总值增长 12. 9%，总量迈上 5 万亿元大台阶，达到 50012. 94 亿元，实现历史性跨越，排名重回全国第 7（见图 4）。但面对百年变局，产业链供应链区域化、本地化特征更趋明显，“两头在外”的“世界工厂”模式不可持续，造成劳动力由第一、二产业向第三产业输出转移，职工队伍在产业分布中进行结构调整并形成新的就业压力。36. 7%的受访职工认为“共享经济”“数字经济”“平台经济”等新业态会对其就业带来较大的冲击。

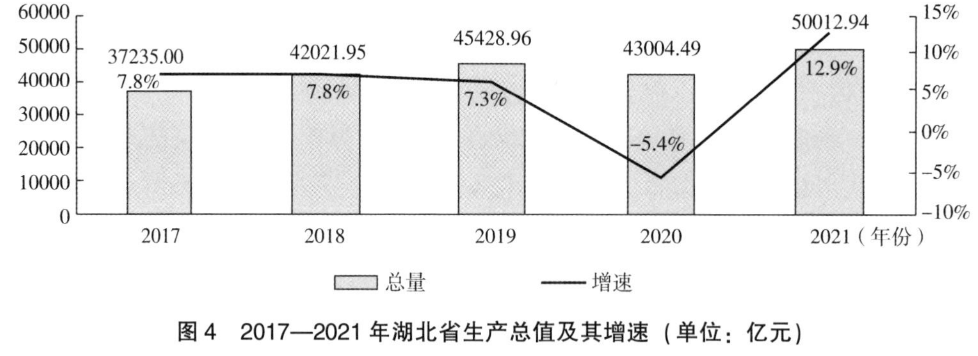

图 4　2017—2021 年湖北省生产总值及其增速（单位：亿元）

52.6%的调查职工担心或有点担心自己会失业，69.0%的职工认为自己就业选择的空间一般或没什么选择空间。部分职工由于技能不足产生“本领恐慌”，67.4%的职工担心自身职业技能在未来可能会过时。例如，实行“双减”政策造成了教培人员的大量失业转岗，比如考取编制内教师岗位、转型为培训师、自由职业者等，但同时加大了转型行业的就业压力。

（三）数字平台为代表的新业态快速发展带来劳动关系新挑战

根据我国发布的近年新职业统计数据显示，创业式就业者、自由职业者、依托于互联网或是市场化资源的多重职业者和新兴的他雇型就业者相继出现，新就业形态的扩张带来了劳动关系的新变化。大量新就业形态劳动者没有固定的工作场所和团体组织，导致该群体社会力量被大大削弱。虽然，目前各级工会组织都在加大对新就业形态劳动者的组织吸引和覆盖力度，但和现实情况相比，力度还很不够。从湖北省总工会本级统计情况来，截至目前新就业形态劳动者入会人数不到40万人。而在这种工作模式下，劳动者对数字平台的形式隶属看似弱化，但是由于劳动者必须依赖数字平台提供的数据信息与消费者建立联系，数字平台会制定一系列的激励措施对从业者进行隐性控制，因而实际隶属却被强化。这种打破了时间和地域限制的从业模式，加大劳动权益保护难度，导致在实际操作层面，这类群体面临劳动关系纠纷、集体协商等涉及权益保障问题时遇到诸多障碍。同时，目前社会保障制度主要是针对传统正规就业方式设计的，其社会保障费用由单位和个人缴费共同构成，大量新职业从业者往往只能以个人名义参加社会保险，这种方式加大了该群体的社保缴费负担。从业者一般并没有与平台企业签订正式劳动合同，而是在数字平台企业上通过注册达成合约或协议，因而劳动法规关于新就业形态劳动者的劳动安全、工时规定、最低工资、社会保险、集体谈判等内容依然存在不适用的地方，这些在一定程度上给这类群体权益维护设置了更高的门槛，也在一定程度上影响职工队伍的稳定性。

（四）工会在维护职工合法权益中存在的不足

一是在源头参与方面。主要表现在参与推动立法工作不够积极主动，按照统计，工会最近参与和推动的省级层面法规是2014年2月1日正式实施的《湖北省集体合同条例》，近年来推动人大立法修法的力度不够。二是在思想认识上。部分基层工会干部在维护职工合法权益方面的认识不足、顾虑较多。调查显示，只有40.8%的工会主席觉得自己在为职工维权上说话很有分量。实际工作中，担心维权过了头，影响投资环境，得罪企业主，自己丢了饭碗；一半以上（58.4%）的工会主席赞同“保护工人的利益要靠政府政策和法律，工会的作用有限”，怕维权效果不好职工看笑话。三是维权机制落实不够。有些行之有效的制度机制在各地落实力度和效果不一。调查显示，37.1%的单位没有签订集体合同或者过期未续签，11.9%的单位没有建立职工大会或职工代表大会制度，25.2%的单位没有建立厂务公开（业务、校务或院务公开），46.3%的单位没有建立职工董事、职工监事制度。四是维权手段运用不够。职工维权工作应由政府主导，重大维权案件应由政府牵头解决，但在实际操作中没有真正形成政府与工会定期研究、定期通报、合力办案制度。五是作用发挥还不充分。特别是在职工劳动经济权益维护上与职工的期望还存在差距。调研显示，在限制企业裁员、维护职工就业权利方面，32.0%的职工表示作用一般、不大或者没有作用。在提高职工工资收入方面，41.9%的职工表示作用一般、不大或者没有作用。在限制过度加班加点方面，31%的职工表示作用一般、不大或者没有作用。

（五）在满足职工对美好生活向往上的不足

一是政策文件落细落小落实上还要更下功夫。2018 年湖北省基层工会经费收支管理实施细则出台，在广大职工中引起了强烈的反响。本次调查走访过程中，个别基层单位反映对文件的解读和落实上还存在和基层实际不相适应的地方。比如，文件规定基层工会开展设置奖项的比赛活动每年不超过两次，有的单位职工人数上万人，甚至接近 10 万人。如果简单把这样的单位界定为基层单位，在其组织了两次文体活动后，其内部二级单位就不能再组织开展设置奖项的文体活动，不利于扩大活动的覆盖面和参与度，从某种程度上来说束缚了基层工会服务职工的手段，也影响了工会活动对职工群众的覆盖面和影响力。类似这样的问题，需要上级工会组织，纪检审计部门共同做好解读，切实把服务职工群众的好事办好、实事办实。二是工会服务阵地建设还要进一步加强。近年来，湖北省大力加强工人文化宫建设，新建重建了一批具有地标性意义和文化特色的工人文化宫，深受职工的喜爱和欢迎。但从服务范围和实际作用发挥上来看，还存在一些不尽如人意的地方。调查中，仅有 16.8%的职工去过工人文化宫，究其原因距离较远、职工对文化宫不知道不了解分别占到了 28%和 30%。工会组织对文化宫等工会服务阵地宣传的不足，服务站点设置不科学，职工到访活动不便等问题需要进一步加以改进。三是服务的精准性还需要进一步提升。本次调查中，有超过 80%的职工有一个或者一个以上的子女，有入学入托子女的人数占到调查职工总数的 70.1%。而目前全省已建成工会爱心母婴室 1500 多家，开办工会爱心托管班 400 多家，服务职工子女约 8 万人次。对比来看，服务缺口还比较大，服务时间和职工需求也还存在一定的偏差。仅有 7%的职工有生育打算，74.9%的职工没有生育或者再次生育的打算，从这个方面来说，在助力二孩、三孩政策落实上还需要更好地贴合职工的实际需要。在被问到是否参加过网络上（网页、客户端、公众号、微信群等）开展的工会服务职工活动时，只有11.8%的职工表示经常参加，70.9%的职工表示是因为单位要求才参加，认为工会网上活动开展很好、较好、较差、很差的比例分别为56.2%、42%、1.2%、0.6%，说明工会在占网用网工作中还存在明显不足。

四、进一步加强新时代职工队伍建设的意见建议

（一）在巩固工人阶级地位上形成合力，筑牢党执政的阶级基础和群众基础

一是要充分加强和改进职工思想政治工作。党委政府要把抓好职工思想政治工作放在一个更加突出重要的位置，贯彻落实2021年中共中央、国务院印发的《关于新时代加强和改进思想政治工作的意见》，构建共同推进思想政治工作的大格局，亲自抓在手上推进落实，形成党委领导、政府参与、各部门密切配合、有机联动的工作机制，更好地团结引领千万职工深刻领悟“两个确立”的决定性意义，增强“四个意识”、坚定“四个自信”、做到“两个维护”，始终以党的旗帜为旗帜，以党的方向为方向，把党的主张转化为职工的自觉行动。二是要凝聚起推动湖北高质量发展的磅礴力量。要更好地贯彻党的全心全意依靠工人阶级方针，县以上地方党委政府要坚持每届召开一次工会工作会议，研究解决全心全意依靠工人阶级面临的重大问题。提高职工群众政治待遇。进一步增加一线职工在各级地方党代会代表、人大代表、政协委员中的比例，激发职工的主人翁意识，巩固工人阶级主人翁地位。紧紧围绕宣传贯彻党的二十大这条主线，广泛组织动员职工群众立足岗位建功立业，大力弘扬劳模精神、劳动精神、工匠精神，把智慧和力量贡献到贯彻落实党的二十大精神，在湖北建设全国构建新发展格局先行区上来。三是要充分发挥职工参与共建共治共享。落实湖北省第十二次党代会精神，让广大职工更广泛地参与到基层社会治理中来。政府及有关部门制定出台重大决策、措施，特别是涉及民生、职工群众切身利益时，要广泛征求职工群众的意见，不断提升职工群众主人翁地位。进一步健全完善企业职代会、厂务公开民主管理和民主监督制度，加强区域性、行业性职代会制度建设，充分发挥职工群众在企业民主决策、民主管理、民主监督中的重要作用，实现职工群众在企业发展中决策共谋、发展共建、建设共管、效果共评、成果共享。

（二）大力提升职工队伍素质，充分激发职工创新创造潜能

一是持续深化产业工人队伍建设改革。各级产业工人队伍建设改革领导小组要切实担起责任，发挥各方作用推进职业教育向系统化、专业化、规模化发展。大力推行“技能+学历”教育，加快职业教育与人力资源市场的开放衔接，形成以企业行业为基础，以政府为主导，以社会力量为补充的技能人才培训体系。加强新就业形态劳动者技能培训。根据网约配送员等新就业形态劳动者工作和生活特点，积极引导企业、高校或社会职业培训机构制定培训内容。充分发挥政府主导、工会动员、企业主体作用，从技能人才的培养、使用、考核、待遇、交流等环节，建立健全工作机制和激励机制。改进和完善产业工人职业技能鉴定办法，指导和推动企业落实有关技术工人的待遇和政策，着力造就一支有理想守信念、懂技术会创新、敢担当讲奉献的宏大的产业工人队伍。二是充分激发职工创新创造潜能。充分发挥湖北省科教资源丰富、产学研用链条较为完备、综合科技创新水平处于全国第一方阵的优势，不断深化劳动竞赛和群众性经济技术创新活动，激发更多职工群众的首创精神和创造成果。加大劳模（工匠、职工）创新工作室创建力度，鼓励行业、企业广泛开展职工岗位练兵和技术比武活动，支持职工群众积极参与各层级的技能赛事，使职工群众技能素质在赛事中得到磨炼、得到提升。探索设立更高规格、更富含金量的职工创新成果奖，组织、科技和财政部门要支持工会开展职工技术创新成果表彰活动，并把符合条件的职工技术创新成果纳入科学技术表彰活动，充分激发广大职工群众的工作热情和创造活力。

（三）充分保障职工合法权益，促进劳动关系和谐稳定

一是充分发挥党委政府的主导作用。进一步完善党委领导、政府负责、社会协同、企业和职工参与的工作格局。各级党委要切实加强领导，定期听取劳动关系问题的汇报，对影响劳动关系的重大问题，党委主要负责人要亲自研究、亲自协调。各级政府要把构建和谐劳动关系纳入经济社会发展规划，纳入目标考核体系，切实担负起定政策、作部署、抓落实的责任。各级人大、政协要加强对涉及职工切身利益方面的法律法规的执法检查或调研视察。二是切实加强劳动关系协调机制建设。以非公有制企业和中小微企业为重点，积极推动劳动合同、集体合同制度全覆盖，进一步夯实协调劳动关系的基础制度。积极推行以职代会为基本形式的职工民主管理制度全覆盖，推动企业建立健全劳动规章制度，为协调劳动关系提供有效保障。三是坚持预防为主、基层为主、调解为主的方针，推进基层调解、工会调解、仲裁调解、诉讼调解有机结合，“把非诉

讼纠纷解决机制挺在前面”，全面铺开持续深化“法院+工会”劳动争议诉调对接工作，最大限度发挥调解分流诉讼、缓和矛盾、解决纠纷的作用，有序探索“人社+工会”劳动争议裁调对接工作，实现劳动争议“一站式接收、一揽子调处、全链条解决”，努力把劳动关系矛盾化解在基层、消除在萌芽状态。

（四）不断夯实工会基层基础，实现职工幸福生活“共同缔造”

一是强基层补短板建立完善的工会组织体系。坚持党建带动工建、工建服务党建，完善街道（乡镇）—社区（村落）—企业“小三级”工会组织体系，推进楼宇工会、商圈工会、平台工会、网格工会建设。通过选配协理员和社会化工会工作者的方式，加强街道（乡镇）和省级开发区（工业园区）工会以及超过5000人的区域性、行业性工会联合会工作力量，真正把基层工会建设成党的群众工作的坚强阵地和广大职工群众共建共治共享幸福生活的枢纽平台。二是加快工会服务项目阵地建设。聚焦城乡社区（村落）这一基本治理单元，按照应享尽享、就近服务的原则，依托社区（村落）基层组织和企事业单位资源，采取单独建、联合建、补助建等方式，因地制宜建设一批职工书屋、爱心母婴室、户外职工爱心驿站等“小、优、实”的工会服务“微阵地”。坚持工会资源、平台、服务下沉，探索工会服务社区化、属地化新模式，把由企业（单位）工会承担的服务项目逐步向社区（村落）工会组织延伸，一体提供教育、健康、文化、娱乐、旅游、疗养、婚恋等扁平化服务，形成“纵向到企业（单位）、横向到社区（村落）”的工会服务覆盖网。三是持续开展精准服务帮扶。联合社区（村落）基层组织，持续唱响春送岗位、夏送清凉、金秋助学、冬送温暖工会“四季歌”，丰富“工会进万家·新就业形态劳动者温暖行动”服务月内容，加强对困难劳模、因疫情灾情生活困难职工等特殊群体的帮扶救助，完善困难职工家庭生活状况监测预警和预防返困机制，常态做好建档立卡困难职工精准帮扶和民生兜底。四是探索工会服务“以奖代补”模式。编制面向社区（村落）的工会“以奖代补”项目简介和操作指引，涵盖职工生活服务、文化娱乐、子女托管、婚恋服务等方面内容，向社会进行公布，支持社区（村落）等基层组织在充分征求职工群众意见的基础上，根据“补助启动、奖励先进”的办法，申报资金支持开展各类服务项目，打通工会服务工作“最后一米”，确保广大职工群众共享幸福生活“共同缔造”成果。

负 责 人：陈惠霞

承担单位：湖北省总工会政策研究室

广东省职工队伍状况调查报告

为全面深入了解在进入新发展阶段、贯彻新发展理念、构建新发展格局、推动高质量发展的新形势新任务下广东省职工队伍和劳动关系的新情况新变化，根据全国总工会的统一部署，广东省总工会于2022年2月至7月开展了第九次全省职工队伍状况调查。全国总工会在广东省广州市、汕头市、佛山市、韶关市、江门市、雷州市、怀集县、惠东县、连州市、饶平县10个地级市或县发放调查问卷，共发放3000份职工问卷和250份工会主席问卷，回收职工问卷2999份，回收率99.9%，有效问卷率99.9%；回收工会主席问卷248份，回收率99.2%，有效问卷率99.2%。通过问卷抽样调查、访谈座谈、网络调查和文献研究，广东省总工会有关部门、各产业工会分别结合分管领域职工队伍实际开展专题研究，形成8个专题报告。广东省总工会调查办公室在综合分析各专题研究成果的基础上，全面掌握全省职工队伍基本情况，梳理总结近五年来职工权益实现和发展状况，分析研判新形势下职工队伍发展面临的问题，研究提出加强职工队伍建设的对策建议，形成本报告。

一、广东省职工队伍基本情况

（一）职工队伍结构变化明显

1. 职工队伍数量依然庞大。据《广东统计年鉴2021》显示，截至2020年末，广东省就业人员总数为7039万人，比2016年增加了336万人，增长5.0%。其中，在城镇国有单位就业423.26万人，城镇集体单位就业36.85万人，城镇其他单位就业1625.16万人，城镇私营企业从业人员2016.92万人，城镇个体就业人员1135.21万人。农民工总量4219万人，其中外省籍农民工2300万人，占全国跨省流动就业的32.3%。根据“职工”的定义推算，全省职工人数超过3000万人，总规模依然庞大，占全国职工总数的十分之一。

2. 职工进一步向第三产业聚集。《广东统计年鉴2021》显示，截至2020年末，全省从事第一、二、三产业的人数分别为767万人、2565万人、3746万人，占全省就业人员的比重分别为10.9%、35.9%和53.2%，与2017年相比，第一、第二产业就业人员比重分别降低了2.7个和1.9个百分点，第三产业就业人员比重提高了4.6个百分点（见表1）。第一、第二产业劳动力向第三产业转移趋势明显。同时，随着平台经济迅速发展，依托互联网平台就业的网约配送员、网约车驾驶员、货车司机、互联网营销师等新就业形态劳动者数量大幅增加，广东新产业新业态发展更加活跃，据广东省人力资源社会保障部门估算，全省新就业形态劳动者已达960万人。

表1　2017年、2020年广东省三次产业就业人数数据对比

产业	2017年		2020年		增减数		
	从业人数/万人	比重	从业人数/万人	比重	比重	从业人数数量/万人	从业人数增长率
第一产业	933.00	13.60%	767.00	10.9%	-2.70%	-166.00	-17.79%
第二产业	2592.00	37.80%	2526.00	35.9%	-1.90%	-66.00	-2.54%
第三产业	3333.00	48.60%	3746.00	53.2%	4.60%	413.00	12.39%
总人数	6858.00	—	7039.00	—	—	181.00	2.60%

3. 职工进一步向珠三角集聚。根据广东省第七次全国人口普查数据，2020年全省人口进一步向珠三角城市群和都市圈集聚，广州常住人口继续位居全省第一，达1867.66万人；深圳位居其后，常住人口为1756.01万人；东莞常住人口为1046.66万人，珠三角核心区常住人口占全省常住人口总量的61.91%，同理全省职工也进一步向珠三角城市群和都市圈集聚。珠三角作为广东改革开放的前沿阵地，经济增长速度及总量走在全省前列，并依靠优越的区位优势、开放宽松的政策环境不断吸引大量的职工。广东人口普查数据还显示，2020年外省流入人口占全省常住人口比重继续上升，比2010年第六次全国人口普查提高2.90个百分点，外省流入人口性别比则从2010年的125.49大幅提高到2020年的144.60，男性多于女性。外省流入人口的性别比高低与产业结构变化不无关系，广东作为全国制造业大省，产业结构重型化特征明显，对男性劳动力需求量增加。

4. 职工年轻化程度较高。根据广东省第七次全国人口普查数据，2020年广东劳动年龄人口数量居全国之首，全省15~59岁的劳动年龄人口达8669.76万人，总量比2010年第六次全国人口普查增加1013.36万人，增长13.2%。在全国21个超大、特大城市中，在城区15~59岁的人口占比中，东莞以81.41%排名第一，深圳以79.59%排名第二，广州、佛山均超过74%，代表着珠三角城市的“年轻”及其吸引力和潜力。2021年广东省总工会对新就业形态劳动者调查显示，该群体普遍较年轻，总体平均年龄约为37周岁，其中外卖骑手平均年龄仅为30周岁。本次调查显示，广东职工的平均年龄为37.7岁，其中从事科学研究和技术服务业，金融业，信息传输、软件和信息技术服务业的职工最为年轻，平均年龄分别为33.1岁、34.4岁和34.6岁。

（二）职工队伍素质明显提升

1. 受教育程度继续提高。根据广东省第七次全国人口普查数据，目前广东15岁及以上的常住人口平均受教育年限为10.38年，比全国平均水平高0.47年，与2010年第六次全国人口普查相比，平均受教育年限提高0.83年。本次调研数据显示，职工平均受教育年限达13.5年，比2017年增加了0.3年。高中（职高）及以上学历的占83.8%。近六成（58.5%）职工拥有大专（高职）及以上学历，比2017年占比增加7.6%。大学本科及以上学历的占31.6%，比2017年占比增加10.1%。从所有制来看，公有制企业职工受教育平均年限为14.91年，非公企业职工平均受教育年限12.8年，公有制企业职工受教育程度明显高于非公企业职工。

2. 技能人才队伍进一步壮大。近年来，广东省深入开展产业工人队伍建设改革，聚焦建设制造强省、经济强省目标，突出创新引领，弘扬工匠精神，完善政策机制，构建了以加强高技能人才队伍建设若干意见为核心的“1+N”技能人才政策体系。广东工会把加强思想政治引领作为首要任务，广泛深入持久开展劳动和技能竞赛，强化职业教育和培训，切实提高地位落实待遇，有效提升全省职工整体技能素质，推进一支知识型、技能型、创新型高素质产业工人大军加快形成。在第45届世界技能大赛上，广东的22名选手获得8金、3银、1铜及8个优胜奖的辉煌战绩，金牌数量占全国一半，向世界展现了广东青年技能人才的高超水平，为我国代表团再一次名列金牌榜、奖牌榜首位做出重大贡献。截至2022年8月，广东省技能人才总量1804万人，其中高技能人才593万人，占比33.7%，均居全国前列，其中，技能人才总量、高技能人才数量分别比2017年增长29.73%和54.38%，为推动广东经济高质量发展提供了有力支撑。

（三）职工队伍总体和谐稳定

1. 和谐劳动关系建设卓有成效。广东工会健全以职工代表大会为基本形式的企事业单位民主管理制度，探索实行民主议事会、劳资恳谈会、民主协商会等企业民主管理形式，总结推广多形式多层级劳资沟通协商“龙岗经验”，推动集体协商提质增效。完善多元化解劳资纠纷机制，总结深圳工会源头治理劳资纠纷试验区经验，健全广东特色根治农民工欠薪制度体系，加强与法院、检察院、人社、司法等各方协调联动，推动全省各市、县（区）法院普遍设立劳动争议诉调对接工作站，切实维护职工队伍和社会大局和谐稳定。2021 年，全年办结劳动人事争议调解仲裁案件 51.47 万件，涉案金额 128.09 亿元，调解成功率 78.51%，仲裁结案率 96.83%，共为 11.52 万名劳动者追回工资待遇 12.23 亿元；“法院+工会”机制调解案件 5.7 万多宗，成功率超过 60%，为 7 万多名劳动者追讨欠薪近 1 亿元；“12351”职工热线接听电话 15.2 万多通，为职工挽回经济损失 2.8 亿元。调查数据显示，仅有 2%的职工被拖欠工资，拖欠金额在 5000 元以上的仅有 1 人；88.2%的工会主席认为所在单位劳动关系和谐稳定。

2. 劳动领域政治安全风险防范坚定有力。紧扣落实“五个坚决”要求长效机制，主动融入部委协同工作机制、全国总工会“1+1+N”工作推进机制和广东省维护政治安全工作部署，牵头成立全省维护劳动领域政治安全专项行动领导小组、维护劳动领域政治安全专班等机构，制定实施劳动领域维护政治安全 10 项制度机制，建立劳动领域维稳督导、职工队伍风险源头预警、劳动关系舆情监测、防抵渗透专项行动、敏感信息闭环反馈等全流程全链条工作机制，强化劳动领域风险隐患专项排查化解行动，2021 年以来，全省各级工会累计排查近 4 万家企业，发现风险点 75 个，排查受境外关注重点企业十方面突出问题并及时处置。五年来，全省未发生有重大影响的劳动领域涉稳涉政治安全事件，没有出现所谓“地下工会”“独立工会”；2021 年重大集体劳动人事争议案件同比下降 35.04%，30 人以上群体性劳资纠纷同比下降 24.9%。

3. 职工生活质量不断改善。扎实开展“提升职工生活质量”行动，做优做强送温暖、农民工平安返乡、二次医保、心理健康服务、大湾区职工福利共享计划等工会服务品牌，实施关爱广东核工业特殊困难群体行动，全面高质量完成城市困难职工解困脱困目标。加强服务阵地建设，五年来，广东省建成省、市、县、镇街（工业园区）和企业五级职工服务中心（站点）5450 家，投入 5230 万元补助全省工人文化宫建设，建设大湾区职工交流服务中心，推动建立资源整合、优势互补、各具特色的大湾区职工服务新机制。城市职工生活条件的持续改善、生活水平的稳定提高，使他们对中国共产党为什么能、中国特色社会主义为什么好，有了深切体会。调研显示，过半（53.8%）职工家庭表示五年来生活水平有所提高。职工家庭月平均收入达 11747.8 元，较 2017 年增长 25.9%。家庭月平均消费达 8266.3 元，占家庭收入的 83.2%，比 2017 年的比例高了 10.2%。从消费结构看，职工家庭日常吃饭花费支出占总支出的 30.8%，比 2017 年降低了 4.9%，恩格尔系数有所下降。超过六成职工对目前生活感到满意，78.4%的职工对未来予以期盼，认为生活会越来越好。

（四）工人阶级主力军作用充分发挥

1. 在政治建设中发挥领导阶级作用。广东省工人阶级和广大劳动群众始终紧紧团结凝聚在以习近平同志为核心的党中央周围，关心、拥护党和国家方针政策，支持党和国家的各项工作，听党话、跟党走的信念更加坚定。本次调查显示，92.2%的职工高度赞同“党的百年奋斗从根本上改变了中国人民的前途命运，开辟了实现中华民族伟大复兴的正确道路”；90%以上的职工对脱贫攻坚、反腐倡廉、疫情防控等重点工作给予高度评价和支持；92.7%的职工认为我国能全面建成社会主义现代化强国、实现中华民族伟大复兴的中国梦；83.2%的职工相信党和政府制定实施的“十四五”规划切实可行，并相信自身能够从中得到实惠；92.5%的职工相信到本世纪中叶，全体人民共同富裕能基本实现。

2. 在经济发展中展现先锋力量。近年来，广东省工人阶级和广大劳动群众广泛参与建功立业活动，积极投身劳动技能竞赛和群众性创新活动，推动广东经济社会高质量发展。2017 年以来，全省开展劳动和技能竞赛的企事业单位 66.65 万家，覆盖率 86.89%，参赛职工 2746.26 万人，参与率 85.82%；全省创建各级各类创新工作室约 1.16 万家，开展创新攻难项目 1.5 万个，取得专利及成果 7761 个，获得国际级奖项 83 项，国家级奖项 1249 项，培训职工 62.2 万人次，共节约生产成本 101.7 亿元，创收金额 412.4 亿元；开展技术革新、发明创造分别达 34.13 万项、9.22 万项，获得专利 6.61 万项，提出合理化建议 594.96 万条，总结推广先进操作法 8.27 万项；广东省区域创新综合能力连续 5 年居全国首位，发明专利有效量、PCT 国际专利申请量稳居全国第一。本次调查显示，约 50%的职工所在企业开展劳动和技能竞赛，91.7%的职工认为开展此类竞赛有助于企业或个人发展。

3. 在引领社会风尚中凸显优秀品质。精心组织庆祝中国共产党成立 100 周年系列活动，扎实开展党史学习教育和“中国梦·劳动美——永远跟党走 奋进新征程”主题宣传教育，营造了共庆建党百年的浓厚氛围，增强了广大职工爱党爱国爱社会主义的情感。加大红色工运资源的发掘、保护、利用力度，全力推动完成中华全国总工会旧址、省港罢工委员会旧址和全国第一次劳动大会旧址改陈，组织开展线下参观学习、线上寻访打卡活动，引导职工知史爱党、知史爱国，把庆祝建党百年激发的爱党爱国爱社会主义热情传递下去。广大职工坚定理想信念，积极投身社会主义精神文明建设，努力践行社会主义核心价值观。调查显示，84.8%的职工了解社会主义核心价值观的基本内容，83.9%的职工认为现在人们的道德水平比以前有所提高，96.1%的职工高度认同雷锋精神，59.8%的职工愿意向身边的先进典型学习，大部分职工注重培育良好家风，夫妻和睦、教子有方、孝老爱亲是他们最期盼达成的家风建设目标。与此同时，职工奋斗热情更加高涨，超过85%的职工认为“劳模精神、劳动精神、工匠精神”是爱国主义精神和时代主义精神的生动体现，是鼓舞全党全国各族人民勇敢前进的强大精神动力，73.5%的职工相信靠劳动就能过上富裕的生活。

二、广东省职工权益实现与发展现状

（一）职工劳动经济权益有效落实

1. 就业保持总体稳定。一是就业形势基本稳定。近年来，广东省坚持就业优先政策，制定实施三版“促进就业九条”，累计支出超100亿元。2017年以来，全省城镇新增就业超过700万人，年度平均城镇调查失业率控制在5.5%以内，城镇登记失业率始终在3.5%以内，高校毕业生、异地务工人员等重点群体就业保持稳定，外省贫困劳动力在粤稳定就业率达90%以上，省内未就业贫困劳动力实现动态归零。二是就业满意度高。本次调查显示，超过七成职工满意当前工作，近八成职工看好自身发展前景。同时，企业依法与职工签订劳动合同执行情况良好，超过95%的职工与企业签订劳动合同、聘用合同或其他合同。三是职业技能培训助力高质量就业成效明显。近年来，广东深入实施“粤菜师傅”“广东技工”“南粤家政”三项工程，累计培训828万人次，带动就业创业259万人次。本次调查显示，近一年内，约八成职工参加过单位组织的培训，三成职工自费参加进修和培训。通过培训，88.7%的职工实现了技能等级和专业能力的提升，73.1%的职工提高了就业竞争力，39.4%的职工增加了工资收入，42%的职工调到更理想的工作岗位。

2. 收入水平持续提高。一是职工工资高于全国平均水平。据国家统计局公布，2021年全国城镇非私营和私营单位就业人员平均工资分别为106837元和62884元，而广东省则达到118133元和73231元，分别比全国平均水平高9.6%和14.1%。二是职工工资稳步增长。2021年全省在岗职工平均工资120299元，相较于2016年的72326元，年平均增长13.3%。本次调查显示，76.2%的职工在2019—2022年实现了工资增长。三是最低工资标准逐步提升。广东省分别于2018年和2021年两次调整全省最低工资标准，相较于2017年，一类地区提高405元，增长21.4%；二类地区提高390元，增长25.8%；三类地区提高370元，增长27.4%；四类地区提高410元，增长33.9%。

3. 社会保障水平进一步提升。一是社会保障扩面持续推进。截至2021年，全省养老、失业、工伤三大险种累计参保1.5亿人次，基金累计结余1.35亿元，分别是2017年的1.1倍、1.7倍；广东省基本医疗保险参保人数达到1.1亿人，比2017年增长8.44%，位居全国第一。本次调查显示，参加基本养老保险、基本医疗保险、工伤保险、失业保险和生育保险的职工分别占87.3%、89.2%、87.8%、80.4%和78.2%，约50%的职工所在企业为其缴纳住房公积金，均高于第八次职工队伍状况调查数据。二是社会保障待遇水平稳步提高。截至2021年，企业退休人员基本养老金年均增长5.9%，城乡居民基本养老保险基础养老金最低标准提高到每人每月180元，比2017年增长80%；失业保险金标准由所在地最低工资标准的80%提高至90%；工伤伤残津贴标准提高至月人均4426元，比2017年增长61.7%。职工和城乡居民基本医疗保险政策范围内住院费用基金支付比例分别稳定在85.2%和70%左右，普通门诊统筹政策范围内报销比例不低于50%，大病保险起付线降低至上一年度城乡居民人均可支配收入的50%。三是工会互助保障计划发挥重要作用。2017年以来，全省工会累计发动1063.98万名职工参加互助保障，累计发放互助金12.14亿元；投入2.33亿元为307.2万名职工购买住院二次医保；投入5.8亿元帮扶困难职工76.2万人次，向困难职工实施生活救助24.4万人次，提供医疗救助6.3万人次，帮助全省建档立卡的16.4万户困难职工全部实现解困脱困。

4. 安全健康权益得到有效保障。广东省各级工会认真做好劳动安全卫生工作，制定实施《关于加强工会劳动保护工作的实施意见》《关于进一步推进企业劳动安全卫生专项集体合同工作的通知》等指导性文件，常态化开展劳动保护监督检查，实施尘肺病防治攻坚行动。2017年以来，全省工会共组织开展以“安康杯”竞赛为载体的群众性安全生产和职业健康活动2.3万场，覆盖企业超过6.5万家，参与职工达1400万人次。调查显示，超过80%的职工接受过单位组织的安全生产和职业健康培训，66%的职工按时按量获得劳保用品，92.3%的职工既没有罹患职业病，也没有受过工伤。大多数企业不存在高温、低温作业，粉尘污染、噪声污染、有毒有害气体污染和辐射污染的情况，存在上述污染的绝大多数企业都能提供有效的防护措施。

5. 应对新冠疫情影响助力经济社会发展的作用不断彰显。深入贯彻落实习近平总书记关于“疫情要防住、经济要稳住、发展要安全”的重要指示精神，围绕统筹推进新冠疫情防控和经济社会发展，有力有序参与疫情防控工作。特别是面对城市困难职工解困脱困收官和新冠疫情叠加影响，推动稳就业举措落实落地，开展集体协商保障职工合法权益，稳定劳动关系支持企业复工复产，关心慰问一线防控医务人员和工作人员，保障困难职工疫情期间基本生活，展现了广大职工和工会干部的强大力量与责任担当。新冠疫情发生以来，全省各级工会筹集疫情防控资金 3.8 亿元，慰问抗疫一线职工 334 万人次，累计下拨 1700 余万元防疫工作专项资金帮助企业复工复产，为 1.37 万家小微企业工会全额返还工会经费 9.5 亿元。

（二）职工民主政治权益得到充分保障

1. 政治社会地位不断提高。一是政治参与渠道更加通畅。广东省第十三次党代会有一线工人党员代表 42 名，同比增长 2.4%。广东省第十三届人民代表大会一线工人代表占比 12.06%，提高了 1.46%。广东省工会第十四次代表大会一线工人代表 188 名，占比 21.3%，提高了 17.7%，选举劳模和一线职工 2 名为广东省总工会兼职副主席。截至 2022 年 8 月，共 42 名劳模或一线职工担任地级以上市总工会、县级总工会兼职副主席。二是一线工人党员数量逐年增加。广东省委制定实施两轮次党的基层组织建设三年行动计划，加大工人党员发展力度，近三年发展工人党员 3.9 万名，占全省新发展党员的 7.21%，年均增速 32.4%。三是劳模、工匠等荣誉评选进一步向一线职工倾斜。2020 年，广东推荐评选全国劳动模范和全国先进工作者 122 人，其中企业一线工人和专业技术人员 40 人，占比 32.7%，比 2015 年增长 2.1%。2020 年，评选表彰广东省劳动模范、先进工作者 399 名，其中企业一线工人和专业技术人员 150 名，占比 37.6%。2022 年评选表彰广东省五一劳动奖章 319 人，基层一线职工 208 名，占比 65.2%，比 2017 年增长 5.2%。“南粤工匠”中基层一线职工占 80%以上。

2. 参与企业民主管理不断深化。一是企业民主管理制度进一步健全。完善以职工代表大会为基本形式的企事业单位民主管理制度，截至 2022 年 8 月，全省建立了职工代表大会制度的单位 17.02 万个，覆盖职工 1277.81 万人；建立厂务公开制度的单位 18.59 万个，覆盖职工 1277.11 万人；全省股份制企业职工董事、职工监事分别增至 5486 人、1.87 万人。本次调查显示，超过九成的企事业单位能按时召开职工代表大会，通过职工代表大会讨论审议企业重大经营决策和审议涉及职工权益的工作方案的企业分别为 75.2%和 86.5%，70.54%的职工认为本单位职工代表大会作用发挥得很好或者较好。二是职工参与企业民主管理意识不断增强。本次调查显示，82.7%的职工关心单位前途和发展，61.1%的职工认为企业关心自身的利益和职业发展；76.8%的职工认为民主管理是职工应当享有的权利，81.9%的职工认为民主管理有利于维护职工权益，77.9%的职工认为有利于促进单位发展。三是职工表达权进一步保障。本次调查显示，52.8%

的职工表示自己有机会对企业生产经营或自身权益发表意见；职工表达意见和诉求的方式与渠道更加多样，其中，选择直接向单位领导反映、向单位工会或职工代表反映、在职工代表大会上发表建议和利用互联网平台等方式最为普遍，占比分别达70.1%、51.1%、47.2%和43.8%。

3. 集体协商提质增效。加强集体协商制度建设，探索建立多形式多层级劳资沟通协商机制，推动实施集体协商“稳就业促发展构和谐”行动计划，开展集体协商质效评估，培育壮大专职集体协商指导员队伍，组织开展城市工会集体协商竞赛。截至2022年8月，全省共签订集体合同16.4万份，覆盖企业46.4万家。本次调查显示，42.6%的受访职工所在单位开展集体协商，比2017年增长23.6%；88%的受访职工肯定了集体协商对于维护职工权益的积极作用，比2017年增长14.7%；45%的被调查企业与职工签订了集体合同，99%的被调查企业能够完全执行或大部分执行合同条款。

4. 加入工会组织权益充分保障。近年来，广东省各级工会全面加强基层工会建设，大力推进百人以上企业集中建会攻坚行动、新就业形态劳动者入会集中行动，不断扩大工会组织覆盖和工作覆盖。截至2022年8月，全省现有基层工会组织13.67万个，涵盖单位38.27万个，工会会员总数2001.95万人，社区（村）、园区工业联合会1862个，成立市级新业态工联会19个，县级新业态工联会88个，发展新就业形态劳动者会员22.6万人。本次调查显示，64.3%的职工为企业工会会员，62.4%的职工会员通过参加工会委员或会员代表选举实现民主政治权利。

（三）职工精神文化权益有力发展

1. 文体休闲活动更加丰富。实施农民工“求学圆梦行动”，举办“五一”特别节目、职工摄影展、乒乓球大赛、线上运动会等文体活动，用好工人文化宫、职工书屋等职工文化阵地，丰富了职工精神文化生活。本次调查显示，工余休闲时间，职工更喜欢选择看电影电视（50%）、上网（47.7%）、运动健身（34.8%）和读书看报（29.7%）等休闲娱乐活动。2022年我国成功举办冬奥会和冬残奥会，激发了职工参与冰雪项目的热情。调查显示，47%的职工有参加冰雪运动的意愿。同时，丰富的精神文化生活有助于职工保持身心健康。本次调查显示，66.4%的职工心理健康状态良好，并且善于自我调适。

2. 网上文化生活迅速发展。近年来，随着互联网技术的飞速发展，职工网上文化生活日渐丰富，本次调查显示，网上购物、移动支付和交友聊天等是职工使用频率较高的互联网产品或服务，分别达到79.5%、59.2%和55.3%。同时，从获取新闻渠道来看，“微博、微信”（63.4%）、“新闻网站”（61.5%）、“手机资讯”（48.6%）、“抖音、快手等短视频平台”（47.1%）等网上渠道或移动终端已经超过“广播电视”（34.6%）、“报刊”（11.5%）等传统渠道，成为职工了解新闻、获取社会热点信息的主要渠道。

3. 文化服务设施逐渐完备。“十三五”期间，广东实现全省五级公共文化基础设施全覆盖，每万人拥有公共文化设施建筑面积1299平方米。截至2022年8月，全省已建县级以上工人文化宫99家，职工书屋1.4万家，比2017年分别增长28.6%和56%。单位职工文化阵地建设稳步推进，本次调查显示，被调查单位设置图书室、健身房、球场（乒乓球、羽毛球、篮球等）和瑜伽（舞蹈）教室的比重分别为33.3%、20.1%、63.2%和15.3%，91.5%的职工在单位文体中心参加活动的愿望强烈，70%的职工对单位开展的文体活动满意度高。

三、广东省职工队伍发展遇到的主要问题

（一）新形势下工人阶级主人翁地位体现仍需加强

工人阶级是我国的领导阶级，但随着改革开放、市场转型的深入推进，单位制度解体，传统产业工人从原来的单位走向劳动力市场中的各种行业，其在阶层结构中的角色和社会地位发生了一定的变化，一定程度上影响其主人翁地位的体现。本次调研显示，21.2%的受访职工表示近年来工人社会地位没有提高，受访职工认为工人社会地位下降的主要原因排名前三位的分别是工人的收入水平偏低（80.4%）、工人的就业岗位不稳定（58.9%）、工人的工作大多是苦、脏、累（56.4%）。具体来看，主要表现在以下几个方面。

1. 工人收入水平总体不高。近年来，工人收入虽逐年上升，但目前仍处于低位，明显低于新就业形态劳动者平均水平，高级技师的收入也仅相当于甚至偏低于同企业中层管理人员或工程师水平。以广州为例，广州市总工会发布的《2022年广州市主要行业职工薪酬福利集体协商参考信息》显示，广州大部分外卖从业人员的薪酬达到10万元以上的水平，大部分快递从业人员的年薪达到9万元以上水平，相比之下，制造业中，一般操作/服务人员薪酬水平较低，平均年薪不到5万元，中级专业技术人员年薪不到8万元，只有达到高级专业技术人员年薪才能超过10万元。

2. 工人职业发展空间不够大。当前企业人事管理和工人劳动管理双轨管理体制还未根本改变，干部和工人的身份界限尚未从制度上打破，工人向上晋升空间少。部分资深工人学历不高，无法提升技能等级，也无法进入企业中层以上管理岗位，在工资待遇、职位晋升方面受到限制。

3. 工人自我认同度低。调研中，不少一线工人认为“自己从事的工作也没什么技术含量，干的都是苦活累活，只能有这样的待遇和地位”。甚至有受访工人表示，不愿意让亲戚朋友知道自己在工厂上班，内心深处缺乏对工人身份的认同感和职业自豪感，更谈不上体现主人翁意识，与20世纪五六十年代的“工人老大哥”的自豪感相去甚远。

4. 正确的劳动价值观念和就业观念未能得到充分宣扬。全社会对实体经济、制造业以及产业工人的关注太少，对职业教育甚至对职业院校、技工院校学生有一定程度的偏见，导致许多青年人不愿意从事技能劳动，也缺少吃苦耐劳的精神，不愿意进工厂、当工人。

（二）工人队伍发展壮大面临挑战

1. 新就业形态对工人产生“虹吸效应”。近年来，出租车、外卖、快递业等互联网平台企业快速扩张，平台经济不断分流劳动力，新就业形态对制造业劳动力的“虹吸效应”更加明显。相比于传统的制造业企业或工厂，新就业形态具有劳动收入更高、工资结算方式更灵活、工作自由度更高、技能要求更低、工作环境更开放舒适、自我价值认同感更强、更契合年轻人特点等多方面优势，形成了对工人特别是新生代工人的强大吸引力。根据国家信息中心发布的《中国共享经济发展报告（2021）》，滴滴平台上大约41.1%的专职司机来自制造业；而在新冠疫情期间加入美团平台的骑手中，35.2%的骑手来自工厂工人。本次调查显示，认为“共享经济”“数字经济”“平台经济”等新业态能为自己带来更多创业可能性、更多就业选择、对其所在的行业有较大冲击的职工分别占54%、48%和47.8%；受访职工中，从事过或正在从事互联网专兼职工作的占22.5%，准备从事互联网专兼职工作的职工达47.2%。由此可见，新就业形态的发展既影响着职工就业观念和就业状态，也对工人队伍特别是制造业工人队伍的发展壮大产生了不可忽视的影响。

2. 机器换人浪潮对工人产生“挤出效应”。随着近年来制造业转型升级，自动化技术已经广泛应用到企业生产中，重塑了企业岗位结构，减少了企业对重复性、程序性普通工人岗位的需求，催生所谓“机器换人”。一方面“机器换人”造成制造业就业人数整体下降。以广东美的为例，2011年空调工人达到5万人，随着该公司逐步建成智能工厂体系，2015年减至2.8万人，2018年进一步降至1.6万人，预计连续7年将减少七成工人。东莞市连续3年推动实施“机器换人”，2017年相对减少用工近20万人，实实在在减少了企业用工人数。另一方面“机器换人”一定程度上损害了制造业职工的就业权益。随着企业的快速更迭和产业的高速变化，职工职业日益“去工厂化”，就业灵活化短期化趋势明显。比如广东某日系汽配企业通过机器换人实现了组装和焊接的自动化，大幅缩减正式工，多使用劳务派遣工或者临时需要的学生工、日结工，削减了用工成本，却损害了职工的劳动权益。

（三）经济下行背景下职工就业压力大

1. 就业总量压力仍然很大。2020年，广东全省15~59岁的劳动年龄人口达8669.76万人，数量居全国之首。根据国家统计局每年发布的农民工监测调查报告，2021年在珠三角地区务工的农民工达4219万人，体量仍然庞大，部分大龄劳动者专业技能、创新能力还不能很好满足市场需要，就业面临一些突出困难和问题。2017—2021年，广东省普通高校实际参加就业的毕业人数持续增长，由2017年的52.86万人上升到2021年的64.2万人。2022届全国高校毕业生首次突破千万，增量增幅均创新高，再加上留学回国人员和往届未就业毕业生，青年就业总量压力持续加大。最近国家统计局发布数据，2022年7月份16~24岁人口调查失业率为19.9%，比6月份增长0.6%。调查显示，有高达63.9%的职工感觉自己就业选择的空间一般或者不大。

2. 就业结构性矛盾依然突出。当前劳动力的供求矛盾仍然突出并复杂，其中结合了中长期的结构性矛盾和当前疫情影响下的周期性问题。由于产业结构与就业结构错配、教育培训体制改革滞后等因素综合叠加，广东省劳动力市场技能人才短缺问题显著，企业“招工难”与劳动者“求职难”现象交织，结构性就业矛盾凸显。一是技能人才规模仍需扩大。虽然广东省技能人才总量位居全国前列，但技能人才规模与广东省第一经济大省发展实际、与制造业高质量发展需求还不适应。截至2022年8月，广东技能人才占就业人员总量的比例为24.9%，低于全国平均水平（26%）。二是专业技术人才较为缺乏。技能劳动者求人倍率一直维持在1.5以上，高技能劳动者求人倍率维持在2以上的水平，技工短缺现象仍然十分严重，而且有从过去的季节性短缺演变为经常性短缺的趋势。本次调查也印证了这一现象，受访职工中技能单一甚至无技能者占多数，77.1%的普通职工无技能等级；制造业职工中，78.3%无技能等级，77.7%没有职称；高级技工短缺更为严重，初、中、高级专业技术人才比例分别为17.0%、13.0%、3.3%。三是当前高等教育质量与经济发展需求不相适应，大学生技能水平与岗位技能需求之间的不匹配矛盾突出。尤其在当前经济形势和外部环境不确定性影响下，高校毕业生的就业偏好和择业方式发生变化，更加倾向于稳定性岗位，报考公务员、寻求体制内岗位和继续考研等“慢就业”现象显现。

倾向于保守的就业选择并不利于人力资本的有效配置和就业转换，被动继续升学导致人力资本专用性增强，未来中国人力资本体系建设和劳动力市场发展都将面临严峻挑战，也将损伤创新经济模式和经济高质量发展的关键基础。

（四）劳动领域不稳定不确定因素增加

1. 劳动领域政治安全形势复杂严峻。广东地处“两个前沿”，位于中美经贸摩擦第一线，外部环境影响首当其冲。当前，劳动领域和职工队伍稳定存量风险总体可控，但劳动领域渗透破坏颠覆风险依然存在，一些劳动争议个案如不及时化解处置，容易对社会治理秩序构成冲击影响，对社会稳定和国家政治安全产生影响。

2. 劳动关系矛盾风险加大。一是裁员事件高发频发。受经济下行、新冠疫情等因素影响，2022 年以来，一些大型互联网企业不约而同宣布优化非核心业务，部分部门裁员比例高达 40%，有的企业裁员比例或达三分之一。这些企业体量大，吸纳就业人员多，在珠三角业务量大，直接影响广东经济发展与就业状况。调查显示，58%的企业职工都表示会担心或有点担心自己会失业，在事业单位中这一比例也达到 40. 4%。二是欠薪案件有增多趋势。据报道，2021 年广东法院共执结各类欠薪案件 11. 6 万件，追回欠薪 16 亿元，同比分别增长 58. 9%、3. 9%。三是企事业单位普遍降薪。由于新冠疫情发生以来政府财政压力加大，体制内职工普遍降薪，部分偏远地区难以正常支付教师工资。四是存在超时加班现象。本次调查显示，过半职工（53. 8%）每周工作时间为 6 天或 7 天，13. 4%的职工“经常加班加点”或“几乎每天加班加点”，而 21. 4%的职工加班没有任何补偿。

（五）新就业形态劳动者权益保障还存在短板

1. 劳动关系认定困难，维权难度增加。与传统的就业模式相比，平台用工具有复杂性，法律关系主体日趋多样化，劳动关系模糊化、虚拟化。部分互联网企业为规避用人单位责任，将用工关系多重分化，劳动者可能同时跟多个用工单位存在关系又无确切的用工主体；有的企业甚至诱导快递小哥、网约车司机等注册个体工商户，企图将劳动关系转化为合作或承揽关系。据广东省总工会调研数据，近 70%的劳动者没有与企业（平台）建立劳动合同关系，劳务派遣占 22. 42%，合作关系占 38%。现有的失业保险制度、工伤认定等均以劳动关系作为前提，劳动关系的模糊将直接影响新就业形态劳动者的劳动保障权利和维权难度。

2. 社会保障参与率低。一方面，新就业形态就业以灵活就业为主，具有去雇佣化的特点，大部分平台企业为降低成本不愿意为劳动者缴纳“五险一金”。另一方面，灵活就业人员自行缴纳社会保险负担过重，购买率和购买意愿低。例如，深圳灵活就业者职工医疗保险月缴费下限为571.704元，养老保险月缴费下限为472元。对于灵活就业人员而言，该费用还是相对较高。广东省总工会调研数据显示，快递员的五种基本保险的参保率在70%左右，网约车司机五种基本保险的参保率都在40%左右，其中工伤保险只有36%。货车司机则介于上述二者之间，平均参保率在60%左右，其中工伤保险最高为91%，这与货车司机的工作属性有很大关系。总体而言，平台型务工人员以及自雇劳动者缺乏社会保障和商业保险，抵御风险能力弱，存在较大的隐忧。

3. 健康安全权益得不到保障。一是工作时间长。广东省总工会新业态调查数据显示，95%以上的外卖员日工作时间超过8小时，其中每天工作时间在10~12小时的占比42.3%，工作时间在12小时以上的占比27.5%。每月的休息时间，外卖员平均为2.95天，网约车司机为3.29天，均未达到法定的每周至少休息一日的标准。二是损害劳动者人身安全。为了在限定时间内完成工作任务，配送员不得不“疲于奔命”，忽视交通规则。据统计，2021年广州网约配送行业交通违法查处量为13万宗，同比上升278%；在深圳，2021年1—11月，查处快递、外卖行业交通违法行为约20万宗，同比上升约150%。

（六）职工收入水平仍有待提高

1. 职工收入增长较慢。本次调查显示，职工月收入主要集中在2000~5000元（62.8%），约一半（47.8%）职工不满意当前工资收入水平，认为仅处于所在城市的“中等偏下”或“低收入档次”。23.8%的职工2019年以来没涨过工资。从数额上看，约六成（58.5%）职工工资涨幅在51~300元，与上一个五年相比，工资涨幅总体收窄。

2. 职工收入差距较大。从所有制成分来看，国有单位收入较高，平均月收入（指上月从单位获得的全部货币收入，不含年终奖，下同）为6214.86元，集体单位最低，为4729.84元。从行业来看，平均月收入最高的金融业为9112.52元，是最低的农林牧渔业3417.02元的2.7倍。从企业内部来看，管理人员与一线职工差距较大，如某电子信息企业，中层管理人员收入为22500元/月，而普通职工只有5000元/月，两者相差较大。

3. 生活压力较大。过半职工家庭（53.4%）总体收支“入不敷出”或“基本月光”，仅3.1%的家庭能“攒下不少钱”，家庭收支不平衡现象突出；大多数（97%）职工生活受物价影响较大。在住房方面，只有20.23%的职工属于自购住房，并已还清贷款；26.84%的职工为自购住房，尚在还贷；47.69%的职工表示按目前的收入和房价不打算买房。

（七）发展不平衡不充分问题依旧较为突出

1. 区域发展不平衡。广东作为改革开放的前沿阵地，国内生产总值连续多年位居全国首列，总体经济实力更是达到发达国家水准。然而从区域内部看，目前广东区域间的发展差距仍较大，粤东西北地区发展水平相对落后，部分县区甚至不如国内中西部地区。2000—2021 年，珠三角 9 市占广东全省经济总量的比重，从 76%升至 80.86%；2021 年非珠三角各地虽然人口占全省 38%，但 GDP 却仅占不到 20%。在人均 GDP 上仅有 6 市超过了全国平均水平（8.1 万元），潮州、汕尾、河源、云浮、揭阳人均皆不到 5 万元，最低的揭阳，人均只有 4.06 万元。

2. 各地职工收入差别显著。调研数据显示，珠三角广州、佛山、江门三地的职工人均收入分别为 7074.55 元/月、6414.34 元/月、5502.26 元/月，而在肇庆怀集这个数据只有 3587.46 元/月，只相当于广州职工平均月收入的二分之一。职工收入与各地经济发展水平相一致，但不同地区显著的收入差距，也反映了广东发展不平衡不充分的严重性。

（八）工会工作能力水平还需进一步提高

1. 工会组织和工会工作覆盖面需扩大。工会阵地覆盖面不足，基层工会建设力度需提高。调查显示，约四分之一受访职工尚未加入工会。其中，已建会单位的入会率也仅为 73.6%。同时，职工对工会工作的配合度、参与度不够高，非公企业中工会建设及工会活动开展还不充分。

2. 工会维权服务能力还需进一步提升。调查显示，职工对工会在提高职工工资收入、组织职工参与单位管理和提高职工职业技能三方面的服务工作评分最低。工会维权服务活动的影响力还不够广泛，高达 69.3%的受访职工没听说过或从没参加过工会线上服务活动。

3. 工会职工文化服务阵地建设还需加强。当前，虽然工会职工文化服务阵地覆盖面不断拓宽，但还不能满足职工日益增长的精神文化生活需求，工会传统职工文化服务阵地建设发展的效能需要进一步提升。调查显示，最近一年内，仅有 10.5%的职工去过工人文化宫，有 36.5%的职工表示对工人文化宫“不了解”，在对工人文化宫的期待方面，职工最希望工人文化宫增加图书阅览（18.5%）、教育培训（17.9%）、文化艺术展览交流（13.3%）等活动。由此可见，作为新时代“工人的学校和乐园”，工人文化宫作用发挥还不够充分。

四、准确把握广东工会面临的新形势新任务

“十四五”时期，我国进入新发展阶段，发展目标、发展任务、发展环境都发生了许多新的变化，工会工作面临许多新机遇新挑战。广东工会要胸怀“两个大局”，牢记“国之大者”，从全局和战略的高度，深入分析职工队伍深刻变化对工会工作带来的影响，进一步增强做好工作的责任感使命感紧迫感。

一要在贯彻落实党中央重大决策部署中找准定位点。我们要深刻认识到，党的二十大将是党的奋斗历程中又一次承前启后、继往开来的大会，为我们做好当前和今后一个时期的各项工作进一步指明了方向、提供了根本遵循。广东工会要沿着习近平总书记指引的方向，团结带领全省广大职工群众为广东奋力在全面建设社会主义现代化国家新征程中走在全国前列、创造新的辉煌建功立业。

二要在团结动员职工群众为全面建设社会主义现代化国家中找准切入点。工会组织作为党的职工群众组织，要围绕中心服务大局，充分发挥作用。调研表明，过去五年粤东、粤西、粤北地区和珠三角的差距越拉越大，发展内生动力仍需进一步增强；职工群众对过去五年广东的经济社会发展高度肯定、充满期待。广东省在第十三次党代会上确立了发展目标，就是：高质量发展实现新进步，经济运行保持在合理区间，创新能力显著提升，“三农”基础更加稳固，城乡区域发展更加协调，现代化经济体系建设取得重大进展，新发展格局战略支点作用充分彰显；改革开放取得新突破，“双区”和两个合作区建设战略叠加效应充分释放，创造型、引领型改革取得重要进展，更高水平开放型经济新体制基本形成。这些目标的实现，需要全省人民迎难而上、敢于斗争，朝着既定目标奋发努力、勇毅前行。广东工会要发挥政治优势、组织优势、制度优势、群众优势、资源优势，主动服务全省工作大局，找准工会推动经济高质量发展的切入点，引领广大职工立足本职、胸怀全局，积极参加劳动和技能竞赛，主动投身产业工人队伍建设改革，不断提升技能水平，充分发挥工人阶级主力军作用，展现新时代奋斗者的绚丽风采。

三要在职工美好生活新期待中找准落脚点。新时代我国社会主要矛盾已经转化为人民日益增长的美好生活需要和不平衡不充分的发展之间的矛盾。不断满足职工群众的美好生活需要，既是党和政府的奋斗目标，也是工会的奋斗目标。当前和今后一个时期，我国经济社会发展的国内和国际环境面临一些新情况新问题，疫情仍在不断以新的形式对经济产生影响，叠加世界经济等外部环境更趋严峻复杂，不确定性不稳定性因素显著增多，稳增长、稳就业、稳物价

会面临更大的压力。调研表明，随着物质需要逐步得到满足，职工有了更高的社会心理需要：面对快节奏、工作压力大、存在未知风险、由陌生人构成的现代社会，职工的心理孤独、抑郁、压力、焦虑需要疏导和释放渠道，也更希望有获得感、幸福感、安全感、公平感；随着经济发展和社会进步以及教育文化水平普遍提高，职工的民主意识、法治意识、权利意识、社会参与意识都在日益增强。这些新情况新变化，都对工会权益保障工作提出了新课题。广东工会必须要从满足职工多样化个性化需求入手，找准落脚点，最大限度维护好职工根本利益。

四要在职工队伍和劳动关系新变化中找准着力点。近年来，世界经济遭遇严重衰退，广东作为经济大省、外经贸大省，遭遇“三期叠加”“三重冲击”“三重压力”的重大考验。随着新一轮科技革命和产业变革的不断深入，数字经济、平台经济蓬勃发展，新技术新业态新模式大量涌现，职工队伍结构发生显著变化，以货车司机、网约车司机、快递员、外卖配送员等为代表的新就业形态劳动者快速增长，他们的就业方式、劳动关系、权益保障、组织方式呈现许多新特点，突出面临劳动关系认定难、社会保障欠缺、权利救济困难等问题，容易引发劳动领域风险矛盾，影响社会和谐稳定。同时，互联网的快速发展造成无限扩展的虚拟社会空间，在给人们生活带来无数方便的同时也带来新的社会治理问题和挑战；社会舆论、社会情绪甚至社会行为以新的机制形成，传统的社会管理模式面临挑战。广东工会要全面落实总体国家安全观，把工会权益保障工作的重点更多放在新就业形态劳动者等重点群体上、放在改进工作的薄弱环节上，加强职工队伍内部不同利益群体关系协调，积极推动构建和谐劳动关系，维护劳动领域政治安全，促进职工队伍团结统一与社会和谐稳定。

五要在推动工会工作高质量发展中找准创新点。习近平总书记强调，“时代在发展，事业在创新，工会工作也要发展、也要创新”。进入新发展阶段，工会处在为党和国家中心工作发挥更大作用的机遇期，处在更深层次更高水平推进工会改革的攻坚期，处在推动工运事业和工会工作高质量发展的窗口期，这对进一步深化工会改革创新，推动新时代工会工作高质量发展提出了新要求。牢牢把握高质量发展主题，不断创新工作的理念、思路和方式方法，切实加强和改进维权服务工作，十分必要，也势在必行。广东工会要始终保持勇立潮头、敢为人先、攻坚克难的胆识气魄，以保持和增强政治性、先进性、群众性为主线深化工会改革，推动思想再解放、改革再深入、工作再落实。

五、加强广东省职工队伍建设的对策建议

（一）强化理论武装，把思想和行动统一到习近平总书记重要指示精神和党中央决策部署上来

一是聚焦迎接和学习宣传贯彻党的二十大这条主线谋划推进工作。迎接服务党的二十大和学习宣传贯彻党的二十大精神，是当前和今后一个时期的首要政治任务。广泛开展学习宣传活动，引导广大职工群众和工会干部深刻感受国家的新变化新面貌新气象，鼓起奋进新征程、建功新时代的精气神，为党的二十大召开营造良好氛围。党的二十大胜利召开后，把学习宣传贯彻党的二十大精神与谋划当前和今后一个时期的工会工作结合起来，把党的二十大精神转化为思路举措、工作本领，自觉与党的二十大作出的决策部署对标对表，以钉钉子精神抓好各项工作落实。

二是始终保持工会工作的正确政治方向。深刻认识“两个确立”历史的必然性、理论的创新性、现实的指导性、捍卫的坚定性，提高政治判断力、政治领悟力、政治执行力，把“两个确立”落实到工会工作全过程各方面，始终在思想上政治上行动上同以习近平同志为核心的党中央保持高度一致。把坚持党的领导作为工会工作的最高政治原则和根本保证，全面贯彻习近平新时代中国特色社会主义思想，深入学习贯彻习近平总书记关于工人阶级和工会工作的重要论述，始终保持工会工作的正确政治方向。坚持以习近平新时代中国特色社会主义思想武装职工，以社会主义核心价值观引领职工，引导广大职工更加紧密地团结在以习近平同志为核心的党中央周围，听党话、感党恩、跟党走。

（二）认真贯彻落实全心全意依靠工人阶级方针，充分保障工人阶级主人翁地位

一是健全保证工人阶级主人翁地位的制度机制。强化各级党委贯彻全心全意依靠工人阶级方针的领导责任，落实到制定政策、推进工作、企业生产经营全过程各方面。强化和创新工人队伍党建工作，加大发展工人党员结构性倾斜力度，注重在非公企业、社会组织等重点领域和新就业形态劳动者、农民工、劳务派遣工等重点群体中发展党员。提高工人政治地位，适当增加工人群体在党的代表大会代表和委员会委员、人民代表大会代表、政协委员中的比例，提高其在群团组织代表委员中的比例，拓宽职工群众依法有序参与管理国家事务和社会事务的渠道。依托主流媒体广泛宣传工人阶级的劳动创造和卓越功勋，大力弘扬工人阶级的崇高精神和伟大品格。

二是壮大工人阶级队伍。深入研究制约工人阶级队伍发展壮大的体制机制问题，高度关注“工厂招工难、留人难”“年轻人不愿意进工厂、当工人”等现象，从顶层设计上解决好一线职工特别是制造业工人的社会地位、福利待遇、职业通道、社会保障等“一揽子”问题，增强第二产业、制造业企业对劳动力特别是青年劳动力的吸引力。聚焦新就业形态对制造业劳动力的“虹吸效应”，理顺制造业、新就业形态等劳动力要素供给体系机制，坚持第二、三产业特别是新产业新业态同步规划和推进。聚焦“机器换人”浪潮对职工的“挤出效应”，及时研判企业技术升级对职工队伍、生产管理、劳动控制等方面的影响，指导支持劳动者技能更新与企业自动化技术同步升级。

三是拓宽发展空间。推动企业实行人事管理和工人劳动管理相统一的人力资源管理制度，打破工人与干部、企业管理人员身份界限，拓宽晋升渠道。完善职业资格评价、职业技能等级认定、专项职业能力考核相结合的技能人才多元评价模式，打破职业技能等级与专业技术职务之间界限，推动高技能人才与专业技术人才职业发展贯通。建立健全终身教育资历框架等级标准，完善个人学习账号和学分累计制度，推进非学历教育学习成果、职业技能等级学分转换互认。健全公共就业服务体系，大力发展人力资源服务业，完善市场服务平台，引导劳动力资源合理流动和优化配置。

（三）加强职工思想政治引领，团结引导广大职工群众坚定不移听党话、矢志不渝跟党走

一是加强和改进职工思想政治工作。坚持不懈用党的创新理论武装职工，广泛开展“强国复兴有我”“中国梦·劳动美”等群众性主题宣传教育活动，把“大学习”的课堂搬到工厂车间、生产一线、发展前沿，推动职工理想信念教育、形势政策教育、红色文化教育常态化制度化。创新职工思想政治工作，主动聚焦职工特别是青年职工价值观念多元化复杂化特点，及时掌握各类职工群体的利益诉求和思想动态，强化人文关怀和心理疏导，提升思想政治工作的针对性实效性。注重网上引领，加强面向职工的网上阵地建设，深化“网聚职工正能量 争做中国好网民”主题活动，打造好网上职工之家。

二是强化职工道德建设。坚持把社会主义核心价值观融入职工生产生活，内化为职工的情感认同和行为习惯。深化以职业道德为重点的“四德”建设，深入开展职工职业道德建设标兵评选表彰，建设一批职工职业道德建设示范点，努力构建体现新时代特征、富有不同行业内涵的职业道德建设体系。深化拓展职工群众性精神文明创建活动，引导广大职工群众积极投身全省精神文明创建，

深化“南粤最美职工”学习宣传活动，加强文明企业、文明车间、文明班组、文明职工等典型选树，广泛开展学雷锋志愿活动，展示新时代职工文明形象。

三是加强职工文化建设。把中华优秀传统文化、岭南文化、红色文化等融入职工文化建设，强化红色工运场馆、职工书屋、工人文化宫、企业文化阵地等建设，着力打造健康文明、昂扬向上、全员参与的职工文化。强化职工文化产品供给，建设好发展好“中国梦·劳动美”系列职工文化品牌，发挥职工文体协会、职工艺术团体等作用，创新开展各级各类群众性职工文体活动。优化职工文化服务模式，争取公共文化设施和社会资源对职工文化工作的支持，为职工提供更多精准化、订单式、多层次文化服务。

（四）持续深化产业工人队伍建设改革，为经济社会高质量发展提供扎实人才支撑

一是加快构建职工技能形成体系。完善现代职业教育制度，全面推行现代学徒制、订单培养等“双精准”人才培养模式，支持在龙头企业和学校建设一批产教融合实训基地和创新平台，推广产业工人“1+X”证书制度，推动构建与高质量发展要求相适应的现代职业教育体系。加大职业技能培训力度，实施新产业工人职业技能提升工程，持续开展技工教育强基培优计划、百万产业工人大培训行动和“求学圆梦”行动，向产业工人提供普惠性、均等化的终身职业技能培训。创新职业技能培训模式，拓宽职工技能培训线上渠道，普及职业培训券做法，推进职业技能培训市场化、社会化、多元化改革。

二是完善劳动和技能竞赛体系。围绕全省重大工作部署、重大工程项目、重大产业布局，广泛深入持久开展劳动和技能竞赛，持续深化引领性示范性竞赛活动，探索开展“重点行业+领军企业”竞赛模式，推动各类主体在前沿科技、关键核心技术、“卡脖子”难题、产业共性技术等方面开展联合攻关。大力推进在新就业形态和非公有制企业中开展竞赛，并不断向网络平台拓展，创建“互联网+技能竞赛”新模式。加强职工创新创造，深入开展技术革新、技术协作、发明创造、合理化建议、网上练兵和“小发明、小创造、小革新、小设计、小建议”等群众性创新活动，加大职工创新成果展示推广转化力度。

三是创新劳模工匠作用发挥机制。大力弘扬劳模精神、劳动精神、工匠精神，深化以劳动创造幸福为主题的宣传教育，强化“南粤工匠”品牌效应，实施大湾区工匠精神传承与培育计划，讲好劳模故事、劳动故事、工匠故事。强化劳模工匠示范引领作用，常态化举办劳模工匠进企业、进校园活动，高质量推进劳模工匠本科班、工匠学院、劳模工匠创新工作室建设。做实劳模工匠管

理服务，健全劳模先进评选表彰机制，完善劳模政策、提升劳模地位、落实劳模待遇，推动工匠人才纳入各地党委、政府人才发展计划，帮助劳模、工匠解决实际困难。

（五）坚持维权与维稳相统一，坚决维护职工队伍和谐稳定

一是提升职工维权效能。落实就业优先政策，深入研究经济下行、疫情等因素对就业的影响，切实加强就业指导，深化就业创业服务，高质量推进“粤菜师傅”“广东技工”“南粤家政”三项工程，深化粤港澳大湾区招聘会、民营企业招聘周、阳光就业暖心行动等活动，努力改善就业环境。推动合理调整最低工资标准，完善企业工资决定、正常增长和支付保障机制，促进职工工资随经济效益和劳动生产率同步增长提高。推动劳动用工规范管理，督促落实劳动合同制度，持续推动劳务派遣用工依法规范。做好劳动保护工作，推行劳动安全卫生专项集体合同制度，深化“安康杯”竞赛等群众性安全生产和职业健康活动。完善职工社会保险制度，健全覆盖全民、统筹城乡、公平统一、可持续的多层次社会保障体系。

二是构建和谐劳动关系。深入落实中共中央、国务院印发的《关于构建和谐劳动关系的意见》，完善构建和谐劳动关系制度机制，深化和谐劳动关系创建活动，形成“党委重视、政府支持、各方配合、合力推进”的构建和谐劳动关系工作格局。加强企业民主管理，健全以职工代表大会为基本形式的企事业单位民主管理体系，把职工代表大会、集体协商、职工董事监事制度等融入企业法人治理结构，推进厂务公开制度化、规范化。加强协商协调，健全协调劳动关系三方组织体制，推行多形式多层级劳资沟通协商机制，促进集体协商提质增效。完善劳动争议多元化解机制，深化企业劳动争议调解组织和行业性、区域性劳动争议调解组织建设，健全“法院+工会”“人社+工会”“仲裁+工会”等联动模式，优化“12351”职工热线功能，实现劳资纠纷源头化解多元化解。

（六）加大职工服务保障力度，使改革发展成果更多更公平惠及全省职工群众

一是提升职工服务质量。聚焦推动实现共同富裕，大力实施提升职工生活品质行动，做优做强送温暖、农民工平安返乡、职工互助保障、大湾区职工服务机制等职工服务品牌，不断增强广大职工的获得感幸福感安全感。推进“会、站、家”一体化建设，培育壮大职工服务中心（站点）、“工会爱心驿站”“司机之家”等工会服务阵地。完善职工健康服务体系，推动职工体检、疗休养、

休息休假等制度有效落实，实施职工心理健康工程，搭建省、市、县（区）三级工会职工心理健康服务平台。创建职工生活幸福型企业，引导企业改善职工生产生活条件。积极应对人口老龄化，落实“十四五”时期广东养老和托育服务体系重点工程，打造更多普惠精准、便捷可及的职工服务模式。

二是创新职工服务模式。全面建立以职工满意度为导向的工作评价机制，推行工会服务职工工作项目清单制度，不断满足广大职工多样化、个性化、高品质需求。深化“以工会为主导，以社工为承担，以义工为配合”的联动服务模式，联系引导社会组织和外部资源为职工提供更多精准性专业化高品质服务，推动服务向新领域、新阶层、新群体不断拓展。加快推进工会志愿服务体系建设，进一步壮大职工志愿服务队伍力量，不断提升工会志愿服务标准化水平。做实工会“互联网+”普惠性服务，依托“粤工惠”会员实名服务平台，提供更多更便捷的网上“一键式”服务，努力实现服务对象全覆盖、服务内容全方位、服务时间全天候。

三是做好重点群体服务保障工作。建立健全困难职工家庭生活状况监测预警机制和常态化帮扶机制，积极构建困难帮扶、送温暖走访、互助保障相互衔接、层次清晰的帮扶工作格局，进一步巩固拓展解困脱困成果。突出做好新就业形态劳动者服务保障工作，深化“暖工行动”，推动健全灵活就业劳动用工和社会保障政策，加强法律援助和生活救助，切实帮助他们解决“急难愁盼”问题。关心关注农民工群体，深化农民工“求学圆梦”行动、关爱农民工子女行动、农民工公益法律服务行动，推动解决拖欠农民工工资和社保转移接续等“急难愁盼”问题。保障女职工合法权益和特殊利益，推动用人单位将帮助职工平衡工作和家庭关系相关措施纳入集体合同和女职工权益保护专项集体合同条款，做好实施三孩政策中女职工就业、生育保险、休息休假等权益维护工作。

（七）深化工会改革创新，不断提高新形势下工会工作能力水平

一是加强和改进党对工会工作的领导。建立党委研究决定工会工作重大事项制度，健全完善党委定期听取工会工作汇报、召开工会工作会议、工会工作考核等机制，强化政府与工会联席会议、工会与相关部门协同配合等工作机制，为工会履职尽责、发挥作用创造良好条件。提升工会系统党的建设质量，全面贯彻省委坚决落实“两个维护”十项制度机制，深化落实《广东省加强党的基层组织建设三年行动计划（2021—2023 年）》，持续推进“忠诚党的事业、竭诚服务职工”模范政治机关建设。加强工会干部队伍建设，完善培养、交流、使用和激励保障机制，优化干部队伍的经历结构、知识结构、能力结构，打造

一支高素质专业化的工会干部队伍。

二是增强工会改革的系统性、整体性、协同性。主动适应企业组织形式、职工队伍结构、劳动关系、就业形态、疫情防控等方面的发展变化，加快构建联系广泛、服务职工的工会工作体系，进一步增强工会组织政治性、先进性、群众性。支持基层工会组织开展差别化改革创新，及时把经过实践证明有效的做法上升为制度机制。加快智慧工会建设，加快推进“粤工惠”迭代升级，推进与网信、人社、民政、公安、住建、工商、金融等部门有关数据交换，不断提升工会工作智慧化、智能化水平。加强工会法治化建设，贯彻落实好新修订《工会法》，全面提升依法建会、依法管会、依法履职、依法维权的能力。

三是加强基层工会建设。实施“强基层、补短板、增活力”行动，深入推进“县级工会加强年”专项工作，把工作力量、经费使用等进一步向基层倾斜，努力实现全省县级工会实现工业园区工联会全覆盖、劳动争议多元化解机制全覆盖、工人文化宫建设和服务全覆盖、职工服务中心全覆盖、“全域智慧工会”模式全覆盖、社会化工会工作者专业队伍建设全覆盖、工会干部培训全覆盖目标，确保基层工会“有人干事、有钱办事、有场所服务”。扎实推进新就业形态劳动者入会集中行动，推广“重点建”“行业建”“区域建”“联合建”“兜底建”等建会模式，最大限度把新就业形态劳动者组织到工会中来。改进完善工会组织体系，巩固百人以上企业建会成果，健全乡镇（街道）—村（社区）—企业“小三级”工会组织体系和工作体系，加强区域性、行业性工会联合会标准化、规范化建设，持续推进非公企业和社会组织建会工作，不断扩大工会的组织覆盖面与工作影响力。

负 责 人：吕业升、陈伟东
承担单位：广东省总工会研究室

广西壮族自治区职工队伍状况调查报告

为深入了解全面建设社会主义现代化国家新征程中广西职工队伍的总体概况，科学评价权益维护、作用发挥等基本情况，研究提出进一步加强和改进新发展阶段职工队伍建设的对策建议，按照全国总工会统一部署，广西壮族自治区总工会成立以自治区人大常委会副主任、党组副书记，总工会主席张晓钦为负责人，以自治区总工会党组书记、常务副主席管理年为组长的自治区总工会第九次全国职工队伍状况调查工作领导小组，制定工作方案，组建工作专班，采取线上线下相结合的方式广泛深入开展专题调研。根据全国总工会第九次全国职工队伍状况调查办公室调查样本确定情况，在南宁市、柳州市、桂林市、北海市、防城港市以及梧州市苍梧县、玉林市陆川县、百色市平果市、河池市东兰县、崇左市天县 10 个市（县）选取已建工会单位职工 2500 人、工会主席 250 人，未建工会单位职工 500 人，进行线下问卷调查，广泛动员 11084 名职工认真参与网上问卷调查。在问卷分析、实地走访和文献研究的基础上，形成了本报告。

一、广西职工队伍总体状况

近年来，面对错综复杂的国内外形势、艰巨繁重的改革发展稳定任务，广西壮族自治区深入学习贯彻习近平新时代中国特色社会主义思想，贯彻落实党中央、国务院决策部署，坚持稳中求进工作总基调，主动作为、攻坚克难，扎实做好“六稳”“六保”工作，不断推进经济社会高质量发展，坚决稳定和扩大就业，职工队伍总量平稳增长、发展态势良好，其在结构、素质等方面均呈现出新的时代特点。

（一）职工队伍职业分布状况

据广西壮族自治区统计局、国家统计局广西调查总队发布的《2021 年广西壮族自治区国民经济和社会发展统计公报》显示，2021 年全区生产总值 24740. 86 亿元，按不变价格计算，比上年增长 7. 5%，两年平均增长 5. 6%。分产业看，第一、二、三产业增加值分别为 4015. 51 亿元、8187. 90 亿元和 12537. 45 亿元，占全区生产总值的比重分别为 16. 2%、33. 1%和 50. 7%，对经济增长的贡献率分别为18.0%、28.7%和53.3%。可见，广西壮族自治区经济结构转型升级持续向好，第二、三产业已成为经济发展的主要驱动力。

本次调查显示，广西壮族自治区从事第一产业职工占比为3.6%，从事第二产业职工占比为18.9%，从事第三产业职工占比为77.5%。从行业分布来看，职工数量排名前八的行业分别为教育，公共管理、社会保障和社会组织，制造业，卫生和社会工作，金融业，农林牧渔业，交通运输、仓储及邮政业，批发和零售业。其中，教育行业职工占比为25.1%，公共管理、社会保障和社会组织中的职工占比为20.4%，制造业职工占比为16.1%，卫生和社会工作职工占比为15.8%，金融业职工占比为4.3%，农林牧渔业职工占比为3.6%，交通运输、仓储及邮政业职工占比为3.2%，批发和零售业职工占比为2.5%。从单位类别来看，事业单位职工占比为51.3%，国有及国有控股企业职工占比为6.3%，私营企业、个体经营户、社会组织及其他工作的职工占比为42.4%。从单位所有制分布来看，公有制单位职工占比为55.9%，非公有制单位职工占比为44.1%。从单位规模来看，500人及以上企业职工占比为17.1%，100～500人企业职工占比为47.9%，100人以下企业职工占比为35%。随着互联网经济、共享经济的快速发展，加之新冠疫情的深刻影响，职工就业方式日益灵活多样，外卖配送员、快递小哥、网约车司机等新就业形态劳动者大幅增加。

（二）职工队伍结构基本状况

广西壮族自治区职工队伍年龄结构相对合理，总体呈年轻化趋势。调查数据显示，全区职工平均年龄为38.2岁，初次就业平均年龄为23.7岁。其中，20岁及以下职工占比为3%，21～30岁职工占比为34.5%，31～40岁职工占比为33.1%，41～50岁职工占比为20.1%，50岁以上职工占比为9.3%。可见，新生代职工数量快速扩大，中青年职工已成为职工队伍的主体。

从性别分布来看，男性职工占比为41.7%，女性职工占比为58.3%，性别结构相对均衡合理。从户籍分布来看，广西壮族自治区职工队伍多由本地户籍职工组成，比重达83.9%，外地户籍或其他职工仅占16.1%；城镇或居民户口职工占比为54.7%，农村户口职工占比为44.9%，城乡分布差别不大。从婚姻情况来看，广西壮族自治区职工队伍整体婚育状况良好，已婚职工居多，占比为65.9%；未婚职工占比为29.8%；离异职工和丧偶职工占比不高，分别为3.6%和0.7%。大多数职工为已育状态，占比达85.5%。其中，育有一孩职工数量最多，占比为43.6%。随着全面二孩、三孩政策的施行，育有两个及以上孩子的职工占比显著增长，达 42.1%。

从政治面貌来看，广西壮族自治区职工队伍中群众居多，占比为 52.8%；其次是中共党员，占比为 32%；共青团员占比为 14.4%；民主党派成员不多，占比仅为 0.8%。从宗教信仰来看，广西壮族自治区职工队伍中不信仰任何宗教的职工所占比例最大，达到 85.6%；信仰佛教、道教或其他教派的职工不多，占比为 14.4%。

（三）职工队伍的文化素质状况

“十三五”时期，广西壮族自治区经济社会发展取得重大成就，民生福祉持续增进，教育文化事业综合实力和整体水平迈上新台阶，教育面貌发生格局性变化，广大职工的文化素质快速提升。本次调查显示，广西壮族自治区职工平均受教育年限约为 14.3 年。其中，受过高等教育（含大专、高职、大学本科、研究生及以上）的职工已远超半数，占比达 74.2%；未受过高等教育（含中专、中技、高中、职高、初中及以下）的职工占比为 25.7%。其中，文化程度为研究生及以上的职工占比为 2.4%，文化程度为大学本科的职工占比为 45.8%，文化程度为大专、高职的职工占比为 27.1%，文化程度为中专、中职的职工占比为 7.9%，文化程度为高中、职高的职工占比为 7.2%，文化程度为初中及以下的职工占比为 9.5%。可见，职工队伍整体学历水平大幅提高，人才储备稳中有升，高学历、高素质职工不断增加。

（四）职工队伍的技能水平状况

广西壮族自治区聚焦重点产业发展，深入推进产业工人队伍建设改革，广大职工的技术技能水平持续提高。本次调查显示，专业技术人员队伍不断壮大，在所有职业中占比为 28.5%，比重最大。其中，取得专业技术职称的职工已过半数。从最高职业技能等级来看，具有初级职称的职工占比为 21%，具有中级职称的职工占比为 17.3%，具有高级及以上职称（含高级技工、技师、高级技师、特级技师、首席技师）的职工占比为 12.2%，较 2017 年职工队伍状况调查时增长显著。对于“现有工作岗位和教育或技术技能水平是否一致”，接受调查的职工平均给分约为 7.2 分，即比较一致。总体而言，通过逐步完善技能人才培养、使用、评价、激励机制，广西壮族自治区职工队伍的技能人才比例趋向合理，高技能人才培育成果进一步显现。

广大职工求学、求知、求技的思想意识普遍增强，不断从“要我学”向“我要学”、从“学历至上”向“兼备学历与技能”转变。本次调查显示，有不少职工对于目前职业技能在未来会过时表示担心，有 53.6%的职工很有兴趣学习新的职业技能或知识。最近一年，有45.2%的职工经常参加单位组织的培训，有30.1%的职工参加过单位开展的劳动和技能竞赛（技术比武、岗位练兵等）活动；有高达90.9%的职工通过参加培训提高了技能等级或专业技能，有74.2%的职工认为提升了自身的就业竞争力，有92.2%的职工认为开展劳动和技能竞赛对单位和个人都有好处。此外，还有25.8%的职工自费参加过（不是单位组织的）进修或培训，主要目的在于晋升职务、技术等级或提高工资收入。关于“最希望工会帮助获得哪些福利”，有31.8%的职工表示最希望得到培训机会；关于“产业工人队伍建设改革中与自身最相关的方面”，有74.2%的职工认为是能获得更多技能培训以及提升技能等级。可见，学习并掌握职业知识与技能，已成为当前广大职工较为强烈的兴趣和需求。同时，调查也显示，有34.3%的职工在参加单位组织的相关培训后实现工资收入增长，有37%的职工在参加单位组织的相关培训后调整到更理想的工作岗位。

二、广西壮族自治区职工权益保障及实现情况

（一）职工劳动经济权益保障和实现情况

1. 职工劳动就业状况基本稳定。调查数据显示，职工劳动就业稳定性较高。在最近五年内，职工中没有更换过工作的占比为59.4%，没有经历过失业的占比为75.1%，没有经历过下岗的占比为88.7%，没有经历过待岗的占比为78.4%，没有经历过安置转岗的占比为91.4%。仅有7.9%的职工曾因新冠疫情导致失业，2.1%的职工因新冠疫情而遭遇劳动纠纷。职工对工作满意度较高，37%的职工对目前这份工作表示非常满意，40.6%的职工表示比较满意，仅有1.1%的职工表示不太满意，0.2%的职工表示很不满意。

2. 职工工资水平稳步增长。调查数据显示，受调查职工的月平均收入为4211.3元，较2016年增长33.3%。月平均收入超过2000元的占比达85.1%。其中，收入在2001~4000元的为48%，在4001~6000元的为23.5%，在6001~8000元的为7.8%，在8001~10000元的为2.7%，收入超过10000元的为3.2%。广西壮族自治区经济环境运行平稳，就业形势稳定，政府多次调整企业工资指导线，上调最低工资标准，为工资增长兜底保障，2019年以来涨过工资的职工占比为69.9%，最近一次涨工资在2022年、2021年、2020年、2019年的职工占比分别为21.3%、31.5%、11.3%、5.7%。

3. 职工劳动安全卫生状况良好。本次调查显示，为保障新冠疫情期间安全生产，70%的职工所在单位为职工及时足量发放防疫用品，61.7%的职工所在单位及时足量发放劳动保护用品。企业对职工劳动安全卫生培训体系较为完备，

在受调查职工中，2020年以来曾参与过单位组织的安全生产和职业卫生方面培训的占比为75.6%。企业不断改善职工劳动安全卫生条件，完善相应防护措施，保障职工享有安全的劳动工作环境，72.9%的职工表示工作岗位或工作环境不存在高温、低温作业，20.2%的职工表示工作岗位或工作环境存在高温、低温作业但防护措施有效；78.1%的职工表示工作岗位或工作环境不存在粉尘污染，14.8%的职工表示工作岗位或工作环境存在粉尘污染但防护措施有效；86.7%的职工表示工作岗位或工作环境不存在有毒有害气体污染，9.5%的职工表示工作岗位或工作环境存在有毒有害气体污染但防护措施有效；80.6%的职工表示工作岗位或工作环境不存在容易伤及肢体的机械故障隐患，16%的职工表示工作岗位或工作环境存在容易伤及肢体的机械故障隐患但防护措施有效。职业病发病率和工伤率降低，92.8%的职工没有患过职业病，也没有受过工伤，较上一次调查提高2.6个百分点。

（二）职工民主政治权利保障和实现情况

1. 职工民主参与制度更加完善。在调查中，有57.2%的职工表示所在单位建立了职工代表大会制度，较2016年提升3.4个百分点；8.1%的职工表示所在单位建立了职工大会制度，较2016年提升0.9个百分点。调查数据显示，职工（代表）大会制度的建立完善程度与单位规模呈正相关，大型、中型、小型、微型企业中建立职工（代表）大会制度的比例分别为94.5%、68.2%、61%和47.5%。公有制企业民主管理制度建设较非公有制企业更加完善，公有制企业中建立职工（代表）大会的比例为77.5%，而在非公有制企业中这一比例仅为54.3%。职工对以职工代表大会为基本形式的企事业单位民主管理制度的认同度不断提高，超过70%的职工认为单位的职工（代表）大会发挥了积极作用。其中，51.2%的职工认为单位的职工（代表）大会作用发挥得很好，23%的职工认为单位的职工（代表）大会作用发挥得较好。

2. 厂务公开制度进一步健全。本次调查显示，受访职工中所在单位实行了厂务公开（业务、校务或院务公开）的占比达54.9%，仅有10.5%的受访职工表示未实行。其中，国有制企业和集体制企业厂务公开率较高，分别为70.8%和56.2%，职工知情权、监督权得到有效保障。

3. 职工高度评价集体协商作用。在调查过程中，53%的受访职工表示其所在单位开展了集体协商。其中，国有企业和港澳台商企业开展工资集体协商的比例较高，占比分别为60.6%和52.9%。职工对集体协商在维护职工权益方面所发挥的作用评价较高，52.2%的职工认为集体协商对维护职工权益非常有效，

36.1%的职工认为比较有效。

4. 职工意见表达渠道畅通。职工通过职工代表大会、厂务公开等民主管理制度，广泛参与单位的民主管理、民主决策、民主监督，有54.2%的受调查职工明确表示有机会对工作单位的经营管理和自身权益发表意见或反映愿望。表达渠道趋于多元，调查显示职工最常用的4个发表意见或反馈愿望的渠道是“直接向班组长或单位领导反映意见”“在单位职工代表大会上发表意见、提出提案等”“向单位工会组织或职工代表反映”“通过微信群、QQ群、电子邮件、OA系统、意见箱等方式”，占比分别为63.3%、53.5%、49.1%、40.3%。职工的权利意识、责任意识、主人翁意识日益增强，82.1%的职工认为参与单位管理是职工应当享有的权利，86.5%的职工认为参与单位管理有利于维护职工利益，83.1%的职工认为参与单位管理有利于促进单位发展，63.1%的职工非常关心工作单位的前途和发展。

（三）职工精神文化权益保障和实现情况

1. 职工生活幸福感较强。调查显示，78.7%的职工对我国实现全面建成社会主义现代化强国、实现中华民族伟大复兴的中国梦非常有信心；66.7%的职工对到本世纪中叶，全体人民共同富裕基本实现非常有信心。职工拥护、支持党和政府的大政方针，83.4%的职工非常赞同“党的百年奋斗从根本上改变了中国人民的前途命运，开辟了实现中华民族伟大复兴的正确道路”的观点；75.9%的职工认为党和政府在“打赢脱贫攻坚战，全面建成小康社会”方面做的工作非常好；87.8%的职工认为党和政府在抗击新冠疫情中，始终坚持生命至上、精准防控、保障人民生命健康安全的做法非常好。职工心态积极向上，76.4%的职工认同或比较认同靠劳动能过上富裕生活。职工对生活的满意度较高，对未来充满希望，80.9%的职工感觉未来的生活会变得越来越好。

2. 职工认可劳模精神、劳动精神、工匠精神。调查显示，72.5%的职工认为“劳模精神、劳动精神、工匠精神”是第一批被纳入中国共产党人精神谱系的伟大精神，88.9%的职工认为“劳模精神、劳动精神、工匠精神”是以爱国主义为核心的民族精神和以改革创新为核心的时代精神的生动体现，89%的职工认为“劳模精神、劳动精神、工匠精神”是鼓舞全党全国各族人民风雨无阻、勇敢前进的强大精神动力。职工对劳模工匠典型了解更加深入，66.6%的职工对劳动模范、大国工匠、时代楷模等先进典型人物非常熟悉或有所了解。认为全社会大力弘扬“劳模精神、劳动精神、工匠精神”的氛围非常浓厚的职工占比为32.6%，比较浓厚的占比为35.3%。职工高度评价“劳模和工匠人才创新工作室”作用，73.3%的职工认为设立工作室对单位、劳模和工匠人才乃至普通职工都有好处。

3. 职工精神文化生活较为丰富。调查数据显示，职工家庭上月平均花费在教育和休闲娱乐方面的支出为1182.1元，较上一次调查增加264.6元，占户均总支出的17.3%。职工参与所在单位文体活动的积极性较高，表示愿意且经常参与的为48.1%，愿意但没有时间参与的为43.8%。76.3%的职工对所在单位开展的职工文体活动满意或比较满意。随着“互联网+”时代的发展，数字媒体对职工的休闲娱乐活动方式产生深刻影响。调查数据显示，职工最喜欢的业余休闲活动前三项是“观看电影、电视”“上网、刷手机”“运动健身”，占比分别为49.1%、44.3%、39.1%。

（四）职工社会权利保障和实现情况

1. 职工组织化程度得到提高。调查数据显示，受访职工中是工会会员的占比为68.7%；单位有工会，但未加入的占比为8.8%；单位没有建立工会组织的占比为14%；参与过本单位工会委员会或会员代表选举的占比为61.6%。对工会各项职能满意度较高，受访职工在对本单位工会发挥作用情况进行评分时（最低1分，最高10分），工会在“保住职工工作岗位”“提高职工工资收入”“改善职工劳动条件”“提高职工职业技能”“组织职工参与单位管理”“调解劳动争议”“丰富职工业余文化生活”“做职工思想工作，进行心理疏导”8个方面的得分均超过7分，在“维护职工社会保障权益”“帮扶困难职工、送温暖”“维护女职工特殊权益”3个方面的得分均超过8分。

2. 职工社会保障得到加强。本次调查显示，有87.0%的职工参加了职工基本养老保险，有87.6%的职工参加了职工基本医疗保险，有85.6%的职工参加了工伤保险，有84.5%的职工参加了失业保险，有76%的职工参加了生育保险，有60.6%的职工办理了住房公积金。职工各项保险参保率均有所提升，其中基本养老保险、工伤保险和失业保险的参保率较上一次职工队伍状况调查涨幅较大，分别增长了9.6个、10个和16.2个百分点。48.6%的受调查职工表示，最近一年内单位缴纳各类保险的基数比过去有所提高。总体来看，全区职工社会保险覆盖面不断扩大，社会保障质量逐步提升。

3. 女职工劳动保护权益得到维护。调查数据显示，87.7%的职工所在单位没有发生限制女职工怀孕的情况，83.9%的职工所在单位没有因女职工怀孕、生育、哺乳而降低其工资，86.5%的职工所在单位没有因女职工怀孕、生育、哺乳而辞退或解除其劳动合同。在女职工妇科及乳腺疾病检查方面，有40.5%的受访女职工在2022年或2021年参加过单位组织的女职工妇科及乳腺疾病检查，女职工特殊权益得到较好保护。

三、广西壮族自治区职工队伍发展面临的主要问题

（一）职工队伍整体素质与高质量发展要求还有一定差距

广西壮族自治区人力资源和社会保障厅公布的《2021年度广西人力资源和社会保障事业发展统计公报》数据显示，2021年，全区人力资源市场需求总人数128.13万人，进入市场登记求职总人数68.7万人，求人倍率1.87，表明每100个求职者可以选择187个就业岗位。同时，根据广西壮族自治区人力资源和社会保障厅公布的2022年第一季度广西壮族自治区人力资源市场供求状况分析，从用人单位对求职者文化程度的要求看，对接受过高等教育（高职、高专、本科和硕士文化程度）的求职者需求占总体需求的比重为67.09%，对高中文化程度的求职者需求占比为20.93%，对初中及以下文化程度的求职者需求占比为11.51%。从用人单位对求职者技术技能等级要求看，对技术技能等级有明确要求的占需求人数的65.44%，主要集中在三级、四级、五级职业资格，以及初级、中级职称，其所占比重合计为63.3%。可以看出，全区职工整体就业压力不大，用人单位对接受过高等教育的职工以及技能人才的需求较大。

2018年以来，广西壮族自治区270万人参加各类职业技能培训，116万人取得职业资格证书。目前，全区有技能人才766.4万人，其中高技能人才174万人。虽然全区职工队伍整体素质呈平稳上升态势，高技能人才数量也在不断增长，但与发达地区相比仍有较大差距。同时，全区实施“产业振兴”战略举措，对技能人才特别是高技能人才需求越来越大，职工队伍整体素质尚不能满足产业转型升级和经济社会高质量发展需要。调查数据显示，受访职工中没有取得技能等级的占42.5%，初级技工占21%，中级技工占17.3%，高级技工占7.6%，技师占2.5%，高级技师占1.8%，特级技师占0.2%，首席技师占0.1%，不清楚自身技能等级的占7%。此外，根据第四届中国（广西）人力资源峰会发布的《2021年广西重点产业急需紧缺人才目录》，在648个急需紧缺岗位中，专业技术类人才需求最为迫切，专业技术类岗位占比高达64.2%。

可见，广西壮族自治区职工队伍还存在技能人才总量不大、高技能人才占比偏低等问题。其中原因也是多方面的，比如有的企业对职工技能培训的重要性认识不足，没有建立健全职工技能培训机制，职工技能培训渠道有限，培训方式单一；部分职工对接受继续教育存在认识上的偏差、重视不足，缺乏学习

的积极性、主动性；等等。在本次受调查的职工中，结束上一份工作后，接受过职业技能培训（包括自费）的职工占比为31.6%，而没有接受过职业技能培训（包括自费）的职工达68.4%；最近五年，自费参加过（不是由单位组织的）进修或培训的职工仅为25.8%，没有自费参加过（不是由单位组织的）进修或培训的职工高达74.2%；职工在最喜欢的业余休闲活动中选择进修培训的个案百分比仅为12.7%。

（二）职工队伍权益保障水平还有待进一步提升

职工收入水平不高、增长缓慢。根据《2021年广西人才网薪酬报告》，2021年薪酬范围在3000~3999元/月集中了34.35%的求职者和20.78%的职位数量；在4000~4999元/月集中了18.67%的求职者和21.89%的职位数量，在5000~5999元/月集中了13.99%的求职者和14.89%的职位数量。此次调查显示，职工2021年平均每月从单位获得的实际收入在2000元及以下的为14.9%，2001~4000元的为48%，4001~6000元的为23.5%，6001~8000元的为7.8%，8001元以上的仅占6%，均值为4211.2元；职工对自己现在的工资收入水平感到满意的占比13.6%，比较满意的占比13.4%，一般的占比47.5%，不太满意的占比8.7%，不满意的占比16.7%；职工当中认为自己的工资收入水平在所在城市属于高收入的仅为0.4%，中等偏上的为9.7%，中等的为41%，中等偏下的为26.3%，低收入的为17%，说不清的为5.6%。在谈及让自身感到压力最大的问题时，选择收入低选项的职工个案百分比高达56.3%。此外，新冠疫情给部分行业带来巨大冲击，职工工资收入也受到影响。调查数据显示，赞同新冠疫情导致所在行业经营困难的职工占比47.2%，比较赞同的为23%；职工中由于新冠疫情使其工资减少的占比31.8%。职工回答“最近一次涨工资是什么时候”这一问题时，选择2019年的为5.7%，选择2020年的为11.3%，选择2021年的为31.5%，选择2022年的为21.3%。

职工休息休假权利尚需进一步维护。调查数据显示，职工中目前平均每周工作少于5天的占比8.2%，每周工作5天的占比54.0%，每周工作6天的占比26.9%，每周工作7天的占比14.2%，均值为5.4天。职工中目前平均每天实际工作8小时以下的占比20.4%，平均每天实际工作8小时的占比42.2%，平均每天实际工作8小时以上的占比37.4%，均值为8.5小时。在被问到加班加点情况时，职工中回答几乎每天加班加点的占比3.3%，经常加班加点的占比11.8%，偶尔加班加点的占比68.6%，从不加班加点的仅为16.3%。在回答如何看待“996现象”时，职工认为能增加收入、可以接受的仅占17.6%，认为对身体和家庭生活影响大、不接受的为34.4%，认为虽然不愿接受，但无法拒绝的占比11.6%，不了解的为36.4%。2021年享受了带薪年假的职工占比66.7%，享受了带薪年假但没有达到规定天数的为6.6%，没有享受带薪年假得到相应补偿的为5.6%，没有享受带薪年假且未得到补偿的为21.2%。职工在回答与单位签订的劳动合同是否对加班工资计算有明确约定时，选择有的占比仅为39.7%，没有约定的为40.6%，不清楚的为19.6%。

职工民主权利尚需进一步落实。调查数据显示，职工中选择所在单位没有建立职工（代表）大会制度的占比为14.2%，选择不知道的为20.5%；认为所在单位的职工（代表）大会作用发挥一般的为19.8%，作用发挥较差的为1%，作用发挥很差的为0.4%，说不清的为4.5%。职工中选择所在单位没有实行厂务公开（业务、校务或院务公开）的占比为10.5%，不知道的占比为34.6%。另外，职工在回答是否有机会对工作单位的经营管理和自身权益发表意见或反映愿望时，选择没有机会的为24.6%，选择说不清的为21.1%。

职工社会保险待遇尚需进一步实现。在回答社会不公平主要体现在哪些方面时，选择社会保障待遇不公平的职工个案百分比高达40.2%。调查数据显示，没有参加职工基本医疗保险的职工占比9.8%；没有参加职工医疗互助活动的职工占比42.4%，不知道的占比18.9%；职工所在单位没有为其办理工伤保险的占比6.6%，不知道的占比7.8%；职工所在单位没有为其办理失业保险的占比8.8%，不知道的占比6.7%；职工所在单位没有为其缴纳住房公积金的占比35%，不知道的占比4.4%。

职工职业安全卫生权利尚需进一步保障。调查数据显示，职工认为单位劳动保护用品及时发放但不够用的占比6%，发放不及时的为2.8%，有需要但从未发放过的占比7.8%，不需要的占比21.6%；在疫情形势下，单位防疫用品及时发放但不够用的占比10.5%，发放不及时、不够用的占比5.1%，有需要但从未发放过的占比5.1%，不需要的占比8.4%。由于新就业形态劳动者从事的工作大部分没有固定场所，需要在不同地点、不同环境中来回切换，加之有的平台企业管理不规范，安全生产责任制落实不到位，没有建立健全相关安全生产规章制度和操作规程，其在劳动安全卫生权利维护方面面临的问题更为突出。

（三）职工队伍思想政治建设有待进一步加强

随着我国市场经济的深入发展，部分企业过分重视经济效益，对提升职工思想政治素质的重要性认识不充分、不到位，进而忽略了职工思想政治工作。

特别是一些非公有制企业职工思想政治工作存在较大短板，少数职工不太关心国家大事，对国家经济社会发展情况也不太关注。调查数据显示，职工中对“社会主义核心价值观”不太了解的占比8.3%，没有关注的占比3.8%。在回答“您是否赞同‘党的百年奋斗从根本上改变了中国人民的前途命运，开辟了实现中华民族伟大复兴的正确道路’”的问题时，持一般态度的占比2.4%，不太赞同的占比0.3%，没有关注的占比2.6%。职工认为“十四五”规划是政府的事情，跟我们老百姓没啥关系的占比0.9%，另外认为说不清的占比7.6%。在回答对我国实现全面建成社会主义现代化强国、实现中华民族伟大复兴的中国梦是否有信心时，认为一般的为2.8%，不太有信心的为0.1%，没有信心的为0.3%，说不清的为1.7%。

信息技术、通信技术的高速发展，互联网、手机等的普遍使用，一定程度导致各种社会思潮、言论对职工思想观念产生了不利影响，加之当前存在的一些社会问题也致使少部分职工思想上出现了些许的消极转变。调查显示，职工了解新闻、获取社会热点信息的主要渠道中选择新闻网站的个案百分比为69.3%，广播电视的为32.1%，报刊的为11.6%，亲友交流的为13.8%，微博、微信的为62.3%，抖音、快手等短视频平台的为47.1%，手机资讯的为49.9%，其他的为8.2%。职工中在回答目前的社会总体上是否公平时，职工认为不太公平的占比18.4%，认为很不公平的占比1.6%。职工中对“靠劳动能过上富裕的生活”的观念持一般认同的为9.4%，不太认同的为10%，说不清楚的为4.1%。在回答是否了解当代劳动模范、大国工匠、时代楷模等先进典型人物时，职工中选择非常熟悉，愿意向他们学习的占比22.3%；选择有所了解，被他们的事迹感染的为44.2%；选择了解有限，能说出一两个名字的为18%；选择有了解，但认同感不强的为1.7%，选择基本不了解的为13.7%。

四、进一步发挥工人阶级主力军作用的建议

（一）不断加强和改进职工思想政治引领，切实将广大职工紧紧团结在党的周围

一要坚持用习近平新时代中国特色社会主义思想武装职工。强化职工思想理论武装，搭建新载体、新平台，运用新方式、新方法，深入实施“常学力行守信念，八桂职工跟党走”思想政治引领行动。面向基层、面向职工，建立党的创新理论和工运理论下基层长效机制，健全企业班组常态化学习制度，完善落实基层联系点、送教到基层等制度，构建具有时代特色和工会特点的职工思

想政治工作领导体制和工作机制。广泛开展对象化、分众化、互动化的理论宣传宣讲活动，大力推动党的创新理论最新成果进企业、进车间、进学校、进教材、进头脑，夯实广大职工奋进新征程的思想基础。

二要加强职工理想信念教育。深入开展爱国主义、集体主义、社会主义教育，大力弘扬伟大建党精神，在广大职工中唱响共产党好、社会主义好、改革开放好、伟大祖国好、各族人民好的时代主旋律。持续深化党史、新中国史、改革开放史和社会主义发展史学习教育，深入开展“永远跟党走”“党旗在基层一线高高飘扬”等系列主题宣传教育活动，引导广大职工深刻认识中国共产党为什么能、马克思主义为什么行、中国特色社会主义为什么好，进一步增强听党话、跟党走的思想自觉和行动自觉。健全理想信念教育常态化工作机制，推动广大职工自觉增强对马克思主义、共产主义的信仰，增强对中国特色社会主义的信念，增强对实现中华民族伟大复兴的信心。

三要深化社会主义核心价值观教育。广泛开展“中国梦·劳动美”、劳动创造幸福主题教育，唱响劳动最光荣、劳动最崇高、劳动最伟大、劳动最美丽的主旋律，推动广大职工自觉培育和践行社会主义核心价值观。拓展群众性精神文明创建活动内涵，认真组织寻找“最美职工”和学雷锋志愿服务等活动，扎实推进社会公德、职业道德、家庭美德、个人品德建设，在广大职工中推动形成忠于祖国、忠于人民、向上向善、爱岗敬业的道德风尚。深入学习领会习近平总书记关于注重家庭家教家风建设的重要论述，加强家庭教育指导服务，推进家庭家教家风建设，引导职工重家教、立家规、传家训、正家风。深入开展民族团结进步创建活动，引导职工群众铸牢中华民族共同体意识。

四要打造健康向上的职工文化。推动形成党委领导、行政支持、工会运作、职工参与的职工文化共建共享机制，大力培育和发展职工文化。广泛开展职工文艺展演、职工运动会、职工艺术节以及职工摄影、视频、书画大赛等群众性文体活动，打造“中国梦·劳动美”系列职工文化品牌。鼓励各级工会广泛开展“工”字特色职工文化活动，构建“工”字特色职工文化精品库。深入推进职工书屋建设，努力把职工书屋打造成内聚人气、外树形象的职工文化阵地。加强职工文化人才队伍建设，打造专业化、社团化、志愿化相结合的职工文化人才队伍。充分发挥工人文化宫、“职工之家”等阵地作用，有效借助职工艺术院团、文体协会等团体力量，开展“菜单式”“订单式”文化服务。

（二）扎实推进产业工人队伍建设改革攻坚突破，努力建设适应高质量发展要求的高素质劳动者大军

一要推动产业工人队伍建设改革纳入全面深化改革的大盘子。深入贯彻落实习近平总书记关于推进产业工人队伍建设改革的重要指示特别是致首届大国工匠创新交流大会贺信精神，坚持党委统一领导、工会牵头抓总、政府各有关部门各司其职的原则，加快构建条块结合、上下协同、一体推进的工作格局和经常性的沟通协商、协同推进、系统创新、信息共享、督查督办工作体系，努力实现同频共振、同向发力。扎实做好精准化、差异化的分类指导，深入推进项目化试点工作，进一步推动思想引领、建功立业、素质提升、地位提高、队伍壮大等改革任务落地落实。加强和改进产业工会工作，充分发挥产业工会在推进产业工人队伍建设改革中的独特优势。积极推动党政各相关部门有效联动，注重发挥企业及职工群众的主体作用，不断深化政策集成，增强改革的系统成效。

二要着力完善产业工人技能形成体系。把产业工人队伍建设纳入人才优先发展战略范畴，将产业工人中的高技能人才放到党管人才的大局中统筹培养使用，进一步建立健全打基础、管长远的产业工人人才发展体制机制。针对先进制造业、战略性新兴产业、现代服务业等重点产业和重点工程项目，突出“高精尖缺”导向，创新高技能人才引进政策。深化职业教育改革，健全职业技能培训机制，强化产业工人教育培训。改进产业工人技能评价方式，完善社会化、多元化的技能人才评价体系，推动技高者多得，引导和激励产业工人走技能成才、技能报国之路。

三要积极培育和营造建功立业的浓厚氛围。围绕西部陆海新通道、平陆运河、乡村振兴、自由贸易试验区等重大战略、重点产业、重大工程、重大项目，广泛深入持久开展“桂有技能、产业振兴”主题劳动和技能竞赛，扎实推进群众性经济技术创新活动，充分激发包括产业工人在内的广大职工的创新创造活力。紧扣推动传统产业转型升级、战略性新兴产业倍增发展、特色产业做大做强，深入推进劳模和工匠人才创新工作室创建工作，总结推广“先进操作法”，带动广大职工立足岗位、创先争优。深入贯彻尊重劳动、尊重知识、尊重人才、尊重创造的方针，不断讲好劳模故事、劳动故事、工匠故事，大力弘扬劳模精神、劳动精神、工匠精神。

（三）牢固树立以职工为本的工作导向，持续满足职工群众美好生活向往

一要健全困难职工家庭常态化帮扶机制。建立防止返困动态监测机制，健全“一门受理，协同办理”帮扶救助机制，完善“深度困难重点帮、相对困难常态帮、突发困难及时帮”的常态化梯度帮扶体系。利用“互联网+”技术，健全帮扶管理智能化平台，提高帮扶管理信息化、规范化、动态化水平。发挥部门联动效应，促进困难职工帮扶与社会救助体系有效衔接，持续落实“六条保障线”和“两个全覆盖”。强化帮扶结对工作，深入开展“送温暖”、微心愿、志愿服务等爱心帮扶活动。坚持物质帮扶与扶志、扶智相结合，充分激发职工群众的内生发展动力。

二要扎实推进职工生活品质提升行动。以精准服务为导向，以满足职工美好生活需要为目标，深入实施职工生活品质提升行动，在高质量发展中促进共同富裕。完善服务职工长效机制，推行工会服务职工工作项目清单制度，着力为职工提供多层次“菜单式”服务。做好职工疗休养基地（点）认定工作，认真组织职工全员疗休养。积极开展职工服务中心赋能增效和职工生活幸福型企业建设试点，全面提升县级以上工会职工服务中心综合服务职工能力，推动职工服务转型升级。坚持贴近园区、贴近企业、贴近职工，持续加大工人文化宫、工人疗养院、“职工之家”、“爱心驿站”、“司机之家”等平台阵地建设，努力拓展职工服务的空间。鼓励社会服务机构参与合作创新，加快提高工会服务职工专业化水平。

三要着力维护和发展职工合法权益。高举维护职工合法权益旗帜，深入分析新形势下职工权益维护面临的新情况、新问题，聚焦工作重点，把握关键环节，最大限度实现好、维护好、发展好最广大职工的合法权益。强化源头参与，深化集体协商，健全以职工代表大会为基本形式的企事业单位民主管理制度体系，完善工会劳动保护监督机制和欠薪报告制度，进一步加大对职工稳定就业、收入分配、社会保障、民主政治、劳动安全卫生等权益的维护力度。及时掌握新就业形态劳动者的利益需求和现实困难，突出抓好新就业形态劳动者的建会入会工作，建立健全工会维护新就业形态劳动者权益保障机制，切实维护新就业形态劳动者合法权益。推动用人单位建立健全工作场所性别平等制度机制，促进家庭友好型工作场所建设，深入实施“女职工关爱行动”，努力维护好女职工的合法权益和特殊利益。

四要创新打造服务职工工作品牌。完善常态化送温暖机制，持续叫响做实

“春送岗位”“夏送清凉”“金秋助学”“冬送温暖”及职工医疗互助、工会法律援助、关爱农民工等工会工作传统品牌。深化和改革职工医疗互助保障管理，积极探索构建“横向到边，纵向到底”的职工医疗互助保障体系，实现会员受益面和保障程度双提高。积极开展健康体检活动，关心关注职工心理健康。建立健全模范职工之家动态复查监管机制，规范开展模范职工之家认定工作，探索开展模范职工之家“结对共建”活动，普遍提升职工之家建设质量。坚持统一性、通用性原则，优化推行工会会员服务卡，为职工提供多元普惠服务。加强工会志愿服务体系建设，打造职工志愿服务品牌。

（四）大力构建和谐劳动关系，坚决维护职工队伍团结统一

一要健全劳动与社会保障法律体系。一方面，以健全我国劳动与社会保障法律体系为目标，把和谐劳动关系理念作为劳动立法完善的基本价值理念，聚焦劳动法改革扩面提质、健全劳动要素市场化配置机制、依法保障平等就业权、建立健全劳动定额制度、完善劳动者与用人单位之间权利义务体系并明确权利义务边界等优先议题，适时修订《劳动法》《就业促进法》等相关法律。另一方面，围绕补位、优化、健全三个方面，系统推进立法工作，加快推动顶层设计与地方法治实践相结合，进一步健全从政策“补位”向法律“填补”转化的制度体系，不断满足劳动关系治理的制度之治需要。

二要完善构建和谐劳动关系机制。健全政府和工会联席会议制度，做实自治区、市、县三级地方协调劳动关系三方机制，构建多层次、全方位、网格化劳动关系协商协调格局。完善工会劳动关系发展态势监测和分析研判机制，探索推进工会劳动关系调处标准化建设。强化集体协商信息化平台和集体协商指导员队伍建设，深入开展企业和行业性、区域性集体协商，推动健全多形式多层级的沟通协商机制。做实做深“法院+工会+人社+N”劳动争议调解机制，探索通过购买服务等方式鼓励和支持社会力量依法有序参与法律援助工作，完善多方“大调解”模式。强化基层协调劳动关系工作服务站建设，深化“和谐同行”千户企业培育共同行动以及和谐劳动关系创建活动。

三要加强维护劳动领域政治安全工作。深入贯彻总体国家安全观，健全落实“五个坚决”要求的长效机制，推进工会维护劳动领域安全稳定体系和能力建设，切实维护劳动领域政治安全。完善监测点网络体系，深入推进网格化管理。健全工会信访治理体系，完善矛盾纠纷多元化解机制。落实意识形态工作责任制，牢牢掌握劳动领域意识形态斗争主导权。深化工会对劳动领域社会组织的政治引领、示范带动、联系服务，探索培育孵化党委领导、工会主管的劳

动领域社会组织或劳动领域社会组织联合会。坚持维权维稳相统一，加强与政法、公安、民政、人社等部门的沟通协调，形成责任明确、上下衔接、有效贯通的工作体系，构筑劳动领域维护政治安全工作大平台、大格局。

（五）进一步加强工会组织自身建设，深入推进工会工作改革创新发展

一要全面加强工会系统党的建设。践行伟大建党精神，贯彻新时代党的建设总要求，落实全面从严治党主体责任，推动工会系统党的建设向纵深发展。强化政治建设，切实把“两个维护”作为最高政治原则和根本政治规矩，始终将自觉接受党的领导落实到工会工作的全过程、各方面。坚持把纪律和规矩挺在前面，深化党风廉政建设和反腐败工作，深入推进“四风”问题专项整治，锲而不舍落实中央八项规定及其实施细则精神，持之以恒正风肃纪反腐，营造风清气正的政治生态。牢固树立正确的选人用人导向，健全容错纠错机制，完善考核评价体系和正向激励举措，加强内部轮岗、外部交流及教育培训，充分调动工会干部的积极性、主动性、创造性，加快建设忠诚干净担当的高素质专业化工会干部队伍。

二要着力夯实基层工会工作基础。以党建带工建为引领，完善党委领导、政府支持、工会主导、社会力量参与的建会入会工作格局，推动工会组建和会员发展稳步提升，构建纵横交织、覆盖广泛的工会组织体系。推行“行业覆盖、区域兜底”建会入会模式，最广泛地把新就业形态劳动者吸收到工会中来。稳步推进基层工会组织和会员实名制管理，精准动态掌握基层工会组织建设状况。牢固树立大抓基层的鲜明导向，进一步将更多的资源和手段向基层一线倾斜投放，健全完善基层工会会务公开制度，深入推进基层工会会员代表大会制度和民主选举制度，持续加强工会小组建设，探索实行非公有制企业兼职工会干部履职补贴制度，广泛开展会员评家工作，不断壮大工会社会工作专业人才队伍，切实推动基层工会建起来、转起来、活起来，更好发挥服务职工的桥头堡作用。

三要加快建设“智慧工会”。强化互联网思维，坚持把网上工作作为工会联系职工、服务职工的重要平台，深入推进“智慧工会”建设，构建具有工会特色的互联网生态体系，打造工会工作升级版，走好网上群众路线。完善基于会员实名制数据的数字身份账户系统，整合共享各级工会数据，吸收、融合社会优质应用资源，加强与政务公开大数据、政务共享大数据互联互通，着力形成以工会数据为核心的大数据资源体系，进一步为广大职工提供便捷高效的网上服务。充分运用信息化手段，持续推动工会工作流程再造、业务功能延伸

和领域拓展，努力实现跨层级、跨地域、跨产业、跨部门的网上工作协同。创新网上普惠服务模式，推行网上普惠服务精准化，切实提升“智慧工会”云平台用户活跃度、忠实度、满意度。加强互联网理论和实务培训，把知网、懂网、用网作为能力建设的重要内容，列入工会干部教育培训课程体系，引导各级工会干部强化互联网思维，不断提高运用互联网开展工会工作的能力和水平。

负 责 人：张晓钦、管理年

承担单位：广西壮族自治区总工会研究室、广西壮族自治区总工会干部学校

四川省职工队伍状况调查报告

党的十九大以来，四川省职工队伍牢记习近平总书记的殷切嘱托，勠力同心、砥砺奋进，在推动全省高质量发展中发挥了工人阶级主力军作用，在治蜀兴川新征程上谱写了崭新篇章。随着我国进入新发展阶段，新发展理念深入贯彻，新发展格局加快形成，经济社会变革影响更加深刻，全省职工队伍状况出现了一些新变化新趋势新特征，职工队伍建设面临一些新情况新问题新挑战，工会组织发展需要顺应新形势新任务新要求。按照全国总工会安排部署，四川省总工会成立了 12 个调查组，采取随机抽样的方式，对 21 个市（州）不同行业的 5727 名职工和 529 名工会主席进行了问卷调查。各调查组根据掌握的第一手资料和数据，认真分析研究，各有侧重撰写了分报告，四川省总工会课题组在此基础上再次研究分析形成了此报告。

一、四川省职工队伍发展态势总体向好，在与时俱进中彰显主力军作用

五年来，四川省职工队伍和各级工会坚持以习近平新时代中国特色社会主义思想为指导，深入学习贯彻习近平总书记关于工人阶级和工会工作的重要论述，在治蜀兴川各条战线上砥砺奋进、勇毅前行，职工规模达到 1935. 61 万人，职工队伍内部结构、整体素质、权益保障、作用发挥等方面发生积极变化。

（一）职工队伍状况呈现新变化

1. 职工年龄结构总体合理。本次调查显示，职工队伍年龄结构以 40 岁为分界线总体呈现 6∶4 的比例，40 岁以下职工占比为 59. 30%，这表明“80 后”“90 后”已经成为职工队伍主体，20 岁以下职工占比为 1. 30%，部分“00 后”开始进入工作岗位。40 岁以上职工占比为 40. 70%，相较 2017 年的 43. 8%降低了 3. 1 个百分点（见图 1），职工年龄结构的细微变化与全省数量型人口红利消减趋势基本一致，但依托劳动年龄人口素质提升带来的结构性红利仍然存在，职工年龄结构总体处在合理区间。

2. 产业行业职工结构持续优化。随着经济结构的持续调整和新就业形态的快速发展，职工行业、产业分布结构随之优化。本次调查显示，第一产业从业人数明显下降，第二产业从业人数小幅降低，第三产业从业人数则持续增加

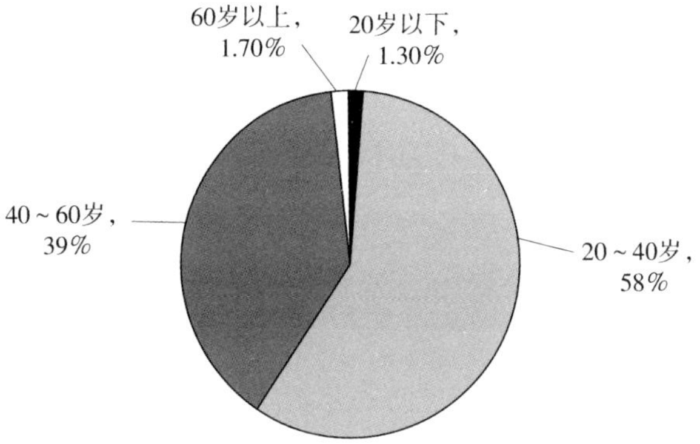

图1　受访职工年龄结构

（见图2），三者的比例从2017年的4.3∶32.7∶63调整为2022年的2.3∶31.8∶65.9。其中，交通运输及邮政、批发零售和居民服务是第三产业中吸纳就业能力前三的行业。2021年末，四川省民营经济主体达到751.6万户，占市场主体总量的97.4%，占全省城镇就业登记总数的82.1%。三次产业与产值结构的协调性进一步提高，非公企业和小微企业的市场主体活力依然充足，产业行业趋势变化客观反映了经济社会发展带来的劳动力要素在产业间转移和行业间的流动。

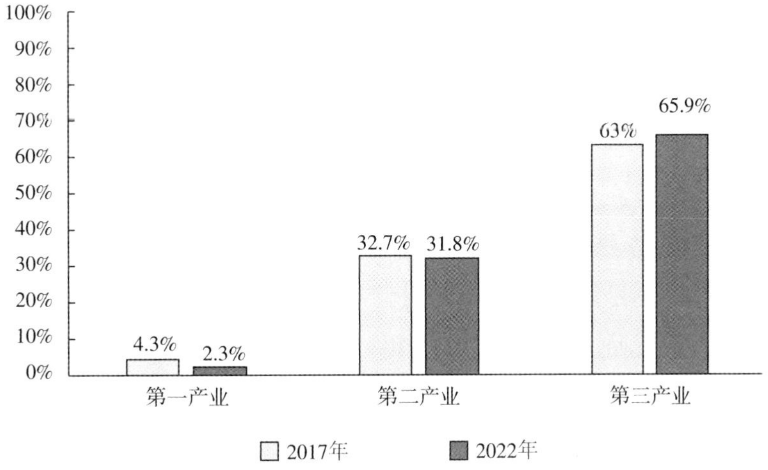

图2　职工三次产业分布结构变化

3. 科学文化素质稳步提高。基于受教育程度不断提高、就业环境持续改善、教育产业发展等因素影响，职工群众文化程度得以稳步提高。本次调查显示，高中及以上学历职工占比达到87.3%，比2017年提高1.6个百分点，其中高中

（职高）学历占比 12.8%，中专（中技）学历占比 8.2%，大专（高职）学历占比 31.2%，相较 2017 年均有所下降；大学本科及以上学历占比 34.8%，比 2017 年提高了 3.7 个百分点（见图 3）。

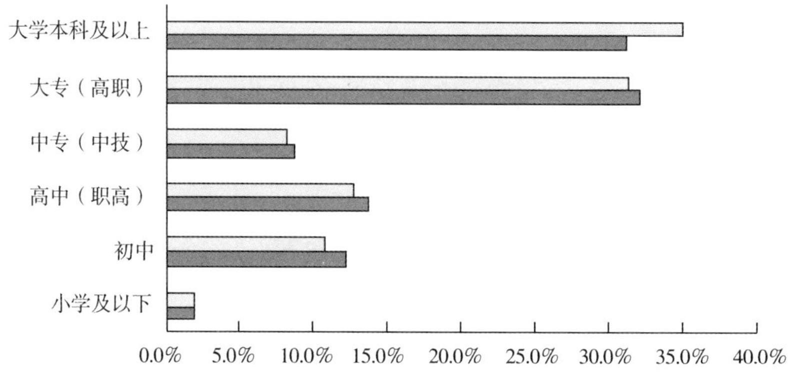

	小学及以下	初中	高中（职高）	中专（中技）	大专（高职）	大学本科及以上
□2022年	1.9%	10.8%	12.8%	8.2%	31.2%	34.8%
■2017年	2.1%	12.2%	13.7%	8.8%	32.1%	31.1%

图 3　职工受教育程度变化

4. 职工提升技能素质主观意愿增强。伴随产业工人队伍建设改革深入实施，职工参加技术培训、继续教育、劳动竞赛的积极性不断提升，拥有职业技能等级和专业技术职称的职工人数稳步提高。本次调查显示，有 84.9%的受访职工最近一年参加过单位组织的培训，其中 71.6%的受访职工认为通过培训提高了技能等级或专业技能，60.7%的受访职工认为通过培训提升了自身的就业竞争力；有 37.3%的受访职工参加过劳动和技能竞赛，有 25.4%的受访职工自费参加过不是由单位组织的进修或培训，并期待通过培训晋升职务、技能等级或提高工资收入。截至 2021 年，四川省技能人才总量达 1056.4 万人，专业技术人才总量达 367 万人，本次调查中受访普通职工拥有初级工及以上职业技能等级的比例接近 50%，受访专业技术人员中具备初级及以上职称资格的比例超过 40%（见表 1）。

表 1　职工提升技能素质意愿主要指标

<table>
<tr><th>问题描述</th><th>比例（%）</th><th>次级问题描述</th><th>比例（%）</th></tr>
<tr><td rowspan="2">最近一年参加过单位组织的培训</td><td rowspan="2">84.9</td><td>其中，通过培训提高了技能等级或专业技能</td><td>71.6</td></tr>
<tr><td>提升了自身的就业竞争力</td><td>60.7</td></tr>
<tr><td>参加过劳动和技能竞赛</td><td>37.3</td><td>—</td><td>—</td></tr>
<tr><td>自费参加过不是由单位组织的进修或培训</td><td>25.4</td><td>—</td><td>—</td></tr>
<tr><td>拥有初级工及以上职业技能等级</td><td>50</td><td>—</td><td>—</td></tr>
<tr><td>具备初级及以上职称资格</td><td>≥40</td><td>—</td><td>—</td></tr>
</table>

（二）劳动经济权益实现更加坚实

1. 职工就业水平保持稳定。2017—2021 年，四川省城镇新增就业人数 522.9 万人，年均城镇登记失业率控制在 4.5%以内。特别是新冠疫情暴发以来，四川省统筹疫情防控和经济社会发展，扎实做好“六稳”“六保”工作，保持了就业规模的总体稳定。本次调查显示，虽然有 60.5%的受访职工认为疫情导致了其所在行业的经营困难，但表示疫情曾导致单位停工停产的比例为 24.5%，仅有 5.9%的职工表明疫情导致其失业，4.5%的职工受到疫情影响导致社保缴费中断，对目前所从事工作的满意程度选择“非常满意”和“比较满意”的占 76.2%（见表 2）。在新冠疫情长期持续叠加经济下行压力背景下，全省稳企稳岗取得了积极成效，但值得注意的是，选择“担心”和“有点担心”自己会失业的比重占 49.8%，相当数量的职工客观上存在对就业前景的担忧情绪。

表 2　职工就业水平主要指标

<table>
<tr><th>问题描述</th><th>选项描述</th><th>比例（%）</th></tr>
<tr><td rowspan="5">目前所从事工作满意程度</td><td>非常满意</td><td>35</td></tr>
<tr><td>比较满意</td><td>41.2</td></tr>
<tr><td>一般</td><td>15.9</td></tr>
<tr><td>不太满意</td><td>1</td></tr>
<tr><td>很不满意</td><td>0.2</td></tr>
<tr><td rowspan="3">新冠疫情影响程度</td><td>疫情曾导致单位停工停产</td><td>24.5</td></tr>
<tr><td>疫情导致其失业</td><td>5.9</td></tr>
<tr><td>疫情导致社保缴费中断</td><td>4.5</td></tr>
</table>

2. 职工收入稳步增长。五年来，四川省职工工资收入平均水平稳步提升，2021 年全省城镇全部单位就业人员平均工资为 81420 元，比 2017 年增长 49.6%。本次调查显示，有 40%的受访职工表示在合同中约定了全部月工资的具体数额，有 68.7%的受访职工表明近 3 年有涨过工资，有 51.8%的受访职工认为自己的工资收入水平位于所在城市的中等及以上水平，有 75.7%的受访职工对当前工资收入水平表示“满意”或“比较满意”，新冠疫情压力下仅有 1.9%的受访职工表明所在单位出现过拖欠工资情形，工资增长和正常支付是主流趋势（见表 3）。

表 3　职工收入水平主要指标

问题选项描述	比例（%）
在合同中约定了全部月工资的具体数额	40.0
近 3 年有涨过工资	68.7
自己的工资收入水平位于所在城市的中等及以上水平	51.8
对当前工资收入水平表示“满意”或“比较满意”	75.7
所在单位出现过拖欠工资情形	1.9

3. 职工社会保障水平显著提高。五年来，随着社会保障体系的不断完善和社会保险制度的有效落实，四川省职工参与基本社会保险和补充保险的比例进一步提高，劳动者的社会预期和安全感得到进一步巩固。本次调查显示，79.6%的受访职工参加了职工基本养老保险，81.4%的受访职工参加了职工基本医疗保险，80.5%的受访职工办理了工伤保险，76.5%的受访职工办理了失业保险，74.8%的受访职工办理了生育保险，43.7%的受访职工办理了住房公积金，45.1%的受访职工表示最近一年缴纳各类保险的基数比过去有所提高，27.0%的受访职工所在单位提供了补充养老保险，28.9%的受访职工参加了商业医疗保险，25.4%的受访职工参与了职工医疗互助活动（见图 4），上述各项比例均较 2017 年有所增长，表明职工参保水平得到提升，保障类型更为丰富。

4. 和谐劳动关系得到巩固提升。在平台经济、零工经济等新就业形态导致用工形式更加多样的背景下，职工与用人单位和谐劳动关系得以巩固并有所提升。本次调查显示，87.2%的受访职工与用人单位签订了劳动（用工）合同，其中合同期限不满 1 年的降低至 3.7%，合同中对加班工资计算有明确约定的占比 36.1%；仅有 1.9%的受访职工反映用人单位有拖欠工资情形，且其中 99.2%

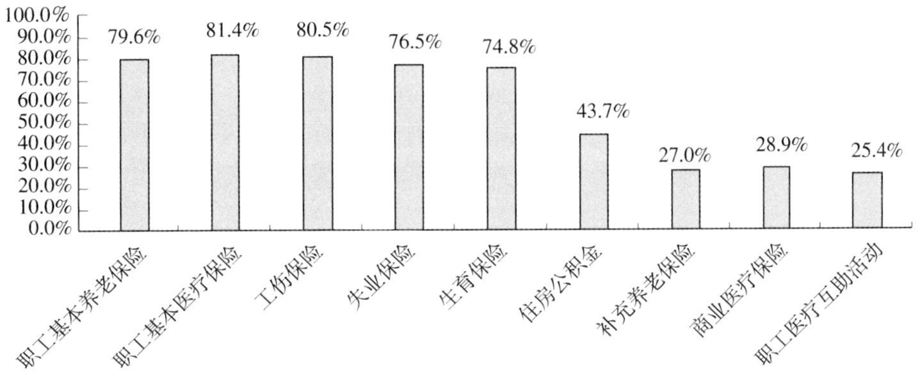

图 4　职工参保类型及情况

的拖欠工资总额在 5000 元以内；81.2%的受访职工反映从不或偶尔加班加点，加班职工中近八成表示加班能够获得加班费、倒休或其他形式的补偿；68.4%的受访职工在 2021 年享受了带薪年假或未休年假但得到相应补偿（见表 4）。

表 4　劳动关系水平主要指标

问题描述	比例（%）	次级问题描述	比例（%）
与用人单位签订了劳动（用工）合同	87.2	其中，合同期限不满 1 年	3.7
		对加班工资计算有明确约定	36.1
用人单位有拖欠工资情形	1.9	其中，<5000 元	99.2
		5000~10000 元	0.3
		10000~20000 元	0.2
		≥20000 元	0
从不或偶尔加班加点	81.2	其中，从不加班加点	13.6
		偶尔加班加点	67.6
带薪年假或未休年假但得到相应补偿	68.4	—	—

5. 职工劳动环境持续改善。新冠疫情防控常态化客观上带来了用人单位对职工劳动环境的重视改善，职业防护水平同步得到提升，2021 年四川省签订劳动安全卫生专项集体合同 4.5 万家，覆盖职工 432 万人。本次调查显示，仅 1.6%的受访职工反映劳动保护用品发放不及时，仅 1.4%的受访职工反映单位发放防疫用品不及时、不够用；在工作岗位或工作环境方面，75.0%的受访职工反映不存在粉尘污染，74.3%的受访职工反映不存在噪声污染，82.6%

的受访职工反映不存在有毒有害气体污染，84.8%的受访职工反映不存在辐射污染；86.7%的受访职工没有患过职业病，也没有受过工伤；61.9%的受访职工最近一年参加过单位组织的体检（见图5）。

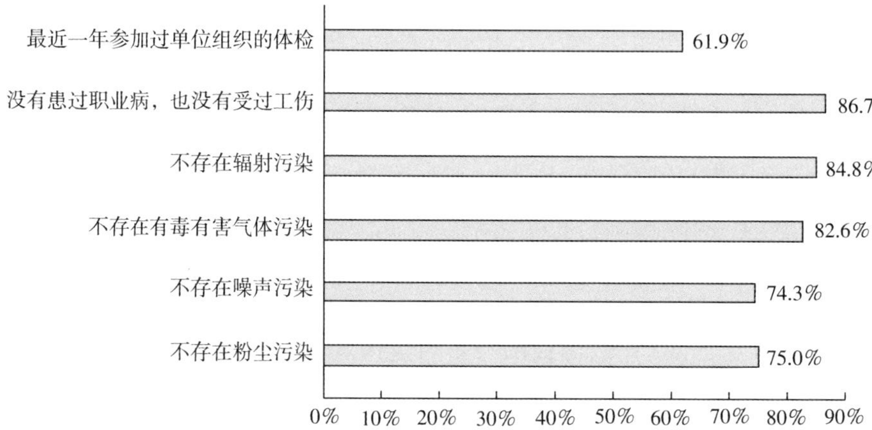

图5　职工劳动环境情况

（三）民主政治权利行使更加有力

1. 职工民主政治意识得到深化。五年来，四川省各级工会以完善职工参与企业民主管理为抓手，推动现代企业管理制度构建，职工对参与企业民主管理的主观认识和意愿得到加强。本次调查显示，53.9%的受访职工表示单位在制定劳动规章制度过程中有工会或职工代表参与，50.4%的受访职工表示是由职工代表大会表决决定，55.0%的受访职工表示会事先张贴出来征求职工意见，42.3%的受访职工表示会先实行再根据职工意见修改；在对职工参与单位管理的看法方面，70.5%的受访职工认为这是职工应当享有的权利，59.3%的受访职工同时认为有利于促进单位的发展，57.1%的受访职工则认为有利于维护职工利益。参加了人大代表选举投票的比例为44.5%，参加居住社区（村）活动的比例为61.5%（见表5）。针对在外农村户籍职工的调查显示，认为自己是“本地人”的占32.9%，是“新本地人”的占2.3%，是“外地人”的占6.4%，这表明城镇化进程中，户籍黏性的松动为农民工市民化提供了较好自我认同氛围，也是农村户籍职工享有民主政治权利的有力体现。

表5　职工民主政治意识主要指标

问题类型	选项描述	比例（%）
单位制定劳动规章制度过程中	有工会或职工代表参与（独立问题）	53.9
	由职工代表大会表决决定（独立问题）	50.4
	事先张贴出来征求职工意见（独立问题）	55.0
	先实行再根据职工意见修改（独立问题）	42.3
职工参与单位管理的看法（多选，限选3项）	职工应当享有的权利	70.5
	有利于促进单位的发展	59.3
	有利于维护职工利益	57.1
参加了人大代表选举投票		44.5
参加居住社区（村）活动		61.5

2. 民主政治权利实现渠道更加畅通。五年来，职工民主政治权利实现渠道进一步健全丰富，权益体现更为充分。四川省第十二次党代会代表中生产和工作一线党员代表占35.58%，他们中90.85%的同志在党的十九大以来受到省部级及以上表彰，较好体现了代表性和先进性。本次调查显示，有22.4%的受访职工是职工代表大会代表，有37.9%的受访职工还是职工董事（监事），二者合计比例达到60.3%；在意见发表渠道方面分布相对离散，通过职工代表大会发表意见，通过民主议事会、恳谈会发表意见，直接向领导反映情况，向单位组织或职工代表反映，通过微信群、QQ群、电子邮件、OA系统、意见箱等方式反映的比例相差并不明显，表明了职工意见表达渠道的多样化，特别是诸多柔性意见表达渠道受到职工青睐。

3. 集体协商与集体合同成效明显。五年来，集体协商制度在企业端得到积极落实，职工工资共决和职工工资正常增长机制得以深化完善，四川省签订综合集体合同6.79万份，覆盖职工891.2万人。本次调查显示，58.2%的受访职工反映所在单位开展了集体协商，56.2%的受访职工认为集体协商在维护职工权益方面作用发挥“非常有效”或“比较有效”。随着集体协商制度的不断完善，企业劳动关系的和谐程度和职工对企业的认同程度也显化到了此次调查当中，调查显示有81.8%的受访职工关心单位前途和发展，有67.4%的受访职工认为单位关心职工个人利益和成长发展，有83.1%的受访职工认为单位经营管理者与普通职工之间关系融洽（见图6）。

图 6　职工和谐劳动关系情况

（四）精神文化权益享有更加丰富

1. 职工思想政治认同高度凝聚。本次调查显示，有 94. 1%的受访职工赞同“党的百年奋斗从根本上改变了中国人民的前途命运，开辟了实现中华民族伟大复兴的正确道路”这一观点；有 93. 6%的受访职工对党和政府在“打赢脱贫攻坚战，全面建成小康社会”方面的工作表示“非常好”和“比较好”；有 96. 9%的受访职工认为党和政府在抗击新冠疫情中，始终坚持生命至上、精准防控、保障人民生命健康安全的做法是“非常好”或“比较好”；有 95. 6%的受访职工表示“非常支持”或“比较支持”坚定不移推进全面从严治党、大力推进反腐倡廉；有 73. 6%的受访职工认为中央八项规定出台以来，贪污腐败有了明显减少；在对“十四五”规划目标认识上，有 67%的受访职工认为规划目标切实可行，还有 22. 9%的受访职工虽然对具体内容不太了解，但相信党和政府制定的目标是正确的，95. 5%的受访职工对全面建成社会主义现代化强国、实现中华民族伟大复兴的中国梦充满信心，上述问题中的可比数据相较 2017 年都取得了显著提升，表明通过 5 年来经济社会的持续发展，职工思想政治认同得到了进一步加强和凝聚。

2. 职工“四德”建设深入人心。本次调查显示，有 88. 0%的受访职工认为和以前相比，现在人们的道德水平“有所提高”，比 2017 年提升了 21. 6%；有 75. 9%的受访职工认为雷锋精神值得学习弘扬，比 2017 年提升了 12%；有 77. 8%的职工对“社会主义核心价值观”表示“非常了解”或“比较了解”；有 75. 7%的受访职工认为当前全社会弘扬“劳模精神、劳动精神、工匠精神”有着浓厚氛围；特别在对“劳模精神、劳动精神、工匠精神”的认识理解上，仅有不到1%的职工表示“没听说过”；有85.4%的受访职工认为目前社会总体上保持公平，有81.1%的受访职工认同“靠劳动能过上富裕的生活”；45.1%的受访职工参加过抗疫相关的志愿服务（见表6）。

表6　职工精神面貌主要指标

问题选项描述	比例（%）
认为人们的道德水平“有所提高”	88.0
认为雷锋精神值得学习弘扬	75.9
对“社会主义核心价值观”表示“非常了解”或“比较了解”	77.8
认为当前全社会弘扬“劳模精神、劳动精神、工匠精神”有着浓厚氛围	75.7
认为目前社会总体上保持公平	85.4
认同“靠劳动能过上富裕的生活”	81.1
参加过抗疫相关的志愿服务	45.1

3. 职工精神文化生活更为丰富。随着“80后”“90后”逐步成为职工主体，职工文化需求呈现多样化趋势。本次调查显示，职工最喜欢的业余休闲活动没有出现明显的集中趋势，观看电影电视、上网和刷手机、读书看报选择占比靠前，运动健身、旅游、逛街购物等活动紧随其后，体现了职工业余休闲生活方式更为丰富的特点；54.8%的受访职工表示单位有职工文体活动场所，56.5%的受访职工愿意去文体活动场所活动，72.2%的受访职工对单位开展的职工文体活动表示满意；北京冬奥会成功举办影响下，54.6%的受访职工愿意更多参与冰雪运动；74.1%的受访职工对自身心理健康情况评价为“很好”或“比较好”；新冠疫情发生以来，除做好防护措施（93.8%）外，养成良好作息习惯（31.3%）和加强运动锻炼身体（29.8%）来保护自己和家人的健康受到更多职工选择。

（五）互联网发展影响更加深刻

1. 对新就业形态的认识更加包容理性。调查结果显示，超过八成的受访职工没有考虑过依托互联网从事专兼职开网店、开专车代驾、送快递外卖、做自媒体公众号、做网络视频主播博主以及做网络教育培训。但在针对“共享经济”“数字经济”“平台经济”等新业态对职工就业产生的影响调查中，有31%的受访职工认为对所在行业有较大冲击；有27.6%的受访职工认为对其就业岗位有较大冲击；有33.9%的受访职工认为带来了更多的就业选择机会；有37.8%的受访职工认为带来了更多的创业可能性；有61.1%的受访职工认为督促了其加强学习，提升就业能力。当前四川省新就业形态从业人数占职工总数的比例并不高，但新就业形态广泛积聚在接触性服务行业，对整个经济社会结构产生广泛而深刻的影响是大势所趋。

2. “数字经济”重塑生活方式。本次调查显示，职工在日常生活中，使用较多的移动互联网产品或服务分别有“网上交友聊天”（43.9%）、“网上购物”（40.9%）、“移动支付”（33.1%）、“网上点外卖”（13.0%）、“网络约车、共享单车”（12.9%），这一结果与当前新就业形态的兴起相吻合。职工了解新闻、获取社会热点信息的主要渠道选择占比靠前的为新闻网站（62.5%）、手机讯息（35.7%）、微博微信（33.7%）、短视频平台（27.9%），而广播电视和报刊等传统媒体渠道占比较小，互联网的发展正在重塑着人们的生活方式和习惯（见图7）。

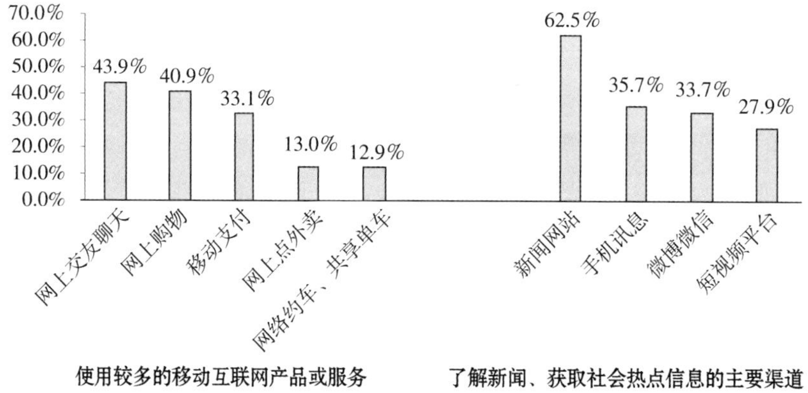

图7 “数字经济”对职工生活的影响情况

3. 网上工会建设职工评价较好。互联网技术发展同样深刻影响和改变了工会服务平台和服务模式，虽然参与网络工会活动的职工比重尚有较大提升空间，但参与活动的职工反映评价总体较好。本次调查显示，有14.6%的受访职工经常参加网上开展的工会服务职工活动，有31.5%的受访职工偶尔参加；对网上工会活动的评价方面，有47.5%的受访职工认为具有新颖度和吸引力，有47.3%的受访职工认为具有网络参与便利程度，有46.6%的受访职工认为具有实惠力度，有46.2%的受访职工认为界面友好、方便易用，上述问题评价为“比较差”和“很差”的合计比例均没有超过2%。

（六）主力军作用更加彰显

1. 劳动竞赛助力经济高质量发展。五年来，四川省各级工会坚持把开展劳动竞赛作为组织产业工人建功立业的重要平台和载体，聚焦中央重大战略部署，形成了以重点工程劳动竞赛为龙头、以现代产业体系劳动竞赛为依托、以区域性劳动竞赛为支撑的立体竞赛格局，同时推动非公企业和新产业、新业态开展竞赛，全省参与单位达 47.3 万家，参与职工超 3000 万人次，规模以上企业参与率 90%以上，考核名次稳居全国第一名，劳动竞赛成为四川省职工队伍的一张闪亮名片。

2. 技能大赛多领域深入开展。紧紧围绕四川省工业“5+1”、服务业“4+6”、农业“10+3”产业体系建设，大力推进电子信息、装备制造、文旅产业、现代物流、川派餐饮等 10 大板块技能大赛，覆盖行业更广泛，围绕中心更突出，非公企业职工参与更广泛，先后有 400 余人获四川省五一劳动奖章，超 2000 名高技能人才被纳入省级技能标兵库管理。实施工匠级人才梯次培育“百千万”计划，五年来累计命名四川工匠 180 人，成都工匠 2467 名。圆满承办第七届全国职工职业技能大赛并取得历史最佳参赛成绩，两个工种获得团体总分第一名、6 个工种总成绩排名全国第三。

3. 职工技术创新多渠道推动。不断健全和完善职工岗位创新、班组团队创新、劳模和工匠人才创新工作室、创新工作室联盟示范创新的创新工作体系，累计建成省级创新工作室 370 余个、各级创新工作室 4500 余个，指导成立全省机电冶煤、建筑、电力等行业创新工作室联盟，进一步拓展技术革新、技术协作、发明创造、合理化建议和“五小”活动内涵，年均创新课题近 2000 项，创新成果近 1700 项，师带徒及培训培养职工技能人才近 6 万人次，创新成果转化应用节创经济效益超 50 亿元，四川展馆在首届大国工匠创新交流大会精彩亮相，综合成绩排名第一，跻身“最佳组织奖”单位之列。

（七）工会组织建设迈上新台阶

1. 建会入会工作有力推进。四川省各级工会坚持把加强工会组建、激发工会活力作为工会工作重要任务，积极探索灵活建会方式，着力推进“小三级”工会建设工作、新就业形态劳动者和农民工入会工作，同时进一步加强动态管理，把建会入会工作引向精准。截至 2021 年末，四川省基层工会数为 14.1 万余家，工会会员人数为 1890.91 万人，其中农民工会员达 983.89 万人，占比 52.1%，成为工会会员的重要组成部分。在新就业形态劳动者建会入会上采取企业建、行业建、兜底建等手段，全省已累计建立新业态工会 10281 个，发展新就业形态劳动者会员116万人。

2. 工会干部队伍素质能力得到提升。四川省工会干部队伍建设成效持续提升。截至2021年末，全省共有专（兼）职工会干部51.23万人，其中兼职工会干部48.83万人。基层工会主席产生的规范化水平进一步提高，73.9%的受访工会主席表示通过工会会员（代表）大会选举担任工会主席，较2017年提升9.4%。与此同时，各级工会组织高度重视工会干部培养培训工作，全省工会领导干部的政治素养、受教育程度均有显著提升，本次调查显示，有70.2%的工会主席是党（团）员，有82.8%的工会主席具有大专及以上文化程度，较2017年提升9.4%。全省市（州）、县（市、区）总工会主席全部由同级党委常委担（兼）任；企业工会主席也较多地由企业中层以上管理人员担（兼）任，本次调查占比69.3%。

3. 工会工作得到职工群众普遍认可。本次调查设置了针对职工所在工会作用发挥情况的打分评价，共涉及11个方面，最高分为10分，职工评分为8分以上的占比及排序情况如下：帮扶困难职工、送温暖64.5%；维护女职工特殊权益63.6%；维护职工社会保障权益61%；丰富职工业余文化生活60.4%；做职工思想工作，进行心理疏导59.5%；保住职工工作岗位58.9%；调节劳动争议58.6%；提高职工职业技能57.2%；组织职工参与单位管理54%；提高职工工资收入53%；改善职工劳动条件44.4%（见图8）。总体情况较好，肯定工会工作是主流评价。

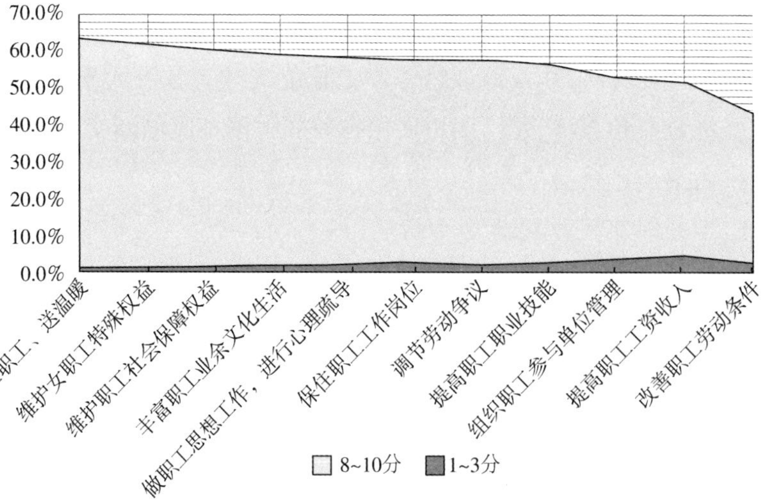

图8 职工对工会工作评价情况

二、四川省职工队伍发展过程中值得关注的新情况新趋势新问题

随着我国进入新发展阶段，创新引领和数字赋能经济发展特征更趋明显，区域经济和产业结构面临革命性重塑，新经济新业态新模式发展迅速，四川省职工队伍内部结构、就业形态、技能素质、权益诉求等方面出现了一些新特征新变化新问题，具体表现在以下几个方面。

（一）职工队伍内部变化和竞争加剧

1. 职工队伍内部群体多样性趋势更加明显。在上一轮职工状况调查中，职工队伍已经呈现群体内部的多样化特征。经过五年的发展变化，职工队伍内部群体的多样性出现了更明显的演进趋势，如企业经营管理者群体因类似科层制管理模式而产生分层，中高级管理人员与基层管理人员在资源支配和收入地位等方面存在差别；普通工人群体因户籍制度约束而区分为城市工人群体和农民工人群体，在市民化权利等方面差异明显；同处电商链条上的主播与快递从业人员形成鲜明对比等。可见，在工人阶级内涵外延不断丰富的同时，也产生了深刻的内部变化，既表现在职业结构和经济地位上，也体现在精神意识上，并在一定程度上影响了职工队伍的阶级认同。本次调查显示，在如何提高工人阶级的主人翁地位问题上，42.3%的受访职工选择了“增加社会认同和尊重”；在涉及工人阶级的调查题目中，不同于上一轮调查时的选择较为集中，本次调查结果呈现较强的非正态分布特征，一定程度上反映出职工内部群体多样性导致的诉求多样性。

2. 竞争加剧改变部分职工职业价值观。职工队伍内部群体的多样化实质是职工队伍内部阶层间流动阻碍增大的表现，因为无法提供有效的上升通道，诉求的差异转换为了群体内部的竞争，同群体需付出更多努力以争取有限资源，一些局部现象甚至少量极端案例，容易在媒介发酵下导致部分社会群体的心理群体极化现象。本次调查显示受访职工“平时偶尔加班”或“从不加班”的占比高达 81.2%，对加班现象的看法也呈现出相对均势的状态，存在加班现象的受访职工其动因也是多样的，包括但不限于工作责任心及社会责任感驱使，以足够高的薪资或及时性的福利来交换，工作量波动与个人时间管理的需要，等等，客观反映出职工职业价值观念的悄然改变。

（二）就业收入问题对推进共同富裕形成拖曳

1. 结构性矛盾仍是就业主要问题。随着供给侧结构性改革的深入推进，速度换挡、结构调整、动力转换的影响较为直接地映射到了劳动力供需两侧。传

统行业中结构性就业矛盾比较突出，如传统制造行业在化解过剩产能和应对消费萎缩过程中挤压出了一批年龄和技能不能适应的劳动者，造成隐形失业，同时技术升级和发展转型带来的岗位缺口又缺乏庞大技工群体补充，与之相对应的则是一些年轻人不愿到工厂生产一线工作，人才短缺同时压迫企业研发生产两端，传统行业普遍面临“招工难”问题。此外，还存在地区就业结构问题，四川由于省会城市成都的首位度较高，产业相对集中发达，对各类型劳动力吸引能力较强，人口流入情况和就业情况相对较好，但对省内一些市（州）而言，劳动力人口流出成为必须直面的难题，而对于大多数县域经济而言，压力则更加明显，工资水平较低、产业水平较低，留在县域城镇的企业招工难与劳动力就近就业难已经是持续多年的问题。同时，近几年是高校应届毕业生人数高峰，伴随着大量高学历劳动者向低端服务业等领域“下沉”就业，会挤出相关行业的低技能劳动者，可能导致形成就业规模减小、质量下降的负向循环。

2. 收入增长低于职工预期。职工收入水平总体呈现上升态势，但低于职工预期。本次调查显示，职工上月从单位获得的全部货币收入（不含年终奖），小于 2000 元的占 7.90%，2000～4000 元的占 47.9%，4000～6000 元的占 28.1%，职工月收入中位数位于个税起征点以下（见图 9）。职工 2021 年没有获得年终奖的占 47.8%，小于 4000 元的占 19.2%，4000～10000 元的占 17.5%。2019 年以来，没有涨过工资的占 23.2%，而表示涨过工资的职工中，最近一次的涨幅在 1000 元以下的占 94.1%。职工认为自己的工资收入水平在所在的城市属于中等及中等偏下的占 24.2%、低收入的占 13.6%，对工资收入认为一般的占 15.6%，不太满意的占 11.3%，不满意的占 46.4%。

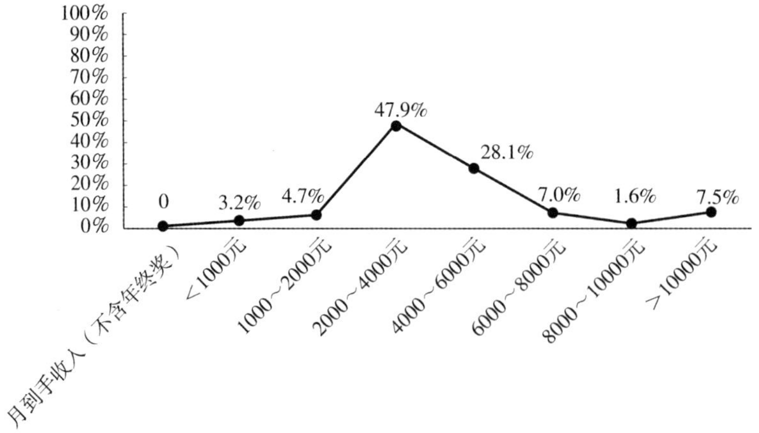

图 9　受访职工上月到手货币收入（不含年终奖）情况

3. 收入分配问题亟须得到更大程度重视。在推进共同富裕的过程中，把做大的蛋糕分好显得尤为关键。当前，全省城乡之间、地区之间、行业之间、经济类型之间，收入差距呈现扩大趋势。据四川省统计局数据显示，近五年城镇居民家庭和农村居民家庭的人均可支配收入都实现了持续增长，但城乡居民收入比达到2.36，绝对差距从2017年的18500元扩大到2021年的23869元。区域间，市（州）职工平均工资高低级值间的差距逐年扩大，从2017年的25625元扩大到2021年的30966元。2021年，四川省城镇非私营单位在岗职工平均工资为100469元（折合月平均工资8372元），城镇私营单位就业人员平均工资为57399元（折合月平均工资4783元），相差近2倍，与2017年持平。2021年，年平均工资收入最高的是信息传输软件和信息技术服务业为130608元，年平均工资收入最低的是居民服务修理和其他服务行业为46329元，二者相差2.82倍（见表7）。本次针对职工生活品质的调查显示，71.8%的受访职工认为提高一线职工、基层工作人员的工资水平是缩小贫富差距的最有力措施；52%的受访职工认为实现共同富裕要坚持共享性增长，实现收入增长与经济增长基本同步；70.5%的受访职工认为生活品质首要体现在更满意的收入上。

表7　2021年四川省职工收入主要指标

主要指标	数值
城乡居民收入比	2.36
城乡居民收入绝对差距	23869元
市（州）职工平均工资高低级值差	30966元
全省城镇非私营单位在岗职工平均工资	100469元 （折合月平均工资8372元）
城镇私营单位就业人员平均工资	57399元 （折合月平均工资4783元）
信息传输软件和信息技术服务业年平均工资	130608元
居民服务修理和其他服务业年平均工资	46329元

（三）新冠疫情影响职工心理预期

1. 职工压力感知度明显走高。年青一代职工群体普遍没有在工作中经历过经济下行影响，表现更加不适应由此带来的工作和生活压力现象，近几年职工压力感知度明显走高。本次调查显示，有42.3%的受访职工认为“压力很大”，有 49.7%的受访职工认为“有一定压力”。压力的来源方面，排名靠前的因素包括新冠疫情影响了工作生活（41.6%）、子女教育（24.1%）、看病就医费用高（17.5%）、买不起房（12.3%）。通过进一步调查新冠疫情对生活的影响发现，亲友聚会交流减少（44.2%）、日常防疫措施增加生活不便（26.1%）、不能出游旅行（24.5%）和焦虑情绪增加（14.8%）是职工认为影响比较大的几个方面（见图 10），进而有 19%的受访职工认为自身心理健康状况“一般，有时会有情绪困扰”，4.6%的受访职工认为“不太好，经常有情绪困扰”，53.4%的受访职工认为疫情导致“收入减少或稳定性变差”，31.4%的受访职工认为导致“找工作更难”，29.3%的受访职工认为导致“心理压力增加”。

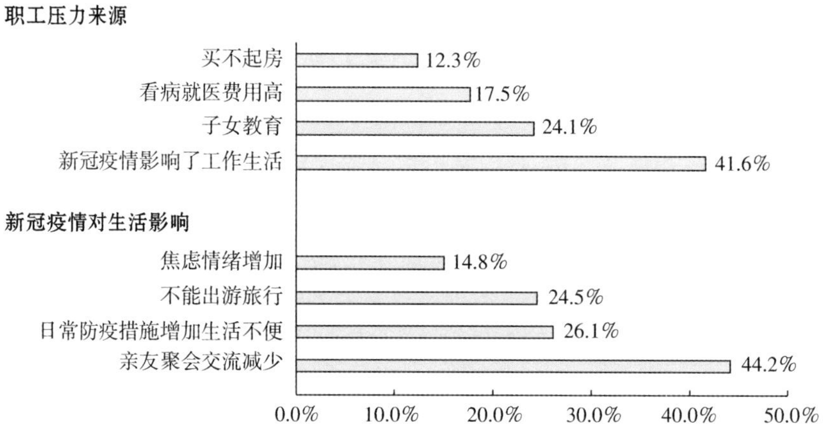

图 10　受访职工压力感知情况

2. 职工心理预期向多元化转换。受近年来经济转型发展的影响，职工心理预期的变化非常明显。本次调查显示，在对工作最看重什么的选择中（限选 3 项），“工作稳定”的占 66.2%，“收入高”的占 43.6%，“职业发展空间大”的占 36.2%，“能兼顾家庭”的占 33.1%，“实现自我价值”的占 24.2%，“工作安全”的占 22.6%，“工作强度适中”的占 20.3%。这样的离散分布还体现在职工对工会的期望上，60.8%的职工关注“社会保障政策落实问题”，54.4%的职工关注“加班和休息休假问题”，44.4%的职工关注“劳动安全卫生问题”，38.1%的职工关注“劳动合同和劳动争议问题”，32.3%的职工关注“同工同酬问题”，19.9%的职工关注“女职工特殊权益维护问题”。同上一轮调查结果相比，职工心理呈现由一贯性向多元化的转换趋势，这对工会工作提出了新的要求。但对工会主席的调查结果显示，只有 49.9%的单位面向职工提供过心理咨询、婚姻家庭咨询等专业培训或讲座活动，只有34.2%的单位免费或优惠提供第三方咨询服务，工会工作对职工心理变化的重视和应对稍显不足。

（四）职工技能素质提升还有较大空间

1. 普通职工技能素质仍需继续加强。虽然通过调查发现职工在提升自身技能素质方面的主观意愿和积极性得到显著提升，但从当前专业技术人员保有量和占比来看，职业技能人才的“纺锤型”结构尚未形成。本次调查显示，50.3%的受访职工没有技能等级，技师占比仅为1%，高级技师占比仅为0.7%。60.2%的受访职工没有专业技术职称，拥有初级职称和中级职称的职工合计占比约为28.5%，高级职称仅为3.2%（见表8）。在调查最希望参加哪些方面的进修或培训时，排名靠前的为“党的理论政策和国家法律法规”（25.4%）、“学历或学位教育”（21.6%）、“文艺、体育、书画等类”（18.2%），而选择技工类培训（如车工、钳工等）、厨师家政类、计算机技术类、金融财会类等实用性技能培训的占比分别仅为2.9%、1.14%、10.2%、4.3%，这在一定程度上反映出职工个人意愿与市场需求间的错配。

表8　受访职工技能等级和技术职称情况

最高职业技能等级	比例（%）	最高专业技术职称	比例（%）
无技能等级	50.3	没有专业技术职称	60.2
初级工	8.2	初级职称	15.5
中级工	6.4	中级职称	13.0
高级工	2.0	高级职称	3.2
技师	1.0		
高级技师	0.7		

2. 技能素质提升的激励保障政策不够充分。本次调查显示，在参加单位组织的与工作相关的培训带来的好处方面，44.2%的受访职工表示并没有增加工资收入，45.1%的受访职工表示没有因为参加培训而调到更理想的工作岗位，这表明技能培训在提升收入、岗位调整和职务晋升方面的作用不够明显，或者说未得到企业的有效重视。据对工会主席的问卷调查统计，单位提取职工教育培训经费占职工工资总额的比例低于1.5%的占到10.2%，没有提取的占到18.5%，职工教育培训经费用于一线职工的比例达到或超过60%的仅为35.2%，这表明

企业在职工技能培训方面的投入还不充足。此外，新业态新经济涉及的较多职业暂时没有纳入职业技能评价体系，职业技能认定体系覆盖不够全面，也是制约职工通过技能提升实现收入增长和地位提升的因素，本次调查显示，尚有38.1%的受访职工没听说过产业工人队伍建设改革，“听说过，不太了解”的占55.1%。

（五）职工权益保障出现新状况

1. 劳动弱势群体权益保障问题需要关注。下岗人员、残疾人和部分农民工、女性劳动者、新就业形态劳动者等劳动群体因生理性或社会性原因导致处于相对弱势地位，且他们的弱势因素具有高度的重合性。比如，女性职工因社会劳动以及家庭工作的性别区分导致了无偿劳动和就业机会的缺失，本次调查显示，14.5%的女职工在产假期间的工资待遇水平低于产假前水平，90.5%的单位没有提供托育服务。又如，农民工群体，城市治理过程中往往存在“内外有别”的城市内部二元结构，对低廉劳动力的依赖导致“逐低竞争”，劳动力再生成本被转嫁到了更加贫困的劳动力输出地。本次调查显示，25.4%的受访职工表示乡村振兴战略与自己关系不大或不能从中获益，24.6%的受访职工表示推动传统产业转型升级与自己关系不大或不能从中获益。54.3%的受访职工最近五年没有参加过人大代表选举投票，37.6%的受访职工没有参加过居住社区或村的活动，其中多数为相对弱势劳动群体。

2. 健康不平等及其累积效应值得重视。城乡之间、行业之间、岗位之间的健康不平等问题，加上时间累积效应发展至今更为明显，不加以重视将会深刻影响社会公平。本次调查显示，31.5%的受访职工最近一年没有参加过单位组织的体检，26.8%的受访女职工没有参加过妇科及乳腺疾病检查，2.4%的受访职工得了职业病或受了工伤还没有治好，其中又有1.3%的受访职工认为单位在治疗、疗养和赔偿等方面做得不好，4.6%的受访职工勉强能负担治病费用，2.2%的受访职工难以负担，为治病欠下很多债务（见表9）。在职工生活品质专项调查中，“看病就医”问题仅次于收入和就业排在当下急需解决的问题第三位，社区养老和生活服务位列民生领域希望改进的第一位，认为生活品质主要体现在“更好的医疗卫生服务”和“更好的社会保障”的分别占51%和47.8%，这些反映了职工队伍健康不平等问题。

表 9　职工健康问题相关情况

问题描述	比例（%）	次级问题描述	比例（%）
最近一年没有参加过单位组织的体检	31.5	—	—
受访女职工没有参加过妇科及乳腺疾病检查	26.8	—	—
得了职业病或受了工伤还没有治好	2.4	单位在治疗、疗养和赔偿等方面做得不好	1.3
		勉强能负担治病费用	4.6
		难以负担，为治病欠下很多债务	2.2

（六）工会建设进入新阶段

1. 职工期望水涨船高，工会作用发挥有待拓展。随着工会服务品牌的做响擦亮，职工对工会主要职能职责给予了总体较好的评价，但对工会的期望也水涨船高。在对工会发挥作用的评价打分调查中，低于 3 分（1~10 分）的选项比例较高的有提高职工工资收入（4.9%）、组织职工参与单位管理（3.7%）、保住职工工作岗位（3.1%）、做职工思想工作和进行心理疏导（2.6%）。提到工会，职工想到联系最密切的关键词则是职工代表（53.6%）、慰问送温暖（26.0%）、福利补助（24.9%）（见图 11）。在职工最希望工会开展或加强的服务工作排前三的是提高职工工资收入（67.3%）、开展职工职业技能培训（45.2%）、开展劳动和技能竞赛（19.4%）。通过上述三个问题我们可以窥见职工对工会作用发挥的期望在发生变化，评价相对较低和期望加强的正是近年来工会持续加大工作力度的稳岗就业、培训竞赛、思想引领和心理疏导领域，重合疫情影响则更为明显聚焦到了如何提升职工收入水平上。

2. 职工需求多样，工作精准程度需要提高。不同职工群体的需求差异较大，这就对工会工作的分众化、个性化、精准化程度提出了更高要求。本次调查显示，在职工更加关注工会维护哪些权益问题上（限选 3 项），社会保障政策落实问题为 60.8%，加班和休息休假问题为 54.4%，劳动安全卫生问题为 44.4%，劳动合同和劳动争议问题为 38.1%，同工同酬问题为 32.3%，女职工特殊权益维护为 19.9%，畅通职工诉求表达渠道为 14.7%，职工诉求表达更为分散。在希望工会帮助职工获得哪些福利、希望工会在哪些方面发挥更大作用等问题上

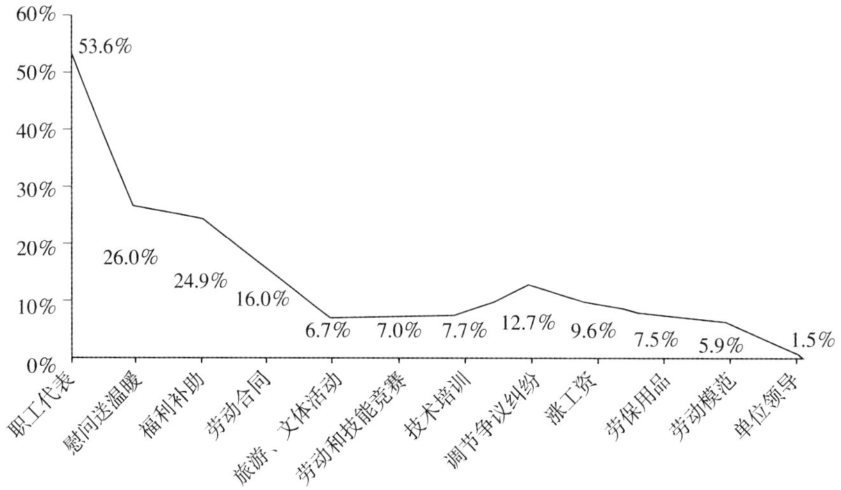

图 11　职工认为与工会联系最密切的关键词分布情况

同样表现出了诉求的多元化。在最希望参加哪些进修培训、影响去工人文化宫的最主要原因、不生育或不再生育的原因、遇到困难问题时倾向于找谁帮忙等备选项中设置了“其他”选项的问题中，选择“其他”的比例均超过了 10%，有不少职工的意愿游离于设定的主流观点之外。

3. 服务供给滞后，网上工会建设还要深化。与互联网技术和数字经济重塑职工工作生活方式相对应的，是互联网技术同样改变了工会工作的模式载体，但通过调查发现，尽管网上工会建设近年来取得了长足的进步，但从服务供给与职工需求适配性上讲，服务仍然比较滞后。本次调查显示，有 29. 7%的受访职工没听说过网络上开展工会服务职工活动，23. 2%的受访职工知道但没有参加过，且在参加网上工会活动的职工中，30. 3%的受访职工表示是单位要求参加的，通过亲友同事口碑推荐的占 10. 5%，上网无意间发现的占 5. 1%。在针对为何没有参与网上工会活动的调查显示，7. 3%的受访职工觉得麻烦浪费时间，6. 8%的受访职工认为活动没有多大吸引力，7. 7%的受访职工是操作不太熟悉，还有 14. 6%的受访职工选了其他原因。

4. 发展环境变化，产业工会发展面临多重难题。本次调查开展了对全省产业工会组织建设发展及作用发挥情况的专项调查，调查显示各产业工会在积极发挥作用的同时也面临着多重发展难题。地方产业工会组织体系不够完善，越往下产业工会机构人员越显薄弱，市（州）内设产业工会人员较多与机关部室“混岗”，县级工会基本没有单设产业工会。产业工会与政府职能部门和行业协会的工作协同不足，缺乏稳定和常态的联席工作机制，部分行业协会指导服务水平参差不齐等限制了产业工会作用发挥。非公企业工会干部流动频繁、个别行业经费保障水平下降等问题同样制约着产业工会健康发展。

三、团结带领职工队伍全面建设社会主义现代化四川的对策建议

《四川省国民经济和社会发展第十四个五年规划和二〇三五年远景目标纲要》，明确提出了四川省要在二〇三五年与全国同步基本实现社会主义现代化的宏伟目标。在迈步全面建设社会主义现代化四川新征程、喜迎党的二十大的关键时刻召开的四川省第十二次党代会，擘画了未来五年治蜀兴川事业的宏伟蓝图，正激励和动员全省各族人民坚定信心、勇毅前行，为实现第二个百年奋斗目标不懈奋斗。站在新的历史起点加强四川职工队伍建设，必须坚持以习近平新时代中国特色社会主义思想为指导，坚持党的全面领导，坚持以人民为中心的发展思想，大力弘扬劳模精神、劳动精神、工匠精神，团结动员全省广大职工立足新发展阶段、贯彻新发展理念、融入新发展格局，在奋力夺取全面建设社会主义现代化四川新胜利中充分发挥工人阶级主力军作用。

（一）提升制度机制保障水平，增强职工队伍内生权能

1. 提高职工政治地位，深化企业民主管理。工人阶级是先进生产力的代表，已为中国革命、建设和改革开放的实践所证实。应当进一步强化各级党委贯彻全心全意依靠工人阶级方针的领导责任，适当增加一线工人在党的代表大会代表和委员会委员、人民代表大会代表、政协委员、群团组织代表大会代表和委员会委员中的比例，深化人民民主专政政权的充分民主性和广泛代表性。推动立法进程，明确职工代表大会是公司制企业民主管理的基本形式，搭建职工行使民主权利底板。坚持围绕完善党委领导、政府负责、民主协商、社会协同、公众参与、法治保障、科技支撑的社会治理体系这一目标，探索具有支持效率、可计量性、透明度以及职工互动的企业管理机制，增加他们在政治和经济活动中的参与度，建设人人有责、人人尽责、人人享有的社会治理共同体。持续加强企业民主管理，深入推进厂务公开民主管理制度化规范化，加强区域性、行业性职代会制度建设与交流借鉴，有效落实职工知情权、表达权、参与权和监督权，增强职工参与企业改革发展的主观能动性。

2. 提高发展包容性友好性，激励职工共建共享发展成果。针对职工队伍存在的原发性、积累型问题，需要不断提高发展的平衡性、协调性、包容性，构建公平公正、共建共享的包容性发展新机制，增强职工队伍发展权能。持续推动社会治理和服务重心向基层下移，充分配置提升基层治理能力所需资源，就

工会系统而言应当更加注重区县一级工会的建设力度、保障水平和权责下移。市场力量和公共政策带来的排斥性风险难以完全消除，因而始终致力体现公共政策对劳动者中的相对弱势群体的兼顾和倾斜，有利于根源化应对阶层固化，如顺应职工群体多样化趋势，动态更新职业分类，配合细分职业技能等级认定，促进不同职工群体内部流动性。通过数字技术、专业动态调整等机制消除弱势职工劣势地位，帮助其在灵活就业、副业经济、职业转换等方面获得具有相同获取市场机遇的机会。在进入存量竞争阶段的行业开展多元化技能培育，帮助职工队伍结构调整跟上产业结构调整步伐。加快建设全龄友好型社会，强化“一老一小”服务供给，以全龄阶段居民的多层次需求为导向，做好“规建管运”“衣食住行”“育教医养”等柔性关怀，解决职工发展的后顾之忧等。

3. 提升就业容量和质量，解决职工生存权与发展权的黏性问题。只有充分且高质量的就业才能带动居民收入水平持续较快提高，从根本上提升扩大消费需求，进而帮助职工发展权能从生存权能中剥离出来，推动整个就业市场进入正循环轨道。需推动多领域协同、多部门配合，在稳增长的过程中实现稳就业，加强货币政策、财政政策、金融政策、产业政策等对就业工作的参与和支持，对就业拉动能力强、就业困难突出的重点行业和领域进行专门支持，如对受疫情影响严重、就业容量大的餐饮、住宿、零售、文化、旅游、运输等行业进行帮扶，系统性降低中小微企业房租成本和融资成本等。配套推进相关改革，如积极推进科教文卫等领域的事业单位改革，优化编制管理，扩大从业人员规模；积极推进第一产业走接二连三的全产业链农业和多功能农业路径，做大就业容量更大的农旅结合、农养结合等业态；在完善行业管理的基础上放宽相关领域市场准入，推动供给主体多元化，提高行业的就业容纳力。有效提升全社会人力资本和劳动者技能水平，健全符合就业需要、激励相容的多层次职业技能培训体系，优化高等院校专业设置，在基础学科、人才紧缺专业扩大招生规模。坚持促进平等就业，坚决破除各行业各领域的就业歧视、隐性壁垒，促进劳动者特别是农村贫困人口和城镇低收入群体多渠道灵活就业，有效保障低收入群体、弱势群体、流动人口等的就业权益。

（二）统筹推进发展治理民生，在迈向共同富裕进程中积极发挥工会作用

1. 统筹城乡发展，进一步消解城乡二元结构。站在职工队伍角度看统筹推进城乡融合发展战略，需要促进劳动力在城乡间的合理流动和优化配置，不断缩小城乡户籍职工间的差距。以县域城镇化拓展高质量发展的纵深空间，构建

空间舒展的城镇体系和建设紧凑集约的中心城镇，推动城乡基础设施一体化和社会公共服务水平均质化，使政府公共服务能力的提升与城镇化推进的速度相适应。积极构建城乡一体的公共保障制度，调整边际消费倾向、改善消费预期，避免城乡户籍职工间收入差距和权益保障水平的进一步拉大，以此释放农村非农就业劳动力的“人口红利”和农村消费市场的“改革红利”。农民工已经成为新市民群体的最主要构成，持续推动农民工分段、有序市民化，改善城市内部二元结构，优化农民工城市融入的外部环境。着力加大普惠性学前教育保障力度，加快普及高中阶段教育，加强和改进职业培训，不断提升劳动者素质和社会人力资本积累水平，特别是城市应当更多承担进城务工人员的劳动力再生成本。

2. 推动区域均衡，满足职工就近发展需求。四川是县域大省，市县（不含区）数量位居全国第一，镇（乡）数量也是全国第一，区域之间存在差异是必然现象，坚定推动新时代治蜀兴川事业高质量发展，既是推动形成区域竞相发展、相对均衡态势的需要，也是满足职工就近发展、职住平衡愿景的需要。把促进共同富裕的要求融入新型城镇化战略，推动首位城市强势提升，次级区域加速突破，底部基础不断夯实，发挥好成渝双城经济圈、成都都市圈、万达开川渝统筹发展、川南渝西融合发展、川渝高竹新区等合作平台建设的辐射功能和溢出效应，联动小城镇及乡村发展。就全省水平来讲，大多数县域产业发展还没有从根本上完成工业化中期任务，应培育壮大“专精特新”，打造更多“隐形冠军”，绝大多数“隐形冠军”企业都非常专业化、坚守主业，且极具“工匠精神”，是县域产业应当主攻的方向。县域消费方面则适宜打造“大县城”，发挥县城作为城市与农村承上启下关键节点的作用，积极打造实现城市生活方式的消费空间和场景，吸收农村消费增量，构建以县城为中心、以城带乡的县域消费新格局。应完善财政转移支付机制，保持加大对贫困地区和欠发达地区的支持力度，激发后富区域的发展潜力，提高后富区域的发展水平。

3. 完善收入分配，增强共同富裕的信心决心。着力构建初次收入分配统筹兼顾效率与公平、再分配强化促进社会公平、三次分配增进社会公正的基础性制度安排，厘清阶段性制度安排与长期制度需求之间的关系，优先消除区域差异与城乡差异，破解职工生存权和发展权的黏性。“提低”是要提高低收入群体收入水平，需要着重保护劳动所得，增加劳动者特别是一线劳动者劳动报酬，提高劳动报酬在初次分配中的比重，健全职工工资正常增长和支付保障机制。“扩中”是要扩大中等收入群体比例，需全面贯彻落实以增加知识价值为导向的收入分配政策，充分尊重科研、技术、管理人才，充分体现技术、知识、管理、数据等要素的价值，进一步落实中低收入职工群体的工资协商机制。“限高”要加强对重点领域高净值人群的税收管理，加强对收入过高行业工资总额和工资水平的双重调控，严格规范国有企业、金融机构高管人员薪酬管理，对非国有金融企业和上市公司高管薪酬，通过完善公司治理结构，增强董事会、薪酬委员会和股东大会在抑制畸高薪酬方面的作用，坚决取缔非法收入。适应我国新经济、新业态下居民收入形式多元化，且生产性费用与生活性费用混合的特点，加快完善综合与分类相结合的个人所得税制度。适当增加专项附加扣除项目，中长期而言可考虑将近年来社会关心的婴幼儿照护费用、养老保险支出等据实扣除，均衡各群体之间的税负水平。

（三）巩固提升产业工人队伍建设改革成效，持续培育技能人才大军

1. 积极构建产业工人队伍全职业周期培养体系。据调查数据显示，我国高技能人才的工作年限普遍在 10 年以上，说明普通劳动者要成长为高技能人才，需要长期的培养和历练，积极构建覆盖全职业生命周期的培养体系是造就一支规模宏大的产业工人队伍的应然选择。需积极开展新工科建设，加强 STEM（科学、技术、工程和数学）教育，深化产教融合，根据职业技能需求变化，建立高校学科专业增设、改造与撤销的动态调整机制。高度重视发展职业教育，认真贯彻新修订的《职业教育法》，加快健全“中职—职业专科—职业本科”一体化的职业学校体系，依托企业建设一批产业工人技能实训基地，引导企业加大在岗培训力度，推行现代学徒制和新型学徒制，向产业工人提供普惠性、均等化、贯穿学习和职业生涯全过程的终身职业技能培训。推动公共和私营部门联合，关注弱势劳动群体的教育公平，有效发挥工会在职工教育平衡机制、补偿机制上的积极作用。注重职工技能多元化培养，积极研究职工队伍职业生涯后期替代风险应对和职业转换退出保障问题。

2. 巩固提升产业工人队伍建设改革经验成效。全面总结产改五年的经验，巩固提升产改成效。持续贯彻落实中共中央办公厅、国务院办公厅印发的《关于提高技术工人待遇的意见》，进一步完善工资平等协商机制、正常增长机制、支付保障机制、创新技能导向激励机制。推动完善职业技能评价制度，全面推行社会化职业技能等级认定，建立完善职业资格评价、职业技能等级认定、专项职业能力考核等多元评价机制，打破职业发展的“天花板”，落实好技术工人的培养使用和考评机制，构建纵向有阶梯、横向可贯通的高技能人才成长路径。深化技术革新、技术协作、发明创造、合理化建议、网上练兵和“五小”等群

众性创新活动，充分发挥劳模和工匠人才（职工）创新工作室、技能大师工作室等作用，有序扩大跨区域、跨行业、跨企业的劳模创新工作室联盟。突出抓新就业形态劳动者队伍，推动解决新就业形态劳动者反映强烈的劳动报酬、社会保险、休息休假、职业安全等突出问题，让新就业形态劳动者成为产业工人队伍的重要力量。

（四）重视职工心理健康和权益保障，提升群体增益服务水平

1. 维护职工心理健康，丰富精神文化生活。后疫情时代的职工心理健康问题，除了会影响劳动力自身质量，还容易相互影响并形成一种向下的负循环趋势，造成社会戾气加重、“躺平”思潮崛起、生育意愿下降等社会问题。需要高度重视职工心理健康，政府和工会要加强政策引导，加大专业化心理健康从业人才供给，推动行业市场化发展以增强行业吸引力，建立完善心理健康志愿服务机制和社会化工作机制。工会和企业要协同加强心理健康管理和干预，把心理健康培训教育纳入职工总体培训体系，定期开展职工心理健康监测评估和状况调查，提供常态化多元化的心理健康咨询服务，增强职工情绪管理能力和自身心理韧性。工会需积极组织形式多样、健康向上的文体活动，推进职工队伍文化建设的制度化长效化，帮助职工提升社交能力，促进人格完善。定期组织职工体检和开展职业病防治，不断改善工作环境，扩大职业病患者救治范围，完善职工大病医疗保险制度，延伸对职工家庭关系和生活压力的关怀照顾，帮助职工释疑解惑、排忧解难，防止职工群体健康不平等问题的累积发酵。

2. 提升职工权益保障层次，增强公共服务均等化水平。在发展中稳步提高社会保险统筹层次和保障水平，推动社会保障水平与经济发展水平相适应，进一步减少不同职工群体间的权益保障差异，推动公共服务均等化。推动相关部门研究完善新就业形态劳动者、农民工、劳务工等群体参加养老保险、医疗保险和缴纳住房公积金的社会保障制度，因地制宜推出降费、补贴、财政统筹、企业减免等照顾性政策。在乡村振兴过程中，同步夯实城市困难职工解困脱困工作，对城市低保线以上边缘户、“夹心层”困难职工，探索建立“支出型”贫困家庭救助扶持政策。工会进一步加大困难职工群体与帮扶救助资源的对接，把政府救助、公益项目、爱心捐赠、志愿服务等资源准确合理引入困难职工需求，把工会开展的救助、就业、培训、创业贷款、法律服务等服务内容纳入公共服务体系。

（五）创新驱动与数字赋能相结合，打造智慧工会数字高地

1. 提升供给侧工会数据集成和工作集成能力。充分发挥数据要素的聚合

效应、倍增效应、叠加效应，以数字化激活创新潜能，用算法精准推动工作精细。制定省级规划，并据此制订年度实施计划，健全规划管理机制，进一步加大信息化项目立项、技术选型、建设等关键环节的规划管控力度，优化归并现有信息化管理制度，明确信息化需求统筹职责。运用数字技术对工会工作进行改造，从硬件、网络、应用、安全等方面提升网上工作平台稳定性、便捷性、可靠性、集约性，有序开展技术试点，推动工会业务从事项、流程、经验驱动转变为数据、规则、智能驱动，实现多数工会事项自动化、标准化处理。建立健全结构清晰、数据准确、动态管理的工会工作和会员信息基础数据库，引入平台技术推动算法与算力同构，推进与人社、民政、公安、网信、税务、金融等部门的数据交换授权，实现省、市、县级工会数据的开放共享，不断丰富增强省级工会数据资源和计算资源。在提升工会工作平台技术能级方面进行前瞻性布局，探索政企合作良性机制，借助大型互联网平台企业具有的海量数据、平台技术和用户规模优势赋能工会数据集成和工作集成，分步建设大数据云平台和决策支持系统，集成其他各类数据应用系统，支撑工会各部门开展数据分析应用工作，推动工会数据治理从传统的决策树向更高级的深度学习、强化学习演进。探索建立专业研究机构，引入外部力量，打造四川工会信息化“智库”。

2. 加强需求侧工会数字产品和应用场景创新。提供更加丰富的工会数字化新产品与服务样态，满足数字化时代职工需求的结构性升级，进一步增强不同职工群体的获得感。针对移动互联网人群、跨地区就业人群等群体进行数字化服务场景应用的创新优化，提升掌上办、指尖办的实际使用率，深入推进“放管服”，进一步优化办事程序、表证单书和办事周期，在容缺办理、承诺制办理、服务适老化改造等方面做出积极探索，提升职工用户体验感。清理整合各地工会特色软件，大幅降低应用系统数量和应用程序接口，在渠道应用上推动PC端、手机端和第三方渠道等多端协同，对工会各类临时活动小程序的委托开发设计进行管理，形成相对规范标准的使用体验。加强工会端与职工端的应用互动，充分利用行为数据，侦测预判用户行为，实现对职工办理业务过程中的业务场景、功能模块、事务关联、操作行为的前瞻性预测和应用，向职工精准推送符合其自身需要的服务信息。

（六）坚持工会改革创新发展，致力提供更高水平工会服务

1. 与时俱进吸纳和服务职工群体。按照四川省第十二次党代会提出的“支持和规范发展新就业形态”工作要求，持续推进快递员等新就业形态群体

入会和“两新”组织建会工作，通过企业建、行业建、兜底建推动“应入尽入”，进一步完善项目管理制、目标责任制、督导通报制等制度机制，实现组织覆盖和工作覆盖同步，防止空壳工会、挂牌工会出现。坚持公益性服务性方向推进全省工会职工服务阵地社会化市场化运作，充分发挥职工站、家、室、点的阵地作用，深化“四季送”工会服务品牌，持续提升工会服务职工的能力和效果。

2. 驰而不息加强工会干部队伍建设。坚持以自我革命精神加强和改进工会干部队伍建设，强化政治机关意识，努力走好第一方阵，充分发挥党联系职工群众的桥梁纽带作用。积极探索符合工会组织特点的干部管理方式，强化完善工会干部教育培训，有序通过轮岗交流、上挂下派、驻村帮扶等方式培养锻炼干部。深化全省工会干部常态化赴基层蹲点工作，促进工会干部服务意识和服务能力提升。推进产业工会领导班子和干部队伍建设，探索从产业基层工会干部中选拔产业工会干部的有效路径。认真落实《四川省总工会、中共四川省委组织部、四川省政府国有资产监督管理委员会关于进一步加强和规范国有企业工会工作机构设置及干部配备有关工作的通知》，加强国有企业工会干部管理。有效发挥工会社会化工作者在充实基层工会工作力量上的作用。

3. 守正创新相结合改进工会工作方式。在职工思想引领、宣传教育、维权服务、技能竞赛、劳模培树等领域巩固好工会工作阵地，在承载载体、活动形式、平台能级上寻求渐进优化。以加强直属单位管理、支出绩效评价、经审转型等为工作支点，推动工会内部管理不断完善升级。推动产业工会改革创新发展，研究完善四川省产业工会工作评价体系和激励机制，调整和明确产业工会组织体制、领导方式、运行机制、经费保障、重点工作等内容，合理健全市、县两级产业工会组织体系，聚焦参与制定本产业（行业）劳动标准、保障产业职工合法利益主责主业发挥产业工会功能。在关系职工重大利益的课题中注重推动以工会为联结的协同治理，通过主体的多元性、过程的动态性和模式的协作性，依法重塑自身职能，积极构建“枢纽型工会组织”。

负 责 人：赵俊民、宋开慧

承担单位：四川省总工会政策研究室

陕西省职工队伍状况调查报告

2016年以来，陕西省广大职工大力弘扬劳模精神、劳动精神、工匠精神，积极投身经济建设主战场，为陕西追赶超越、高质量发展做出了重要贡献。全省就业人员从2016年底的2071万人增加到2020年底的2105万人，已建工会单位职工从846万人增加到897万人；2021年，陕西全省地区生产总值达到2.98万亿元，比2016年增加了1.04万亿元，全省城镇非私营单位职工平均工资从59637元增长到了90996元，私营单位职工平均工资从35676元增长到了52331元。总的来看，随着经济社会的发展，陕西省职工队伍总量平稳壮大，整体素质明显提升，合法权益进一步保障，保持了持续稳定。当前，全省工会系统正按照《陕西省总工会关于落实〈中国工运事业和工会工作“十四五”发展规划〉的实施方案》提出的七项主要指标，包括“职工收入与企业效益同步增长”“职工福利与全省城乡居民人均可支配收入同向增长”“建立职工普惠性工作体系”等，有序推进各项工作，积极应对职工队伍面临的一些新情况新问题，为推动陕西高质量发展、职工高品质生活贡献工会智慧和力量。

为准确把握陕西省职工队伍发展变化及其特点，深化对职工队伍发展规律性认识，进一步贯彻全心全意依靠工人阶级方针，根据全国总工会《第九次全国职工队伍状况调查方案》安排，陕西省总工会于2022年3~6月启动全省范围的职工队伍状况调查。本次调查设置1个总课题和10个分课题，主要采取问卷调查、实地调查、查阅文献等方法开展。问卷调查共计投放样本10065个（全国总工会投放3250个，省总工会增投6815个），其中职工问卷9400份，工会主席问卷665份，覆盖全省11个市（区）、8个产业系统和10个县（区）。

除问卷调查外，陕西省总工会厅级领导分别带队组成专题调查组，承担分课题调查任务，召开42场专题座谈会，实地调查45家企业，撰写各专题调查报告。根据问卷调查数据结果以及各专题调查组的调研成果，形成本报告。

一、近五年来陕西省职工队伍主要特点及发展趋势

（一）职工队伍结构分布合理

1. 职工队伍年龄结构中，青壮年职工仍是陕西省职工队伍的主体。18~40

岁的职工占职工总数的 64.5%，40~50 岁的职工占 24.8%，50 岁以上的职工占 10.7%，与五年前三个年龄段职工占比 59.0%、29.6%、11.4%相比，职工队伍年龄结构更加年轻化（见图 1）。

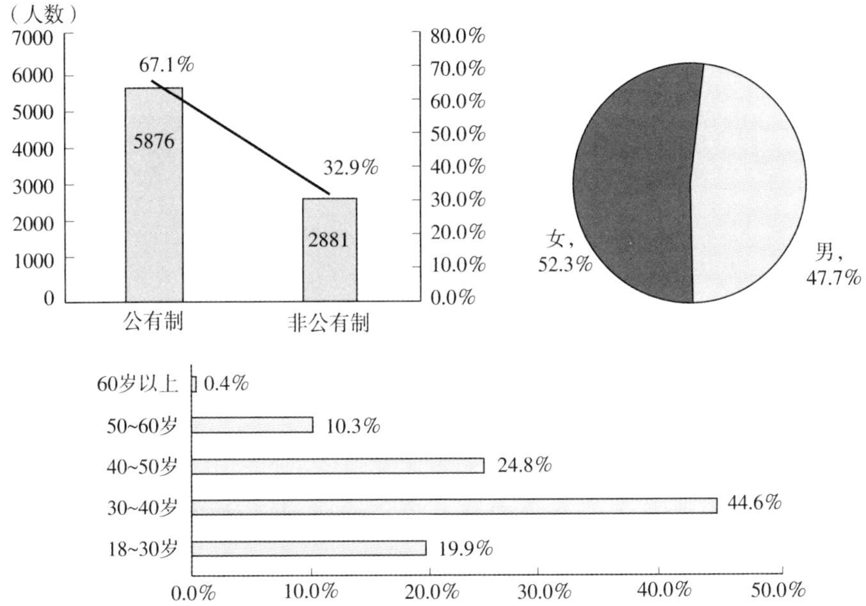

图 1　参加此次问卷调查的职工所有制、年龄、性别情况

2. 职工队伍所有制结构中，非公有制企业就业人员比重持续增加。据陕西省统计年鉴，截至 2020 年底，陕西省国有、集体企业职工 451 万人，比 2016 年底减少 23 万人。与此同时，城镇私营及个体就业人员从 2016 年的 494 万人增加至 2020 年的 911 万人（见图 2）。结合陕西省经济发展总体情况可知，民营经济组织为社会提供了大量的劳动就业机会，成为吸纳劳动力就业、增加城乡居民收入、创造社会财富的重要来源。

3. 职工队伍人员构成中，农民工成为职工队伍的重要力量。陕西省工会统计年报显示，截至 2020 年底，陕西省已建会单位农民工总数为 368 万人，较 2016 年增加 16.8%，占建会单位职工总数的 41.0%。

4. 职工队伍产业结构中，第二、三产业职工人数显著增加。随着陕西装备制造业和能源工业等支柱产业转型升级，加快高新技术产业发展，以及大力发展旅游、文化为主要内容的第三产业，2020 年底全省第二、三产业从业人员分别为 443 万人和 1030 万人，较五年前分别增加 31%和 57%。

5. 职工队伍行业结构中，传统产业仍然是职工就业的主要行业。陕西省统

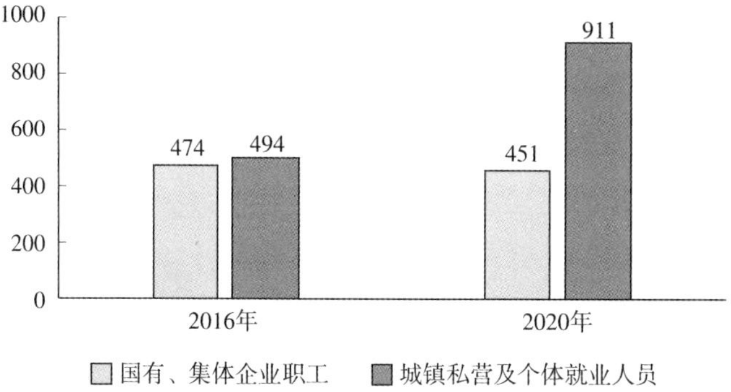

图 2　所有制结构变化（单位：万人）

计局数据显示，2020 年，在第二、三产业中，制造业、建筑业、批发和零售业、住宿和餐饮业仍然是吸纳从业人员最多的行业，在产业中分别占比 32.9%、40.4%、36.0%和 14.0%，较五年前变化不大。

6. 新就业形态劳动者群体日益壮大。随着网络经济、共享经济的蓬勃发展，货车司机、快递员、网约车司机等新就业形态劳动者已成为劳动者大军的重要组成部分。以西安市货车行业为例，目前，西安市共有道路普通货车运输企业 2 万余家，车辆 57148 辆，持有西安市核发的道路客货运输从业资格证（4.5 吨以上货运车辆）的货车司机人数为 12 万余人，并且随着运输货运量的增加，数量仍在上升。

（二）职工队伍素质不断提升

1. 科学文化素质稳步提高。本次调查中，职工受过大专（高职）教育的占 24.5%，受过大学本科教育的占 45.0%，受过研究生及以上教育的占 10.1%，与五年前相比，高职及以上学历职工占比提高了 16.6 个百分点；初中及以下学历的职工占比为 6.1%，比五年前降低了 8.4 个百分点。职工平均受教育年限也由五年前的 13.6 年提升至 14.9 年（见图 3）。职工文化素质的提升得益于陕西经济社会的快速发展以及科教创新区产业集聚的优势，也为陕西实施创新驱动高质量发展提供了人才储备。

2. 技术技能素质明显增强。当前，陕西省技能劳动者总量已超过 518.8 万人，其中高技能人才 155.7 万人，占技能劳动者总量的比重达到 30%，技能人才总量稳步增长，成为推进陕西高质量发展的重要支撑力量。本次调查中，有职业技能等级的职工占 37.2%，有专业技术职称的职工占 50.3%，分别比五年前提高了 3.7 个和 10.3 个百分点。这与陕西省深入推进产业工人队伍建设改革密

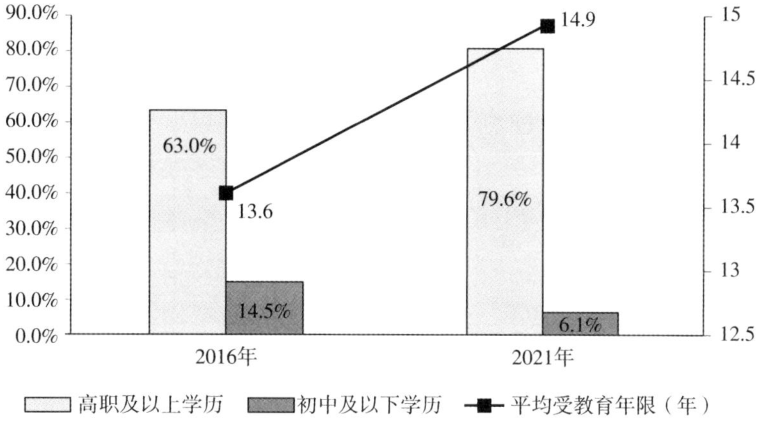

图3　职工受教育水平变化

切相关。近年来，陕西省总工会先后制定出台了关于劳模工匠创新工作室、工匠人才培育、提高技术工人待遇等一系列政策文件，每年列支500万元激励、鼓励职工提升技能、岗位成才。2018年至2021年，全省累计举办686个工种（场次）的省级一、二类大赛，参赛人次达40多万，先后有1800名选手获得“陕西省技术能手”荣誉称号，56名选手被授予“陕西省五一劳动奖章”，51名选手晋升为高级技师，96名选手晋升为技师。同时，每年都有百万名职工参与各类岗位练兵、技能竞赛活动。

3. 职工学习求知的积极性、主动性普遍增强。本次调查中，有84.9%的职工在近一年内参加过单位的培训；91.5%的职工认为培训可以让自己提高专业技术水平。有31.1%的职工曾自费参加过进修或培训，比五年前提高了1.1个百分点；在这些职工中，最近一次自费参加进修或培训的平均费用达到5535.3元，占年平均工资的6.4%（见图4）。96%的职工有兴趣学习新的职业技能或知识，比五年前提高了2个百分点。

4. 思想政治素质不断发展。本次调查显示，92.9%的职工赞同党的百年历史伟大成就，认为党和政府在脱贫攻坚、全面建成小康社会方面做得比较好、非常好地达到了92.1%；92.5%的职工认可中央八项规定政策出台以来取得的成效；93.1%的职工对坚定不移推进全面从严治党、大力推进反腐倡廉的做法表示支持；88.8%的职工对本世纪中叶基本实现全体人民共同富裕有信心。在工作实践中，深刻感受到工人文化宫的建设和作用发挥，对提高职工思想政治素质的作用很大。近年来，陕西省工会坚持以职工为中心，坚持以社会主义核心价值观为引领，顺应新时代职工的文化需求，融入思想政治教育、文化、科技、卫

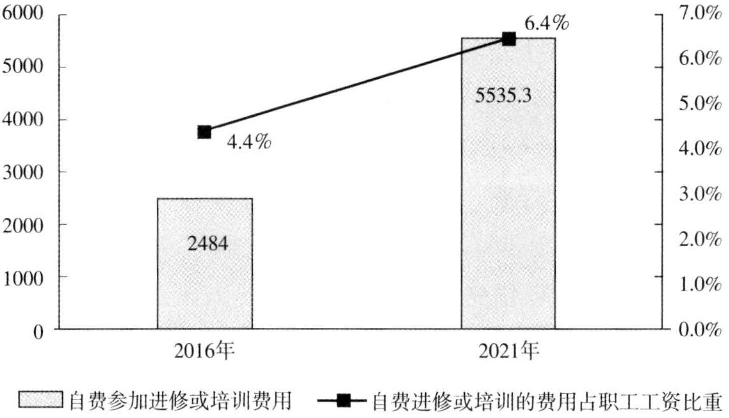

图4　职工对进修或学习新技能费用投入变化（单位：元）

生等功能，新建、改造、提升了一大批工人文化宫。截至目前，全省地方工人文化宫数量从2015年的88家发展到105家，累计推进市县（区）工人文化宫建设项目75个（新建31个、改造44个），11个市（区）实现全覆盖，县（区）基本实现广覆盖，形成了布局合理、发展平衡、运行有效的阵地网络体系。

5. 职工对社会主流价值更加认同。本次调查中，75.1%的职工认同或比较认同“靠劳动能过上富裕的生活”，80.9%的职工认为未来生活会越来越好，比五年前分别提高了3.2个和14个百分点；95.7%的职工对“劳模精神、劳动精神、工匠精神”持正面理解。2017年以来，陕西省有63人荣获全国劳动模范称号，陕西省委、省政府表彰省级劳模500名、五一劳动奖章528名，奖励从2017年的每人1万元提高到2万元，为劳模制作颁发“劳模证”，在交通、医疗、旅游等方面享受优惠，开展劳模示范性疗休养，与西安交通大学签订战略合作协议，举办劳模工匠学历提升班，费用由陕西省总工会全部承担，这些实打实的举措让劳模工匠享礼遇、受尊重，劳动光荣、技能宝贵、创造伟大的社会氛围已初步形成。

（三）职工劳动经济权益有效落实

近年来，陕西省大力实施稳定和扩大就业的政策，一系列保障和改善民生政策陆续出台，为职工劳动经济权益实现奠定了坚实基础。

1. 就业形势基本稳定。2016年至2020年，陕西省城镇新增就业225.43万人，农村劳动力转移就业每年保持在620万人以上，高校毕业生就业率总体保持在88%以上，失业人员再就业85万人，就业困难群体就业34万人，全省就业规模不断扩大。本次调查显示，广大职工对目前工作非常满意、比较满意的达

79.6%；认为在单位发展机会较多的占 37.8%，比五年前提高了 7.2 个百分点；职工平均从事职业份数为 1.7 份，工龄平均为 12.9 年。

2. 工资收入总体提高。随着陕西省经济发展，职工工资收入呈现稳步增长，特别是城镇非私营单位职工平均工资增长明显（见图 5）。据本次调查显示，近三年涨工资的占到调查人数的 66.3%，工资平均上涨 580.1 元；存在拖欠工资情况的为 3.5%，比五年前下降了 1.5 个百分点。

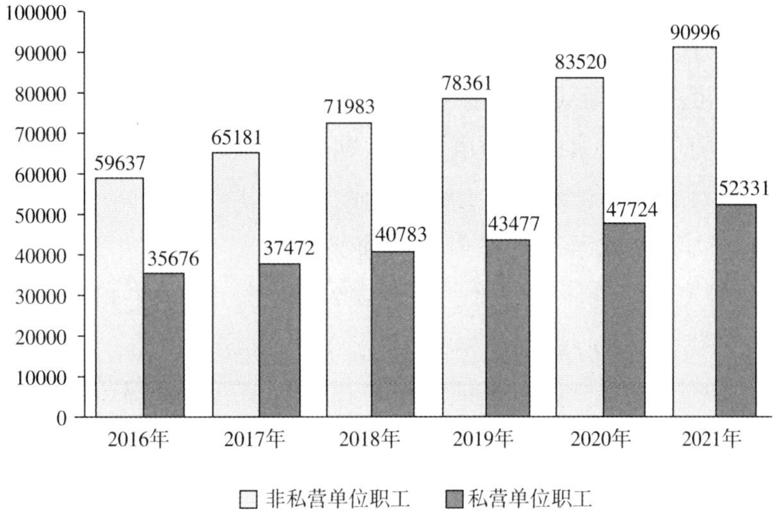

图 5 城镇非私营单位职工与私营单位职工年平均工资收入变化（单位：元）

3. 劳动用工更加规范。近五年来，陕西省总工会大力推动构建以“利益共同体、事业共同体、命运共同体”为核心的新时代和谐劳动关系，不断完善用工指导服务机制，先后出台《关于成立陕西省集体协商指导团的通知》《关于加强重点企业用工指导的通知》等一系列文件，有效维护了劳动者合法权益。截至 2021 年 9 月，全省各类企业共签订综合性集体合同 5.3 万份，覆盖职工 354.7 万人；签订工资专项集体合同 5.25 万份，覆盖职工 324.7 万人。本次调查中，93.5%的职工与工作单位签订了或签订过劳动合同或其他用工合同，86.6%的职工认为集体协商在维护职工权益作用发挥方面非常有效或比较有效，对陕西工会的工作给予了肯定。

4. 社会保障覆盖不断扩大。截至 2021 年末，陕西省参加城镇职工养老保险的人数为 1225.1 万人，其中参加企业基本养老保险的人数为 812.2 万人。参加城镇职工医疗保险的人数为 783.8 万人，参加失业保险的人数为 468.9 万人，参加工伤保险的人数为 629.6 万人，职工保险制度落实基本实现了多险种、各人群的广泛覆盖。在参与本次调查的职工中，有 93%参加了基本养老保险，有 82.7%参加了职工基本医疗保险，单位为职工办理了工伤保险、失业保险、住房公积金，比例分别是 79.6%、70.6%、68.3%，比五年前分别提高了 19 个、25.6 个和 25.8 个百分点，43.2%的单位给职工缴纳各类保险的基数比过去提高了。

5. 劳动安全卫生条件持续改善。本次调查中，职工工作岗位中存在高温低温作业、粉尘污染、噪声污染、有毒有害气体污染、辐射污染和容易伤及肢体的机械故障隐患的情况较少，并且基本得到有效防护。职业病防治成效显著，92.8%的职工没有得过职业病或受过工伤。健康保障进一步落实，68.9%的职工在最近一年参加了单位组织的健康体检。基本没有出现过限制女职工怀孕或因女职工怀孕、生育、哺乳而降低工资或辞退的现象。

（四）职工民主政治权利得到有效维护

1. 民主管理制度进一步完善。截至 2021 年底，陕西省 13.8 万家企（事）业单位建立职代会制度，建制率为 96.9%；13.6 万家企（事）业单位实行厂务公开，建制率为 95.2%，民主管理制度的建立情况总体良好。同时，职工参与民主管理的意愿日益增强，对以职工代表大会为主要形式的单位民主管理制度的认同度不断提升。调查显示，69.1%的职工认为本单位的职工（代表）大会作用发挥得很好或较好，且有 34.7%的职工担任了职工代表大会代表。

2. 民主参与的渠道相对畅通。本次调查显示，55.9%的职工表示有机会对单位的经营管理和自身权益发表意见或反映愿望，最常采取的渠道是向单位工会组织或职工代表反映、直接向班组长或单位领导反映意见、在单位职工代表大会上发表意见、提出提案等，工会组织和职工代表大会作用发挥得到了广大职工的认可（如图 6）；53.9%的职工表示在劳动规章制定过程中有工会或职工代表参加，51.9%的职工所在单位会事先征求职工对劳动规章制度的意见，厂务公开制度进一步健全，职工民主参与、民主管理、民主监督的领域稳步扩大。

3. 工会作用发挥不断增强。近年来，陕西省职工组织化率不断提高，截至 2021 年底，全省基层工会 106707 个，涵盖单位 174179 家。本次调查中，77.2%的职工是工会会员，对工会在帮扶困难职工、送温暖和维护女职工特殊权益方面的工作最为认可，对保住职工工作岗位、维护职工社会保障权益、改善劳动条件、提高职工职业技能、组织参与单位管理、调解劳动争议、丰富业余文化生活、做职工思想工作，进行心理疏导等方面的工作平均评分都超过了 7 分（见图 7）；对提高职工收入（81.4%）、开展技能培训（64.3%）、组织职工参与

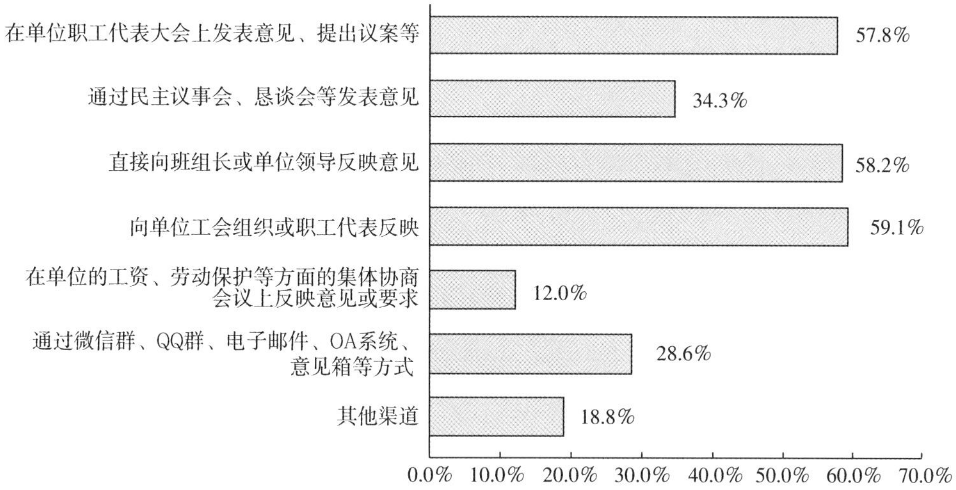

图6　职工发表意见或反映愿望的渠道

企业管理（31.8%）、职工子女教育托管（28.5%）、开展劳动和技能竞赛（28.3%）等工作寄予希望。总体来看，工会组织在履行职能方面更加完善、丰富、有效，职工对工会工作有更多期待。

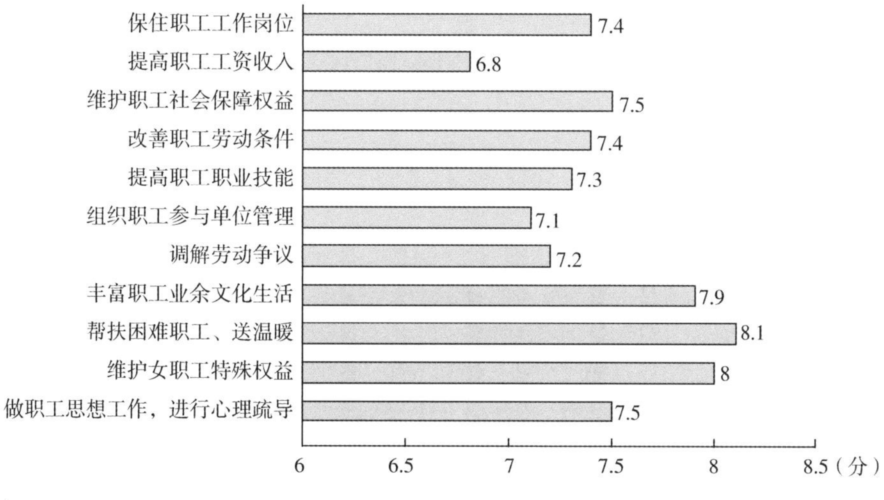

图7　职工对工会作用发挥情况评分（满分10分）

（五）互联网对职工队伍的影响进一步深化

本次调查显示，职工业余休闲活动中“上网、刷手机”的比例为39.3%，仅次于观看电影、电视（49.8%），排在第2位；特别是在了解新闻、获取社会热点信息方面，前四位都是通过网络渠道，分别是新闻网站、微博微信、手机资讯、抖音，快手等短视频平台（见图8）；网上交友聊天、网上购物、网络约车、网上点外卖、移动支付等网络服务已经深度融入职工生活。

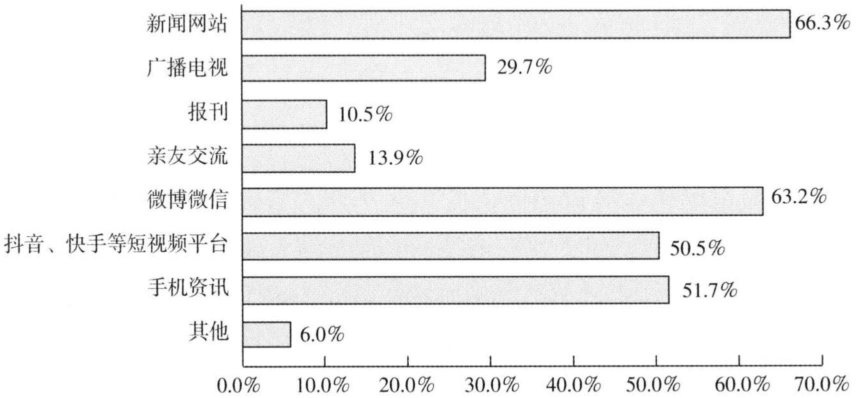

图8　职工了解新闻、获取社会热点信息的主要渠道

但调查同时显示，各类互联网赋能灵活就业工作的潜力仍有待提升和挖掘。当前正在从事各类互联网赋能工作的人数平均占比约为受访者的0.5%，曾有过相关工作经历的受访者平均占比约为1.4%，有意愿打算尝试互联网赋能工作的受访者平均占比约为4.3%，比例普遍较低（见图9）。另外，职工对互联网类工作的工作量和收入比的看法差异较大（见图10）。究其原因，一是部分高IT技术依存度工作，如运营自媒体、公众号或网络博主等，往往要求个体能够熟练

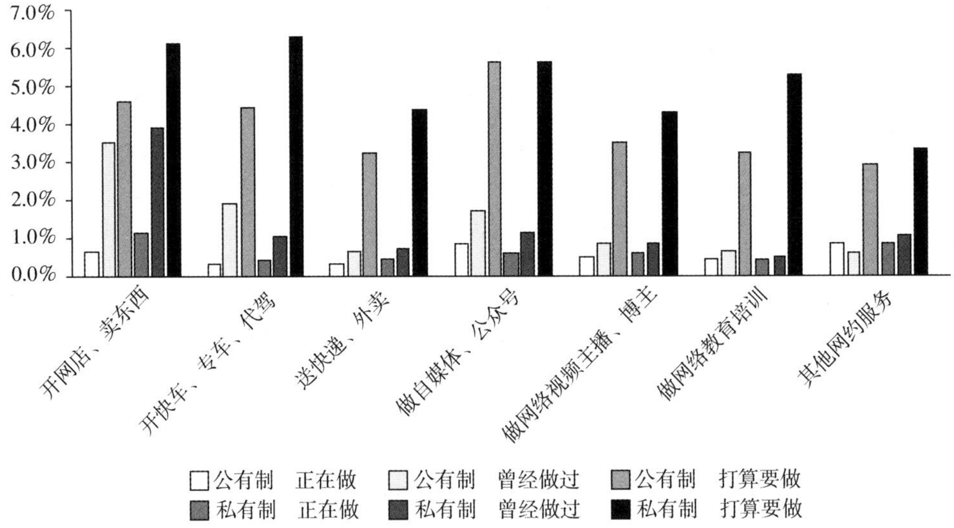

图9　从事互联网赋能职业职工统计

运用电脑和手机端的软、硬件进行文案编辑、视频渲染等工作，或在网络上与网友进行互动。这对学历技能素质较低和工作时间较满的群体提出了要求，存在一定的门槛。二是部分低IT技术依存度工作，如送快递、网约车等对于电脑、手机没有复杂的技术运用需求，IT设备主要用于信息收发和信息呈现，各年龄段职工在经过简单培训后，一般都可以胜任相关工作。但由于这几类工作的活动强度高，限制了高年龄段职工的参与意愿。

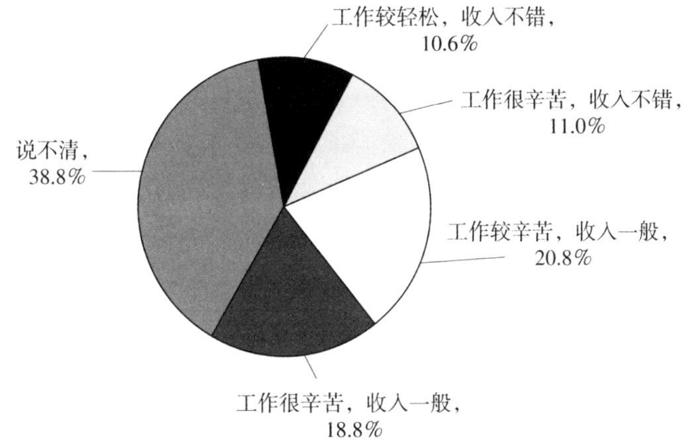

图10 从事互联网赋能职业职工工作反馈

二、发展中需要关注的主要问题

（一）就业结构性矛盾仍然突出

由于产业结构升级、区域经济格局调整、教育培训体制改革滞后等因素叠加，劳动力市场需求出现结构性分化，“招工难”与“就业难”并存，“硕士博士满街跑，高级技工难寻找”等结构性失业问题比较明显。本次调查中，最近五年有过失业经历的占15.2%，有过待岗经历的占12.5%，担心和有点担心自己会失业的职工比例达57.9%，认为自己就业选择空间很大和比较大的仅有26.0%。无技术等级的职工占65.9%，初级工占13.0%；没有职称的占49.5%，初级职称占20.5%，这些职工无疑面临更多的就业、稳就业压力。

（二）职工收入相对不高且不均衡

尽管职工工资逐年增长，但总体收入仍处在社会阶层中的低位。本次调查显示，43.1%的职工月收入低于4000元，87.5%的职工认为自己的工资收入在所在城市中属于中等及以下档次，对自己收入满意或比较满意的只有26.5%，61.9%的职工收入基本月光或入不敷出，52.3%的职工感觉自己生活“压力很大”。这也直接反映在以下的调查问题中：在认为工人社会地位下降的影响因素中，“工人的收入水平偏低”排在第1位（76.4%）；在职工认为社会不公平的原因中，“收入分配不公平”排在第1位（68.7%）；在职工感到哪些问题压力最大中，“收入低”排在第1位（19.7%）；在希望单位工会开展哪些职工服务工作中，“提高职工工资收入”排在第1位（81.4%）。这些都显示职工对收入分配问题的强烈关注。

另据陕西省统计局数据显示，2021年陕西省城镇非私营单位就业人员年平均工资为90996元，而城镇私营单位就业人员年平均工资为52331元，相差较大。即便是同为私营单位中的不同行业，收入差距也很明显，如2021年私营单位中的信息传输、软件和信息技术服务业职工平均工资为82255元，而农、林、牧、渔业则为36846元，前者比后者高出1.2倍。合理的收入差距是一种有效的激励手段，但是过大的差距，有些甚至是与劳动和生产要素无关的收入差距，则反而会挫伤普通职工的积极性，给社会和谐稳定带来隐患。

（三）职工参与权仍未高效实现

本次调查中，57.1%的职工没有参加过人大代表选举，57.0%的职工从未参与过现在居住的社区或村的活动，34.2%的职工仅是偶尔参与。广大职工不管是现实空间还是网络空间，发声的渠道还需拓宽，发声的意愿还不够高，遇到困难和问题，有9.6%的职工仍会选择默默忍受。同时，社会传媒对普通职工的反映少、宣传少，整个社会舆论空间职工队伍的声音较小。

（四）新冠疫情对职工队伍影响较大

超过六成的受访者反映新冠疫情导致其所处行业出现过经营困难。特别是制造业、住宿和餐饮业、技术服务业、租赁和商务服务业等行业，有将近一半的受访者出现了收入下降的情况（见图11）。

同时，对5741份来自公有制企业和2810份来自非公有制企业职工的调查结果显示，总体上受新冠疫情影响曾经导致失业的职工占5.1%，受新冠疫情影响导致社保缴费中断的职工占4.6%，由于新冠疫情而产生劳动纠纷的职工仅占2%。在以上三类就业问题中，非公有制企业普遍比公有制企业发生相关问题的比例更高（见表1）。

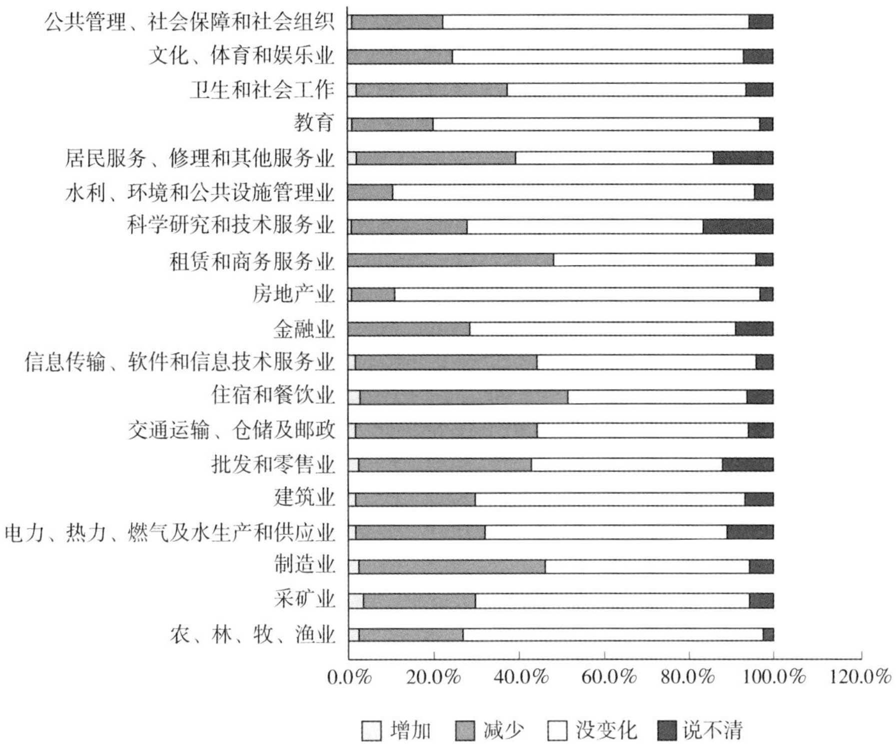

图 11　各产业职工收入受新冠疫情影响情况

表 1　新冠疫情对职工工作稳定性影响

	曾经导致职工失业			导致社保缴费中断			导致职工遇到劳动纠纷		
	有	没有	说不清	有	没有	说不清	有	没有	说不清
公有制企业	2.0%	95.4%	2.6%	2.5%	93.0%	4.5%	1.7%	95.9%	2.5%
非公有制企业	11.3%	81.3%	7.5%	8.6%	77.0%	14.4%	3.1%	88.4%	8.5%

（五）职工生育意愿低

参与本次调查的职工平均年龄为 37.7 岁，但由于多方面压力（见图 12），生育或再生育的积极性并不高，有 88.9%的职工选择了“短期内不考虑”或“不打算生”。

同时，不同生育现状下的职工生育预期不尽相同。长期而言，有孩职工的家庭不打算生育的意向普遍比较强烈，拥有一个孩子、两个孩子和三个孩子及以上的职工家庭不打算生育的占比分别为 71.8%、92.0%和 93.5%，没有孩子的职工中不打算生育的占比也达到了34.8%。短期内不考虑生育主要集中在没有孩子和一个孩子的职工家庭，占比分别达到了47.0%和21.4%，生育意愿疲软可见一斑（见图13）。

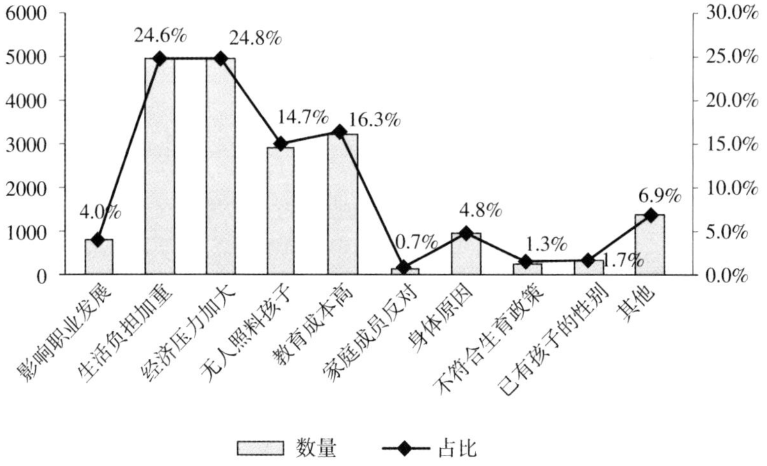

图12　职工不愿意生育的因素（单位：人）

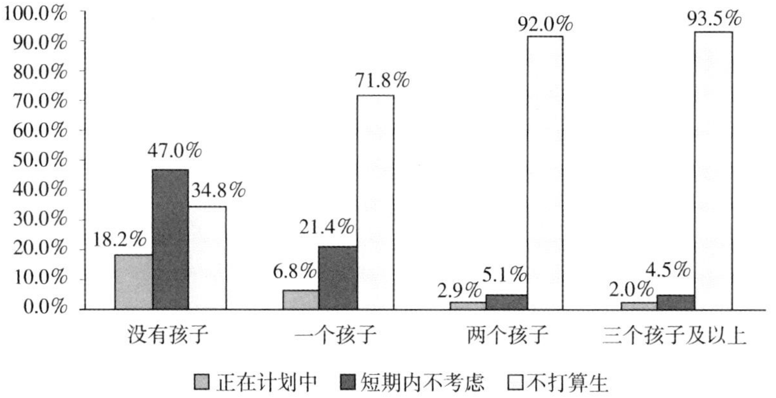

图13　不同生育现状下职工生育预期情况

（六）职工劳动经济权益保障仍需进一步加强

本次调查显示，一线职工超时工作的情况比较普遍，38.7%的职工在前一周内工作超过5天；50.5%的职工平均一周工作时长40小时以上，其中24.8%的职工超过了48小时；20.0%的职工经常或几乎每天加班加点。与此相对应，职工加班的补偿力度不大，只有18.3%的职工能按劳动法规定足额拿到加班费，有35.6%的职工拿不到任何补偿。带薪年假制度有待进一步落实，有31.0%的职工既没有享受带薪休假，也没有获得补偿。

（七）工会组织建设仍需加强

根据调查显示，14.3%的工会主席感觉在为职工维权上，说话分量不足；65.0%的工会主席非常赞同或基本赞同“保护工人的利益要靠政府政策和法律，工会的作用有限”。同时，工会自身建设中，基层工会主席兼职率高，63.9%的工会主席为兼职，国有企业工会在改革改制中被撤并兼并现象仍十分常见，有的将工会组织合并归属到其他工作部门，有的专职工会工作人员直接被裁减；一线职工在工会担任领导岗位的非常少，90.5%的工会主席属单位的管理人员，这也给基层工会组织的凝聚力带来影响。基层工会的编制、人员、经费缺乏保障。以汉中市为例，各区县总工会人员编制少，一般为5~7人，最少的只有2人，乡镇（街道）工会没有编制。

（八）网上工会的影响力还不强

相对于工会组织传统线下活动的评价，职工对工会线上工作的评价较低。在回答“您是否参与过在网络上（网页、客户端、公众号、群等）开展的工会服务职工活动”时，选择“没听说过”或“有这些活动但我没有参加”的占56.4%（如图14）。在问及“您是通过什么渠道知道这些网上工会活动的”，选择单位要求参加的占70.9%，上网无意发现的占8.6%。这也反映出工会开展工作的渠道主要还是传统的“线下”模式，且以工会系统内部为主，缺少面向社会大众、面向全体职工会员的开放型、共享型、有吸引力的网上活动。

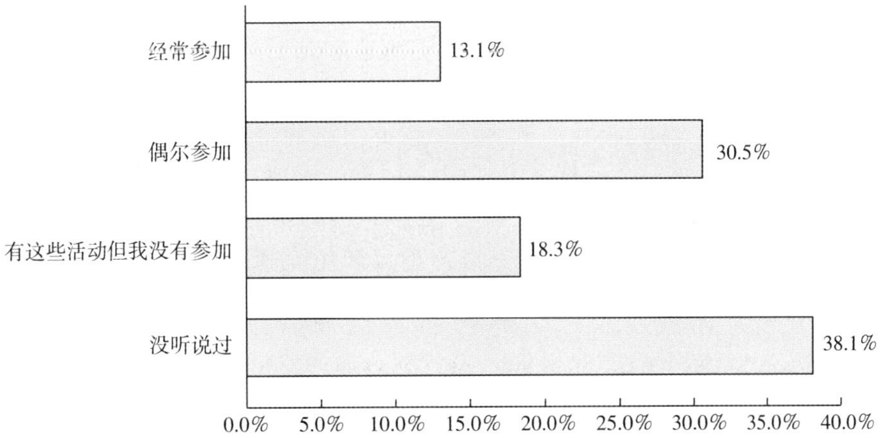

图14　职工参与网上工会服务活动情况

（九）理论研究还不够

特别是对产业变化、新经济发展带来的劳动形态、劳动岗位、劳动效率变革研究滞后。例如，伴随经济社会发展出现的“996 现象”，本次调查中有 38.6%的职工认为“对身体和家庭生活影响大，不接受”，13.6%的职工认为“虽然不愿接受，但无法拒绝”，工会组织在此类社会问题中能采取什么样的措施维护职工合法权益，平衡企业和职工所需，构建和谐劳动关系，还需要有科学、丰富的理论指导实践。

（十）新就业形态劳动者工作中的突出问题亟须破解

新就业形态劳动者就业分散化、灵活化、流动性高，给建会入会、权益维护、提供服务等工作带来了新挑战。比如在建会入会方面，以省总工会基层工作部调研榆林市物流企业和货车司机结果为例，37.8%的货运企业担心成立工会组织后给企业增加负担，13.5%的货运企业处于观望状态；56.7%的货车司机不知道如何加入工会组织，18.8%的货车司机听过工会，没加入工会，9.9%的货车司机没听过工会，由此反映出工会在新就业形态劳动者群体中还有很多工作要做。

三、加强新时代陕西省职工队伍建设的若干思考

（一）深入学习贯彻习近平总书记关于工人阶级和工会工作的重要论述，进一步提高工人阶级主人翁地位

一是大力宣传党的政策方针和对劳动者的关心关爱，弘扬劳模精神、劳动精神、工匠精神，引导和推动全社会形成尊重劳动、尊重劳动者的良好氛围。二是进一步完善民主参与机制，增加一线职工在党代会代表、人大代表和政协委员中的比例，保障职工依法民主参与国家经济和事务管理权利。三是拓宽职工利益诉求表达渠道，进一步健全完善职代会、厂务公开等民主制度，充分发挥职工在企业民主管理、民主管理、民主监督中的重要作用。

（二）加强劳动科学理论研究，提高工会工作前瞻性、有效性

针对劳动领域存在的系列敏感热点、难点和焦点问题，加强工会理论研究，特别是加强对劳动者科学劳动意识、科学劳动条件、劳动效率价值研究，以期探索出更宽广、更稳定的就业渠道，更合理、更高效的劳动机制，为政府促进就业和再就业、创造职工高品质生活提供可行性思路和建议。

（三）推动建立科学合理的收入分配机制，让广大职工更多更公平地分享改革发展成果

积极推动政府及相关部门综合运用税收、价格调控等经济和行政手段，科学调控收入分配，努力提高职工收入、缩小收入差距。充分运用政府部门、工

会和企业等方面的联动机制，健全法律监督组织及劳动调解和仲裁组织，完善工资集体协商制度，推动和指导企业特别是非公企业逐步建立完善按劳分配、按生产要素分配，职工工资正常增长、稳增长的薪酬机制，促进和谐稳定、互利双赢的新型劳动关系。

（四）扎实推进产业工人队伍建设改革，促进广大职工全面发展

一是充分发挥劳动和技能竞赛的引领作用，持续广泛开展“职工科技节”“三秦工匠”评选系列活动，大力推进群众性技术创新活动，开展先进操作法总结、命名和推广，深化劳模创新工作室创建，鼓励行业、企业广泛开展岗位练兵和技术比武活动，为职工素质提升搭建平台。二是认真落实《关于健全完善新时代技能人才职业技能等级制度的意见（试行）》，探索更加完善的职业技能多元化评价方式，做好职业资格和职业技能等级制度的衔接，拓宽产业工人发展空间，改变技术工人成长成才“独木桥”现象。三是大力推动职业院校、本科高校与行业企业协同实施技能人才培养计划，共同发展职业教育，组织多工种、实用型、订单式的职工职业技能培训，努力化解“用工难”和“就业难”的结构性矛盾。

（五）积极应对新冠疫情影响，为职工解难、为企业纾困

严格按照全国总工会有关规定，持续促进企业复工复产、惠企政策落地见效，加大对受疫情影响企业尤其是非公企业的问题排查化解。持续做好受疫情影响的职工群体情况摸排工作，对符合帮扶救助条件的困难职工，通过职工互助保险和专项帮扶资金，做到应帮尽帮。用足用好“春送岗位”“网络视频招聘”等线上线下工作品牌，促进职工稳定就业、创业就业。

（六）积极落实国家生育政策，着力解决职工后顾之忧

深化女职工维权服务工作，特别是维护好女职工在身心健康、生育休假、生育保险等方面的合法权益。持续推进母婴关爱室、爱心托管班建设。推动用人单位将帮助职工平衡工作和家庭关系相关措施纳入集体合同。

（七）以新修订的《工会法》为法律武器，加强职工维权服务工作

完善政府与工会联席会议制度，加强源头参与，通过定期交流沟通，把涉及职工群众利益和工会主张的措施体现到政府政策和部署中去。探索通过制定行业劳动标准、建立协商机制、完善社会保障等方式，推动解决劳动者反映强烈的劳动报酬、社会保险、休息休假、职业安全等突出问题，力求更公平地保障不同职工群体的合法权益。

（八）加快推进工会改革，不断提升工会组织吸引力、凝聚力、战斗力

一是牢牢把握工会工作正确政治方向，坚持党建带工建，紧紧围绕中心、服务大局，争取更多的资源和手段赋予工会组织，联合政府相关部门及时纠正非法裁撤、合并工会组织行为，为工会工作创造更有利的条件和环境。二是积极适应“互联网+”新形势，加快升级完善智慧工会工作体系，用信息化手段掌握职工需求动态，有针对性地提供更多普惠性服务，形成线上线下相互融合、良性互动的工作新模式。三是加强工会干部队伍建设，按照全面从严治党的要求，持之以恒推进工会作风建设，推动工会干部学习教育常态化制度化，持续开展基层“蹲点”“拜师傅悟初心、进车间当工人”“培优育才”等系列活动，打造一支学习型、服务型、创新型的工会干部队伍。

负 责 人：郭大为

承担单位：陕西省总工会研究室

甘肃省职工队伍状况调查报告

为深入了解甘肃省职工队伍结构状况及变化特点、思想政治素质和技术技能素质状况、合法权益维护和保障情况，以及产业工人、新就业形态劳动者等群体状况，分析研究甘肃省职工队伍发展趋势及规律性变化，准确把握工会履行维权服务基本职责面临的新形势新任务，按照全国总工会部署要求，甘肃省总工会于 2022 年 3 月至 6 月组织开展了全省职工队伍状况调查。

本次调查共设置 1 个总课题和 12 个分课题。调查通过线下问卷抽样调查、网络调查和文献研究相结合的方式进行。共发放线下调查问卷 3250 份，其中职工问卷 3000 份，工会主席问卷 250 份，覆盖 5 市（兰州市、嘉峪关市、白银市、天水市、武威市）5 县（张掖山丹县、平凉静宁县、酒泉金塔县、庆阳环县、陇南礼县），共收回有效问卷 3245 份，其中职工问卷 2995 份，工会主席问卷 250 份；网络调查样本覆盖 14 个市州和兰州新区共 142 家企业，涉及职工 10161 人，共收回有效问卷 9658 份。

一、甘肃省职工队伍结构状况及变化特点

过去五年，甘肃省迎来了加快发展、繁荣振兴的重要契机，也面临决战脱贫攻坚、转变发展方式、修复自然生态等艰巨任务。五年来，甘肃省广大职工凝心聚力、团结奋进，在推动经济社会高质量发展中切实发挥了主力军作用，为全省如期实现全面建成小康社会奋斗目标，向全面建设社会主义现代化迈出坚实步伐做出了积极贡献。在这一历史进程中，职工队伍在总体规模、内部结构、整体素质、权益保障、作用发挥等方面发生了许多新变化，呈现出许多新特点。

（一）职工队伍总体规模略有缩小

《甘肃发展年鉴》和甘肃省统计局数据显示，2017—2021 年，甘肃省就业人员[①]总量从 1337 万人下降到 1319 万人，年均减少 4.5 万人。工会统计年报数据显示，2017—2021 年，全省已建工会单位职工人数分别为 401.3 万人、414.7 万

---

① 就业人员指在一定年龄以上，有劳动能力，为取得劳动报酬或经营收入而从事一定社会劳动的人员。

人、424.6万人、429.6万人、384.8万人（见图1）。受新冠疫情影响，2021年已建工会单位职工人数降幅相对较大，比2017年下降4.1%，比2020年下降10.4%。

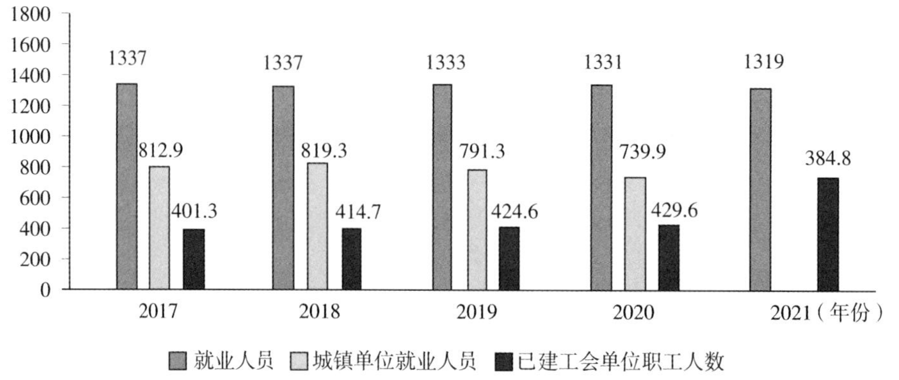

图1　2017—2021年甘肃省就业人员、城镇单位就业人员、已建工会单位职工人数（单位：万人）

（二）职工产业、行业分布结构更加优化

总体上看，2017—2021年，第一产业就业人员在三次产业中占比最大的情况没有变，但三次产业就业人员比重发生了明显变化，从2017年的55∶16∶29变为2021年的44∶18∶38，第三产业就业人数快速增加，第一、三产业就业人员比重更加接近，特别是2019—2020年变化尤为明显。从趋势上看，第一产业就业人员呈逐年递减趋势，第二、三产业就业人员分别从2018年和2019年开始呈逐年递增趋势。按行业[①]分，2017—2020年，第一产业城镇单位就业人员从4.2万人减少至1.9万人，第二产业城镇单位就业人员从98万人减少至81.2万人，第三产业城镇单位就业人员从157万人增加至179.1万人。由此可见，第一产业就业人员逐步向第二、三产业转移（见图2）。

① 行业分类采用《国民经济行业分类（GB/T 4754-2017）》。第一产业是指农、林、牧、渔业（不含农、林、牧、渔专业及辅助性活动）；第二产业是指采矿业（不含开采专业及辅助性活动），制造业（不含金属制品、机械和设备修理业），电力、热力、燃气及水生产和供应业，建筑业；第三产业即服务业，是指除第一产业、第二产业以外的其他行业。

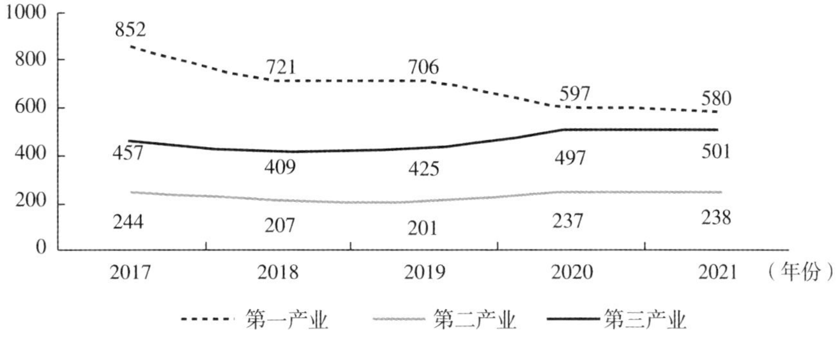

图 2　2017—2021 年就业人员在三次产业中的分布情况（单位：万人）

（三）工会会员中农民工会员人数下降

国家统计局发布的《2021 年农民工监测调查报告》显示，2021 年，西部地区农民工 8248 万人，比上年增加 214 万人，增长 2.7%。但工会统计年报数据显示，2017—2021 年，全省已建工会基层单位职工中农民工人数分别为 138.23 万人、156.39 万人、173.23 万人、176.46 万人、142.88 万人，其中，农民工会员人数分别为 135 万人、152.16 万人、169.23 万人、172.93 万人、138.83 万人。从关联性上看，农民工会员人数与已建工会基层单位职工中农民工人数的变化一致。从变化趋势上看，2017—2020 年，农民工会员人数逐年增长，2021 年农民工会员人数有所下降。

（四）新就业形态劳动者大幅增加

2021 年，甘肃新产业新业态快速发展，全省规模以上工业战略性新兴产业、高技术产业、装备制造业增加值快速增长，比上年分别增长 18.8%、38.2%、15.8%。限额以上批零住餐企业通过公共网络实现零售额比上年增长 24.8%，快递业务量增长 33.5%。与此同时，伴随着互联网技术进步与大众消费升级，互联网平台经济快速发展，各种新就业形态不断涌现，以货车司机、网约车司机、快递员、外卖配送员等为代表的新就业形态劳动者大幅增加。据统计，全省共有新就业形态劳动者从业人员 19.26 万人，其中，货车司机 15.73 万人、网约车司机 0.25 万人、快递员 2.28 万人、外卖配送员 0.67 万人、互联网营销师 0.33 万人。从性别结构看，男女性别比为 71∶29，男性占比远高于女性；从年龄结构看，25~45 岁的青壮年占比达 69.2%，是新就业形态劳动者的主力军；从受教育程度看，大专及以下学历占 94.79%，学历整体偏低。

二、职工队伍整体素质状况

（一）职工思想道德素质持续加强

通过实施公民道德建设行动和精神文明创建工程，新时代文明实践中心实现了全覆盖。社会主义核心价值观正在逐渐内化为广大职工的精神追求，外化为广大职工的自觉行动。线下调查显示，86.5%的职工对社会主义核心价值观“非常了解”或“比较了解”；87%的职工认为和以前相比，现在人们的道德水平有所提高；82.3%的职工对“如何看待学习雷锋”给予积极评价，认为雷锋是我们学习的楷模，人人都应该向他学习。家庭、家教、家风建设深入推进。线下调查发现，大多数职工认为，好的家风应该更注重夫妻和睦、孝老爱亲、教子有方。

（二）职工技术技能素质不断提升

“十三五”期间，甘肃省累计组织开展就业技能培训、岗位技能提升培训和创业培训 195 万人次；全省技能人才中有 3 人获得“中华技能大奖”称号、12 人获得“全国技术能手”称号、13 人享受国务院政府特殊津贴、5 人入选“甘肃省领军人才”。[①] 甘肃省列技能大赛数量由 2017 年的 488 项增加至 692 项。截至 2021 年末，全省技能人才总量达到 217.9 万人，高技能人才 41.4 万人，技能人才和高技能人才较 2017 年分别增长了 55.64%和 12.5%，技能人才总量稳步增长，技能人才创新活力得到有效激发。线下调查职工中，专业技术人员占比 24.6%，专业技术人员中取得专业技术职称的占 43.1%，其中初级、中级、高级职称分别占 20.3%、17.2%、5.6%。普通职工中取得职业技能等级的占 28.7%，其中初级工占 12.3%，中级工占 8.2%，高级工占 5.0%，技师占 2.2%，高级技师占 1.0%。

（三）职工受教育程度逐步提高

线下调查显示，职工平均受教育年限为 14 年，比 2017 年全国职工调查数据中的 13.6 年提高了 0.4 年。大专及以上学历达 67.7%，比 2017 年提高了 2.7 个百分点，特别是出现了一定数量的研究生及以上学历职工，占比 1.9%。中专及以下学历职工占 32.3%，比 2017 年降低了 1.2 个百分点。值得注意的是，工会主席受教育程度高，大专及以上学历达 88%。拥有职业技能等级的职工中，初级工取得大专及以上学历的达 65.1%，中级工取得大专及以上学历的达 62.3%，高级工取得大专及以上学历的达 62.4%。由此可见，无论是受教育年限，还是

① 来源：《甘肃省技能人才队伍建设规划（2021—2023 年）》。

学历层次，较 2017 年都有所提升。

三、职工各项权益保障和实现情况

（一）职工劳动经济权益较好实现

1. 甘肃省就业相对稳定，失业率合理可控。网络调查显示，64.2%的职工最近五年没有换过工作。线下调查显示，在职工对岗位的满意度方面，83.8%的职工表示对目前工作“非常满意”“比较满意”，表示“不太满意”“很不满意”的仅占 1.5%，职工对岗位满意度较高。2021 年，甘肃省国民经济和社会发展统计公报显示，2021 年全省城镇登记失业率为 3.4%，比 2017 年提高了 0.69 个百分点，但比 2021 年全国城镇登记失业率低 1.7 个百分点，全省失业率仍然处于合理可控范围。此外，2021 年全省输转城乡富余劳动力 528.2 万人，其中，省外输转 212.7 万人，省内输转 315.5 万人，省外输转人数与 2017 年的 195.6 万人相比，增加了 8.7%。

2. 职工工资收入稳步增长。据甘肃省统计局数据显示，2017—2021 年，甘肃省城镇非私营单位就业人员年平均工资从 63374 元提高到 84500 元，名义增长 33.34%；城镇私营单位就业人员年平均工资从 37704 元提高到 47212 元，名义增长 25.22%，就业人员年平均工资明显提高。线下调查显示，52.6%的职工认为自己的工资收入水平在所在城市属于中等及以上水平，34.3%的职工对自己现在的工资收入水平表示“满意”“比较满意”。职工上月从单位获得的到手全部货币收入（不含年终奖）平均值是 4151.22 元，其中，收入在 3000 元及以下的职工仅占 30.8%。2019—2022 年，77.5%的职工表示涨过工资。其中，在已建工会单位，职工最近一次涨工资平均上涨 365.72 元/月，在未建工会单位，职工最近一次涨工资平均上涨 385.31 元/月。从产业类别上看，第二产业职工工资上涨数额最高，职工最近一次涨工资平均上涨 492.03 元/月。

3. 职工社会保障权益得到较好保障。2021 年末，甘肃省参加城镇职工基本养老保险、职工基本医疗保险、失业保险、工伤保险及生育保险人数分别为 502.43 万人、372.3 万人、196.08 万人、278.74 万人、250.7 万人，比 2017 年分别增长 16.90%、16.27%、18.55%、40.35%、43.01%。截至 2021 年末，全省累计参保职工互助保障会员 82 万人次，互助费累计收入 3.84 亿元，累计支出 2.27 亿元，其中，互助金累计支出 2.05 亿元，累计发放救助金 670 万元，会员活动支出 1555.43 万元。线下调查显示，92.5%的职工参加了基本养老保险，其中，76.1%的职工参加了职工基本养老保险，16.4%的职工参加了城乡居民基本养老保险。参加职工基本医疗保险的职工占 76.2%。职工表示单位为其办理工伤保险、失业保险、生育保险和住房公积金的分别占79.8%、67.2%、59.3%和48.6%。同时，有近一半的职工表示，最近一年单位为其缴纳各类保险的基数比过去提高了。

4. 职工劳动安全卫生权益保障水平明显提升。2021年甘肃省共发生各类生产安全事故681起、死亡585人，比上年分别下降5.29%、5.03%，与2017年发生各类生产安全事故1127起、死亡887人相比，分别下降39.57%、34.05%。可见，与2017年相比，生产安全事故发生率和死亡率大幅下降。线下调查显示，90%的单位工会有人专门负责安全生产和劳动保护工作，66.2%的工会主席表示，最近五年单位没发生过安全事故，21.9%的工会主席表示单位安全事故发生率呈下降趋势。此外，76.6%的职工表示，最近两年参加过单位组织的安全生产和职业卫生方面培训，单位能够及时足量发放防疫用品和劳动保护用品的分别占72.7%、62.2%。92.4%的职工表示没有患过职业病，也没有受过工伤，认为发生职业病或工伤后，单位对其治疗、疗养和赔偿等做得不好的仅占14.8%；认为对治疗职业病或工伤难以负担，为治病欠下很多债务的仅占7.8%。最近一年，60.8%的职工表示参加过单位组织的体检。这从侧面反映出职业病严重危害行业领域用人单位职业病防治工作的完备性和规范性均有了长足进步，全省职业病防治服务能力显著增强，救治救助和工伤保险保障水平不断提高，劳动者职业健康权益得到进一步保障。

5. 女职工合法权益得到较好维护。线下调查显示，近九成的职工表示所在单位没有发生过限制女职工怀孕或因女职工怀孕、生育、哺乳而被降低工资、辞退或解除劳动合同以及被转岗的情况。2020—2022年，超过一半的女职工表示，参加过单位组织的女职工妇科及乳腺疾病检查。此外，从甘肃省总工会女职工部开展的甘肃女职工队伍及工会组织建设调研①中发现，90.73%的女职工表示与所在单位签订了正式或临时劳动合同，72.36%的女职工表示，在同等职业条件中，能够确保男女同工同酬，86.94%的女职工认为没有受到过职业歧视或不平等对待的问题。

（二）职工民主政治权利得到较好保障

1. 民主管理制度落实更加有力。职工代表大会制度分类深入推进。截至2021年末，甘肃省已建立工会的各类企事业单位中（不含机关）建立职工代表

---

① 为全面了解全省女职工队伍及工会组织建设总体状况，通过问卷形式发放电子问卷，共收集到有效问卷21891份。

大会制度的有 60228 家，建制率为 93.33%。厂务公开制度广泛建立。截至 2021 年末，建立厂务公开制度的有 58720 家，建制率为 89.28%。职工董事、职工监事制度大力推行。截至 2021 年末，全省建立董事会的企业中，建立职工董事制度的有 3076 家，建制率为 78%；建立监事会的企业中，建立职工监事制度的有 3280 家，建制率为 83%。集体协商和集体合同制度普遍推广。截至 2021 年末，全省共签订集体合同 15453 份，覆盖职工 183.02 万人；签订工资专项集体合同 13549 份，覆盖职工 109.93 万人；签订行业（区域）集体合同 1264 份，覆盖企业 28968 家，覆盖职工 74.81 万人。线下调查显示，在已建工会单位中，建立了职工代表大会制度、实行了厂务公开（业务、校务或院务公开）和开展了集体协商的分别达 61.4%、71.1%、66.8%，而在未建工会单位中分别仅占 16.8%、47.5%、24.6%。显然，已建工会单位中民主管理制度落实得更加充分。在建立了职工代表大会制度或职工大会制度的单位中，79.7%的职工认为所在单位的职工（代表）大会作用发挥得好；在开展了集体协商的单位中，90.9%的职工认为集体协商在维护职工权益方面发挥了有效作用。

2. 职工民主政治权利的实现渠道更加畅通。甘肃省第十四次党代会 620 名代表涵盖经济、科技、国防、政法、教育、宣传、文化、卫生、体育和社会管理等各个行业领域，涉及省、市、县、乡、村等各个层级。截至 2022 年 5 月，14 个市州总工会、兰州新区工会、86 个县区总工会及工业园区工会主席、副主席、经费审查委员会主任配备 481 人（含兼职副主席 133 人，挂职副主席 67 人）。其中，配备劳模和一线职工兼职副主席 70 名。线下调查显示，60.7%的职工认为有机会对工作单位的经营管理和自身权益发表意见或反映愿望，且多数职工会选择直接向班组长或单位领导反映情况、在单位职工代表大会上发表意见提出提案以及向单位工会组织或职工代表反映的方式。

3. 劳动关系更加和谐稳定。线下调查显示，认为所在单位经营管理者与普通职工之间的关系“很融洽”“比较融洽”的达 82%，仅有 0.4%的职工认为“很不融洽”，而不融洽的原因多集中在职工收入低和沟通交流较少。从单位规模上看，大型、中型、小型和微型企业中，职工认为所在单位经营管理者与普通职工之间关系融洽的分别占 82%、76.5%、84%、79.4%。93.3%的职工表示关心工作单位的前途和发展，75.5%的职工认为所在工作单位关心其个人利益和成长发展。可见，职工和工作单位之间相互认可度较高，劳动关系总体保持和谐稳定。

（三）职工精神文化权益较好发展

1. 公共文化建设加快发展。甘肃省围绕打造人民群众精神生活共同富裕工程，着眼公共文化服务城乡一体发展，以“全民阅读推广”和“艺术普及”为重点，公共文化数字化、网络化、智能化服务水平持续提升。连续五年持续开展乡镇综合文化站治理，每年为“三馆一站”拨付免费开放资金1.2亿多元，建成省、市、县三级数字文化馆26个，乡镇数字文化服务点659个、村数字文化驿站744个，公共文化阵地服务能力持续加强。在春节、建党百年、“中国农民丰收节”等重大节庆活动节点，广泛开展“文化进万家”“文化科技卫生三下乡”“丰收了·游甘肃”“冬奥过大年·春绿玉门关”“春绿陇原”“陇韵书香季”“村晚”以及戏曲进乡村等形式多样的活动，公共文化产品供给持续丰富。

2. 职工文化阵地更加多元。线下调查显示，60%的职工表示所在单位有职工文体活动场所。其中，职工文体活动场所最多的是乒乓球室、台球室，最少的是瑜伽室、舞蹈室，96%的职工表示愿意到单位的职工文体活动场所活动，大多数职工对单位开展的职工文体活动感到满意，表示“不满意”的仅占2.4%。职工书屋作用有效发挥。截至2021年底，甘肃省共建成省级以上工会职工书屋558家，便利型职工阅读站点130个，劳模书架190个，带动各地建成职工书屋3300家左右；“电子职工书屋”线上推广活动得到各级工会的大力支持和广大职工群众的欢迎喜爱，用户使用量激增。

3. 互联网成为满足职工精神文化需求的重要途径。线下调查显示，新闻网站、微博微信和抖音快手等短视频平台成为职工了解新闻、获取社会热点信息的主要途径，分别占比71%、56.2%、50.7%。中国互联网络信息中心数据显示，2021年上半年，网民使用率较高的互联网应用依次是即时通信、网络视频（含短视频）、网络支付和网络购物，使用率依次为97.3%、93.4%、87.8%、86.3%、80.3%；[①] 线下调查显示，在日常生活中，职工使用较多的移动互联网产品或服务依次是网上购物、移动支付和网上交友聊天，分别占比76.4%、66.9%、38.6%，这与2021年我国互联网应用用户规模和网民使用率状况基本一致。可见，职工互联网应用呈持续稳定增长态势，且主要集中在基础应用类和商务交易类，网络娱乐类和公共服务类应用较少。

① 数据来源：第48次《中国互联网络发展状况统计报告》。

四、工会组织作用发挥情况

（一）职工思想政治引领持续加强，广大职工听党话跟党走的信念更加坚定

1. 职工队伍凝聚力向心力显著增强。广大职工衷心拥护以习近平同志为核心的党中央的坚强领导，高度认可党和国家取得的巨大成就，对中华民族伟大复兴的光明前景充满信心，为实现第二个百年奋斗目标建功立业的热情空前高涨。线下调查显示，97.1%的职工对“党的百年奋斗从根本上改变了中国人民的前途命运，开辟了实现中华民族伟大复兴的正确道路”的观点表示赞同；97.6%的职工对全面建成社会主义现代化强国、实现中华民族伟大复兴的中国梦充满信心；96%以上的职工对党和政府在“打赢脱贫攻坚战，全面建成小康社会”、抗击新冠疫情中始终坚持生命至上、精准防控，保障人民生命健康安全和坚定不移推进全面从严治党、大力推进反腐倡廉的做法给予高度正面评价。

2. 社会主义核心价值观深入人心。广泛开展“中国梦·劳动美——永远跟党走”等主题宣传教育，组织劳模工匠、专家学者、工会干部深入基层一线宣传宣讲，扎实开展“四史”宣传教育。弘扬社会主义核心价值观，深化以职业道德为重点的“四德”建设。制作播放《榜样的力量》宣传片，举办抗疫先进模范事迹报告会，开展“向劳动者致敬”亮灯活动，唱响主旋律、传播正能量。打造“工”字系列职工文化特色品牌，举办演讲比赛、风采展示、主题阅读等系列活动。开展学雷锋志愿活动和职工志愿服务活动，积极传播和弘扬新时代助人为乐精神、无私奉献精神和坚韧不拔精神。线下调查显示，新冠疫情发生以来，一半以上的职工都参与过抗疫相关的志愿服务。

3. 大力弘扬劳模精神、劳动精神、工匠精神。持续开展“当好主人翁、建功新时代”等主题劳动和技能竞赛，组织职工在兰渝铁路、兰州新区建设等重大工程项目中展示风采，在决战决胜脱贫攻坚中贡献力量，在深化供给侧结构性改革中展现作为。注重劳模先进选树，推荐表彰全国劳模 48 名、省劳模 299 名，命名“陇原工匠”“提名陇原工匠”各 40 名，李云鹤等 2 名职工入选“大国工匠年度人物”。建成劳模疗休养基地 22 个、陇原工匠培训基地 6 个，举办德国专家培训班、家政培训班，连续开展“陇原工匠 dou 精彩”活动，尊重劳动、崇尚技能、鼓励创造的社会风尚进一步形成。线下调查显示，对“靠劳动能过上富裕的生活”表示认同、比较认同的分别占 60.8%、20.8%，94.4%的职工对当代劳动模范、大国工匠、时代楷模等先进典型人物有所了解。职工普遍认为，

“劳模精神、劳动精神、工匠精神”是以爱国主义为核心的民族精神和以改革创新为核心的时代精神的生动体现，是鼓舞全党全国各族人民风雨无阻、勇敢前进的强大精神动力，80.2%的职工和92%的工会主席感到全社会弘扬“劳模精神、劳动精神、工匠精神”的氛围浓厚。

（二）产业工人队伍建设改革持续推进，广大职工在推动经济社会高质量发展中切实发挥了主力军作用

1. 产业工人队伍建设改革取得重要阶段性成果。牵头推进产业工人队伍建设改革，制定出台实施方案，分批开展试点，发挥领导小组成员单位和联络员单位职能作用，落实思想引领、建功立业、素质提升、地位提高、队伍壮大等改革措施，“技能甘肃”打造、职业技能等级评定、技术工人晋升渠道打通等工作取得较大进步，金川集团公司试点经验在全国推广。线下调查显示，95%以上的工会主席认为产业工人队伍建设改革提高了职工的思想道德素质、调动了职工的积极性主动性创造性、提升了职工的技术技能水平；90%以上的工会主席认为产业工人队伍建设改革提升了企业技术水平、增加了企业收入。可见，产业工人队伍建设改革对职工和单位均产生了积极影响。

2. 职工群众参与劳动和技能竞赛的热情进一步迸发。2016年以来，共举办各类劳动和技能竞赛万余项，参加职工近千万人次；1.2万余名职工被评为“甘肃省技术能手”“甘肃省技术标兵”“甘肃省服务明星”，1600多名职工晋升技术等级，“陇东多能互补能源基地建设”等两项竞赛列入全国引领性劳动竞赛。线下调查（工会主席卷）显示，最近一年，79.3%的单位开展过劳动和技能竞赛（技术比武、岗位练兵等）活动。在积极性方面，75.6%的工会主席表示，大多数职工都能积极参加活动；（职工卷）显示，在已建工会单位中，52.2%的职工参加过所在单位开展的劳动和技能竞赛活动。在竞赛效果方面，95%以上的工会主席表示，开展劳动和技能竞赛活动使职工得到了技能等级或职称晋升、提升了职工的就业竞争能力、提高了企业的劳动生产率、促进了职工之间的交流与合作；95.63%的职工认为开展劳动和技能竞赛活动对单位和个人都有好处。

3. 职工创新创造活力显著提升。截至2021年底，开展全省职工优秀技术创新成果评选14届、全省职工先进技术操作法评选6届，累计征集成果3231项、操作法382项。2017年以来，全省职工技术创新成果获得中国专利奖优秀奖1项，甘肃省专利奖二等奖2项、三等奖2项，甘肃省科技进步奖二等奖4项、三等奖2项，7个项目获得全总职工创新补助资金120万元。着力打造职工创新工作“甘肃模式”，创建各级各类创新型班组1853个、示范性劳模创新工作室992个，涌现出

一大批优秀创新成果和先进操作法，甘肃省总工会推荐、全国总工会提名，甘肃1名一线技能人员技术创新成果获国家科技进步二等奖，成为西北五省首位获此殊荣的一线工人。线下调查显示，77.9%的职工认为设立“劳模和工匠人才创新工作室”对单位、劳模、工匠人才和普通职工提高技术技能水平都有好处。

（三）维权服务质量水平持续提升，广大职工获得感幸福感安全感不断增强

1. 工会组织维护职工合法权益作用有效发挥。坚持维权机制建设和突出个案维权相结合，参与《甘肃省实施〈中华人民共和国工会法〉办法》等法规政策的制定修改，持续开展普法宣传和“尊法守法·携手筑梦”服务农民工公益法律服务行动，改进“12351”职工维权服务热线工作，共办理法律援助案件710件，帮助2000多名职工挽回经济损失7600多万元。推动“安康杯”竞赛向非公企业、中小企业拓展，督促落实劳动安全卫生专项集体合同，职工生命安全和身体健康权益得到切实维护。建立“人社+工会”联动维权机制、“法院+工会”劳动争议多元化解机制，参与办结拖欠农民工工资问题206件。

2. 工会组织服务职工群众能力水平切实提升。坚持服务阵地建设和服务品牌打造相结合，分类推进困难职工帮扶（服务）中心规范化建设，建成户外劳动者驿站944个、司机之家和快递员之家182个、标准化母婴休息室422家、职工子女托管班30个，让户外职工得到“冷可取暖、热可纳凉、渴可喝水、累可歇脚”的关爱。常态化开展“四送”活动，筹集款物合计8.92亿元，累计慰问职工309.49万人次。聚焦职工“急难愁盼”问题，持续开展“我为群众办实事”活动，为10万名“八大群体”工会会员赠送1200万元职工互助补充保险等实事项目深受欢迎，建设100个“新就业形态劳动者驿站”列入省政府“十件实事”。线下调查显示，职工对本单位工会发挥作用情况打分，平均分为8.1分（满分为10分），打分最高的项目为帮扶困难职工、送温暖（8.4分），认为与工会联系最密切的关键词为“职工代表”，其次是“慰问送温暖”。可见，职工对工会工作认可度、满意度较高。

3. 工会组织在脱贫攻坚、困难职工解困脱困、疫情防控中积极作为。坚持打赢脱贫攻坚战和疫情防控阻击战相结合，实施三年专项行动，甘肃省12.34万户困难职工家庭实现解困脱困；甘肃省总工会先后投入1200万元，实施帮扶项目142个，举办“工会带您看甘肃”网络直播带货活动，带动消费扶贫2亿多元，定点帮扶的5个深度贫困村如期脱贫。助力落实“六稳”“六保”任务，提供就业创业服务92.41万人次；出台援企稳岗举措17条，助力稳住经济基本盘，

累计返还小微企业工会经费近1.57亿元。

五、职工队伍发展中急需关注的新情况新问题

（一）职工队伍特别是产业工人队伍技术技能素质还不能适应甘肃发展需要

甘肃省第十四次党代会做出以实施强科技、强工业、强省会、强县域“四强”行动为主要抓手，构建“一核三带”区域发展格局，努力谱写加快建设幸福美好新甘肃、不断开创富民兴陇新局面时代篇章的重大决策部署，培养一支高素质产业工人大军，对实现甘肃赶超进位具有重大意义。但客观上讲，甘肃技术工人队伍中，初级工、中级工占比不高，高技能人才总量小且分布不合理，主要集中在部分省属国有企业和中央在甘企业，市县企业和民营企业高技能人才不足，高技能人才比重远低于工业发达国家水平和国内先进制造业省份；农民工文化程度整体不高，大量农民工没有接受过非农职业技能培训，非公有制企业、小微企业中，技术工人更是严重匮乏，职工队伍技术技能现状难以满足强科技、强工业需要。线下调查显示，普通职工中71.3%均没有取得职业技能等级证书，而专业技术人员中取得高级职称的仅占5.6%。此外，产业工人队伍建设改革还存在一些短板不足。网络调查显示，35.9%的职工没听说过产业工人队伍建设改革，57.7%的职工表示听说过产业工人队伍建设改革，但不太了解，仅有6.4%的职工表示比较了解。线下调查显示，48.5%的工会主席认为产业工人队伍建设改革目前需要解决的主要问题是“让更多企业和职工参与”，39.2%工会主席认为目前需要解决的主要问题是“进一步拓宽产业工人职业发展通道”。

（二）职工队伍特别是新就业形态劳动者权益保障还存在现实困境

随着高质量发展的不断推进，先进制造业、战略性新兴产业、现代服务业、数字经济等产业加快发展，经济体系不断优化升级，职工队伍结构和劳动关系发生深刻变化。特别是在平台经济蓬勃发展的背景下，出现了大量区别于传统用工模式，以货车司机、网约车司机、快递员、外卖配送员等为代表的新就业形态劳动者。2021年以来，在党中央高度重视、有关部门支持配合、各级工会共同努力下，涉及新就业形态劳动者的政策文件陆续出台，有关制度机制不断完善，新就业形态劳动者组织化程度持续提高，权益保障取得了明显进展。然而实践表明，要将新就业形态劳动者权益保障真正落到实处仍存在许多现实困境。

一方面是责任界定困境。从劳动关系、雇主责任等角度看，新就业形态劳动

者与平台企业之间不完全符合确立劳动关系的情形，也就是不存在紧密的管理关系，权责关系含糊不清，其“从属关系”的认定不同于传统劳动关系那样清晰明了，责任主体的界定存在难点。且“新就业形态”涵盖范围广，目前只是笼统提及，并未从职业分类的角度进行细化，劳动关系的不确定性以及管理关系的松散化会增加雇主责任认定的难度，从而可能成为新就业形态劳动者发生意外后一些企业推卸责任的漏洞。同时，在责任的认定标准上也存在模糊不清的问题，而这类问题往往是由新就业形态劳动者灵活而不稳定的就业特点决定的，具有普遍性。

另一方面是保障落实困境。虽然已经出台了许多保障新就业形态劳动者权益的政策文件，但新就业形态劳动者组织方式平台化、工作机会互联网化、工作时间碎片化、就业契约去劳动关系化的特点决定了其在参保的接续性上存在不同程度的问题。此外，新就业形态劳动者就业灵活、自主性强，新业态对劳动力吸纳力大但留存力弱，大多数从业者并没有长期在该行业就业的打算，相比已经暴露出来的职业伤害这类“近忧”，此类从业者应更加关注其未来的职业生涯发展、技能提升以及养老、医疗等“远虑”。然而从实际情况看，尽管当下新就业形态劳动者职业伤害保障已引起各方关注，甘肃也出台了相关政策，但处于问题核心的部分从业者自我保障意识仍有待加强。

（三）职工生产生活方式日益在线化

随着新一代信息技术加速突破应用，劳动者的工作场域从固定的工厂转向开放的社会，工作时间从被动接受转向一定程度的自主决定，互联网已经成为职工学习生活的新空间，成为获取信息、沟通交流的大平台，职工生产生活方式日益在线化给传统的线下型、单向型工作方式带来严峻挑战。线下调查（工会主席卷）显示，91%的工会主席认为，通过微信群更便于开展网上工会工作、联系职工群众。但线下调查（职工卷）显示，经常参加、偶尔参加网络上（网页、客户端、公众号、群等）开展的工会服务职工活动的分别仅占 14.7%、30.7%，表示没听说过此类网络活动的职工达 33.6%，且在参加过此项活动的职工中，单位要求参加的占比达 66.7%。可见，工会利用网络开展工作还很被动，网上服务职工的能力和水平亟须提升。

（四）职工对美好生活的需要迭代提升

随着社会主要矛盾变化，广大职工对美好生活的向往已经从追求“有没有”向追求“好不好”转变，从满足基本生活需要向提升生活品质转变，从满足物质性需求向体面劳动、实现自我价值等社会性、精神性需求转变，顺应广大职工对美好生活的新期待，实现共同富裕，迫切要求实现好、维护好、发展好广大职工合法权益。当前，甘肃劳动就业、收入分配、社会保障等民生领域仍存在诸多短板。网络调查显示，收入低、物价高，生活日用开支大是职工生活压力大的主要原因。关于共同富裕，职工最在意的三个方面分别是收入差距缩小、经济高质量发展和基本公共服务均等。按重要性分，职工认为当下急需解决的问题依次是：收入（61.2%）、就业（11.7%）、子女上学（10.2%）、看病就医和住房（8.5%）。此外，新就业形态劳动者、农民工、城市困难职工等群体利益的实现还有不少难点和堵点。线下调查显示，在认为目前社会总体上“不太公平”“很不公平”的职工中，63.3%的职工认为不公平主要体现在收入分配不公平，49.5%的职工认为主要体现在教育资源分配不公平，39.6%的职工认为主要体现在社会保障待遇不公平。

（五）职工队伍中仍然存在一些不稳定因素

我国经济发展进入新常态，经济发展方式正在深刻转变，经济结构正在深刻调整，去落后产能作为加强供给侧结构性改革的重要目标之一，势必牵涉一部分职工就业、再就业等切身利益如何得到保障的现实问题。线下调查显示，从产业类别上看，第一、二、三产业中，“有点担心”“担心”自己会失业的职工分别占59.6%、66%、56.3%。此外，随着产业结构的不断调整，一部分企业职工在企业改制或破产中失去工作岗位，基本生活得不到有效保障，成为城市困难群体；在一些非公有制企业里，工人的合法权益经常被雇主所侵害，经济地位不高；有的企业由于职代会制度没有真正落实，民主管理流于形式，职工主人翁地位下降，在心理上产生强烈的失落感；等等。这些情况虽不是主流，却伤害了职工队伍的劳动热情，影响了职工队伍生产创造的活力。同时，受新冠疫情等因素影响，特定行业、部分人群也存在劳动关系矛盾潜在风险。这些问题如果解决不好，必将影响职工的积极性，进而影响社会的和谐稳定。

六、对策建议

习近平总书记强调：“全心全意依靠工人阶级，要解决认识问题，更要解决实践问题。”① 全心全意依靠工人阶级不能只当口号喊、标签贴，而是要把全心全意依靠工人阶级的方针贯彻到经济、社会、文化、生态文明建设以及党的建设各方面，落实到党和国家制定政策、推进工作全过程，体现到企业生产经营各环节。

---

① 习近平：在庆祝“五一”国际劳动节暨表彰全国劳动模范和先进工作者大会上的讲话［N］．人民日报，2015-04-29.

（一）加强思想政治引领，团结引导职工坚定不移听党话、跟党走

思想是行动的先导，理论是实践的指南。要以习近平新时代中国特色社会主义思想武装职工。认真学习宣传贯彻习近平新时代中国特色社会主义思想，习近平总书记关于工人阶级和工会工作的重要论述、对甘肃重要指示要求，落实省第十四次党代会精神，积极推动党的创新理论进企业、进车间、进学校、进教材、进头脑，广泛宣传党的百年奋斗重大成就和历史经验，宣传中国共产党的领导和我国社会主义制度的巨大优越性，宣传党中央促进共同富裕的重大决策部署和光明前景，打牢职工队伍团结奋斗的思想基础。要以社会主义核心价值观引领职工。坚持把社会主义核心价值观融入生产生活，内化为职工的情感认同和行为习惯，加强以职业道德为重点的“四德”建设，积极开展群众性精神文明建设活动，大力弘扬劳模精神、劳动精神、工匠精神，用先进思想、模范行为和高尚人格影响、带动全社会，不断为中国精神注入新能量。要以先进文化感染职工。建立健全党委领导、行政支持、工会运作、职工参与的职工文化共建共享机制，丰富职工文化产品供给，加强职工文化阵地建设和人才队伍建设，不断创新文化服务方式，切实发挥以文化人作用。

（二）深化产业工人队伍建设改革，加快打造一支宏大的知识型、技能型、创新型产业工人大军

党和国家各项事业取得的新成就，都离不开工人阶级特别是产业工人的奋力拼搏和忠诚奉献。习近平总书记致首届大国工匠创新交流大会的贺信，对各级党委和政府提出了明确要求，对深化产业工人队伍建设改革发出了动员令。要坚持党委统一领导，党政有关部门各司其职，工会、行业协会、企业代表组织充分发挥作用，统筹社会组织的协同力量，最大限度凝聚形成上下联动、左右互动、整体推进产业工人队伍建设改革的工作格局。要突出政治要求、着眼现实需要、适应时代发展，从巩固党的执政基础的高度，从促进经济社会高质量发展的高度，针对影响产业工人队伍发展的突出问题，加大职工职业教育和培训力度，健全终身技能培训制度，加快构建职业技能形成体系，提升人力资本和专业技能，拓展技术工人上升通道，为职工提高就业创业能力、自我发展能力和增强致富本领创造更加普惠公平的条件。

（三）落实以人民为中心的发展思想，更好满足职工群众美好生活需要

坚持职工利益无小事的理念，顺应职工对美好生活的新期待，把工作重心放在广大职工身上，从大处着眼、小处着手，满腔热情做好服务职工工作。要

整合不同层次职工需求，聚焦维权服务基本职责精准发力，在维护好职工就业、收入分配、社会保障、安全卫生、技能培训等劳动经济权益的同时，把维权服务向民主法治、公平正义、精神文化、安全环境等方面延伸，为职工提供更稳定的工作、更满意的收入、更可靠的社会保障、更充足的生活福利、更丰富的精神文化生活。要特别关注非公企业、小微企业经营困难问题和职工因失业而导致的断保、停保问题，汇聚各方力量扶持小微企业渡过难关，帮助职工维护社会保障各项权益；关注专业技术人员，特别是卫生和社会工作行业人员心理健康问题，缓解长期高强度工作引发的不良情绪，做好心理健康疏导服务。要全面落实《关于维护新就业形态劳动者劳动保障权益的实施意见》《关于开展维护新就业形态劳动者劳动保障权益“暖心行动”工作方案》等制度安排，推动健全完善新就业形态劳动者职业划分体系，引导新就业形态劳动者强化自主保障意识，推动形成个人重视、社会关心、多方维护新就业形态劳动者权益的良好氛围和齐抓共管的工作格局。

（四）构建和谐劳动关系，加快建设人人有责、人人尽责、人人享有的社会治理共同体

在社会主义市场经济条件下，社会治理的责任在政府，活力在社会，潜力在市场。在这样的情况下，仅靠政府的作用难以完全适应社会治理各方面的需求，客观上要求在党的领导下，政府、社会、市场和公民个人之间建立起一种合作与良性的互动关系，积极构建社会各方参与社会治理的平台和载体，拓宽和完善群团组织与社会组织参与基层社会治理的制度化渠道，凝聚多元共治合力，推动共建共治共享社会治理。工会组织要切实发挥政治优势、组织优势和群众优势，不遗余力地承担起构建和谐劳动关系、促进社会大局和谐稳定的政治责任，持续加大劳动法律法规源头参与力度，推动完善构建和谐劳动关系制度机制，推进工会工作法治化建设，切实维护劳动领域政治安全，最大限度增加和谐因素、最大限度减少不和谐因素，切实在促进提高社会治理水平中彰显工会担当。

（五）持续深化工会改革创新，不断增强工会组织的政治性先进性群众性

进入新发展阶段，我国开启了全面建设社会主义现代化国家、向第二个百年奋斗目标进军的新征程。站上新发展起点，甘肃进入了国家重大战略叠加和自身发展势能增强的历史交汇期，工运事业和工会工作也随之处在了新的历史方位。面对新形势新任务对工会工作提出的新要求，各级工会要把深化工会改

革放到全省工作大局、全面深化改革全局中去思考和推进，坚定改革信心、增强改革定力，以全新的视野、创新的思维、超前的理念、务实的方法推进各项工作。要更加注重制度建设，健全完善各方面制度，增强制度执行力，切实用制度规范提升工作、用制度管事管人；要更加注重体系建构，在服务平台、服务体系、服务阵地、服务手段上整体谋划、一体推进，增强工会工作的系统性、整体性、协同性；要更加注重改革创新，敢于突破思想束缚、机制障碍，勇于破旧立新、攻坚克难，大胆创新探索机构设置、管理模式、运行机制和工作方式方法，允许试错纠错、鼓励先行先试；要更加注重强基导向，坚持大抓基层、向基层延伸的价值取向，把更多的资源和力量向基层倾斜，为基层赋能、为基层减负、为基层撑腰，着力激发基层工会生机活力；要更加注重品牌打造，强化品牌意识，把传统品牌做优做强，立足新的实践、新的需求，持续推出全新品牌，不断提升工会工作在职工心中的分量和社会影响力；要更加注重开门办会，整合社会资源，运用社会力量，拓宽专业化、社会化之路，探索利用市场思维和市场方式推动工作，全面提升工会工作整体水平，以形式多样的思想引领凝聚职工，以丰富多元的平台载体动员职工，以精准有效的维权服务吸引职工，以和谐稳定的劳动关系团结职工，以务实担当的作风形象赢得职工。

负 责 人：马应宏

承担单位：甘肃省总工会理论政策研究室

产业工会调查报告

第四编

铁路职工队伍有关情况调查报告

按照全国总工会关于《第九次全国职工队伍状况调查方案》的要求，落实北京市常态化疫情防控政策规定，铁路总工会调研组采取书面与实地、整体与重点调研相结合的方法，通过收集、研究相关资料，实地查看、与各层级干部职工座谈、问卷调查等形式，对铁路职工队伍状况进行了深入调研，现将有关情况报告如下。

一、基本情况

在全面调研基础上，重点对哈尔滨、太原、武汉、上海、广州、兰州局集团公司和中国中车、中铁通号公司等单位职工队伍建设改革情况进行了专题调研。重点调研单位既有先进装备制造企业，也有科研生产一体化企业；既有货运量位居首位的货运大局，也有客运量位居首位的客运大局；既有开启改革之先的南方大局，也有百年历史积淀的北方大局；既有位处中欧班列线路重要区段的铁路局，也有担负中部崛起运输重任的铁路局。

截至2021年末，国铁集团、中铁工程、中国中车等6家企业拥有职工259万人（女职工39.9万人，占职工总数的15.4%），其中国铁集团职工队伍中技能人才（技术工人）占职工总数的77%，高于全国技能人才占从业人员总量26%的比例。

（一）技术工人队伍呈现年轻化

截至2021年末，国铁集团技术工人平均年龄为40.5岁，其中兰州局集团公司为39.1岁、青藏集团公司为34.4岁，分别比2017年第八次全国职工队伍状况调查时降低0.5、2、4.1岁。在国铁集团技术工人中35岁及以下技术工人所占比例较2017年提升了6.8%。广州局集团公司广铁动车段的技术工人平均年龄不到28岁。

（二）技术工人学历水平不断提高

截至2021年末，国铁集团技术工人初中及以下、高中（技校、中专）、大专、大学本科及以上学历比例较2017年分别下降了4.9%、9.8%，上升了

9.8%、4.9%，其中上海、呼和浩特局集团公司技术工人中大学本科及以上学历比例为13.1%、19.8%。在从事高铁技术工人中大专及以上学历比例较2017年提高了2%，高铁主要维修人员中大学本科及以上学历较2017年提高了4.8%。

（三）技术工人技能水平持续提升

截至2021年末，国铁集团技术工人具有初级工、中级工、高级工、技师、高级技师等级比例较2017年分别降低了0.5%、上升了3.1%、降低了0.9%、上升了0.6%和0.4%，具有高级工及以上资格的高技能人才比例为46.5%，其中武汉、太原局集团公司技术工人中具有高级工及以上资格的高技能人才比例分别为55.8%、49.1%。高铁主要维修专业人员中具有高级工及以上资格的高技能人才比例为72.4%（其中技师、高级技师比例为13.5%，较2017年提高了1.8%），均高于上海市高技能人才34%的比例、日本高级技工40%的比例。中国中车公司具有高级工及以上资格的高技能人才比例为60.7%，高于德国高级技工50%的比例。

（四）技术工人主人翁地位得到加强

各单位加大在铁路工人队伍中发展党员的力度，注重把技术能手、工匠人才、优秀工人吸收到党组织中来，提高工人党员比例。近年来，在技术工人中发展党员人数稳步增长，占当年全部发展党员人数的60%以上；截至2021年末，国铁集团工人（技术工人）党员人数占党员总数的57.9%，高于全国工人党员占全部党员6.8%的比例。

提高各单位党代会、工代会、团代会代表当中生产一线职工（技术工人）的人数及所占比例，上海局集团公司党代会生产一线代表占代表总数的30%、职代会生产一线代表占代表总数的42.7%。实行优秀职工在群团组织挂职和兼职制度，目前已有16名劳动模范和生产一线职工、农民工先进代表等担任铁路或地方工会兼职副主席。

完善以职工代表大会为基本形式的民主管理制度，坚持企业在涉及铁路工人切身利益的重大决策上必须经过职代会审议，听取职工意见；推动厂务公开不断完善公开网络、创新公开载体、规范公开程序、拓展公开内容，保障了铁路工人知情权、参与权、表达权和监督权。坚持和完善职工董事、职工监事制度，推进铁路职工代表依法有序参与公司治理。从抽样调查问卷和与职工交流中了解，大多数职工认为单位职代会作用发挥很好或较好，79%的职工把在单位职代会（议事会、恳谈会）上提出提案作为发表意见和反映愿望的渠道，86%的职工对其所在单位经营管理者和普通职工之间关系融洽程度表示融洽或整体不错。

（五）技术工人经济权益得到保障

各企业建立了在确保安全的前提下，职工收入与企业效率效益同步增长机制。“十三五”期间，国铁集团职工人均年收入增长率与国内生产总值年均增速同步；投入173亿元用于生活线、文化线、卫生保障线建设，沿线生产生活设施日臻完善；建成一批保障性住房，改造一批棚户区，职工居住条件明显改善；补助职工补充医疗保险，组织职工健康体检674.4万人次，职工健康保障水平持续提升；投入帮困资金44亿元，帮扶救助困难职工家庭，全路建档特重困职工已全部脱困解困，广大职工获得感、幸福感、安全感显著增强。武汉局集团公司抽样调查问卷显示，80%的职工认为自己的工资收入在居住城市属中等以上水平，85.3%的职工对目前生活状况很满意和比较满意。

总体上，铁路工人队伍呈现年轻化、学历高的发展趋势，且政治、民主、劳动经济等权益得到有效保障；“80后”“90后”已成为铁路安全生产的重要生力军。应该说，在近几年铁路大发展中，铁路工人队伍发挥了不可低估的重要作用，涌现出一批技能带头人和拔尖人才。这支队伍基本符合目前铁路总体生产力发展水平要求，支撑了目前铁路高质量发展，否则铁路技术变革和安全运营是无法想象的。

二、主要做法

各单位以习近平新时代中国特色社会主义思想为指导，贯彻落实《新时期产业工人队伍建设改革方案》及其实施意见，大力推进铁路职工队伍特别是技术工人队伍建设，努力实现职工发展有空间、待遇有保障、创新有动力、价值有体现，积极打造一支知识型、技术型、创新型的铁路工人大军，为实现铁路高质量发展、全面建设社会主义现代化国家而努力奋斗。

（一）加强职工思想政治引领

一是紧扣喜迎党的十九大、改革开放四十年、建党百年等重要历史节点，用好铁道博物馆、纪念馆、局史馆等红色资源，发挥铁路文化宫、俱乐部、职工书屋等宣传阵地作用，设立微信公众号云宣讲专栏，组织各层级职工演讲大赛、知识竞赛、读书比赛和主题基层巡回宣讲，广泛宣传党中央决策部署，持续推动习近平新时代中国特色社会主义思想进站区、进车间、进工地、进班组，引领广大职工群众坚定不移听党话、矢志不渝跟党走。太原局集团公司开展“建设命运共同体、奋力作出新贡献”主题教育，哈尔滨局集团公司设立“微课堂”、组织“微学习”、开辟“微论坛”，兰州局集团公司开展“平安兰铁、创新兰铁、智慧兰铁”大宣传大讨论大实践活动等。

二是深化“中国梦·铁路情·劳动美”主题教育实践活动，评选“新时代·铁路榜样”“最美铁路人”“职工职业道德建设标兵”等，选树王振强、陈佳、单杏花、陈美芳、阿西阿呷、亚库甫·阿沙木都和“头雁”突击队等一批广大职工见贤思齐的新标杆，弘扬社会主义核心价值观，宣传新时代铁路精神，奏响劳动最光荣、劳动最崇高、劳动最伟大、劳动最美丽的时代主旋律。

三是充分发挥工会桥梁纽带作用，创新思想政治工作方式方法，通过“两节”送温暖、夏送清凉、金秋助学、开展“三不让”活动、设立职工心理驿站等重要载体和形式，传递以习近平同志为核心的党中央对广大职工群众的关心关爱，注重人文关怀，重视心理疏导，引导职工依法理性反映诉求，积极协调解决合理诉求。加强职工思想动态分析，及时协助有关部门排查化解各类风险矛盾，促进职工队伍和企业和谐稳定。

（二）注重发挥职工主力军作用

一是大力弘扬劳模精神、劳动精神、工匠精神，实施火车头劳模和工匠人才引领工程，组织评选铁路工匠、全路首席技师、企业首席技师、首席技能专家、资深技能专家、技术能手等技能带头人和拔尖人才。加强劳模工匠人才管理，落实劳模工匠人才待遇，发放劳模工匠荣誉卡，组织疗休养活动。建立劳模工匠馆、开设劳模工匠讲堂、设立“星光大道”、落实“一帮一师带徒”等，讲述劳模工匠故事，宣传劳模工匠事迹，发挥劳模工匠示范引领作用，在全路营造崇尚劳模工匠、学习劳模工匠、争做劳模工匠的浓厚氛围。

二是围绕铁路建设、运输安全、生产经营、装备制造、技术创新等开展“践行新理念、建功‘十三五’”“当好主人翁、建功新时代”等劳动和技能竞赛。聚焦川藏、中老等铁路建设、“CR450 科技创新工程”、客运提质、货运增量、复兴号品牌战略、增运补欠、节支降耗和春运暑运、“两坚守两实现”等年度重点工作任务，开展主题劳动竞赛。建立岗位量化排名，实行业绩动态考核，激励职工坚守本职、立足岗位、安全生产、建功立业。

三是组织各层级铁道行业职业技能竞赛，参加地方政府举办的职业技能竞赛，开展岗位练兵、技术比武等活动；落实职业技能提升行动计划（2019—2021 年），脱产轮训主要行车工种工人 75 万人，促进职工技能素质水平的提升。广泛开展“增收节支行动”“我为公司献一策”“金点子”等技术创新与合理化建议活动，举办全路职工技术创新成果展示交流会，推动创新成果转化应用。推动建立跨区域、跨行业、跨企业的火车头劳模（工匠）创新工作室联盟。截至2021年末，创建火车头劳模和工匠人才创新工作室130个，涌现出全站仪自动化监测技术、在役钢轨底超声波探伤装置等一大批职工创新创效成果，其中《高速列车整车调试环境模拟技术及应用》获全国科学技术进步二等奖。

（三）创新职工职业发展空间

一是落实《铁路高技能人才振兴计划实施方案》，进一步扩大铁路技能人才岗位聘任制改革试点工作，铁路技能人才岗位职级设置由7级增加到14级，对聘任高三级工及以上岗位职级的技术工人实行300～2000元/月技能津贴制度，打破了技术工人职业发展的“天花板”。上海局集团公司实施技能人才岗位聘任制，按技能等级与职级相脱钩原则，实行逐级聘任晋升，解决技能人才发展受限问题。

二是制定《关于职称制度改革的实施意见》及其配套办法，技术工人可以通过规定程序聘任到管理和专业技术岗位，对交流到专业技术岗位的技术工人可以参加专业技术资格评审和专业技术岗位聘任。哈尔滨局集团公司对从操作技能岗位交流到工程技术岗位人员，满1年可参评技术员资格；具有技师职业技能等级的，可直接参评助理工程师资格；获得高级技师职业技能等级满3年，可参评工程师资格，打通了技能人才职称晋升通道。目前，已有部分技术工人通过“以考代评”或“公开竞聘”走上了车间管理岗位和技术员岗位，改变了技术工人成长成才的“独木桥”现象，极大地调动了广大职工奋力确保安全生产的积极性、主动性、创造性。截至2021年末，中国中车在技能人才队伍中拥有专业技术职称1400余人。

（四）提升职工获得感幸福感安全感

一是制定实施改善职工生产生活条件专项规划，广泛开展“我为群众办实事”活动。实施健康饮水工程、厕所革命，建设高原氧吧、幸福餐桌、大车驿站等，推进“一带一路”跨国建家关爱活动，深化高原、山区等偏远、条件艰苦地区铁路沿线和建设工地、售后服务站、海外铁路基地等“三线”“三工”建设与管理。召开全路改善职工生产生活条件现场会，加强新线生活设施“三同步”与验收，推动沿线生产生活设施集中建设、统一管理，促进生产一体化。“十三五”时期，全路投入“三线”“三工”建设资金265亿元，其中工会投入56.5亿元，新建改造一大批职工宿舍、食堂、浴室、卫生间、文化室、活动室（场）以及小菜园、小养殖场等。

二是建立领导干部联系特重困难职工制度，完善“一户一策一档一案”精准帮扶措施，设立“一元爱心”等专项帮扶资金，落实“四级联包”责任制，持续开展“两节”送温暖、金秋助学、职工医疗互助、异地工作困难职工帮扶等活动，确保困难职工及时得到救助、生活得到有效保障。“十三五”时期，全路建档特重困难职工按现行标准已全部脱困解困。

三是开发智慧工会云平台、网上职工家园、智慧铁路职工 App、职工 e 家园微信公众号等，为广大职工提供学习推手、生活帮手、生产助手，形成联系服务职工群众的新阵地新窗口。及时调整职工节日慰问标准，提高女职工卫生保健费。职工住院、节日生日等常态慰问，春运暑运、防洪抢险等专项慰问，夜班作业、关键岗位职工定向慰问等已经制度化、规范化。

四是积极有序参与抗击新冠疫情工作，投入专项资金、发出倡议书，做好职工健康防护、强化一线职工服务保障和慰问工作，在这场没有硝烟的严峻战“疫”中交出了合格答卷。组织名医专家铁路巡诊、开行健康医疗列车、送医送药到站区，建立心灵驿站、“舒释港湾”心理诊室，设立高铁司机心理生理调节室，开展网上健康咨询，规范小药箱管理，改造沿线站区旱厕，实施长期夜间作业职工“阳光工程”，提升了职工身心健康水平。一大批职工操心事、烦心事、揪心事得到切实解决或缓解，得到广大职工的普遍点赞。

五是开展“中国梦·铁路情·劳动美”系列职工文化活动，举办职工艺术节、系列职工才艺大赛、书法摄影、微博微电影、声乐曲艺、小品情景剧大赛等，组织“永远跟党走、奋进新征程”等主题群众性歌咏比赛，在全国职工演讲比赛和法律、读书、党史等知识竞赛以及职工摄影展中取得金、银奖等好成绩，《巴山小奥运》参赛米兰国际电影节。举办全国铁路第十三、十四届运动会、“行健杯”“集运杯”等各层级职工运动会，参加第十三、十四届全运会等赛事，铁路专业、职工运动员在全国和洲际等比赛中共获得 16 个团体和个人冠军。组织铁路文工团和天路追梦、乌兰牧骑等职工业余文艺团队以及职工文体骨干开展送文化、送演出、送体育到基层活动。“十三五”时期，铁路文工团、各类职工文艺团队下基层慰问演出 6900 余场次。发挥职工文体协会、单项协会、兴趣小组等作用，举办线上线下健步行、工间操、趣味运动会和百场活动进站区、百首革命歌曲传唱等，建设站区、工区家园文化，组织基层一线特别是条件艰苦地区、岗位职工开展贴近生产、贴近生活、形式多样的文体活动。

六是新建一批铁路文体场馆，普遍整修既有文体场馆和设施，加强沿线站区、施工项目部等文体活动场所建设和器材配备，强化文体场馆规范管理。加强文体骨干队伍和人才队伍建设，“十三五”时期举办 14 期全路职工文艺创作骨干、裁判员和体育指导员培训班，有 33 名职工文艺骨干被评为火车头职工艺术家。召开中国火车头体育协会第八次代表大会，火车头体协所属 29 个会员单位获得全国职工体育先进单位称号。

七是深入开展以站段为重点的“安康杯”竞赛活动，制定加强工会劳动保护意见的措施，开展劳动保护监督人员培训，组织劳动安全巡视检查，督促企业改善劳动保护条件、加强职业病防治。组织“警钟长鸣，坚守红线”安全大反思、“劳动安全大家谈”征文、安全知识竞赛、安全管理成果展示活动，加强事故案例警示教育，增强职工安全风险意识，推动安全文化建设。“十三五”时期，先后聘任工会劳动保护监督检查员 3088 人次，有 205 个单位被授予“安康杯”竞赛优胜企业称号；职工责任人身伤亡事故总量大幅减少。

三、几点思考

（一）进一步推进落实拓展技能人才发展空间

据了解，职业院校毕业的高职生参加工作一年后定职基本是中级工，还有许多定职高级工，绝大多数青工未来 30 多年职业生涯晋升空间仅有技师、高级技师等为数不多的台阶，且比例很小。因此，贯彻落实人力资源社会保障部印发了的《关于进一步加强高技能人才与专业技术人才职业发展贯通的实施意见》和人力资源社会保障部办公厅印发的《关于支持企业大力开展技能人才评价工作的通知》要求，结合实际，推进职称制度与职业资格、职业技能等级有效衔接，支持高技能人才参加职称评审和职业资格考试，鼓励专业技术人才参加职业技能评价，搭建两类人才成长立交桥，以及鼓励企业可自主设置技能岗位等级、在技能等级内细分层级等，需要加大力度，解放思想、试点推开、做实做细，彻底打破技能人才成长的“独木桥、天花板”。

（二）积极推动开展校企合作工作

《新时期产业工人队伍建设改革方案》中提出：支持企业举办或参与举办职业教育。人力资源社会保障部、国务院国资委《关于深入推进技工院校与国有企业开展校企合作的若干意见》提出要实现共同招生招工、共商专业规划、共议课程开发、共组师资队伍、共建实习基地等政策。如何在积极实践试点中细化措施办法，需要解放思想、大胆实践试点、大胆改革推进。此外，鼓励国有企业直接举办或以参股、入股等形式举办与国企发展密切相关的产教融合的技工学院，需要完善配套相关政策措施落地推进。借鉴世界工业强国——德国铁路办大学、职业学院的成功经验，加强顶层设计，注重发挥铁道职业教育教学指导委员会牵头作用，积极探索创新在新形势下学校教育与企业培养紧密联系的职业教育、职业技能培训体系建设，加强为实现世界铁路强国目标服务的全系列人才培养。

（三）不断满足职工对美好生活的新期待

“十四五”时期，是我国开启全面建设社会主义现代化国家新征程、向第二个百年奋斗目标进军的第一个五年，也是推进铁路高质量发展的关键时期。当前，广大职工已从满足基本生活需要向提升生活品质、实现体面劳动、实现自我价值等需求转变，对实现美好生活的向往日益增强，需要准确把握不同专业、不同岗位、不同经历职工对美好生活的差异需求、利益诉求，精准施策、精准服务，深化改善职工生产生活条件，持续筑牢企业与职工命运共同体。因此，立足新发展阶段，贯彻新发展理念，服务新发展格局，推动铁路高质量发展，落实“十四五”改善职工生产生活条件规划，大力推动解决改善职工生产生活条件不平衡不充分问题，大力推进一些高原、山区、偏远地区、条件艰苦站区和部分合资铁路沿线生产生活设施补齐补强工作，持续解决职工急难愁盼问题，不断提升广大职工获得感、幸福感、安全感，充分激发职工劳动热情、创造活力，引领职工奋力推动交通强国、铁路先行，为全面建设社会主义现代化国家而不懈奋斗。

负 责 人：王秋荣

承担单位：中华全国铁路总工会

民航职工队伍状况调查报告

根据全国总工会关于第九次全国职工队伍状况调查工作的部署，为全面深入了解当前民航职工队伍思想、心理、工作、生活、权益保障等方面的总体状况，特别是新冠疫情发生以来职工队伍、劳动关系面临的新情况、新变化，及时准确掌握基层职工的所思、所忧、所需、所盼，更精准地做好工会维权和服务工作，同时为推动行业更好地统筹疫情防控和恢复发展提供数据支撑与对策建议，民航工会在 2022 年 4 月至 6 月组织开展了全国民航职工队伍状况调查。

本次调查聚焦行业运输生产及服务保障一线职工，调查范围覆盖航空公司、机场、空管局及服务保障企业等行业运行主体，调研对象主要为飞行、机务、运控、管制、安检、乘务、空保、地服等重点关键岗位职工。

本次调查主要采用书面统计报表与网络问卷调查两种方式进行，同时参阅此前开展的专项调研、统计年报等相关文献资料。书面统计报表由民航工会所属各委员单位，按照调查表单逐级汇总并提交本单位（辖区）关键岗位职工基础数据。网络问卷调查由民航工会与民航管理干部学院组成课题组，共同编制调查问卷，分配各单位各岗位填报数量，由各单位工会组织相关职工填答。

本次调查计划收集 27500 名职工的问卷数据，实际收回问卷 64224 份，剔除掉部分明显失真及无效问卷后，保留有效问卷 57570 份。本报告所作的结论及判断，除明确表示来自此前其他统计数据及调查结果外，均基于对 57570 份有效问卷进行综合分析后得出。超过计划收集问卷数两倍的大样本量，充分反映出民航基层职工强烈的表达诉求，调查结果可以在相当大程度上反映出民航职工队伍的真实现状，具有较强的代表性。

调查表明，党的十八大以来，民航职工队伍不断发展壮大，整体素质得到较大提升，各项权益得到较好实现，在民航强国建设中的主力军作用得到较好发挥，总体保持稳定。与此同时，经济发展态势变化、改革深化、新冠疫情持续反复等因素叠加影响，带来了一些新情况、新问题，影响着民航职工队伍的稳定、职工权益的实现和主力军作用的发挥，需要引起相关各方重视并采取相应措施加以解决。

一、民航职工队伍现状及主要特点

（一）职工队伍总体结构较为科学合理

1. 性别、年龄结构。参加本次调查的职工中男性 37766 名，占比 65.6%；女性 19804 名，占比 34.4%，与民航工会历年统计的全行业职工总数中的性别比基本接近。本次调查显示，民航职工平均年龄为 34.6 岁，35 岁及以下年龄段职工占全部职工的比例为 60.9%。民航职工队伍呈现年轻化趋势，“80 后”基本都已成长为职工队伍的中坚和骨干，“90 后”已逐渐成为职工队伍的主体。分岗位来看，乘务、安检、飞行三支队伍更为年轻，35 岁及以下职工占各自群体的比例分别为 79.8%、78.4%、72.4%。

2. 工种结构。根据民航局发布的 2021 年民航发展统计公报及民航工会和有关部门、机构的统计数据，目前民航职工总数保守估算超过 80 万人，与 2013 年相比，至少增长 26 万人，增幅为 48%。目前，行业各主要工种（岗位）职工人数及占比，从高到低依次为：乘务员 9.7 万人，占比约 12%；飞行员 7.6 万人，占比约 9.5%；安检员 7.4 万人，占比约 9.3%；机务人员 6.3 万人，占比约 7.9%；空保人员 2.4 万人，占比约 3%；管制员 1.6 万人，占比约 2%；签派员 1.1 万人，占比约 1.4%。

3. 用工结构。本次调查显示，合同制职工（与用人单位直接签订劳动合同）占比为 83.9%，劳务派遣工（与劳务派遣公司签订劳动合同派遣至用人单位工作）占比为 11.9%。全行业劳务派遣用工比例较 2011 年最高峰（25%）大幅下降，降幅超过 50%。这是民航企业贯彻落实劳动合同法及劳务派遣暂行规定，调整优化用工结构的结果。分岗位来看，目前地服岗位劳务工占比最多，为 30.1%；其次是乘务和空保，合计为 11.3%；最后是安检，为 9.8%（与 2018 年的 19.9%相比，降幅超过 50%）。

4. 政治面貌。民航广大职工在政治上积极追求进步。本次调查显示，民航职工中中共党员和共青团员占比较高，分别占 32.5%、28%。按岗位来看，党员比例最高的前三个岗位分别为管制、飞行、运控，均为民航运行的核心岗位，管制员中 51.8%为中共党员。另外，调查表明，各岗位职工随着技术技能等级的提高，党员占比也呈现逐级提高的特点。

（二）职工队伍总体素质较高

1. 文化水平。本次调查显示，当前民航职工队伍学历层次较高，拥有大学本科及以上学历的达 60.2%，其中硕士研究生及以上学历占比 4%，均高于全国职工平均水平。按岗位来看，大学本科及以上学历职工占比排在前 4 的均为民航核心专业岗位，分别为：管制 97%、飞行 90.2%、运控 82%、机务 65.5%。

2. 技术技能素质。目前，评价职工技术技能素质主要有专业技术职称和职业技能等级两条并行标准。本次调查显示，近年来，民航各单位注重开展职业培训，各级工会广泛深入开展职业技能竞赛、创建劳模及工匠人才创新工作室，有力地促进了职工技术技能素质提升。75.8%的职工认为劳动技能竞赛对单位和个人都有好处，65%的职工认为单位培训力度非常充足或比较充足，63.98%的职工表示通过培训提高了技术等级或专业技能。

根据各单位工会上报的统计数据，19.37%的职工具有各级职称，其中初级、中级、高级职称占比分别为 63.81%、27.16%、9.03%，各层级由低到高呈金字塔形分布。

根据网络问卷调查结果，飞行员中 53.33%的人取得各级职称，其中高级职称（一级、正高级）占比为 14.8%。运控和机务岗位人员中取得职称的比例分别为 67.26%、75.92%，其中取得高级职称的比例分别为 10.42%、8.09%。在实行职业技能等级的几个岗位中，通过职业技能鉴定获得技能等级最多的是安检员，比例达 97.06%，其中具有高技能等级的占比为 42.99%，与 2018 年相比，提升了 15.19%。管制员中 88.66%取得技能等级，其中高技能等级占比为 52.5%；乘务员中 68.88%取得技能等级，其中高技能等级占比为 19.31%。

（三）职工权益得到较好保障

民航各级工会认真履行维护职工合法权益、竭诚服务职工群众的基本职责，推动民航职工劳动经济权益、民主政治权利及精神文化权益得到较好落实。

1. 职工劳动经济权益保障情况。

一是职工就业较为稳定。本次调查显示，95.8%的职工与用人单位或劳务派遣单位签订了劳动合同，大多数为长期或无固定期限合同，其中无固定期限合同为 36.39%，3 年及以上合同为 39.3%。持续近三年的新冠疫情对民航业造成前所未有的巨大冲击，运输生产大幅下滑，企业亏损严重，部分航空公司一度出现工资发放困难。但即便如此，民航企业还是表现出了强烈的社会责任担当，加之国家及时出台应急贷款、注资、税费减免、航班运行补贴等助企纾困政策，全行业没有发生企业大规模裁员情况，职工队伍总体保持稳定。与欧美等西方国家航空公司大规模裁员相比，这也充分体现了社会主义制度的优越性。

二是职工工资受疫情影响普遍下降但大多数能正常发放。新冠疫情对民航职工收入造成巨大影响，本次调查显示，有 71.34%的职工表示工资下降。尽管工资下降，但86.2%的职工表示单位能按时正常支付工资，12.5%的职工表示单位有延发或缓发但无拖欠，只有1.2%的职工表示单位拖欠工资。

三是职工社会保障权益实现情况较好。本次调查显示，职工所在单位为其办理了养老、医疗、失业、工伤、生育五项社会保险及住房公积金的比例分别为80%、87.42%、82.3%、76.7%、77.7%、93.2%，参保覆盖面总体高于社会平均水平。此外，还有76.33%的职工表示单位为其办理了补充养老保险。

四是职工劳动安全卫生权益得到较好保障。民航企业对安全生产工作普遍高度重视，积极维护职工劳动安全卫生权益。本次调查显示，91.1%的职工最近两年参加了单位组织的安全生产培训；69.9%和78.4%的职工表示单位会及时足量发放劳动保护用品、防疫用品；分别有64.6%、26.77%的空勤人员表示休息期得到了“很好的保障”“基本保障”。74.5%的职工表示没有患过职业病和受过工伤；93.4%的职工最近一年参加了单位组织的体检。

2. 职工民主政治权利保障情况。

一是保障职工履行民主管理权利的制度体系不断健全。本次调查显示，70.8%的职工表示所在单位建立了职工代表大会制度或职工大会制度，53.44%的职工表示所在单位职代会发挥作用很好或较好。此外，职工表达利益诉求的方式也呈现多样化的特点，有64.18%的职工表示会直接向班组长或单位领导反映，41.23%的职工表示会通过职代会发表意见或提出提案，还有34.16%的职工选择向单位工会或职工代表反映。

二是职工的政治地位得到较大提升。民航职工在各级党代会及群团组织中的人数和占比不断增加。据统计，党的十八大、党的十九大代表中，分别有3名民航一线职工和劳模当选，而在党的二十大代表中，这一数量增加到6名，翻了一番。民航各级工会认真贯彻落实中央党的群团工作会议精神，不断提高劳模和一线职工在工会会员代表大会和委员会中的比例。民航工会在2020年12月组成第七届全国委员会时，全委会委员中劳模先进代表及民航关键岗位职工代表增加到14名，同时增设1名劳模兼职副主席（英雄机长刘传健）。劳模及职工代表在民航工会第七届全委会和常委会中的比例分别达到21.9%、17.6%。

3. 职工精神文化权益保障情况。

一是服务职工文化阵地不断巩固拓展。本次调查显示，69.6%的职工所在单位建有职工文体活动场所，77.37%的职工表示愿意到单位职工文体场所活动。民航工会近年来着力推动职工书屋建设，2014年建设开通民航职工电子书屋，目前注册用户达22.5万。同时，加大政策指导、经费支持力度，积极推荐申报

34 家职工图书馆、阅览室被全国总工会授予全国工会职工书屋示范点，申请为 53 家已建职工书屋示范点及 65 个便利型职工阅读站和 112 个劳模书架配书，2022 年又为基层建设投放 26 台智慧书柜，为职工阅读、学习创造了便利条件。

二是网上工会活动受到职工欢迎和认可。当前，互联网已经渗透职工工作生活的方方面面。民航各级工会积极适应这一趋势，探索通过网络开展职工文化活动，此外，新冠疫情导致无法开展线下聚集性活动，也助推职工文化活动向线上转移。本次调查显示，有 55.6%的职工参与过工会开展的网络活动，其中 90%以上的职工对工会网上活动的便利性、吸引力、新颖度、实惠度等方面均表示满意。民航工会从 2015 年开始通过微信公众号开展的“民航人的除夕夜”微摄影活动，为广大职工表达爱岗爱家爱国的真挚情感提供了便利平台，连续八年累计参与职工 18 万人次，成功打造了民航职工文化建设的一个新品牌。

（四）职工主力军作用不断彰显

民航广大职工认真学习贯彻习近平新时代中国特色社会主义思想，完整、准确、全面贯彻新发展理念，牢记习近平总书记“伟大出自平凡，英雄来自人民。把每一项平凡工作做好就是不平凡”的殷切嘱托，立足本职、扎实工作，为推动新时代民航强国建设和实现“两个一百年”宏伟目标发挥了主力军作用。

1. 民航职工是巩固党的执政基础的一支坚定可靠队伍。民航职工具有忠诚担当的政治品格，坚定理想信念，不断增强“四个意识”、坚定“四个自信”、做到“两个维护”、拥护“两个确立”，在思想上政治上行动上同以习近平同志为核心的党中央保持高度一致。本次调查显示，86.6%的职工对党的百年奋斗重点成就表示高度赞同，83.8%的职工对党和政府如期打赢脱贫攻坚战、实现全面建成小康社会表示高度评价，83.4%的职工认为中央“八项规定”政策出台以来贪腐情况减少，88.3%的职工对党中央坚定不移推进全面从严治党和反腐倡廉的做法表示支持，86.2%的职工对党和政府抗击新冠疫情的举措与成效表示赞同。同时，80%以上的职工对我国到本世纪中叶全面建成社会主义现代化强国、实现中华民族伟大复兴中国梦充满信心。

2. 民航职工是保障民航在国家经济社会发展中发挥战略性产业作用的坚实依靠力量。民航广大职工以主人翁精神，“一个航班一个航班地盯，一个环节一个环节地抓”，保障运输航空创造了连续 12 年、138 个月、4226 天、1 亿零 59 万小时的中国民航史上及世界民航史上最长安全飞行周期（截至 2022 年 3 月 20 日）。2021 年 12 月，民航“十四五”规划发布，全面开启了多领域民航强国建设新征程。本次调查显示，71.8%的职工对民航“十四五”规划持认可支持态度，认为“规划目标切实可行”“有规划地指引民航发展更有方向”“能让民航职工受益得实惠”。2020年新冠疫情以来，民航广大职工坚决贯彻落实党中央、国务院决策部署，不惧风险、冲锋在前，为及时运送医护人员和抗疫物资、保障人民群众安全顺畅出行、保障产业链、供应链稳定做出了重要贡献。同时，由于工作性质原因，约有58.7%的职工表示疫情期间曾因工作原因进行集中管理。

3. 民航职工是建设民航文化价值体系和社会主义先进文化的坚强推动主体。本次调查显示，绝大多数民航职工认同社会主流价值观，思想积极向上，充满正能量。74.8%的职工对社会主义核心价值观表示非常了解或比较了解，91.5%的职工认同“雷锋精神”的社会价值和意义，超过75%的职工对劳模精神、工匠精神和劳动精神持正向、肯定看法，表示“被劳模工匠的事迹感染”“愿意向他们学习”。关于当代民航精神，绝大多数职工也持认可支持态度，其中，50.1%的职工认为“这是历代民航人接续努力形成的好传统、好作风，应该学习弘扬”，还有36.7%的职工表示“努力做好本职工作就是践行这一精神的最好体现”。

（五）工会“娘家人”作用获得职工较高认可

民航各级工会认真学习贯彻习近平总书记关于工人阶级和工会工作的重要论述，把保持和增强“政治性、先进性、群众性”贯穿工会工作全过程，坚持以职工需求为导向，努力推动解决职工“急难愁盼”问题，当好职工“娘家人”，有效地增强了工会组织吸引力、凝聚力。

本次调查显示，近80%的民航职工加入了工会组织。广大职工对工会履行职能、发挥作用的总体满意度为82%。具体而言，职工群众评价满意率排在前三位的工会工作分别是：维护女职工特殊权益、帮扶困难职工、提高职工职业技能；职工想到的与工会联系最为密切的关键词，排在前三位的依次为：送温暖、职工代表、福利补助。

二、民航职工队伍建设中值得关注的几个问题

（一）职工群体呈现分化趋势，部分群体职业成就感较低

民航是一个链条长、环节多、运行复杂的系统，由此形成了不同岗位（工种）的职工群体，同时，由于多数企业在人力资源管理上仍实行工人劳动管理与干部人事管理相区分的“双轨制”，形成了经营管理人员、专业技术人员、普通职工等群体。受文化水平、技能素质、收入待遇等多种因素影响，各群体在

思想观念、利益诉求等方面呈现分化趋势。本次调查显示，在工资收入水平评价方面，认为自己的工资收入在所在城市属于中等偏下及低收入的职工中，飞行员群体为 26.2%，而地服人员为 68.6%，安检员为 57.9%，机务人员为 56.7%。在本单位内部横向比较时，分别有 57.8%的地服人员和 53.2%的机务人员认为自己的收入低于其他岗位。在职业获得感方面，表示自己的薪酬福利与劳动付出“不太匹配”或“薪酬远低于付出”最多的群体是机务人员、占比为 47.4%，其次是地服人员、占比为 37.4%。在职业成就感方面，评价最低的群体是机务人员，23.3%的机务人员表示不太能或无法从职业中获得成就感。在问及职业发展空间时，飞行员的预期最为乐观，54.56%的飞行员表示发展空间非常大或比较大，而在地服、机务、管制群体中，却有三分之一以上职工认为发展空间不太大或非常小。

相较而言，机务和地服两个职工群体对职业的认同感较低，这与他们收入偏低、工作条件艰苦不无关系。据民航局飞行标准司 2020 年 12 月调查显示，一线机务维修人员对职业发展总体不满意率为 41.8%。针对此问题，民航局于 2021 年 5 月下发《关于提高机务维修人员职业满意度的指导意见》，并选取三家航空公司作为薪酬改革试点单位。但是，从本次调查中机务群体的各项数据分析来看，目前的改革成效并不尽如人意。

（二）职工劳动经济权益和民主政治权利保障水平仍需提高

1. 工资收入影响职工工作生活品质提升。尽管从整体上来看，民航职工收入随着工龄、技能的提升而逐年有所提高，但多数职工对自己的收入感到不满意。本次调查显示，年收入在 6 万元至 10 万元的职工占比最多，为 37.1%，其次是年收入在 6 万元以内的职工，占比为 25.6%。56.3%的职工认为自己的工资收入处于所在城市中等偏下及低收入水平，持这一看法的地服、安检岗位职工相对更多一些。调查显示，67.85%的职工认为工作中感到压力最大的问题是收入低。在回答目前生活压力来源时，排在第一位的是“新冠疫情影响工作生活”，有 73.26%的职工选择，去掉这一偶发特殊因素外，排在第二位的就是“收入低”，有 67.89%的职工选择。收入低不仅是职工工作生活中感到压力的主要来源，也对干群关系和谐及安全生产带来不可忽视的影响。在回答“单位经营管理者和普通职工关系不够融洽的主要原因”时，排在第一位的是“收入和福利待遇差距大”，选择该项的职工比例为 68.79%；在回答当前影响行业安全的因素有哪些时，选择“职工的劳动条件及待遇与付出不对等”的人最多，比例为 53.33%。

2. 工时等劳动用工管理需要规范。由于民航运输生产的特殊性质，经国家劳动保障部门批准，民航多数岗位实行综合工时制，但计算方法较为复杂，主要由企业行政单方决定。本次调查显示，除飞行、乘务、空保等空勤岗位职工因工时计算方法特殊外，其他岗位65%的职工表示不同程度存在超时工作问题，尽管工作时长与实际工作时间及主观感受都有关，但有如此多的职工反映，基层一线职工工作超时问题应引起企业及有关方面重视。特别是要加强综合工时折算管理，按照相关规定及民航岗位特点，将工作时间内发生的等待时间也折合为工作时间，而不能简单地按照一般轮班岗位计算工作时间，这既不准确，也不科学，易发生超时工作劳动用工风险。

3. 职工劳动条件及工作环境有待改善。民航空勤、地面等岗位存在的作业风险主要有高温低温、噪声污染、辐射污染及机械故障隐患。本次调查显示在以上4种作业风险中，噪声污染排在首位，有34.3%的职工认为存在且防护措施不够或没有防护措施，其次是辐射污染（30.8%）、高温低温（24.7%）、机械故障隐患（20.4%）。此外，职工身心健康问题也不容忽视。本次调查发现，65.4%的职工认为自己心理健康状态很好或者比较好，能自我调整，但也有8.1%的职工认为自己的心理健康状态“不太好，经常有情绪困扰”或者“很不好，可能有疾病倾向”。特别是新冠疫情期间因保障航班而经历长期集中管理，对职工身心健康带来不容小觑的影响。

4. 职工表达诉求、民主参与的渠道不够畅通。本次调查显示，提起与工会密切联系的关键词，“职工代表”排在第二位，有59.25%的职工选择，说明大部分职工对参与单位民主管理抱有很高期待。但在参与调查的职工中，只有15.63%的职工明确表示自己是职工代表，25.1%的职工表示不清楚所在单位是否建立了职代会制度。在对工会各项工作的评价中，“工会组织职工参与单位管理”的满意度为78.91%，低于其他几项工作。近60%的职工表示“单位管理决策缺乏职工参与，双方沟通少”“经营管理者不尊重职工”，是造成管理者与职工关系不融洽的两大主要原因。60%左右的职工表示参与单位管理是职工应当享有的权利，有利于促进单位的发展和维护职工利益，但是只有38.6%的职工表示有机会对单位的经营管理和自身权益发表意见或反映愿望。据了解，很多民航青年职工在无法通过单位内部正常渠道表达利益诉求后，往往会选择通过微信、微博等社交媒体发声，在发泄不满情绪的同时意图通过舆论施加压力解决问题，长此以往，极易引发舆情及群体性事件，影响职工队伍稳定及劳动关系和谐。

（三）职工技术技能素质与行业发展需求不相匹配

落实民航“十四五”发展规划，推进民航强国建设战略进程，迫切需要打造一支知识型、技能型、创新型职工队伍。虽然近年来民航专业技术人才及高技能人才不断增长，但与民航强国建设和高质量发展对人才总量、素质的要求相比，民航技能人才总量仍然不足、素质有待提升，特别是需要加快布局建设科技创新人才、专业技术人才和国际化人才。本次调查显示，飞行、运控及机务岗位职工中暂未取得职称的比例分别为46.67%、32.74%、24.08%；管制员中有11.34%暂未取得技能等级，乘务员中这一比例为31.12%。

本次调查显示，有40.8%的职工表示非常担心或比较担心自己所掌握的职业技能会过时，也说明了很多职工存在着本领恐慌，有提升技能素质的意愿。然而，目前职工提升技术技能素质主要通过参加单位培训和技能竞赛来进行，但培训与技能竞赛在针对性、实效性等方面与职工需求还有差距。调查还显示，30%的职工对劳模和工匠人才创新工作室不太了解或没听过，表明职工创新意识和参与度还有待提高。

（四）职工职业发展通道不畅，获得感不强

本次调查显示，73%的职工认为在单位的发展空间有限，近60%的职工对自己的职业发展缺乏明晰的规划，其中管制、机务、地服三个群体表现最为明显。26%的职工认为所在单位岗位晋升渠道不畅通，其中管制和机务的比例较高，分别为34.4%和32.8%。还有19.6%的职工表示“不清楚岗位晋升渠道与机制”。

目前，民航多数企业对技能人才仍实行国家5级技能等级标准，很多职工在取得最高等级的高级技师后，再向上发展已没有了晋升空间。另外，多数国有企业没有从制度机制上打破干部与职工的身份界限，一线职工与经营管理者之间收入差距过大，导致不少优秀技能人才都希望转到管理岗位上，但却难以实现。还有部分企业没有将职工技能等级与工资收入或职位晋升相挂钩。基层职工辛苦工作，如果没有理想的收入，在职业发展上也看不到希望，势必造成职工缺乏职业成就感、获得感。

（五）工会组织力、吸引力、凝聚力仍需增强

1. 部分民航职工尚未加入工会。参与本次调查的职工中，有近80%的人员明确表示加入了工会组织。这与民航工会近年来多次通过所属二级单位工会统计汇总得出的93%左右的职工入会率存在一定差距。初步分析造成这一问题的原因有两点：一是部分职工确实没有加入工会，如调查中有13.1%的职工表示

“单位有工会但我没加入”，这部分职工以劳务派遣工为主；二是部分职工虽然加入了工会，但所在单位工会没有履行填写入会申请书、发放会员证等入会必经程序，平时开展活动很少或工会工作没有吸引力，致使工会在职工中缺乏“存在感”。另外，由于工会组织领导体制等多种原因，部分近年来成立的民营航空公司、通用航空公司尚未加入民航产业工会体系，不利于民航上级工会对其建会和会员发展工作进行督促指导。

2. 工会工作能力水平与职工群众期盼还存在一定差距。本次调查显示，职工遇到困难后，选择向工会求助排在亲朋好友、单位领导、党组织之后。另外，职工最希望工会加强的工作排在前三位的是：促进提高职工工资和福利待遇（82.66%）、开展职工职业技能培训（41.64%）、职工子女寒暑假托管（34.54%）。这几项都是职工最关心、最直接、最现实的利益问题，但在现实中也确实是民航各级工会做得还不到位，有不尽如人意的地方。造成工会工作没有很好地满足职工需求的原因主要有两个方面：一是基层工会普遍工作力量不足，“人少事多”甚至“没人干活”。近年来，很多单位将工会工作机构合并到党群部门，工会干部兼职化日益普遍。民航工会 2021 年度组织状况统计显示，截至 2021 年 11 月，全行业共有工会干部 14653 名，其中，专职工会干部仅为 1048 名，占比 7%，绝大多数为兼职工会干部，占比达 93%（其中工会主席兼职率为 85%），且呈逐年增长趋势。《企业工会工作条例》关于“工会专职工作人员一般按不低于企业职工人数的千分之三的比例配备”的规定，在基层工会很少能得到落实。二是部分工会干部理论素养水平不够、工作积极性不高、创新意识和能力不强，工会工作仍停留在举办文体活动、发放福利等传统物质生活服务层面，无法满足新形势下不同职工群体特别是年轻职工在民主参与、精神文化等方面的多元化需求。

3. 工会网上工作亟须加强改进。与当前信息技术的飞速发展和职工普遍上网用网的现状相比，民航各级工会网上工作还相对滞后，对职工的覆盖面和吸引力都需要扩大和增强。本次调查显示，14.8%的职工表示“工会开展了网上活动但我没有参加”，还有 29.6%的职工表示“没听说过”，关于未参加工会网络活动的原因，33.46%的职工表示是因为“活动没多大吸引力”。尽管民航工会及各级工会近年来积极探索通过微信小程序、App 等多种方式开展工会网上活动，推进普惠性服务，但工作进展不平衡，与职工日益增长的需求相比存在较大差距。同时，民航系统工会网上工作及信息化建设缺乏系统性、整体性规划，存在分头建设、重复投入、互不兼容等问题，尚未建立统一的、覆盖全行业的基层工会组织、工会会员数据库及网上办公平台和服务职工平台。

三、加强新时代民航职工队伍建设的建议

2022 年是党中央、国务院部署开展产业工人队伍建设改革五周年。在民航局党组的关心重视支持下，民航工会牵头制定了《深入推进新时代民航职工队伍建设改革工作方案（2022—2025）》（以下简称《改革方案》）。民航局已于 2022 年 4 月将职工队伍建设改革方案印发全行业，并将其纳入深化民航改革工作总体部署，进一步加大了职工队伍建设改革的组织领导、顶层设计和统筹推进力度。

本次调查发现的民航职工队伍建设中存在的一些问题，在《改革方案》中已提出了相应的改革措施，下一步关键是要加强统筹协调，积极稳妥抓好各项措施的落地见效。同时，针对调查中发现的一些新问题，我们也认真进行了研究分析，结合推动民航职工队伍建设改革深入实施，为民航强国建设提供强有力的人才支撑，提出以下几点政策建议。

（一）牢固树立以人民为中心的发展思想，推动全心全意依靠工人阶级方针深入人心、落到实处

思想是行动的先导。加强职工队伍建设，首先要解决认识问题。习近平总书记关于工人阶级和工会工作的重要论述中，关键一条就是“坚持全心全意依靠工人阶级”。习近平总书记强调，不论时代怎样变迁，不论社会怎样变化，我们党全心全意依靠工人阶级的根本方针都不能忘记、不能淡化，我国工人阶级地位和作用都不容动摇、不容忽视。全心全意依靠工人阶级要贯彻到党和国家政策制定、工作推进全过程，落实到企业生产经营各方面。

1. 民航各单位党委要深刻领会和体悟以人民为中心的发展思想，认真贯彻习近平总书记关于工人阶级和工会工作的重要论述，落实坚持全心全意依靠工人阶级方针。把重要论述和依靠方针纳入党委中心组学习内容，定期听取、研究本单位职工队伍建设改革重点工作，特别是职工队伍思想动态及职工普遍关注的现实问题。建议民航局及民航各单位在举办各级各类党政干部、中青年干部培训班中，将重要论述列入必学内容，促进各级领导干部从思想深处解决好发展“为了谁”“依靠谁”的问题。

2. 健全保证职工主人翁地位的制度安排，提高职工政治地位。适当增加民航基层一线职工和劳模先进在党的代表大会代表和委员会委员及工会、共青团代表大会代表、委员会委员中的比例。加强民航基层党建工作，扩大党组织覆

盖面，把更多的劳模先进、技术技能人才、关键核心岗位职工吸收到党组织中来，进一步提高职工队伍中的党员比例。

3. 进一步畅通职工依法有序参与民主管理的渠道。加强检查督促、指导交流，持续推进民航企业完善以职代会为基本形式的民主管理制度体系，一方面提高建制率，做到应建尽建，确保职工代表中一线职工、技术人员的比例一般不低于 80%；另一方面增强实效性，加强职工代表培训，提高其参政议政能力，建立健全职代会实施细则等具体工作制度，保障职代会程序规范、职权落实到位。推动企业将职代会纳入公司法人治理结构，落实厂务公开、职工董事职工监事制度，通过劳资恳谈会、总经理接待日等方式，借助微信群、QQ 群等社交媒体，倾听职工意见诉求，切实维护好职工知情权、参与权、表达权、监督权。班组长等基层管理人员要加强现代人力资源管理等相关知识方法的学习，在工作中充分尊重团队成员，坚持严管厚爱相结合，使行政管理更加人性化，既有权威，又有温情，营造团结互助、心情舒畅的工作氛围。

4. 构建完善在党组织领导下的加强职工思想政治引领新格局。坚持在民航各单位党组织的统一领导下，充分发挥工会等群团组织优势，针对当前民航青年职工群体特点，注重运用互联网、新媒体等现代信息技术和传播手段，加强和改进职工思想政治工作，通过广泛开展职工喜闻乐见的群众性主题宣传教育活动，推动习近平新时代中国特色社会主义思想走近职工身边、走进职工心里，引导广大职工坚定不移听党话、跟党走，不断巩固党执政的阶级基础和群众基础。

（二）多措并举提升民航职工技术技能素质，畅通职工发展通道

1. 统筹推进民航职业教育和职业培训融合发展，完善职工技能形成体系。指导民航职业院校和企业深化产教融合、校企合作育人机制，加快推进现代学徒制、“1+X”证书等试点工作。督促推动企业落实职工培训的主体责任，加大职工职业技能培训力度，按照国家有关规定足额提取职工教育培训经费，并主要用于一线职工、高技能人才教育培训。办好“民航职工圆梦大学”，拓宽合作渠道，探索开设研究生学历及网上技能培训项目，帮助更多民航职工提升学历层次和技能水平。

2. 广泛深入开展职业技能竞赛，实现以赛促学、以赛育人。指导各级工会落实《民航行业职工职业技能竞赛管理办法》及《民航行业职工职业技能竞赛激励机制》，提高竞赛参与率、实效性。构建以企业岗位练兵和技术比武为基础、以行业职业技能竞赛为引领、国内竞赛与国际竞赛相衔接的技能竞赛机制，

逐步实现民航一类、二类技能竞赛涵盖行业关键岗位。加大对行业技能大赛中涌现的技术能手、金牌员工等优秀技术人才的奖励力度，引导所在企业给予配套奖励，进一步增强广大职工学技能、练技能、比技能的积极性。推动企业建立完善鼓励职工创新的制度机制，实现技术创新成果按要素参与分配。以劳模和工匠人才创新工作室及“五小”活动为平台载体，深化职工群众性创新活动，促进广大职工增强创新意识、提高创新能力。

3. 推动企业落实国家关于完善职业技能等级有关政策，拓宽和畅通技能人才晋升通道。广泛宣传贯彻人力资源社会保障部 2022 年 3 月印发的《关于健全完善新时代技能人才职业技能等级制度的意见（试行）》中关于“新八级工”的有关规定，引导鼓励企业在目前的“五级”职业技能等级基础上，向上增设特级技师、首席技师技能等级（岗位），打破职工职业成长“天花板”。推动企业落实国家关于高技能人才与专业技术人才职业发展贯通的相关意见，支持高技能人才参加职称评审和职业资格考试。鼓励企业对在聘的高级工、技师、高级技师在学习进修、岗位聘任、职务职级晋升等方面，比照相应层级工程技术人员给予同等待遇。增加优秀技术人才在各级各类劳模先进评选中的名额比例。建立优秀技术职工和高技能人才定期疗休养制度。

（三）多方合力做好职工维权服务工作，增强职工获得感、幸福感、安全感

1. 促进职工收入合理增长，缩小收入差距。推动企业改革、规范工资收入分配制度，建立完善体现技能水平、劳动付出的科学合理的薪酬体系，真正实现技高者多得、多劳者多得。针对机务维修人员等重点群体普遍反映的收入低问题，国有民航企业更要发挥好示范带动作用，认真落实中共中央办公厅、国务院办公厅《关于提高技术工人待遇的意见》及人力资源社会保障部办公厅《技能人才薪酬分配指引》、民航局《关于提高机务维修人员职业满意度的指导意见》等有关政策规定，强化技能价值在职工工资收入分配中的激励导向，建立职工技能等级与薪酬水平挂钩制度。各级工会要深入开展工资集体协商，推动企业建立工资决定、正常增长、支付保障机制，维护劳动收入的主体地位。

2. 改善职工工作生活条件，维护劳动安全卫生权益。持续加大政策指导和经费支持力度，推进民航职工站坪共享休息室建设，努力到“十四五”末实现对吞吐量百万级以上机场全覆盖。民航局相关业务部门要督促指导新建机场在设计、建设过程中，同步考虑职工倒班宿舍、站坪休息室等休息场所。发挥民航行政机构、行业协会及工会组织各自优势，修订、完善行业劳动定额标准，

使其更加科学、合理、人性化。依法开展工会劳动法律监督，提高劳动安全卫生专项集体合同签约率、履约率，重点督促企业执行国家及民航有关劳动安全卫生及职业病防治有关规定的情况。针对一线作业职工反映的噪声污染等问题，及时足量发放劳保用品，采取有效防护措施，将工作环境对职工健康的影响降到最低。督促企业落实职工休息休假权利，科学合理排班，尽量不利用休息时间开展会议、培训等活动，保障职工得到充足、必要的休息，实现体面劳动、舒心工作。

3. 构建全方位、广覆盖、多元化服务职工工作机制，全面提升职工生活品质。建立完善工会领导机关干部赴基层常态化蹲点、联系基层服务点制度，深入基层调研，倾听一线职工呼声和诉求，推动解决广大职工急难愁盼问题。做细做实困难帮扶、送温暖、爱心妈咪小屋、职工书屋等服务职工品牌工作，坚持职工需求导向，坚持普惠和精准相结合，不断拓宽服务职工领域广度和深度，借助互联网、大数据等信息技术及社会专业机构资源，创新方式和载体，培育更多满足职工多样化需求的服务项目。做好疫情防控常态化形势下职工关爱服务工作，关注职工心理健康，引导其保持良好健康心态。探索开展民航职工重大疾病互助保障、法律援助等工作，为职工提供更加全面、更高质量的物质生活服务、精神文化服务，努力满足职工日益增长的美好生活需要。

（四）深化改革创新，加强工会自身建设

1. 加强基层组织建设，夯实工会工作基础。指导推动民航各地区管理局认真落实民航局党组《关于加强和改进民航地区管理局工会工作的意见》，以扩大民航产业工会覆盖面为重点，督促指导民营航空公司、通用航空公司加大工会组建和会员发展力度，将更多的民航职工组织到工会中来，将更多的民航单位吸纳到民航产业工会体系中来，不断增强民航产业工会代表性。推动党建带工建机制向班组延伸，形成班组、党小组、工会小组同步建设、并驾齐驱的工作格局。针对当前中央企业存在的撤销、合并工会工作机构、削弱工会工作力量的问题，建议继续深化沟通协调，抓紧推动纠正、解决。

2. 加强工会干部队伍建设，提升工会服务职工能力水平。民航各单位党组织要重视工会干部队伍建设，把政治信念坚定、工作本领高强、热心群众工作的干部配备到工会，特别是选好配强工会主席。同时，要关心工会干部的学习和成长，完善工会干部培养、交流和使用制度，加强工会组织与党政部门干部双向交流。探索依法合规发放兼职工会干部岗位补贴，引进社会化工会工作者，增强工会工作力量。民航各级工会要加大干部教育培训力度，教育引导各级工会干部增强责任意识、转变思想观念、改进工作作风、提升工作本领，努力当好职工群众信赖的“娘家人”。

3. 加强网上工会工作，提升工会服务职工普惠性、精准性。抓住民航局、全国总工会推进智慧民航、智慧工会建设的契机，加强顶层设计和示范引领作用，加快建设实名动态、全面覆盖、安全共享、互联互通的民航基层工会组织和会员数据库，打造民航工会系统网上工作平台和服务职工平台，形成网上网下相互促进、有机融合的服务职工新格局，让职工“一键找到工会”“一网享受服务”。

负 责 人：王　铎

承担单位：中国民航工会、民航管理干部学院

金融系统职工队伍状况调查报告

党的十九大以来，金融系统各级工会始终坚持以习近平新时代中国特色社会主义思想为指导，在全国总工会和中国银保监会党委领导下，牢牢把握工运时代主题，紧紧围绕金融中心工作，坚持在服务大局中提高政治站位、在聚焦主业中把握职责定位、在稳中求进中积极主动作为，团结动员广大金融职工为推进经济和金融健康发展做出了新贡献。为全面了解五年来金融系统职工队伍的变化及特征，展现新时代金融工运的新气象新作为，履行工会职责，洞察工会工作时代大势，把握金融系统职工队伍发展规律，中国金融工会成立了由党组副书记、常务副主席梅志翔任组长、各局级领导为成员的课题调查领导小组，下设由办公室牵头，宣传教育部、组织部、经济技术部、权益保障部等各部门主要负责人组成的调查办公室，于 2022 年 6 月至 8 月组织开展了金融系统职工队伍状况调查。

本次调查内容涉及金融系统职工队伍总体状况、内部结构特征、职工权益维护等情况，聚焦职工队伍技术技能素质、数字技术广泛应用给职工带来的巨大变化等问题。调查通过文献研究、抽样问卷调查和网络调查相结合的方式进行。鉴于疫情影响和工作实际，本次调查以网络调查为主，依托自主设计开发的“职工调查问卷”小程序，在线填写问卷，共完成有效样本 96707 份，有效覆盖金融行业中银行、证券、保险业职工。抽样过程科学合理，样本分布均匀，兼顾了不同类型单位（含政策性银行、国有大型银行、商业银行、保险公司以及证券公司等）、不同地域、不同职工群体（普通职工、专业技术人员以及中高层管理人员等），具有较好的代表性。

调查表明，五年来，我国金融系统职工队伍持续注入新鲜血液，增添新生力量，职工使命感、责任意识不断增强，技术技能水平有效提高，劳动经济权益、民主政治权利、精神文化权益得到切实保障，充分发挥了在改革建设中的主力军作用。职工总体上感受到获得感幸福感归属感，职工队伍整体发展态势稳中向好。但与此同时，伴随着国家社会经济快速发展、思想文化百花齐放、数字技术更新迭代，世界百年未有之大变局和新冠疫情全球大流行的交织影响，职工队伍建设也面临着诸多新的挑战，存在一些不稳定因素，需要金融系统各级工会的高度重视并采取有效措施积极应对。现将本次调查情况报告如下。

第一部分　金融系统职工队伍发展良好

五年来，金融工会系统职工队伍不断发展。中国金融工会现有 37 家会员单位及 36 家省（区、市）金融工会，下辖金融职工 500 余万人。在职工队伍总量基本稳定的同时，职工队伍的内部结构、整体素质、权益保障、作用发挥等方面也发生了许多变化。

一、职工队伍内部结构呈现新特征

（一）职工队伍基础结构更加优化

1. 职工队伍年龄结构较为合理。调查显示，23.49%的职工在 20~30 岁，31.08%的职工在 30~40 岁，20.70%的职工在 40~50 岁，24.73%的职工在 50 岁以上（见图 1），年龄结构较为平均及合理，中坚力量 30~50 岁的优势明显。随着职工队伍的新老更替，“80 后”“90 后”职工群体已逐渐成为职工队伍主体，尤其是“90 后”职工人数大幅增长，同时“00 后”也陆续进入职工队伍。青年职工力量占比的增加，给职工队伍带来了生机和活力，更带来了发展的希望。这些青年职工文化程度高，乐于接受新事物，是金融业实现高质量发展的基础所在。

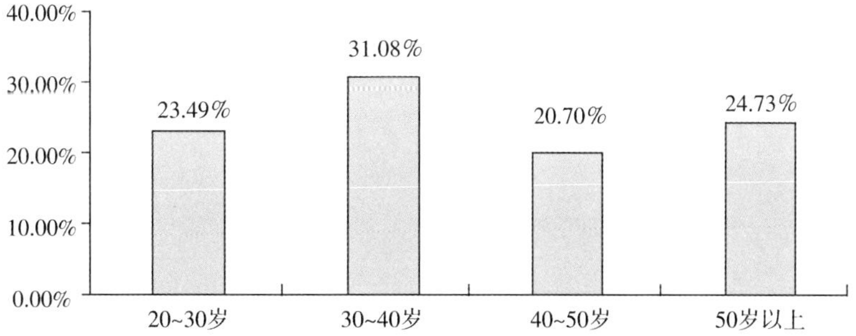

图 1　职工年龄结构

2. 职工队伍性别结构趋于平衡。调查显示，职工队伍中，男性职工占比 46.82%，女性职工占比 53.18%，总体性别比 88.04（以女性为 100），证明金融系统在就业总体规模上不存在明显性别差异，且基层女职工基数更大，一定层面上显现了金融行业“她力量”的行业特点。

3. 已婚职工占比较高。调查显示，已婚职工占比 76.94%，未婚职工占比

23.06%。较高比例已婚人群的存在显现出行业绝大部分职工更能从工作、家庭、社会整体维度进行统筹、平衡和计划。也从一个侧面显示出金融行业对执行国家新的人口政策具备客观条件。

4. 职工心理状况总体稳定。调研数据显示，23.50%的职工心理健康情况很好，38.86%的职工心理健康情况比较好，善于自我调整，27.53%的职工心理健康情况一般，有时会有情绪困扰，6.68%的职工心理健康情况不太好，经常有情绪困扰，2.23%的职工心理存在疾病倾向，1.20%的职工对自己的心理健康状况不清晰。总体来说，近90%的职工心理健康状况较为稳定，高于社会平均水平。平和健康的心理状态一定程度上也反映出金融行业职工整体工作与生活的统筹平衡能力较强，为更好地投身金融事业的发展奠定良好的基础和前提。

（二）职工队伍岗位结构合理、工作参与能力高

1. 职工队伍岗位结构合理。本次调查样本中67.09%为普通职工，4.95%为专业技术人员，13.63%为一般管理人员，13.23%为中层管理人员，1.46%为高层管理人员。以上比例科学合理，说明本次调研工作得到了各会员单位和基层职工的积极配合，能充分说明相关群体对切身利益的真实诉求。

2. 职工队伍工作经验丰富，对工作的贡献价值高，参与能力高。调研数据显示，工作年限不满1年的职工占比4.42%，1~5年的职工占比20.93%，5~10年的职工占比14.16%，10~15年的职工占比14.59%，15年以上的职工占比45.90%，超过10年工作年限的职工占比突破60%（见图2），是金融系统的深度参与者和决策贡献者，说明目前行业正处于一个高速发展阶段后的成熟平台区，为下一步的高质量发展储备了充足优秀人才。

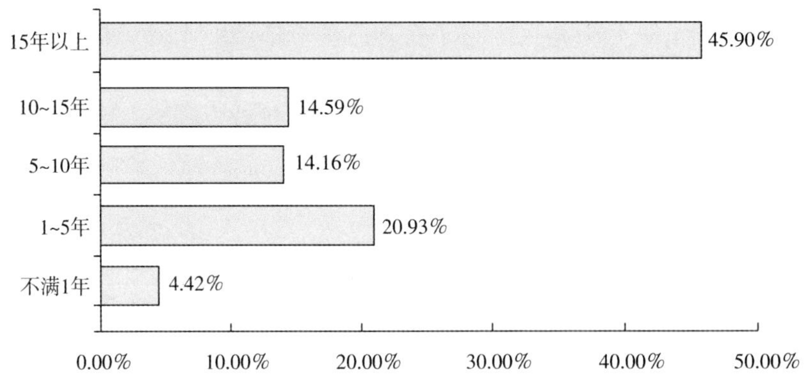

图2 职工工作年限

二、职工队伍素质稳步提升

（一）职工队伍文化素质逐渐提升

职工队伍中高学历人群优势显现。近年来，我国国民受教育程度大幅提升，带动了职工队伍文化素质的提升。调查显示，金融系统职工的整体文化素质在不断提高。职工平均受教育年限超过 15 年，文化素质普遍较高。其中，研究生学历及以上的职工占比 9. 15%，本科学历的职工占比 67. 06%（见图 3）。行业职工学历达到本科及以上的占比超过 75%，说明金融职工具备良好的学习能力，是业务发展创新能力不断提升的有力保障。

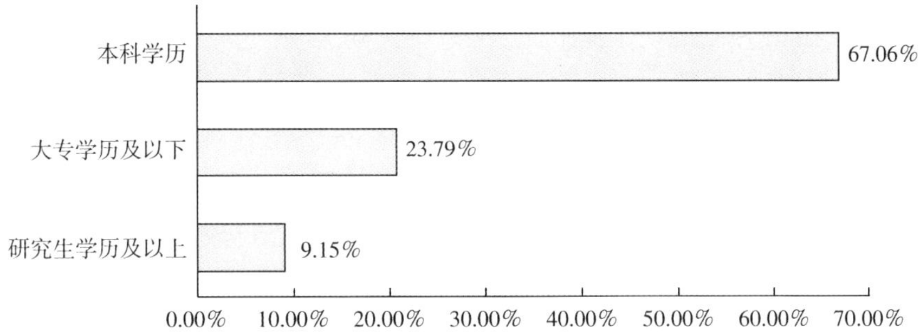

图 3　职工受教育程度

（二）职工队伍政治素质较高

调查显示，18. 47%的职工为共青团员，50. 71%的职工为共产党员，0. 44%的职工为民主党派人士，30. 37%的职工未加入任何党派。金融系统职工队伍中团员和党员的合计占比接近 70%，是工会组织能够团结职工，共同“听党话、跟党走”的力量优势和重要依靠。

（三）职工队伍技能素质及精神文化需求呈上升态势

1. 职工参加技术培训比较普遍。调查显示，经常参加单位组织培训的职工占比超过 60%，有时参加培训的占比为 22. 75%，偶尔参加培训的占比为 12. 25%，没参加过培训的职工占比为 4. 39%（见图 4）。以上数据显示，金融系统对职工教育普遍重视，发现人才、培养人才、合理使用人才已形成制度化体系和工作机制。

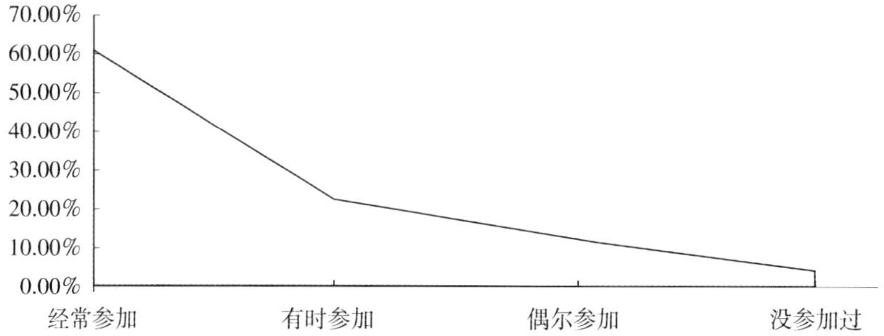

图4　职工参加单位培训情况

2. 职工对培训的需求呈现多样性、立体性和综合性。据调查，职工与自身业务相关的培训需求占比72.59%，希望加强心理健康等类的培训需求占比46.78%，文艺、体育、书画等类培训需求占比45.79%，党的理论政策和国家法律法规培训需求占比39.51%，希望提升学历或学位教育的培训需求占比32.37%（见图5）。这些需求表明了广大金融职工已经打破了传统培训仅侧重技能的需求，逐渐向综合素质提升、心理健康调整等方面覆盖，说明广大职工在努力工作之余，同样注重个人修养和文化素质的全方位提升要求，也给今后工会培训提出了新的目标和方向，为进一步提升金融行业职工综合素质明示了新路径。

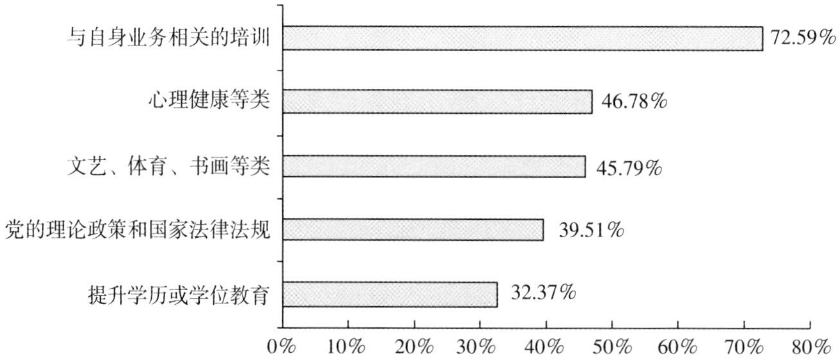

图5　职工想要参加的进修或者培训

三、职工权益进一步完善和提高

（一）职工劳动经济权益得到有效保障

1. 工作满意度较高，反映了金融行业良好的职业发展状况。本次调查显示，职工对目前工作非常满意的占比25.19%，比较满意的占比43.83%，一般的占比 26.30%，不太满意的占比 3.52%，很不满意的占比 1.16%。满意率超过了 69%（见图 6）。

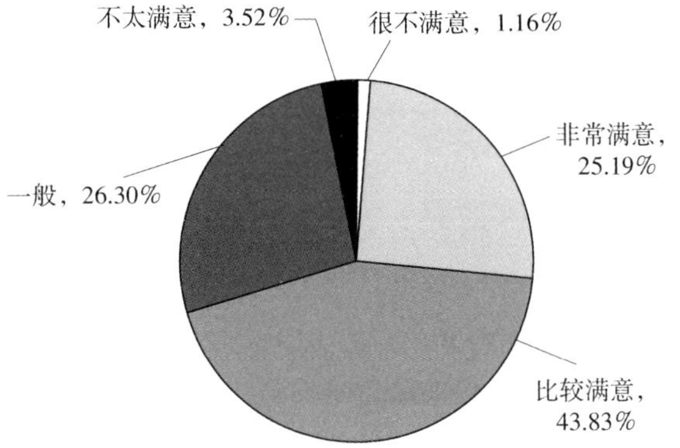

图 6　职工对目前工作的满意度

2.《劳动法》规定的职工合法权益得到较好维护

（1）多数职工的休息休假权利能得到有效保障。休息休假调查显示：69.90%的职工按照规定享受了带薪年假，25.99%的职工有年休假，但未按照规定享受，4.11%的职工没有年休假。数据显示，约三成的职工没有正常规律地进行年休假（见图 7）。反映出在总体休假权益得到保证的同时，在具体落实中还存在短板，也从一个侧面显示了金融系统部分岗位职工劳动强度较大的特点。

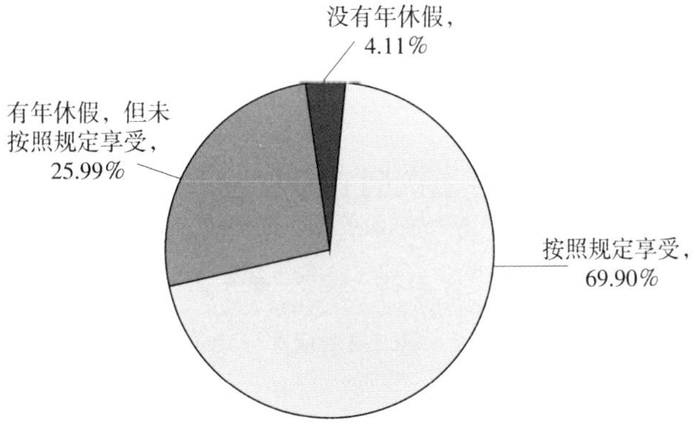

图 7　职工按照规定享受带薪年休假情况

（2）工作环境和服务设施逐步完善。调查显示，有职工食堂的占比 37%，有职工运动场所的占比 25%，有职工学习场地的占比 22%，有职工培训机构的占比 11%（见图 8）。以上数据反映金融系统职工服务设施建设较好，在一定程度上满足了职工在单位的生活学习需求，彼此赋能，有利职工身心健康保障，进而为企业创造更大的价值。

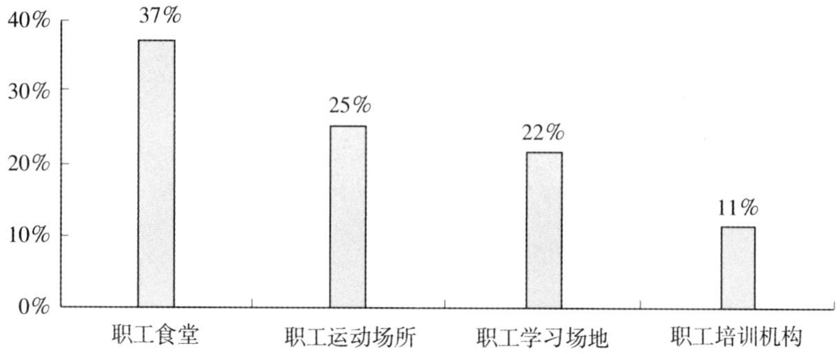

图8 所在单位给职工提供的设施

（3）金融系统职工的工作饱和度较高，加班情况调查显示：职工中52.79%表示偶尔加班加点，经常加班加点的占比31.24%，几乎每天加班加点的占比13.59%，从不加班加点的占比2.38%，整体显示经常加班、每天加班的金融职工占比超过四成，工作任务比较繁重（见图9）。

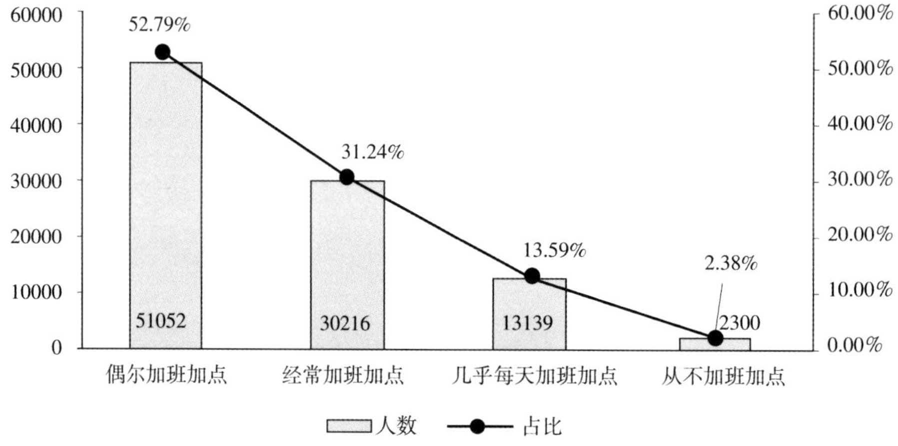

图9 职工加班情况（单位：人）

（4）沟通渠道较为通畅。当职工遇到困难和问题时，31%的职工倾向于寻求单位党组织的帮助，28%的职工倾向于寻求单位工会的帮助，17%的职工倾向于寻求专业机构的帮助，14%的职工会选择默默忍受（见图10）。调查显示过半数职工对单位党组织及单位工会信任度较高，能够维护金融系统职工各项合法权益。

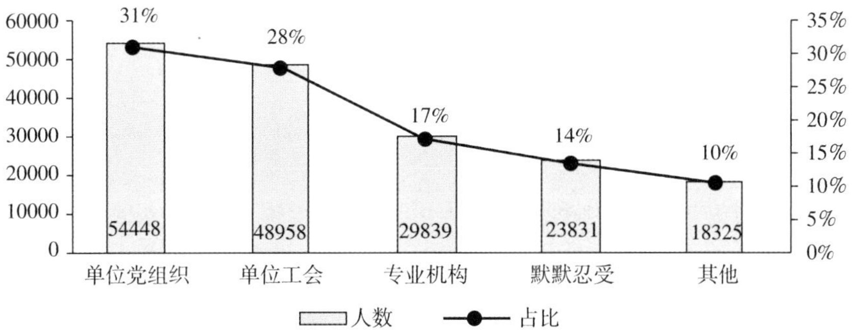

图 10　职工遇到困难和问题时寻求帮忙的情况（单位：人）

（二）职工民主政治权利得到较好实现

1. 职工民主政治权利实现渠道更加畅通。据不完全统计，党的十九大代表中，中央金融系统共 44 名代表，有 17 名来自基层，且 90%以上都被授予全国和全国金融五一劳动奖章以及全国和省部级劳动模范。2018 年，中国金融工会五届一次全委会选举 1 名劳模代表为兼职副主席。全委会委员、常委中劳模和一线职工比例为 13%，比第四届提高了 10%。

2. 企业民主管理渠道不断丰富及拓宽，职工知情权、参与权、表达权、监督权得到有效保障。

一是职工代表大会制度建立方面。81.33%的职工所在单位建立了职工代表大会制度，9.26%的职工所在单位建立了职工大会制度，8.04%的职工不知道单位是否建立了职工（代表）大会制度，仅 1.36%的职工所在单位没有建立职工（代表）大会制度。超 90%的职工所在单位建立了职工（代表）大会制度，制度建设整体较为完善。

二是行（司）务公开方面。调查显示，71.81%的职工所在单位实行了行（司）务公开，23.38%的职工不知道单位是否实行了行（司）务公开，仅 4.81%的职工所在单位没有实行行（司）务公开。七成以上金融职工所在单位行（司）务工作透明公开，为职工参与企业民主管理提供了良好的平台。

三是集体协商工作方面。调查显示，61.22%的职工所在单位开展了集体协商，30.14%的职工不知道所在单位是否开展了集体协商，8.63%的职工所在单位没有开展集体协商。多数单位较重视集体协商工作，能充分倾听工会和职工声音。

四是职工的发声渠道和方式。29%的职工能够在单位职工代表大会上发表意见，26%的职工向单位组织或职工代表反映意见，18%的职工通过民主议事会、恳谈会等发表意见，12%的职工通过微信群、QQ 群等方式反映愿望，8%的职工在单位的工资、劳动保护等方面的集体协商会议上反映意见，8%的职工则通过其他渠道发表意见。

3. 评选表彰工作认可度逐渐提升，程序日趋规范。

一是职工对先进模范的评选表彰认可度进一步提高。72. 42%的职工对单位评选出的劳动模范事迹了解并认可，16%的职工不了解但认可，7. 34%的职工不了解不认可，4. 24%的职工了解但不认可。超 88%的职工对单位评选劳模制度方式表示认可，超 60%的职工所在单位“劳模精神、劳动精神、工匠精神”氛围浓厚，单位评选榜样初衷得到实现，职工身边榜样起到了示范带动效应（见图 11）。

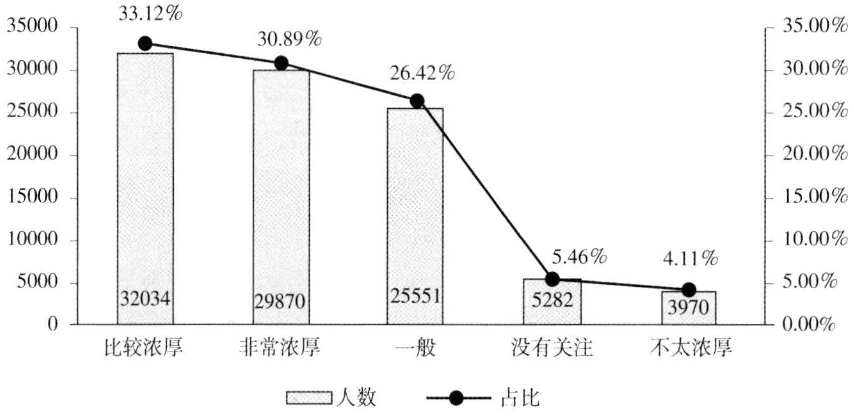

图 11　职工所在单位“劳模精神、劳动精神、工匠精神”的氛围（单位：人）

二是推荐评选流程逐步规范。52. 08%的职工所在单位是先由职工推荐，再经集中决策程序决定评选先进集体和个人，19. 77%的职工所在单位是通过职工投票确定先进集体和个人，13. 46%的职工不清楚所在单位是如何评选先进集体和个人的，7. 48%的职工所在单位是先由领导提出人选，再交职工讨论来评选先进集体和个人，7. 21%的职工所在单位是直接由领导决定先进集体和个人。超 71%的单位能够充分发挥职工作用，立足职工，听取职工意见评选先进集体和个人（见图 12）。

（三）职工精神文化权益不断丰富

1. “互联网+工会+活动”成为职工工作生活的新空间。

一是工会工作线上化的程度持续增强。受新冠疫情影响，线下工作转到线上，已经成为工会工作开展的新常态、新思路。调查显示，53. 23%的职工所在单位会开展线上工会活动，28. 22%的职工所在单位经常开展线上工会活动，

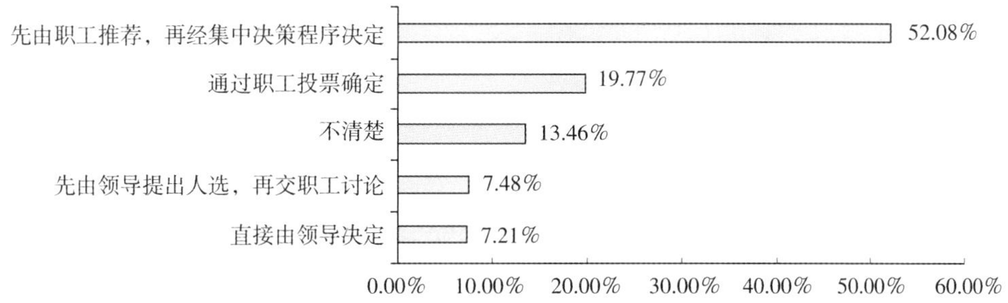

图 12　职工所在单位如何推荐评选先进集体和个人

18.55%的职工单位没开展过线上工会活动。

二是线上工会工作认可度整体向好。调查显示，多数职工认为参与过的线上工会活动新颖度、吸引力好，也较为便利，效率更高能带来实惠（见图 13、图 14、图 15）。线上工会活动符合职工需求，逐步得到职工认可，是促进职工精神文化权益实现的重要手段和途径。

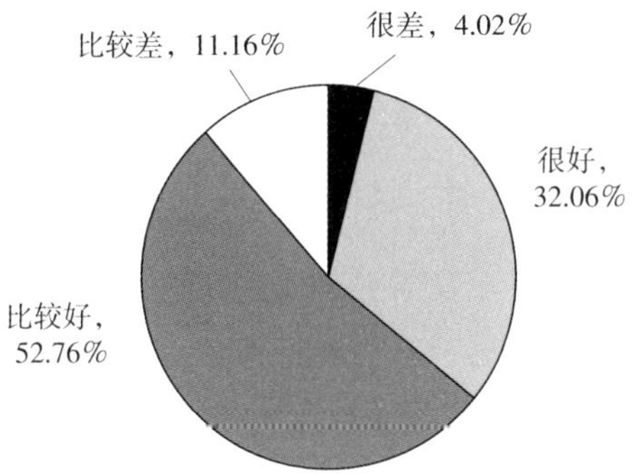

图 13　职工对参与过的线上工会活动的新颖度、吸引力评价

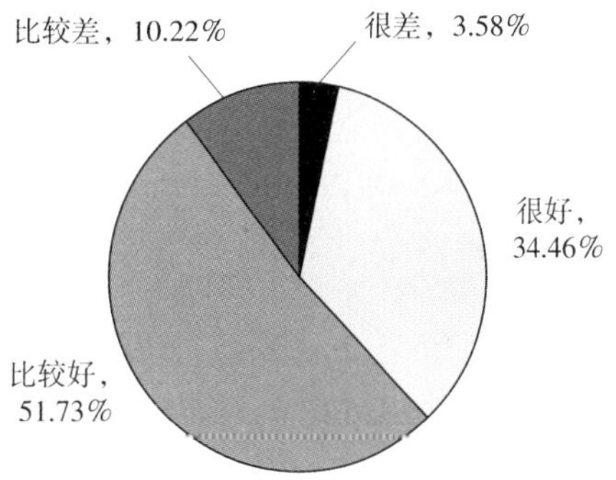

图 14　职工对参与过的线上工会活动的网络参与便利程度评价

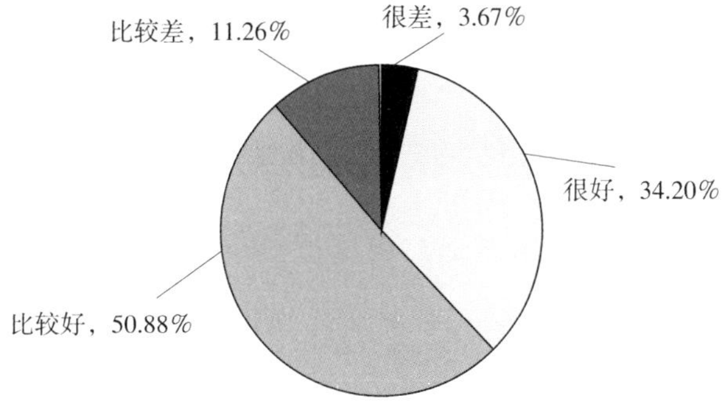

图 15　职工对参与过的线上工会活动带给职工的实惠力度评价

2. 线下文体服务体系不断健全，项目更多元化。线下文体生活不断丰富，呈多元化发展。45.08%的职工愿意且经常去参加工会组织的线下文体活动，39.01%的职工愿意但没有时间去参加工会组织的线下文体活动，15.91%的职工不愿意参加工会组织的线下文体活动。多数职工愿意参加工会组织的线下文体活动。职工对体育运动项目的喜好多样，有田径、球类、登山、游泳、自行车、健美操等，且每周参与体育锻炼，体育运动得到科学指引，职工的精神文化活动不断丰富（见图16、图17）。

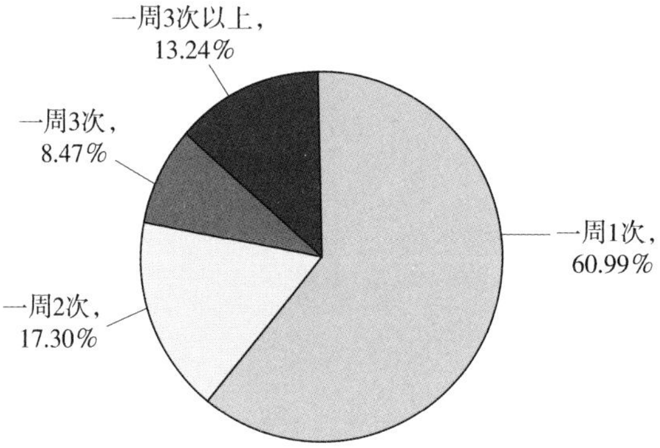

图16　职工每周参与体育锻炼的频率

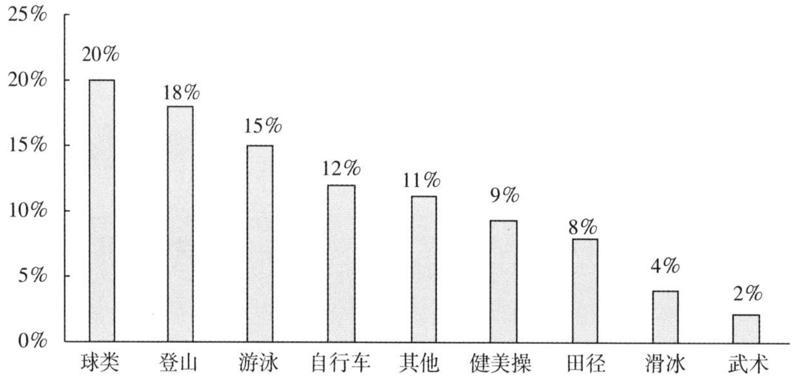

图17　职工喜欢的体育项目

四、工会组织地位和作用更加凸显

（一）突出政治性，坚持守正创新打造金融职工思想引领高地

五年来，金融系统各级工会始终在思想上政治上行动上同以习近平同志为核心的党中央保持高度一致，不折不扣贯彻落实党中央决策部署，坚持以党的政治建设为统领，坚定不移加强党的全面领导，把党的建设融入金融系统工会

各项工作中。始终坚持政治性、先进性、群众性，牢牢把握金融系统工会工作正确方向，切实承担起引导金融职工听党话跟党走的政治责任。调查显示，100%的职工都参加了关于中央决策部署方面的专题学习，97.70%的职工赞同“党的百年奋斗从根本上改变了中国人民的前途命运，开辟了实现中华民族伟大复兴的正确道路”观点，98%的职工对于“打赢脱贫攻坚战”“坚定不移推进全面从严治党、大力推进反腐倡廉”等的工作做法给予支持和肯定，91%的职工对于“十四五”规划的目标实现很有信心，89.20%的职工认为弘扬“劳模精神、劳动精神、工匠精神”的氛围比较浓厚。中国金融工会自2018年以来，在金融系统深入开展“新时代金融职工讲习堂”创建活动，截至2022年4月，累计命名“新时代金融职工讲习堂”238家，组织各具特色的“讲”“习”活动43000余场，全国金融系统约300万职工从中受益，职工覆盖率约60%，为团结引领广大金融职工奋进新时代发挥了积极作用。

（二）增强先进性，聚焦主责主业打造金融职工建功立业阵地

五年来，坚持盯住基层一线职工，根据金融系统职工特点，不断创新金融人才培养和激励模式，助力职工自我价值实现和职业生涯发展，动员金融职工建功立业，推进金融系统产业工人队伍建设改革。2017年以来，累计推荐、授予全国劳动模范、全国和金融五一劳动奖章等1826人。在产业工会中率先搭建“全国金融系统劳模管理平台”，建立劳模数据库，实现动态管理和实时查询。按照“赛起来-深下去-品牌化”的路线图谋划和推进竞赛活动。五年来，支持引领各级工会组织开展覆盖银行、证券、保险等多条线的基层一线职工劳动和技能竞赛活动累计9800余场，直接组织动员金融系统职工540余万人次，职工参与率达90%以上。命名106家全国金融系统劳模和工匠人才创新工作室，完成创新项目300余项，建立了劳模和工匠人才工作室网上VR展厅，充分发挥典型带动作用。调查表明，100%的职工认为通过组织劳动和技能竞赛提高技能，61.90%的职工参加过劳动竞赛和岗位练兵活动，90.10%的职工认为开展竞赛对个人和单位有帮助，76.20%的职工认为设立“劳模和工匠人才创新工作室”对提高技能水平有帮助。

（三）保持群众性，以人民为中心践行金融服务社会责任

五年来，金融系统各级工会坚持围绕中心服务大局，助力金融扶贫，支持乡村振兴，推动金融行业服务资源开放共享，彰显金融系统工会勇于担当的社会责任。中国金融工会通过举办网络扶贫带货直播等，号召200多万人次参与、帮助定点扶贫县销售4500余万元农产品，持续助力定点帮扶县巩固

脱贫攻坚成果，深入推进乡村振兴；助推金融业服务资源的开放共享践行“我为群众办实事”，截至2022年8月，金融系统共建户外劳动者服务站点超过4万个，通过开放共享网点内部服务资源，“工行驿站”“劳动者港湾”等站点累计服务户外劳动者及周边职工群众超6亿人次；连续3年联合中国职工发展基金会开展“一元捐、十元捐”公益募捐活动，累计捐款近1300万元；指导金融系统各级工会用好抗疫专项资金，动员组织金融系统工会投入防疫经费7亿多元，为职工正常工作生活提供必要的防护保障，助力打好疫情防控攻坚战。

第二部分　职工队伍发展中值得关注的情况和问题

当前和今后一个时期，我国发展仍然处于重要战略机遇期，但机遇和挑战都有新的发展变化。经济发展新常态下，伴随着新技术新业态新模式的大量涌现，移动互联网、大数据、云计算等信息技术的广泛运用，职工队伍技能素质、权益实现、疫情大背景下所面临的工作生活等方面都出现了一些新情况新问题，具体表现在以下几个方面。

一、职工技术技能素质存在短板，劳动和技能竞赛创新性和规范性不足

（一）职工受教育情况不均衡，职业培训力度不够大

1. 低学历职工受教育情况有待提升。本次调查显示，本科学历以下的职工占比超23%，显现金融职工在学历方面有两极分化的情况存在，低学历职工仍面临进一步提升学历的问题。在新时代发展速度加快的形势下，职工的学习适应能力提高缓慢，工会组织因地制宜开展分层次的职工学历提升教育与职工自我学习能力的加强，对提升金融职工的文化素质，促进经济发展具有积极的意义。

2. 职工技能素质培训须提量并满足职工对培训的多样性、立体性和综合性的需求。本次调查显示，约40%的职工很少或从不参加单位培训，显示出职工的培训内容比较单调、培训范围不够广泛、对企业文化及职工的心理素质不够关注等问题。这就需要从问题本身着手，找到问题根源，创新培训举措，改进培训方式，深化培训内容，通过组织实施“多元化培训”工程，激发职工学技术、强技能的积极主动性，为提质提速提效注入长足动力。

（二）数字化转型等新形势下，开展劳动和技能竞赛的规范性和创新性不够

1. 规范性制度性不够。调研中发现，金融系统的劳动和技能竞赛仅开展过一两次面向银证保全行业的综合业务技术比赛，竞赛项目没有纳入行业或国家的竞赛范围。需积极与全国总工会、人力资源社会保障部沟通，争取将金融行业的部分竞赛项目纳入国家或行业竞赛范围，在提升劳动竞赛层次，搭建多向交流平台上多下功夫。

2. 创新性不足。当前，数字经济的发展对金融业发展提出挑战，在数字化转型过程中金融系统的劳动和技能竞赛既要有金融，还要有技术的含金量。目前金融系统竞赛尚在“赛起来”阶段，需在“深下去-品牌化”上下功夫，在设计劳动竞赛内容和形式时，要紧扣新形势、新业务的发展需求，加快创新步伐，设计项目时，让金融职工和金融机构来提应该竞赛什么，才能更加吸引年轻人，更加能体现金融的先进性，更加能体现金融服务实体经济的能力、防控风险的能力。

（三）职工参与技能提升和劳动竞赛活动的激励保障机制不足

调研中发现，各会员单位在组织发动、推进落实、跟踪管理、目标考评等方面工作机制建设较为薄弱，重结果轻过程。另外，竞赛的激励机制也不够协调和健全，一些单位对于竞赛中选拔的优秀职工在职业生涯通道、绩效考核关联等方面考虑较少，部分职工对劳动竞赛多是“听起来心动，赛起来被动”，内驱力不足。

二、金融职工权益的实现仍存在部分不落地情况

（一）金融职工劳动经济权益保障水平需进一步加强

调查显示，约30%的职工未及时按照相关休假规定享受带薪年休假，其中4.11%的职工反映根本没有带薪年休假；职工加班加点的情况也比较普遍，其中存在经常加班加点情况的职工占总样本数的31.24%，几乎每天都会加班加点的职工比例为13.59%。职工休息休假权保障不充分，且基层职工反映薪资报酬与工作时长不成正比，不利于职工工作积极性的调动，长此以往会引发部分职工负面情绪，对工作的正常有效开展存在一定风险。加班情况时有发生从侧面反映出行业工作量与人员配备存在不匹配的情况，严重的还会对职工身心健康造成损害。另外，部分单位或岗位经常加班要寻找深层次原因，注重职工相关业务技能培训，从提高工作效能方面着手解决问题。

（二）金融系统民主管理工作仍存在不少问题

结合五年来的实际工作和调查表明，会员单位民主管理工作发展不平衡、不充分，表现在以下几方面：一是思想认识上存在偏差。有的金融机构党政领导对民主管理工作的重要性认识不到位、思想有顾虑，认为实行民主管理会影响经营者权威和决策效率。二是组织领导机构弱化。金融系统有些工会组织受机构改革、职能调整等影响，工会组织人员变动大，工会专职人员少，有的单位工会甚至被合并被撤销，工会组织领导力量弱化导致民主管理工作地位边缘化、作用淡化。三是民主程序不规范。制度不落地、程序不规范，是制约金融系统民主管理工作发挥作用的关键性问题。部分金融机构对已有的民主管理相关法律法规和规范性文件视而不见，或随意变更职代会的职权内容和民主程序，或对公开的内容避重就轻，使民主管理流于形式，落实不到行动上，走不到职工心坎上，影响了金融系统民主管理工作广泛深入开展。

（三）女职工权益保障还需持续加强

调查显示，超过67%的职工希望在女职工工资待遇、产假津贴和享受产假方面得到更多帮助，21.17%的职工认为女职工孕产期间应享受弹性工作制，20.01%的职工认为应提供育儿津贴及入托入园便利。从数据分析来看，职工关注点聚焦在生育相关的问题上，希望在生育周期中能够有效地保障自身权益，并希望通过弹性工作制来平衡工作与生育的关系；另外，子女入托也是焦点问题，希望单位提供必要的育儿便利来消除后顾之忧。这个问题表现在生活方面，但直接影响到育龄职工的切身利益和日常工作的正常有效进行，也在很大程度上影响女职工对生育问题的态度，关系到国家人口政策的落实。在女职工职业发展方面，数据分析表明，多数女职工非常注重自身的职业规划和个性化培训、需要榜样和引导。金融行业女职工占比达到53%，女职工群体的需求获得了满足，金融系统的整体业务能力及管理水平的提升会得到长足的发展。

三、金融系统各级工会的组织覆盖面和工作覆盖面有待进一步提高

（一）一些职工尚未加入工会

工会会员发展工作需大力加强。调查显示80.88%的职工是工会会员，工会关系在现在的工作单位，14.49%的职工是单位有工会但没加入，2.31%的职工不是工会会员且不知道单位有工会，1.64%的职工是工会会员但关系没有接转到现在的单位，0.68%的职工不是会员且单位也没有工会，影响了会员应该享有的权利和义务。

（二）对外资金融机构工会的工作覆盖面不足

此次网络调研的样本中外资金融机构是缺失的。经各省（区、市）金融工会统计汇总，我国各省（区、市）现共有外资金融机构687家，职工83660人，应建会503家（25人以上机构），已建会355家，占应建的70.60%。建会的355家中，加入金融工会的有91家（参加活动但未收费），占25.60%，加入地方总工会的有265家（含加入金融工会的机构），占74.60%，有78家双方均未加入，占22%。提质扩面工作一直在路上。

（三）工会组织对职工吸引力凝聚力不够

金融工会的组织体系与地方总工会不同，在发挥利用区域优势和自身资源为辖内会员单位和职工提供普惠性、特色性和便利性服务上抓手不够。调研中，在问到遇到困难和问题倾向于找谁帮忙时，仅有28%的职工选择倾向于寻求单位工会的帮助；在“您最希望单位工会开展或加强哪些方面的职工服务工作”回答中，35%的职工选择提高职工工资收入，17%的职工选择开展职工职业技能培训，11%的职工选择职工子女教育托管。而在金融工会系统实际工作中，这些也都是职工眼中的“短板”。在职工眼中，与工会关系最密切的关键词排在第一位的是职工代表（见图18）。

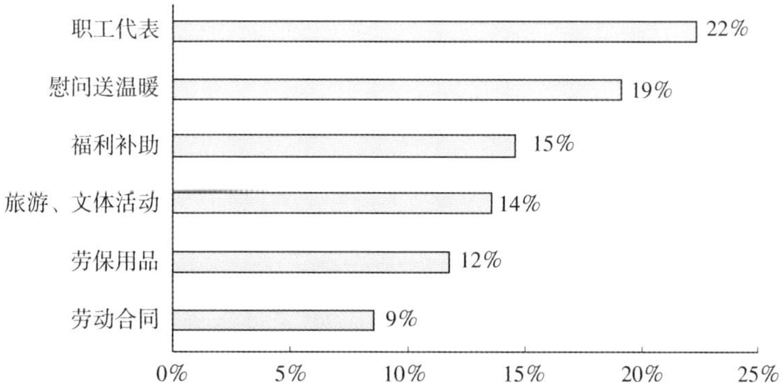

图18　职工眼中与工会关系最密切的关键词

四、“互联网+”工会建设任重道远

调查数据显示，不经常或者从未开展职工线上工会培训活动的职工占比70%，没时间或者不愿意参加工会线下培训活动的职工占比约为65%。这表示“互联网+”工会建设任重道远，在利用互联网开展工作上，工会还处于探索发展阶段，开展工作的载体、方法、措施还缺乏经验。因此，新冠疫情常态化的形势下，工会组织应与时俱进，深度开展“线上+线下”相结合的一体化活动，多维度、全方位地让职工积极参与进来，让职工享受到更加便捷的服务。

此外，互联网技术应用对职工民主参与行为的影响亟须加强引导。在新冠疫情大背景下，一些金融机构开展线上劳动竞赛、实行网上职工代表大会、网络投票表决，甚至部分单位的工会委员会也采用线上（+线下）形式进行，这些新形式除安全保密隐患外，更多地引发了职工对意愿表达真实性、隐私性和安全性的担忧。职工特别是青年职工在通过正常渠道表达利益诉求受阻后，往往选择通过QQ群、微信群、朋友圈、微博等表达不满情绪，极易诱发群体性事件。

第三部分　新形势下进一步发挥金融系统职工主力军作用

面对新形势新任务，站在新的起点上，中国金融工会将继续深入学习贯彻习近平新时代中国特色社会主义思想，特别是习近平总书记关于工人阶级和工会工作的重要论述，全面贯彻落实党的十九大和十九届历次全会精神以及中央经济工作会议精神，保持和增强政治性、先进性、群众性，以助推金融业高质量发展为着力点，发挥产业工会作用，完善维权服务功能，构建和谐劳动关系，深化体制改革，加强保障力度，团结带领金融职工在全面建设社会主义现代化国家中充分发挥主力军作用。

一、全面提升职工队伍技术技能素质

（一）健全职工素质提升长效机制

金融业是人才和智力密集的行业，推动我国金融改革发展需要大批金融人才。习近平总书记强调："要大力培养、选拔、使用政治过硬、作风优良、业务精通的金融人才，特别是要注意培养金融高端人才，努力建设一支宏大的德才兼备的高素质金融人才队伍。"这为建设高素质金融人才队伍、促进我国金融业健康发展指明了方向。一是完善有关制度措施，加强金融产业职工队伍建设。总结推广有关典型经验，加快整合资源，加大投入力度，推动建立劳动者终身职业技能培训制度、改进技能评价方式、打造更多高技能人才等改革举措的配套措施，加快形成有利于职工成长成才的制度环境。推进技能人才培养培训基地建设，打造职工技能培训与网上练兵平台。健全职业技能多元化评价机制，优化职业技能标准等级设置。推动各会员单位完善技能人才职业技能等级认定政策，实现与职业资格制度的有效衔接。二是积极搭建学习交流平台。依托"金融工匠大讲堂"、推动"金融工匠学院"线上线下落地，组织劳模工匠"名校+名师+名匠"主题培训、深入打造"劳模大讲堂""新时代金融职工讲习堂"

“金融玫瑰大课堂”等品牌活动，做好顶层设计，坚持送教上门，加大宣传和思想引领力度，普惠更多职工群众。三是注重发挥劳模先进的带动作用。金融系统各级工会可以给予劳模先进和业务骨干更多创新创造的空间，充分利用好劳模和工匠人才创新工作室的示范引领、集智创新、协同攻关、传承技能、培育精神等功能，推动建立劳模创新工作室区域联盟等，增强各类劳模和工匠人才创新工作室的辐射带动能力、创新攻关能力和人才培养能力，让各基层单位“细胞”更活跃、更有效，推动各级金融机构发挥创新主体作用，引导更多金融职工不断完善知识结构、提升能力素质。

（二）广泛深入持久开展劳动和技能竞赛

积极推动建立以“各单位岗位练兵和技术比武为广泛基础，以总行（会、司）、省（区、市）的金融职工职业技能竞赛为主体，以全国银行、证券、保险的系统或区域引领性劳动和技能竞赛为示范”的竞赛体系。围绕国家战略，聚焦重大工程、重大项目，开展全国引领性劳动和技能竞赛。一是强化组织领导，在竞赛工作机制上深化。强化党委领导、行政支持、工会牵头、多方联动、共同推进的“一盘棋”格局。不断完善竞赛组织机制、绩效评估机制、激励机制等，推动竞赛活动常态化、长效化。二是加强项目管理，在竞赛组织规范化上深化。突出引领性和协同性，发挥牵头协调作用，坚持项目化管理，严格项目遴选标准，精心制定竞赛方案，健全信息反馈、项目督导、调查研究、评估考核、总结表彰等工作机制，强化项目申报、推进、评估、总结的闭环管理。三是紧扣高质量发展，在竞赛内容上深化。积极践行“金融为民”理念，深入推进金融供给侧结构性改革，以优化金融资源配置，加快发展科技金融数字化转型，创新发展绿色金融，大力发展普惠金融为竞赛切入点，以不断改善小微企业和民营企业金融服务，推动实现巩固拓展脱贫攻坚成果同乡村振兴有效衔接，提升金融服务精准性和有效性，提升人民群众对金融服务的获得感和满意度为结合点，开展技术比武、岗位练兵。四是向网络平台拓展，在竞赛载体上深化。强化培训功能、重视赛前练兵、线上线下相结合、赛训结合、以赛促训、赛后总结交流、让竞赛成为职工展示才能、交流技艺的平台和提升技能水平的绿色通道。按照智慧工会要求，用好“互联网+”等手段。大力开发线上竞赛系统，充分发挥线上竞赛低耗高效、穿透力强、受疫情影响小的优势，打造群众性练兵场，进一步提升职工参与度和受益度。五是激发创新力，在成果转化上深化。畅通职工创新成果转化应用渠道，以竞赛为平台，以项目合作为牵引，助力资金、技术等要素协同集聚，推动职工创新成果产业化规模化应用。利用好技术市场，加强职工知识产权保护，开展技术转让和技术服务，形成“成果-转化-效益-成果”的创新生态链。六是提高获得感，在职工激励保障上深化。充分发挥竞赛对促进职工成长成才的积极作用，联合有关部门加大激励力度，推动竞赛同劳模评选、职称评定、技术等级认定、收入分配、人员聘用选拔等相融合，在培养“高精尖缺”人才上求突破，在提高职工待遇上求突破，在拓展职业发展通道上求突破。

二、扎实做好职工维权服务工作

（一）切实维护好职工劳动经济权益和民主权利

建立健全以职工代表大会为基本形式的民主管理制度，监督企业把劳动报酬、工作时间、休息休假、劳动安全卫生、保险福利、职工培训、劳动纪律等直接涉及职工切身利益的规章制度或重大事项的执行情况向职工公开，严格履行民主程序，重要议题提交职代会审议或表决通过，着力解决欠薪、超时加班、不缴纳或不足额缴纳社会保险费、安全生产不到位等侵害职工权益的问题，让职工群众切实感到实行民主管理带来的有益变化，有更多的获得感、认同感。

（二）运用法治思维和法治方式，大力推进企业民主管理制度化、规范化、法治化建设

紧密结合新修订的《工会法》，根据《企业民主管理规定》《全国金融系统企业民主管理实施办法》等文件精神，加强源头参与，与金融监管政策形成合力，充分维护金融职工的各项合法权益，将以职工代表大会为基本形式的民主管理融入公司治理，依法建立职工董事、职工监事制度，对落实职代会在公司治理结构中的法定地位，推动职工有序参与公司治理产生积极作用；在集团型金融机构探索推进多层级职工代表大会，构建与金融机构发展水平相适应的充满活力、富有效率的民主管理制度体系；加强国家法律法规的宣传，引导职工群众自觉守法、遇事找法、解决问题靠法，提高职工依法参与企业民主管理的能力和素质；推动建立规范有序、公正合理、互利共赢、和谐稳定的劳动关系。

（三）进一步推进金融行业集体协商

以“普遍建立机制、重点解决问题”为目标，扩大协商内容，把金融行业最低工资标准、行业工资调整幅度、行业工资支付办法等职工普遍关心的问题作为核心内容进行协商。重点推广北京、厦门金融工会推动签订区域银行业、保险业集体合同和工资专项集体合同典型经验，进一步维护区域内金融业劳动关系的和谐稳定、夯实金融行业的民主基础。建立完善集体协商专职指导员队

伍并加强培训，着力解决金融系统职工方协商代表“不能谈”“不会谈”“不善谈”的痛点问题，促进行业工会和基层工会履职能力不断提升。

（四）切实维护女职工合法权益和特殊利益

针对女职工特殊生理、心理和“四期”需求，推进女职工专项集体合同扩面提质增效，金融系统女职工专项集体合同签订率到目前已达到86.68%，对履约情况开展检查的覆盖率达到77%。推广应用《促进工作场所性别平等指导手册》《消除工作场所性骚扰指导手册》《创建家庭友好型工作场所指导手册》等，不断提升女职工普法宣传活动的系统性、可达性和信息化水平，持续开展“女职工关爱行动”“提升女职工幸福力”主题实践活动，积极开展共建“女职工关爱室”，建立女职工工作示范点机制等，带动金融系统各级工会女职工组织共同关爱和精准帮扶困难女职工。

（五）做实工会服务品牌

进一步做实送温暖、职工心理关爱等服务品牌，培育一批职工群体受益面广、改善职工生活品质的服务项目。探索创新送温暖的有效途径和方法，以日常慰问看望为主，以“两节”送温暖为引领，贯彻落实《金融系统工会送温暖资金使用管理办法（试行）》，规范送温暖活动资金使用，建立困难职工台账，构建以精准帮扶、普惠性服务为重点的服务职工工作体系。加强心理健康知识普及与教育，推进心理关爱服务人才队伍建设，搭建职工心理健康服务平台，建设职工心理关爱服务长效机制。增强带动示范效应，实现品牌服务活动常态化、制度化，把职工对美好生活的向往落到实处。

三、有效加强新形势下职工思想政治工作

（一）多渠道加强职工思想政治引领

一是结合学习贯彻党的二十大精神，在广大金融职工中进一步深入宣传习近平新时代中国特色社会主义思想，引导金融系统各级工会组织深刻领悟“两个确立”的决定性意义，把拥护“两个确立”转化为做到“两个维护”的思想自觉、政治自觉、行动自觉，转化为做好各项工作的实际行动，不断增强政治判断力、政治领悟力、政治执行力，引领广大金融职工更加坚定地拥戴核心、忠诚核心、维护核心、看齐核心。二是发挥宣传既是生产力也是创造力的作用，构建金融系统工会大宣传工作格局，不断创新思想教育传播途径，加强金融系统工会宣传阵地建设。以《中国金融工运》杂志、中国金融工会官网、金融工运陈列馆（线上+线下）、“金融工运”微信订阅号、“金融职工之家”服

务号等为载体，以迎接党的二十大为主线，聚焦“中国梦·劳动美 金融情——喜迎二十大 建功新时代”的主题，开展多层次、有特色、接地气、立体化、入人心的宣传教育活动，构建金融系统工会新媒体矩阵，持续加强宣传引领力度。三是持续打造具有金融工会特色的宣传和引领平台，以“新时代金融职工讲习堂”为总抓手和主阵地，以职工演讲比赛、短视频、职工书屋、职工阅读便利点、劳模书架等活动为着力点和落脚点，强化以活动引领行动，以行动践行思想，引导金融职工坚定不移听党话、矢志不渝跟党走，奋发有为建功新时代。

（二）大力弘扬劳模精神、劳动精神、工匠精神

坚持把弘扬“三个精神”作为新时代金融职工思想政治工作的鲜明导向和突出特色，大力宣传劳模工匠、先进典型事迹，唱响劳动最光荣、劳动最崇高、劳动最伟大、劳动最美丽的主旋律，把广大金融职工中蕴藏的创新创造活力充分激发出来，在全面建设社会主义现代化国家进程中发挥主力军作用。坚守人民立场，立足金融特色，注重基层一线，大力宣传在服务实体经济、防控金融风险、深化金融改革等重点领域，在数字化转型、绿色金融、科技金融等创新领域做出突出贡献的金融劳动者风采，号召广大金融职工以劳动模范和先进人物为榜样，在劳动创造幸福、奋斗成就梦想的实践中升华人生价值，助推金融业高质量发展，为实现第二个百年奋斗目标贡献智慧和力量。

（三）全方位推进职工文化建设制度化、长效化

一是进一步完善职工文化建设引领机制。把职工文化建设过程，作为用先进的理念教育职工、用崇高的精神激励职工、用明确的目标鼓舞职工、用规范的制度约束职工、用榜样的力量感召职工、用领先的科技武装职工的过程，推进职工文化建设内化于心、外化于行、固化于身，不断满足金融职工日益增长的精神文化需求，提高金融职工队伍整体素质。二是充分重视职工文化活动的生活化、品牌化和规范化，把先进性、广泛性、知识性、趣味性、教育性和娱乐性贯穿于活动之中，不断开创管理有序、形式多样、健康向上、精彩纷呈的职工文化活动新局面，更好地服务职工、促进发展。三是积极发挥金融文体协会作用，健全文艺、体育志愿者队伍建设，深入开展以职工为主体的文体活动，做好送文化、体育下基层，“送万福 进万家”“职工文化月”等文艺活动，打造“工”字系列职工文化特色品牌，建设新时代金融职工文化高地，承担起“举旗帜、聚民心、育新人、兴文化、展形象”使命任务。

四、深入推进工会系统改革创新

（一）不断加强党的集中统一领导，引领金融职工听党话、跟党走

持续强化金融工会党的建设，始终把党的政治建设摆在首位，全面贯彻党的基本理论、基本路线、基本方略，不折不扣将党中央决策部署贯彻到金融系统各级工会工作中去。大力弘扬伟大建党精神，充分发挥党的政治优势、组织优势、制度优势，引领金融职工始终在政治立场、政治方向、政治原则、政治道路上同以习近平同志为核心的党中央保持高度一致，不折不扣贯彻落实党中央决策部署，把党的建设融入金融系统工会各项工作中。始终坚持政治性、先进性、群众性，牢牢把握金融系统工会工作正确方向。按照“12351”即“树立一个指导思想、抓实两项重点工作、弘扬三个精神、健全五种运行机制和深化一系列改革创新”的总体思路，把金融系统工会工作不断推向实处、落到细处、做到好处。

（二）深化改革创新和完善基层保障机制，不断加强工会自身建设

一是扎扎实实实施强基工程，着力增强组织功能。针对工会组织垂直管理的特点，在强基层、补短板、增活力上下功夫，不断增强工会组织吸引力凝聚力战斗力。指导金融系统各级工会不断完善工会民主决策机制，推动各会员单位民主化规范化法治化建设，打牢工会工作组织基础。积极推进省级金融工会结合实际、因地制宜开展富有金融特色的活动，发挥条块结合的组织管理体系优势。着力推动省级金融工会法人改革试点工作，解决省级金融工会体制难点痛点问题。拓展吸收新会员单位加入中国金融工会，不断提高覆盖面和代表性。二是不断扩大各会员单位工会组织和工会工作有效覆盖面。积极转变拓展服务职能，健全和落实联系基层服务职工长效机制和工会工作评价机制，探索适合工会开展的互助性普惠服务，强化工会联系服务职工的意识、能力和效果。三是提升基层工会财务管理水平。从依法收缴工会经费、内控制度、绩效管理、资产管理、财务监督、专业人员配备等方面，加强系统内财务管理。针对工会财务制度变化，及时制定管理规范和实施细则，做好经费收缴改革工作，提高工会资金使用的合法合规性。加强预算管理和监督，深化预算项目管理，优化经费支出结构，对重点工作优先安排经费保障，践行工会经费为工会工作和职工群众服务的根本宗旨。四是发挥工会经审监督保障作用。充分发挥工会经审组织在完善工会内部治理中的重要作用，积极推动金融系统各级工会建立健全内控制度、加强资金资产管理。建立实施特约审计员制度，完善经审会工作规则，

强化经审会及其常委会的监督履职行为。组建省（区、市）金融工会同级经审组织，加强审计监督，强化审计成果运用，构建全系统经审监督“一盘棋”格局。

（三）主动适应新形势，加强网上工会建设

加强“网上工会”“智慧工会”建设。依托金融工会网站、微信订阅号“金融工运”、微信服务号“金融职工之家”、线上金融工运陈列馆、融媒体中心，积极建设金融工会“五位一体”网上工会，优化工作流程，精简纸质文件，打通服务职工“最后一公里”。强化新技术应用和网上工作思维，推进“互联网+”普惠性职工服务，充分利用大数据、信息平台、移动互联等新技术、新媒体手段，不断拓展工会工作的内容，丰富工作方式，推动工会工作转型升级。一是融合新思维建好新平台，要以构建“工会会员管理体系”为核心，精心规划设计网上智慧工会“一体系多终端”综合服务平台，整体化推进工会系统信息化工程建设。要运用大数据理念、二维码技术、电子商务模式，全面打造“信息资讯平台、网上工作平台、会员服务平台、移动终端平台、数据交换平台”等功能平台。二是要将“互联网+”思维与传统工会业务工作相融合，以职工为中心，围绕职工需求，直面工会工作的重心，以职工喜闻乐见、便于参与的形式和方法，为职工群众提供贴心对路的服务，打造“指尖上的职工之家”。三是要主动把工会服务职工的各项功能向网络和移动终端延伸，让职工无须出门就能畅享工会提供的各项服务，实现工会传统管理模式向“信息数据管理”转变、工会服务模式向“透明、高效、优质”转变，与基层工会达到网络互动、信息互联、工作互通并助力于服务会员的目的。四是要强化工会干部互联网思维与改革创新意识，全面提高工会干部“知网”“懂网”“用网”的能力。要加强工会干部互联网知识的教育培训，全面开展互联网、新媒体理论和实务培训，用好互联网带来的重大机遇，主动适应信息化和新媒体广泛应用的新趋势，掌握运用互联网、新媒体开展工作的基本常识和技能。加强工会会员服务建设，进一步扩大职工受益面。

负 责 人：梅志翔
承担单位：中国金融工会

教科文卫体系统职工队伍状况调查报告

2022年4月至7月，根据全国总工会关于开展第九次全国职工队伍状况调查的有关要求，我们组织开展了全国教科文卫体系统职工队伍状况专题调查。按照“在时代变革中把握职工队伍的变化脉络，从工会视角探寻职工队伍变化中蕴含的重大工作启示，更好地推动全总重点工作在本系统落地见效”的总体思路，充分发挥系统联动和委员单位作用，综合采取文献调查、问卷调查、专题调查等方式，组织开展了高校非在编职工、幼儿园教职工、护工护理员、乡村医生、科技、文化和体育系统职工等12大专项调查；共发放调查问卷9767份，覆盖河北、黑龙江、上海、贵州、新疆等11个省（区、市），涵盖教育、科技、文化、卫生、体育5大系统，事业单位、民办非企业单位、企业3大类型单位，以及专业技术人员、管理人员、工勤人员等不同类型职工。在系统梳理总结文献资料、调研报告、调查数据的基础上，我们综合研判教科文卫体系统职工队伍的基本状况、变化规律，并提出相应的工作启示。

一、教科文卫体系统职工队伍总体概况

教育、科技、文化、卫生、体育是关系国计民生、关乎党和国家长远发展的重要领域。党的十八大以来，习近平总书记多次发表讲话、提出要求，党中央做出建设高质量教育体系、实施创新驱动发展战略、发展社会主义先进文化、全面推进健康中国建设、建设体育强国等一系列战略部署。教科文卫体事业焕发蓬勃生机，职工队伍状况呈现新面貌新特点。

（一）总规模：事业蓬勃发展带动职工队伍壮大、结构优化

作为经济社会发展的基础性行业，我国始终把教育、科技、文化、卫生、体育行业摆在重要战略地位。在教育领域，我国坚持将加强教师队伍建设作为教育事业的基础工作，促进教育优先发展，有力支撑起世界最大规模教育体系，源源不断地为我国经济社会发展提供人才和智力支持。2020年，全国共有学校53.71万所，教职工总数2246.4万人，专任教师从2012年的1462.88万人增加到2020年的1792.97万人，担负着2.7亿学生的教育成长工作；全国新增劳动力平均受教育年限13.8年，其中受过高等教育比例达到53.5%。其中，普通高

校2738所、教职工266.9万人，中等教育学校77455所、教职工853.9万人，小学157979所、教职工596.6万人；学前教育机构呈井喷式发展，幼儿园数量从2012年的18.1万所增加到2020年的29.2万所，教职工从2012年的249万人增加到2020年的520万人。在科技领域，我国研发人员全时当量快速增长，从2012年的324.7万人增加到2020年的523.45万人，连续多年居世界第一，涌现了一批领军人才和创新团队，青年科技人才逐步成为科研主力军。其中，从事基础研究42.68万人、应用研究64.31万人，试验发展416.67万人；在单位分布上，企业406.04万人、科研机构45.4万人、高等学校41.5万人。在文化领域，深入推进基本公共文化服务标准化均等化，公共文化设施网络日益完善。2020年，我国文化文物机构31.7万个，从业人员从2012年228.8万人增加到2020年的340万人；建成3212个公共图书馆、3321个公共文化馆、5452个公共博物馆，从业人员分别为5.8万人、5.4万人、11.9万人，文物业机构11314个、从业人员17.6万人；文化市场机构20.8个、从业人员155.5万人。在医疗卫生领域，医疗卫生资源总量继续增加，医疗服务体系进一步健全，基本实现村村有卫生室、乡乡有卫生院、县县有达标县医院，服务可及性进一步增强，城乡居民主要健康指标总体上优于中高收入国家平均水平。2021年，全国共有医疗卫生机构103.1万个，卫生人员1398.3万人，比2012年增加486.7万人。其中，医院3.7万个、从业人员847.8万人（占60.6%），基层医疗卫生机构97.8万个、从业人员443.2万人（占31.7%），专业公共卫生机构1.3万个、从业人员95.8万人（占6.9%）。在体育系统，健康中国、体育强国战略持续落实，居民更加注重品质化的体育生活，体育需求和消费日趋多元化。2020年我国体育系统各类机构24.5万个，从业人员460万人。

（二）总就业：逐渐形成国有、非国有单位并重的就业格局

党的十九大报告强调，使市场在资源配置中起决定性作用，更好发挥政府作用。近些年，我国先后出台了《民办教育促进法》《关于进一步鼓励和引导社会资本举办医疗机构的意见》《关于营造更好发展环境 支持民营文艺表演团体改革发展的实施意见》等一系列法律法规政策，政府和市场在社会事业资源配置中的作用不断调整优化，社会资本逐渐成为兴办教育、科技、文化、卫生、体育等社会事业的重要力量。在教科文卫体系统，非国有的社会组织和经济组织数量不断扩大，广大职工就业渠道和就业方式更为多元、更为广泛。一是民办非企业单位发展迅猛。民办非企业单位作为改革开放以来重要的组织创新和中国特有的社会组织，自1998年10月实施《民办非企业单位登记管理暂行条

例》以来发展迅猛，机构数量从2012年的22.5万个增加到2020年的51.1万个，职工队伍规模从264.5万人增加到600多万人。在全部民办非企业单位中，教科文卫体行业的机构数占70%以上，职工队伍约为460万人。从省级产业工会直属单位中可以看出，民办非企业单位和企业的机构数量和职工队伍的比重不断提升。以陕西省教科文卫体工会为例，直属的94家单位、147715名职工涵盖教育、科技、文化、卫生四大行业，事业单位59家（职工占比74.9%）、民办非企业单位19家（职工占比10.6%）、企业16家（职工占比14.5%）。二是教科文卫体系统企业单位不断涌现。事业单位分类改革持续推进，科研院所改制、文化单位转企等改革效能不断释放，民办学校、民营医院不断增多，教科文卫体系统企业性质的单位不断增加。以文化领域为例，建设社会主义文化强国，持续深化文化体制改革，国有资本和社会资本在文化事业和文化产业发展中的关系不断理顺，逐步形成国家保证重点、鼓励社会兴办的发展格局。经营性文化事业单位转企改制是重要的改革举措，艺术表演团体是率先改革的领域之一。事业单位类型的艺术表演团体的机构和职工在减少，企业性质的艺术表演团体在增加。我国事业单位性质的艺术表演团体从2012年的1819个减少为2020年的1437个，职工队伍从9.8万人减少到7.5万人；相反地，民办艺术表演团体从2012年的5502个增加到2020年16144个，职工队伍从14.4万人增加到36.2万人。这些数字一升一降的背后，释放了文化活力和文化生产力，折射的是职工就业观念和就业方式的转变。

（三）总特征：高素质知识密集型队伍

习近平总书记多次强调，当今世界，综合国力的竞争归根到底是人才的竞争、劳动者素质的竞争。在中国特色社会主义事业“五位一体”总体布局和“四个全面”战略布局中，教科文卫体系统广大职工是实施科教兴国战略、创新驱动战略、文化强国战略等重大国家战略的主力军。调研情况显示，团结带领教科文卫体系统广大职工矢志不渝跟党走、竭尽全力为党和国家的事业拼搏奋斗，有着深厚的思想根基，蕴藏着磅礴的创造活力。一是政治素质高。教科文卫体系统广大职工以知识分子为主体，主流思想积极向上、充满活力，在坚持中国共产党的领导、坚持社会主义道路等基本问题上立场坚定，对党和国家事业发展充满信心，具有很高的政治素养和政治自觉。调研数据显示，95.1%的职工高度认同“党的百年奋斗从根本上改变了中国人民的前途命运，开辟了实现中华民族伟大复兴的正确道路”，90.6%的职工对我国实现经济高质量发展满怀信心，认为“十四五”规划目标可行、老百姓可以得到实惠。职工队伍中党员占比高是一个重要原因。此次调研的10多个省级产业工会直属单位中，党员比例普遍在45%以上。湖北省教科文卫体工会直属单位的8.3万名职工中党员占比61.5%，内蒙古教科文卫体工会直属单位的2.6万名职工中党员占比58.1%。有些单位的党员占比甚至高达70%。上海中侨职业技术大学党员占比87%，华中师范大学党员占比70.4%。二是学历层次高。教科文卫体系统广大职工学历层次普遍较高，蕴藏着巨大的创新潜力和创造活力。以教育系统为例，广西教育工会直属的31家学校、2.9万名教职工，本科以上占91.7%（硕士以上占61.1%）。从全国来看，学校教职工的高学历是一个普遍现象，特别是作为教职工主体的专任教师。一般的规律是，高校专任教师的学历层次高于中小学。2020年，高校专任教师本科以上学历占99.3%，其中博士占28%、硕士占37.2%、本科占34.1%；小学教师研究生占1.6%、本科占64.4%、专科占31.9%。在医疗卫生领域情况类似。医生作为卫生人员的核心群体，学历层级高，并且医院等级越高，高学历医生的密度越大。2020年，212.8万名医院执业医师中，本科以上学历占79.3%。

二、教科文卫体系统职工队伍面临的新变化新问题

教科文卫体系统职工队伍状况受到经济社会多重因素的作用和影响，有主因有次因。从长远看，教科文卫体事业改革发展是职工队伍变化的根本驱动力量；从近期看，持续不断的新冠疫情对职工生产生活造成暂时性的波动和冲击；着眼未来，产业工人队伍建设改革会必将引发本系统职工队伍状况发生重大改变。这三种因素交织作用，深刻变革着教科文卫体系统职工队伍格局。

（一）事业单位改革对职工队伍结构产生的新变化

事业单位改革是继农村改革、国有企业改革、政府机构改革之后，全面深化改革的重要领域。事业单位分类改革的目标是，通过严格管控、科学使用编制资源，尽量减少财政供养人员，以最低的财政投入追求最高效率的社会事业发展。一是编制外用工普遍存在。与事业单位改革相伴随的是编制外用工，这也是全球公共机构人事管理的普遍现象。事业单位用工实行“双轨制”，编内职工依据《事业单位人事管理条例》使用，非在编职工依据《劳动合同法》及相关法律法规管理。此次调研的100多家事业单位的情况显示，无论是高校、中小学、医院，还是科研院所、演艺团体，编制外用工现象普遍存在，用工方式也是灵活多样，包括签订劳动合同、劳务派遣、临时用工、购买服务、项目合同、服务外包、政府公益性岗位等。二是非在编职工占比很高。据新疆维吾尔自治区教育工会直属单位的信息显示，26家事业单位36944名职工中，教育单位、

科技单位的非在编职工比重分别为38.6%、13.5%。从全国来看，非在编职工占比在局部地区部分单位占比很高，高校、医院是事业单位中编制外用工的“重灾区”。复旦大学、上海交通大学、华中科技大学等知名学府的非在编职工占比分别为33.1%、34.6%、30.8%。医院的非在编职工占比更高，很多占比在50%~70%，其中绝大部分护士都是编外人员（有些医院可以达到90%以上），河北医科大学第二医院、哈尔滨医科大学第一附属医院的非在编职工占比分别为75.9%、58.8%，新疆医科大学的17286名职工中非在编职工占比60.6%。这些数字无法体现的是，非在编职工的岗位分布，已经逐渐从边缘性的、辅助性的工勤岗位向核心的管理岗位甚至是专业技术岗延伸，有些高校教师、公立医院医生也是非在编职工。现在北京、山东、广东、安徽、浙江等地陆续在公益二类事业单位中开展编制备案制管理试点，增强了单位的用人自主权，非在编职工的规模有进一步扩大的趋势。三是编制“鸿沟”难以跨越。非在编职工的存在有其客观合理性，根本原因是编制核定滞后于单位职能扩张和事业发展。但是，在不少高校和医院存在一种矛盾现象，一方面是大规模使用非在编职工，另一方面存在高比例的编制空置，特别是在东北和西北等经济相对欠发达地区更为突出。矛盾的根源是编制的稀缺性，用人单位为了提高编制资源的使用效率，预留部分编制用于引进紧缺型的高层次人才。相应地，编制的使用在学历、职称、工作年限设有很高门槛，高校教师、医生的基础条件是博士学位。由于编制的身份化、福利化，在编职工和非在编职工在职务晋级、职称评定、工资薪酬、退休待遇、社会保障等规定上存在很大差异。对于非在编职工来说，这是一条很想跨越却很难跨越的“鸿沟”，调研时80%以上的非在编职工表示“从不抱希望”。

（二）新冠疫情对医务人员权益保障带来的新困难

相比于餐饮、旅游、交通等行业，教科文卫体系统各行业受到的冲击相对较弱，但是部分行业也遭遇发展危机，劳动关系出现一些不稳定因素。医疗卫生行业是疫情防控的前沿阵地，广大医务人员作为抗击疫情的主力军，坚守岗位、持续奋战，为守护人民生命健康做出了巨大贡献，但是面对长期反复的疫情，他们的收入状况、心理状态等权益保障面临诸多困难和挑战。一是医院营收和医务人员收入不稳定。在对北京、上海、江西、宁夏等20多个省（区、市）开展的调研情况显示，71.1%的医务人员明确表示“疫情导致行业经营困难”，60%以上的医务人员明确表示“疫情导致工作时间增加、收入下降的双重影响”。从全国范围来看，新冠疫情对医院特别是非公立医院的经营造成了影响。全国2.35万个非公立医院2020年的总收入为6760亿元，总支出为8087亿元，行业性亏损 1327 亿元，平均每家亏损 500 多万元。公立医院由于可以获得更多的政府补助，情况相对好一些，1.19 万个公立医院 2020 年的总收入是 41930 亿元，总支出是 41952 亿元，总亏损是 22 亿元。具体到每一家医院，普遍都面临“三下降、两提升”的运营压力。一方面，门诊量、住院量、手术量“三下降”，医院收入大幅降低；另一方面，公立医院面临防控成本和人力成本“两提升”。2022 年吉林、上海、北京受到长周期的新冠疫情影响，很多医院几乎处于停摆状态，医院营收和职工收入大幅缩水的情况普遍存在。二是医务人员持续作战的心理不稳。新冠疫情以来，广大医务人员身处疫情防控第一线，他们承受着身体和心理的极限压力，恐惧、焦虑、抑郁、厌倦等消极情绪常伴左右。长时间身处各类消极情绪的包围下，他们的心理状况令人担忧。同时，医务人员的心理状态个体差异很大。医生和护士、编内职工和编外职工、“80 后”“90 后”“00 后”与“60 后”“70 后”，由于人生阅历和突发事件应对能力的差异，情绪自控和心理调节能力各不相同。面对同样的事件、遭遇类似的经历，部分医务人员情绪反应会更加强烈、心理表现会更为脆弱。

（三）深化产改对本系统职工素质提出的新要求

习近平总书记在致首届大国工匠创新交流大会的贺信中指出，技术工人队伍是支撑中国制造、中国创造的重要力量。我国提出要在 2035 年基本建成技能型社会。培养造就一支有理想守信念、懂技术会创新、敢担当讲奉献的宏大的产业工人队伍，是技能型社会的应有之义和关键环节。在教科文卫体领域，职业教育发展和科研院所改制与产业工人队伍建设密切相关。一是职业院校“双师型”教师素质有待提升。从产业工人的增量改革来看，职业院校每年为产业工人队伍输送上百万的“新鲜血液”，肩负着培养高素质产业工人后备军的职责使命。职业院校教师的教育教学水平，直接决定着产业后备军是合格还是优秀。党的十八大以来特别是国务院印发《国家职业教育改革实施方案》后，我国职业教育发展取得很大成效。中职学校从 2012 年的 12663 所减少到 2021 年的 7296 所，专任教师从 88.1 万人减少到 70 万人；高职学校从 2012 年 1297 所增加到 2020 年 1468 所，专任教师从 42.3 万人增加到 55.6 万人；2019 年以来，本科职教打破高职专科“天花板”，目前有职业本科教育 32 所高校，在校生 12.93 万人。以高职专科学校为主、中职学校和本科层次职业学校为辅的布局结构正在逐步形成。但是，建设高素质“双师型”教师队伍依旧是职业教育的薄弱环节。2020 年，我国中职学校有专业课专任教师 37 万人，其中“双师型”教师 20 万人，占比 54%；高职专业课专任教师 41 万人，其中“双师型”教师 22 万人，占比54%。虽然中高职院校中“双师型”教师占比提高，但是“双师型”教师水平不一，地区、专业不均衡。“双师型”教师素质提升仍然是一项长期而艰巨的任务。二是把握科研院所改制中职工思想脉搏。科研院所是与产业工人队伍建设改革紧密相关的另一大领域。科研院所是国家战略科技力量的重要载体，其分类改革是科技体制机制改革的重要组成部分。改革的初衷是把需要政府支持的公益类研究机构和应当面向市场开发的应用类研究机构分开，更好地激发广大科研人员的创新、创造热情，面向经济主战场提供更多的科技成果，通过实现科技与经济相结合、科技成果与产业工人相结合，把科技蕴藏的潜在创造力转换为现实生产力。科研院所分类改革自1999年拉开序幕以来，机构定位更精准，缩量提质的成效显著。科研机构数量从2012年的3674个减少到2020年的3109个，科研人员从2012年的38.8万人增加到2020年的51.9万人。另外，科技型企业不断增加。2020年，我国有研发机构的企业10.4万家，有研发活动的企业16.2万家，企业研发人员559万人。当前，科研院所分类改革还在进行时。在上海市科技工会直属的48家单位中，34家事业单位特别是其中的公益二类事业单位，有的已经开始启动转企改制程序，有的正在谋划中。科技领域的职工对于行业改革发展的关注度明显高于其他几个行业，85.8%的职工表示“关心行业发展状况”。对待改革职工心态矛盾，一方面是希望通过转企在收入上能提高，另一方面又担心现有技能难以胜任市场需求，76.1%的职工对于“现有的技能会过时”表示了不同程度的担忧。在科研院所分类改革推进过程中，职工的思想状况需要持续关注。

三、对做好新时代产业工会工作的要求和启示

全国产业工会工作座谈会提出，要更好地发挥产业工会在工会工作大局中的作用。对于教科文卫体系统职工队伍出现的新情况新问题，需要放在工会工作大局中去思考去分析，去粗取精、由表及里，把握好蕴藏其中的重大的、带有根本性的工作要求和工作启示，在加强和改善产业工会领导方式和工作方法上创新突破，有针对性地开展富有成效的工作，更好地推动产业工人队伍建设改革等全国总工会各项重点工作在本系统落地见效。

（一）立足于职工的群体性诉求复杂多样的思想实际，切实强化职工思想政治工作

强化职工思想政治引领，团结带领广大职工听党话跟党走，是工会组织的重大政治责任。教科文卫体系统职工虽然以知识分子为主体，但是职工群体间存在着行业、地区、岗位、身份等多重差异。从职业分类看，有高校教师、乡

村教师、医院医生、乡村医生、护士、科学家、艺术家等；从职工身份看，有事业编制职工、合同制职工、劳务派遣工等。这些差异反映到思想意识领域，必然产生思想观念的多元、利益诉求的多样。单一的思想政治工作方法很难奏效。我们要坚持统一性和针对性相结合的工作方法。一方面是毫不松懈地强化职工的理想信念教育，持之以恒地巩固党的创新理论在意识形态领域的主导地位，推动习近平新时代中国特色社会主义思想在教科文卫体系统落地。采取因人施教的方式，教育引导广大工会干部深入学习领会习近平总书记关于工人阶级和工会工作的重要论述，深刻认识和把握新时代工会工作“怎么干”“干什么”等根本问题，凝心聚力推动产业工人队伍建设改革、维护劳动领域政治安全等各项重点工作在本系统落地见效；教育引导广大职工群众深入学习领会习近平总书记关于教科文卫体事业的重要论述，立足岗位实际，把党中央的部署和要求转化为工作思路与工作举措，共同汇聚起推动教科文卫体事业发展的磅礴力量。另一方面，提高思想政治工作的针对性，关注每一位职工的情绪意愿。特别是在全面深化改革的大背景下，教育、科技、文化、卫生等领域的体制改革也在持续深化，与职工紧密相关的利益格局也在深刻调整。宏观政策和微观环境的变化会对职工产生不同程度的情绪波动和心理压力。动态掌握职工群众的思想状况和心理状态，及时捕获一些苗头性、倾向性的问题，切实履行好第一知情人和第一报告人的职责，守牢“五个不发生”目标底线，牢牢构筑职工思想工作的“安全阀”，为推动构建和谐劳动关系做出积极努力和贡献。

（二）立足于职工队伍结构性变革中新群体涌现的队伍实际，切实提高工会组织的覆盖面

加强新就业形态劳动者入会是全国总工会当前的一项重点工作，扩大工会组织覆盖面是包括产业工会在内的工会组织的永恒主题。最大限度地把职工群众组织到工会中来是一项重要的基础性工作，是工会组织履行维权服务基本职责的根本前提。我们时刻把握全国总工会工作要求精神，动态研判在社会事业改革发展中教科文卫体系统职工队伍的变化，不断调整扩大工会组织覆盖面的工作重点，最大限度地把职工群众组织到工会中。当事业单位非在编职工规模不断扩大，成为社会事业建设的重要力量时，我们持续推进包括农民工在内的非在编职工入会工作。当民办非企业单位快速增长，机构数量和职工队伍规模实现翻番时，我们于 2019 年召开专题会议，提出以事业单位非在编职工和民办非企业单位职工作为重点，集中开展百人以上民办非企业单位工会组建和千人以上公立医院护工护理员集中入会专项行动。当前，教科文卫体系统职工队伍

结构出现新情况。伴随着民办学校分类登记、科研院所改制、文化单位转企等改革不断深化，民办学校、民营医院、科技型企业等企业性质的机构数量和职工队伍规模将持续扩大。把这部分群体及时组织到工会中来，成为新时期扩大工会组织覆盖面的又一大课题。我们将指导各级产业工会立足职责分工，加强与地方工会的协同配合，建立联合工作机制，深入推进民办非企业单位、教科文卫体系统企业单位的工会组建和职工入会工作。

（三）立足于更好地落实全总各项重点任务的工作实际，切实加强产业工会自身建设

产业工会是工会组织的重要组成部分，承担着贯彻落实产业工人队伍建设改革、劳动领域政治安全、新就业形态劳动者入会等全国总工会各项重点任务的重要职责。教科文卫体系统工会组织的总体状况是，有体系但不健全，层层弱化明显；有组织但不均衡，行业差异突出。全国教科文卫体系统所属基层工会组织 89928 个，其中，民办学校 8538 个，民办医院 783 个。并且，这些单位以国有单位为主、非国有单位较少，主要都是公立学校和公立医院。教科文卫体工会所覆盖的基层工会与本系统上百万个单位的机构现状形成强烈反差。产业工会与本产业的联系、与本产业职工的联系相对薄弱，产业工会的代表性存在很大的局限性。这就导致了产业工会组织的感应系统不灵敏、传感系统不通畅，在特殊时期特别是在重大改革改制以及重大社会事件如疫情暴发时，无法第一时间、真实全面地了解掌握本系统不同所有制单位、不同类型职工的意愿和诉求，无法快速及时地做出反应，在源头参与、宏观维护等方面的质量有待提高。在现有的制度框架下，在不突破人员编制和变更经费关系等硬性约束的条件下，如何加强产业工会组织建设是一个亟待破解的现实难题。一是深挖制度潜力，加强全委会委员制度建设。在配备兼职副主席、常委和委员时，把是否能增强产业工会与基层工会、与职工群众的联系作为根本衡量标准，最大限度地发挥好代表制、委员制的优势。二是做好机制创新，推进行业工会联合会建设。这项工作有一定的工作基础。目前，全国教科文卫体系统共有省市县行业工会联合会 109 个，其中省级行业工会联合会 17 个。行业工会联合会的主要优势是可以最广泛地把一个地区相同行业的单位工会组织起来，规避了人员编制和原有的工会经费关系划转等“硬骨头”，工作推进的阻力和难度相对较低。这是今后的一个工作方向。

负 责 人：谭天星
承担单位：中国教科文卫体工会

交通建设系统职工队伍状况调查报告

为贯彻落实全国总工会《第九次全国职工队伍状况调查方案》的要求，中国海员建设工会全国委员会制定了调查实施方案，明确调查课题、任务分工、时间安排和工作要求。2022 年 1 月至 7 月中旬，成立了 4 个调查组，采取函调、座谈、实地调查等方式在全国交通建设系统开展了调查工作。调查显示，交通建设系统职工队伍状况整体稳定，职业技能和收入水平不断提升，各级产业工会组织认真履职，维权服务能力持续提高。同时，伴随着产业行业的发展变化，职工队伍也随之出现了一些新情况、新问题，需要在下一步工作中进一步探索解决。

一、交通建设系统职工队伍基本情况

（一）职工队伍总体规模较大

近年来，随着我国基础设施建设投入力度不断加大，交通建设产业迎来发展黄金期，围绕国家重大战略、重大工程、重大项目，交通建设系统用工需求长期保持较高水平，成为解决城乡劳动人口就业的重要途径。据相关统计，两大产业现有从业人员约 1.028 亿人，其中，水运系统 580 万人，公路运输系统 2800 万人，建筑系统 5400 万人，城市公用事业 1500 万人。由于从业技能要求不高，目前交通建设产业工人队伍农民工占比较高，建筑业从业总人数中农民工占比达 90%以上，货车司机群体中农民工占比达 76%。同时，行业性质决定了交通建设系统户外劳动者数量偏多，航运、建筑、道路养护、环卫等行业大量职工长期在户外一线工作，工作流动性强，劳动强度大。

（二）职工队伍结构呈现突出特点

1. 职工年龄结构以“30～50 岁”为主，整体呈现老化趋势。调研显示，货运司机、船员、建筑业农民工、出租汽车司机中，40 岁以上职工占比近 50%，少数地区和企业占比超过 50%。以广东省交通系统职工为例，年龄结构整体呈正态分布，具体差异则与所属单位的所有制结构及企业所属行业类别有关，国有企业的职工年龄结构分布较均匀，而私有制企业职工队伍的年龄段分布基本集中在25~40岁。

2. 职工性别构成以男性为主，性别比例差距较大。由于交通建设产业以体力工作为主，劳动时间长、强度大，男性职工主要负责一线业务岗位，女性职工主要负责一线服务类与后勤类岗位。按行业划分，货车司机群体中，男性比例高达95%；网约车司机群体中，男性比例高达98%。按地区划分，江苏省交通建设系统男女性别比例约为6∶4，山东省交通建设系统男女性别比例约为7∶3。综合有关数据，全系统职工中男性占比约70%，女性占比约30%。

3. 高学历职工占比较低，行业间受教育程度差异很大。从各行业类型的职工学历结构分布来看，机关单位、建筑设计类单位本科及以上学历职工占比较大，建筑类、公路运输类、港口码头类企业中高中（中专）和专科（高职）学历职工占比较大。中建集团统计数据显示，集团自有职工中，本科及以上学历职工占比达73%，大专及以下学历职工占比27%。江苏省调查数据显示，全省交通系统职工平均受教育年限为12.6年，专科（高职）及以上学历占比38%，高中（中专）及以下学历占比超60%。

（三）职工队伍状况总体稳定

1. 产业职工听党话、跟党走的自觉性不断提高。广大产业职工不断增强“四个意识”、坚定“四个自信”、做到“两个维护”，对党和国家大政方针的认同感不断提高，总体呈现积极向上、努力进取的精神状态。特别是新冠疫情期间，交通建设系统广大职工担当作为、甘于奉献，全面投入抗疫斗争伟大实践中去。调研发现，船员普遍赞同中共中央、国务院提出的发展战略，对建设“海运强国”战略目标充满信心。山东省交通建设产业大部分职工表示，所在企业能够经常开展职工思想政治工作，对“中国梦”和习近平新时代中国特色社会主义思想表示“了解”，对社会主义核心价值观“非常了解”和“比较了解”。根据全国总工会抽样调查数据显示，83.4%的交通建设产业受调职工对“党的百年奋斗从根本上改变了中国人民的前途命运，开辟了实现中华民族伟大复兴的正确道路”这一观点“十分赞同”。

2. 产业工人荣誉感自豪感不断增强。五年来，广大产业职工积极参与“中国梦·劳动美”主题活动，参加港珠澳大桥建设者先进事迹宣讲、传承弘扬青藏川藏“两路”精神宣讲、劳模疗休养等各类活动近2500场，践行社会主义核心价值观的积极性、主动性越来越强。积极弘扬劳模精神、劳动精神、工匠精神，先进典型示范引领作用不断增强，69.3%的受调职工对劳动模范、工匠人才等先进典型“非常熟悉，愿意向他们学习”或“有所了解，被他们的事迹感染”。山东省交通建设产业大部分职工认为劳模是学习的榜样，“希望成为”劳模；认为“工匠精神”是精益求精、追求卓越、敬业奉献、开拓创新的精神，是做任何工作都需要认真负责的精神。

（四）职业技能素质显著提升

1. 劳动和技能竞赛、劳模和工匠人才创新工作室等载体发挥了重要作用。广大产业职工围绕京津冀协同发展、长江三角洲区域一体化发展等国家战略，积极参加劳动和技能竞赛、“五小”群众性技术创新等活动，为推动经济高质量发展建功立业。五年多来，广大产业职工参加全国性劳动和技能竞赛 8 项，区域、企业劳动和技能竞赛 6176 次，安全生产、安全教育培训活动近 2 万次；参加国家级职业技能竞赛 14 次，行业交流邀请赛 13 次，区域、企业技能竞赛 2000 余次，技术技能水平得到较大提升。《浙江海港集团职工职业技能竞赛管理办法》《北京燃气集团高技能领军人才聘任及激励方案（试行）》等一系列人才培养和使用办法在竞赛的激励作用下形成。在促进技术技能水平提高方面，根据全国总工会抽样调查结果，73. 3%的交通建设产业工人认为“劳模和工匠人才创新工作室对单位、劳模、工匠人才和普通职工都有好处”。

2. 技术培训和技能认定工作持续推进。产业职工参加技术培训的比例不断提升，高层次、高技能人才不断涌现。许多单位鼓励职工参与学历提升培训，通过产教融合、校企合作、技能实训基地建设等方式，对产业工人的培养逐渐制度化、规范化。调研显示，重庆市每年参加各种形式培训的建筑业人才已超过 60 万人次，中建集团开办的长沙建筑工程学校、南阳建筑工程学校面向全国开展建筑岗位培训和职业技能鉴定 6 万人次，山东省交通建设产业职工一半以上都认为企业技能人才培养“成效显著”。在全国总工会抽样调查的交通建设产业工人中，有 91. 4%的人表示“参加单位组织的与工作相关的培训提高了技能等级或专业技能”。以能力和业绩为导向的人才考核评价机制逐步建立健全，广州港集团、沈阳燃气集团、郑州热力集团等探索开展职业技能等级认定，青岛港集团、合肥燃气集团等制定拓宽员工职业发展通道相关文件，激励和引导更多产业工人向技能人才转化。

（五）产业工人主人翁作用进一步发挥

1. 产业工人政治地位进一步提高。荣誉表彰向一线职工倾斜的力度不断加大，产业工人参政议政比例逐渐提高，更多一线产业工人当选省总、市总或企业集团工会的专、兼职主席、副主席，当选各级党代表、人大代表、政协委员、工会代表、妇联代表。近年来，张金海等多名一线职工通过人大提案等方式及时反映职工的意愿和呼声。全国总工会抽样调查显示，44.1%的交通建设产业工人最近五年参加了人大代表选举投票，充分行使了自己的权利，77.6%的交通建设产业工人认为工人地位“有所提高”或“有很大提高”。不断提高劳模和一线职工在全委会中的比例，在全委会委员中，劳模和一线职工占比持续保持在10%以上，有力提升了产业职工的政治地位。

2. 职工参与企业民主管理的渠道更加畅通。民主制度不断健全，民主形式不断丰富，民主渠道不断拓宽。调研发现，许多企业认真落实职工代表大会制度，落实职工董事、职工监事制度，依法推进集体协商，推进职工巡视、厂务公开，在制定企业重大改革举措、涉及职工切身利益政策时，以座谈会、问卷调查等形式听取职工意见建议，广大职工的知情权、参与权、表达权和监督权得到进一步保障。交通建设产业工人中，有66.2%的受调职工所在单位建立了职工代表大会制度或职工大会制度，有55.1%的受调职工认为所在单位职工（代表）大会制度作用发挥得很好，有55.3%的受调职工所在单位实行了厂务公开（业务、校务或院务公开），有53.1%的受调职工表示“有机会对工作单位的经营管理和自身权益发表意见或反映愿望”。

（六）职工收入和获得感不断提升

1. 收入水平得到提高，收入结构逐步优化。集体协商和集体合同制度进一步完善，职工收入待遇水平也随之提升。调查显示，《中国船员集体协议》持续发挥作用，船员工资连续10年稳定上涨。2016—2020年，江苏省交通运输行业职工平均收入从71773元涨至101032元，年均增幅达8.9%。多数地区环卫工人收入相当于当地最低工资标准的110%~130%，最低工资标准在提高职工收入水平中发挥了重要作用。向一线职工、技术职工倾斜的收入分配政策和制度逐步建立，产业工人发展制度逐步健全。高技术人才收入激励政策已在部分企业得到实践，操作岗、技术岗、管理岗互通，一线岗和管理岗交流轮换，劳务工转合同工等制度政策在很多企业和项目上已实质执行，青岛港集团、合肥燃气集团等制定《关于进一步拓展员工职业发展通道的暂行办法》《职业发展通道建设方案》，为各类人才发展提供了广阔空间。全国总工会抽样调查结果显示，41.2%的交通建设产业工人认为在本单位发展机会较多。

2. 职工权益实现状况不断向好。一是社会保障程度逐步扩大。各单位普遍为符合条件的职工缴纳“五险一金”，通过互助保障项目、动员爱心企业等方式提供补充保障。调研显示，船员的养老、医疗、失业、工伤、大病等社会保险缴纳比率得到较大提升，广西壮族自治区各级工会为货车司机赠送意外伤害险近30万份，上海、武汉、郑州、银川等地工会组织协调动员新华保险连续多年为当地环卫工人捐赠意外伤害险。“暖途·货车司机职业发展与保障行动”开展两年来，共开展了20个公益项目，公益资源投入总价值约3300万元，覆盖货车司机200多万人。全国总工会抽样调查的交通建设产业工人中，参加职工基本养老保险、职工基本医疗保险、工伤保险的占比分别为85.1%、85.9%和80.0%。二是职工关心关爱内容不断丰富。各单位积极完善职工之家管理，健全困难职工帮扶机制，推进户外劳动者服务站点建设。中交二航局规定劳务企业必须为农民工购买保险、组织体检，中建集团推动成立员工健康办公室，建立员工健康档案，做好近4万名“两山”建设者留观返乡工作。港口、公交行业对海员、公交驾驶员群体心理健康的重视和关注进一步增强。

二、交通建设系统工会组织建设情况和作用发挥情况

（一）工会组织建设情况

根据2021年《交通建设系统产业工会组织体系状况调研报告》显示，从省级层面看，中国海员建设工会系统现有省级产业工会56个。在全国31个省级行政区（除港澳台）中，省级海员工会5个，其中黑龙江、山东、广东为单独设立，福建和广西与交通工会合并设立；省级交通工会30个（除天津外）；省级建设工会26个（除天津、黑龙江、江西、新疆、西藏外）。除内蒙古、辽宁、重庆合并设立交通工会和建设工会外，其他省份均单独设立。由于各地产业工会所覆盖行业划分不统一，城建系统所涵盖的环卫、排水、供热、园林等行业在不同的省份属不同系统的产业工会。省级产业工会干部343人，其中，专、兼职分别占91%、9%。从地市级层面看，在全国333个地市级行政区中，建设对口地市级交通系统产业工会141家，占42.3%；建设系统产业工会109家，占32.7%。

（二）工会组织作用发挥情况

1. 强化政治担当，引领广大职工听党话、跟党走。

一是坚持用新时代党的创新理论武装职工。深入学习贯彻习近平新时代中国特色社会主义思想，贯彻落实习近平总书记关于工人阶级和工会工作的重要论述，自觉用习近平总书记系列重要讲话精神武装头脑指导实践，以学习宣传贯彻习近平总书记致首届大国工匠创新交流大会贺信精神为契机，广泛开展有特色、接地气、入人心的宣传宣讲活动，广泛引导广大职工牢固树立中国特色社会主义共同理想，不断巩固党的阶级基础和群众基础。

二是坚持以主题宣传教育引领职工。始终将弘扬劳模精神、劳动精神、工匠精神作为新时代产业工人思想政治工作的鲜明导向和突出特色，以庆祝建党100周年为主线，隆重庆祝中国海员工会成立100周年，持之以恒推进党史学习教育。中建集团工会举办“建证力量 红色传承”融媒体宣讲，覆盖受众4.5亿人次，引导广大职工坚定历史自信、激发奋进力量，切实筑牢广大职工团结奋进的思想基础。

三是坚持以榜样力量凝聚职工。广泛开展“中国梦·劳动美”主题宣传教育，结合全国交通建设工匠、感动交通年度人物、最美职工、工匠直播月等推选宣传活动，培养宣传职工身边看得见、摸得着、学得上的先进典型，把榜样力量转化为职工群众的生动实践，唱响劳动最光荣、劳动最崇高、劳动最伟大、劳动最美丽的时代主旋律。

2. 聚焦高质量发展，团结引领广大职工充分发挥主力军作用。

一是持续推进产业工人队伍建设改革工作。认真学习领会习近平总书记关于产业工人队伍建设改革的重要指示精神，不断增强推进产业工人队伍建设改革工作的责任感、使命感和紧迫感，统筹安排、全面落实交通建设系统产业工人队伍建设改革各项任务，制定下发《中国海员建设工会关于深入推进产业工人队伍建设改革的指导意见》，深入开展改革试点工作，广泛调动产业工人参政议政积极性，逐步建立健全以能力和业绩为导向的人才考核评价机制，进一步巩固产业工人主人翁地位，有力助推改革向纵深发展、向基层延伸。

二是广泛开展各类竞赛活动。围绕“一带一路”、京津冀协同发展、粤港澳大湾区建设、长江三角洲区域一体化发展等国家战略，开展了建设世界一流港口、京津冀交通一体化、国家综合立体交通网公路工程建设、长江三角洲区域一体化发展城乡建设等全国引领性劳动和技能竞赛，其中“十三五”期间，交通建设系统开展全国性职业技能竞赛12项，涵盖25个工种，积极构建全方位、多层次、广覆盖、重实效的竞赛格局，动员广大职工积极投身国家重大项目、重大工程建设，为推动交通建设产业高质量发展建功立业。

三是搭建职工技能提升和技术交流平台。持续推动“港口工匠创新联盟”全国产改试点项目不断取得新进展，进一步完善联盟运行机制，推动实现成果共建共享。充分发挥劳模和工匠人才创新工作室等阵地作用，组织开展职工岗位创新成果征集、职工职业技能交流和技术培训等活动，不断深化群众性技术创新活动，调动广大职工创新创效活力。不断丰富和完善职工技能学习提升平台，重庆市交通建设工会开展一线工人培训鉴定教材和职业技能鉴定试题库建设，激励广大职工学习新知识、掌握新技能、创造新技术，努力建设一支知识型、技能型、创新型劳动者大军。

3. 认真履行职责，不断提升广大职工获得感、幸福感、安全感。

一是深入调研积极发声。深入企业一线，了解掌握交通建设产业面临的突出困难，推动解决职工群众关注的急难愁盼问题。围绕海员、货车司机、建筑业农民工和网约车司机等重点群体深入开展年度调查研究，形成了一批有价值的调研成果和高质量政策建议，积极向中办、国办报送信息，多篇获得领导批示，推动了相关政策措施的出台落地。

二是切实维护职工合法权益。持续推进全国性行业集体协商，积极探索新业态领域集体协商，定期开展中国船员、中挪海员集体协商，船员工资实现多年连续上涨。坚持普法维权，开展根治建筑业农民工欠薪第三方评估和服务农民工公益法律服务行动，开设农民工工资支付保障宣传专栏和货车司机普法维权专栏，做好工会法治宣传教育工作，引导广大职工依法理性维权。

三是做好职工关爱服务。聚焦新冠疫情影响，密切关注一线职工的关心关切，推动解决常态化疫情防控下船员换班难等问题，开展船员送温暖和关爱船员专项活动，为冬奥建设保障人员、抗疫一线职工开展专项慰问服务。坚持以提升职工生活品质为目标，以满足职工需求为导向，积极推进司机之家、海员俱乐部、海员之家、船员服务驿站和环卫工人服务站点等服务阵地品牌建设。目前，全国已投入运营司机之家848家，建成海员俱乐部、海员之家、船员服务驿站等62家，建成环卫工人服务站点超过3.5万个，服务超过45万名环卫工人，工会服务职工效能不断提升。

4. 强化责任担当，坚决维护职工队伍和谐稳定。

一是积极推动构建和谐劳动关系。在海上劳动关系三方协调机制、道路货运业健康稳定发展部际联席会议机制、交通运输新业态协同监管部际联席会议机制中积极作为，主动参与海事劳工标准制定，开展“超龄”建筑业农民工就业状况调研，推动顶层制度设计落地落实，从制度上、源头上积极维护职工合法权益，努力在推动构建中国特色和谐劳动关系中展现新作为。

二是持续推进新就业形态劳动者入会维权工作。聚焦货车司机、网约车司机等新就业形态劳动者，针对性开展“大调研”“大走访”“大交流”活动，加强与行业主管部门、行业协会、各地龙头企业和平台企业的沟通交流，推动做好交通新就业形态劳动者入会工作。坚持做优做强“司机之家”“货车司机职业发展与保障行动”等新就业形态劳动者服务品牌，以优质服务吸引劳动者入会，促进新就业形态劳动者维权服务工作取得新成效。

三是切实维护劳动领域政治安全。严格落实意识形态工作责任制，牢牢掌握工会意识形态工作领导权，及时开展职工队伍和劳动关系风险矛盾排查化解工作，建立职工队伍情况监测点，开展职工队伍稳定情况调研。重庆市交通建设工会建立劳动安全周报制度，针对性地对建筑企业欠薪、国有企业改制、出租车网约车等劳动领域相关工作进行重点关注排查，坚决把“五个坚决”落到实处，努力做到“五个不发生”，切实维护职工队伍的团结统一与社会大局和谐稳定。

三、交通建设系统职工队伍和工会组织建设存在的问题

（一）交通建设系统职工队伍面临的问题

1. 疫情防控常态化加剧了职工的生产生活压力。

一是产业工人收入同比明显降低。新冠疫情发生后，海员、货车司机、客运行业职工、房产中介员群体受到较大影响，导致收入降低。调查显示，受新冠疫情影响，海员换班上下船困难导致待业时间延长，很多船员长期无收入来源，甚至社保断缴；客运、汽车服务等板块因客流大幅减少，企业的营收出现急剧下降，职工的岗位减少、工资降低。调查研究显示，2021 年，珠三角区域货车司机受新冠疫情和油价上涨等因素影响，收入减少三成。房地产有接近半数的企业表示受影响很大，员工工资难以兑付。

二是境外职工身心健康保障困难。近年来，得益于“一带一路”持续推进，我国建筑企业逐步走出国门进入国际市场，陆续承接了大量基础设施建设工程，随着新冠疫情在全球不断蔓延，世界各个国家和地区陆续采取了多项应对措施，对我国建筑企业境外项目的推进及拓展产生了不同程度的影响，面对物资难以保障，复工复产困难，境外国家新冠疫情公开度不高，境外民众抵触打疫苗等困难，广大建设者在异国他乡面临较大健康威胁，同时，因新冠疫情防控等原因回国探亲受到较大影响，职工思想状况出现波动。通过对主要外派船员劳务企业减岗情况摸底显示，中国外派船员失业风险加剧，外派船员岗位流失率为 15%~20%。《中国船员发展报告》显示，2019 年中国外派海员 15. 5 万人次，至 2020 年降至 12. 2 万人次，比 2019 年下降 21. 3%，是近五年来首次下降。

2. 新形势下农民工群体权益保障问题仍较突出。

一是农民工队伍劳动强度持续增大。调查显示，82. 4%的货车司机日均工作时长在 8 小时及以上，其中，驾驶时间在 10 小时以上的占 64. 9%，同时，货车司机还面临长时间等待、停车，被要求装货、卸货等劳动。巡游出租汽车驾驶

员责权利持续不匹配问题仍未解决，驾驶员轻则“自主加班”，以损害休息休假权为代价补偿自身损失，重则聚集停运，形成行业不稳定事件，并对驾驶员权益实现产生不利影响。建设项目多为路建、桥隧、房建项目，农民工以重体力劳动为主，其在工地的工作环境、生产过程常伴随高空作业、深大基坑、高压电磁场、较重粉尘、机械误伤等较多安全风险因素。

二是农民工劳动合同签订率低，欠薪时有发生。建设工程存在层层转包、分包的现象，各建筑农民工通常以施工队的形式出现，由包工头负责与分包公司对接。部分农民工与分包公司之间并不直接对接，也不会签订劳动合同。调查显示，受调农民工群体中，与单位签订劳动合同的占 44.49%，与单位签订劳务合同的占 20%，属于临时雇用的占 9.84%，没有签订劳动合同的占 8.31%，还有部分派遣和加盟合作等方式。2022 年以来，我国经济下行压力持续加大，部分行业企业受新冠疫情影响，工资支付能力大幅下降，一些房地产企业债务危机仍未从根本上解除，欠薪风险仍然较大，一季度共查处欠薪案件 1.7 万件，同比增长 27.3%。

3. 新就业形态劳动者权益保障问题值得关注。

一是货车司机对维权服务诉求较强。物流园区服务司机调查问卷显示，2021 年，货车司机最希望得到的工会服务类型，按照占比由高到低的顺序，依次为法律援助、应急救援、维护权益、事故救济、困难帮扶、价格指导、工伤保险、安全教育、公益体检、就业培训、子女就学等。而对维权类、救济类服务需求最高，是货车司机最普遍的需求。法律援助服务需求占比 75.6%，应急救援服务需求占比 64.8%，维护权益服务需求占比 60.8%。

二是网约出租汽车驾驶员权益保障基础薄弱。由于网约车行业发展不成熟，现行法律法规对行业各方主体的权利义务关系调整不及时，以及行业劳动关系未明确、社会保障不健全等问题，网约车驾驶员各项权益难以得到保障。据调查，当前平台对运单的分成比例约在 25%，根据运单的地区、金额、性质等该比例不一，首汽约车分成比例为 20%~27%，滴滴分成比例为 15%~30%。受限于信息获取分析能力，驾驶员只能被动接受平台复杂多样、调整频繁的经营策略，通过提高工作强度来维持收入水平。

4. 行业劳动安全生产形势复杂严峻。

一是职工安全素质有待提升。调查显示，我国公路货运车辆保有量占全部机动车保有量比重不足 10%，但导致的道路交通事故占 25%，超限超载超速、疲劳驾驶、非法改装等严重交通违法行为较为常见。据公开数据显示，当前建筑业从业人员中 50 岁以上农民工占 27.3%，高龄农民工文化程度低，理解能力较差，安全意识淡薄，体力和意识下降，而建筑施工有高处作业多、露天作业多、手工及繁重作业多等高危特点，会带来一定安全隐患。

二是部分行业安全管理有待加强。调查显示，在货车司机驾驶车辆中，有 85.2%的车辆为个人车辆，其中 57.9%的车辆为挂靠车辆；30.6%的货车司机认为挂靠企业只收费没有履行安全管理责任，这导致 12.9%的货车司机反映挂靠车辆事故责任难以划清。根据中国城市燃气协会安全管理工作委员会公布数据，2021 年上半年发生城镇燃气事故 544 起，其中，第二季度 303 起，较第一季度 241 起环比增加 26.1%，且事故中受伤和死亡人数均有增加。上述事故分布在全国 27 个省份、153 个城市，造成 39 人死亡、279 人受伤。

（二）交通建设系统工会组织建设存在的问题

1. 产业工会组织体系不健全。省级层面，产业工会组建不全；地市级层面，交通工会和建设工会的建会率较低，均不足 50%。全国性任务的贯彻落实与地方性工作的统筹安排均缺乏足够的渠道支撑，产业工会组织体系“断层”问题仍然存在。

2. 产业工会工作运行机制不通畅。一是地方产业工会覆盖产业范围与上级产业工会不一致，导致产业工会工作部署难以顺畅下达，影响了工作落实效率。二是因产业工会组织合并、撤销等原因，导致部分地方产业工会职能过于宽泛，工作压力大、超负荷运行，制约了工会作用发挥。

3. 工会组织干部队伍力量薄弱。一是工会干部队伍专职化程度较低，人员配备不足。调查显示，目前，交通建设系统专职工会工作人员 78145 人，兼职工会工作人员 592651 人，专兼职比例达 1∶7.5，导致工作效率受限。二是基层工会干部业务能力不足，服务基层职工水平还有待提升。

4. 产业工会工作资源手段不足。产业工会在典型选树和对基层工会考核方面缺乏足够权限，对产业特色经验成果和行业先进典型缺乏有效表彰激励措施，不易调动基层工会和产业职工的积极性、主动性、创造性；对工作中存在的产业行业特定问题难以及时部署专项措施、压实工作责任。

四、加强交通建设系统职工队伍建设的对策建议

（一）突出思想政治引领，筑牢广大职工团结奋斗的共同思想基础

进入新时代，面对职工队伍结构深刻调整，在利益诉求、价值取向、思想观念上呈现多元多样多变的新特征，工会组织应当充分发挥好“大学校”的作

用，把思想政治引领摆在突出位置，贯穿于各项工作之中。

1. 坚持用习近平新时代中国特色社会主义思想引领广大职工。深入开展社会主义核心价值观宣传教育和“中国梦·劳动美”主题教育，推动理想信念教育常态化制度化。适应新媒体时代，创新宣传手段，发挥“学习强国”、职工书屋、产业工人学习社区等平台作用，通过理论宣讲、劳模宣讲、演讲比赛、知识竞赛等方式，把“大学习”的课堂搬到工厂车间、生产一线、发展前沿，讲好新时代的原创性思想、变革性实践、突破性进展、标志性成果，讲足伟大成就、讲清形势任务、讲明发展前景。

2. 加强典型选树，强化劳模和工匠人才的示范引领作用。在全社会大力弘扬劳模精神、劳动精神、工匠精神，持续开展最美海员、最美货车司机、最美出租车司机等各类推选宣传活动，积极培育和选树行业先进典型，注重发挥先进典型的示范引领作用，把榜样力量转化为职工群众的生动实践。通过报刊、网络、新媒体等多种形式和载体，讲好中国工人阶级故事、劳模工匠故事、中国工会故事，不断增强职工群众政治认同、思想认同、理论认同、情感认同。

（二）发挥工人阶级主力军作用，推进产业工人队伍建设改革取得新成效

当今世界，百年变局和世纪疫情交织叠加，我国面临的国内外环境发生深刻复杂变化，发展任务更加艰巨繁重。工人阶级是主力军，是承担重任的坚强力量。必须牢牢把握工运时代主题，深化产业工人队伍建设改革，找准主攻方向，抓重点、补短板、强弱项，在经济社会发展大局中充分调动职工群众积极性主动性创造性，以劳动和实干托起中国梦。

1. 继续深化职工职业技能培训。围绕产业工人素质提升，构建以企业为主体、职业院校为基础、政府推动与社会支持相结合的产业工人终身职业培训体系，畅通技能人才成长通道。充分发挥劳模和工匠人才创新工作室作用，鼓励有条件的地区和企业建设具有专业特色的工匠学院，着力培养高精尖缺人才和高技能人才。深化“五小”等群众性创新活动，引导职工立足岗位创新创造，努力建设一支宏大的知识型、技能型、创新型高素质劳动者大军。

2. 不断丰富产业工人建功立业平台。聚焦“十四五”时期国家重大战略、重大工程、重大项目、重点产业，紧扣交通建设基础性、战略性、服务性产业特点，广泛深入持久开展各种形式的劳动和技能竞赛，构建动员广泛、覆盖全面的多行业、多层级劳动和技能竞赛体系。发挥全国引领性劳动和技能竞赛辐射带动作用，丰富竞赛内涵、创新竞赛载体、促进区域联动，积极推动竞赛向

交通建设新产业、新业态、新模式拓展，不断扩大竞赛覆盖的行业领域和群体规模。

3. 积极发挥产业工会作用，加强组织领导和统筹力度，推广港口工匠创新联盟建设经验，围绕产业链建立跨区域、跨行业、跨企业劳模创新工作室联盟，深入开展技术革新和联合攻关，锻造培养骨干人才，推动创新成果共享，打通创新成果转化通道，为推动产业高质量发展贡献力量。

（三）聚焦重点难点，以维权服务实效凝聚人心

面对当前职工队伍规模结构、就业方式、分配方式发生深刻变化，新技术新业态新模式背景下劳动关系深刻调整，工会组织必须坚持以人民为中心的发展思想，围绕职工群众新需求、新期待、新向往，聚焦重点业态重点领域重点群体，履行好维权服务基本职责，以工作实效打动人心、温暖人心、影响人心、凝聚人心，不断满足职工群众对美好生活的向往。

1. 深入开展调查研究，及时了解掌握职工群众所思所想所盼，主动作为，积极发声，向有关行业主管部门及时反映职工的意见呼声，协调解决突出问题。加强源头参与，围绕职工劳动经济权益，推动有关部门制定出台相关法律法规、政策规定或有关配套措施。大力开展职工关爱帮扶，推动改革发展成果更多惠及广大职工群众，让职工群众切实感受到党和政府的关怀、工会组织的温暖。

2. 密切关注共享用工、平台用工等新业态用工方式新变化，聚焦基于网络平台运营的货车司机、网约车司机等新业态职工群体，探索维权服务新模式。加大新就业形态领域劳动关系研究力度，推动制定完善相关法律法规，为破解新就业形态劳动者社会保险、建会入会、权益维护等提供政策依据。广泛开展司机之家、海员之家、船员驿站、农民工素质和技能提升站、出租车司机之家等服务阵地建设，推动新业态和传统业态工会工作相互融合、共同发展。加强协同合作，与有关部委、行业协会、公益组织、爱心企业共同开展“货车司机职业发展与保障行动”等多方参与的社会化服务公益品牌。

（四）持续深化改革创新，不断焕发产业工会新活力

改革创新是时代发展的最强音，也是工运事业蓬勃发展的不竭动力。新形势下，不同行业的特殊性和产业职工利益的差异性更加凸显，对工会工作提出了更新、更高要求，更加需要发挥产业工会联系广泛、熟悉产业、直通基层的优势，研究探索产业工会在工会全局工作中发挥更大作用的思路举措，使产业工会真正成为产业职工信赖的“娘家人”。

1. 持续完善产业工会工作体系。推动完善省、市两级产业工会和县级行业

工会建制，及时纠正在地方工会改革中裁撤产业工会的行为。加强上下级产业工会工作联系，健全工作部署和汇报机制，推动构建建制齐全、上下贯通的产业工会工作体系。加快新时期产业工会转型发展，推动各级产业工会进一步明确职责、职能和编制配备，在工作重点上更加突出行业指导和服务职能，加大行业源头参与、决策服务和方向指导。

2. 不断强化产业工会工作创新实践。以落实“大学习、大调研、大走访、大交流、大实践、大支持”六项工作机制为抓手，全面贯彻全国产业工会工作座谈会精神，探索建立健全体现产业工会联合制、代表制的有效工作机制。加强和完善产业工会与政府行业主管部门、行业协会、大型企业的协调联动机制，整合社会资源，形成工作合力。加强指导和支持力度，赋予产业工会与《全国产业工会工作评价体系和激励机制实施办法（试行）》相配套的资源手段。

3. 建立多元化投入保障体系。按照经费保障与事责匹配的原则，加强对产业工会工作的重要领域、重点任务和关键环节的支持。加大对基层产业工会干部的培养、选拔、使用、管理力度，保障工会干部的工作稳定性和持续性。经常性组织开展工会工作专题培训，特别是强化劳动经济、劳动法律、劳动关系、信息技术等专业化能力培训，不断提高工会干部履职能力和工作水平。

负 责 人：魏地春

承担单位：中国海员建设工会

能源化学地质系统职工队伍状况调查报告

为全面了解能源化学地质系统职工队伍状况，科学评价系统职工队伍的政治素养、精神需求和技能水平，准确把握新时代产业工会工作面临的新形势新任务，推进建设一支有理想守信念、懂技术会创新、敢担当讲奉献的高素质产业工人队伍，根据全国总工会《第九次全国职工队伍状况调查方案》的安排，中国能源化学地质工会于2022年1月至7月，开展了职工队伍状况调查工作。现将有关情况报告如下。

一、调查工作开展情况

（一）调研对象

本次调查，煤炭行业聚焦大型煤企；电力行业聚焦电力央企，主要为国家电网、南方电网、华能集团、华电集团、大唐集团、国家电投集团、国家能源投资集团有限责任公司、三峡集团；石油石化行业聚焦中国石油、中国石化、中国海油、国家管网、延长石油集团总部及其下属企业；化学医药行业调研了部分重点企业；国土资源行业在各省地勘单位职工中开展了全面调查。各相关单位高度重视并认真配合，以点带面开展专项调查，形成1份主报告和5份子报告的调查成果，为高效开展调研，确保信息准确可靠提供了保证。

（二）调研方式和内容

本次调查主要采用实地调研、座谈交流、视频会议、调查表格、调查报告等方式，以“把握调查方向、聚焦调查目标、明确调查主题、创新调查方式”为出发点，以“为推动工会工作高质量发展提出创新性、前瞻性、实效性对策建议”为落脚点，开展调研工作。根据《能源化学地质系统职工队伍状况调查工作方案》，调研主要从职工的队伍结构、思想状况、劳动经济权益、民主政治权利、精神文化和技术技能素质六个方面入手，深入调查了解新时期能源化学地质系统职工队伍现状，综合分析职工队伍建设存在的问题和不足，有针对性提出职工队伍建设具体的意见建议，为工会工作提供参考依据。

二、能源化学地质系统职工队伍基本情况

中国能源化学地质工会主要指导我国煤炭、电力、石油、石化、化工、医药、国土资源系统工会工作，对应产业部委（局）、行业协会、地方产业工会、中央企业及部分地方大型国有企业集团等。目前，系统内共有职工 1443 万人，工会会员 1403 万人，基层工会 6.9 万个。

（一）煤炭行业职工队伍情况

煤炭行业从业人员规模近 285 万人，其中大型煤企从业人员约 201 万人。从就业人数来看，自去产能政策和“双碳”战略实施后，煤炭行业从业人员大幅下降，全行业从业人数从 2013 年的 611.3 万人，下降到 2018 年的 347 万人，再到目前的 285 万人，从业人数下降 53.4%。与此同时，从业人员也进一步向大型煤炭企业聚集。从年龄结构看，以产煤大省山西为例，近 120 万职工中，30 岁以下人员占比 10%，30~40 岁占比 37%，40~50 岁占比 32%，50 岁以上占比 21%。从受教育程度来看，煤炭行业作为传统能源行业，一线职工普遍学历较低，大部分煤矿采掘一线工人的学历在大专以下。随着近年来矿山机械化、智能化程度不断提升，高学历人才占比不断提升，但不同企业之间差距较大。例如，国内现代化程度最高的国家能源集团神东煤炭公司，其学历在大专以上的职工占比高达 67.62%，而同为国内特大型煤炭生产企业的河南能源化工集团，其学历在大专以上的职工占比仅为 13%。

（二）电力行业职工队伍情况

电力央企职工总数为 184 万人，职工队伍不断壮大。在年龄结构方面，职工队伍平均年龄 40 岁，“60 后”占比 15.5%，“70 后”“80 后”是职工队伍主体，占比为 28.7%、33.9%；“90 后”占比 20.9%；“00 后”逐渐进入职工队伍，占比 1%。在性别结构方面，男职工占职工总数的 72%，女职工占职工总数的 28%。在学历结构方面，大专及以上学历职工人数占比达 95%，职工队伍文化素质稳步提升。

（三）石油石化行业职工队伍情况

参与调查的 5 家集团公司目前共有职工为 177.6 万人。在性别结构方面，5 家集团公司共有男职工为 125.5 万人，占职工总数的 71%；女职工为 52.1 万人，占职工总数的 29%，结构特点符合油气行业野外作业岗位需求。在年龄结构上，总体呈梭形分布，其中，30 岁以下为 14.4 万人，约占 8%，31~35 岁为 26.7 万人，约占 15%；36~40 岁为 24.8 万人，约占 15%；41~45 岁为 29.4 万人，约占

16%；46~50岁39.1万人，约占22%；51~55岁27.9万人，约占15%；56岁以上15.2万人，约占9%。职工平均年龄为43.4岁。在岗位结构方面，技术、管理岗位人员为73.3万人，约占41%；技能操作岗位职工为104.3万人，约占59%，岗位结构与调查对象业务领域和生产经营特点相一致。在学历结构方面，本科以上学历为70.6万人，约占职工总数的40%；大专学历为41.6万人，占比23%；高中、中专、技校及以下学历为65.5万人，占比37%。其中，以现场技能操作专业为主的中专、技校学历职工总数为32.9万人，约为本学历段职工总数的50%。学历结构与岗位结构特点相一致。调查显示，本行业职工中有初中及以下学历从业者为13万人，主要集中在中国石油和中国石化，其中中国石油为10.2万人，占其职工总数的9%，中国石化为2.7万人，占其职工总数的6%，显示出大型国有企业在履行社会责任、保障基本民生上发挥的作用。调查对象中，取得专业技术任职资格的约为56.6万人，占技术管理岗位职工总数的77%。其中，正高级职称为0.4万人，占比1%；副高级职称为13.7万人，占比19%；中级职称为29.2万人，占比40%；初级职称为13.3万人，占比18%。中级及以上职称职工总数达到60%，是企业技术、管理岗位主力军。

（四）化学医药行业职工队伍情况

化学医药行业参与调查企业职工总数约43万人。在年龄结构方面，35岁及以下人数为19万人，占比45.1%，36~50岁人数为18万人，占比42.9%，51岁及以上人数为5万人，占比12%。在性别结构方面，女职工人数为20万人，占比45.7%。在学历结构方面，研究生及以上人数为2.3万人，占比5.4%，大学本科人数为13万人，占比31.3%；大专人数为13万人，占比30.7%；高中及以下人数为14万人，占比32.6%。

（五）国土资源行业职工队伍情况

全国31个省级地勘单位现有在职人员总体规模为38万人。从岗位结构看，专技人员为25.7万人，占比67.67%。其中，地质勘查人员为16.04万人，在地质勘查人员中，技术人员为15.49万人；工程勘察与施工人员为7.88万人；矿产开发人员为2.47万人。地勘单位作为各地区地质工作的技术支撑和公益服务型单位，以专技为主的岗位结构日益凸显。从年龄结构看，51岁及以上的人员为6.9万人，占比18.34%；41~50岁的人员为9.9万人，占比26.11%；31~40岁的人员为15.3万人，占比40.32%；30岁及以下的人员为5.8万人，占比15.23%。地勘单位老中青人才梯队建设成效明显，人才队伍趋于年轻化。2018年以来地勘单位改革进一步深化，很多省地勘单位开始实行事企分体运行，年龄偏大的职工更多留在了事业单位，青年职工更多地留在了地质集团公司，事业单位青年职工比例有所下降，地质集团公司职工队伍相对更年轻。从学历结构看，研究生为3.56万人，占比9.37%；本科为19.77万人，占比52.05%；专科为7.57万人，占比19.94%；中专及以下为7.08万人，占比18.64%。地勘行业作为一支知识密集型和技术密集型人才队伍单位，已形成以本科及以上学历为主的人才队伍结构。从专技职称结构看，现有专技人员25.7万人中，高级职称的9.7万人，占比37.78%（含正高级的1.51万人占比5.89%、副高级的8.19万人占比31.89%）；中级职称的8.74万人，占比34.04%；助理级及以下职称为7.24万人，占比28.18%。地勘行业中高级职称的专技人才队伍已成为提供技术支撑的主力军。从性别结构看，男职工为28.74万人，占比75.64%；女职工为9.25万人，占比24.36%，呈现出男多女少的明显特点。

三、能源化学地质系统职工思想状况

近年来，能源化学地质系统各级工会坚持以习近平新时代中国特色社会主义思想为指导，深入学习贯彻习近平总书记关于工人阶级和工会工作的重要论述，认真贯彻落实中共中央、国务院《新时期产业工人队伍建设改革方案》和全国总工会关于产业工人队伍建设改革的工作要求，坚持全心全意依靠工人阶级的根本方针，按照政治上保证、制度上落实、素质上提高、权益上维护的总体思路，以健全党建工作体系、岗位建功体系、职业发展体系、权益维护体系和完善责任考核机制、价值激励机制、人才培育机制、服务保障机制为抓手，推动产业工人队伍建设改革走深走实。调查显示，绝大多数职工具有较强的大局意识和职业归属感，坚定听党话跟党走，坚决捍卫“两个确立”，对国家推动行业深化改革、转型升级、高质量发展所制定的各项政策举措比较认可，能够以高度政治责任和使命担当践行“端牢能源饭碗”的庄严承诺。绝大多数职工对行业面临的基本形势比较清楚，对自身应对困难、迎接挑战的优劣势认识比较清晰，表现出较高的政治思想觉悟和职业道德水准。对立足新发展阶段、贯彻新发展理念、构建新发展格局、推动高质量发展，开启全面建设社会主义现代化国家新征程，推动实现共同富裕等方面具有高度的认同感。

（一）坚定听党话跟党走思想自觉，捍卫“两个确立”，体现能源化学地质系统广大职工政治担当

在习近平新时代中国特色社会主义思想的指引下，广大职工心怀“国之大者”“企之要情”，时刻坚守理想信念，时刻铭记初心使命，时刻牢记职责任务，

用担当诠释对党忠诚、用行动捍卫“两个确立”，彰显能源化学地质系统广大职工坚定不移听党话、矢志不渝跟党走的决心和信心，在党的百年奋斗重大成就和历史经验恢宏诗篇中书写了壮美篇章。

（二）认同党的创新理论，践行新发展理念，致力实现共同富裕

能源化学地质系统职工在党的主题教育中增强政治素养，提升政治站位，在保障国家能源安全、稳定宏观经济大盘、保持社会大局和谐实践中感悟习近平新时代中国特色社会主义思想伟力，坚定对党的创新理论的政治认同、思想认同、情感认同。职工普遍对立足新发展阶段、贯彻新发展理念、构建新发展格局有着高度统一认识，对实现共同富裕有着共同的愿望，并愿意为实现共同富裕而努力、创造和奉献。

（三）劳模精神、劳动精神、工匠精神进一步得到弘扬

能源化学地质系统各单位紧紧围绕发展战略目标，深入实施人才强企战略，以高层次创新型人才为重点，以深化人才发展体制机制改革为动力，以重大工程重点项目为依托，统筹推进经营管理、科技、技能三支人才队伍建设，努力培养更多高素质技术技能人才、能工巧匠、大国工匠，引领高技能人才和大国工匠在本行业和本领域担大任、干大事、成大器、立大功。注重发挥劳模工匠示范引领作用，在职工中广泛宣传劳模工匠和全国五一劳动奖获得者的感人事迹，激发广大职工学劳模、争先进、比贡献的积极性。

四、能源化学地质系统职工劳动经济权益状况

能源化学地质系统各单位认真贯彻落实习近平总书记以人民为中心的发展思想，切实保障职工“五险一金”、休息休假、健康体检、劳动保护等基本权益，规范劳动用工日常管理，健全职工收入分配机制，积极帮助职工解决急难愁盼问题，不断增强职工的归属感、获得感、幸福感，有力维护了职工的合法权益和队伍稳定。

（一）规范劳动用工日常管理

根据国家有关法律法规政策和现代企业制度要求，建立健全劳动用工制度，规范劳动合同内容和签订条件，优化人力资源配置，创建精干高效的劳动用工模式，维护稳定和谐的劳动关系。落实国家、地方政府关于职工工作时间、休息休假有关要求，按照工作需要和行业特点，健全工作时间、休息休假及职工考勤等方面的规章制度，并做好相关管理工作。

（二）健全职工收入分配机制

能源化学地质系统职工普遍实行月薪制，工资结构包括基本工资、绩效工资、津补贴、奖金、年功工资、加班工资、其他工资等。根据不同行业、企业特点，建立差异化的内部收入分配机制，并确保职工工资按期支付。

（三）持续加强社会保险规范管理

能源化学地质系统各单位严格遵守国家和属地社会保险政策法规，从保障职工合法权益出发，不断加强规范化管理，为职工参加基本养老保险、基本医疗保险、工伤保险、失业保险、生育保险等，按时足额缴纳、应保尽保。

（四）职工劳动安全卫生条件持续改善

全面贯彻落实习近平总书记“没有全民健康，就没有全面小康”的重要指示精神，按照中共中央、国务院《健康中国“2030”规划纲要》要求，不断加强职业健康管理，完善职工劳动安全卫生体制机制，加强职工劳动安全卫生风险管控，层层压实职业病防治责任，有效落实了各层级职业病危害防治责任。优化生产、建设现场产能工艺，持续推进工艺改进及落后设备装置淘汰退出，进一步提高职业病危害防治技术水平，提升职业病危害防护设施装备科技含量。

（五）构筑规范化、立体型的精准+普惠帮扶体系

各单位积极开展送温暖走访慰问活动，不断完善困难职工三级帮扶体系，实施动态管理，确保各层面困难职工得到精准帮扶；雪中送炭，对突发意外，突染重疾的职工及时办理专项救助；普惠会员，各级工会广泛开展各项活动，让广大会员都能享受到福利和实惠。组织开展一线职工送清凉、劳模和一线职工疗休养、健康体检。开展扶贫助困活动，巩固脱贫攻坚成果，确保困难职工不返贫。建立困难帮扶基金，每年开展困难职工帮扶，助推困难职工解困脱困。积极开展单亲困难女职工慰问、金秋助学、困难职工帮扶、大病救助、职工医疗互助等多渠道帮扶，用实实在在的关心关爱帮扶困难职工。

五、能源化学地质系统职工民主政治权利状况

能源化学地质系统各单位高度重视以职工代表大会为基本形式的企业民主管理制度建设，深化企业民主管理、强化职工民主权利。通过认真落实职代会审议建议、审议通过、评议监督三大基本职权，切实维护职工合法权益，健全员工参与企业民主管理渠道。推进实行集体协商，不断拓展厂务公开形式，切实保障职工的知情权参与权表达权监督权。通过开通微信工作群、设置意见箱、创建刊物、开展干部访谈等多种途径，广泛听取广大职工心声，在企业战略研

讨、经营管理等重大事项以及选人用人、员工关切的利益相关问题上进行公开。有的企业实施民主恳谈会制度，建立企业与职工平等沟通交流平台，宣贯企业形势和重大事项，及时了解职工思想动态。维护职工知情权、参与权，真正做到情为职工所系、心为职工所牵，营造公平公正、职工一心谋事业的良好局面。协调劳动关系，发挥各级劳动争议调解委员会的作用。

（一）坚持把职工代表大会作为民主管理的基本形式

根据全国总工会、国务院国资委有关文件要求和《工会法》《企业民主管理规定》等法律和政策规定，每年组织召开职工代表大会，开展平等协商签订集体合同、召开联席会议、落实职工代表提案等工作，职工代表大会制度基本实现全覆盖。积极落实职代会各项职权，推进职工董事制度建设，发挥职工董事在参与企业重大决策、维护职工合法权益方面的重要作用。

（二）不断加强厂务公开民主管理

落实《中共中央办公厅、国务院办公厅关于在国有企业、集体企业及其控股企业深入实行厂务公开制度的通知》《企业民主管理规定》等有关规定，广泛通过会议、文件、公开栏、通知公告、网络媒体、意见箱、接待日等多种渠道，对单位重大决策、生产经营管理、企业改革、涉及职工切身利益、与领导班子建设和党风廉政建设密切相关、依照国家有关规定应当公开等方面重要事项进行公开公示，开展“厂务公开解难题，民主管理促发展”主题活动，厂务公开实现了向基层延伸，企业民主管理得到健康发展，形成党委统一领导、党政共同负责、业务部门具体承办、工会组织协调、纪检部门监督检查、职工群众广泛参与的民主管理格局。

六、能源化学地质系统职工精神文化权益状况

近年来，能源化学地质系统各单位通过搭平台聚共识、建阵地提素养、办活动提自觉、树典型蓄动能、强宣传汇合力等举措，全面提升职工精神文化权益，厚植文化基因、凝聚文化共识、树牢文化自信、实现文化自强，不断提升文化软实力，用高度的文化自信，汇聚职工力量，激发职工潜能，提升职工价值，为打造民族品牌，振兴民族产业，推动企业高质量发展提供了思想引领、精神动力和文化支撑。

（一）搭建多元学习平台，凝聚思想共识

依托线下学习平台和微信学习群、网络课堂等线上平台，不断增强职工学习的针对性、灵活性和实效性。教育引导职工树立终身学习的理念，学习

习近平新时代中国特色社会主义思想等党的政策、方针、理论，进一步树牢理想信念；结合企业或岗位实际学习的业务知识，着力完善知识体系，提升综合素养，将学习力转化为发展力。

（二）兴建特色文化阵地，提升综合素养

利用单位体育馆、图书室、多功能厅、劳模与职工创新工作室展厅及老干部活动室多种文化场馆，丰富职工文化生活。利用企业自身建设的展馆，从不同角度，用不同方法讲述企业发展史、红色建设史、工业进步史，“以物述史”“以图言史”“以文明史”，展现了党组织的政治引领作用，诠释了品质文化的内涵要义，让职工综合素养在沉浸式、体验式的教育中不断丰厚。

（三）打造特色活动品牌，提升文化自觉

各单位根据自身生产经营情况和职工队伍状况，开展具有各自特色的文化活动品牌，在活动中释放文化因子，引发文化共鸣，提升文化自觉。围绕三八妇女节、母亲节、父亲节、“六一”国际儿童节等组织开展主题活动，营造“家文化”的良好氛围，提升职工幸福感和归属感。组织开展庆祝建党 100 周年系列活动：迎“七一”诵读演讲比赛；书、画、摄影展、职工大合唱比赛等各种职工喜闻乐见的活动。

（四）引领网络空间思想，培育网络文化，涵养网络生态

深入开展习近平新时代中国特色社会主义思想网上宣传教育，运用互联网推动党的创新理论大众化传播，构建网上理论宣传矩阵。针对一线职工、青年职工、海外职工等开展分众化理论宣传普及。开展形势政策网上教育，深化中国特色社会主义和中国梦的网络宣传教育。加强网络传播手段建设和创新，打造“现象级”传播产品，提高新闻舆论在职工中的传播力、引导力、影响力、公信力。以社会主义核心价值观引领网络文化建设，深入开展网上党史学习教育，加强党史、新中国史、改革开放史、社会主义发展史网上宣传，传播党在革命、建设、改革各个历史时期取得的伟大成就，弘扬伟大建党精神。加强中华优秀传统文化丰富内涵和时代价值的网上宣传和阐释，打造网络宣传特色品牌活动和原创精品。广泛开展网络文明宣传活动，教育广大职工强化网络文明意识，弘扬文明风尚。规范网上内容生产、信息发布和传播流程，规范网络新闻转载秩序。创新开展网络普法活动，职工法律意识和法治素养明显增强。

七、能源化学地质系统职工技术技能素质状况

能源化学地质系统各单位积极贯彻落实习近平总书记致首届大国工匠创新

交流大会贺信精神，实施人才强企战略工程，为打好大国重器顶梁柱职责使命再立新功、再创佳绩。全面把握并结合企业基层单位和职工技术知识需求，并根据企业生产经营的重点、难点和问题点，常年开展以“比学习，赛知识；比技术，赛本领；比创新，赛能力”为主题的职工职业技能大赛活动。组织参加全国、省、市技能竞赛，将技能培训、岗位练兵和技能比赛结合起来，打通产业工人成才通道。职工职业技能大赛突出实用性、广泛性、典型性、创新性，通过比赛加强了职工工匠精神的宣传引导，充分调动广大职工学习技术的积极性，加大对优秀技能人员的培养、选树，为建设一支知识技能型、技术技能型、复合技能型人才队伍做出了贡献。全力推进“职工创新工作室”工作，畅通产业工人发展通道。

（一）积极畅通人才发展通道

各单位不断完善干部人才管理、技术和专业等多条成长通道，重视技能人才发展，建立健全职业技能管理制度，成立职业能力认定中心，探索建立理论与实践相结合、技术与技能相促进的人才评价使用激励机制，打通高技能人才与专业技术人才职业发展通道，加强创新型、应用型、技能型技术技能人才培养，促进两类人才融合发展。注重加强员工教育培训，按照分级分类、全员培训的原则，建立源头培养、跟踪培养、全程培养的员工教育培训体系，组织全体员工认真参加员工入职培训、青年员工管理提升培训、青年骨干员工培训、青年干部培训、高级管理干部培训等经常性教育和多层次集中轮训，不断强化干部人才信念之基，增强干事创业动力之源。

（二）创新开展劳动技能竞赛

将工会工作与企业中心工作相结合，在围绕中心、服务大局中找准定位，展现作为，以劳动技能竞赛为切入点，充分发挥广大职工的主力军作用，引导广大职工立足岗位建功立业。创新竞赛载体、促进区域联动，动员广大职工围绕企业确定的核心工种竞赛项目积极开展技能培训、岗位练兵、技能竞赛等活动，加快培育新时代产业工人队伍。

（三）全力推进“职工创新工作室”建设和职工创新活动

职工创新工作室是企业开展创新工作的重要载体，是推动企业发展进步的重要推动力，职工创新工作室具有与生产紧密结合，职工普遍参与的独特优势，其发挥的作用得到了企业党政和职工的普遍认可。各单位积极开展劳模和工匠人才创新工作室、技能大师创新工作室，企业专家创新工作室，基层青年创新工作室、职工创新工作室创建工作，构建技能人才职业发展平台。为职工开展技术创新、小改小革、降本增效提供经费和条件，提升群众性经济技术创新活动质量，广泛开展合理化建议征集、群众性经济技术创新成果评比和表彰，“小发明、小创造、小革新、小设计、小建议”硕果累累，极大激发了技术技能人才的创新智慧和创新热情。

八、能源化学地质系统职工面临的困难和问题

（一）职工队伍年龄老化

从职业发展看，目前职工队伍人才梯队建设需完善，职工年龄结构偏大，活力不足。煤炭行业工作强度大、工作环境恶劣、相较其他行业危险系数较高，近年来煤炭企业普遍遇到“招工难”的问题，职工队伍平均年龄大，尤其是一线采掘岗位，四十五岁以上矿工占据半壁江山，甚至更多，越是老国企，年龄结构就越老化。一些老油田，职工年龄偏大、人员补充较少，部分岗位有序接替不足，职工生产积极性受到不同程度的影响。部分地勘事业单位存在一定数量因年龄大、技能低，不能适应单位岗位需求的在编待岗人员。

（二）职工生活压力大

去产能政策实施后，个别企业受到较大冲击，企业经营状况不稳定，职工收入不稳定。房价、新冠疫情等原因导致购房、租房、交通成本高，给职工带来了一定的心理压力。社会对煤炭企业职工存在刻板印象，甚至对煤炭行业存在一定歧视和偏见，导致男性青年职工婚恋难题突出。有的职工家庭受到新冠疫情影响，子女居家上网课，对于有幼儿或低龄学生的双职工家庭，如何调节工作与居家看护孩子之间关系有一定的挑战性。职工本人或家庭成员患重大疾病，一方面因不能正常工作而造成收入下降，另一方面因高额的治疗费用，特别是效果相对好的丙类药不能纳入医保报销范围，而使家庭入不敷出。

（三）缺乏高技能人才培育途径

部分企业具备的硬件条件有限，在技能和技术型人才培育方面，特别是对生产一线技能岗位的员工培养不够。高技能工人比重较低，职工高技能人才的需求缺口还很大，高素质产业工人队伍存在结构性短缺。随着新一轮科技革命和产业变革，新的生产制造技术和装备引入企业，生产制造现代化已经成为各产业发展的必然趋势，传统工艺和操作习惯已经不能适应发展的新常态，除缺乏积极适应新变化的观念外，最重要的是新技术新装备的应用、维护与职工现有的素质能力存在矛盾，一部分职工缺少掌控新技术新装备的能力，尤其是对

新技术新装备的原理知之不深，职工队伍整体技能水平不容乐观，技术工人总量不足，缺少高质量的岗位再教育、技能再提升的途径和资源。

（四）基层工会组织活力没有充分激发

工会组织力量配备不足，人员大多兼职。部分工会组织习惯于按照上级要求开展工作，“规定动作”成效平平，“自选动作”缺少特色，无法完全适应产业工人队伍发展需要，影响力、活力有待进一步提高。企业收集职工诉求多采用传统走访慰问、座谈会、调查问卷、领导信箱、邮件、专项调研等方式，部分产业工人对此有“不想说、不愿说”情绪，难以从根本上了解产业工人真实想法，解决真实诉求。个别基层班组开展活动还停留在传统项目、传统方法，效果不明显。部分所属企业新时代职工之家建设工作开展的进度不均衡、力度有待加强。

九、加强能源化学地质系统职工队伍建设的建议

（一）加强职工思想政治引领

持续深入学习宣传贯彻习近平新时代中国特色社会主义思想，引导职工认真学习习近平总书记关于工人阶级和工会工作的重要论述，始终保持工会工作正确政治方向，大力弘扬劳模精神、劳动精神、工匠精神，切实激发职工主人翁意识，发挥工人阶级主力军作用。

（二）加强职工维权服务力度

强化以职代会为基本形式的民主管理制度，大力推进厂务公开，深化平等协商制度，构建和谐劳动关系，切实保障职工民主权利。完善职工创新创效激励机制，加强创新人才的培养、选树和宣传工作，加强督促、指导、宣传、表彰、奖励力度，激发职工创新创效主动性积极性，引导产业工人在企业高质量发展中建功立业。

（三）加强工会组织自身建设

推进基层工会组织规范化建设，确保基层工会在企业深化改革中组织机构健全、作用发挥到位，激发基层工会组织活力，加强工会干部队伍建设，推动责权利对等的待遇落实机制，探索建立中资企业海外分公司工会组织建设、作用发挥机制。

（四）不断提高产业工人技术技能水平

加快构建产业工人技能形成体系，推进落实新修订的《职业教育法》，不断提高职业教育质量；深入推进《“十四五”职业技能培训规划》，参与实施“技

能中国行动”；推进产教融合，打造若干高水平专业化产教融合实训基地，加快建设公共实训基地和工匠学院；大力开展企业职工岗位技能提升培训，指导企业建设高技能人才实训基地；健全完善新时代技能人才新八级职业技能等级制度，开展产业工人学历提升工作；着力提升产业工人数字素养与技能，推动“互联网+职业技能培训”。

（五）组织动员广大职工建功立业

落实“十四五”时期劳动和技能竞赛规划，围绕国家重大战略、重大工程、重大项目、重点产业，广泛深入持久开展全国引领性劳动和技能竞赛，深入开展“五小”等群众性创新活动，发挥劳模和工匠人才（职工）创新工作室作用，充分激发产业工人的创新创造活力，发挥产业工人在推进高质量发展中的主力军作用。

（六）切实提高产业工人地位和待遇

健全完善保证产业工人主人翁地位的制度安排，在推荐评选全国五一劳动奖工作中明确一线产业工人、新就业形态劳动者和农民工人选比例，赋予产业工会更多的资源和手段；推动提高技术工人待遇政策落实，助推实现多劳者多得、技高者多得，逐步壮大中高收入产业工人规模。

（七）加强人文关怀和心理疏导

进一步强化职工压力疏导，采取多元化的心理关爱方式，特别是对工作生活环境艰苦的国内偏远地区，以及形势复杂的海外项目工作的员工，要进一步加强人文关怀和心理疏导，加大政策支持力度，切实解决职工困难。加大困难职工帮扶力度，建议适当提高标准，让相对困难的员工得到企业的关心和帮助。

负 责 人：许山松

承担单位：中国能源化学地质工会

机械冶金建材行业职工队伍状况调查报告

中国机械冶金建材工会认真贯彻落实全国总工会党组和书记处关于开展职工队伍状况调查的部署和《第九次全国职工队伍状况调查方案》的要求，第一时间成立行业职工队伍状况专题调研组，多次研讨推动调研工作。专门组织开展了全国机械冶金建材行业“百企万人”网络调研，深入部分企业开展实地调查，并结合第九次全国职工队伍状况调查数据、行业协会信息和企业典型材料，进行了系统分析研究。现将调研情况报告如下。

一、产业基本情况和工会组织概况

机械冶金建材产业是我国基础性、支柱性产业，担负着为全国各行各业发展建设提供重要基础原材料和各类零配件、设备的重大任务，一定程度上体现着我国的工业实力和科技水平，在建设制造强国，促进高质量发展中起着重要作用。机械冶金建材产业体量规模巨大、从业人员众多。2021 年，三大行业营收总额约 44 万亿元（机械为 26 万亿元，钢铁和有色金属为 11 万亿元，建材为 6.6 万亿元），规模以上企业职工数近 3000 万人（机械为 1700 万人，钢铁为 180 万人，有色金属为 230 万人，建材为 850 万人），全行业职工数超过 4000 万人。机械冶金建材产业涵盖一百多个国民经济重要行业，如钢铁、有色金属、黄金、水泥、玻璃等基础原材料行业，汽车、工程设备、精密仪器等高端装备制造行业，高新材料、智能制造等技术前沿行业，其中汽车、新能源、钢铁、黄金、电解铝、水泥、部分新型材料等行业总产销量多年居世界第一，其装备、管理、技术水平已经领跑全球，全行业竞争力、国际影响力不断增强。特别是近年来，随着自动化、信息化、智能化技术的进步和发展及机器人等新技术的广泛应用，机械、钢铁、有色金属和建材等传统制造行业正在经历转型改造升级，向高质量发展、向产业链中高端迈进，焕发出崭新的巨大活力。与行业蓬勃发展相适应，行业职工队伍规模也在不断扩大，职工综合素质明显提升，主力军作用进一步彰显。

中国机械冶金建材工会全国委员会现有委员 216 名，其中，对口各省（区、市）产业工会委员 38 名，机械行业企业委员 53 名，钢铁行业企业委员 44 名，有色金属和黄金行业企业委员 39 名，建材行业企业委员 39 名。全委直接覆盖产业职工近 500 万人，辐射全行业职工。委员单位职工入会率接近 100%，非委员单位职工入会率达到 95%以上。长期以来，全委坚决贯彻落实党中央决策，全面落实全国总工会党组和书记处对产业工会工作的各项部署要求，联系指导全行业开展工会工作，深入研究解决产业工会工作中出现的新情况、新问题，竭诚服务广大产业工人和行业发展，推动产业工会工作不断迈上新的台阶。特别是近年来，全国总工会党组和书记处加强了对产业工会工作的领导与支持，产业工会工作的资源、手段和措施更加丰富有力，为全委进一步做好产业工会工作注入了强大的动力。

二、产业职工队伍状况

五年来，机械冶金建材产业取得跨越式发展，产业职工队伍综合素质不断提高，职工成长成才的舞台不断扩大，知识型、技能型、创新型的产业工人大军正在快速形成。过去的五年中，全委和行业各级工会坚决贯彻落实习近平总书记关于工人阶级和工会工作的重要论述，在推进产业工人队伍建设改革、促进产业高质量发展、加强产业职工维权服务、构建和谐劳动关系等方面做了大量卓有成效的工作。机械冶金建材产业职工坚决听党话、跟党走，奋力拼搏、锐意进取，在行业科技创新、结构优化、转型升级、绿色发展等方面取得新成就。

（一）产业职工思想政治觉悟不断提高，主力军作用进一步发挥

五年来，全委和行业各级工会坚决履行工会组织的政治责任，深刻把握“两个确立”的决定性意义，增强“四个意识”、坚定“四个自信”、做到“两个维护”，持续加强产业职工思想政治引领工作，广大产业职工始终在思想上政治上行动上同以习近平同志为核心的党中央保持高度一致。全委开展了形式多样、内容丰富的职工思想教育活动，组织“中国梦·劳动美”主题宣传教育，大力弘扬劳模精神、劳动精神、工匠精神，连续五年举办“讲工匠故事·展劳模风采”主题活动，向广大职工宣讲党的理论路线方针政策，筑牢广大职工共同奋斗的思想基础，增强广大职工对党的创新理论的政治认同、思想认同、情感认同。“百企万人”网上调查统计显示，96.7%的单位开展了职工理想信念教育，引导职工自觉践行社会主义核心价值观；77%的职工高度赞同、积极投身各类弘扬劳模精神、劳动精神、工匠精神的活动，营造了劳动光荣的风尚和精益求精的风气。广大产业工人对中华民族伟大复兴更加充满信心、满怀激情，正在以崇高的主人翁责任感和历史使命感，凝聚起恢宏的发展正能量。

中国机械冶金建材工会和行业各级工会广泛组织和开展行业劳动和技能竞赛，不断扩大竞赛的覆盖领域和覆盖面。大力开展群众性经济技术创新活动，系统各级工会组织广大产业职工广泛参与技术革新、技术协作、发明创造、合理化建议和“五小”等活动，引领广大职工立足本职岗位创新创造创奇迹。五年来，机械冶金建材产业全体职工勇挑重担、奋勇争先、艰苦奋斗、无私奉献，为我国高质量发展注入了强大的动力。在中美贸易摩擦、新冠疫情长期影响的不利环境中，创造了一个又一个技术和建设的奇迹。核能发电、C919、航母用钢、“手撕钢”“笔尖钢”、液晶屏幕用超薄玻璃、特种水泥、非金属矿和稀土新材料等一批新技术、新产品引领世界；各类先进数控工业母机、各种世界顶级工程设备等一批大国重器为国家发展保驾护航；在清洁能源、超高压电力传输、高铁建设、盾构机等领域突破了一批核心技术、“卡脖子”难题，打破国外技术垄断，取得跨越式发展；国内大市场初步建立、全产业链逐步实现技术整合，中国的技术体系、技术标准正在走向世界。

（二）产业工人队伍建设改革取得显著成效

2017 年 4 月 14 日，中共中央、国务院印发《新时期产业工人队伍建设改革方案》（以下简称《产改方案》）。五年来，各级党政机关、职能部门、工会组织相继出台众多配套政策措施，全力有序推进《产改方案》落实落地。机械冶金建材工会坚决贯彻落实全国总工会产改工作部署，2017 年当即下发实施意见，2018 年提出和推动“企业在方案落实中要发挥主体作用”，2019 年在全行业推广莱钢、宝武产改经验，2021 年再次发文将《产改方案》推向纵深、覆盖基层。五年中，全委在关注产改试点单位和行业头部企业的同时，广泛地进行政策宣传与全行业的普遍发动，持续地推进各项配套好政策好措施在基层落实生根。经过全行业各级党委、部门和工会组织的共同努力，产改工作在全产业不断推向深入，涌现一批典型经验和做法。产业职工队伍的政治觉悟不断提高，技能水平不断增强，经济政治待遇不断提升，合法权益进一步得到保障，产业职工的获得感、幸福感、安全感显著上升。

网络专题调研显示，本产业企业高度重视《产改方案》贯彻落实，全方位加强产改工作的组织领导，把产改工作纳入企业核心工作加以考核推动。85.7%的企业成立产业工人队伍建设改革领导机构并指定负责人；91.2%的企业出台专门落实产改的方案，明确具体措施、职责和任务目标，统合各方力量，互相支持、协调推进方案落实；100%的企业开展了弘扬“劳模精神、劳动精神、工匠精神”主题宣传，大力营造尊重劳动、崇尚技能、鼓励创造的良好氛围；90.1%

的企业大力宣传产业工人队伍建设改革中的先进典型、经验成效；58.2%的企业组织开展了劳模、工匠进校园、进课堂等活动。企业党委领导、职能部门协同、工会组织推动、职工积极参加的产业工人队伍建设良好格局基本成型。各级产业工会主动作为、大胆探索，工作亮点纷呈，彰显了工会组织的作为。

（三）职工队伍结构趋于合理、素质大幅提升

从调研总体情况看，行业职工队伍年龄结构、技能结构日趋合理，技能水平有较大的进步。

网络专题调研发现，本产业职工男女比例为64.3∶35.7，男职工比例较高。25~50岁职工占比83.2%，50岁以上的职工占比11.7%，呈现年轻化趋势。职工队伍中大学本科生占45.9%，研究生及以上学历占6.4%，文化素质有了长足的进步。无技能等级职工40.9%，9.8%的职工为初级工，16.2%的职工为中级工，16.6%的职工为高级工，9.3%的职工为技师，6.3%的职工为高级技师，职工队伍技能素质有较快增长。技术职称方面，54.7%的职工有初级、中级或高级职称，特别是高级职称比例达到10.9%。所调研企业高级技能人才占比差别较大，但五年来高级技能人才占比普遍有5%~15%的增长，个别企业甚至能增长20%以上。

各企业强化主体责任，采取多种方式，制定本单位技术工人培养规划和培训制度，提升职工技术技能水平。90.1%的企业建立了工匠学院、企业技校等现代化产业人才培养培训基地；职工教育培训资金平均投入比五年前增加45.6%，85.7%的企业能够确保职工教育培训资金落实到位，并向一线技术工人倾斜，职工教育培训资金中用于一线职工培训的部分平均占比67.9%；78.0%的企业改进技能评价方式，自主开展技能评价；76.9%的企业设置高技能人才特聘岗位（如技能专家、首席技师等）；73.6%的企业建设网络载体，打造网络学习平台；91.1%的职工认为培训能够提升技术或操作水平；56.6%的职工认为培训可以增加收入，80.6%的职工认为培训可以增强自己择业竞争力。

调研问卷显示，有利于行业职工技能成长的技能形成体系已经初具雏形。一是优化教育培训机制。加大资金投入、丰富培训形式、增加培训时间，推进学习型组织建设，搭建了企业、社会、职工三方共同参与的培训大平台。85.8%的职工参加过单位组织的专业工作知识技能培训，79.5%的职工参加过职业安全卫生培训，47.1%的职工参加过职业工种考证培训。通过培训，有85.7%的职工提高了技术等级或专业技能，53.1%的职工提升了就业竞争力，27.9%的职工增加了工资收入，15.2%的职工调到了更理想的工作岗位。宝武工会推行一线员工

全员培训，计划5年投入25亿元，培训10万人以上，使无技能等级职工“减半”，高级技师、技师“翻番”。二是搭建技能提升平台。大力开展群众性经济技术创新活动，96.7%的企业建立了完善的劳动和技能竞赛体系，广泛开展竞赛。以国家赛为龙头、以行业赛为主体、以企业赛为支撑的全行业劳动和技能竞赛体系基本形成，产业工人技能素质得以不断提升。93.2%职工认为劳动和技能竞赛对企业和职工有好处。77.3%职工认为劳模和职工创新工作室对全体职工都有好处。三是强化技术创新引领激励。大力开展技术创新人才培育，构建创新体系，学习推树、系列宣传、引导激励多措并施，打造劳模和工匠人才创新工作室品牌，取得了可观的经济效益和社会效益。七一勋章获得者、在半百岁月焊花中发光发热的湘钢艾爱国，全国劳动模范、攻克国家高压柱塞泵“卡脖子”难题的上海机电集团李斌，新时代的道德模范、改革开放杰出贡献奖获得者全国总工会兼职副主席郭明义，荣获国家科技进步二等奖的金川集团职工潘从明等一大批知名产业劳模在新时代脱颖而出，成为行业职工的模范与代表。当选党的二十大代表的12位大国工匠中有4位出自机械冶金建材产业，广大产业工人与劳模先进一起，以技术报国、以奉献助企，引领了时代新风尚。

（四）职工发展平台更加广阔，上升渠道更加通畅

全委、行业各级工会组织和行业企业各级党委着力搭建职工成长平台，畅通职工发展通道。

1. 打破企业管理、技术、技能之间的晋升壁垒，畅通一线职工职业成长晋升渠道，让一线工人也可以成为企业高管。金隅集团从劳模创新工作室走出来的技能大师已经成长为子公司的总经理，济南二机床领导班子中始终有一位来自一线的副总。网络专题调研显示，84.6%的企业实行统一的人力资源管理制度，使符合条件的一线职工能够融入企业管理人员和技术人员行列。

2. 企业在注重技能人才培养、评价、使用、激励方面积极探索。一些企业创新传统的初级工到高级技师的五级晋升体系，培训选树企业的“大工匠”“工人专家”等，并给予相应补贴和政治待遇。一些企业建立和完善了与职业技能挂钩的等级晋升奖补制度，让职工学有所用、绩有所长、业有所创、收有所增，职业生涯展现出更好的发展前景。一些企业在人力资源社会保障部门政策支持下，申请并建立了部分工种自主人才评价体系，企业技能人才培养与晋升更加灵活切实。

3. 大力扶持职工创新创效。网络专题调研显示，各企业将扶持职工创新创效作为一项重要工作，98.9%的企业组织开展岗位练兵、技术比武和各类技能大

赛，96.7%的企业建立劳模（职工）创新工作室和技能大师工作室，92.3%的企业加强班组建设、建设学习型班组，92.3%的企业开展“五小”活动，84.6%的企业开展职工创新论坛、职工科技节、职工创新成果展示交流，74.7%的企业开展先进操作法总结、命名和推广等，为产业工人更好发挥作用搭建平台、提供舞台。还有40.7%的企业组建了跨区域、跨行业、跨企业的创新工作室联盟。82.9%的职工通过各类平台和舞台得到了技术技能等级晋升，44.8%的职工直接或间接因此提高了收入。

4. 改革基层薪酬分配制度，推动技术技能要素参与分配，“技高多得、多劳多得”成为行业共识。网络专题调研显示，83.5%的企业建立激励制度，对高技能人才进行奖励；86.8%的企业在晋升、薪资等方面对高技能人才予以适当待遇倾斜；68.1%的企业建立技术工人创新成果按要素参与分配制度。一些企业在业绩考核评价中加大技能权重，工匠人才每月可增加两千元左右的技能津贴；一些企业技术工人技能和创新成果按要素参与分配机制逐步建立和完善，甚至制定了股权激励。一系列的措施使收入向技能要素倾斜，“真金白银”的实际举措极大鼓励了职工学技术的积极性，增强了产业工人队伍的吸引力。

（五）职工政治地位和经济待遇不断提升

产业工人政治地位不断提升。行业企业积极健全以职工代表大会为基本形式的企业民主管理制度，推动厂务公开、业务公开，进一步提升产业工人的政治地位。网络专题调研显示，在保障职工民主政治权益方面，95.6%的企业稳步扩大一线职工在职工代表和会员代表中的比例；83.5%的企业吸收优秀职工成为专兼职工会干部；96.7%的企业鼓励职工参与企业管理。在民主管理制度落实方面，97.8%的企业推行厂务公开、业务公开；83.5%的企业建立协调劳动关系三方机制；85.7%的企业建立职工董事、职工监事制度。郭明义、郑久强、金国平、赵郁等产业工人担任各级工会兼职副主席或当选为党代表、人大代表，积极参政议政，在产业工人相关政策制定中发挥重要作用。36.8%的职工认为近年来产业工人社会地位有很大提高，35.3%的职工认为有所提高。参与调研企业中，一线工人党员比例比五年前增加12.4%；一线工人担任各级人大代表、政协委员，各级群团组织兼（挂）职人数比例比五年前增加27.3%；一线职工担任企业职工代表、职工董（监）事人数比例比五年前增加12.1%。

行业职工整体收入水平不断提高。以钢铁行业为例，五年来行业工资增幅明显加大。2020年，单钢口径会员企业主业在岗人员人均工资为10.12万元，与2019年的人均工资9.38万元相比增长8%；“十三五”期间人均工资从2015

年的5.99万元增长到2020年的10.12万元，增长68.95%，远高于“十二五”期间26.37%的增幅。调研数据显示，2021年机械、钢铁、有色金属和建材行业职工收入中4000~5000元/月的占比20.8%，5000~7000元/月的占比28.3%，7000~9000元/月的占比17.4%，高于1万元/月的占比10.8%，低于3000元/月的仅占比5.8%，行业职工平均收入超过6000元/月。60%的受访职工认为自身工资在当地处于中等偏上水平；35.6%的职工对工资满意或比较满意，48.4%的职工认为工资中等；68.7%的职工表示工资比三年前有所增长，其中28.4%的职工工资增长比例在10%以上；59.5%的职工两年内工资得到增长，其中50%的职工可以增长500~1000元/月。几乎全部职工都缴纳了“各类保险”，还有45.3%办理了补充养老保险（企业年金），28.8%有补充医疗保险，28.4%有职工互助保险。66.8%的职工按规定享受了带薪年假。76.3%的职工认为职工可以实现多劳多得、技高多得，提高技术水平成为广大职工自发的追求。收入水平的不断提高，提升了职工队伍在全社会的经济地位，增加了产业工人在社会中的认可度和吸引力。

（六）产业工会组织作用进一步显现

五年来，全委和各级产业工会积极作为，开展一系列的工会品牌工作，大力解决职工最关心最直接最现实的利益问题，职工获得感、幸福感、安全感显著增强。行业劳动关系整体和谐稳定、向好发展，职工劳动权益得到充分保障，工会系统困难职工帮扶、金秋助学、送温暖等特色活动全面深入开展，工会维护劳动领域政治安全工作得到全面加强。调研数据显示，92%的职工签订劳动合同，55.8%的职工合同中约定了加班工资等具体要求，98%的工资可以按时发放；76%的职工每周工作48小时之内，91.4%的职工偶尔加班或从不加班；73.2%的职工能够得到法定加班工资或安排进行倒休、部分倒休；66.6%的职工可以享受带薪年假或得到补偿；95%左右的职工参加养老保险、医疗保险等五险；90%以上的职工参加安全生产培训；95%以上的职工认为防疫用品发放及时充足、劳保用品满足生产需要；广泛开展女职工专项工作，女职工权益得到有效保护。85.8%的企业建立职工（代表）大会制度；企业规章制度多数由企业相关部门制定并征求职工意见；91.4%的职工认为工资集体协商非常有效。工会组织的一系列工作增强了工会的吸引力、凝聚力，以“有为”博取“有位”。

1. 积极打造职工信赖最美职工之家。各级工会发挥会站家“一体化”作用，促进服务职工普惠性、精准性和常态化，引导职工与企业结成更加紧密的命运、利益、事业共同体。京城机电工会积极推进“职工之家”建设，打造“家”文化、发挥“家”作用，让职工感受到“家”温暖。有研集团工会把模范职工之家、模范职工小家创建工作同“我为群众办实事”实践活动结合起来，加大对困难职工帮扶慰问力度，积极宣传帮扶慰问政策，切实解决职工“急难愁盼”的实际问题，实现良性的循环和反哺。

2. 完善协商民主利益协调机制。健全以职工代表大会为基本形式的企业民主管理制度，推动厂务公开、业务公开，进一步彰显产业工人的政治地位和社会地位。上海电气工会全面贯彻全心全意依靠职工办企业方针，推行企业公开制度，通过各项管理制度及经费使用情况的报告，保证了职工的知情权、参与权、表达权、监督权，畅通了企业的民主管理渠道。南方水泥工会建立职工代表坐班议事制度，以常态化的形式将职工建议意见、诉求等进行反馈，工会汇总后提交公司相关部门解决落实。网络专题调研显示，76.9%的企业开展工资集体协商；74.9%的职工认为企业职代会可以发挥很好的作用。78.4%的职工认为企业厂务公开等活动中职工权益可以得到较好发挥。

3. 推进传统工会工作“触网”“触电”，构筑网上工会工作阵地，适应新时代对工会工作的新要求。全力推动构筑网上工会工作平台，形成一批典型的经验做法。山钢股份莱芜分公司工会强化网络赋能，创新打造了“一网情深惠职工”工作品牌，荣获全国“互联网+普惠服务”十佳企业平台。首钢京唐工会“暖心京唐”App 网上“职工之家”，包括“心灵驿站”“婚恋交友”“扶贫商城”等功能，实现网上维权帮扶和“互联网+”普惠性服务。广汽开发建设“广汽智慧工会”系统项目，通过工会业务信息化、数据化、智能化的转变实现工会管理新模式，让数字化工会系统成为了解职工、贴近职工、为职工办实事的一条新途径。通过一系列网上工会阵地建设，产业职工与工会联系更加紧密，工会服务更加多样化，工会组织的吸引力、凝聚力进一步提升。

三、产业职工队伍中存在的问题

1. 产业工人素质与经济高质量发展要求仍不匹配。职业技能结构仍不合理，高技能职工比例仍然偏低，如某大型铜业公司现有产业工人 22574 人，共 249 个工种，其中无技能等级工人占比 50%，29 个工种连初级工都没有。现有企业培训模式单一、效果不佳，有些企业培训重知识轻技能，缺乏指导性前瞻性。产业工人中技能领军式人物急缺。

2. 产业工人收入偏低，上升通道狭窄，工作压力大等问题仍然存在。调研发现，一线职工收入明显低于企业技术和管理岗位，半数企业一线职工收入比职工平均工资低 20%，最高低 38.3%。一些企业没有开展工资集体协商，职工工资增长机制尚不完善。部分一线职工上升渠道仍不畅，前途不广，影响了年轻人进入产业工人队伍的积极性。受国际环境复杂严峻、国内疫情冲击、经济下行压力加大等因素影响，近三年来部分职工收入增长缓慢甚至不增长，很多职工关于稳定就业、收入增长的心理预期降低，表现出较大的心理压力。50.5%的职工表示，担心失去现在的工作岗位。各种因素叠加对于职工队伍稳定造成潜在不利影响。

3. 产业工人技能形成体系建设尚需探索完善。缺乏跟随产业工人终身的技能学习、认证档案，缺乏社会、企业可追溯、互认互信的档案信息平台。不少社会职业技能鉴定证书企业不认可，普遍存在评聘脱钩现象，有职业资格证书不一定聘上相应工作岗位。职业教育体系师资力量薄弱、生源差、课程陈旧、设施落伍。企业自主开展技能评价经验不足，国家认定新职业（工种）滞后，一部分产业工人缺乏相应职业认定、鉴定、培训标准。

4. 传统产业工人流失给产业发展带来新挑战。随着人工成本的不断提高，互联网和智能制造等信息技术对传统产业的改造升级，行业产业工人数量出现下降趋势，如机械行业 2015 年规模以上企业有产业工人近 2000 万人，2020 年下降到 1700 万人。我国制造业机器人密度已经从 2009 年的 11 台/万人增至 2020 年的 246 台/万人，机器取代人已经成为行业转型升级的一个标志性指标，正在对职工队伍的数量和结构产生深刻影响，29.9%的职工表示“机器替代了部分工作，我有危机感”，2.2%的职工表示“已经使我产生了换工作的想法”。哈尔滨电气集团“十三五”期间人才流失 1150 人，其中 70%是技能人才。国家信息中心数据显示，滴滴平台 10%的专职网约车司机原来从事制造业，新冠疫情防控期间加入美团平台的骑手中有 35.2%来自工厂工人。人力资源社会保障部预计，到 2025 年我国制造业十大重点领域人才需求缺口将近 3000 万人。大量青年技术工人流失，或将造成有的技能岗位“后继无人”，“谁来制造‘中国制造’”将成为一个不可忽视的问题。

5. 落实产改方案存在不平衡现象。调研发现，国有企业和产改试点示范单位对产改工作有更高积极性，贯彻落实也更加到位。中国一重集团、安徽海螺集团等全国产改试点单位，首钢集团、中国一汽、白银有色集团等各省（区、市）或全国机械冶金建材系统的双重试点、示范单位，都高度重视、积极组织贯彻落实，围绕产业工人队伍建设改革重点任务和难点问题进行了积极探索实践，取得阶段性成果，但调研显示企业内仍有 20%左右受访职工并不清楚产改的具体内容和政策措施。相比之下，在部分规模较小的行业、民营企业、中小微企业产改工作推动力度不足，“雷声大、雨点小”。例如，膨润土、云母、萤石等小型非金属矿企业，很多岗位没有国家、行业认定的工种，没有技能标准，没有职业资格评定，相当一部分工人在技能方面无人管、无人问，好政策无法落地。一些小行业和小工种技能没标准、提升没途径、培训没规范，已经成为产业工人队伍建设中的一个明显短板。值得注意的是，相当多的企业在推进产改中，主要依靠工会单打独斗，缺乏多个部门通力配合，贯彻落实中缺乏创新、改革力度不足。不少中小微企业工会力量不足，加之在新冠疫情中生存压力大，没有人力、财力和能力贯彻落实相关政策，甚至根本不了解、不关心产改工作，造成推进滞后、落实困难。

四、产业职工队伍发展的意见建议

在我国机械、钢铁、有色金属、建材行业向中高端迈进的关键时期，企业对工人技术素质要求在大幅提高，迫使产业职工队伍建设改革必须加速。

1. 加速新时期产业工人队伍建设改革方案落实落地。加强组织领导，进一步凝聚产改合力。加强各级产改工作领导小组组织建设，明确职责和任务目标，协调推进方案落实。将推进产改工作纳入各企业党政工的年度重点工作，做到年初有目标、其间有追踪、年末有考核。层层细化工作任务、量化考核目标，从全国总工会到企业工会层层传导压力，认真进行督导考核。完善督查奖惩机制。加强宣传引导，强化产业工人主人翁意识，让产业工人队伍建设更广泛、更深入地被产业工人理解接受、支持参与。

2. 狠抓技能提升，助力职工成长成才。一要扎实开展各种形式的劳动和技能竞赛。围绕国家重大战略、重大工程等，以全国引领性劳动和技能竞赛为牵引，带动多层级、多行业、多工种职工技术比武活动。改进劳动和技能竞赛组织、运行体制机制，推动竞赛同劳模评选、职称评定、技术等级认定、工资收入等相融合，激发职工学习技能的热情。二要大力开展群众性技术创新活动。聚焦生产技术难题和经营薄弱环节，大力开展技术革新、持续改善等活动，推动生产组织创新、技术创新、市场创新。三要推进劳模和工匠人才创新工作室等新型技能提升平台建设，充分发挥其弘扬精神、创新攻关、技能传承、人才培养等重要作用。有序推进跨区域、跨行业、跨企业的劳模创新工作室联盟建设。四要加速推进职工技能形成体系的建设。及时调整和完善工种认定、技能鉴定制度，严把社会鉴定机构鉴定标准；推动形成国家标准、行业标准和头部企业标准协调发展的鉴定标准体系；推动建立职工终身学习档案、技能档案建设；推动企业、社会、学校技能鉴定和学习共认共享；继续加强职业技能教育投入，鼓励校企联合办职业技能培训机构，加强产学研互动。

3. 强化企业在产业职工队伍建设中的主体责任，提高职工政治、经济待遇。一要改进和完善企业薪酬制度，让产业工人腰包鼓起来。进行薪酬制度的调整和改革，将技能因素纳入收入分配之中，切实提高产业工人的收入。进一步完善创新技能导向的激励机制，强化技能要素对薪酬激励机制的影响，不断健全完善技术工人培养、评价、使用、激励、保障等措施，实现技高者多得、多劳者多得。国有企业应切实落实《关于提高技术工人待遇的意见》，推动薪酬分配更多向技能要素、创新要素挂钩倾斜。有条件的企业，技术工人应比照相应层级的工程技术人员享受同等待遇。要建立针对技术工人的补助性津贴制度，增强技术工人岗位对劳动者的吸引力。二要拓宽职工职业发展通道，进一步解决职工职业“天花板”问题。要注重打通管理、技术、技能三个序列的晋升通道，使技术工人可以走上管理岗位、走上技术岗位；在企业推动“金蓝领”“大工匠”等企业技术能手的评聘工作，给予获评工人更多的晋升机会和政治待遇；提高企业各级干部中一线职工的比例；大力宣传产业工人劳模工匠，让劳模成为年轻产业工人的偶像和目标；加强技能培训，给优秀职工脱产培训、到高校学习的机会；鼓励企业大胆探索设立和完善有利于高技能人才持续培养和成长的岗位序列。三要严格按照国家各项规定和政策要求，贯彻落实好各项具体措施。足额提取、规范使用最高可达工资总额8%的职工教育经费；加强企业民主管理，让职工切实发挥主人翁作用；搭建更多职工技能素质提升平台，助力职工成长出彩。

4. 维护劳动领域政治安全，促进劳动关系和谐稳定。按照中共中央、国务院印发的《关于构建和谐劳动关系的意见》、新修订的《中华人民共和国工会法》、新修订的《信访工作条例》要求，采取有力措施解决职工群众的急难愁盼问题，解决职工的后顾之忧，切实保障职工合法权益，营造稳定和谐的劳动关系，促进建设企业和谐劳动关系。

5. 高度关注小行业、中小微企业职工队伍建设。未来五年要眼睛向下，更多关注小行业、行业中小微企业职工队伍建设问题，推动行业新工种认定、标准制定、规范出台的工作，让小行业的产业工人发展有依据、有阶梯。依托地方工会、行业协会与产业工会共同开展专项推动活动，服务中小微企业的职工群众。积极探索在中小微企业加强产业工人队伍建设的方式方法，建立组织机构，形成有效的工作机制，运用网络等新的工作方式，扩大产业工人队伍建设改革工作的覆盖面。

6. 发挥产业工会和龙头企业积极作用。充分发挥各级产业工会的组织优势，特别是各级省、市产业工会联系基层企业多、中小微企业多的特点，在产业工人队伍建设改革中发挥更大作用。一要充分发挥各全国产业工会委员单位，特别是行业头部企业在全行业的示范引领作用，带动和辐射产业链、供应链上下游配套企业，行业中小微企业，共同在产业职工队伍建设的广度、深度上取得新的突破。二要加强与相关协会的协调联动，共同开展专项推进活动。三要积极整理和推广行业典型经验，典型引路、分类指导；加强企业间的沟通学习，共同进步。四要鼓励行业企业积极参与职业技能教育，建立或者合办职业技能培训学校。

负 责 人：李晓钟
承担单位：中国机械冶金建材工会

财贸轻纺烟草行业职工队伍状况调查报告

为全面准确掌握2017年以来财贸轻纺烟草行业职工队伍发展变化情况、权益实现情况及存在的问题，根据全国总工会统一部署和部门整体安排，中国财贸轻纺烟草工会成立五个调研组，由全委领导带队、常委及委员单位广泛参与，采用问卷抽样调查、专题调查、典型调查和文献研究等方法，对全系统职工队伍状况进行调查，现将相关情况报告如下。

一、近年来财贸轻纺烟草行业职工队伍发展状况及主要特点

按照国家统计局对国民经济行业分类，财贸轻纺烟草工会工作领域主要包括批发和零售业，住宿和餐饮业，居民服务、修理和其他服务业，制造业门类中的部分大类（轻工、纺织、烟草等行业）。这些行业涉及消费服务和消费品生产制造领域，是保障和改善民生的重要行业，在推进供给侧结构性改革，振兴实体经济，建设制造强国、发展现代服务业、满足人民美好生活需要方面发挥重要作用。整个产业呈现行业门类多、职工人数多、中小微非公企业多、劳动关系复杂“三多一复杂”的特点，产业职工队伍也相应呈现以下几个特点。

（一）产业职工队伍庞大，结构、分布产业特色明显

财贸轻纺烟草行业多数是国民经济基础性行业，市场主体多，吸纳就业人数多，多属于劳动密集型行业。根据行业协会对相关从业人员的估算，截至目前，财贸轻纺烟草行业从业人数约有13000万人，其中商业服务业（主要包括零售、餐饮住宿、家政等）8000万人，轻工行业3000万人，纺织行业2000万人，烟草行业50万人。虽然从业人员数量庞大，但行业集中度不高，大量从业人员分散于大量的中小微企业，更有许多从业人员在非法人企业就业，如商贸、餐饮、美容美发等行业有着相当比例的从业人员属于个体工商户，不属于传统意义上职工队伍的范畴。

根据第九次全国职工队伍状况调查数据显示，全产业中各行业职工数的比例为：财贸产业占3.9%，生活服务业占43.2%；轻工业占36.8%；纺织业占15.3%；烟草行业占0.9%。行业职工平均年龄为38.6岁，其中财贸行业为38.3

岁，生活服务业为38.0岁，轻工业为38.8岁，纺织业为39.8岁，烟草行业为36.4岁。

根据第九次全国职工队伍状况调查数据显示，全行业职工队伍中共党员占13.8%，共青团员占17.8%，民主党派成员占0.3%，未加入任何党派占68.1%。

从性别上来看，根据调查数据显示，财贸轻纺烟草产业职工中男女比例为4∶6，女职工在零售行业、餐饮住宿业、纺织业等占比在70%以上，家政服务业中女职工占比达90%以上。

（二）产业职工队伍素质相对较低，技能型人才不足

总体上看，行业职工从事多为基础性制造业和服务业工作，文化程度和职工技能等级水平普遍偏低。

根据第九次全国职工队伍状况调查数据显示，受教育年限方面，行业职工平均受教育年限为12.7年，其中烟草行业最高为15.0年，纺织业最低为12.0年。行业职工受教育程度情况见表1。

表1　行业职工受教育程度情况

分行业		受教育程度							总计
		小学及以下	初中	高中（职高）	中专（中技）	大专（高职）	大学本科	研究生及以上	
财贸产业	计数/人	7	51	44	24	133	152	6	417
	百分比	1.7%	12.2%	10.6%	5.8%	31.9%	36.5%	1.4%	100.0%
生活服务业	计数/人	114	741	841	509	1423	942	33	4603
	百分比	2.5%	16.1%	18.3%	11.1%	30.9%	20.5%	0.7%	100.0%
轻工业	计数/人	143	1013	745	469	1036	504	15	3925
	百分比	3.6%	25.8%	19.0%	11.9%	26.4%	12.8%	0.4%	100.0%
纺织业	计数/人	57	503	280	210	403	170	2	1625
	百分比	3.5%	31.0%	17.2%	12.9%	24.8%	10.5%	0.1%	100.0%
烟草行业	计数/人	4	4	5	0	15	63	3	94
	百分比	4.3%	4.3%	5.3%	0%	16.0%	67.0%	3.2%	100.0%
总计	计数/人	325	2312	1915	1212	3010	1831	59	10664
	百分比	3.0%	21.7%	18.0%	11.4%	28.2%	17.2%	0.6%	100.0%

职业技能方面，根据此次调查结果，全行业没有技能等级的职工比例高达77.6%，具有中级工及以上技能等级的职工仅占9.6%。出现这种情况，一方面

是因为行业从业门槛低，对技能等级要求不高；另一方面是因为行业里多数岗位和工种的职工没有参与相关职业技能等级鉴定，所以没有相应的职业技能等级。全行业职工取得的最高职业技能等级情况见表2。

表2 全行业职工取得的最高职业技能等级情况

分行业		取得的最高职业技能等级						总计
		无技能等级	初级工	中级工	高级工	技师	高级技师	
财贸产业	计数/人	191	39	19	5	1	0	255
	百分比	74.9%	15.3%	7.5%	2.0%	0.4%	0%	100.0%
生活服务业	计数/人	2664	391	194	77	42	35	3403
	百分比	78.3%	11.5%	5.7%	2.3%	1.2%	1.0%	100.0%
轻工业	计数/人	2232	386	156	48	30	18	2870
	百分比	77.8%	13.4%	5.4%	1.7%	1.0%	0.6%	100.0%
纺织业	计数/人	928	171	68	14	19	8	1208
	百分比	76.8%	14.2%	5.6%	1.2%	1.6%	0.7%	100.0%
烟草行业	计数/人	33	8	8	5	3	1	58
	百分比	56.9%	13.8%	13.8%	8.6%	5.2%	1.7%	100.0%
总计	计数/人	6048	995	445	149	95	62	7794
	百分比	77.6%	12.8%	5.7%	1.9%	1.2%	0.8%	100.0%

在专业技术职称方面，没有职称的比例高达76.7%，具有高级职称的比例仅为2.4%，可见行业具有专业技术职称的人才非常缺乏。全产业职工取得的最高专业技术职称情况见表3。

表3 全产业职工取得的最高专业技术职称情况

分行业		取得的最高专业技术职称				总计
		没有职称	初级职称	中级职称	高级职称	
财贸产业	计数/人	285	48	36	12	381
	百分比	74.8%	12.6%	9.4%	3.1%	100.0%
生活服务业	计数/人	3417	586	389	147	4539
	百分比	75.3%	12.9%	8.6%	3.2%	100.0%
轻工业	计数/人	3021	500	296	59	3876
	百分比	77.9%	12.9%	7.6%	1.5%	100.0%

续表

分行业		取得的最高专业技术职称				总计
		没有职称	初级职称	中级职称	高级职称	
纺织业	计数/人	1263	189	116	28	1596
	百分比	79.1%	11.8%	7.3%	1.8%	100.0%
烟草行业	计数/人	53	16	16	5	90
	百分比	58.9%	17.8%	17.8%	5.6%	100.0%
总计	计数/人	8039	1339	853	251	10482
	百分比	76.7%	12.8%	8.1%	2.4%	100.0%

（三）行业职工队伍主流思想积极向上，利益诉求理性务实

总的来看，职工思想的独立性、选择性、多变性、差异性日益增加，利益诉求、价值观念、精神追求呈现多元化、复杂化、个性化，表现为“一向上，三增强”，即思想状况总体上健康稳定、积极向上；职业发展愿望增强、精神文化需求增强、分享经济社会发展成果愿望增强。调查显示，财贸轻纺烟草产业亿万职工衷心拥护党的领导，对党百年奋斗伟大成就、脱贫攻坚、全面从严治党、大力推进反腐倡廉、积极抗击新冠疫情保障人民生命健康安全等方面，认可度都超过91%。86%的行业职工普遍更为关心经济和社会等跟自身切身利益密切的领域。需要注意的是，行业青年职工文化程度较高、维权能力增强、深度融入互联网新媒体，容易把劳动关系矛盾个案引发舆情热点，给职工队伍和社会稳定带来挑战。

二、近年来财贸轻纺烟草行业职工权益保障和实现情况

（一）行业劳动关系复杂多样，总体平稳但风险挑战较大

总体上看，财贸轻纺烟草行业市场化程度高，市场在劳动关系方面发挥着主导作用，行业劳动关系整体上较为平稳，但也呈现行业差异。

商业服务业市场化程度高，不同所有制、不同规模、不同经营方式的企业大量并存，行业用工主体和用工方式多元化，导致行业劳动关系类型多样化，多种用工方式并存。在零售、餐饮、家政等行业，在劳动合同之外，签订劳务合同的现象也不在少数。即使同一家企业，用工方式也不一致，职工身份也不一样。短期工、季节工、劳务工、小时工以及劳务派遣用工等就业方式在商业服务业大量存在。在大型零售企业，除管理、财务、后勤等人员为企业自有职工外，大量人员为劳动关系隶属厂商的导购员（也称促销员、联销员、信息

员)，占零售业从业人数的 70%以上。家政行业用工模式主要为员工制和中介制，行业中企业小而散，从业人员身份模糊特点突出。在清洁清洗行业，一些企业为了规避法律责任、降低用工成本和管理风险，存在长期大量使用劳务派遣工或采取其他非正规用工形式的现象。

值得注意的是，传统的劳动关系随着技术革命和产业转型，在部分领域出现分散化、个体化、模糊化的趋势。特别是平台经济、共享经济的发展壮大，传统组织的雇佣关系在向新型组织的合作关系衍变，催生了大量新就业形态劳动者队伍。网约配送员就是这一群体的典型代表。根据美团、饿了么提供的数据，2020 年在平台有派送记录的外卖配送员约 770 万人，其中美团 470 万人，饿了么 300 万人。

（二）行业职工劳动经济权益实现总体尚可，仍有较大提升空间

1. 工资收入。总体上看，行业职工收入多数处于中等偏低水平，全行业职工月度平均货币收入为 4849. 9 元。其中，烟草行业职工收入最高，为 7699. 5 元；生活服务业职工收入最低，为 4671. 2 元；财贸产业和轻工业的职工平均收入处于中间位置，分别为 4757. 3 元和 4865. 7 元。分行业职工月度平均货币收入分组情况见表 4。

表 4　分行业职工月度平均货币收入分组情况

分行业		月从单位获得的到手全部货币收入								总计
		500 元及以下	501～1000 元	1001～2000 元	2001～3000 元	3001～4000 元	4001～5000 元	5001～10000 元	10000 元以上	
财贸产业	计数/人	1	1	30	99	95	63	94	10	393
	百分比	0. 3%	0. 3%	7. 6%	25. 2%	24. 2%	16. 0%	23. 9%	2. 5%	100. 0%
生活服务业	计数/人	15	23	353	1293	1148	783	731	120	4466
	百分比	0. 3%	0. 5%	7. 9%	29. 0%	25. 7%	17. 5%	16. 4%	2. 7%	100. 0%
轻工业	计数/人	14	5	204	786	1130	903	705	86	3833
	百分比	0. 4%	0. 1%	5. 3%	20. 5%	29. 5%	23. 6%	18. 4%	2. 2%	100. 0%
纺织业	计数/人	2	10	54	303	401	446	298	48	1562
	百分比	0. 1%	0. 6%	3. 5%	19. 4%	25. 7%	28. 6%	19. 1%	3. 1%	100. 0%

续表

分行业		月从单位获得的到手全部货币收入								总计
		500 元及以下	501 ~ 1000 元	1001 ~ 2000 元	2001 ~ 3000 元	3001 ~ 4000 元	4001 ~ 5000 元	5001 ~ 10000 元	10000 元以上	
烟草行业	计数/人	0	0	4	5	8	16	43	5	81
	百分比	0%	0%	4. 9%	6. 2%	9. 9%	19. 8%	53. 1%	6. 2%	100. 0%
总计	计数/人	32	39	645	2486	2782	2211	1871	269	10335
	百分比	0. 3%	0. 4%	6. 2%	24. 1%	26. 9%	21. 4%	18. 1%	2. 6%	100. 0%

可以看出，以服务业为主的财贸产业、生活服务业职工平均收入要低于以制造业为主的轻工纺织业和烟草行业。造成这种情况的原因主要是商业服务业盈利水平一直较低，企业为员工涨薪能力弱。据前期调查了解，目前各地商业服务业职工平均收入普遍低于当地社会平均工资。不少行业职工工资仅略高于当地最低工资标准。据相关行业协会反映，职工工资收入偏低的问题也困扰着企业，在无力提高劳动者工资的情况下，一些商业服务业企业为了维持生存，只能降低用人条件，在招工年龄和技能方面的要求一降再降，有些企业已经开始招收 35 岁以上或退休返聘人员为一线员工，这是导致一线员工工资增长缓慢的重要因素。

较低的收入也反映在对收入满意度的调查数据中，根据第九次全国职工队伍状况调查结果，有 49. 7%的职工对收入水平表示“一般”，“不太满意”和“很不满意”的比例合计达到 19. 9%。全产业收入满意度调查情况见表 5。

表 5　全产业收入满意度调查情况

分行业		工资收入水平是否满意					总计
		非常满意	比较满意	一般	不太满意	很不满意	
财贸产业	计数/人	50	40	204	30	59	383
	百分比	13. 1%	10. 4%	53. 3%	7. 8%	15. 4%	100. 0%
生活服务业	计数/人	629	591	2250	411	691	4572
	百分比	13. 8%	12. 9%	49. 2%	9. 0%	15. 1%	100. 0%

续表

分行业		工资收入水平是否满意					总计
		非常满意	比较满意	一般	不太满意	很不满意	
轻工业	计数/人	776	545	1965	281	341	3908
	百分比	19.9%	13.9%	50.3%	7.2%	8.7%	100.0%
纺织业	计数/人	300	245	800	98	169	1612
	百分比	18.6%	15.2%	49.6%	6.1%	10.5%	100.0%
烟草行业	计数/人	38	10	29	1	15	93
	百分比	40.9%	10.8%	31.2%	1.1%	16.1%	100.0%
总计	计数/人	1793	1431	5248	821	1275	10568
	百分比	17.0%	13.5%	49.7%	7.8%	12.1%	100.0%

2. 劳动合同。近年来，随着社会法治化进程加快和职工法治意识的增强，劳动合同签订率和社会保险覆盖率在行业得到大幅提升，职工的劳动经济权益能够得到较好的实现。在零售行业，占据大型商业企业职工主体的商业导购员群体，名义劳动合同备案率达90%以上。据武汉市财贸金融烟草工会调查显示，全市限额以上批发零售业、住宿餐饮业职工劳动合同签订率达93%以上。全产业职工劳动合同签订情况见表6。

表6　全产业职工劳动合同签订情况

分行业		签订合同的情况					总计
		与工作单位签订了劳动合同	与工作单位签订过劳动合同，但合同已过期没有续签	与工作单位签订了聘用合同（仅指事业单位）	签订了其他用工合同	没有签订任何合同	
财贸产业	计数/人	329	9	5	4	37	384
	百分比	85.7%	2.3%	1.3%	1.0%	9.6%	100.0%
生活服务业	计数/人	3981	51	45	218	300	4595
	百分比	86.6%	1.1%	1.0%	4.7%	6.5%	100.0%
轻工业	计数/人	3551	48	14	104	208	3925
	百分比	90.5%	1.2%	0.4%	2.6%	5.3%	100.0%

续表

分行业		签订合同的情况					总计
		与工作单位签订了劳动合同	与工作单位签订过劳动合同，但合同已过期没有续签	与工作单位签订了聘用合同（仅指事业单位）	签订了其他用工合同	没有签订任何合同	
纺织业	计数/人	1455	39	8	35	87	1624
	百分比	89.6%	2.4%	0.5%	2.2%	5.4%	100.0%
烟草行业	计数/人	91	0	0	0	1	92
	百分比	98.9%	0.0%	0.0%	0.0%	1.1%	100.0%
总计	计数/人	9407	147	72	361	633	10620
	百分比	88.6%	1.4%	0.7%	3.4%	6.0%	100.0%

也要看到，财贸轻纺行业职工的劳动合同管理不够规范现象仍比较凸出，存在部分损害职工劳动权益的情况。商业服务业企业用工多属于灵活用工形式，员工流动性很大，为此企业一般以短期劳动合同为主。有的企业对临时用工没有签订劳动合同，没有缴纳社会保险，职工劳动经济权益难以全部得以落实。轻工业、纺织业特别是中小非公企业同样存在劳动合同不规范的现象。

3. 社会保险。近年来，随着劳动合同签订率的提升，产业职工社会保险覆盖率也在稳步提升。根据此次调查结果，全行业职工参加了职工基本养老保险的比例为79.0%，其中，烟草行业参保比例最高，为97.9%，生活服务业参保比例最低，为77.0%。全产业职工参保情况见表7。

表7 全产业职工参保情况

分行业		职工参加养老保险情况				总计
		参加了职工基本养老保险	参加了城乡居民基本养老保险	没有参加上述养老保险	不知道	
财贸产业	计数/人	315	32	26	10	383
	百分比	82.2%	8.4%	6.8%	2.6%	100.0%
生活服务业	计数/人	3534	585	225	246	4590
	百分比	77.0%	12.7%	4.9%	5.4%	100.0%

续表

分行业		职工参加养老保险情况				总计
		参加了职工基本养老保险	参加了城乡居民基本养老保险	没有参加上述养老保险	不知道	
轻工业	计数/人	3090	475	162	193	3920
	百分比	78.8%	12.1%	4.1%	4.9%	100.0%
纺织业	计数/人	1354	169	37	63	1623
	百分比	83.4%	10.4%	2.3%	3.9%	100.0%
烟草行业	计数/人	92	0	0	2	94
	百分比	97.9%	0.0%	0.0%	2.1%	100.0%
总计	计数/人	8385	1261	450	514	10610
	百分比	79.0%	11.9%	4.2%	4.8%	100.0%

除养老保险外，参加职工基本医疗保险的比例为78.5%；办理了工伤保险的比例为85.6%；办理了失业保险的比例为73.3%；办理了生育保险的比例为67.0%；办理了住房公积金的比例较低，只有31.4%。据前期调查显示，目前中小餐饮企业仍未给员工缴纳社会保险的，占企业员工总数的20%~30%。据企业反映，有些员工不希望企业为其缴纳社会保险，认为不如多拿现金为好，要求企业将社保金发给自己。为此，一些企业也迎合这些员工的心理，将社保金发给员工，让其自己缴纳社会保险。可见，行业职工社会保险比例仍有较大提高空间。

（三）职工民主政治权益实现状况整体较好，“政治上保证”提升明显

近年来，财贸轻纺烟草产业职工的民主政治权利得到了较好的保障和实现。各地产业职工充分发挥工人阶级主力军作用，大力弘扬劳模精神、劳动精神、工匠精神，立足岗位、力争上游，特别是新冠疫情发生以来，冲锋在前、勇挑重担，在保民生、保就业、稳增长方面持续贡献，为抗疫保供、实现行业高质量发展做出了重要贡献，也涌现出各行各业的优秀代表。来自商业零售行业的全国劳模周明娟、许宁当选党的十九大代表，郑州圆方集团党委书记薛荣连续当选为党的十九大代表、党的二十大代表。

在建立职工代表大会制度方面，有50.6%和10.9%的职工反映所在企业建立了职工代表大会制度和职工大会制度。反映没有建立职代会制度的，生活服

务业和财贸产业比例最高，分别为19.3%和18.3%。认为职工（代表）大会发挥作用“很好”“较好”的职工比例分别为54.0%和21.4%。总体上看，在行业以中小非公企业为主的情况下，职工（代表）大会制度在行业得到了比较好的贯彻落实，职工参与企业民主管理的各项权益得到了比较好的实现。

在全社会大力弘扬劳模精神、劳动精神、工匠精神的浓厚氛围中，部分劳模和职工代表走上了相关领导岗位。特别是中央党的群团工作会议召开以后，部分劳模代表和一线职工兼任了各级工会的领导岗位。比如，全国劳模、江苏黑牡丹（集团）股份有限公司技术总监邓建军兼任中国财贸轻纺烟草工会兼职副主席，全国劳模、杭州解百大厦营业员周明娟担任浙江省财贸工会兼职副主席。中国财贸轻纺烟草工会全委会中，劳模和一线职工的比例达到20%。

（四）行业职工精神文化内容整体积极向上，但需求层次提升与供给相对匮乏出现错配

随着我国经济社会的快速发展和职工对精神文化需求层次、品位的逐步提高，行业职工精神文化活动总体呈现丰富多彩、积极向上的势态。但也要看到，财贸轻纺行业中小非公企业多，市场竞争压力大，造成了职工参加精神文化活动的愿望迫切，但闲暇时间不够，参与精力有限。行业多数职工每周工作六天时间，工作时长在45~49小时，部分职工的周工作时间更长，造成职工没有时间，或者工作太累没有精力参加文体活动。据行业部分职工反映，每天除了短暂的就餐时间外就是不停地工作，下班后什么也不想干，只想回家休息，往往周末还要加班，如果能不加班、能有更多的自由时间，就可以安排一些文娱活动。同时因为工资收入不高，每月用于文化生活的支出也很少。

在观念认知上，当前职工的生活态度更加务实，个人价值诉求凸显，更趋多样化。据调查了解，多数职工已经不满足于群体性精神文化活动，开始热衷于追求个性化精神文化生活，特别是随着网络技术的发展，年轻职工更多使用互联网、手机、电子书等新兴的精神文化产品。越来越多的职工希望参加富有针对性、体现差异性的精神文化活动，而且更加喜欢参与到精神文化活动的设计和组织中来，不再是单纯的被动接受。

（五）行业职工入会率相对偏低，扩大工会覆盖面存在行业性顽疾

根据此次调查结果，行业职工总体工会会员比例为56.0%。其中，烟草行业最高，为87.2%，生活服务业最低，为51.6%。行业职工会员比例见表8。

表8　行业职工会员比例

分行业		是否为工会会员					总计
		是，工会关系在现在的工作单位	是，但关系没有接转到现在的工作单位	单位有工会，但我没加入	不是会员，单位没有工会	不是会员，不知道单位有没有工会	
财贸产业	计数/人	248	10	34	56	41	389
	百分比	63.8%	2.6%	8.7%	14.4%	10.5%	100.0%
生活服务业	计数/人	2354	153	474	927	655	4563
	百分比	51.6%	3.4%	10.4%	20.3%	14.4%	100.0%
轻工业	计数/人	2282	77	519	524	500	3902
	百分比	58.5%	2.0%	13.3%	13.4%	12.8%	100.0%
纺织业	计数/人	953	43	280	115	223	1614
	百分比	59.0%	2.7%	17.3%	7.1%	13.8%	100.0%
烟草行业	计数/人	82	0	8	0	4	94
	百分比	87.2%	0%	8.5%	0%	4.3%	100.0%
总计	计数/人	5919	283	1315	1622	1423	10562
	百分比	56.0%	2.7%	12.5%	15.4%	13.5%	100.0%

在入会方面，由于商业服务中小企业准入门槛低，规模小，竞争激烈，对工会加强组建和维权机制建设带来新挑战。虽然各地根据行业特点和实际，不断探索建立区域性、行业性工会联合会的有效方法，并加大推进工作力度，但是由于行业分散，企业点多面广，规模小，组织化程度低，职工流动性大，工会组织在中小微企业的覆盖面还不够广，许多中小微企业至今未建立工会组织。据前期调查发现，商贸、生活服务等行业和轻工纺织产业集群的中小企业工会组织还未完全覆盖，工会组建空间仍然较大。同时，由于现阶段工会联合会建设还处于探索阶段，许多工会联合会维权机制尚未建立健全、工会活动少而方法简单，作用发挥不够明显，工会对职工的吸引力和凝聚力不强，在一定程度上影响了企业和员工加入工会的意愿。

近年来，中国财贸轻纺烟草工会也在加大重点职工群体和重点行业的工会组建力度。联合相关行业协会重点推进商场导购员、家政服务员和网约送餐员的入会和服务工作，出台相关指导意见，推动头部企业新建工会，在轻工产业集群开展工会组建专项行动等，取得了一定的成效。但囿于行业特点，推动工会组建和职工入会工作仍任重道远。

三、财贸轻纺烟草行业职工队伍发展过程中存在的主要问题

（一）行业职工的自我认同感弱化

随着市场经济的推进、社会结构的演化、企业改制等，财贸轻纺烟草行业职工的政治认同感、阶级认同感和职业认同感普遍下降，对自身经济社会地位下降、利益诉求渠道不畅、收入水平相对偏低、生存现状和发展不及预期等存在一定非议。一方面，相对于资本、技术等要素，一线工人的劳动要素在初次分配中处于弱势地位，收入来源单一且微薄。调查中，职工对自己现在的工资收入水平感到一般、不太满意、不满意的比例分别达到了 49.7%、7.8%和12.1%，感觉生活压力很大和有一定压力的职工分别占43.5%和48.9%。调研中还发现很多企业缺乏有效的激励制度，产业工人薪资待遇增加不明显，最近一次增加工资在300元以下的占57.8%，阻碍了产业工人提升自我获得认同的积极性。另一方面，产业工人主人翁地位的制度安排未能得到充分落实。在各级党代表、人大代表、政协委员中，工作在一线的、具有广泛代表性的产业工人并不多。在工人中发展党员的力度也远远不够，调研显示非公有制企业、小微企业中，工人党员的比例不超过5%。

（二）行业职工就业的结构性矛盾突出

受当前经济下行情况影响，财贸轻纺烟草行业就业总量和结构性矛盾日益突出，就业形势更为严峻。产业工人队伍特别是技能人才“青黄不接”的现象比较普遍。产业工人队伍平均年龄偏大，江苏省纺织业31岁以下的技能人才只占15.3%，行业职工老龄化趋势明显，青年高技能人才短缺。随着老一代技能人才的退休，许多企业面临后继乏人现象，而年轻人因为制造企业的工资收入低、工作环境差、工作时间长等劳动权益保障不足问题，以及工作简单枯燥、社会地位不高、缺乏成就感等，对产业工人身份望而却步。在央企中粮集团调研走访的8个基层企业中，产业工人离职率在20%以上的现象比较普遍，有的车间班组甚至接近60%。系统中的非公和中小微企业的离职率更是远超央企，流失率高、留人难已成为制造企业通病。

（三）行业职工提升技能手段不足

行业职工普遍认为，通过提升技能能够提升自己的竞争力。调查显示，参加单位组织的与工作相关的培训后，90.2%的职工提高了技能等级或专业技能、

55.1%的职工增加了工资收入、79.8%的职工提升了就业竞争力，54.2%的职工被调整到了更理想的岗位。但是职工提升技能的手段不足，只有33.3%的职工参加过所在单位开展的劳动和技能竞赛（技术比武、岗位练兵等）活动；只有23.5%的职工自费参加过（不是由单位组织的）进修或培训。有66.6%的职工担心目前的职业技能在未来会过时；有94.5%的职工有兴趣学习新的职业技能或知识，但只有22.1%的职工能坚持学习计划经常主动学习。职工提升职业技能的诉求和实际提升技能手段不成比例。

（四）产业工人成长空间受限

基层企业提供的员工成长路径和发展通道与员工个人的期望存在一定差距。纵向发展来看，天花板效应明显。按照现有职业技能标准划分，产业工人晋升主要是初级工、中级工、高级工、技师、高级技师等五级等级体系，由于要求产业工人必须具有较长的工作年限才能晋级，且晋升条件比较苛刻，因此通过提升技术获得晋升的机会有限。再加上职业技能认证缺位和滞后，导致单位及个人对技能水平高低无统一认知，缺乏纵向技能提升的高低级差。部分行业职业发展空间不足，如目前纺织企业大部分职工最高技能等级是到3级（高级工），也就是说，一个工人如果不擅长管理，无法调岗到管理通道，即使他技能水平再高，那高级工就是他的职业天花板。横向发展来看，职业发展贯通尚未广泛实现。就调查的结果来看，目前企业内部工程技术岗位级别设置多样，职业晋升通道相对健全，但少有企业打通技能和技术之间的“隔阂”，建立起技能人才晋升体系，高技能人才与工程技术人才职业发展贯通落实困难。部分职工由于长期从事某一固定岗位工作，往往按部就班完成本职工作，逐渐磨灭了提高技能水平和学习新技能的积极性，也增加了企业内部调整管理难度。这种情况在物流、生产、加工类型的企业、通用型的职业工种上表现比较突出。

（五）职工权益保障有待进一步提升

1. 行业职工收入不高。第九次全国职工队伍状况调查显示，行业职工整体收入不高，2021年平均工资为4849.86元，有58%的职工月收入在4000元以下。行业内收入差距较大，烟草行业平均工资为7699.56元，生活服务业的平均工资为4671.16元。另外，被调查职工在劳动合同中只约定了底薪数额的占19.6%、只约定了不低于当地最低工资标准的占10.1%、没有关于劳动报酬数额具体约定的占7.9%，有28.4%的职工自2019年以来没有涨过工资，有41.9%的职工认为自己的工资收入水平在所在城市属于中等偏下或低收入，有20%的职工对自己现在的工资收入水平不太满意或者不满意。

2. 职工休息休假权益得不到保障。第九次全国职工队伍状况调查显示，有65.3%的职工每周工作时长超过40小时，经常加班加点和每天都要加班加点的高达9.3%，同时仅有33.9%的职工按劳动法规定足额拿到加班费、53.1%的职工按规定享受了带薪年假。77.3%的职工在能增加收入的前提下可以接受适度加班。

3. 部分职工社会保险待遇没有落实。第九次全国职工队伍状况调查显示，雇主为职工缴纳养老保险、工伤保险、医疗保险、失业保险和生育保险的比例分别为79%、85.6%、78.5%、73.3%和67%，有3.9%的职工缴纳各类保险的基数降低，办理了住房公积金的比例为31.4%。职工社保待遇与国家全面保障的目标要求仍有较大差距。

4. 职业安全卫生问题较为突出。第九次全国职工队伍状况调查显示，17.0%的职工从未参加过单位组织的安全生产和职业卫生方面的培训，只有75.6%的职工能及时足量发放防疫用品、68.7%的职工能及时足量发放劳动保护用品、54.9%的职工最近一年参加了单位组织体检。分别有4.1%、3.1%、5.5%、2.4%、2%、2.3%的职工表示在高温或低温、粉尘污染、噪声污染、有毒有害气体污染、辐射污染、机械故障隐患环境中工作没有防护或防护措施不够。4.9%的职工表示得过职业病或受过工伤。

四、加强职工队伍建设的对策及建议

（一）加强产业工人队伍思想引领

1. 突出思想政治引领。围绕爱党爱国爱社会主义主题，广泛开展“永远跟党走”“党旗在基层一线高高飘扬”等群众性主题宣传教育活动，开展以劳动创造幸福为主题的宣传教育，加强新时代劳动教育。通过教育引导、舆论宣传、文化熏陶、行为实践、制度保障，加强对企业职工的理想信念、工业文明、民主法制和自我认同教育。引导职工增强道路自信、理论自信、制度自信、文化自信，自觉践行社会主义核心价值观，引导和培育健康文明、昂扬向上的职工文化和爱岗敬业、甘于奉献的职业精神，使劳动光荣、技能宝贵、创造伟大成为企业主流价值观。

2. 改进思想政治工作方式方法。加强分析研判、深入了解当前形势下行业产业工人的思想状况，特别是要加强对外卖配送员、互联网营销师等新就业群体的思想研判。结合产业工人的职业特点和心理特征，创新思想引领方式，通过开展职工文体活动、大国工匠进园区进企业活动、劳模工匠风采展示交流活动、为职工送健康活动等，夯实产业工人坚定不移听党话、跟党走的思想基础。

3. 确保产业工人队伍稳定。把加强思想引领与维护产业工人队伍稳定结合起来，在定期排查、及时化解、妥善处置劳动关系矛盾的同时，加强调查研究，重点关注产业工人思想状态，及时加强情绪疏导，强化人文关怀。把思想引领同“我为群众办实事”实践活动结合起来，把办实事的过程变成思想引领的过程，让产业工人队伍成为维护工人阶级队伍团结统一和社会大局和谐稳定最坚实、最可信赖的力量。

（二）构建产业工人技能形成体系

1. 制定职业技能标准。根据行业发展形势制定并及时更新行业部分工种的职业技能标准，将制定标准、编写教材、编制题库作为开展行业技能评价、技能培训的基础性工作，从源头上推动解决行业从业人员技能素质不高的问题。

2. 广泛开展职业技能培训。鼓励相关高等院校、科研机构、职业院校和企业联合培养专业技术人才，加强学科专业建设，加快建立覆盖行业、地区、企业三个层次的职业培训体系。依托行业骨干企业，建立行业人才教育培训基地。实施面向专业技术人才的知识更新工程和专项提升计划，落实终身职业技能培训制度，提升各类主体特别是企业开展岗位技能培训的积极性、主动性、创造性。开展好职工岗前培训、在岗技能提升培训和高技能人才培训，实现企业要求与职工需求、工会培训与行政培训的有机融合。开展新型师带徒活动，鼓励名师带高徒，优化培训模式，总结推广绝招绝技和先进操作法，做好技能技艺传承。

3. 优化职工技能评价方式。建立技术工人培养、使用、评价、考核机制，完善以创新能力、质量、实效、贡献为导向的人才评价体系。高标准开展职业技能等级评价，拓展培训空间，扩大评价范围。完善职工技能提升的考核奖励制度，在涨薪晋级、评先选优、学习深造、选拔任用等方面对高技能人才予以适当倾斜。

4. 提升技术工人待遇。落实《关于提高技术工人待遇的意见》，健全提升技能人才待遇激励机制，畅通人才发展通道。鼓励企业评聘技师、高级技师、首席技师并实施梯次津贴制，打破一线职工工资收入起点低、封顶线低和“工资收入固化”的状态。支持企业将创新能力、创新成果及其产业化程度作为重要的分配标准。鼓励更多产业工人热爱技能、学习技能、投身技能，走技能成才、技能报国之路。

（三）搭建平台拓展产业工人职业发展空间

1. 拓宽产业工人成长通道。推动实行统一的人力资源管理制度，把优秀产业工人特别是高技能人才纳入党管人才总盘子统筹考虑，适当打破企业用人中一线工人与专业技术人员和经营管理人员之间的身份界限，使符合条件的技术工人有机会进入企业管理人员和专业技术人员行列，为技术工人争取职业发展空间。

2. 深化劳动和技能竞赛。进一步健全以企业竞赛为基础，区域和行业竞赛为主体，国家一类、二类职业技能竞赛为重点，国内竞赛与国际竞赛相衔接的劳动和技能竞赛体系，推动实现资源共享、优势互补、合作共赢，不断提高竞赛的吸引力、影响力。深入开展重点行业节能减排达标竞赛、资源循环利用竞赛和职工职业技能竞赛，贯彻落实《关于进一步提高非公企业劳动和技能竞赛工作水平的意见》，将竞赛向中小微企业、非公企业延伸，向车间班组扩展，向新技术新业态新模式领域拓展，不断扩大竞赛覆盖面，更新竞赛理念，丰富竞赛形式，创新竞赛载体，强化竞赛成效。推动形成赛前培训、赛中把控、赛后激励的一体化机制，不断提高职工的参与度和受益度，把产业劳动和技能竞赛打造成技术工人成长成才的重要渠道。

3. 叫响做实先进引领品牌活动。深化“大国工匠”推荐学习、“最美职工”选树等活动，加大培训宣传力度，大力弘扬劳模精神、劳动精神、工匠精神，在全行业营造尊重劳动、崇尚技能、鼓励创造的良好氛围。有序推动“工匠学院”建设，着力培养更多的“大国工匠”。把培育工匠精神作为职工素质提升活动和企业文化建设的重要内容，加强职工对职业理念、职业使命的认识与理解，引导职工崇尚工匠、学习工匠、争当工匠。

4. 深入开展创新创效活动。以强化产业工人创新能力为重要着力点，通过开展职工创新成果评选交流活动，组织产业工人踊跃参加岗位练兵、技术交流、技能培训、技术革新、技术协作、合理化建议等活动，拓展小发明、小创造、小革新、小设计、小建议等群众性创新活动内涵。开展优秀技术创新成果和先进操作法交流活动，有序建立跨区域、跨行业、跨企业的创新工作室联盟，为优秀产业工人发挥作用搭建平台、提供舞台。

（四）着力解决产业工人利益诉求

1. 完善沟通协商机制。建立完善企业负责人与职工面对面沟通、工会与行政联席会议等制度，进一步畅通职工诉求表达渠道，督促行政定期通报经营状况，定期研究解决涉及职工切身利益的重要问题。建立健全劳动关系协调机制，打造企业与职工命运共同体、经济共同体、精神共同体，积极构建和谐劳动关系。

2. 强化源头参与力度。借助现有渠道，深度参与涉及行业结构性改革发展的政策制定，及时反映职工群众高度关切的重大问题，从源头上维护产业工人合法权益。积极推进行业和企业工资集体协商，突出维护好劳动就业、收入分配、社会保障等劳动经济权益。主动协同有关部门做好职工权益维护工作，促进行业和企业的和谐发展。

3. 健全协调劳动关系三方机制。落实以职工代表大会为基本形式的民主管理制度，开展优秀职工代表提案征集活动，推进厂务公开、业务公开，重大决策须经职代会通过。涉及职工切身利益的重大问题必须经过职代会审议。推动企业完善职工董事制度、职工监事制度，鼓励职工代表有序参与公司治理。

4. 加强制度保障。推动完善产业工人劳动经济权益保障机制，包括完善行业性、区域性、企业工资平等协商机制、正常增长机制、支付保障机制，健全向一线产业工人倾斜的分配制度，健全社会保险制度，加强安全生产和职业健康工作，规范劳务派遣用工。

负 责 人：江广平

承担单位：中国财贸轻纺烟草工会

农林水利气象系统
职工队伍状况及工会工作情况调查报告

根据全国总工会《第九次全国职工队伍状况调查方案》要求，中国农林水利气象工会对全国农林水利气象系统职工队伍状况及工会工作情况开展了深入调研，现将相关情况报告如下。

一、调研概况

本次调研主要针对职工思想政治状况、技能素质状况、民主政治权利实现状况、劳动经济权益实现状况、精神文化权益实现状况、工会组织建设及发挥作用状况 6 个方面。本次调研将书面调查与问卷调查相结合，以中国工会统计年报基础数据为参考，面向全部委员单位开展书面调研，抽取 24 家委员单位开展线上抽样调查，共 8810 名职工参与填写调查问卷；同时，第九次全国职工队伍状况调查办公室提供线下调查数据，有 2400 余名本产行业职工参与填写调查问卷。在报告起草过程中，将定性与定量相结合，对 6 个方面进行基本情况和存在问题的阐述，并提出思考与建议。

二、职工队伍基本状况

全国农林水利气象系统已建会单位现有职工 1688 万人，其中女职工 593 万人，占比 35%；技术工人 64 万人，占比 3%；工会会员 1631 万人，入会率 97%。已建会单位职工总数呈逐年递减趋势，相比 2017 年减少 15%。在线抽样调查显示，职工性别方面，男性占比 56.7%，女性占比 43.3%；年龄方面，18~30 岁占比 18.4%，30~50 岁占比 65.6%，50 岁以上占比 16%；政治面貌方面，中共党员占比 27.4%，共青团员占比 14.5%，民主党派成员占比 0.3%，未加入任何党派占比 57.7%；受教育程度方面，初中及以下占比 5.8%，高中（职高）、中专（中技）占比 15%，大专（高职）占比 24.7%，大学本科占比 47.6%，研究生及以上占比 6.9%。

三、职工队伍思想政治状况

（一）基本情况

一是坚决拥护党的理论和路线方针政策。产行业广大职工积极通过电视、网络、报纸等传播媒介深入了解党的理论和路线方针政策，关注党的代表大会、全国两会等重要政治活动，学习习近平总书记到北大荒农垦、中农发山丹马场、塞罕坝林场、长江流域、黄河流域等调研视察时的重要讲话精神，对习近平新时代中国特色社会主义思想的理解和认识更加深刻。线下调查数据显示，95%以上的职工对党的十八大以来关于脱贫攻坚、反腐倡廉、乡村振兴、新冠疫情防控等的决策部署表示强烈肯定和支持，90%的职工认为党中央关于“十四五”规划的目标是符合形势任务的。二是积极贯彻习近平生态文明思想。产行业广大职工作为生态文明建设主力军，能够坚持以习近平生态文明思想为指导，具有强烈的主人翁意识，以高度的责任感投身生态文明建设主战场，推动我国生态环境质量持续改善，为我国生态农业建设、水生态建设和天然林保护等做出了突出贡献。2017—2021 年，全国达到或好于Ⅲ类水体比例上升至 84.9%，劣Ⅴ类水体比例下降至 1.2%；土壤安全利用水平稳定提升，初步划定生态保护红线，持续开展大规模国土绿化行动；森林覆盖率达到 23.04%，根据美国 NASA 观测的数据，2000 年以来，全球新增的绿化面积约 25%来自中国。三是爱党爱国爱社会主义氛围浓厚。中国特色社会主义核心价值观在职工队伍中牢牢占据主导地位，产行业广大职工能够深刻认识到新中国是党领导中国人民缔造的，中国特色社会主义道路是党领导中国人民创造的，中国共产党的领导是中国特色社会主义的最本质特征。线下调查数据显示，95%以上的职工认为党的百年奋斗从根本上改变了中国人民的前途命运，开辟了实现中华民族伟大复兴的正确道路，90%以上的职工对“2035 年全面建成社会主义现代化强国、实现中华民族伟大复兴中国梦和本世纪中叶基本实现全体人民共同富裕”的目标充满信心。

（二）存在问题

部分职工思想状态波动，对所从事职业认同感缺失，感觉工作前景一般，社会地位不高，对工作产生影响；或者受客观因素影响，付出的劳动得不到理想的收获或回报，对工作生活产生怀疑。

四、职工队伍技能素质状况

（一）基本情况

一是积极参与劳动和技能竞赛。近年来，产行业年均开展劳动和技能竞赛、岗位练兵约4万次，年均约30万名职工参与。各类劳动和技能竞赛为职工展现风采、磨炼技术、比拼水平搭建了平台，更有一些职工从竞赛中脱颖而出，获得了五一劳动奖章、“行业技术能手”称号等。在线抽样调查显示，57.4%的职工参加过劳动和技能竞赛，96%的职工认为开展劳动和技能竞赛对单位和职工有益。二是涌现出大批劳动模范和工匠人才。在“劳模精神、劳动精神、工匠精神”的感召下，一批产行业职工爱岗敬业、艰苦奋斗、勇于创新、甘于奉献，在平凡的岗位做出了不平凡的贡献。2020年，产行业有50名职工获得全国劳动模范和先进工作者表彰；2017—2022年，产行业共34家单位获得全国五一劳动奖状，224名职工获得全国五一劳动奖章，214家班组（科室）获得“全国工人先锋号”称号；同时，全委结合产行业特色，开展了“绿色生态工匠”和“绿色生态最美职工”选树宣传活动，32名“绿色生态工匠”和30名“绿色生态最美职工”脱颖而出。三是创新创造能力不断提升。产行业广大职工积极参与“五小”活动，为产行业高质量发展贡献了智慧和力量，近年来，年均提出合理化建议10万条，约60%被采纳实施；年均发明创造项目4000个，60%~70%取得了国家专利或被推广为先进操作法。劳模和工匠人才创新工作室建设不断推进，产行业现有全国示范性劳模和工匠人才创新工作室3家，农林水利气象系统示范性劳模和工匠人才创新工作室60家，跨区域、跨企业的创新工作室联盟2家。四是职工培训教育体系逐步完善。产行业各单位普遍设置了职工培训负责机构，部分有条件的单位建立了职工培（实）训基地，采取日常轮训、重点培训、交流学习、“师带徒”等多种形式，开展政治理论知识、业务知识和实际操作等多方面培训。线下调查数据显示，70.4%的工会主席表示单位职工教育培训经费中60%以上用于一线职工，73.4%的职工在1年内参加过单位组织的培训，91.9%的职工认为参加单位组织的培训提高了自己的技能等级或专业技能。

（二）存在问题

一是技能型人才存在缺口。随着产行业发展和改革不断深化，生产劳动对技术技能水平要求越来越高，第一产业的吸引力较弱于其他产业，技能型人才“招不进、留不下”，总量不足问题凸显。在线抽样调查显示，产行业一线操作人员和专业技术人员分别仅占比14.6%和20.7%，其中无技术等级和无职称的职工分别占比43.6%和40.3%（见图1、图2）。尤其是部分农垦企业主要粮食作物生产已经实现全面全程机械化，亟须能够熟练操作先进农业生产机械的人员。二是职工培训需要提质增效。职工培训缺乏针对性，没有与产行业发展和职工学习需求精准对接，部分培训流于形式，培训内容没有灵活运用到实际工作中，在促进职工发展进步方面效果有限。线下调查数据显示，43.6%的职工培训后工资收入没有增加，46.8%的职工培训后并没有被调到更理想的工作岗位。同时，职工主动参加培训积极性不高，更多的是被动接受或等待单位组织培训。线下调查数据显示，仅27%的职工能够经常主动坚持学习，77.3%的职工在过去五年没有自费参加过培训。三是“劳模精神、劳动精神、工匠精神”宣传不到位。产业工会的宣传口径和宣传平台有限，全委能够日常利用的仅全委官网和微信公众号，16家省级驻会产业工会均没有官网，仅2家申办了微信公众号，其他基层工会多数依托于单位平台进行宣传，影响力有限。比如：全委选树的第一批“绿色生态工匠”，在全国总工会的支持下组织了10家央媒对工匠进行集中采访，推出原创稿件50多篇，浏览量近千万人次；而选树的第二批“绿色生态工匠”尚没有争取到以上宣传平台的支持，仅能通过全委自身平台进行宣传，力度和影响减小。

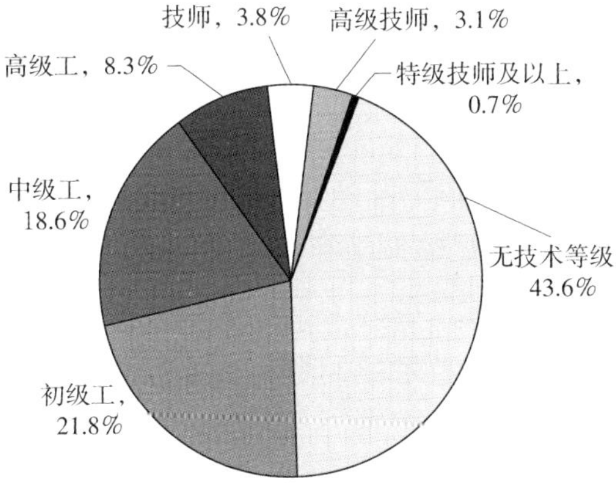

图1　产行业职工专业技术等级分布

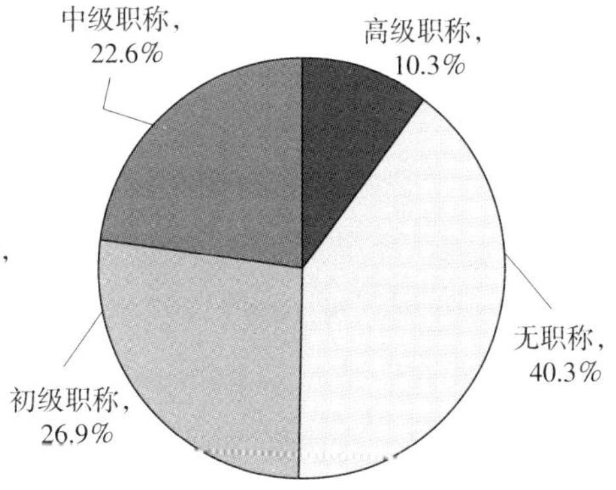

图2　产行业职工专业技术职称分布

五、职工民主政治权利实现状况

（一）基本情况

一是职工代表大会制度得到有效落实。产行业目前15万家基层工会中，有10万家基层工会建立了职工代表大会制度，涵盖单位17万家，涵盖职工984万人，共有职工代表78万人，其中7.8万家基层工会能够按期召开职工代表大会。职工通过职工代表大会平台，有效参与民主选举、决策、管理、监督，审议讨论单位重大决策、方针目标和涉及职工切身利益的重要问题并提出意见建议，近年来，4份职代会职工提案获评全国优秀职工代表提案。围绕职代会建设，其他形式的民主管理方式也不断完善，各单位定期召开职工座谈会，组织单位领导或工会主席接待职工，设置线上线下意见箱，构建更多领导与职工的沟通渠道。线下调查数据显示，55.2%的职工通过职工代表大会表达意见，46.9%的职工向工会或职工代表表达意见，37.4%的职工通过征求意见会等方式表达意见。产行业职工反映意见渠道多种多样（见表1）。二是集体协商质量不断提升。产行业相关基层工会主动作为，代表职工与企业进行平等协商，依法签订集体合同，推动协商内容以劳动报酬为重点，不断向工作时间、休息休假、劳动安全卫生、职业技能培训、保险福利等事项拓展，代表职工对集体合同的执行情况进行监督，以保证合同的各项条款落到实处。产行业目前14万家单独基层工会中，有4.3万家与企业单独签订了综合集体合同，覆盖职工400万人；有3.9万家与企业单独签订了工资专项集体合同，覆盖职工360万人。在线抽样调查显示，88.9%的职工认为工资集体协商在维护自身权益方面是有效的；线下调查数据显示，97%的工会主席表示集体合同执行情况良好。三是厂务公开覆盖面不断扩大。产行业目前15万家基层工会中，有10万家基层工会实现了厂务公开，涵盖单位17万家，涵盖职工960万人。产行业各单位在落实厂务公开要求的基础上，同步推进党务公开、政务公开、警务公开，坚持“公开是常态、不公开是例外”，由“要我公开”向“我要公开”转变，利用公开栏、OA系统、微信公众号等渠道，完整准确、真实可信地向职工公开单位生产经营管理基本情况、党风廉政建设和企业管理者收入及廉洁从业情况，公开关乎职工切身利益的政策制度和重大事项，公开职工关心的热点、焦点、敏感问题，切实保障职工知情权、参与权、表达权、监督权。

表1　产行业职工反映意见渠道分布

产行业	职工代表大会	征求意见会	向领导反映	向工会或职工代表反映	网络平台或意见箱	其他
农牧渔	55.8%	47.5%	71.3%	45.8%	27.8%	21.9%
林业	56.9%	47.1%	63.2%	49.8%	26.2%	17.3%
水利	47.8%	70.3%	64.3%	53.1%	25.6%	23.1%
气象	66.7%	83.3%	66.7%	50.0%	16.7%	16.7%
监狱	75.0%	25.0%	50.0%	25.0%	0%	0%

（二）存在问题

一是部分民主管理制度机制覆盖面有待扩大。集体协商和厂务公开覆盖企业范围不足，在集体协商方面，企业方对于集体协商积极性不高，部分基层工会存在畏难情绪而且谈判能力不足，职工仍存在“工资由老板说了算”的思维定式；在厂务公开方面，部分企业或者进行了公开但是没有形成制度，或者形成制度但是没有落实到位。在线抽样调查显示，38.3%的职工表示单位没有开展或不了解是否开展了集体协商，30.4%的职工表示单位没有实行或不了解是否实行了厂务公开。二是部分民主管理制度流于形式。在民主管理制度落实过程中，受单位领导不重视、职工缺乏参与意识和基层工会履职不到位等多种原因影响，职工民主权利实现不够充分。线下调查数据显示，20.9%的职工认为职代会作用发挥一般，26%的职工表示自己没有机会对单位的经营管理和维护自身权益发表意见。

六、职工劳动经济权益实现状况

（一）基本情况

一是工资收入稳中有升。产行业部分职工为行政编制或全额事业编制，工资由国家财政负担，此类职工在水利、气象和监狱管理系统占比较大，工资发放和调整依据级别、职称，按照国家、地方政策执行；部分职工为差额事业编制和企业编制，企业编制职工主要集中在农牧渔和林业企业，工资收入与单位经济效益挂钩，这些职工所在单位大部分呈平稳或向上发展趋势，职工工资收入近年来稳中有升；产行业各单位也有编外人员，主要包括劳务派遣、人事代理、临时工等，大部分单位制定了相应的编外人员管理办法，能够保证工资正常发放和增长。线下调查数据显示，96%的职工没有被拖欠工资，75.7%的职工自2019年以来工资上调或多次上调。从行业来看，监狱系统职工平均工资收入最高，80%集中在5000~10000元；其次是气象和水利系统，40%的气象职工收入在5000元以上，其中20%的气象职工收入超过10000元，70.1%的水利职工收入在3000~5000元；农牧渔和林业系统相对较低，37.2%的农牧渔职工和33.1%的林业职工收入在3000元以下（见表2）。二是社会保险应参尽参。行政编制或全额事业编制的职工，社保缴纳有国家财政资金做保障，能够保证“五险一金”全部到位；大部分差额事业编制和企业编制职工，所在单位发展势头良好，经济效益乐观，各单位根据《社会保险法》，严格按照职工工资实际核定、足额缴纳社保费用。在线抽样调查显示，91.2%的职工表示所在单位为自己办理了“五险一金”。三是安全卫生保障坚实。产行业现有约5万家单位建立了劳动保护监督监察组织，劳动保护检查员约7万名。产行业各级工会持续推动《劳动法》和相关劳动保护条例落实，年均参加安全生产检查18万次，积极参与制定灾害事故应急预案、重点领域监管和职业病防治，为职工发放劳保用品和新冠疫情防护用品，举办健康体检、疗休养、心理健康讲座等。在线抽样调查显示，90.5%的职工参加过单位组织的安全生产培训；线下调查数据显示，93.5%的职工表示单位发放过劳保用品或新冠疫情防护用品，83.3%的职工表示工作场所不存在高低温、机械伤害隐患或粉尘、噪声、有毒有害气体、辐射污染，15.5%的职工表示虽然有此类污染但是单位提供了相应防护措施。近年来，产行业劳动安全事故发生频率总体处于较低水平，未发生过重大安全生产事故，未出现过大范围的职业病。

表 2　产行业职工工资收入分布

产行业	1000 元及以下	1000~3000 元	3000~4000 元	4000~5000 元	5000~10000 元	10000 元以上
农牧渔	2.3%	34.9%	29.2%	18.3%	13.8%	1.5%
林业	0.7%	32.4%	21.6%	16.9%	20.9%	7.6%
水利	0.9%	25.0%	43.8%	26.3%	3.6%	0.4%
气象	0%	0%	30.0%	20.0%	20.0%	20.0%
监狱	2.5%	2.5%	5.0%	2.5%	80.0%	0%
总计	1.9%	33.1%	29.3%	18.6%	14.8%	2.2%

（二）存在问题

一是新冠疫情影响职工收入。新冠疫情阻碍了人员和物资的正常流动，影响各单位正常运转，尤其是经营性单位效益受损，职工工资收入降低。线下调查数据显示，70.4%的职工表示新冠疫情导致行业经营困难，93.4%的职工所在单位曾受疫情影响停工停产，28.9%的职工表示工资受到了新冠疫情影响。二是当前工资水平低于职工期望值。职工对工资上涨的期望是当前我国社会主要矛盾的现实体现。部分职工因为企业效益不乐观，导致工资收入较低；或者因为所在城市住房、教育、医疗等生活必需品价格高企，支出压力较大；或者因工作任务繁重，感觉付出和收入不成正比。线上抽样调查显示，27.7%的职工认为自己的工资收入水平处于中等偏下，33.4%的职工认为自己属于低收入群体，43.6%的职工对当前工资收入不满意。产行业职工对工资水平满意程度打 10 分的仅占 3.9%（见图 3）。三是同工同酬尚未完全实现。为了满足和适应产行业发展需求，多数行业都设置了行政、事业、企业等多种性质的单位，其职工身份不同、待遇不同，比如监狱企业职工与监狱警察相比，无论在政治上还是在经济待遇上都存在较大差异，个别监狱企业职工心理不平衡。同时，混岗混编问题仍然存在，编外职工待遇不如在编职工，个别单位因工作需要安排编外职工从事在编职工工作，却因“身份鸿沟”无法实现同工同酬。

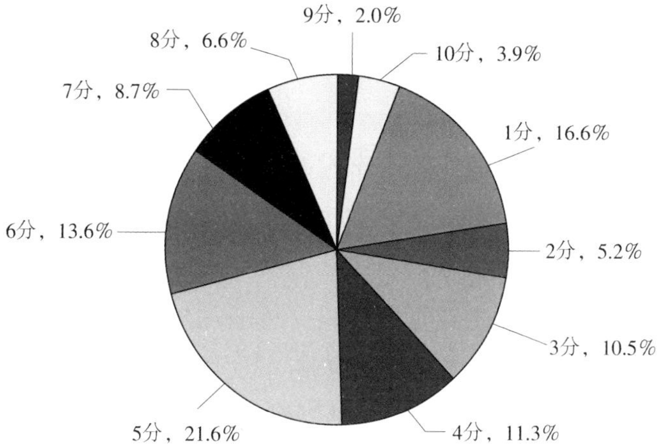

图3　产行业职工对工资水平满意程度分布
（1分为最不满意，10分为最满意）

七、职工精神文化权益实现状况

（一）基本情况

一是精神文化基础设施不断完善。产行业各级工会大力推进职工书屋建设，产行业现有职工书屋9300余处，2017—2022年，有236处职工书屋获“全国工会职工书屋示范点”称号，职工阅读便利点和劳模书架等其他阅读场所不断增加，电子职工书屋覆盖率不断提高，部分渔业企业在远洋船只上建设了流动职工书屋。部分具备相应条件的单位，根据职工需求建设了台球室、乒乓球室、健身房、篮球场、羽毛球场等体育健身场所；个别企业形成了集强身健体、文化娱乐、沟通交流等多功能于一体的职工活动服务中心。偏远地区职工的精神文化生活被进一步关注，2020年全委申请35万元为驻地在永兴岛的海南省三沙市气象站建设了体育设施。二是精神文化生活内容更加丰富。在丰富的精神文化产品和完善的精神文化基础设施保障下，产行业广大职工可以自主开展多种形式的精神文化活动。同时，产行业各级工会也举办了主题鲜明、丰富多彩的歌唱、诵读、摄影、征文、体育比赛等文体活动，吸引了大量职工踊跃参与；部分基层工会组织职工开展文化创作，推出歌颂党和国家伟大成就、伟大精神的舞台剧、微电影；部分基层工会适应常态化疫情防控，开展了VLOG大赛、电子象棋、微信晒厨艺等线上活动，有效缓解了疫情引起的不良情绪。近年来，全委结合改革开放40周年、新中国成立70周年、建党100周年等重要历史节点，组织了“与新时代齐奋进 做最美农垦人”职工演讲比赛、“奋进新征程 丹心永向党”全国监狱系统民警演讲大赛、“庆百年华诞 展生态风貌 建产业新功”全国农林水利气象系统乒乓球大赛等活动，为职工展示风采提供了广阔舞台。

（二）存在问题

一是职工精神文化生活多样化需求没有得到足够重视。部分企业认为职工开展文体活动不是必需的，职工开展文体活动有可能会占用工作时间和精力，影响企业效益；或者认为职工可以利用社会公共文体设施和经营性文体设施开展文体活动，没有必要占用企业资源建设文体活动场所。二是职工精神文化活动阵地还不够完善。部分单位尤其是基层站（所），受制于场地等客观条件的限制，没有建设文体活动场所或添置文体活动设施。线下调查数据显示，62.5%的工会主席表示单位没有图书馆（室）；线上抽样调查显示，23.8%的职工表示单位没有或不清楚是否有文体活动场所。

八、工会组织建设及发挥作用状况

（一）基本情况

一是组织建设进一步健全。产行业现有基层工会15万家，涵盖单位25万家，其中单独基层工会14万家，联合基层工会1万家。近年来，全委着力抓好产行业头部企事业单位的基层工会建设，指导中国南水北调集团有限公司有序开展建会工作，指导中农发集团、北京首农食品集团、长江委、黄河委等开好会员代表大会。推动省级驻会产业工会建设，黑龙江、河南、海南、贵州、陕西、西藏等省（区）相继成立了省级驻会产业工会，辽宁、安徽、广西、宁夏等条件成熟的产业工会工作委员会改为产业工会委员会，产行业现有省级驻会产业工会16家，副省级城市驻会产业工会3家。二是干部队伍建设进一步加强。产行业现有专职工会工作人员4.8万人，兼职工会工作人员39万人。产行业各级工会高度重视工会干部教育，以党建带工建，在党员队伍中扎实开展“两学一做”学习教育、“不忘初心、牢记使命”主题教育、党史学习教育，进一步坚定理想信念，弘扬优良传统；积极组织各级各类工会干部培训，全委每年组织全国农林水利气象系统工会干部培训班1次，开展“送教下基层”活动2次，根据实际需要在相关行业组织工会干部培训班，推动工会干部理论素养和业务素质同步提升。三是制度建设进一步完善。全委对中国农林水利气象工会制度汇编进行了修订，完善了常委会工作制度，制定了《关于充分发挥委员、常委、兼职副主席作用的办法》，新增了关于督查、维稳、荣誉申报、信息管理、调查研究、劳模和工匠人才创新工作室管理、劳模疗休养基地命名和管理、华侨农场送温暖资金使用等管理办法，逐步形成了一套具有产业工会特色的制度体系。产行业各级工会积极履职尽责，依规办事，并对照全委制度体系，结合自身制度薄弱环节，对工会经费使用、民主管理等制度进行补充完善，进一步增强了工会改革的系统性、整体性、协同性。四是履职效果进一步提升。产行业各级工会坚持围绕中心、服务大局，扎实开展思想政治引领，推动习近平新时代中国特色社会主义思想进农场、进林场、进台站、进监区。深入推进产业工人队伍建设改革，全委每年与对口部（局）联合开展全国行业职业技能大赛，开展“助推绿色发展 建设美丽长江”全国引领性劳动和技能竞赛、大小兴安岭“生态保护与转型发展”全国引领性劳动和技能竞赛、“人水和谐·美丽京津冀”劳动和技能竞赛，在水利、林业系统开展职工培训，加强劳模和工匠人才创新工作室建设。落实维权服务基本职责，2017 至今，全委共使用中央财政专项帮扶资金和工会送温暖资金 1400 余万元，相继用于保障长江、黄河防汛，冬奥会气象服务，远洋渔业，西藏那曲气象站等职工的生产生活。切实抓好劳动领域政治安全，贯彻“五个坚决”要求，以“五个不发生”为目标，全委建立了职工队伍稳定情况信息报送、沟通和协商机制，及时对劳动领域政治安全形势进行分析研判，做好风险隐患排查并上报全国总工会，指导有关基层工会积极解决相关问题，把风险隐患化解在基层一线、消除在萌芽状态，促进职工队伍团结统一与社会和谐稳定。线下调查数据显示，99.1%的工会主席认为单位的劳动关系是稳定的。

（二）存在问题

一是产业工会组织不健全。目前全国尚有 15 个省（区、市）未建立农林水利气象工会组织，现有的 16 个省级农林水利气象工会组织中，只有 8 家与全委职能完全对应，其他 8 家则同时联系建设、交通、能源、医药等其他产行业。市、县两级组织建设缺口较大，16 个已建省级农林水利气象工会组织的省（区、市）中，仅辽宁、山东、广西 3 个省（区）有超过半数地级市建立了农林水利气象工会组织，仅山东、广西两省（区）建立了县级农林水利气象工会组织。二是基层工会力量明显削弱。随着机构编制改革持续推进，工会专职机构被取消或合并，由人事或党务部门工作人员兼职负责工会工作，比如中央编办在对长江委、黄河委三定方案的最新批复中，没有明确长江工会、黄河工会的编制，仅明确由机关党委领导群团工作。线下调查数据显示，产行业74.2%的工会主席为兼职。三是部分重点工作推进力度不足。部分基层工会在推进产业工人队伍建设改革中单打独斗，没有推动形成党委统一领导和职能部门协调配合的工作格局，力度大、针对性强的产改措施不够多，产改效果距离预期还有差距。网上工会建设欠缺，产行业的智慧工会建设仍停留在宣传层面，服务职工、组织建设等更深层次的智慧工会体系尚未形成。线下调查数据显示，40.1%的职工没有听说过网上工会服务职工活动，46%的工会主席表示没有开展过网上服务职工工作，56.3%的工会主席表示没有通过网络信息系统开展会员管理及服务工作。

九、思考与建议

（一）加强思想政治引领，团结动员广大职工以实际行动学习宣传贯彻党的二十大精神

要把学习宣传贯彻习近平新时代中国特色社会主义思想作为首要政治任务，广泛开展多种形式的主题宣传教育，引导产行业广大职工更加紧密地团结在以习近平同志为核心的党中央周围，深刻领悟“两个确立”的决定性意义，增强“四个意识”、坚定“四个自信”、做到“两个维护”，坚定不移听党话、矢志不渝跟党走。要深入宣传贯彻习近平生态文明思想，大力弘扬绿色发展理念，引导产行业职工为生态文明建设建功立业，做“绿水青山就是金山银山”的践行者。要积极宣传产行业职工践行社会主义核心价值观的生动实践，传承和弘扬南泥湾精神、兵团精神、红旗渠精神、北大荒精神、塞罕坝精神等产行业优秀时代精神，与弘扬“劳模精神、劳动精神、工匠精神”相结合，“十四五”期间继续选树宣传100名左右的“绿色生态工匠”和“绿色生态最美职工”。要时刻关注职工思想动态，及时帮助个别职工疏通思想、理顺情绪、增进理解、提高认识，树立正确的世界观、人生观和价值观，切实筑牢和谐稳定的思想防线。

（二）高质量推进产改工作，加快构建高素质产业工人队伍

要抓好产改的顶层设计，明确各单位各系统在产改中的角色定位，推动构建形成党委统一领导、部门各负其责、企业积极参与、工会与行业协会协同发力的产改工作格局，打破工会唱“独角戏”的局面。要深入持久开展劳动和技能竞赛，与对口部（局）加强合作，办好全国一类、二类职业技能竞赛，组织开展“南水北调后续工程建设”和“大小兴安岭‘生态保护与转型发展’”全国引领性劳动和技能竞赛。要加强产业工人培训，着力提高针对性，根据职工

需求在林业和水利系统组织全国性职业技能培训，推动产行业相关单位开展技能型人才定向培养，着力弥补技能型人才缺口。要切实提高产业工人的经济地位和政治地位，推动企业改革薪酬制度，促进技能水平与薪酬等级挂钩制度；把更多产业工人尤其是高技能高素质人才作为党代表、人大代表、工会代表和劳模先进的推荐人选，提升产业工人的获得感，营造“尊重知识、尊重人才、尊重技能”的良好氛围，提升产行业对高素质人才的吸引力。

（三）增强维权工作实效，切实保障职工民主政治权利

要不断扩大民主管理制度覆盖面，大力宣传民主管理工作对促进企事业单位发展的重要性和必要性，进一步提高企业和职工对推动民主管理工作的认知度和认同度，指导相关企事业单位规范建立职工代表大会、集体协商和厂务公开等民主管理制度。要切实提升民主管理工作质量，推动企事业单位以“组织健全、制度完善、内容丰富、重点突出、运行规范、成效明显”为目标，严格规范落实相关民主管理制度，开展民主管理质量评估工作，在产行业培育树立相关典型。要坚持维权维稳相统一，加强企业劳动争议调解组织建设，健全完善劳动关系调处机制，加强劳动关系矛盾纠纷事前预防、事中化解和应急处置，当好第一知情人、第一报告人、第一代言人，紧扣形势要求，有效防范化解劳动关系矛盾和风险。

（四）提高职工生活质量，不断满足职工对美好生活的向往

要加大困难职工帮扶力度，进一步健全完善常态化送温暖机制，继续叫响做实送温暖、金秋助学、阳光就业、职工医疗互助、关爱农民工子女等工会工作传统品牌，帮助低收入职工改善经济条件；巩固拓展解困脱困工作成果，多渠道积极争取帮扶资金投入，对因病因灾或因疫情导致基本生活困难的职工家庭进行精准帮扶。要更好地满足职工精神文化需求，把思想引领融入职工精神文化生活，把推进“职工书屋”等职工阅读场所建设作为基础性工作抓紧抓好，不断提高质量，填补空白；以提高“参与度”为重点，广泛开展休闲健身、歌舞表演、体育竞技、琴棋书画等群众性文体活动；结合“暖边绿境”关爱职工专项活动，着力完善边境地区产行业职工精神文化生活阵地，在“职工书屋”建设、经费投入、文体活动名额方面向边境地区倾斜，助力推动边疆地区乡村振兴，建设绿色生态屏障，服务巩固祖国边防。

（五）持续深化改革创新，着力提高产业工会履职尽责能力

要健全工会组织体系，推动省级农林水利气象工会建设，针对未建立对口

产业工会的省份，积极争取在全国总工会有关部门协助下明确省级总工会联系部门；加强基层工会建设，加大央企、非公企业和社会组织依法建会力度，协调各级党政选优配强基层工会干部，提高专职工会干部比例，加强对工会干部的培训教育，不断提升工会干部能力素质。要深入学习贯彻全国产业工会工作座谈会精神，落实好《全国产业工会工作评价体系和工作机制实施办法》，进一步改进工作作风，提升战斗力，更好地发挥全国产业工会在工会整体工作中的独特优势和重要作用，真正实现中心工作有地位、重大工作有贡献、产业领域有号召力、特色工作有突破。

负 责 人：江广平

承担单位：中国农林水利气象工会

网络专项调查报告

第五编

职工生活品质状况网络专项调查报告

根据《第九次全国职工队伍状况调查方案》工作安排，在全国总工会第九次全国职工队伍状况调查领导小组领导下，中国工运研究所课题组 2022 年开展了“职工生活品质状况”网络专项调查，着重对新发展阶段职工的基本工作和生活状况、生活需求的新变化新特征新趋势进行了调查分析，并针对存在问题提出对策建议，形成本调查报告。

一、调查基本情况

职工生活品质是一个高度综合的概念，包含职工在一定发展阶段所呈现的物质及精神生活状况、生活评价和生活追求等内容。国际社会已对人们的生活品质给予广泛关注和研究。21 世纪初，英国、加拿大、澳大利亚等国家先后启动了生活质量相关计划；经济合作与发展组织（OECD）于 2011 年提出了美好生活指数，并定期发布《生活质量》报告。近年来，国内有关机构和学者对生活品质也进行了积极研究，覆盖面较广泛的是国务院发展研究中心“中国民生调查”，央视财经频道、中国邮政和国家统计局推出的“经济生活大调查”，中国社科院的《民众美好生活需要调查（2019）》等。此外，大量城市生活质量调查也相继涌现，形成了一批研究成果。

课题组在广泛搜集资料、学习借鉴国内外研究成果的基础上，结合我国职工生产生活实际，初步研究设计了一个基本的职工生活品质指标体系，并据此设计了“职工生活品质”网络调查问卷。本指标体系以了解我国职工对美好生活的新需求新期待为重点，站在职工视角，设置了“我们的工作”“我们的生活”“我们的未来”3 个一级指标。下设 17 个二级指标，主要包括薪酬收入、工作强度、工作环境、技能提升、抱怨倾诉、就业稳定性、工作认同、职场诉求 8 个工作指标；住房条件、医疗健康、心理压力、通勤出行、消费休闲、家庭关系 6 个生活指标；政策认知、公共卫生安全、社会参与 3 个社会指标。

2022 年 2 月至 5 月，课题组在全国 21 个省份开展网络调查，通过多指标分层整群抽样方法抽取样本企业，共发放问卷约 25 万份，回收有效问卷 228184 份，有效率为 91.27%。被调查职工以一线职工、专业技术人员为主，占比分别为46.8%和18.7%；就职于事业单位的占36.6%，私营企业的占33%，国有企业的占7.6%；40岁以下青年职工占63.1%，其中31~40岁年龄段职工最多，占35.7%；文化程度初中及以下学历占16.3%、高中学历占21.8%、大专及本科以上学历占62%；已婚职工占72.9%，其中九成以上有子女，基本代表了我国各行各业职工的基本情况。数据处理主要是运用Stata16，对收集的数据进行描述性统计，以及交叉分析、方差分析、协方差分析等异质性分析和显著性检验，得出的结论较为科学准确。

二、职工生活品质总体状况

（一）职工对目前生活状态评价总体中性偏好

职工对目前生活状态评价的均值为6.6分（10分为满分），其中8.9%的职工打10分，23.4%的职工打8~9分，41.2%的职工打6~7分，打5分及以下的职工占26.5%。职工对自身生活状态的评价以基本满意为主体，尚有较大提升空间。不同性别、年龄、收入、区域的职工对生活状态的评价存在一定差异。随着年龄和收入的上升，职工对生活状态的评价也更高，男性职工、本地职工对生活状态的评价高于女性职工、外地户籍职工。从区域看，东部地区职工生活状态评价最高，平均为6.7分，东北地区职工评价最低，为6.5分。

（二）收入和教育是影响职工生活品质的基本因素

对于高品质生活的憧憬，72.3%的职工选择更满意的收入，54.6%的职工选择更好的教育，53.7%的职工选择更舒适的居住条件，49.6%的职工选择更好的医疗卫生服务、47.3%的职工选择更好的工作。男性和40岁以上的中年群体更在意居住条件的舒适度，女性、31~40岁的青年和高学历职工选择教育的比例显著高于平均水平。对于当下急需解决的问题，超过六成职工把收入排在第一位，其他选项在区域间存在明显差异，东北地区因老龄化严重，将医疗列为第二；中部和西部地区急需破解就业难的问题；东部地区需要优先解决住房问题。

三、职工生活品质提升面临的主要问题

（一）半数以上职工生活压力较大

调查显示，55.7%的职工表示自己压力较大或者非常大。日常生活开支大、养育子女投入大、买不起房是职工经济压力的主要来源。近四成的职工反映物价太高，工资上涨的幅度赶不上物价上涨的幅度；育儿津贴对职工生育意愿的影响仅次于教育因素，43.2%的职工期待享有；近半数职工无自有住房，35.5%的职工在还房贷，60.8%的职工希望进一步调控房价。工作焦虑和孤独感是导致

职工精神压力的主要因素。近两成职工感觉工作压力很大，10.6%的职工觉得社交圈太窄。

（二）中等收入群体占比较小

职工工资分布呈“金字塔形”，低收入群体占比较大。过去一年，月收入4000元以下的低收入群体占45.8%，月收入4001~6000元的群体仅占职工总数的28.7%，月收入6001~8000元的职工占12.9%，离中等收入群体占比60%的“橄榄形”社会结构差距较大。农民工工资水平相对较低，月平均工资为4719元，显著低于整体月平均工资5154元，其中4000元及以下的比整体高出5.2个百分点。

（三）职工工作时间总体偏长

调查发现，职工平均每天工作8.65小时，平均每周工作5.52天。近半数职工每周休息不足两天，17.6%的职工每周工作7天，31.6%的职工每周工作6天。农民工群体加班现象更为普遍，农民工平均每周工作5.69天，平均每日工作8.88小时，高于全体职工平均工时水平。其中，14.6%的农民工每日工作9小时，19.8%的农民工每日工作10~11小时。45.6%的职工选择休息时间补觉，7.6%的职工表示可支配时间太少导致生活节奏紧张。

（四）青年和农民工工作转换相对频繁

随着新冠疫情带来的冲击，职工更加注重经济上和工作上的安全感，65.7%的职工将稳定性作为就业最重要的考虑因素，比工作收入高出20个百分点。虽然职工就业总体稳定，但30岁以下青年职工和农民工工作转换相对显著。根据调查显示，近五年内没有换过工作的职工占60.7%，至少转换过1次工作的占39.3%。30岁以下青年近五年至少转换过1次工作的比例高达54.5%。农民工近五年至少转换过1次工作的比例高达47.5%，而城镇户籍职工仅为33.3%。

（五）产业工人技能素质偏低

无技术等级产业工人占比大，高技能人才明显短缺，高级工及以上技术等级占13.6%，与西方发达国家高技能人才一般占产业工人35%以上的比例相比，还存在较大差距。三成以上职工对人工智能等技术充满危机感。在对人工智能技术的态度上，16.5%的职工认为人工智能技术“替代了我的部分工作”，13.2%的职工表示“减少了我所在岗位的招聘需求”，6%的职工表示因技术替代而产生了换工作的想法。

（六）基本公共服务仍需进一步加强

调查显示，存在生活压力的职工群体中，分别有55.8%、34%、29%表示生活压力主要来自育儿养老、住房、医疗三个方面。育儿和养老方面，46.7%的职工表示教育减负和教育公平最能增加其生育意愿，52.7%的职工希望增加养老机构、设施及服务。住房方面，农民工、青年职工住房压力还比较大。调查显示，无房职工中13.7%是租房住的，7.8%住单位宿舍，只有4.9%住的是廉租房等政策性住房。医疗方面，83.3%的职工表示希望降低医疗费用、提高报销比例，28.6%的职工希望降低重大疾病费用。

四、职工美好生活需要的新变化新特征新趋势

（一）职工职业需求从注重单一收入向注重实现自我价值转变

职工更期盼收入稳定增长，收入与付出相匹配意识增强。收入水平是职工享有高品质生活的基础条件，但相较于绝对水平，职工更关注工资稳步上涨和分配机制。调查显示，50.9%的职工认为收入增长应与经济增长同步，43.3%的职工希望实现收入稳步增长。在增长方式上，71.6%的职工希望有工资随物价上涨的机制，54.8%的职工希望健全工资集体协商机制。职工也更重视薪酬体系的合理性，职工表示"最重要的是要根据能力、绩效、工作量来确定收入"。26.6%的职工希望自己的付出能够反映在"工资条"上，实现技高者多得、多劳多得，63.6%的职工希望通过产业工人队伍建设改革促使收入和技能挂钩。

职工更加注重自我价值实现和权能感。职工通过职业成就增加生活价值感和幸福感。调查显示，24.1%的职工注重实现自我价值，35.2%的职工希望有更大的职业发展空间。30岁以下职工追求发展的意愿更强烈，比整体高8个百分点，有青年职工表示"现在就是工具人，工作没什么意义"。职工更愿意投资长期成长，实现能力超越。24%的职工认为岗位和能力不太匹配，33%的职工希望有更多培训机会，女性、服务业、中等学历的职工参加培训的意愿更高。职工展现出参与企业管理的积极意愿，希望围绕切身利益充分行使民主权利。26.2%的职工希望能及时了解企业经营状况，24.3%的职工希望企业能重视职工的意见和建议，13.2%的职工希望进一步推动企业民主管理，表明职工期盼有更多机会影响企业决策。

职工渴望从工作场所获得更多支持。调查显示，31.6%的职工希望有渠道充分反映自身愿望与诉求，50%的职工遇到困难时希望能从单位得到帮助。职工还希望单位扩展精神文化生活空间和给予心理关怀，23.1%的职工希望单位增加文

体活动和设施，14.4%的职工渴望享有疗休养机会；职工开始重视工作压力释放，21.7%的新就业形态劳动者希望有心理疏导服务，显著高于其他职业。

（二）职工生活需求从注重物质丰裕向注重品质化均衡化转变

职工更加期待工作和生活平衡，时间自主权意识不断增强。职工已经不满足于用长时间工作换取物质资源，希望有更多时间享受生活，24.9%的职工认为充分的闲暇时间是生活品质的体现。半数以上职工希望有更多个人时间，18.6%的职工希望最好不用加班。家庭关系对职工幸福感有显著影响，28.8%的职工希望能兼顾家庭，31~40岁的职工需求最高、为37.4%，77.5%的职工在休息时间选择陪伴家人。职工希望可以灵活调配工作时间以平衡生活，10.7%的职工向往更自由的工作方式，19%的女职工表示延长产假、弹性工作能够提升其生育意愿。

职工更加在意改善型享受型需求的满足。调查显示，46.5%的职工会在改善住房上增加支出，29.3%的职工会在有机食品上花费更多，25.3%的职工会在汽车、家电上增加投入，职工已从满足基本的吃住需要向吃得营养、住得舒适过渡。职工逐渐形成健康生活方式和运动习惯，是迈入品质生活的重要标志。32%的职工将健身锻炼作为业余爱好，17.3%的职工将在保养保健上增加投入；49.7%的职工最希望获得的工会服务是免费体检，28.6%的职工注重健康筛查和预防。职工对社会保障的期待从“有没有”向“好不好”转变，91.4%的职工已为各类社会保险所覆盖，31.9%的职工希望享有大病救助和职工互助保险，26.8%的职工希望工伤保险制度进一步创新，不断扩大覆盖面。

职工更加期盼精神滋养，休闲旅游和文化消费等精神生活需要提升。调查显示，33.9%的职工希望拥有更加丰富的精神文化生活，休闲活动也体现出注重互动性、成长性的倾向，仅有14%的职工选择电视、打游戏等感官娱乐，23.4%的职工选择社交活动，22.5%的职工选择旅游，9.8%的职工选择阅读、看展览，不断提升思想境界和精神品位。

（三）职工社会需求从注重个人获得向注重彰显公平正义转变

职工对实现共同富裕充满期待。职工对制度性改革更加期待，社会态度更加积极，73.9%的职工非常支持“稳步实现全民共同富裕”。调查显示，55.4%的职工最在意缩小收入差距，29.8%的职工最在意缩小区域和城乡差距，21.7%的职工认为要限制垄断行业过高的不合理收入。52.9%的职工认为依靠勤劳致富是实现共同富裕最重要的途径，表明我国社会结构流动性较好，职工相信通过个人努力可以找到上升路径。

职工对公平正义的呼声强烈。48.9%的职工在意社会公平公正、和谐和睦，28.6%的职工在意基本公共服务均等。就业公平、教育公平、收入分配公平依次成为职工最希望实现公平正义的领域。在就业上，近四成职工希望消除年龄歧视和学历歧视。在收入分配上，七成以上职工认为应提高一线职工工资水平；超四成职工希望二次分配进一步改善，其中41.8%的职工希望进一步提高社保水平，41.1%的职工希望加强税收调节。在子女教育上，教育公平对阶层流动、代际超越的意义更为重要。30.7%的职工认为教育会影响子女的生活品质。职工希望教育和住房、户籍解绑，66%的职工希望教育资源均衡分布，23.4%的职工期待租购同权。

（四）职工对服务的需求从普及性向个性化智能化转变

职工更加追求分众化的生活体验，对服务项目选择多元。整体来看，四成以上职工最希望有免费体检、职工宿舍两项福利，三成职工想得到工作餐和培训机会，近两成职工想得到大病救助、困难帮扶、托育托管服务。从性别上看，男性职工更看重培训机会，女性职工更在意子女托育托管服务。从年龄上看，40岁以上职工更注重健康休闲，对疗休养和大病救助的需求高于其他群体，分别为17.8%和37.9%；31~40岁的职工对培训和子女托育托管需求较高，分别为34.8%和33.0%；30岁以下职工对工作餐、婚恋交友、困难补助的需求相对强烈。

职工获取信息、交流互动、购物消费、工作学习的方式被技术深刻改变，对服务的需求更加趋向智能化、便捷化。调查显示，40.4%的职工通过互联网了解涉及职工利益的各方面政策，32.9%的职工希望通过技术手段使公共服务更精准、便利地提供，30.0%的职工认为线上学习更适合工作实际，9.2%的职工希望进一步发展“互联网+”医疗。

职工对便捷高效的公共服务需求越来越强烈。调查显示，54.1%的职工希望发展社区养老、生活服务等“一站式”社区服务模式，41.5%的职工希望子女入托入园更便利，切实增强对生育的支持和对老龄化社会的考虑；在医疗服务上，43.9%的职工希望优化异地就医程序，26.6%的职工希望社区医院的水平尽快提升，就近就医更方便。

五、提高职工生活品质的对策建议

（一）构建中国职工生活品质指数

从国际经验来看，将生活品质作为社会发展的衡量指标，对经济社会政策制定及效果评价具有重要意义。要持续开展大样本、广范围的深度调查，弥补国内相关研究缺少较权威大样本调查数据的空白。对接国际标准，探索开发中国职工生活品质指数，完善监测体系，为准确评估职工生活状况、比较不同国家经济发展与社会进步情况提供可靠依据。建立多层次报告制度，定期发布《中国职工生活品质报告》，从国家性和地区性两个层次科学分析职工品质生活的动态走势，进一步对女职工、青年职工等细分群体进行专题调查研究。加强研究成果应用，以中国职工生活品质指数为依据，明确工会服务的改进重点，提高服务职工的“精准度”，顺应不同职工群体对美好生活的期望。

（二）强化以职业发展规划为指导的培训服务

职业技能培训是提高职工技术技能水平和薪酬待遇的重要途径。要建立以职业发展规划为指导的终身职业技能培训机制，提高产业人才需求与技能培训供给匹配度。借鉴欧盟各国工会帮助职工规划职业生涯的有益做法，充分利用社区和街道工会活动阵地，广泛设立职业生涯指导网点，为学历较低的年轻人、灵活就业人员、大学毕业生和中小微企业职工等提供就业指导和职业规划服务，促进劳动者提高规划意识，主动接受终身职业技能培训。督促企业工会加强同行政的合作，结合企业发展实际，制订职工中长期职业成长指导计划，建立职业教育培训与职业生涯各阶段工作需要相配套的制度机制，帮助职工制定基于岗位能力的学习路径图，依据职业发展规划拟定个性化课程体系、配套师资、建立评价标准等。促进企业职业培训与院校职业教育对接，使多层次多样化的职教资源全方位服务于职工职业生涯全过程中的终身学习，推动龙头企业、行业积极参与人才需求预测、职业技能鉴定，提高教育培训的精准度，强化职业资格认证。

（三）探索实施职工工作家庭平衡计划

推动企业制订有效的“工作家庭平衡计划”，为职工照顾家庭提供支持性组织环境。实施合理工时制度，完善工作时间监督机制，提供适应家庭需要的多元化弹性工作制度和休假选择，允许有家庭责任的职工在一定范围内自行决定工时安排或缩短工时，创新休假制度，如在事假之外设立家庭紧急事务假等。实施“职工家庭支持计划”，拓展福利保障体系覆盖面，将大病救助等适当延伸至职工家庭成员；满足职工儿童照护服务与设施需求，开辟临时照顾空间，引入专业机构开发托育托管服务。实施“职工身心健康计划”，组建工会心理健康专业服务团队，定期开展心理状况测评，提高心理咨询的科学性和时效性；经常性组织惠民政策、人际交往培训和多样化活动，帮助外来务工人员、农民工融入本地生活；持续提高免费体检的覆盖率和适用性，扩大对制造业职工的覆盖面。

（四）提升工会对接社会资源的能力

职工表现出了对更高层次、更高品质生活需求的期待和向往，需求呈多样化、层次化，工会亟须整合社会资源改进服务方式和手段，不断增强职工服务供给可及性、运作规范性、服务实效性。孵化培育一批优质职工服务类社会组织，依托帮扶中心等阵地在企业集中的园区、商圈或社区建立社会组织孵化器，为社会组织提供办公场地、政策咨询、人员培训等软硬件条件，对达标的社会组织提供购买服务、项目指导等后续支持。制订符合工会要求和职工特点的社会化服务计划，通过项目招标、联合运作、公益创投等方式，委托专业机构承接职工服务项目，有效聚合市场资源，探索多元化、互动式、菜单式服务；坚持规范运作，各级工会要建立完善购买服务的制度机制，实现项目化管理和工程化实施，不断提升工会服务职工的能力和水平。

负 责 人：魏地春、张茂华
承担单位：中国工运研究所，全国总工会研究室、网络工作部，中国职工服务（集团）有限公司

附 录

中华全国总工会办公厅关于印发《第九次全国职工队伍状况调查方案》的通知

总工办发〔2021〕19 号

各省、自治区、直辖市总工会，各全国产业工会，中央和国家机关工会联合会，全总各部门、各直属单位：

《第九次全国职工队伍状况调查方案》已经全总党组第 108 次会议审议通过。现印发给你们，请结合实际认真贯彻落实。

中华全国总工会办公厅

2021 年 12 月 21 日

第九次全国职工队伍状况调查方案

为扎实开展 2022 年第九次全国职工队伍状况调查工作，特制定本方案。

一、指导思想

以习近平新时代中国特色社会主义思想为指导，全面贯彻党的十九大和十九届历次全会精神，深入贯彻习近平总书记关于工人阶级和工会工作的重要论述，着力把握调查方向、聚焦调查目标、明确调查主题、创新调查方式，通过深入调查和系统研究，全面了解我国职工队伍和劳动关系新情况新变化，准确把握新时代工会工作面临的新形势新任务，为 2022 年党的二十大和 2023 年中国工会十八大提供数据支撑、理论准备和决策参考。

二、调查目标

围绕立足新发展阶段、贯彻新发展理念、构建新发展格局、推动高质量发展，深入了解在全面建设社会主义现代化国家新征程中，我国职工队伍的总体状况和结构变化，职工劳动经济权益、民主政治权利、精神文化权益等方面的状况，科学评价职工队伍思想政治素质和技术技能素质状况，重点分析研究产业工人、新就业形态劳动者等群体状况，为推动工会工作高质量发展提出有创新性、前瞻性、实效性的对策建议。

三、组织机构

成立第九次全国职工队伍状况调查领导小组，全总党组书记、副主席、书记处第一书记陈刚任组长，全总副主席、书记处书记、党组成员魏地春，全总书记处书记、党组成员，组织部部长张茂华，全总书记处书记人选、党组成员邹震任副组长。领导小组下设办公室，由全总办公厅、研究室、网络工作部、中国工运研究所、中国职工服务（集团）有限公司，以及承担课题调查任务的各全国产业工会、全总有关单位人员组成，设在全总研究室。(具体名单附后）

承担调查任务的省（区、市）总工会成立相应组织机构，选派调研骨干组成调查办公室，完成各自承担的调查任务。

四、课题设置

本次调查共设置 1 个总课题、12 个分课题、1 个网络调查课题、15 个省（区、市）课题和 10 个产业工会课题。

（一）总课题

面向新征程的中国工人阶级——第九次全国职工队伍状况调查总报告

（负责人：王东明、陈刚，承担单位：全总办公厅、研究室）

（二）12 个分课题

1. 职工队伍总体状况。

主要包括：从理论和实践上深入研究工人阶级主人翁地位如何体现、工人阶级队伍如何壮大发展，以及职工队伍总体状况及发展趋势的基本判断等问题。职工队伍结构状况，主要是年龄结构、性别结构、技术结构以及地域、行业、单位类别分布结构。职工队伍素质状况，主要是政治素质、思想道德素质、技术素质、文化素质的现状及发展趋势，重点调查职工对党和国家重大决策部署，特别是立足新发展阶段、贯彻新发展理念、构建新发展格局、推动高质量发展，开启全面建设社会主义现代化国家新征程的认知情况，对推动实现共同富裕的认知情况；对党的百年奋斗重大成就和历史经验，以及推进新时代党的建设伟大工程、坚定不移推进全面从严治党、推进反腐倡廉的评价情况；全心全意依靠工人阶级方针贯彻落实情况，职工在推动高质量发展中的主力军作用发挥情况，劳模精神、劳动精神、工匠精神的弘扬情况，职工对经济地位、政治地位、社会地位、文化地位的自我评价。

（负责人：陈刚，承担单位：全总研究室）

2. 产业工人队伍建设状况。

主要包括：明确产业工人定义和统计口径，了解产业工人队伍的总体情况、结构状况、素质水平和权益实现情况，提出新发展阶段深化和加强产业工人队伍建设改革的对策建议。

（负责人：魏地春、马璐、邹震，承担单位：全总办公厅、研究室、劳动和经济工作部）

3. 新就业形态劳动者入会和权益状况。

主要包括：以货车司机、网约车司机、快递员、外卖配送员为重点的新就业形态劳动者总体状况，包括人员规模、地域分布、性别结构、年龄结构、婚姻状况、就业率等；结构状况，包括产业分布、行业类别、单位类别、就业身份等；素质水平情况，包括受教育程度、技术技能状况、教育培训情况等；权益实现情况，包括劳动标准、劳动合同签订、收入状况、休息休假、工作时长、社保缴纳、劳动安全保护、心理状况等；组织形式，建会入会总体状况等；提出进一步做好新就业形态劳动者权益维护和建会入会工作的对策建议。

（负责人：谭天星、魏地春，承担单位：全总权益保障部、基层工作部）

4. 职工劳动经济权益状况。

主要包括：研究推动实现共同富裕对履行维权服务基本职责、提升职工生活品质、做好工会工作提出的新任务新要求，调查职工劳动就业、收入分配、社会保险、劳动安全卫生等方面的现状、问题、发展变化趋势。重点调查职工就业意愿、就业稳定性和流动性、岗位满意度、就业质量等基本状况；职工工作时间、休息休假、加班工资情况，职工工资收入水平、结构及支付状况；职工参加城镇职工基本养老保险、基本医疗保险、工伤保险、失业保险、生育保险和住房公积金的基本状况；职工劳动安全卫生条件基本状况、参加群众性安全生产和职业病防治活动基本情况；劳动合同、集体合同签订和职工满意度情况；职工生活状况、福利保障情况；对困难职工的救助帮扶情况；农民工权益实现状况，平等享受城镇基本公共服务、随迁子女平等接受教育、基本医疗卫生服务、居住条件、城镇落户意愿等方面的基本状况等；提出维护职工劳动经济权益特别是促进就业、提升技能、增加收入、提高职工生活品质等方面的对策建议。

（负责人：魏地春、马璐，承担单位：全总权益保障部、劳动和经济工作部）

5. 职工民主政治权利状况。

主要包括：企事业单位保障职工民主权利的内容、重点、载体、途径，职代会、厂务公开、职工董事、职工监事等企事业单位民主管理制度建设基本情况，职工对民主管理权利的认知状况、能力状况及实现状况，职工对工会组织源头参与的认知情况，提出保障和发展职工民主政治权利的对策建议。

（负责人：谭天星，承担单位：全总基层工作部）

6. 职工精神文化权益状况。

主要包括：职工的思想政治状况、问题及发展趋势等，重点是推动党的创新理论走进基层、走近职工情况，开展理想信念教育、弘扬社会主义核心价值观、推进先进职工文化建设情况，探索提出加强新时代职工思想政治引领的方法及途径；职工精神文化生活基本状况，包括精神文化权益需求状况，职工文化阵地建设情况，参加单位文体活动状况，职工参加社会公益组织状况，对职工的人文关怀和心理疏导状况，职工家庭、家教、家风建设情况；互联网技术和新媒体广泛应用情况下职工思想政治状况、特点、发展趋势及应对策略。

（负责人：魏地春、张茂华，承担单位：全总宣传教育部、资产监督管理部）

7. 职工技术技能素质状况。

主要包括：职工队伍技术技能素质基本情况、发展特点及趋势，重点调查职工接受职业技能培训的意愿、机会、渠道等基本状况；专业技术人员和技术工人（包括农民工）的总体规模、年龄结构、性别结构、专业技术结构以及地域、行业、单位类别分布结构；职工参与劳动和技能竞赛的基本状况，包括岗位练兵、技术比武、技能竞赛、技术交流等，对大国工匠、劳模和职工创新工作室在技能提升方面作用发挥的评价，对弘扬劳动光荣、技能宝贵、创造伟大社会风尚的认知状况；拓展职工职业发展通道，企业对职业培训重视程度、技能人才流动状况等，提出建设宏大的知识型、技能型、创新型劳动者大军的对策建议。

（负责人：马璐，承担单位：全总劳动和经济工作部）

8. 协调劳动关系状况。

主要包括：了解我国劳动关系总体状况，劳动关系新特点、新问题、新趋势，协调劳动关系工作机制建设情况，职工队伍稳定状况，提出有针对性的对策建议。

（负责人：魏地春、张茂华，承担单位：全总权益保障部、中国工运研究所）

9. 县级以上地方工会状况。

主要包括：县级以上地方工会组织建设情况，包括机构编制、专兼职工会干部、工会主席配备、职责和机制运行、作用发挥等情况，提出加强县级以上地方工会组织建设的对策建议。

（负责人：张茂华，承担单位：全总组织部）

10. 产业工会状况。

主要包括：产业工会组织建设、工会组建的基本情况，产业职工队伍和劳动关系状况，组织职工建功立业、提升素质、维权服务等发挥作用情况，探索新发展阶段产业工会工作特点和规律，在政策制度建设等方面提出科学可行的对策建议。

（负责人：马璐、张茂华、邹震，承担单位：全总办公厅、组织部、劳动和经济工作部、各全国产业工会）

11. 基层工会状况。

主要包括：基层工会组织建设和作用发挥的基本情况，特别是在开发区（工业园区）、非公有制企业、互联网平台企业、小微企业工会组织建设以及职工入会的基本情况，农民工入会基本情况；基层工会组织运行机制建设情况；网上入会情况；国有企业改革中的工会组织和工会工作情况，工会资源手段向基层倾斜情况等，提出进一步推动工会改革向基层延伸，推动基层工会组织建起来、转起来、活起来的对策建议。

（负责人：谭天星，承担单位：全总基层工作部）

12. 女职工队伍和组织建设状况。

主要包括：了解女职工队伍总体状况，通过分析研判，提出进一步做好工会女职工工作的对策建议。重点了解女职工队伍基本情况，主要是女职工行业分布、队伍结构、素质水平、技能提升、建功立业等情况以及主要诉求、期待和建议等；女职工合法权益和特殊利益实现状况，主要是女职工劳动就业、职业发展、参与决策和管理、薪酬待遇、社会保险、生育保护等方面的现状和问题，特别关注新就业形态女性劳动者的劳动合同签订、收入状况、休息休假、工作时长、社保缴纳、特殊劳动保护等；女职工建会入会情况，主要是县级以上工会女职工委员会机构编制、专兼职工会女职工工作干部、工会女职工委员会主任配备、职责和机制运行、作用发挥等情况，基层工会女职工组织建设和运行机制建设情况，女农民工入会情况。

（负责人：马璐，承担单位：全总女职工部）

（三）职工队伍状况网络专题调查

运用互联网技术手段，围绕推动实现共同富裕，重点调查了解不同行业、不同类别、不同领域职工对提高生活品质的新需求、新期待等，提出有针对性的对策建议，形成网络调查专项报告。

（负责人：魏地春、张茂华，承担单位：全总研究室、网络工作部、中国工运研究所、中国职工服务（集团）有限公司）

（四）北京、山西、辽宁、江苏、浙江、安徽、福建、山东、河南、湖北、广东、广西、四川、陕西、甘肃等15个调查省（区、市）职工队伍状况

（承担单位：15个省（区、市）总工会）

（五）10个产业工会系统职工队伍状况

10个全国产业工会结合各自产业实际，深入开展调研，分别形成本产业职工总体状况报告。

（负责人：全总分管或联系各产业工会的领导，承担单位：各全国产业工会）

五、调查方式

第九次全国职工队伍状况调查通过线下问卷抽样调查、网络调查、文献研究和专家论证相结合的方式进行。为保持调查数据的连续性、可比性，本次调查延续第八次全国职工队伍状况调查范围，选择北京、山西、辽宁、江苏、浙江、安徽、福建、山东、河南、湖北、广东、广西、四川、陕西、甘肃等15个

省（区、市）进行，由全总调查办公室具体组织实施。未承担调查任务的省（区、市）总工会可参照本方案自行安排调查事宜。

（一）线下问卷抽样调查

问卷抽样调查分为职工问卷调查、工会主席问卷调查两部分。职工问卷共调查4.5万个样本（每个省、区、市调查3000名职工，其中，已建工会单位职工2500名，未建工会单位职工500名）。工会主席问卷共调查3750个样本（每个省、区、市250个），在职工问卷调查选中的已建工会单位进行，由每个抽中的已建工会单位工会主席填答。

全总调查办公室统一设计调查问卷，制定《第九次全国职工队伍状况调查问卷抽样调查抽样方案》，编印调查手册，提出技术要求，负责对问卷抽样调查进行监督检查和统计汇总分析，向15个省（区、市）总工会提供数据分析结果。承担调查任务的各省（区、市）总工会负责执行调查任务。

（二）网络调查

本次网络调查由全总网络工作部承担，中国职工服务（集团）有限责任公司执行。通过开发第九次职工队伍状况调查微信小程序，在调查范围内通过网络在手机端开展问卷发放和回收工作。

由全总调查办公室制定《第九次全国职工队伍状况调查网络问卷调查方案》，做好网络调查问卷设计、调试上线、调查员培训、数据分析和处理等工作。

（三）文献研究

对现有文献、数据资料和统计资料深入研究分析，充分利用各类研究成果。

（四）专家论证

邀请全总工会理论和劳动关系智库和中国劳动关系学院专家学者参与问卷设计、数据分析和总报告研讨论证等工作。

六、时间进度

1. 2021年11月至2022年1月，制定调查方案，设计调查问卷，确定抽样方案，论证、报审和印发各项调查文件；在北京市组织开展试调查；召开动员部署会议。

2. 2022年2月至4月，举办调查人员培训班，进行线下问卷调查和网络问卷调查。线下问卷调查由15个省（区、市）总工会组织实施，4月底前将原始问卷报送全总调查办公室进行整理、录入和计算。网络问卷调查由全总网络工作部和中国职工服务（集团）有限责任公司组织实施。承担专题研究任务的各全国产业工会、全总有关部门组织实施专题调研。

3. 2022 年 6 月底前，全总调查办公室向 15 个省（区、市）总工会和各专题研究组、各全国产业工会反馈问卷抽样调查数据处理结果；15 个省（区、市）总工会起草、论证调查报告，各专题研究组形成专题报告初稿，视需要作补充调查。

4. 2022 年 7 月中旬前，15 个省（区、市）总工会和各专题研究组、各全国产业工会形成调查报告，报送全总调查办公室。全总研究室、网络工作部、中国工运研究所形成网络调查专题报告。

5. 2022 年 7 月底前，全总调查办公室联合全总各有关部门起草形成调查总报告及简要报告，并组织专家论证。

6. 2022 年 8 月底前完成本次调查文献资料编辑出版工作。

七、主要成果

1. 调查总报告：《面向新征程的中国工人阶级——第九次全国职工队伍状况调查总报告》并附简要报告。

2. 12 个专题研究报告。

3. 10 个全国产业工会系统职工状况调查报告。

4. 15 个调查省（区、市）职工队伍状况调查报告。

5. 网络调查专项报告。

6. 问卷抽样调查数据统计分析资料。

7. 第九次全国职工队伍状况调查数据库。

8. 《第九次中国职工队伍状况调查》报告卷、数据卷。

八、成果运用

1. 以调查报告、信息专报等形式，将调查情况上报党中央。

2. 正式出版《第九次中国职工队伍状况调查》报告卷、数据卷，发放至各全国产业工会、全总各部门单位和各省（区、市）总工会、部分地级市总工会，提供参考。

3. 以调查总报告和分课题报告为基础，编辑《中国职工状况白皮书》。

4. 视情况召开第九次全国职工状况调查新闻发布会，具体形式待定。

九、调查要求

第九次全国职工队伍状况调查涉及面广、工作量大、专业性强、工作要求高，各参与单位要统一思想、提高认识，集中力量、精心组织，确保调查工作顺利完成。

一要强化支持。全总调查办公室要与全总有关部门加强统筹协调、整合资源、形成合力。15个省（区、市）总工会和各专题调查组要抽调理论水平较高、调研和文字能力较强、对工作认真负责的同志组成精干的调查队伍，明确分工，落实责任，保质保量地完成任务；15个省（区、市）总工会要将调查经费列入年度经费预算，为调查工作提供必要的财力、物力支持。

二要确保质量。15个省（区、市）总工会和专题调查组要科学制定调查方案，做好动员部署工作，统筹安排好调查相关的各项工作；要深入基层、深入职工，尽可能多地掌握第一手素材；在形成调查结论前，广泛征求各方面的意见，认真论证修改，力求反映的情况客观真实，得出的结论科学准确，提出的建议针对性、可操作性强。

三要服从进度。15个省（区、市）总工会要树立局部服从全局的意识，严格按调查方案规定的时间开展调查、上报调查材料、形成调查成果。全总调查办公室要加强督促检查，确保调查进度和成效。

四要严格保密。全国职工队伍状况调查政治性政策性强、敏感度高，在整个调查过程中，要加强对调查数据和资料的保密工作，防止泄密。未经全总调查领导小组批准，任何单位和个人不得擅自使用和发布相关数据及研究报告。

五要做好疫情防控。按照当地疫情防控要求，在调查中做好防疫工作，确保调查人员和调查对象安全。根据疫情防控需要，及时调整调查方案设计。

附件：第九次全国职工队伍状况调查组织领导机构及职责分工（略）

后 记

2022年1月至9月，全国总工会组织开展了第九次全国职工队伍状况调查。此次调查，旨在全面了解自2017年第八次全国职工队伍状况调查以来我国职工队伍和劳动关系新情况新变化，准确把握新时代工会工作面临的新形势新任务，及时反映基层和职工愿望心声，为做好新时代新征程工会工作提供有力支撑。为此，全国总工会成立了调查领导小组，时任全总党组书记、副主席、书记处第一书记陈刚任组长，全总副主席、书记处书记、党组成员魏地春，全总书记处书记、党组成员，组织部部长张茂华，全总书记处书记、党组成员邹震任副组长。领导小组下设办公室，由全总办公厅、研究室、网络工作部、中国工运研究所、中国职工服务（集团）有限公司，以及承担课题调查任务的各全国产业工会、全总有关单位人员组成，设在全总研究室。

承担调查任务的各全国产业工会、全总有关部门、各省（区、市）总工会高度重视，抽调精干力量成立由主要负责同志担任组长的领导机构，精心组织、压实责任，加强统筹、形成合力，克服疫情影响，推动调查工作有力有序进行。截至2022年10月底，形成了1篇调查总报告、13篇专题调查报告、15篇地方调查报告、9篇产业工会调查报告和1篇网络专项调查报告。

在此，谨向参与调查的有关省（区、市）总工会、各全国产业工会、全总有关部门、直属单位的广大工会干部以及有关党政领导表示衷心的感谢，向积极参与调查的广大职工朋友致以崇高的敬意！

编　者

2023年2月

图书在版编目（CIP）数据

第九次中国职工状况调查．报告卷 / 中华全国总工会第九次全国职工队伍状况调查领导小组办公室编．-- 北京：中国工人出版社，2023.2

ISBN 978-7-5008-8163-6

Ⅰ．①第…　Ⅱ．①中…　Ⅲ．①职工构成－调查报告－中国　Ⅳ．①D412.7

中国国家版本馆 CIP 数据核字（2023）第 031703 号

第九次中国职工状况调查·报告卷

出 版 人	董　宽
责任编辑	赵晨羽　王晨轩
责任校对	张　彦
责任印制	栾征宇
出版发行	中国工人出版社
地　　址	北京市东城区鼓楼外大街45号　邮编：100120
网　　址	http://www.wp-china.com
电　　话	（010）62005043（总编室）　（010）62005039（印制管理中心） （010）62382916（工会与劳动关系分社）
发行热线	（010）82029051　62383056
经　　销	各地书店
印　　刷	北京美图印务有限公司
开　　本	787 毫米 × 1092 毫米　1/16
印　　张	39.75
字　　数	700千字
版　　次	2023年12月第1版　2023年12月第1次印刷
定　　价	360.00元